21世纪法学研究生参考书系列

刘品新◎著

网络法：
原理、案例与规则

（第三版）

中国人民大学出版社
·北京·

作 者 简 介

刘品新，1973年7月生于湖北乡村。现任中国人民大学法学院教授、博士生导师，但长期“不务正业”，以专业律师、司法鉴定人、专家辅助人等兼职身份走进网络案件办理的一线，由此获得了观察未来已来之法治样态变迁的独特机会。

“融于法律共同体，触摸网络新脉搏”。二十年前，他毅然投入“网络+法律”的交叉领域研究，积极探索网络法治偕行之旅，最终推出厚积薄发之作《电子证据法》。他还完成了“网络安全的刑事法应对”“大数据时代电子文件的证据规则与管理法制建设”“中国电子商务法示范法”“互联网安全立法”等课题，编撰了《电子商务法律制度：冲击与因应》《网络时代刑事司法理念与制度创新》《国外网络犯罪法律制度选译》等作品，开设了“网络法学”“网络犯罪治理导论”“大数据智能司法/舆情”等课程。

以网观法、以网思法、以网学法，是他的网络新标签。十多年来，他多次赴美国、澳大利亚、荷兰、瑞典、韩国和德国开展学术交流，深刻感悟到世界法治迈入信息化、进阶智能化之潮流。他致力于开发网络法领地的广阔蓝海，打造新的法学专业金饭碗。

微信公众号：刘品新丨网眼观法

邮箱：liupinxin@263. net，liupx@ruc. edu. cn

作者简介

法律遇上科技创新（代序）

人如其名，刘品新是个勇于品尝新物的人。在我身边的法律人中，他大概是最早使用互联网、电子邮箱、智能手机等新型科技产品的人。在学术研究方面，他最初的专业方向是犯罪侦查学，后来转入证据法学，然后不断拓展，从电子证据法学进入网络法学。在研究方法上，他也能与时俱进，不断创新。这次修订出版的《网络法：原理、案例与规则》（第三版）就是一个很好的例证。

科学技术的发展不仅能影响学术研究的内容，而且能影响学术研究乃至专业写作的方法。在这方面，我也有一些个人的体会。从1971年元旦在《黑河日报》发表诗歌算起，我的写作已经持续了半个世纪。最初的写作方法就是“爬格子”——手写，在很长一段时期内，给杂志社或出版社投稿都是提交手稿。为了防止所投稿件“石沉大海”，我就要手抄一份副本备用。那时，法学研究的基本方法是到图书馆借阅图书和查阅资料，然后把需要的内容手抄下来。后来有了复印机，研究和写作就节省了许多力气。我可以把报刊文章和书籍的内容复印下来，供写作时使用；还可以把自己的手稿复印下来，再次使用。那时候，剪刀和胶水是专业写作的帮手。再后来有了计算机，写作就不用笔了。虽然熟悉计算机键盘需要一段时间，适应在敲打键盘的声音中思考问题也需要一个过程，但是这项发明大大降低了写作的劳动强度。

现如今，互联网、大数据、人工智能等高新技术的发展，为学术研究和写作提供了许多便利高效的工具。学者掌握了这些工具，在研究和写作时就能事半功倍。不过，科学技术也为懒人提供了方便。有人说，现在做学问不用那么勤奋了，只要能掌握那些数据搜索和文本创作的工具，懒学生也可以很快写出论文。我们每年在审读评阅研究生论文时就经常会发出这样的感叹。

毫无疑问，科技创新是人类社会进步的动力，但是有些创新似乎是在满足懒人的需要。例如，智能扫地机、智能洗衣机、智能电饭锅、智能电冰箱等科技产品就满足了那些懒得操持家务的人的需要。而且，“懒人”似乎也不再是个贬义词。有人就说，懒人怎么啦？懒人聪明，有些发明创造就是懒人的成就。于是，我就联想到自己在“北大荒”下乡时的一些经历。

1969年10月，我告别北京，来到黑龙江生产建设兵团一师七团十八连，成为一名“下乡知青”。那是位于北安县赵光镇的一个农场。我是个勤快人，还挺好强。无论是地里的活，还是场院的活，我都争先恐后地干，不怕脏不怕累，得到了领导的好评。于是，我被连队评为“优秀兵团战士”，还从农工排调到机务排，学开拖拉机。在农场，那可是很好的工作——不太辛苦，还能学技术。因此，我们这几个首批“上机务”的知青都很骄傲，也挺让其他知青羡慕的。

我被分派到一个负责一辆苏联产的“德特牌”履带式拖拉机的小组当学徒。与那些新的“东方红”拖拉机相比，这辆暗绿色的拖拉机显得老旧，而且常出故障。一辆拖拉机配四个人：车长姓陈，很精明，也挺厉害；副驾姓赵，爱说爱笑，口才堪比赵本山；大助手姓李，是个比我早下乡一年的天津知青；我是小助手。开拖拉机的工作一般都是两班倒，我跟陈师傅一班。赵师傅私下跟我说，陈师傅在机务排的资格挺老，技术挺好，但是不好伺候。不过，我很勤快，还有眼力见儿，陈师傅对我挺满意的。他不仅教我驾驶技术，还在每次修车时教我一些“秘诀”。老司机加老爷车，让我进步很快，第二年我就被“破格”升为副驾，成为知青中最早成为“师傅”的人。

陈师傅喜欢唠嗑，时常给我讲一些他的“故事”：他当学徒的时候，师傅是个身强力壮的山东人，干活“不惜力”，但有时用蛮力。有一次要更换履带托轮的轴承，师傅就让他用撬棍抬起履带，以便拆卸托轮。他把撬棍插到履带下面，一头搭在车架上，另一头放在自己的肩上，然后把那段履带抬起来。那履带很重，而且他必须用半蹲的姿势去扛撬棍，师傅就夸了他两句。托轮拆下来之后，师傅在旁边拆装轴承并抹上润滑的黄油，他就趁机去找来一根木棍。当师傅安装托轮时，他就用那根木棍代替自己的肩膀，支住撬棍，自己则坐在旁边用手扶住木棍。师傅背对着他，一边安装托轮，一边让他坚持。托轮安上了后，师傅回头看见他悠闲地坐在地上，大怒，骂他是个懒蛋！

秋天是“北大荒”最美的季节，也是农场最繁忙的季节。秋收之后是秋翻地，这主要是拖拉机手的工作。我们日夜两班倒，一班两人，一人在前边开拖拉机，一个人坐在后面的铁犁车上，操控犁铧的升降。虽然那工作很简单，就是在地头地尾推一下操纵杆，把那三组犁铧落下或升起，但是个苦差事，因为不仅拖拉机工作时很颠簸，还要“吃土”。陈师傅想出一个办法，在操纵杆上系一根麻绳，从后窗拉进拖拉机的驾驶室。这样，我们就不用坐到后面的铁犁车上，在地头和地尾拽一下麻绳就能“遥控”那犁铧的升降了。有时候，陈师傅还让我一人开拖拉机并操作铁犁，他则坐到地头去休息。其他拖拉机手也都学了我们的“发明”，使用“遥控”犁铧的方式。然而，主管机务排的副连长得知之后，批评我们这样做是“偷懒”！陈师傅不以为然。他说，懒人会发明创造，偷懒会推动技术革新！

陈师傅的话不无道理。人们懒得走路，于是就发明了各种交通工具。人们懒得干活，于是就发明了各种机器。如果没有懒人，人类说不定就一直停留在刀耕火种的生产水平呢！诚然，我们不能说科学技术的创新都是懒人的功绩，但是现代科技的发展确实在适应懒人的需要。当然，懒人也有勤奋的一面。例如，有些年轻人懒得买菜做饭、懒得清扫垃圾，但是非常勤奋地看手机、打游戏。但是长此以往，人类会变成什么样子呢？也许，我这真是杞人忧天。

无论是主动的推进者还是被动的接受者，我们都别无选择地生活在由新型科学技术编织的“网络世界”。在这个世界中，人类的思维习惯和行为方式都发生了一些变化，因此就需要适应网络生活和人际交往的法律规范，而且这些法律规范也要与时俱进，不断发展和完善。从这个意义上讲，网络法学属于极富生命力的部门法学，大概可以被纳入“未来法学”的范畴。

总之，刘品新教授的网络法学教材在内容和形式上都属创新之作，读者一定可以从中受益。

是为序。

中国人民大学大华讲席教授
何家弘
2021年4月写于北京世纪城痴醒斋

小试“智能化的法学研究”(代前言)

一

数据、算法与算力，是当代人工智能的三个核心要素！①

对于这一科技常识，专业人群不厌其烦地进行科普，法学界依然不乏无感。这导致了出现两种对立的法律场景。

一是在智慧司法创新的前线，由电子化产生“智慧”。探索者们不得不先行对纸面卷宗等材料进行扫描 OCR 识别等以获取“数据”，而后开发法律人工智能产品。

以科大讯飞参与上海“206”刑事辅助办案系统的研发为例。该公司经过技术攻关，改善了电子卷宗图文识别的效果，对印刷体的识别准确率达 97%，对规范手写体的识别准确率达 86%，对签名和捺印的识别准确率超过 99%，对询问、讯问音视频的识别准确率超过 80%……方能够对大量卷宗进行智能化处理，进行要素抽取，提取文档中存在的矛盾、疑点，结合专家知识，辅助快速阅卷、审查、生成文书等。这是 2018 年的调研情况。当时我印象较深的一件事是，科大讯飞总是对加盖公章的案卷材料进行分色剥离印文，再行图文识别。可以说，没有纸面案卷等材料的电子化，就没有当下遍地开花的智慧司法探索。由此推知，智慧司法创新能否取得重大突破，要务在于何时推行大一统的“网上办案平台”，以“一网通办”自动汇聚司法大“数据”。

二是在法律专业研究的领地，由纸面化而生“才思”。研究者们习惯于从国内外法律资源库中检索，下载裁判文书、学术论文、专题报告等，而后打印出来（主要是避免“费眼”），研读纸件，产出推动理论、制度与实践创新的作品。

现阶段法学论文的写作强调专业槽，要求研究者动辄进行百篇以上的学术论文、千篇以上的法律文书以及尽可能全的专业报告、书籍（特别是外文文献）之大综述。这一工作需要智力，更需要体力。我看到法学博士生们会打印 PDF 版本论文、网页版本法律文书，一堆又一堆，不辞辛劳地标重点、写要点、记笔记等。若要对法律文书进行分析，量就更大一些，时间付出就是无底洞了。著名法学教授白

① 例如，欧盟委员会在 2020 年 2 月发布《欧盟人工智能白皮书：追求卓越和信任的欧洲路径》中开宗明义写道：“人工智能是融汇数据、算法、算力的科技集成”。European Commission. White Paper on Artificial Intelligence—A European Approach to Excellence and Trust. [2021 - 02 - 15]. https://ec.europa.eu/info/sites/info/files/commission-white-paper-artificial-intelligence-feb2020_en.pdf.

建军喜欢搞3万多样本为数据来源①、14万余案件为样本②的实证研究，一般研究团队、个体研究者望尘莫及。③ 当下法学研究的主要图景是“打印＋标记”！与二十多年前我留校时流行的“剪刀＋糨糊”样式，并无实质性的改观。而由于学术资源的爆炸式增长，法学研究遭遇“人工投入”倍增的时代。

比较而言，基于纸面案卷电子化的智慧司法创新，属于“无米下锅”，不得不为之；基于打印后的电子资源的法学研究范式，实乃惯性使然，“舍本而逐末”。这就不由不让人心生感慨了！

那么，法学研究该不该有所改变？《网络法：原理、案例与规则》第三版的修订，提供了一个自我改进法学研究方法、顺势而为智能化渐变的机会。

二

“数据”（Data）是形成人工智能的动力燃料。法学研究的“数据”已经相当充盈。以中国裁判文书网为代表的1 503万份中国法律文书，以“中国法学核心科研评价来源期刊”（CLSCI）为代表的2.5万篇学术论文④，还有各种学位论文、报纸文章、会议文章、法律法规、司法案例、专业报告、网络咨询等资源，几乎应有尽有（目前中文电子图书的资源略有欠缺）。不仅如此，主要外国的法律、法规、条约、案例法、法律报刊、文献及国际条约、商业资料等信息，也可以通过各种专业数据库、专门网站或搜索引擎查询获得。待检索到文献资源后，“一键下载”也不是难事。有一些数据库提供高达100份/次的批量下载，这就免了“爬取”之苦。可以说，相比智慧法院、智慧检务、智慧立法之部门探索而言，法学研究在占有“数据”方面具有得天独厚的优势。

“算力”（Computing Power）指的是计算机系统等处理数据的能力。法学研究主要是文字处理，跟多媒体处理，乃至复杂的“比特币挖矿”相比，对“算力”并无在意的需要。普通的电脑就足够了，大不了找一台好一点的“工作站”。

“算法”（Algorithm）是让法律人不明觉厉的东西。有学者考证，算法一词源于纪念阿拉伯数学家阿科瓦里茨米（Al-Khowarizmi），他在公元825年于《波斯教科书》当中概括了四则算数运算的法则。⑤ 算法的本质，就是解决问题的方式。人工智能时代，算法有很多种，主要是基于数据解决问题。笔者曾经在徐菲、徐晶、童庆庆、施骏鹏、窦志成等小伙伴或合作伙伴的帮助下，利用深度神经网络分类方

① 具体参见白建军：《中国民众刑法偏好研究》，载《中国社会科学》，2017（1），143-163页。

② 具体参见白建军：《基于法官集体经验的量刑预测研究》，载《法学研究》，2016（6），140-154页。

③ 白教授自己也说，“如此巨量的文本字段读取，显然非人工所能为”。曾经有北京国双科技有限公司的专家介绍了他们采用专用计算机软件进行信息读取的方法。

④ 此数据来源于周翔、刘东亮：《法学研究目标受众选择的大数据分析》，载《法学研究》，2020（1），173页。

⑤ 姜野：《算法的规训与规训的算法：人工智能时代算法的法律规制》，载《河北法学》，2018（12），142页。

法、词向量技术、模板生成技术、Python 技术、词云分析技术等，进行过自动定罪定性、提炼量刑公式、生成法律文书、刻画腐败关注指数、可视化裁判结果等试验。对这些做法难以简单地推介，我在此次修书中亦感觉作用不大。

"网络法"教材修订面临着特殊的困难。我在第二版的"自序"中唠叨过："一方面，网络立法、网络司法、网络行政、网络参政与网络法研究为修书工作提供了极为丰富的素材；另一方面，网络法的理论与实务更新过快，也使修书工作难以把握。"汲取最新的法律法规、学术研究和司法判决的"营养"，就成为改教材的基本任务；对各种裁判文书中蕴含的司法规律进行深度挖掘，则是重点任务。"法律的生命不在于逻辑而在于经验"，总结实践经验能够使教材"落地"，保持与网络社会发展的共舞而不落伍。

我对批量下载的法律文书不再打印，而是使用电子取证的一般或专门软件（如 Windows、Office、Winhex、X-way、取证大师、PowerGREP、Everything 等）进行简易搜索或正则表达式①的搜索。

如此次修订第六章"个人信息保护法"时，我共检索到新近特别讨论过"个人信息保护"的 478 篇法律文书、48 篇论文。简单浏览若干份法律文书后发现，少则几页，多则百页②，合起来也会汗牛充栋。

那么，如何判断哪些法律文书具有分析价值呢？我以一份法律文书命中"个人信息保护"关键词 6 次为条件，进行搜索，即缩小到 62 份法律文书的范围；然后以"本院认为"那一段（即法律文书中"说理"部分）命中"个人信息保护"关键词 2 次为条件，进行搜索，进一步缩小到只有约 40 份法律文书的范围。而且，可以一键复制并粘贴，生成一个十多页的小文档，该文档中含有每份判决书的名称、命中的位置，并将命中关键词部分标为亮色。这样一份小文档，实际上是智能化生成的判决书"综述"。通过通读它，也就能搞清楚近年来司法机关处理过哪些疑难的个人信息保护问题、形成过哪些实践观点、援引过哪些法律条文等。这就是第六章第三节"中国个人信息保护的法律实践"成稿的原材料。

同理，对 48 篇论文也可以照此处理，以提升阅读效能。常用方法之一是，以专门法律术语（如 MAC 地址、IP 地址③）为关键词，进行搜索，一键生成含有论文标题、阐述过专门法律术语的重点段落，并将命中部分标为亮色的论文综述；常用方法之二是，以法律规范名称，如《电信和互联网用户个人信息保护规定》为关键词，进行搜索，一键生成含有论文标题、援引或多次援引法律规范名称的重点段落，并将命中部分标为亮色的论文综述；常用方法之三是，以"内容摘要"为关键

① 正则表达式（regular expression）描述了一种字符串匹配的模式（pattern），可以用来检查一个串是否含有某种子串、将匹配的子串替换或者从某个串中取出符合某个条件的子串等。

② 如微梦公司与淘友技术公司、淘友科技公司不正当竞争纠纷案的一审判决书长达 66 页，二审判决书长达 114 页。

③ 选此作为关键词是因为该章需要研究关于 MAC 地址、IP 地址是否为个人信息的实践态度。

词进行搜索，一键生成含有论文标题、论文摘要，并将命中部分标为亮色的论文综述……此类方法很多，如何设定取决于研究者的具体决策。令人备受鼓舞的是，一些电子取证软件可以同步对不同格式的电子文件（含压缩后的电子文件）一并搜索。这就更提高了法学研究中归整资料的效率。

看到这，读者可能对“正则表达式”搜索“算法”的威力，形不成直观印象。那就再补充一个同期课题研究的例子。我 2020 年下半年承担了国家知识产权局关于商标评审案件中电子数据证据规则的课题，需要遴选有价值案例、草拟指导性案例。委托单位转给我了一个容量大小为 804MB 的数据作为研究基础，主要是近三年涉及双方当事人的全部商标评审案例文书。这是一个肉眼不可读的数据资源。每次直接打开这个数据，电脑就会崩溃。我让吕宏庆、贺娇两位同学进行了三轮搜索，即取得明显效果：第一步，以商标评审案件中电子数据的表现形式为条件①，搜索发现命中了 116 712 处，形成一个 7 951 页、970 万字的 Word 文档；第二步，以“（我局）认为”＋任一个电子数据的表现形式为关键词搜索条件②，搜索发现命中了 5 160 处，缩小为一个 173 页、137 万字的 Word 文档；第三步，以“（我局）认为”＋任两个电子数据的表现形式为关键词搜索条件③，搜索发现命中了 34 处，进一步缩小为一个 14 页、117 万字的 Word 文档。这就缩小为一个可以轻松阅读的体量。特别是搜索形成的 Word 文档对于命中部分均已做了标亮处理。笔者团队也就有了可用的文书“文献”研究资源。学生们能够归纳出各种结论，如商标评审案件中出现最多的电子数据证据是图片、网站、网页、注册信息等，在全部商标评审案件中使用的次数分别为 41 172 次、23 759 次、13 423 次、13 176 次。我也获得了一份非常有用的、用于研究效率优先型的电子数据证据规则④的实践报告。

累积的类似经验还有不少，该到中国人民大学法学院新开设的“大数据智能司法”“大数据司法舆情”“网络犯罪治理导论”等课程上去赘述了！年轻学子接受新鲜事物没有条条框框，勇于迈出改变的步伐。

① 当时使用的正则表达式搜索条件为“电子证据｜电子数据｜电子文件｜电子信息｜网站｜博客｜微博客｜朋友圈｜公众号｜贴吧｜网盘｜网页百科｜在线词典｜网络论坛｜网购店铺｜电子商务平台｜社交平台｜新闻平台｜分析平台｜在线平台｜搜索平台｜娱乐平台｜手机短信｜电子邮件｜即时通信｜通讯群组｜注册信息｜身份认证信息｜电子签名｜签名数据｜登录日志｜网络销售｜电子转账｜财务账簿｜电子会计｜电子发票｜出口报关单｜进出货单据｜销售量｜流通数据｜网页｜域名｜文档｜图片｜音视频｜数字证书｜计算机程序｜网页快照｜电子公文｜电子档案｜电子证照｜电子合同｜电子条码｜网络广告｜上市公司年报｜招股说明书｜搜索引擎｜检索结果｜专业数据库｜检索结果｜数字图书馆｜文献复制｜网络点击量｜下载量｜活跃用户｜网页访问｜视频播放”。这一组关键词搜索条件表明，我希望找出商标评审部门相关文书提到过电子数据证据的那一部分。

② 这一组关键词搜索条件表明，我希望找出商标评审部门相关文书说理部分中提到过电子数据证据如何运用的那一部分。

③ 这一组关键词搜索条件表明，我希望找出商标评审部门中相关文书说理部分中重点论述电子数据证据如何运用的那一部分。

④ 这指的是商标评审部门的电子数据证据规则强调效率优先，可用于辐射其他强调效率的行政部门。

前述尝试还主要是为了提升文献或资源整理的智能化效率。假如法学研究者能够拓展更加充足的数据资源，能够仰赖“数据喂养”配套提升算法、算力，自动写论文（至少是糙稿）也许不是异想天开。科技伟力已经能够从素材发现、创作工具等角度，提供热点发现、事件脉络、热词分析、文本纠错、用词润色以及文本审核等助益。

不被“算法”的概念吓唬，敢于尝试运用一些简易型的“算法”，是法学研究走向智能化的秘诀。

三

“工欲善其事，必先利其器”。自 2008 年向中国人民大学出版社自荐完成“专著式”网络法教材第一版以来，我便深刻感受到了网络对法学研究的影响。如今一种更强烈的感觉是，法律人共同体必须完成智能时代法学研究之“术”的“打怪升级”。

假如中国裁判文书网等数据库能够提供高级一些的搜索，如提供一个关键词命中 N 次的功能，那么类案搜索就会精准，专题研究也会便捷；假如华宇元典、北大法宝等专业法律科技公司能够提供“一键式”的文献综述、专题报告的功能，那么法学研究动笔的“开头难”将不复存在；假如每一研究者能够养成对数字文献资源进行数字式利用的习惯，像我的一些同事已经开始使用 Python 语句、线性回归统计等进行创新范式研究，那么面对法学领域的知识爆炸现象时就会闲庭信步。

电子取证是中国人民大学电子证据研究团队的专业优势，一些研修同学掌握了电子取证技能。在观念转变之后，他们完全可以以电子取证知识改造法学研究。我想起，2019 年部分同学参与对一起跨越 3 年的、涉及几十个亿的招投标腐败案件的查处。同学们拿到的就是 4 块电脑硬盘、1 个 U 盘，如何查清楚几年前的腐败呢？思路很简单，就是根据硬盘、U 盘中电子数据可能带有的时间信息、位置信息、关系痕迹等，确定每一个介质的使用者在案发重要时间段每天干了什么事、去了什么地方、生活工作习惯以及是否反侦查等等。①

从这个角度来看，法学研究所依赖的电子资源不就相当于一起案件中的涉案介质吗？将它们当作可以挖掘的数据资源而不是可打印出来的文件，各种电子取证工具或手段，均可以用于寻找研究所需的材料或内容。

这是一个简单的观念转变而已。我又想起，2020 年部分在校同学参与为一起网络犯罪案件的辩方提供专业服务，以简单的搜索方法，从一些手机复制数据中找到了 20 多份、1.15GB 的辩护证据，包括 Word 文档、Excel 文档、聊天记录、朋友圈记录、压缩文档、视频文件等；2020 年毕业后到检察院工作的个别同学在办理科技犯罪案件过程中，养成了追加搜索、审查公安机关移交的电脑、手机的办案

① 关于此案例的调查细节，请参见刘品新：《电子证据法》，396－401 页，北京，中国人民大学出版社，2021。

习惯，能以寻找到的涉案的电子数据加速促成被告人的认罪认罚。

相比而言，法学研究中数据分析量小，且无对抗性。以电子取证知识提升法学研究的效能，是中国人民大学电子证据团队以“牛刀杀鸡”的新空间。今天只是自动化的文献整理，今后必然会有不断的突破。

未来，智能化的法学研究会是什么样？不同人会有不同的答案。我觉得至少有两个标准：一是直接使用电子资源，二是自动形成研究材料。无论如何，人们需要扭转将电子资源打印的研究范式了。

法学专业选得好，时时像高考！于法学研究而言，要解当下法律知识更新泛滥之困，何妨一试“智能化的法学研究”。

刘品新

2021年5月17日于未闲书屋

目　录

第一章　导　论　/1
第二章　电子签名法　/31
第三章　电子商务法　/76
第四章　电子政务法　/137
第五章　网络安全法　/192
第六章　个人信息保护法　/236
第七章　网络犯罪法　/301
第八章　电子证据法　/360
第九章　网络空间刑事管辖制度　/415
第十章　网络空间民事管辖制度　/455
第十一章　网络空间法律适用制度　/502
第十二章　大数据智能司法　/539
附录 1　主要法律规范索引　/581
附录 2　案例索引　/588
附录 3　图片索引　/596
附录 4　表格索引　/597
致　谢　/599

细　目

第一章　导　论　/1

第一节　网络法的产生　/2

一、人类迈入网络时代　/2

二、网络离不开法律规制　/3

三、网络法是网络与法律的结合　/6

第二节　网络法的独立性与体系性　/7

一、关于网络法的独立性　/7

（一）网络法之独立与不独立　/7

（二）网络法走向独立部门或领域的土壤与路径　/11

二、关于网络法的体系性　/13

第三节　中国网络法概览　/15

一、中国网络法的现实架构　/15

（一）中国网络法的纵横架构　/15

（二）中国网络法的特色实践：网信行政执法　/16

二、中国网络法的学术架构　/22

（一）基于狭义观的学术架构　/22

（二）基于广义观的学术架构　/22

（三）比较与评价　/23

三、面向未来的网络法建设　/23

（一）适度超前立法的原则　/24

（二）技术中立的原则　/25

（三）有效保障网络用户权利与自由的原则　/26

（四）兼顾个性特色与国际趋同性的原则　/28

第二章　电子签名法　/31

第一节　电子签名法概览　/32

一、什么是电子签名　/32

（一）从传统签名到电子签名 /32
（二）电子签名的法律定义 /34
（三）电子签名的基本形式 /35
二、什么是电子签名法 /44
三、电子签名法之国际整理 /45
（一）联合国贸法会《电子签名示范法》及其他 /45
（二）美国《全球与国内商务电子签名法》及其他 /48
（三）欧盟：从《电子签名指令》到《电子身份认证与签名条例》 /49
（四）比较与评价 /51
四、中国《电子签名法》之宏观评述 /53
（一）中国《电子签名法》的制定简史 /53
（二）一种适用范围尽可能扩大的立法体例 /54
第二节 数据电文的框架制度 /57
一、数据电文的书面形式 /57
二、数据电文的原件形式 /58
三、数据电文的保存要求 /60
四、数据电文的平等对待 /61
第三节 电子签名规则 /64
一、可靠电子签名的标准 /64
二、可靠电子签名的效力 /66
三、电子签名各方的义务与责任 /67
第四节 作为支撑的电子认证制度 /70
一、电子认证服务的许可 /70
二、电子认证服务的监管 /72
三、跨境电子认证服务 /72

第三章 电子商务法 /76
第一节 电子商务法概览 /77
一、什么是电子商务 /77
（一）从术语使用到学术理解 /77
（二）电子商务的法律定义 /78
二、什么是电子商务法 /80
三、电子商务法之国际整理 /81
（一）联合国贸法会《电子商务示范法》及其他 /81
（二）欧盟《电子商务指令》及其他 /82
（三）美国《统一电子交易法》及其他 /84

(四) 比较与评价 /85
四、中国《电子商务法》之宏观评述 /86
第二节 电子商务主体制度 /88
一、电子商务主体的框架范围 /88
二、电子商务经营者 /89
(一) 电子商务经营者的权利与义务 /89
(二) 关于电子商务经营者的特殊法律问题 /91
三、电子商务平台经营者 /95
(一) 电子商务平台经营者的权利与义务 /95
(二) 关于电子商务平台经营者的特殊法律问题 /99
四、电子合同当事人 /108
(一) 身份虚拟与冒用 /108
(二) 自动交易系统 /110
第三节 电子商务合同的订立与履行制度 /112
一、电子商务合同与电子合同 /112
二、电子商务合同的订立 /115
(一) 电子商务合同的订立模式 /115
(二) 电子商务合同的要约 /117
(三) 电子商务合同的承诺 /120
(四) 电子商务合同的电子错误 /123
三、电子商务合同的履行 /124
(一) 快递物流 /126
(二) 电子支付 /129

第四章 电子政务法 /137
第一节 电子政务法概览 /138
一、什么是电子政务 /138
(一) 电子政务的历史发展 /138
(二) 电子政务的语词含义 /141
二、什么是电子政务法 /142
三、电子政务法之国际整理 /143
(一) 美国《电子政府法》及其他 /143
(二) 欧洲国家的代表性立法 /146
(三) 比较与评价 /148
四、中国电子政务制度之宏观评述 /149
(一) 中国电子政务制度的初步架构 /149

（二）一种由地方“先行先试”探索的风格　/150
第二节　政府信息公开法　/151
一、政府信息公开的含义　/151
二、中国《政府信息公开条例》　/153
（一）政府信息公开的范围　/153
（二）政府信息公开的法律原则　/162
（三）政府信息公开的方式和程序　/166
（四）政府信息公开的监督和保障　/173
第三节　电子行政法　/174
一、电子行政的含义　/174
二、中国电子行政专门程序之构建　/179
（一）电子行政行为的适用范围　/180
（二）电子行政行为的生效、无效和撤销　/181
第四节　电子文件管理法　/184
一、电子文件管理的含义　/184
二、中国电子文件管理立法之完善　/187
（一）电子文件管理的理念转变　/187
（二）电子文件管理的规则构建　/188

第五章　网络安全法　/192
第一节　网络安全法概览　/193
一、什么是网络安全　/193
（一）网络安全的丰富内涵　/193
（二）网络安全的特殊规律与法律定义　/195
二、网络安全法之含义简释及国际整理　/197
（一）欧盟：从《网络犯罪公约》到《网络安全法》　/197
（二）美国《爱国者法》及其他　/200
（三）日本《网络安全基本法》及其他　/203
（四）比较与评价　/205
三、中国《网络安全法》之宏观评述　/208
（一）中国网络安全法律制度的渊源　/208
（二）一种以网络空间主权原则为主线的总分模式　/213
第二节　网络运行安全制度　/216
一、基于不同主体的解读　/216
二、网络安全等级保护制度　/218
三、网络实名制度　/220

四、关键信息基础设施保护制度 /222
第三节 网络信息安全制度 /225
一、基于不同主体的解读 /225
二、网络运营者处置违法信息制度 /227
第四节 监测预警与应急处置制度 /230
一、基于不同主体的解读 /230
二、网络安全监测预警和信息通报制度 /231
三、网络通信临时限制制度 /232
四、网络安全约谈制度 /233

第六章 个人信息保护法 /236
第一节 个人信息保护法的基础概念 /237
一、个人信息及相关概念的含义 /237
（一）从隐私保护到个人信息保护 /237
（二）个人信息的含义 /242
（三）个人信息是权利、权益还是其他 /250
二、个人信息保护法的含义 /252
第二节 个人信息保护法概览 /253
一、个人信息保护法之国际整理 /253
（一）有关国家、地区的代表性立法 /254
（二）经济合作与发展组织《个人数据的隐私保护与跨境流转指南》：从1980年版到2013年版 /257
（三）欧盟：从《个人数据保护指令》到《一般数据保护条例》 /259
（四）美国1974年《隐私权法》及美欧协议 /264
二、中国个人信息保护法之宏观评述 /267
（一）立法状况及特色 /267
（二）重点内容补述 /273
第三节 中国个人信息保护的法律实践 /279
一、个人信息的范围延展 /279
二、个人信息的处理规则 /281
三、个人信息的跨境提供 /287
四、个人在个人信息处理活动中的权利 /288
五、个人信息处理者的义务 /291
六、政府部门履行个人信息保护职责 /296

第七章　网络犯罪法　/301
第一节　网络犯罪的刑法治理　/302
一、作为学术概念的网络犯罪　/302
二、网络犯罪刑法治理的国际模式　/305
（一）有关国家的代表性立法　/305
（二）有关国际组织的代表性立法　/306
（三）比较与评价　/307
三、中国现行法律规定的网络犯罪　/307
（一）网络犯罪的罪名变迁简史　/307
（二）一种“直接罪名＋概括规范”的双层结构　/309
第二节　网络犯罪的定罪问题　/313
一、网络行为的罪与非罪　/313
二、罪状表述的案例阐释与司法解释　/315
（一）破坏计算机信息系统罪的罪状厘清　/315
（二）其他网络犯罪的罪状厘清　/322
三、“情节严重”的数量化标准　/335
（一）数量化标准的发展及困境　/335
（二）新定罪标准的探索及改进　/337
四、刑事责任年龄的调适　/339
五、增设为单位犯罪后的配套调整　/340
六、共同犯罪中的角色认定　/340
（一）“集团型”犯罪　/341
（二）“聚众型”犯罪　/343
第三节　网络犯罪的刑罚问题　/345
一、部分法定刑偏低　/345
二、设置专门附加刑　/346
三、罚金刑的规范性不足　/349
第四节　网络犯罪的证明问题　/350
一、数量标准的简化证明　/350
二、虚拟财产的价值证明　/354
三、网络身份的同一认定　/355

第八章　电子证据法　/360
第一节　电子证据法概览　/361
一、什么是电子证据　/361

（一）从语词解析到法律规定 /361
（二）电子证据的重要特点 /364
二、什么是电子证据法 /367
三、电子证据法之国际整理 /368
（一）美国《联邦证据规则》及其他 /368
（二）加拿大 1998 年《统一电子证据法》及其他 /373
（三）菲律宾《电子证据规则》及其他 /375
（四）比较与评价 /379
四、中国电子证据制度之宏观评述 /380
（一）中国电子证据制度的渊源 /380
（二）一种融技术与法律要求于一体的混合模式 /383
第二节 电子证据的关联性规则 /386
一、内容关联性 /386
二、载体关联性 /387
（一）载体关联性的内涵 /388
（二）载体关联性的规律 /391
三、多元关联律 /392
第三节 电子证据的真实性规则 /394
一、认定标准 /394
二、认定方法 /396
第四节 电子证据的合法性规则 /400
一、主体合法性 /402
二、形式合法性 /403
三、程序合法性 /404
第五节 电子证据的证明力规则 /407
一、物理空间相印证 /408
二、虚拟空间相印证 /411
（一）网络空间的证据体系 /411
（二）单机空间的证据体系 /412

第九章 网络空间刑事管辖制度 /415
第一节 网络空间刑事管辖制度概览 /416
一、网络空间刑事管辖的含义 /416
（一）管辖权的体系内涵 /416
（二）网络空间刑事管辖的基本内涵与挑战 /417

二、网络空间刑事管辖理论与制度之国际整理 /422
（一）网络空间刑事管辖新理论的兴起 /422
（二）欧洲：从《网络犯罪公约》到“欧洲提交保存令” /425
（三）美国《云法》等制度及美欧谈判 /429
三、中国网络空间刑事管辖制度之宏观评述 /432
第二节 中国关于网络犯罪的国际管辖制度 /434
一、跨境网络犯罪的审判管辖 /434
二、跨境网络犯罪的侦查管辖 /436
第三节 中国关于网络犯罪的境内管辖制度 /442
一、网络犯罪的一般管辖原则 /442
二、网络犯罪的特殊管辖方法 /448

第十章 网络空间民事管辖制度 /455
第一节 网络空间民事管辖制度概览 /456
一、网络空间民事管辖的含义与挑战 /456
（一）基于学理的简单分析 /456
（二）基于实践的初步启示 /458
二、网络空间民事管辖理论与制度之国际整理 /460
（一）网络空间民事管辖新理论的兴起 /460
（二）欧洲以《布鲁塞尔规则》为代表 /462
（三）美国的“最低联系”等系列标准 /466
三、中国网络空间民事管辖制度之宏观评述 /471
第二节 中国关于网络侵权纠纷的管辖制度 /475
一、中国关于网络侵权纠纷适用共性化管辖规则 /475
（一）管辖争议的化解原则 /476
（二）共同管辖的选择规则 /480
二、中国关于网络侵权纠纷推出差异性管辖规则 /481
（一）信息网络侵权行为实施地 /481
（二）信息网络侵权行为的结果发生地包括被侵权人住所地 /486
（三）原告可以选择对自己最为有利的法院地 /488
第三节 中国关于电子合同纠纷的管辖制度 /491
一、中国关于电子合同纠纷适用共性化管辖规则 /491
二、中国关于电子合同纠纷推出差异性管辖规则 /498

第十一章 网络空间法律适用制度 /502
第一节 网络空间法律适用制度概览 /503
一、网络空间法律适用的含义 /503

（一）法律适用与连结点　/503
（二）网络空间法律适用的语词解析　/504
二、网络空间法律适用制度之国际整理　/509
（一）美国《统一计算机信息交易法》　/509
（二）欧盟《罗马公约》及其他　/510
三、中国网络空间法律适用制度之宏观评述　/513
第二节　中国电子合同纠纷的法律适用　/515
一、中国电子合同纠纷的法律适用概述　/515
二、涉外电子合同纠纷的意思自治规则　/518
三、涉外电子合同纠纷的最密切联系规则　/523
第三节　中国网络侵权纠纷的法律适用　/524
一、中国网络侵权纠纷的法律适用概述　/524
二、网络侵权纠纷的意思自治规则　/526
三、网络侵权纠纷的最密切联系规则　/528
第四节　中国网络知识产权纠纷的法律适用　/532
一、中国网络知识产权纠纷的法律适用概述　/532
二、网络知识产权纠纷的意思自治规则　/532
三、网络知识产权纠纷的最密切联系规则　/533

第十二章　大数据智能司法　/539
第一节　大数据智能司法概览　/540
一、什么是大数据智能司法　/540
二、大数据智能司法之国际整理　/541
（一）美国《数据驱动司法倡议》及其他　/541
（二）欧洲“法律+科技”实践　/544
三、中国大数据智能司法之宏观评述　/545
四、中国大数据智能司法之微观场景　/549
第二节　数据化的统一证据标准　/553
一、数据化的统一证据标准之实践抽象　/553
二、数据化的统一证据标准之基本评价　/554
（一）主要成绩　/554
（二）不足反思　/555
三、数据化的统一证据标准之改进建议　/556
（一）改进数据化的统一证据标准的具体建议　/556
（二）完善数据化的统一证据标准的配套制度　/557
第三节　区块链存证与证据　/558
一、区块链存证之实践抽象　/558

二、区块链存证之基本评价 /559
（一）主要成绩 /559
（二）不足反思 /560
三、区块链存证之改进建议 /561
（一）“区块链存证＋前端控制” /561
（二）“区块链存证＋司法推定” /562
（三）“区块链存证＋不利自认” /563
（四）“区块链存证＋补强佐证” /563
四、由区块链存证到区块链证据 /564
第四节 大数据证据与证明 /567
一、大数据证据之实践抽象 /567
二、大数据证据之基本评价 /568
（一）大数据用作证据的理论基础 /568
（二）大数据用作证据的法律方案 /571
三、大数据证据之改进建议 /573
（一）创建以“大”真实性为主的大数据来源真实性规则 /573
（二）构建针对机器算法是否可信的大数据分析结果真实性规则 /575
（三）探索超越人类经验判断的大数据证据关联性规则 /577
四、由大数据证据到大数据证明 /578

附录 1 主要法律规范索引 /581
附录 2 案例索引 /588
附录 3 图片索引 /596
附录 4 表格索引 /597
致 谢 /599

第一章

导论

他们（法律和政策的制定者）是在塑造而不是发现网络空间的属性，在一定程度上，他们的选择将决定网络空间的发展。

——［美］劳文斯·莱斯格

【关键词】网络　网络法　网络法学　法律规制　“马法之议”

【案例 1-1】

高校 BBS 实名制等网上“事后”严监管的现象

高校 BBS 实名制是一个很有争议的法律话题。2004 年教育部发布的《关于进一步加强高等学校校园网络管理工作的意见》提出：“高校校园网 BBS 是校内网络用户信息交流的平台，要严格实行用户实名注册制度。要加强对校园网 BBS 的规范和管理，及时发现和删除各类有害信息。对有害信息防范不力的要限期整改，对有害信息蔓延、管理失控的要依法予以关闭。”次年 2 月 27 日，教育部通过校方向数个高校的 BBS 下达了通知，要求所有校园网内的 BBS 向校内平台模式转变，禁止校外用户登录，并实行用户注册实名制。3 月 16 日，清华大学 BBS“水木清华”站务委员会发出通知称，该站从当天已由开放型转为校内型，校外 IP 将不能访问 BBS 水木清华站。继清华大学水木清华实行“实名制”后，全国高校 BBS 也相继实行“实名制”，如北大 BBS“未名”、武大 BBS“白云黄鹤”、上海交大 BBS“饮水思源”、南开“我爱南开”、浙大 BBS“缥缈水云间”、同济 BBS“同舟共济”……

然而，高校 BBS 实名制一出台，网上便一片哗然。许多 BBS 顿时人气骤降，蒙受沉重的打击，一蹶不振，消失殆尽。批评者认为，高校 BBS 实名制没有法律上的普适性，没有遵循立法的民主性和程序正当性原则，完全与网络立法的基本宗旨相背离。① 更有人质疑说：网络立法为谁而立？难道仅仅是为了方便网络管理吗？为了管理者的方便就可以牺牲广大被管理者的正当权利吗？

其实，此乃我国网络法发展之当代史上的代表性事件，昭示了我国网络法治演变进程的一种自生规律。此后我国不断出现"史上最严"整顿互联网相关行业的现象，剑指大数据产业、互联网金融、互联网存款业务、互联网社区、网络直播行业、网络视频行业、网络游戏行业、商业网站平台、自媒体、互联网彩票、互联网黄金行业、互联网电视等领域。如此多地进行事后"严监管"，其中存在一个法律该如何"智慧"地介入网络治理的问题。

第一节　网络法的产生

一、人类迈入网络时代

什么是 20 世纪人类社会最伟大的科学发明？人们的答案可能不尽相同，但网络无疑是其中之一。以网络为核心的信息产业对世界文明的贡献程度远远超过其他产业，网络生活、网络社区、网络经济、网络伦理、网络文化、网络产业、网络舆论等新生事物无不推动着社会发生深刻的变革。这是一个人类生活方式正随"网"而变的时代！这里所说的"网络"，现阶段仍然主要指的是以因特网（Internet）为代表的计算机网络。在当下和未来，物联网、工业互联网、能源互联网、深网、暗网等新形态也会带来颠覆性的力量。

从字面上看，网络就是用物理链路将各个孤立的工作站或主机相连在一起，组成数据链路，从而达到资源共享和通信的目的。而计算机网络，则是将地理位置不同且具有独立功能的多个计算机系统通过通信设备和线路连接起来，再以功能完善的网络软件（网络协议、信息交换方式及网络操作系统等）实现网络资源共享的系统。

最早的因特网是由美国国防部高级研究计划局建立的阿帕网（ARPAnet）。1977—1979 年，阿帕网推出了沿用至今的 TCP/IP 体系结构和协议。1980 年前后，阿帕网上的所有计算机开始了 TCP/IP 协议的转换工作，并以阿帕网为主干网建立了初期的因特网。1983 年，阿帕网的全部计算机完成了向 TCP/IP 的转换，并在 UNIX（BSD4.1）上实现了 TCP/IP。1984 年，美国国家科学基金会 NSF 规划建立了 13 个国家超级计算中心及国家教育科技网，随后替代了阿帕网的骨干地位。1988 年因特网开始对外开放。1991 年 6 月，在连通因特网的计算机中，商业用户

① 参见彭礼堂、饶传平：《数字化生存与网络法制建设——高校 BBS 用户注册实名制批判》，载《科技与法律》，2004（4），32 页。

首次超过了学术界用户。这是因特网发展史上的一个里程碑，从此，因特网的成长一发不可收拾。

现如今，网络已经渗透进了人们的日常生活。移动互联网更成为一种新的生活方式，第五代移动通信系统（5G技术）开始商业化运营。网络购物、网络音乐、网络新闻、网络文库、即时通信、网络视频、搜索引擎、电子邮件、网络游戏、博客/个人空间、微博、微信、朋友圈、公众号、贴吧、网盘、网页百科、在线词典、网络论坛、新闻平台、数据分析平台、在线公示平台、搜索平台、娱乐平台等形形色色的网络应用让人眼花缭乱，网络安全、网络违法、网络犯罪、网络侵权、电子合同纠纷、大数据滥用、网络不正当竞争、网络黑产等新滋生的社会问题让人忧心忡忡。网络社会这块“新大陆”已经由设想变为现实，并跟传统“大陆”发生着急剧的碰撞。

根据互联网世界统计（IWS）数据显示，2011—2020年，全球互联网用户数量持续高速增长，截至2020年6月（5月31日），全球互联网用户数量达到46.48亿人，占世界人口的比重达到59.6%[①]；而据中国互联网络信息中心统计，截至2020年12月中国网民规模为9.89亿，手机网民规模为9.86亿，域名总数为4 198万个，网站数量为443万个，互联网普及率达70.4%，网络信息资源日渐丰富。[②] 总之，一个不容置疑的趋势是，21世纪网络技术正以难以想象的加速度影响着人们的社会生活，全方位地改变着人类社会的生存面貌。

二、网络离不开法律规制

网络究竟意味着什么？这是生活在网络时代的人们必须思考的问题。有人说，这要看什么人从何种角度来看待网络。对于商人而言，网络或许是一个足以掘几桶金的宝藏；对于新闻工作者而言，网络堪称替代报纸、电台、电视的新兴媒体；对于黑客来说，网络更像一个缺少“政府与警察”的世界；对于恐怖分子而言，网络可以作为最好的串联渠道；对于投资者而言，网络既是蓝海也是陷阱……那么，在法律人的眼中，网络时代法律该当扮演什么角色？

最传统的观点曾经认为，网络是没有官府和法制的世界，即“网络不需要法律”。具体而言，网络空间应该在自然的状态下成长，本身应该构成一个单独的自治区域——“网络主权区”，现实世界里的政府没有任何正当理由介入网络世界的运作。“网络自治论”观点出现在网络初步发展阶段，一个代表性的人物是美国人约翰·P. 巴洛。他认为：虚拟网络空间独立于现实空间，国家权力不能越界干预

① 以上数据来源于前瞻产业研究院：《中国互联网行业市场前瞻与投资战略规划分析报告》，载https：//www.qianzhan.com/analyst/detail/220/200615-2769f05c.html。

② 参见中国互联网络信息中心发布的第47次《中国互联网络发展状况统计报告》，载http：//cnnic.cn/hlwfzyj/hlwxzbg/hlwtjbg/202102/P020210203334633480104.pdf。

图 1-1　约翰·P. 巴洛（John Perry Barlow）

互联网。他在《网络独立宣言》中宣称——

工业世界的政府们，你们这些令人生厌的铁血巨人们，我来自网络世界——一个崭新的心灵家园。作为未来的代言人，我代表未来，要求过去的你们别管我们。在我们这里，你们并不受欢迎。在我们聚集的地方，你们没有主权。

我们没有选举产生的政府，也不可能有这样的政府。所以，我们并无多于自由的权威对你发话。我们宣布，我们正在建造的全球社会空间，将自然独立于你们试图强加给我们的专制。你们没有道德上的权力来统治我们，你们也没有任何强制措施令我们有真正的理由感到恐惧。

政府的正当权力来自被统治者的同意。你们既没有征求我们的同意，也没有得到我们的同意。我们不会邀请你们。你们不了解我们，也不了解我们的世界。网络世界并不处于你们的领地之内。不要把它想成一个公共建设项目，认为你们可以建造它。你们不能！它是一个自然之举，于我们集体的行动中成长。

你们没有参加我们的大型聚会对话，也没有在我们的市场中创造财富。你们不了解我们的文化和我们的伦理，或我们的不成文的“法典”（编码）——与你们的任何强制性法律相比，它们能够使我们的社会更加有序。

你们宣称我们这里有些问题需要你们解决。你们用这样的借口来侵犯我们的世界。你们所宣称的许多问题并不存在。哪里确（实）有冲突，哪里有不法行为，我们会发现它们，并以我们自己的方式来解决。我们正在达成我们自己的社会契约。这样的管理将依照我们的世界——而不是你们的世界——的情境而形成。我们的世界与你们的世界截然不同。

…… ……①

受此种思潮的影响，网络世界一度弥漫一种无政府主义的情绪。在不同国家、不同地区的许多网民身上都有不同程度的表现，比较常见的典型形象是黑客和骇客。黑客最早源自英文“hacker”，原指热心于计算机技术、水平高超的电脑专家，尤其是程序设计人员，如今黑客一词已被用于泛指那些专门利用电脑搞破坏或恶作剧的家伙。骇客是英文“cracker”的音译，就是“破解者”的意思，他们做的事情更多的是破解商业软件、恶意入侵别人的网站并造成损失等。除此之外，一度流行的闪客、博客、播客、饭圈也不易受掌握和控制。

诚然，网络的无政府主义并不意味着网络空间不受任何管束，技术标准便是网络空间无法回避的主要人为规则。一般来说，网络技术标准是保证网络顺利运行的标准化协议，它适用于所有与因特网相连接的网络，旨在通过克服计算机网络的异构互连障碍，为全球搭建开放性的信息交流平台。从来源上看，网络技术规范并不是由某一国家或政府间国际组织所制定的，而是由因特网工程任务组（IETF）、万维网联盟（W3C）、国际标准化组织（ISO）、国际电讯联盟（ITU）、美国电气和电子工程师协会（IEEE）等组织参与制定的。假如有人不遵守这些技术规范，他就有可能失去进入网络世界的钥匙，因此网络技术规范具有很强的实际执行效力。

显而易见，技术标准在网络空间并不能替代法律规范发挥作用。前者具有自律性和技术性，后者具有他律性和价值性；前者与网络的产生和发展同步，后者既可能产生于网络产生之前，也可能产生于网络发展之后。特别是随着网络对人类生活影响的加剧，仅有技术标准而无法律规范的负面效应在全世界开始体现：网络违法犯罪日益猖獗，知识产权、个人隐私和个人信息在网上受到严重的侵犯，甚至国家安全、社会安全都面临严重的威胁……在这样的大背景之下，人们发现，法律作为一种专门化的、具有强制效力的工具，仍是化解网络争端或纠纷的重要手段。

我国曾经使用“网络社区理论”帮助解释网络法律的重要性。按照这一理论，网络就相当于人类社会开辟的一个新社区。早期上网的人不是很多，人们各得其乐，并不需要专门的法律。当然，随着不同网络社群的兴起，网络世界也发展出了为其成员所遵循的网络“习惯法”，这还不是真正意义上的国家法律。但由于“来此一游”的人越来越多，网络已经成为许多人生活的一部分，各种违法或纠纷现象随即出现，于是由国家法律强力介入网络便成为“社区”人们的新共识。

总而言之，网络空间不能无法无天，各国都必须创建“解决因网络而带来的新问题”的有关法律，这是当今人们的基本共识。在案例 1－1 中，教育部之所以启

① ［美］约翰·P. 巴洛：《网络独立宣言》，李旭、李小武译，载高鸿钧主编：《清华法治论衡》，第 4 辑，509－511 页，北京，清华大学出版社，2004。

动高校 BBS 实名制，正是为了对高校 BBS 空间进行有效的行政治理，这在形式上迎合了依法治网的新潮流。不过，高校 BBS 实名制是否真正符合法治的公平、正义精神，是否涉嫌粗暴地践踏网络法治的精神，值得人们进一步探讨。一言以蔽之，此类治理网络的途径亦有完善的空间。

应该说，当今各国对网络空间的法律规制有走向相对“网络自治论”之另一端的可能，这就是学者关注的“网络巴尔干化”的浮现。“网络巴尔干化”论是指网络空间分裂为各怀利益动机的繁多子群趋势的观点。① “网络空间审查和过滤常态化以及‘网络边界’在国家间的显现是‘网络巴尔干化’的重要例证。曾经被认为是不正常的管控现在几乎成了标准动作。如今的现实是不管是东方还是西方，不管是转型中国家还是成熟的西方民主国家，互联网过滤已经成了普遍实践。对网络空间的审查和管控已经不仅限于所谓的极权国家，也不再是大众视野之外偷偷摸摸的行为，而是正在形成一种全球的常态和规范。尽管许多国家可能仍羞于承认自己采纳措施对网络内容进行过滤或对敏感网站查封，但或多或少都在一些模糊的国家安全法律的掩护下对本国网络空间进行管制”②。显而易见，人们对于“网络巴尔干化”样态的基本成因、全球治理阵营分化与利益较量、网络空间全球法治的趋势与未来，也应该有着冷静的观察和独立的思考。

三、网络法是网络与法律的结合

网络技术为人类创造了一个独立的网络空间——一个由网址和数码信息等构成的虚拟世界、数字世界。这是一个同物理实体空间相融合的并行空间。那么，传统法律能否有效地规范这样一个空间呢？答案是“不能一概而论”。有些发生在网络空间的案件，没有什么特殊性，完全可以援引传统法律加以解决；有些发生在网络空间的案件，明显不同于物理空间的案件，因此需要适当变通传统法律，甚至颁行新的专门法律来加以解决。这些变通修法和创新立法的行为，就使一种新的法律制度——网络法应运而生。

在全球范围内，网络法都是网络与法律相结合的产物，或被称为“网络＋法律”的混血儿。但是，不同国家或地区的“混血儿”存在着或多或少的差异，并不存在一个统一的、稳定的模式。有些网络法以“网络管制”为基本价值取向，倾向于管制网络行为、消除网络的负面影响。例如，关于“网络实名制”“滤网”“封堵”方面的立法，就是典型的例子。它们在一定程度上净化了网络，同时也容易导致网络产业的萎缩，因而招致了不同的争议。而另一些网络法旨在促进网络的蓬勃

① Van Alstyne M.，Brynjolfsson E.. Electronic Communities：Global Village or Cyberbalkans?. Economic Theory，1996. http：//web. mit. edu/marshall/www/papers/CyberBalkans. pdf.

② 蔡翠红：《国家—市场—社会互动中网络空间的全球治理》，载《世界经济与政治》，2013（9），93页。

发展，以“保护网络主体的基本权利”为基本理念，专门规定了一些网络上特有的权利和利益。例如，关于网络上“个人信息权”“域名权”“网络传播权”“被遗忘权”“数据权”“虚拟财产权”等，就是通过立法手段已经予以确立或将要确认的新型权利。

笔者认为，上述两种立法价值不可偏废，它们在某种意义上还是相通的。一方面，净化了网络就维护了网民或其他人的权利；另一方面，网络维权通畅了，网络管制的压力也就会小一些。总之，任何国家都应当在修订或创设网络法中践行一种平衡的观念。

第二节 网络法的独立性与体系性

一、关于网络法的独立性

（一）网络法之独立与不独立

网络法与传统法律部门如宪法、刑法、民法、商法、经济法、行政法、刑事诉讼法、民事诉讼法、证据法、社会法等究竟是什么关系？它是不是一个独立的法律部门？这些基础性的问题，关乎网络法的真伪、存废与走向，关系到网络法的定位，没有一个明确的判断显然是不行的。这些问题自从网络法初现端倪就为学术界所热烈研讨，时至今日渐趋明朗。

从世界范围来看，早在1996年美国芝加哥大学就上演过关于网络法地位的激烈论战，史称“马法之议”。虽然那次会议未能形成定论，但其发酵功效一直持续下来，以至于人们再探讨网络法的真谛时言必提之。迄今为止，关于网络法的“马法之议”，已经成为一个经典话题。

那是一次较早的网络法研讨会（当时叫“网络空间法研讨会”）。在大多数人尚不知道“网络是何物”“网络有法无法”的时候，一群嗅觉灵敏的法律专家学者济济一堂，共谋网络法百年大计。出乎意料的是，与会者弗兰克·H. 伊斯特布鲁克面对济济一堂的网络法拥趸，抛出了“马法非法”的爆炸性发言。他说，网络法的意义就同“马法”——关于马的法律差不多。①

“马法”是一个必要的法律部门吗？显然是否定的。马的所有权问题由财产法规范，马的买卖问题由交易法管束，马踢伤人分清责任要找侵权法，马的品种、许可证、估价和治病均有相应部门法处理……如果有人企图将之汇集为一部“马法”，那将极大地损害法律体系的统一性。他指出：因特网引起的法律问题具有同样的性

① Frank H. Easterbrook. Cyberspace and the Law of the Horse. 1996 *U. Chi. Legal F.* 207. https://heinonline.org/HOL/LandingPage?handle=hein.journals/uchclf1996&div=9&id=&page=.

质。网络空间的许多行为很容易归入传统法律体系加以调整，为了网络而人为地裁减现行法律、创制网络法，不过是别出心裁，没有任何积极意义。由所谓的网络侵权法、网络合同法与网络财产法等构成的网络空间法是根本不存在的。

图 1-2　弗兰克·H. 伊斯特布鲁克（Frank H. Easterbrook）

他主张，各大法学院所开设的课程应该限定于那些阐释整体法律精神的部分，而不是开辟一门像网络法一样的琐碎课程。他侃侃而谈，最后“敦请”大家回家。当然，他也建议各位研究者继续从事自己的“网络法”研究，而不要受“网络法”地位不独立的影响。

伊氏时任美国联邦上诉法院的法官，拥有很高的学术地位。他的“马法非法”论产生了轰动性效应。① 与会者面面相觑，站起来据理力争者有之，事后撰文反驳者更多。

总的来看，反对者虽认同伊氏的“马法非法”之议，但却认为“网络法绝非马法”。如哈佛大学法学教授劳文斯·莱斯格指出，网络空间是一个特殊的法律调整对象，它蕴含着其他事物所没有的法律规制问题，这些问题是传统法律所不能调整的，而且是经常出现的。② 网络法不可能是从宪法、民事诉讼法、合同法以及行政法等法律中剥离出来的一部分，而是一个有机的整体。为此，劳文斯·莱斯格教授专门列举了两个法律问题加以说明：一是言论分区制度（Zoning Speech）。在现实的物理空间，色情信息是分区的，成年人之间享有谈论色情的自由，但这些信息对未成年人而言属于“不良信息”，因而被严格禁止接触。诚然，一个未成年人也可

① 我国学者将伊氏“马法非法”论中的“马法”解析为三重含义：一是“‘马法’＝‘玩儿票’式的交叉研究”，二是“‘马法’＝只见现象、不见本质”，三是“‘马法’＝新辕套老马”。参见戴昕：《超越“马法”？——网络法研究的理论推进》，载《地方立法研究》，2019（4），3-6页。

② Lawrence Lessig. The Law of the Horse：What Cyberlaw Might Teach. 113 Harv. L. Rev. 501（1999）.

图 1-3 劳文斯·莱斯格（Lawrence Lessig）

能故作成熟，假装为一个成年人。但这样的代价是很大的，也容易被识别。这样一来，成年人与未成年人所享有的言论自由就有所区隔。而到了虚拟的网络空间，言论分区制却根本行不通，因为年龄成了一个无法自然识别的因素。无论是成年人还是未成年人，接触网络的方式都是同等的，没有任何方法能够将他们有效地区分开来。

二是隐私保护制度（Protected Privacy）。在现实的物理空间，当你走进一家商场准备购物时，假如商场保安记录下了你的名字，假如商场照相机拍下了你的行踪，假如商场员工悄悄注视你并记下了你的购物爱好，假如在你付账之前收银员要求你出示身份证明……那么，你会对这一切有着较清楚的知情。这样你就可以选择是否在这样的一个商场购物。假如你介意自己的个人信息被收集的话，那么换一家商店；反之，假如你不介意，而更多地为该店的低廉价格所吸引，那么也不妨继续购物。无论如何，你对个人隐私是享有受保护的权利的，至少你有知情权。而到了虚拟的网络空间，人们却根本做不到这一点。比如你进行网络购物时，网上商店能够记下“你是谁”“你通过点击鼠标浏览网站的习惯”“你从何处上的网和下的订单”，等等，最重要的是这些数据的收集都是由商家电脑自动完成的，你无法察觉且无法表示是否同意。这样一来，网络购物时的隐私保护就沦为一句空话。

劳文斯·莱斯格教授还指出：网络规制离不开四种机制——法律、道德、市场与结构（指网络空间的构成体系）。其中，法律命令人们在网络空间应当如何行事、威胁不这么行事将遭受制裁。这些相关的规则便是网络法。由此，他对伊氏“马法非法”论的一个主要反驳点是，“网络法实际上也有其自身独特的理论问题，即所谓‘代码即法律’（code is law）”①。

毋庸讳言，现如今关于网络法能否独立的争议在各个国家并没有完全平息。但自芝加哥大学会议过去十多年后，美国哈佛、耶鲁等顶尖法学院即设立了因特网法律研究中心，欧美大学开设网络法课程的情况也发生了重大的变化。几乎所有的美

① 戴昕：《超越“马法”？——网络法研究的理论推进》，载《地方立法研究》，2019（4），9页。

国法学院都开设了一门或多门与因特网有关的必修课或选修课，欧洲国家的情况也大体如此。在这些法律院系，学生们选学相关课程也是人气爆棚。究其原因，一方面是学生希望掌握一门从事21世纪法律执业活动的必要部门法律知识，另一方面是教授和学生通过研究网络空间的法律问题，能够重新思考那些在头脑中根深蒂固的传统法律原则和观念。① 在全球范围内网络法及相关课程开设得如火如荼，也从另一个角度佐证了网络法的新独立地位。

诚然，关于网络法的独立性是体现为独立的部门法还是独立的领域法，存在不同的声音。所谓部门法，也称为法律部门，"是按照一定的标准和原则对一国现行全部法律规范进行合理分类所形成的具有相同属性的法律规范"②；所谓领域法，"是指特定领域的法律范畴，是一种实证研究方法在法律认知过程中的抽象归类，是面向实证的、基于复杂法律现象，并对法律关系类型化的妥适提炼"③。在我国，《中共中央关于全面推进依法治国若干重大问题的决定》提出了"加强重点领域立法"的内容，加深了"领域法"概念在社会上的认可度。从表现形式上看，"领域法"和"部门法"都是对"法"的归类，但"对法的归类"对于"领域法"和"部门法"两者而言，具有完全不同的性质。④ 一些学者将网络法（或互联网法）归入领域法的范围⑤，将网络法课程归入领域法课程的范围⑥，主张网络法呈现为"领域法"⑦；也有论者进行中美两国领域法学研究概况对比时，将"网络犯罪"列举为"美国相应的领域研究举要"，与中国的传统部门法学"刑法学"对应，并指出"酒法""马法""蜜蜂法""博物馆法""艺术法""电影法"等是美国独有的领域法研究⑧；还有人持折中观点，认为"领域"和"部门"本就很难截然二分，"领域法"和部门法的界限其实是模糊的，并举例说"有些事项属于典型的'领域法'，比如'加强互联网领域立法'，其同样涉及多个部门法，至少可从行政法、经济法、刑法、民法等多个维度加以检视"⑨。笔者认为，澄清这些理论分歧，有待未来的研究深化和实践检验。从当下来看，人们需要回答的是网络法是否可以作为一个新兴交叉法律领域或法律部门而存在的问题，答案可以说是"两可"。

① Patricia，Paul & David. Cyberlaw：Problems of Policy and Jurisprudence in the Information Age. West Group，U. S.，2003，p. 1.

② 舒国滢主编：《法理学导论》，123页，北京，北京大学出版社，2006。

③ 王桦宇：《论领域法学作为法学研究的新思维——兼论财税法学研究范式转型》，载《政法论丛》，2016（6），63页。

④ 参见梁文永：《一场静悄悄的革命：从部门法学到领域法学》，载《政法论丛》，2017（1），68页。

⑤ 参见刘剑文：《论领域法学：一种立足新兴交叉领域的法学研究范式》，载《政法论丛》，2016（5），8页。

⑥ 参见熊伟：《问题导向、规范集成与领域法学之精神》，载《政法论丛》，2016（6），57页。

⑦ 魏永征：《网络法和传媒法》，载《汕头大学学报（人文社会科学版）》，2016（8），125页。

⑧ 参见吴凯：《论领域法学研究的动态演化与功能拓展——以美国"领域法"现象为镜鉴》，载《政法论丛》，2017（1），79页。

⑨ 侯卓：《"领域法学"范式：理论拓补与路径探明》，载《政法论丛》，2017（2），88页。

（二）网络法走向独立部门或领域的土壤与路径

回顾关于网络法定位的历史争议，一个重要的启示就是要选择合理的路径与立足于基础的土壤。如果将网络法简单地理解为与网络有关的法律，完全从各个传统法律部门或领域的角度探讨所涉及的网络法律问题，那网络法就是一部类似于“马法”的零散体系；如果将网络空间引发的特殊法律问题单列出来，并以此为基础来透视和重构全新的理念、规则，那么网络法就有巨大的生存空间和独立价值。具体来说，网络法的独立性是由如下的基础土壤决定的。

首先，网络空间是一个同现实空间有着明显区别的特殊空间。人们不能直接进入这样一个虚拟或数字空间，必须借助计算机等电子设备（有人称之为“电子代理人”“数字助手”）的辅助。在网络空间，所有人均可以相对匿名地互动，不分种族、性别、经济条件、教育背景和阶层，都是平等地相互影响。国与国之间、人与人之间不再存在物理的界限，传统的空间距离感事实上消失了。网络中时间因素不容易确定下来，人们可以有条件地借助“网页时光机”等回到过去。信息混乱、来源多样、真伪难辨，而且不良信息一旦上网就只能待其慢慢沉淀下来，不会根本性消失干净……诸如此类的差异还有很多，这就使传统法律通常难以直接地适用于网络空间。若机械套用传统法律来处理网络空间的各种法律问题，必然是削足适履。要使网络空间走上法治之路，人们必须立足于网络空间的一些基本特点。

其次，网络空间的法律行为具有特殊性。法律行为是行为人要实现某种法律效果的一种意思表示，属于法律调整的主要对象。虽然现实空间的法律行为与网络空间的法律行为在本质上都是一种意思表示，但两者在外观和具体形态上有很大的区别：（1）网络空间的法律行为具有效率性。在现实世界中，法律行为受到特定时空的影响，其成立往往有一段比较麻烦的过程；而网络空间的法律行为不存在上述问题，即使独处居室者也可以亲自实施法律行为，意思表示不再受制于特定时空。（2）网络空间的法律行为具有独特的技术性。在现实社会中，具体的法律行为或者是书面的或者是口头的，并没有什么难点；在网络环境中，法律行为都带有一定的技术特征，普通的如收发电子邮件、访问网址等，更为深层的如编写基于网络运用的专门程序等。（3）网络空间的法律行为要求较高的安全保障。网络空间的法律行为的双方当事人可能相隔万水千山，双方的身份难以辨别；加上电子文件修改比较方便、灵活和随意，还可能在网络间的传递过程中出现差错。所有这些都给网络诈骗提供了条件。①

再次，网络空间的权利具有特殊性。这主要表现为网络空间的权利呈现公共领域和私人领域的界限模糊问题。权利与自由是私人领域和公共领域分界的结果。德国学者哈贝马斯说，私人领域就是个人交往的领域，其核心是内心领域（家庭和

① 参见张宇润：《试论网络法律行为》，载《学术界》，2003（1），72页。

私人财产），同时包括商品流通和社会劳动领域，等等；公共领域则在一定意义上指政治公共领域（如国家）以及一些特定的领域，如文学公共领域。① 在现实空间中，私人领域和公共领域的界限比较明显；而在网络条件下，私人领域和公共领域的界分已经十分困难。② 例如，在网络空间中朋友圈、聊天室、聊天群，甚至博客、微博中的许多限于私人间的话语，披上了公共性表达的色彩；公民身份等个人信息是不是一种个人财产，处于模糊状态；对网络上发表的作品如何合理地使用，存在着重大的分歧；数据主体是否有权要求数据控制者删除关于其个人信息，以及数据控制者是否有责任在特定情况下予以删除，各国法律并未达成一致；等等。

最后，网络空间是各国法律大碰撞的“竞技场”。该空间正成为各国，特别是主要大国斗争与合作的新疆域。“如果说 1990 年代是以互联网（包括网络安全问题）自发、自治发展为特征的 10 年，2000 年代是相关国内立法显著加快的 10 年，那么，2010 年代很可能是国际立法逐渐强化的 10 年”③。各国间围绕网络安全国际立法的博弈，将是一个长期和持续的过程。④ 历史上，2011 年伦敦网络空间会议开创了以网络安全和网络空间治理为主题的大规模会议的先河，但并未达成任何成果性文件。此后又有 2012 年布达佩斯网络空间会议、2013 年首尔网络空间会议、2015 年海牙网络空间国际会议等陆续召开，达成了一些国际共识，但尖锐的交锋依然存在。不同国家参与网络空间全球治理也分化为利益共同体、竞争共同体、身份共同体和风险共同体。⑤ “现在似乎在网络空间全球治理中有越来越多法规出现的迹象，例如，国内立法、国家间的条约、协定、公约以及一些授权立法，如条例和章则等。”⑥ 各种国际组织、主权国家参与到网络空间的密集法律竞赛中，客观上也加重了网络法走向独立的砝码。

此外，我国还有学者从其他角度给出了网络法具有独立性的论据。如来小鹏认为，“网络法有独立的规范内容”“网络法有独立的基本特性”“网络法有独立的基本原则”⑦；于志刚、唐磊认为，中国的网络法已具备作为独立部门法的所有条件，包括“特殊调整对象”“特殊调整手段”“立法基础”“司法基础”“学术基础”“政

① 参见［德］哈贝马斯：《公共领域的结构转型》，曹卫东等译，171 页，上海，学林出版社，1999。
② 参见周江洪：《网络法问题的法哲学分析》，载《兰州大学学报》，2002（6），71 页。
③ 黄志雄：《2011 年“伦敦进程”与网络安全国际立法的未来走向》，载《法学评论》，2013（4），52－57 页。
④ 参见上文。
⑤ 参见蔡翠红：《国家—市场—社会互动中网络空间的全球治理》，载《世界经济与政治》，2013（9），96－101 页。
⑥ 同上文，105 页。
⑦ 来小鹏：《论作为独立法律部门的网络法》，载《法学杂志》，2019（11），67－71 页。

策基础”等，并给出了对其内涵和外延的解析。[①] 这些学术讨论无疑是给人以良好启迪的。

在笔者看来，无论是从网络空间、网络行为与网络权利的独特性角度来看，还是从各国围绕网络空间开展法律竞技的现实来看，将网络法当作一个独立的法律部门或领域已经不存在任何问题。照此定位，网络法可以被界定为一个以网络空间行为为调整对象的，同现有法律不简单重复的另类规范体系。换言之，网络法是调整与网络有关的各种社会关系的法律规范的总称。诚然，在不同国家、不同法域网络法的形成机理和表现形式不尽相同。这需要结合各国现有的法律体系进行符合国情的构建。

二、关于网络法的体系性

网络法在逐步走向独立的过程中，始终呈现为体系性的存在。美国网络法先驱劳文斯·莱斯格曾经告诫道，网络法是现实社会整体法律的完整映射，因此，应该从一个整体而不是局部来构建网络法律体系。[②] 时至今日，这一思想仍然极具指导价值。

第一，网络法因系统性地改造传统法律和创设新型法律而诞生。无论是从哪种含义上理解网络法，网络法都不可能脱离传统法律体系而自我存在，都摆脱不了与其他法律的关系。其他法律（主要是刑法、民法、商法、经济法、行政法、刑事诉讼法、民事诉讼法、证据法、社会法等传统法律）需要回应网络应用带来的机遇与挑战，通常通过修订和解释能够适应要求。这是在一种既有体系之中或之外进行的全面调整。而对于一般法律确实无法解决的新情况、新问题，国际社会、主权国家还需要尊重互联网内在规律及时推进专门立法。这两项工作均带有牵一发而动全身的特点，呈现不同法律的关联条文同频共振的特点。如针对网络时代的大数据权益保护问题，人们很难设想由一部法律来单独调整，它通常需要形成“民法—刑法—诉讼法—安全法”的一体推进，也需要实践中当事人、行政执法人员、司法工作人员、律师等法律主体的多元共治。网络法调整的对象基本上是与此类似的问题。

第二，网络法属于不同国际组织、主权国家进行群体回应和相互博弈的综合产物。网络法自诞生伊始，就带有国与国之间对抗、合作的影子，不同国际组织亦无法置身事外。“国际组织和国家间机构拥有的是一种体系性权力。国际组织作为一个体系的存在，它既可以通过制定相关国际机制对网络空间的运行进行规约，同时，它又可以利用体系的排他性或对应的专属性来对体系外及体系内的成员进行协

① 参见于志刚、唐磊：《网络法作为独立部门法的正当性研究——从法理和实证的统合视角再议“马法之争”》，载《江汉论坛》，2020（2），133－136页。

② Lawrence Lessig. The Law of the Horse：What Cyberlaw Might Teach. 113 *Harv. L. Rev.* 501（1999）.

调与制约。”[①] 人们看到的许多网络法律制度都是不同法域、不同法系像发生地球板块碰撞所产生的结果。以当下的跨境电子取证制度演进为例：2018 年 3 月美国国会紧急通过《澄清合法使用海外数据法》，直接规定在美国的网络服务提供者有义务依法保存和披露其在全球范围内的数据。[②] 由此形成了美国执法机关直接获取域外电子证据的机制——又一美国特色的“长臂管辖权”。自同年 4 月开始，欧盟的相关机构开始协力推动“欧盟电子证据条例”出台，拟推出专门的欧洲提交保存令，赋予成员国执法机关直接面向网络服务提供者更快获取欧盟境内外电子证据的权力。[③] 同年 10 月，我国颁布《国际刑事司法协助法》，于第 4 条第 3 款专设一项限制对外提供证据材料的制度：“非经中华人民共和国主管机关同意，外国机构、组织和个人不得在中华人民共和国境内进行本法规定的刑事诉讼活动，中华人民共和国境内的机构、组织和个人不得向外国提供证据材料和本法规定的协助。”至于此前此后一些国家出台的关涉重要数据境内储存的制度——“数据主权制度”，大体也是相关领域的连锁反应。

第三，网络法的相关学科发展过程呈现阶段性集群发力的特点。法律学科是相关部门法、领域法的理论抽象，网络法学科（即网络法学）的演变可以反过来映射出网络法的体系性进路。从世界范围来看，与网络法相关的法律学科曾经有计算机法学、互联网法学、信息技术法学、数据法学、人工智能法学、机器人法学、未来法学、法律科技等学科概念。它们所关注的网络法从来不是一部单一法律，而是自成一个系统的集群法律或法律群。网络法学的发展早期是如此，新近阶段亦是如此，如人工智能法学所关注的人工智能法律法规完全不可能是单独的法律或者碎片化的立法，而应当是针对不同层级的法律进行相应的调整、针对少部分特殊领域进行专门立法而形成的一个特别法律体系。从这个角度来说，网络法的体系性还体现出一定的时代性，带有当下法治与未来法治相区隔的色彩。

总之，虽然没有两个国家存在着完全一致的网络法制度，但世界范围内的网络法大体都可以归入一种融国际公约、国际示范法、区域组织法律、主权国家立法、地方性法律法规于一体的复杂体。认识到这一点，对于改进我国网络法制度建设相当重要。有专家认为，我国互联网法存在的主要问题是“缺少顶层设计”“规范层

① 蔡翠红：《国家—市场—社会互动中网络空间的全球治理》，载《世界经济与政治》，2013（9），107 页。

② Clarifying Lawful Overseas Use of Data (Cloud) Act. H. R 1625. 115th Cong. div. V, §103 (a) (1) (2018).

③ European Commission. Proposal for a Regulation of the European Parliament and of the Council on European Production and Preservation Orders for electronic evidence in criminal matters. COM (2018) 225 final, pp. 1-54. [2020-07-17]. https://eur-lex.europa.eu/resource.html?uri=cellar:639c80c9-4322-11e8-a9f4-01aa75ed71a1.0001.02/DOC_1&format=PDF.

次低、立法碎片化”“简单搬用现实社会管理方法”①。这表明我国的网络法治建设在践行网络法体系化建设方面确有不足。下一节立足于中国网络法进一步展开阐述。

第三节　中国网络法概览

一、中国网络法的现实架构

我国建设网络法的起步并不晚，且新近阶段发力十足，已经建成一个具有四梁八柱的框架结构。一方面，国家立法机关相继颁布了一大批与网络有关的专门法律、行政法规、部门规章和司法解释等；另一方面，新制定或新修订的专门法律、行政法规、部门规章和司法解释中也规定了一些与网络活动有密切关系的内容。这些不同层级的法律规范已经相当庞杂，下面从不同角度进行简要说明。

（一）中国网络法的纵横架构

从纵向来看，我国现行的网络法主要包括五个层面，如表 1-1 所示。

表 1-1　　中国网络法的层面

立法层级	立法主体	代表性法律示例
基本法律	全国人大或其常委会	《电子签名法》 《网络安全法》 《关于加强网络信息保护的决定》
行政法规	国务院	《互联网上网服务营业场所管理条例》（2019 年修订） 《信息网络传播权保护条例》
司法解释、部门规章	最高人民法院、最高人民检察院或公安部	《关于办理利用互联网、移动通讯终端、声讯台制作、复制、出版、贩卖、传播淫秽电子信息刑事案件具体应用法律若干问题的解释》《关于办理互联网、移动通讯终端、声讯台制作、复制、贩卖、传播淫秽电子信息刑事案件具体应用法律若干问题的解释（二）》 《关于办理利用信息网络实施诽谤等刑事案件适用法律若干问题的解释》 《关于网络查询、冻结被执行人存款的规定》 《关于审理侵害信息网络传播权民事纠纷案件适用法律若干问题的规定》（2020 年修正）

① 周汉华：《论互联网法》，载《网络信息法学研究》，2017（1），25-26 页。

续表

立法层级	立法主体	代表性法律示例
部门规章、地方政府规章和其他规范性文件	各部委，省、市人大，省政府及相关部门	工业和信息化部《电信和互联网用户个人信息保护规定》 公安部《计算机信息网络国际联网安全保护管理办法》 公安部《公安机关互联网安全监督检查规定》 国家新闻出版总署等《网络出版服务管理规定》 人力资源和社会保障部《网络招聘服务管理规定》 国家互联网信息办公室《网络信息内容生态治理规定》 国家互联网信息办公室《儿童个人信息网络保护规定》 国家互联网信息办公室《网络音视频信息服务管理规定》 国家互联网信息办公室《区块链信息服务管理规定》 国家广电总局《广播电视网络安全等级保护定级指南》 国家互联网信息办公室等《网络安全审查办法》 交通运输部等《网络平台道路货物运输经营管理暂行办法》 交通运输部等《网络预约出租汽车经营服务管理暂行办法》 人社部《网络招聘服务管理规定》 中国银行保险监督管理委员会《互联网保险业务监管办法》 浙江省《保障“最多跑一次”改革规定》
国际公约或条约	中国政府	联合国《国际合同使用电子通信公约》

从横向来看，我国现行的网络法主要涉及电子签名法、网络安全法、数据安全法等基础法，电子商务法、电子政务法、个人信息保护法、网络犯罪法、电子证据法等专门法，网络空间刑事管辖制度、网络空间民事管辖制度以及网络空间法律适用制度等相关法。这一分类同传统法律部门并不对应，但它充分考虑到了从严从实限定网络法范围的立场。另外，考虑到网络法不限于领域法、部门法的理论与制度问题，也涉及网络空间法治化的实践问题，本书最后将极富特色的大数据智能司法纳入网络法现实架构，一并展开阐述。这实际上构成了本书后文的写作轴线。

（二）中国网络法的特色实践：网信行政执法

互联网不是“法外之地”，中国持续性推进着网络空间的法治建设。在网络法治的实践方面，网信行政执法值得重点提出。它是一种最有影响力的探索举措，也是一种具有特色的依法管网活动。2014 年 8 月 26 日，国务院发布《关于授权国家互联网信息办公室负责互联网信息内容管理工作的通知》（国发〔2014〕33 号），授权重新组建的国家互联网信息办公室负责全国互联网信息内容管理工作，并负责监督管理执法。一些地方政府亦作出相似的授权。① 这些授权性规定赋予了网信部门一种特殊的行政执法权力，即“互联网信息内容管理”“监督管理执法”两个方

① 如 2016 年 7 月 21 日，河北省人民政府发布《关于授权河北省互联网信息办公室负责互联网信息内容管理工作的通知》（冀政字〔2016〕27 号）；2016 年 12 月 2 日，湖南省人民政府发布《关于授权湖南省互联网信息办公室负责互联网信息内容管理工作的通知》（湘政发〔2016〕28 号）。

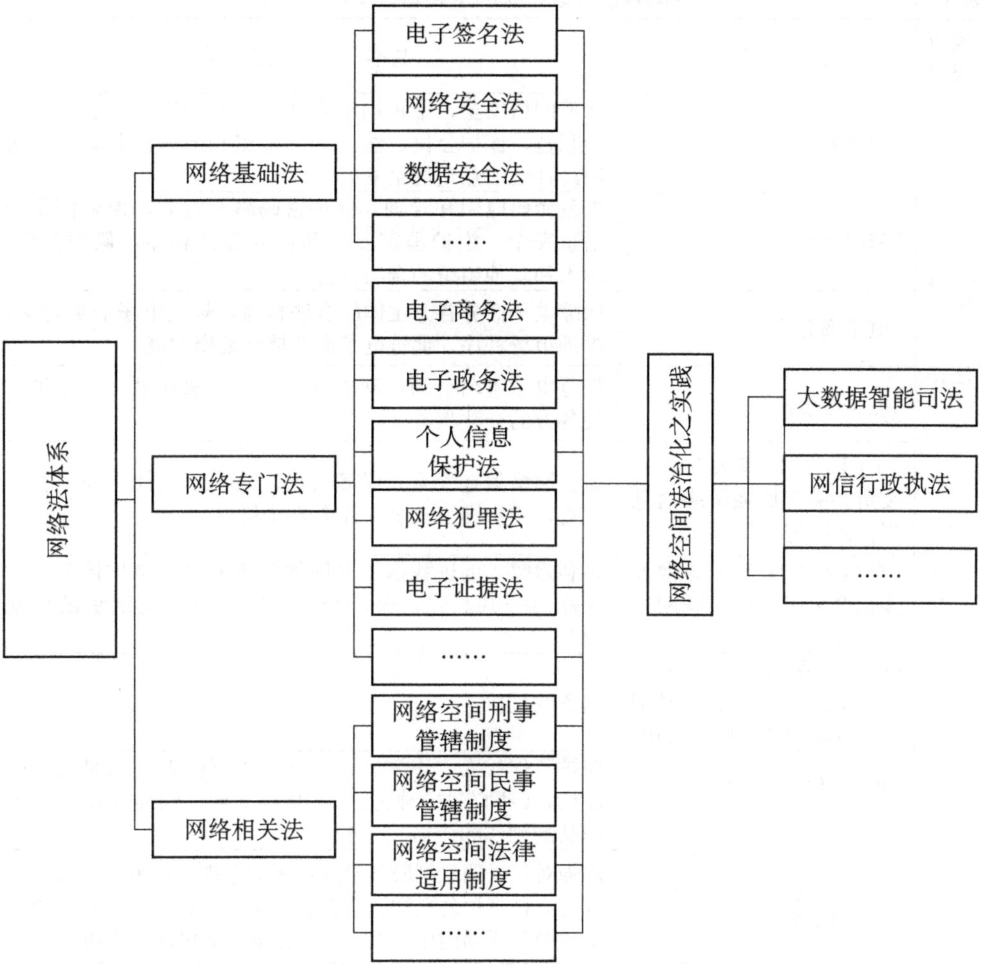

图 1-4 中国网络法的现实架构

面。此后，随着《网络安全法》等法律进一步确立“网信部门负责统筹协调、其他部门在各自职责范围内分工负责”的体制，网信部门日益成为我国网络法治建设中一支重要的依靠力量。这样一来，一种新形态的依法管网方式——网信行政执法应运而生。

简单地说，网信行政执法是由网信部门统筹协调，由其他相关主管部门参与联动，对互联网平台等主体进行的一种行政执法。其执法主体包括中央/国家网信办等网信部门，也包括其所协调的有关行政部门；其执法依据相当庞杂，构成一个以基本法律为统领，包括行政法规、部门规章以及一些司法解释、地方政府规章在内的法律规范体系；其执法手段包括对违法组织、个人进行警告、罚款、没收违法所得、责令停产停业、暂扣或者吊销许可证、行政拘留等行政处罚，对相关主体行政约谈。列举其主要规范和执行内容如表 1-2。

表 1-2　　中国网信行政执法的主要规范及内容①

规范层级	规范的名称	基本宗旨与主要内容
法律	《网络安全法》	保障网络安全，维护网络空间主权和国家安全、社会公共利益，保护公民、法人和其他组织的合法权益，促进经济社会信息化健康发展
	《密码法》	规范密码应用和管理，促进密码事业发展，保障网络与信息安全，维护国家安全和社会公共利益，保护公民、法人和其他组织的合法权益
	《电子商务法》	保障电子商务各方主体的合法权益，规范电子商务行为，维护市场秩序，促进电子商务持续健康发展
	《电子签名法》	规范电子签名行为，确立电子签名的法律效力，维护有关各方的合法权益
	《全国人民代表大会常务委员会关于加强网络信息保护的决定》	保护网络信息安全，保障公民、法人和其他组织的合法权益，维护国家安全和社会公共利益
	《全国人民代表大会常务委员会关于维护互联网安全的决定》	兴利除弊，促进我国互联网的健康发展，维护国家安全和社会公共利益，保护个人、法人和其他组织的合法权益
行政法规	《国务院关于授权国家互联网信息办公室负责互联网信息内容管理工作的通知》	国务院授权
	《信息网络传播权保护条例》	保护著作权人、表演者、录音录像制作者的信息网络传播权，鼓励有益于社会主义精神文明、物质文明建设的作品的创作和传播
	《互联网上网服务营业场所管理条例》	加强对互联网上网服务营业场所的管理，规范经营者的经营行为，维护公众和经营者的合法权益，保障互联网上网服务经营活动健康发展，促进社会主义精神文明建设
	《计算机软件保护条例》	保护计算机软件著作权人的权益，调整计算机软件在开发、传播和使用中发生的利益关系，鼓励计算机软件的开发与应用，促进软件产业和国民经济信息化的发展
	《外商投资电信企业管理规定》	适应电信业对外开放的需要，促进电信业的发展
	《互联网信息服务管理办法》	规范互联网信息服务活动，促进互联网信息服务健康有序发展
	《电信条例》	规范电信市场秩序，维护电信用户和电信业务经营者的合法权益，保障电信网络和信息的安全，促进电信业的健康发展

① 根据中共中央网络安全和信息化委员会办公室、国家互联网信息办公室网站（http：//www.cac.gov.cn/zcfg/xzfg/A090902index_1.htm）“政策法规”栏目发布的信息进行整理，截至2021年2月9日。

续表

规范层级	规范的名称	基本宗旨与主要内容
行政法规	《计算机信息网络国际联网安全保护管理办法》	加强对计算机信息网络国际联网的安全保护，维护公共秩序和社会稳定
	《计算机信息网络国际联网管理暂行规定》	加强对计算机信息网络国际联网的管理，保障国际计算机信息交流的健康发展
	《计算机信息系统安全保护条例》	保护计算机信息系统的安全，促进计算机的应用和发展，保障社会主义现代化建设的顺利进行
部门规章	《网络安全审查办法》	确保关键信息基础设施供应链安全，维护国家安全
	《网络信息内容生态治理规定》	营造良好网络生态，保障公民、法人和其他组织的合法权益，维护国家安全和公共利益
	《儿童个人信息网络保护规定》	保护儿童个人信息安全，促进儿童健康成长
	《区块链信息服务管理规定》	规范区块链信息服务活动，维护国家安全和社会公共利益，保护公民、法人和其他组织的合法权益，促进区块链技术及相关服务的健康发展
	《互联网域名管理办法》	规范互联网域名服务，保护用户合法权益，保障互联网域名系统安全、可靠运行，推动中文域名和国家顶级域名发展和应用，促进中国互联网健康发展
	《互联网新闻信息服务管理规定》	加强互联网信息内容管理，促进互联网新闻信息服务健康有序发展
	《互联网信息内容管理行政执法程序规定》	规范和保障互联网信息内容管理部门依法履行职责，保护公民、法人和其他组织的合法权益，维护国家安全和公共利益
	《网络出版服务管理规定》	规范网络出版服务秩序，促进网络出版服务业健康有序发展
	《外国机构在中国境内提供金融信息服务管理规定》	便于外国机构在中国境内依法提供金融信息服务，满足国内用户对金融信息的需求，促进金融信息服务业健康、有序地发展
	《电信和互联网用户个人信息保护规定》	保护电信和互联网用户的合法权益，维护网络信息安全
	《规范互联网信息服务市场秩序若干规定》	规范互联网信息服务市场秩序，保护互联网信息服务提供者和用户的合法权益，促进互联网行业的健康发展
	《互联网文化管理暂行规定》	加强对互联网文化的管理，保障互联网文化单位的合法权益，促进我国互联网文化健康、有序地发展
	《互联网视听节目服务管理规定》	维护国家利益和公共利益，保护公众和互联网视听节目服务单位的合法权益，规范互联网视听节目服务秩序，促进健康、有序地发展
	《专网及定向传播视听节目服务管理规定》	规范互联网等信息网络传播视听节目秩序，加强监督管理，促进社会主义精神文明建设

续表

规范层级	规范的名称	基本宗旨与主要内容
司法解释	最高人民法院、最高人民检察院《关于办理非法利用信息网络、帮助信息网络犯罪活动等刑事案件适用法律若干问题的解释》《关于办理利用信息网络实施诽谤等刑事案件适用法律若干问题的解释》《关于办理利用互联网、移动通讯终端、声讯台制作、复制、出版、贩卖、传播淫秽电子信息刑事案件具体应用法律若干问题的解释》《关于办理利用互联网、移动通讯终端、声讯台制作、复制、出版、贩卖、传播淫秽电子信息刑事案件具体应用法律若干问题的解释（二）》，最高人民法院《关于审理利用信息网络侵害人身权益民事纠纷案件适用法律若干问题的规定》（2020年修正）、《关于审理侵害信息网络传播权民事纠纷案件适用法律若干问题的规定》（2020年修正）等	
规范性文件	《互联网用户公众账号信息服务管理规定》（2021年修订）	规范互联网用户公众账号信息服务，维护国家安全和公共利益，保护公民、法人和其他组织的合法权益
	《网络音视频信息服务管理规定》	促进网络音视频信息服务健康有序发展，保护公民、法人和其他组织的合法权益，维护国家安全和公共利益
	《云计算服务安全评估办法》	提高党政机关、关键信息基础设施运营者采购使用云计算服务的安全可控水平
	《微博客信息服务管理规定》	促进微博客信息服务健康有序发展，保护公民、法人和其他组织的合法权益，维护国家安全和公共利益
	《互联网新闻信息服务单位内容管理从业人员管理办法》	加强对互联网新闻信息服务单位内容管理从业人员的管理，维护从业人员和社会公众的合法权益，促进互联网新闻信息服务健康有序发展
	《互联网新闻信息服务新技术新应用安全评估管理规定》	规范开展互联网新闻信息服务新技术新应用安全评估工作，维护国家安全和公共利益，保护公民、法人和其他组织的合法权益
	《互联网群组信息服务管理规定》	规范互联网群组信息服务，维护国家安全和公共利益，保护公民、法人和其他组织的合法权益
	《互联网跟帖评论服务管理规定》	规范互联网跟帖评论服务，维护国家安全和公共利益，保护公民、法人和其他组织的合法权益
	《互联网论坛社区服务管理规定》	规范互联网论坛社区服务，促进互联网论坛社区行业健康有序发展，保护公民、法人和其他组织的合法权益，维护国家安全和公共利益
	《互联网新闻信息服务许可管理实施细则》	进一步提高互联网新闻信息服务许可管理规范化、科学化水平，促进互联网新闻信息服务健康有序发展
	《互联网直播服务管理规定》	加强对互联网直播服务的管理，保护公民、法人和其他组织的合法权益，维护国家安全和公共利益
	《移动互联网应用程序信息服务管理规定》	加强对移动互联网应用程序（App）信息服务的管理，保护公民、法人和其他组织的合法权益，维护国家安全和公共利益
	《互联网信息搜索服务管理规定》	规范互联网信息搜索服务，促进互联网信息搜索行业健康有序发展，保护公民、法人和其他组织的合法权益

续表

规范层级	规范的名称	基本宗旨与主要内容
规范性文件	《互联网新闻信息服务单位约谈工作规定》	进一步推进依法治网，促进互联网新闻信息服务单位依法办网、文明办网，规范互联网新闻信息服务，保护公民、法人和其他组织的合法权益，营造清朗的网络空间
	《互联网危险物品信息发布管理规定》	进一步加强对互联网危险物品信息的管理，规范危险物品从业单位信息发布行为，依法查处、打击涉及危险物品的违法犯罪活动，净化网络环境，保障公共安全
	《互联网用户账号名称管理规定》	加强对互联网用户账号名称的管理，保护公民、法人和其他组织的合法权益
	《即时通信工具公众信息服务发展管理暂行规定》	进一步推动即时通信工具公众信息服务健康有序发展，保护公民、法人和其他组织的合法权益，维护国家安全和公共利益
政策文件	App 违法违规收集使用个人信息行为认定方法等	

从整体上看，当下我国网信行政执法处在不断清晰化、法治化、规范化的大发展阶段。实践中，各种各样的案件不断涌现，既给网信部门提出了不同的要求，也推动着网信行政执法体制走向完善。

【案例 1-2】

魏则西事件的查处

2016 年 3 月 30 日，罹患重病的大学生魏则西在知乎网“你认为人性最大的恶是什么”的问答之下，记录了自己的求医经历。他通过百度搜索“滑膜肉瘤”，第一条就显示为实际由“莆田系医院”承包的“武警二院”相关科室，这让他产生了错误信赖，导致他在耗尽钱财的同时贻误了病情。4 月 12 日，年仅 21 岁的魏则西病逝。“百度推广”的竞价排名机制——一种付费越多越能被优先搜索到指定链接的算法，由此被推到了风口浪尖。之后，国家互联网信息办公室会同国家工商总局、国家卫计委成立联合调查组，进驻百度公司进行调查并依法处理。

有学者研究认为：“魏则西事件”反映出，原本可能优化商品服务信息供给、提升消费者理性选择能力的信息搜索技术被滥用，劣质医疗资源吸引了有限的注意力，优质医疗资源湮没无闻。这是一种可以被称为“逆向淘汰”的信息技术反噬效应。①

① 参见陆宇峰：《信息社会中的技术反噬效应及其法治挑战——基于四起网络舆情事件的观察》，载《环球法律评论》，2019 (3)，55-56 页。

这一事件也反映出网信行政执法的复杂性与强力度。

二、中国网络法的学术架构

应然意义上的中国网络法结构应该是什么样子？学者往往选择进行多维度的解析，设计出基于其专业背景、历史阶段的理想方案。这对于中国网络法的未来完善，具有启发意义。

（一）基于狭义观的学术架构

我国著名法学家郑成思先生认为："网络法"是20世纪90年代后期，因国际互联网络的广泛应用及电子商务的迅速发展而产生的一种新的法学概念。他指出，"网络法"并不是，也不可能是一部像"刑法""民法""专利法""商标法"那样独立的基本法或单行法。没有任何国家制定或准备制定这样的单行法，因为那样必将打乱各国已有的法律体系，或与已有法律重复乃至冲突。"网络法"无论在学术上还是在立法实践中，都是"解决因互联网络而带来的新的问题"的有关法律的一个总称。目前制定（或完善）中的"网络法"，一般包含以下六个方面：（1）在知识产权法中，新增受保护客体及专有权内容，并增加有关单行法，或实行知识产权法"法典化"，以便一揽子解决网络给知识产权保护带来的新问题。（2）修订原有商法典或制定单行法，以规范电子商务活动。（3）对网上信息的法律控制。（4）网上消费者权益保护。（5）确定"在线服务商"的侵权责任。（6）解决涉外民事诉讼中的新问题。上述六个方面中，第四、五两方面只涉及部分人，第六方面主要涉及程序法问题，似可从缓考虑。而前三个方面的问题，如果不及时通过立法或修法加以规范，肯定会给国家利益、个人的民事权利及正在发展中的社会主义市场经济造成损害，使有些花了大量人力、财力的执法活动成果落空……①

（二）基于广义观的学术架构

郑论是从应对网络所涉及的纯粹法律问题的角度切入的，可称为狭义观。与之相对，我国还有学者从"法律＋科技"建构网络法的角度，提出了广义的网络法体系。如蒋坡教授认为，网络法所调整的对象包括在该虚拟空间中网络环境平台上的活动和行为所发生的各种法律关系，具体表现在以下四个方面：（1）关于网络法律关系的确认；（2）关于网络及其系统本身的建设、维护、运行、管理等活动和行为的规范；（3）关于发生在网络环境中各个平台上的各种活动和行为的规范，例如，电子商务、电子政务、网络安全、网络知识产权、网络个人隐私保护、网络犯罪的预防和惩治等等；（4）关于与网络及其系统有关的其他各种法律关系的调整。② 张

① 参见郑成思：《"网络法"的研究与完善》，载《法制日报》，2000-02-20。

② 参见蒋坡：《论网络法的体系框架》，载《政治与法律》，2003（3），54页。

楚教授将网络法规范划分为三种：（1）技术性法律规范，即针对技术问题，以技术为实施手段，体现立法者价值取向的法律规范；（2）网络社区法律规范，即通常所谓的网络法，它以社会化的网络应用关系为对象；（3）其他法律规范，即非网络法，或者产生于网络之前，或者虽产生于网络之后，而与网络问题无直接关系，但却间接约束人们的网络行为的规范。① 周汉华教授指出，“要尊重和承认互联网本身的规律，根据互联网架构与技术本身的特点，进行分层设计”；“互联网法的调整对象主要分为三个层面：一是关键信息基础设施，二是互联网服务提供商，三是互联网信息。除了上述三个层面以外，互联网管理立法也非常重要，它贯穿于上述所有三个层面，其作用在于规范政府行为，提升政府治理能力、保护用户权益和有效化解纠纷。比较发达国家的互联网法可以发现，这四个方面也是各国最为核心的领域”②。

（三）比较与评价

不难看出，网络法的狭义观与广义观的分歧在于切入点和观察点，各有优点，亦有不足。笔者认为，合理界定网络法的体系既要立足于解决网络法律难题，也要关注网络法的未来完善与发展，特别是与我国社会主义法律体系的关系，换言之，既要追求现实性，也要追求可持续发展。

具体来说，在我国网络法初级建设的既往阶段，为避免同现有部门法的冲突，对网络法体系的界定原则上应当采取从严限定的立场。那一时期，只有对既有的传统法律进行重大修改而形成的法律规范或者颁布的全新法律，才能被纳入网络法的体系；仅仅对传统法律进行微调而形成的法律规范，不宜被纳入网络法的体系。而现如今已经步入网络法建设的大发展阶段，我国应适当放宽立场，既关注随着一系列网络基本法律（如《网络安全法》《电子商务法》）的颁行而产生的新型法律集群，又要以网络法集群的新思维、新观念，认识和推动“新”网络法的大建设。还有很多人期望一些关于大数据、人工智能、区块链等新事物的法律规范尽快问世，并发挥不同层级法律的规制意义。

三、面向未来的网络法建设

我国网络法的完善之路应当如何走？这涉及网络法建设的基本原则问题。国内学者对这方面讨论很多，有关建言多有助益。③ 同时，我国长期的网络立法实践已经沉淀了一些宝贵的经验，它们可以被抽象为内在规律，用以指导今后的网络法建

① 参见张楚：《关于网络法基本问题的阐释》，载《法律科学》，2003（6），82页。

② 周汉华：《论互联网法》，载《网络信息法学研究》，2017（1），25－26页。

③ 例如周汉华教授提出的“尊重互联网本身规律”的立法原则极具启发意义。他指出：只有尊重和把握互联网本身的规律，制定有针对性的法律，才能将挑战转化为机会，这是发达国家互联网法的最重要经验。参见周汉华：《论互联网法》，载《网络信息法学研究》，2017（1），17－18页。

设工作。笔者认为，从促进网络行业发展、保障网络基本权利和规范网络空间秩序的角度考量，以下原则是值得关注和遵循的。

（一）适度超前立法的原则

我国一项重要的传统立法原则是“成熟一部、制定一部”，以强调立法的可操作性。曾经有学者极力推崇将这一原则适用于网络立法领域，主张：“网络法律制度，不能只是宣言性的，而应有可操作性，不仅要规范确认权利和义务关系，还要有具体的救济措施，否则，就失去了法律规范和可操作性价值，演变为口号或空谈，以至于损害法律的尊严。所以，在网络这一技术运行平台上，凡是技术手段暂时尚未达到的，就不要急于制定法律规范。”①

然而，网络生活日新月异，人们很难衡量网络法律规范的立法时机何时到来。如果网络立法依然固守传统思维，那就会陷入“不成熟不立法、不立法更不成熟”的困境，而网络立法的落后，反过来又会损害网络秩序的及时净化，影响人们对网络生活的信心与热情。如何化解这其中的矛盾？美国和国际组织的网络立法经验给我国提供了重要的启示。

作为当今世界上名副其实的网络超级大国，美国的网络立法多如牛毛。从联邦法到州法、联邦/州统一法，从成文法到判例法，从电子交易法、电子签名法、网络隐私法、网络知识产权法到信息安全法、网络刑事法律制度、网络程序法律制度、跨境电子取证制度等，美国似乎已织就一套密集的网络法律体系，且在不断地推陈出新，覆盖到网络生活的方方面面。其中，在世界范围内有重要影响的当属美国主要州的《数字签名法》、统一州法委员会的《统一电子交易法》与《统一计算机信息交易法》、联邦的《全球与国内商务电子签名法》等等。一个自然而然的疑问是：美国网络法律的有关条款均能有效地用于解决网络纠纷吗？回答这一问题，需要理解网络法的宣示功能和竞争功能。前者表明，数量不菲的网络法就是要告诉人们放心大胆地“上网”吧，网络空间有各种专门法律的保驾护航；后者表明，各国出台网络法能够表明本国的网络法治方案和积极参与国际条约制定过程中的意见表达。

从国际组织的视角来看，网络法领域的示范法、“统一法”更为常见。如联合国国际贸易法委员会《电子商务示范法》就是“宣示性立法”，该法第5条更是“宣示性立法”之中的“宣示性条款”。联合国国际贸易法委员会《电子签名示范法》《电子可转让记录示范法》也是“宣示性立法”，亦有很多的“宣示性条款”。该组织制定的《国际合同使用电子通信公约》也具有良好的引导性，旨在对国际合同中电子通信适用情形增强法律确定性和商业可预见性。它们属于适当超前的法治建设。

相比而言，我国在过去很长一段时间内网络立法的供给不足，主要问题不在于相关法律的可操作性不足，而在于相关法律的数量太少。自中共十八大以来的新时期，我国大力提升了网络法治建设的速度和力度，推出或推动着《电子商务法》、

① 张楚：《关于网络法基本问题的阐释》，载《法律科学》，2003（6），87页。

《网络安全法》、“个人信息保护法”、“数据安全法”以及新网络犯罪刑法制度等的出台，并进行着相关法律细则、配套规范的建立健全工作。这其中隐藏着立法观念的重大调整。人们不再期望在某一类网上行为定型、积累了足够的经验后再开展网络立法，而是践行开拓型思维，持续性地加速或提升网络法建设，以积极引导网络强国、数字中国、智慧社会的建成。

（二）技术中立的原则

网络立法伴随计算机技术发展而来，网络法律规制离不开一定的技术标准，特别是在网络安全规制领域，技术标准尤为重要。那么，网络立法是否只能以技术为中心、服从于技术的指挥棒而退居二线呢？其实不然。在网络立法中，技术中立原则十分重要：一方面，技术革新迅速，法律若以特定技术为依归，前面所述的“超前立法”无法真正实现，其只能是以技术标准为参考；另一方面，法律制度虽然以技术标准为参考，但二者并不雷同，法律制度与技术标准互不替代。

技术中立原则最早出现在电信规制领域，美国政府颁布的《全球电子商务框架》首次将其拓展到信息通讯技术领域。在框架中，技术中立意味着法律规则不能强制或预设特定的技术。欧盟对技术中立的定义则是针对线上的法律规范必须与针对线下的一致，由于技术的快速发展，欧盟的法律规制必须技术中立，同时必须避免对技术的不必要规制。从以上的定义可以看出，技术中立原则至少包括两层意思：(1) 其基础性原则是必须对线上技术采取和对线下技术相同的规制方式；(2) 法律规则不得对特定的技术采取支持或歧视的立场。①

在信息技术迅速发展的今天，技术中立原则对网络立法尤为重要。简单地说，网络立法中相关规则建设应当兼容线上行为与线下行为，应当兼容传统信息技术与新型信息技术（如区块链技术），应当对不同的技术方案或标准采取非歧视的态度。对此，也有人担心技术中立原则会带来网络立法内容过于泛化而缺乏可操作性。这一担忧可以通过委任性规范或者准用性规范予以解决，例如，具体操作规范参考实务部门结合经验出台的技术标准，或者参考行业制定的技术标准。

诚然，技术中立原则并不意味着法律对基于相关技术的背后行为进行评价。我国司法实务工作者深刻地讨论过“技术中立”的法律问题，有关分析过程及所得出的意见对于人们认识网络立法中的技术中立原则亦有参考价值。

【案例1-3】

快播公司等传播淫秽物品牟利罪案②

快播公司主办的快播网站网址包括：www.kuaibo.com、www.qvod.com等。

① 参见张平：《互联网法律规制的若干问题探讨》，载《知识产权》，2012（8），11页。

② 参见北京市海淀区人民法院（2015）海刑初字第512号刑事判决书。

快播公司通过免费提供 QSI（QVOD Server Install，即 QVOD 资源服务器程序）和 QVOD Player（快播播放器程序或客户端程序）的方式，为网络用户提供网络视频服务。任何人（被快播公司称为“站长”）均可通过 QSI 发布自己所拥有的视频资源。2012 年 8 月，深圳市公安局公安信息网络安全监察分局对快播公司进行检查，针对该公司未建立安全保护管理制度、未落实安全保护技术措施等问题，给予行政警告处罚，并责令整改。此后，快播公司的“110”平台工作依然搁置，检查屏蔽工作依然没有有效落实。2013 年 11 月 18 日，北京市海淀区文化委员会在行政执法检查时，从光通公司查获 4 台服务器。2014 年 4 月 11 日，北京市公安局海淀分局决定对快播公司创始人王欣等人涉嫌传播淫秽物品牟利罪立案。经查，该 4 台服务器从 2013 年下半年投入使用，至 2013 年 11 月 18 日被扣押，存储内容均为点击请求量达到一定频次以上的视频文件。公安机关对服务器里提取的 29 841 个视频文件进行鉴定，认定其中属于淫秽视频的文件为 21 251 个。此后，北京市海淀区人民检察院对快播公司及其直接负责的主管人员提起刑事指控。

庭审中出现了“技术中立”“技术无罪”的控辩争议问题。法庭经审理认为：本案不适用“技术中立”的责任豁免。司法实践对技术中立的肯定，意在鼓励技术创新和发展，但技术是人类利用自然规律的成果，在一定程度上受到技术提供者和使用者意志的控制与影响，并体现技术提供者和使用者的目的与利益。技术本身的中立性与技术使用者的社会责任、法律责任的关系，实质上反映了技术使用方式对社会发展起到了推动进步还是阻碍进步的作用。依技术中立原则给予法律责任豁免的情形，通常限于技术提供者，对于实际使用技术的主体，应视其具体行为是否符合法律规定进行判断。恶意使用技术危害社会或他人的行为，应受到法律的制裁。快播公司绝不单纯是技术的提供者，“站长”或用户发布或点播视频时，快播公司的调度服务器、缓存服务器参与其中，快播公司构建的 P2P 网络平台和缓存加速服务都让其成为技术的使用者，同时也是网络视频信息服务的提供者。快播公司在提供 P2P 视频技术服务和缓存技术服务时，虽然客观上没有对视频内容进行选择，但当其明知自己的 P2P 视频技术服务被他人利用传播淫秽视频，自己的缓存技术服务被利用而成为大量淫秽视频的加速传播工具，自己有义务、有能力阻止而不阻止时，快播公司就不可能再获得技术中立的责任豁免。快播公司出于牟利目的，不履行安全管理义务，继续放任他人利用快播网络大量传播淫秽视频，且自己的缓存服务器也介入传播，在技术使用过程中明显存在恶意，应当承担相应的法律责任。

（三）有效保障网络用户权利与自由的原则

侧重于网络规制还是网络维权，是网络立法必须面对的又一个原则问题。一种观点认为，互联网带给人类的最大的挑战在于给国家、集体和个人的权力、权利带来了前所未有的冲击，网络立法的必要性在于整饬网络秩序、净化网络空间，因此网络规制应当是立法的重心；另一种观点认为，法律是关于权利与义务的规范，网络立法就是要努力维护网络用户的权益，实现网络的自由、平等、共享的宗旨，因此网络维权才是立法的重点。

实际上，网络规制与网络维权是相通的，两者之间并没有截然分开的鸿沟。对于当前互联网中许多法律问题（如网络安全问题、个人信息及大数据保护问题等）的解决，从国家管理的角度来看属于网络规制，而从普通网民的角度来看就属于网络维权。任何将网络规制与网络维权对立起来的观念都是片面的。但是，立法毕竟要有个基本的立场，究竟是直接对网络规制还是对网络维权作出规定体现了不同的立法技巧。

过去很长一段时间以来，我国以行政法规、部门规章的形式颁布的网络法律规范相对偏多，如《互联网信息服务管理办法》《关于维护互联网安全的决定》《中国互联网络域名管理办法》《互联网电子邮件服务管理办法》《非经营性互联网信息服务备案管理办法》等。这在很大程度上体现了部门立法的色彩，不足之处是有片面追求网络管制之嫌。今后我国的网络立法应当更关注对各种网络权利与自由，如虚拟财产权益、网络言论表达自由、个人信息权、大数据权益、被遗忘权、网络公平交易权，等等的直接规定。换言之，我国的网络立法应当坚持有效保障网络用户权利与自由的原则。

【案例 1-4】

淘宝公司与美景公司不正当竞争纠纷案①

淘宝公司开发、运营的涉案数据产品涉及“生意参谋”零售电商数据平台，是在收集网络用户浏览、搜索、收藏、交易等行为痕迹所产生的巨量原始数据的基础上，以特定的算法深度分析过滤、提炼整合并经匿名化脱敏处理后形成的预测型、指数型、统计型等衍生数据，其呈现方式是趋势图、排行榜、占比图等，主要功能是为淘宝、天猫商家的网店运营提供系统的数据化参考服务，帮助商家提高经营水平。美景公司运营的“咕咕互助平台”及“咕咕生意参谋众筹”网站，以提供远程登录已订购涉案数据产品用户电脑技术服务的方式，招揽、组织、帮助他人获取涉案数据产品中的数据内容，并从中获取利益。淘宝公司认为，美景公司构成不正当竞争。

一审法院经审理认为：本案审理需要分析网络运营者使用网络用户信息正当性的评判标准，厘清用户信息、原始数据及数据产品的法律属性及权利边界。涉案数据产品系淘宝公司付出了人力、物力、财力，经过长期经营积累而形成的。涉案数据产品能为淘宝公司带来了可观的商业利益与市场竞争优势，淘宝公司对涉案数据产品享有竞争性的财产权益，对于侵犯其权益的不正当竞争行为有权提起诉讼。美

① 参见杭州铁路运输法院（2017）浙 8601 民初 4034 号民事判决书，浙江省杭州市中级人民法院（2018）浙 01 民终 7312 号民事判决书，浙江省高级人民法院（2019）浙民申 1209 号民事裁定书。

景公司未付出劳动创造，将涉案数据产品直接作为获取商业利益的工具，此种据他人劳动成果为己牟利的行为，明显有悖公认的商业道德，属于不劳而获“搭便车”的不正当竞争行为，如不加以禁止将挫伤大数据产品开发者的创造积极性，阻碍大数据产业的发展，进而会影响到广大消费者福祉的改善。遂认定淘宝公司对涉案数据产品享有合法权益。

美景公司先后提起上诉、提出再审申请，称：一审判决淘宝公司对“生意参谋”数据产品享有财产权益于法无据，系自行创造法律。

二审法院对一审法院的相关认定予以确认。再审法院明确将淘宝公司对“生意参谋”数据产品是否享有合法权益列为审查要点，并从两个方面进行了论证：首先，淘宝公司收集并使用用户数据信息的行为不违反法律规定。淘宝公司作为网络服务提供者，在网络上已公示了“淘宝平台服务协议”与淘宝隐私权政策，明确宣示了收集、使用用户信息的目的、方式、范围，同时提示会根据用户浏览及搜索记录、设备信息、位置信息、订单信息等，提取浏览、搜索偏好、行为习惯等特征，并承诺会将个人信息作匿名化、去标识化处理。“生意参谋”数据产品所涉网络用户信息主要表现为网络用户浏览、搜索、收藏、加购、交易等行为痕迹信息，以及由行为痕迹信息推测所得出的行为人的性别、职业、所在区域、个人偏好等标签信息。这些行为痕迹信息与标签信息并不具备能够单独或者与其他信息结合识别自然人个人身份的可能性。“生意参谋”数据产品中涉及的用户信息种类均在上述服务协议和隐私权政策已宣示的信息收集、使用范围之内。淘宝公司收集并使用用户数据信息的行为并未违反《网络安全法》《全国人民代表大会常务委员会关于加强网络信息保护的决定》等法律法规关于个人信息保护的规定。其次，淘宝公司对“生意参谋”数据产品享有合法权益。“生意参谋”产品系淘宝公司在合法采集的网络用户信息和网络原始数据的基础上，经过深度分析处理整合加工而形成的大数据产品。网络大数据产品不同于原始网络数据，其提供的数据内容虽然同样源于网络用户信息，但通过网络运营者大量的智力劳动成果投入，并经过深度开发与系统整合，最终呈现给消费者的数据内容，已独立于网络用户信息、原始网络数据之外，是与网络用户信息、原始网络数据无直接对应关系的衍生数据。在性质上，数据产品虽表现为无形资源，但可以为运营者实际控制和使用，能够为运营者带来相应经济利益，在实践中已经成为市场交易的对象，具有实质性的交换价值。一审法院认为淘宝公司对涉案“生意参谋”数据产品合法享有竞争性财产权益，并无不当。

最终，再审法院驳回了美景公司的再审申请。

该案的司法拉锯战反映出对数据产品如何确权的问题。从学理上看，这涉及网络用户、数据公司以及其他主体等多方的权利义务问题。更为彻底和合理的解决思路是，由立法进行规则建设。这些立法任务都是网络法建设的艰巨挑战。

（四）兼顾个性特色与国际趋同性的原则

网络无国界，法律有地域，网络立法必须面对和化解这两者间的矛盾。具体来说，在当今世界由主权国家立法仍然是一种主流模式，但如果各国开展网络立法只是各自为战、强调个性特色，那么这种“地方性”法律的可执行性就值得怀疑。不仅各个“地方”的网民及其他主体会陷入不知所从、难以预测的境地，而且有关法律很容易丧失适用价值。

对此，一个简单的对策思路是，各国在颁行本国的网络法时要特别兼顾国际趋同性的要求。就主权国家而言，它们应当在网络立法上对同类问题尽量采用相同或相似的制度，避免不必要的冲突；就国际组织而言，它们应当在可能的范围内直接制定或协调各国有关网络方面的法律。例如，联合国国际贸易法委员会（以下简称联合国贸法会）制定的《电子资金传输示范法》《电子商务示范法》《电子签名示范法》《国际合同使用电子通信公约》《电子可转让记录示范法》等，对各主权国家制定相关法律起到了重要的指导和影响作用，促进了这一方面网络立法的国际趋同。又如，欧盟早年制定的《电子签名指令》《电子商务指令》，新近制定的《通用数据保护条例》《电子身份认证与签名条例》，国际商会发布的《电子传输贸易数据交换行为统一规则》，国际海事委员会通过的《电子提单规则》，欧洲理事会批准的《网络犯罪公约》等，都不同程度地对有关成员国产生了极为重要的示范作用。

由此可见，网络立法虽然是一国的主权行为，但绝不纯粹是一国的内部事务，它必须从一开始就坚持全球化的方向。只有各个国家具备了长远的战略眼光和智慧，网络法才能起到网络空间的保障作用，最终保护网络使用者等相关主体的合法权益。总之，兼顾个性与国际趋同性的原则也是中国网络法建设过程中必须要遵循的一个重要原则。

这一原则对于如何跟踪和对应其他国家、地区在网络法领域的新动向至关重要。譬如，许多国家推出了跨境数据流转制度，那么中国如何在《网络安全法》确立的“关键信息基础设施重要数据境内存储”原则的基础上建立相关的安全评估、许可批准细则，就需要有求同存异的智慧；又如，联合国发布了关于“上网权”属于基本人权的报告，欧洲国家确立了“被遗忘权”等新型权利，中国亦需要有积极进行法律回应的智慧。

拓展阅读

1. Frank H. Easterbrook. Cyberspace and the Law of the Horse. 1996 U. Chi. Legal F. 207.

2. Lawrence Lessig. The Law of the Horse：What Cyberlaw Might Teach. 113 Harv. L. Rev. 501 (1999).

3. 周汉华．论互联网法．中国法学，2015 (3).

4. 张楚．关于网络法基本问题的阐释．法律科学，2003 (6).

5. 刘剑文．论领域法学：一种立足新兴交叉领域的法学研究范式．政法论丛，2016 (5).

6. 申卫星，刘云．法学研究新范式：计算法学的内涵、范畴与方法．法学研究，2020（5）．

课后思考

1. 美国联邦上诉法院的弗兰克·H. 伊斯特布鲁克法官以“马法”为例，提出了一个部门法或法学课程应当如何设立的问题。有反对者认为，部门法或法学课程并未一律局限于那些阐释整体法律精神的部分，有些具体的内容也可以设立为部门法或法学课程。如二三十年前，在西方国家中家庭法（Family Law）、老人法（Elder Law）与环境法（Environmental Law）几乎不被认可，但现如今情况已经完全改观。

请问：网络法的地位更类似于“马法”还是“家庭法”“老人法”“环境法”？

2. 网络发展早期因特网工程人员的信条是“我们不依赖国王、总统和投票，我们信赖工时和运行规则”。请结合该信条，解读“互联网不是法外之地”的命题。

3. 试述全球网络空间法制建设的竞争态势与中国的应对方略。

4. 网络越轨行为相较于传统越轨行为的最大区别在于加入了“网络”因素，而网络以信息技术为支撑。对于网络越轨行为，技术专家认为，技术才是解决问题的关键；而法律专家则认为，法律规制不可或缺。

请你谈谈在网络问题治理过程中，技术规制与法律规制两者的关系。

5. 传媒法（Media Law）也称传播法（Communication Law）、大众传媒法（Mass Media Law），就其内容来说，主要是指保护和规范新闻传播和其他大众传播行为的法律。①

试述传媒法与网络法的关系。

6. 现阶段计算机法学是学术研究和学科建设的热门。有学者的研究表明，“计算技术给法学研究和法律治理带来了新的方法论——计算主义。计算主义与信息法治相结合，促成了计算法学的诞生与衍变”②；“计算法学是基于计算的对象、方法以及能力等方面的差异而产生不同的法律问题以及与法律相关的技术问题，从而融入计算思维研究法律问题，利用计算方法开展法律大数据分析，以及结合计算技术研究法律科技的一门学科”③。

结合该文章，比较计算法学与网络法学的内涵、范畴和方法。

① 参见魏永征：《网络法和传媒法》，载《汕头大学学报（人文社会科学版）》，2016（8），126页。

② 申卫星，刘云：《法学研究新范式：计算法学的内涵、范畴与方法》，载《法学研究》，2020（5），6页。

③ 同上文，3页。

第 二 章

电子签名法

在互联网上，没有人知道你是一只狗！

——［美］彼得·施泰纳

图 2-1 1993 年美国漫画家彼得·施泰纳（Peter Steiner）发表于杂志《纽约客》(*The New Yorker*)

【关键词】签名　电子签名　数字签名　电子签名法　《电子签名示范法》　功能等同法　技术中立原则　认证机构　电子签名依赖方　可靠的电子签名

【案例 2-1】

美国《全球与国内商务电子签名法》首以电子签名方式签署

2000 年 6 月 30 日，美国费城国会厅里。克林顿总统将一张智能卡插入到电脑中，随后在“输入口令”栏中键入其爱犬“Buddy”的名字，计算机屏幕很快显示出一行字：电子签名法案现已成为法律。随后，克林顿对参加签署仪式的一百多名当地大学生宣布，“电子签署成功”；“不久以后，美国人民就可以使用带有数字签名的电子卡片做他们想要做的事情了，电子签名将会应用在各个领域，从聘请律师到抵押贷款无所不能。在这部具有划时代意义的法律正式生效后，人们将可以使用电子签名签订在线合同和开展电子商务。这对于新经济的发展无疑具有巨大的推动作用”。为了避免引起法律问题，克林顿还按照传统方式，用钢笔在法案上签署了名字。这部全称为《全球与国内商务电子签名法》的法律于当年10月正式生效。

图2-2　2000年克林顿总统签署《全球与国内商务电子签名法》

第一节　电子签名法概览

一、什么是电子签名

（一）从传统签名到电子签名

在现实生活中，签名具有特殊的法律意义。大凡纸质文件的制作，都以符合法律条件的签名为前提，甚至作为要式法律行为的构成要素之一。按照《现代汉语词典》的解释，签名是指写上自己的名字。[①] 联合国贸法会总干事在《关于计算机记录的法律价值的报告》中指出：“签名通常是指某一特定个人手写的自己的姓名或

① 参见中国社会科学院语言研究所词典编辑室编：《现代汉语词典》，109页，北京，商务印书馆，2002。

其简写。”[1] 签名的具体方式包括署完整姓名、署签名符号、签绰号、签首字母或姓、签代码、签印刷体姓名、由其他人代签名等。此外，传统的签名方式还包括捺印指纹、加盖印章、画押打孔等。

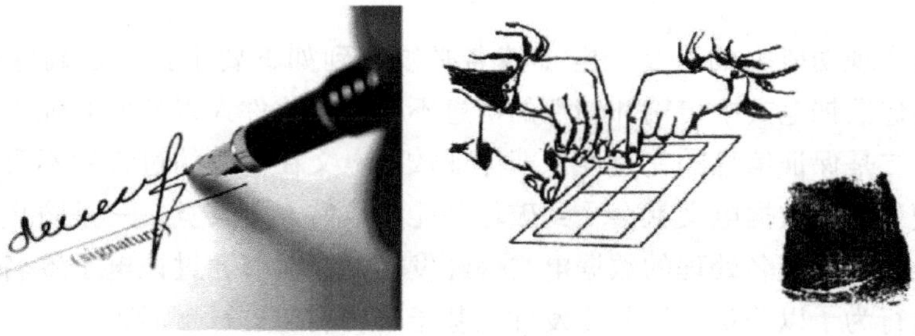

图 2－3　传统签名、捺印

虽然人类使用签名的方式由来已久，但传统签名依然存在很大的局限性：其一，它必须以纸面为介质。无论是书写还是传送，传统签名的成本都较高。其二，它必须由自然人亲笔书写、亲自盖章等见面的方式完成。从交易的数量与频率来看，受书写人或持章人在精力、时间和空间方面的约束，传统签名一般不适用于不见面的法律行为。其三，传统签名存在着被假冒的较大可能性。因此，传统签名很早就在适用中受到了挑战。随着社会的发展，人们作出意思表示的场景、方式不断增多，必然要求有新的签名方式出现。网络的出现更是提出了这种要求，因为网络行为往往是由行为人通过背靠背方式进行的，不存在通常的纸面介质。换言之，在网络行为过程中传统签名不再可行，人们必须寻求一种被形象地称为“电子签名”的技术手段。

虽然电子签名被冠以“签名”之名或标签，但它通常并无传统签名之形。它既不是手写名字，也不是捺印盖章、画押打孔。它之所以被称为电子签名，乃是基于功能等同法而作出的一种便利化的认识。只要电子签名起到了在“功能上”等同或基本等同于传统签名的效果，便可被视为一种合法有效的“签名”。它属于功能意义上的“签名”。

那么，电子签名需要满足哪些功能呢？联合国贸法会电子商务工作组在编制《电子商务示范法》的过程中，指出传统手写签名承担如下基本功能：(1) 确定一个人的身份；(2) 肯定是此人自己的签名；(3) 使此人与文书内容发生关系。这三项功能可以被简称为“鉴真功能”(identification function)、“证据功能”(evidentiary function)、“归属功能”(attribution function)。此外，在具体情况下签名还可以承担其他的辅助功能（这取决于所签署的文书的性质），具体包括：(1) 证明一方当事人愿受所签合同的约束；(2) 证明某人认可其为某一文书的作者；(3) 证明

① http://www.uncitral.org/english/texts/electcom/computerrecords.htm.

某人同意一份经由他写出文书的内容；（4）证明一个人某时身在某地的事实。[①] 显然，电子签名亦必须满足上述功能，尤其是居于核心地位的几项基本功能。概言之，如果电子签名确实反映了签署者/当事人的意图，则对其具体形式可以不作特别考量。

而要实现功能上的满足，电子签名必须达到如下要求：一是确保信息的保密性，即确保数据电文中传输和储存的信息不可能被收件人以外的其他人通过正常渠道获取；二是保证信息的完整性，即保证数据电文在传输的过程中不可能被随意改动，如遭到改动数据电文就会受到破坏并能为收件人所察觉；三是防止信息的否认性，即经由电子签名处理的数据电文一经发送，便能够通过该电子签名对发件人实施的发送行为予以确认，以防止发件人基于某种利益进行事后否认。

（二）电子签名的法律定义

电子签名是英文“electronic signature”的翻译，其他的译名还包括电子签章、电子签字、电子签署等。从国际组织和各国的相关法律规定来看，关于电子签名的表述略有不同。联合国《电子签名示范法》[②] 中对电子签名作如下定义：“在数据电文中，以电子形式所含、所附或在逻辑上与数据电文有联系的数据，它可用于鉴别与数据电文相关的签名人和表明签名人认可数据电文所含信息。”欧盟《电子签名指令》规定为“附在其他电子数据之上或与之有逻辑联系的，用作证明手段的电子数据”[③]。欧盟《电子身份认证与签名条例》此后将前述概念调整为“附在其他电子数据之上或与之有逻辑联系的，用作签名者签署手段的电子数据”[④]。而我国《电子签名法》对电子签名的定义是，“数据电文中以电子形式所含、所附用于识别签名人身份并表明签名人认可其中内容的数据”。

通俗地说，电子签名就是指能够在电子文件中识别各方当事人的真实身份，保证网络行为的安全性、真实性以及不可抵赖性，并起到与传统签名同等作用的功能“签名”。在学理上，电子签名存在广、狭义之分。前者指包括各种电子手段在内的，具有一定鉴别作用的，在数据电文中附加的或与之有逻辑上联系的电子形式的数据；后者指以一定的数字签名技术为特定手段的签名。前者强调电子签名的目的与作用，而对所运用的技术方式不作限制；后者通常指以非对称加密方法产生的数字签名。除特别说明的外，本章均采取广义说。表 2－1 是以广义说为基础对电子签名与传统签名所作的比较。

① Guide to Enactment of the UNCITRAL Model Law on Electronic Commerce，para. 53. http：//www.uncitral.org/english/texts/electcom.

② 该法的英文名称为“the UNCITRAL Model Law on Electronic Signature”，联合国贸法会的正式中文本名称为联合国《电子签字示范法》，我国学术界则倾向于译为联合国《电子签名示范法》。这里遵从学术界的习惯译法，使用联合国《电子签名示范法》的名称。

③ https：//eur-lex.europa.eu/legal-content/EN/ALL/？uri=CELEX：31999L0093.

④ https：//www.eid.as/home/＃article3.

表 2－1　　电子签名与传统签名的异同

相同点	具有确定身份、认可内容、防止否认等基本功能。
不同点	电子签名一般是在线签署的，可以说是一种远距离的确认方式；而传统签名是由签名人亲临现场、面对面签署的
	电子签名的制作数据与载体完全可以分割，而传统签名的纸张和墨水具有不可剥离的联系
	电子签名的唯一性来自专属于签名人的制作数据，而传统签名的唯一性源自签名人的笔迹、印章等个体化特征
	电子签名的文件不容易区分自然意义上的原件和复制件，而传统签名的文件可以轻易分辨出原件和复制件
	一个人可能同时拥有多个电子签名，每使用一个信息系统就有可能分配到一个电子签名；而大多数人只有一种手书签名样式，即便事实上签名字迹可能发生演变
	电子签名有可能被本人遗忘，而传统签名几乎不存在被签署者完全忘记的情况
	电子签名一般需要借助计算机系统进行鉴别，而对传统手书签名可以凭肉眼进行检验和比较

（三）电子签名的基本形式

当前人类开展电子签名的方法有许多种技术形式，其中，既包括能够让收件人识别发件人身份的密码代号、密码、短信验证码、邮件验证码、激活码或个人识别码 PIN，也包括基于散列函数算法的数字签名，还包括用一个独一无二的以生理特征统计学为基础的识别标识等。

1. 数字签名

数字签名是电子签名的一种具体化形式。从技术层面来讲，它其实是加密技术的一种。加密就是对数据电文进行编码，使其看起来毫无意义，同时仍保持其可恢复的形式。这种对数据电文进行编码的方法称为加密算法。加密前的数据电文被称为明文，编码后的数据电文被称为密文。

从发展历史来看，数字签名又可分为对称加密技术的数字签名和非对称技术的数字签名。前一种数字签名是指在使用这种算法的系统中对信息加密和解密使用同一密钥，如密码、密码代号或个人识别码签名等。甲方需要乙方签名一份电子文件时，甲方可产生一个随机码传送给乙方，乙方用事先双方约定好的对称密钥加密该随机码和电子文件回送给甲方，甲方用同样的对称密钥解密后得到电文并核对随机码，如随机码核对正确，甲方即可认为该电文来自乙方。由于加、解密使用相同的密钥，所以该密钥必须处于保密状况，可称为秘密密钥。这一加密法可称为秘密密钥加密算法。基于保密起见秘密密钥经常要进行改变，因此使用的成本较高。而后一种数字签名需要使用一对密钥——公钥和私钥。通过公钥加密所形成的密文，只能用对应的私钥进行解密；相反，如果用私钥对数据进行加密，则只能用对应的公钥才能解密。因为加密和解密使用的是两个不同的密钥，所以这种算法称为非对称密钥加密算法。后一种数字签名在当前的网络行为中得到了广泛的应用。

下面便以非对称密钥加密算法为例，阐述数字签名的使用过程。

第一步，数字签名的制作过程：（1）用户生成或被给予独有的配对加密钥匙；（2）发件人在计算机上起草数据电文；（3）发件人利用一种散列函数算法起草“电文摘要”；（4）发件人依靠私钥给数据电文摘要加密，即利用一种数学算法将私钥应用于电文摘要文本，经加密的电文摘要就是所说的数字签名；（5）发件人将其数字签名附在数据电文之后；（6）发件人利用电子手段将数字签名和（未加密或加密的）数据电文发送给收件人（如图 2-4 所示）。

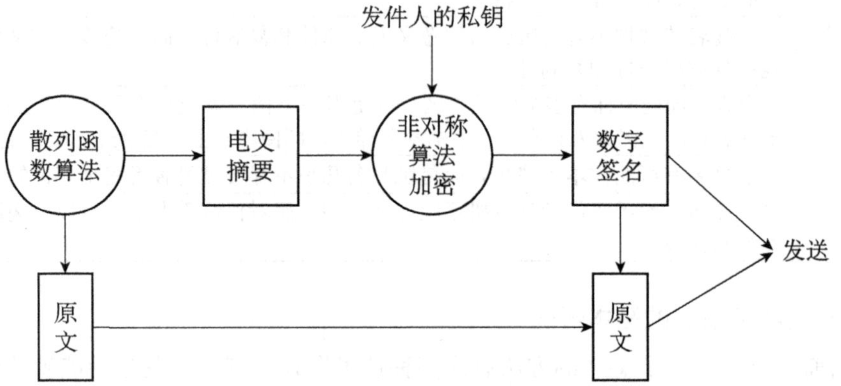

图 2-4　数字签名的制作过程

第二步，数字签名的验证过程：（1）收件人利用发件人的公钥核查发件人的数字签名，证明电文来自发件人；（2）收件人也创建电文的“电文摘要”，利用同样的散列函数算法进行创建；（3）收件人对比两种电文摘要，如果两者一样，则收件人知道经签名后电文未作改动（如图 2-5 所示）。

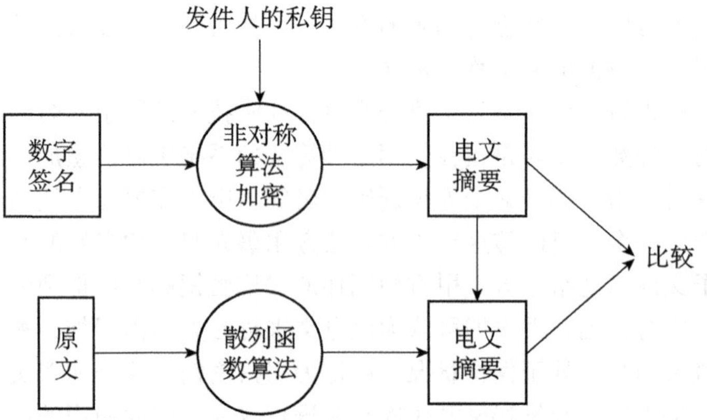

图 2-5　数字签名的验证过程

在前述过程中，数字签名功能的发挥取决于散列函数算法的使用、配对钥匙的生成和认证机构的设立。

散列函数算法也称为哈希函数算法，依靠该算法函数可以产生两套不同但数学上相关的“钥匙”（利用一系列数学公式产生的大数乘以素数）。其中，私钥用于产生数字签名或将数据转变为表面上不可知的形态，公钥用于核查数字签名或将电文还原为原有形态。私钥的用户将会保守私钥的秘密。如果许多人需要核实签名人的数字签名，公钥就必须提供或分配给他们中的每个人，例如公布在联机储存库中或容易存取的任何其他形式的公用目录上。虽然配对的两套钥匙具有数学联系，但如果非对称密码系统经可靠设计和实施，那么通过对公钥的了解求出私钥几乎是不可能的。只要使用了安全的散列函数算法，而且收件人将两份电文摘要进行比对发现一致，则说明所收到的数据电文未发生任何改变。

至于配对钥匙如何生成，特别是如何保证密钥和人的唯一对应关系，则与认证机构的设立有关，这又因各国法律制度不同而有差异。一般来说，认证机构是以中立的第三方身份出现，为交易各方当事人提供服务的，从而形成一种由电子签名人、电子签名依赖方和电子认证服务提供者共同组成的特殊法律关系——电子认证法律关系。

在网络环境中，电子认证法律关系比较复杂，基本的形态包括以下两种：(1) 社区认证服务型，即交易各方当事人均为某认证机构的证书用户。在这种情况下，交易各方同时既是签名人也是依赖方，具有双重身份；认证机构为各方交易提供信用服务，履行谨慎认证的义务。(2) 单方证书用户型，即仅有交易活动中的部分当事人是认证机构的证书用户。在这种情况下，非证书用户是证书的依赖方，只是因交易关系而与认证机构之间形成了信赖其信用服务的关系。除此之外，电子认证法律关系还可能演化出交叉认证关系与混合认证关系等复杂形态。

无论是在上述哪种形态下，电子签名人的公/私密钥对都是由认证机构使用硬件加密机等产生的，然后以数字证书的方式签发，留待电子签名人、电子签名依赖方使用（如图 2－6 所示）。当然，电子签名人要负责对自己私钥的保密，认证机构要负责对数字证书的归档、撤销、更新以及查询等。

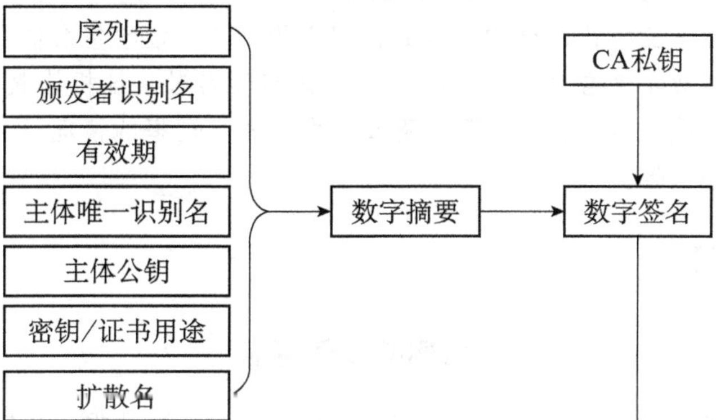

图 2－6　认证机构向签名人签发证书[①]

① 参见关振胜：《〈电子签名法〉与数字签名的技术实现》，载《电子商务》，2006 (1)，41 页。

在当前实践中，人们基于非对称密钥加密算法进行数字签名时，也会引入一种特殊的辅助技术——时间戳技术进行加强，主要是同步固定制作数字签名时认证机构服务器上的时间。这样就能有力地明确数字签名完成的具体时间，减少在签名时间方面可能出现的争议。“3Q 事件”进入诉讼中，就提出过这一方面的问题。

【案例 2－2】

奇虎公司、奇智公司与腾讯公司、腾讯计算机公司不正当竞争纠纷案[①]

2010 年 10 月，针对奇虎 360 公司“隐私保护器”曝光 QQ 窥探用户隐私事件，腾讯公司正式宣布起诉奇虎 360 公司，诉其构成不正当竞争。一审过程中，奇虎 360 公司提交了用以证明 QQ 软件扫描用户文件的公证书，但一审法院认为该公证书存在瑕疵，未予认定。

在该案的二审过程中，双方的争议主要在于“奇虎 360 公司提交的公证书证明的事实能否客观真实地反映公证过程”。对于其中的（2010）京方圆内经证字第 24160、24161、27557、27199 号公证书，腾讯公司主张这 4 份公证书制作过程中使用的部分软件安装文件及“360 隐私保护器”安装文件，并非从相应的发行人官方网站下载，不能证明软件的真实合法性。

二审法院经审理认为：对于公证书制作过程中使用的部分 QQ 软件安装文件及“360 隐私保护器”文件，尽管未从相应的官方网站下载，但对于软件安装文件，操作人员均进行了数字签名的验证，验证结果表明签名人均为“Tencent Technology（Shenzhen）Company Limited”；对于第 27199 号公证书中使用的涉案“360 隐私保护器 1.0Beta”的文件，经核对签名人和时间戳，均与腾讯公司在第 23378 号公证书中使用的“360 隐私保护器 1.0Beta”文件相同；此外，各方均认可软件数字签名通过国际第三方认证机构授权的密钥方能制作，数字签名信息中的签名人即软件的发行人，数字签名的时间戳即为制作数字签名时认证机构服务器上的时间。数字签名及时间戳一经作出，便不得更改。在无相反证据的情况下，应确认上述软件的真实性和合法性。

【补充知识】

时间戳如何可信

进行数字签名时可以同步产生时间戳（time stamp）数据。数字签名的对象包括原始文件信息等，时间戳机构（TSA）进行数字签名产生时间戳，可以证明原始

① 参见广东省高级人民法院（2011）粤高法民三初字第 1 号民事判决书，最高人民法院（2013）民三终字第 5 号民事判决书。

文件在签名时间之前就已经存在。① 如果时间戳所用的时间是准确、值得信赖的，其时间值的来源是高度权威的，那它就是可信时间戳。为此，时间戳机构通常需要按照有关标准和规定运营，由国家法定授时机构（如中国科学院国家授时中心）负责标准时间的授时及守时，保障并保持时间源的绝对可靠性，并进行实时监测。

一般来说，可信时间戳产生的简要过程是：(1) 用户将需要加时间戳的电子文件用 Hash 计算形成 Hash 值发送给时间戳机构；(2) 时间戳机构在收到的 Hash 值上加入权威的日期和时间信息（以 TSA 收到 Hash 值的时间为准），一起加密（数字签名）发回用户。在检验电子文件时，只需将电子文件的 Hash 值与可信时间戳里的 Hash 值进行对比，如果一致，则说明该电子文件从加盖可信时间戳之日起到现在没有被篡改、伪造过，保持真实性、完整性。

证书编号：TSA-04-202104291150348132LQAW4

可信时间戳认证证书

本证书时间戳由[illegible]与国家授时中心共同建设的[illegible]时间戳服务中心签发，证明本证书附件中时间戳所对应的电子数据由联合信任移动客户端“权利卫士”获取，自申请时间戳时起已经存在且内容保持完整、未被篡改。

时间戳签发机构：[illegible]时间戳服务中心

时间戳公钥证书标识：China TSA China Time-Stamp Authority

证据名称：TSA_IMG_20210429115033.jpg

申请人：北京[illegible]技术服务有限公司

取证时间：2021-04-29 11:50:34 (UTC+8)

时间戳认证码：3CEAEF5B3787DE5A7DF68FA60C43F77386A6C1DB11D9643741803A15A8FC65BE

取证终端：ANDROID NCP-AN00

取证位置：北京市朝阳区驼房营路甲1号靠近将台地区图书馆

经度：116.504382，纬度：39.98093

说明：

1. 通过时间戳（*.tsa）验证的电子数据是由“权利卫士”移动客户端产生，“权利卫士”使用自带的拍照取证、录像取证、录音取证、网页取证、录屏取证功能对客观事实进行取证并实时进行可信时间戳电子证据固化保全；

2. 电子数据对应的时间戳（*.tsa）存放在本证书附件中；

3. 本证书及对应的电子数据可在联合信任验证服务平台（verify.tsa.cn）进行验证或使用手机客户端“权利卫士”的时间戳验证功能进行验证。

[illegible]时间戳服务中心

北京[illegible]技术服务有限公司

本证书建议使用 Adobe PDF Reader 9.0 或以上版本、福昕 PDF 阅读器 8.0 或以上版本等 PDF 阅读器软件查看。

图 2-7　TSA 向签名人签发可信时间戳证书（范本）

2. 生理特征签名

生理特征签名技术是指利用与用户个人的生理特征相联系的、能够用于人身识别的生理信息所制作的一种签名。这里所说的生理特征包括指纹、虹膜、视网膜、声纹、人脸识别特征、手面部几何特征、面部温度记录图、耳朵形状、声音、体

① 《信息安全技术公钥基础设施时间戳规范》(GB/T 20520—2006)。

味、血管形态、笔迹、步态、打字模式，等等。它们是一个人与其他人不同的表征，也是可以测量、自动识别和验证的。

这一签名的使用过程也包括两个环节：第一步，要对生理特征识别系统使用者的生理特征进行取样，提取每人的唯一特征进行数字化处理即转换成数字代码，并进一步将这些代码组成特征模板存于数据库中；第二步，签名人同识别系统交互进行身份认证时，识别系统获取其特征并与数据库中的特征模板进行比对，以确定是否匹配，从而决定确定或否认此人。

目前，世界上采取的生理特征签名技术主要有以下几种：（1）指纹识别技术。每个人的指纹都是唯一的，并且终身不变。依靠这种唯一性和稳定性，就可以把指纹同一个特定的人联系起来。通过将签名人的指纹和预先保存在数据库中的指纹采用指纹识别算法进行比对，便可验证他的真实身份。在身份识别通过后，便可以将一份数据电文放于IC卡中签名。（2）视网膜识别技术。视网膜是一种极其稳定的生理特征。视网膜识别技术是利用激光照射眼球的背面，扫描摄取几百个视网膜的特征点，经数字化处理后形成记忆模板存储于数据库中，供以后的比对验证。（3）声纹识别技术。声纹识别技术是一种行为识别技术，将声音录入设备，反复不断地测量、记录声音的波形和变化，并进行频谱分析，经数字化处理之后做成声音模板加以存储，使用时将现场采集到的声音同登记过的声音模板进行精确的匹配，以识别签名人的身份。（4）人脸识别技术。人脸识别技术是一种基于人的脸部特征信息而对个人身份进行校验的识别技术①，主要包括基于几何特征、模板、神经网络、概率模型的人脸识别方法等。② 近年来，人脸识别技术凭借具有人身统一性等优势，有效提升了网上身份核验的精准度，成为电子签名领域的新宠。

3. 口令等识别码

口令代号、密码、短信验证码、邮件验证码、激活码或个人识别码PIN可用作身份识别的方式，属于广义上的电子签名。其中，“密码（口令）签名包括静态签名和动态签名两种，前者由用户自己设定，后者则在用户登录认证系统时由平台随机推送”③。口令签名中动态签名在识别行为人身份方面具有更好的保障，也就比较容易归入可靠电子签名的范围。与之相对，像初始码等识别码过于简单，往往难以起到签名的功能，则难以归入可靠电子签名的范围。至于大量的静态签名等识别码，在确定行为人的身份、认可相关文件的内容、防止行为人事后否认方面是有条件的。它们属于电子签名的范围，但是否“可靠”则要具体问题具体分析。笔者建议，在实践中采取密码等识别码作为电子签名手段的，应当在技术方案上进行特别

① J. Phillips, P. Jonathon. Improving Face Recognition Technology. *Computer*, 2011 (3).

② 参见许佳胜、李欣、孙宏凯：《人脸识别技术概述》，载《科技风》，2020（4），6页。

③ 李国旗：《电子商务法实务研究》，56页，杭州，浙江大学出版社，2015。

加强（如随机生成密码、实时识别码等）。

【案例 2－3】

宋××与新华期货公司期货经纪合同纠纷案①

宋××因期货经纪合同纠纷案，不服（2003）杭民二初字第 231 号民事判决，向浙江省高级人民法院提起上诉。宋××提起上诉的理由之一是：原判决认定新华期货公司向宋××提供、分配了初始密码的证据不足，其交易结果应由新华期货公司负责。

浙江省高级人民法院经审理认为：根据 2002 年 1 月 28 日双方签订的“关于使用网络交易自助委托系统的补充协议”的约定，上诉人宋××通过网络下单，新华期货公司对其真实性进行核对的依据为宋××使用的交易密码，凡使用该密码进行的一切交易，均视为宋××及其代理人下达的有效委托，新华期货公司对此不负任何责任。2002 年 1 月 28 日宋××向新华期货公司出具的开通自助委托申请书表明，对新华期货公司分配给宋××的初始交易密码，宋××已经收悉，且已在新华期货公司的期货交易委托系统上作了修改。被宋××修改后的交易密码，由本人生成并所有且只有本人知悉，其作用在于辨识文件签署者身份及表示签署者同意电子文件内容并对数据电文进行保密。宋××修改后的密码具有私有性、唯一性和秘密性，这就决定了使用该密码进行交易的法律后果。故宋××提出新华期货公司未为其设定初始密码的上诉理由不足，其交易结果应由宋××负责。

本案发生在《电子签名法》实施之前，当时的主要争议焦点为宋××有无使用网络交易自助委托系统下达本案中的期货交易指令，即“数据电文交易指令的归属问题”。在本案中，宋××持有的交易密码具有以下两项功能：第一，其使用表明对交易者身份的鉴别；第二，私人密码的使用表明本人进行了交易行为。现如今，《电子签名法》在我国已经实施，诸如此类的交易密码可以作为电子签名的一种，更没有原则性的问题。

4. 手写签名电子化是否构成电子签名

实践中，许多人进行电子签名也愿意看到一个类似手写签名的“图像”“印记”，这就提出了手写签名电子化是否构成电子签名的问题。从理论上讲，只要手写签名电子化的“图像”“印记”能够实现传统签名的功能，那就不论其是否具有签名之“形”，当然地构成电子签名。这是判断的基本标准，落到实处时不能一概而论。

① https：//www. pkulaw. com/specialtopic/b8e4cb9014d1e0538bf7e1a13fd2fc6abdfb. html.

【案例 2－4】

温××与仁寿县人民医院医疗损害责任纠纷案[①]

2016 年 10 月 27 日凌晨，温××因出现阴道流液及下腹部不规则阵痛，到仁寿县人民医院门诊就诊。5 时 50 分至 6 时 40 分，经剖宫产手术分娩出一活男婴。新生儿出生时无自主呼吸，后抢救无效，被宣告临床死亡。法医学鉴定意见为：死亡原因符合双肺弥漫性间质性病变死亡。温××以仁寿县人民医院存在多项重大过错为由，提起医疗损害责任之诉。

案件中的争议焦点之一是：仁寿县人民医院提供的住院病历是否真实、合法、完整。对此，温××诉称，仁寿县人民医院的部分病历无检验者、审核者的手写签名，签名是假冒的等。仁寿县医院辩称，医院有资质的医务人员，都有唯一的身份标识登录电子病历信息系统及工号授权。在 13 页“检验报告单”上面的审核者签名，均在医务科进行了签名留样备案，扫描至电子病历系统，与手工签名具有同等合法性、真实性；“妇产科护理记录单”上的电子签名，对于有资质的护理人员，也有唯一的身份标识登录电子病历信息系统及工号授权，与手工签名具有同等合法性、真实性；“长期医嘱单”“临时医嘱单”上的电子签名也等同于手工签名，且医嘱单下方还有医生、护士核对签名。

法院经审理认为，这些关于辅助检查报告单的影印签名，系医院具有相应资质的医务人员备案登记的电子签名，与手工签名具有相同的效力。

在该案中，受到争议的签名属于“影印签名”，是通过医院的电子病历系统产生的，能够与签署者一一对应起来。它们不仅从形式上与签署者的文字签名相似，而且从功能上符合电子签名的要求，因而属于一种合格的电子签名。

这同实践中有的仅仅扫描文字签字而镶嵌到电子文档中的做法是不一样的。单纯的“扫描后镶嵌签名”“扫描后打印签名”“传真签名”“复印签名”“触屏手写签名”等简单影印签名通常不能被理解为合格的电子签名，因为它们有形无实。

【案例 2－5】

中燃公司、中燃上海公司与瑞斯特公司、一岚公司买卖合同纠纷案[②]

中燃公司、中燃上海公司不服（2016）鲁民终 2166 号民事判决，向最高人民法院申请再审。最高人民法院再审认为：本案争议焦点为中燃上海公司是否系涉案煤炭买卖合同的当事人。案件中，瑞斯特公司提交了其通过电子邮箱接收的与中燃

① 参见四川省仁寿县人民法院（2017）川 1421 民初 1090 号民事判决书，四川省眉山市中级人民法院（2019）川 14 民终 803 号民事判决书。

② 参见最高人民法院（2018）最高法民再 7 号民事判决书。

上海公司签订的“煤炭供需合同”和“声明”，其中加盖有中燃上海公司的公章，用以证明其与中燃上海公司之间存在煤炭买卖合同关系。最高人民法院经审理认为：《电子签名法》第2条第1款规定：“本法所称电子签名，是指数据电文中以电子形式所含、所附用于识别签名人身份并表明签名人认可其中内容的数据。”电子签章是电子签名的一种表现形式，利用图像处理技术将电子签名操作转化为与纸质文件盖章操作相同的可视效果，同时利用电子签名技术保障电子信息的真实性和完整性以及签名人的不可否认性。而本案中，崔××通过 roger@szeland.com 邮箱向 lty1022@126.com 邮箱发送的“煤炭供需合同”和指示交货“声明”，均为纸质文件加盖中燃上海公司公章后扫描形成的电子文档，“中燃上海公司的签章不属于上述所称电子签章”。

这是“扫描后镶嵌签名”不构成电子签名的实例。同样，实践中也有“扫描后打印签名”不构成电子签名的实例。

【案例 2-6】

保利公司与邵××、付×、张××、继华公司借款合同纠纷案①

2014 年 2 月 21 日，张××、保利公司给邵××、付×出具还款承诺书，载明：“本公司承诺，对于继华公司、张××欠邵××、付×人民币贰仟伍佰万元正(25 000 000.00，最后以借据具实结算)，以上借款以我公司的全部资产及股权承担连带清偿责任。”张××先在还款承诺书的承诺人处署名“法人代表张××”，后在此处喷墨打印留有保利公司的印章。

针对此案，上诉人保利公司不服（2014）阜民一初字第 00204 号民事判决，向安徽省高级人民院提起上诉，上诉的主要理由包括“涉案还款承诺书上印章系扫描后喷墨打印，非张××盖章行为，该复制印章不具有法律效力，对保利公司不具有任何约束力”，“有关工商机关从未备案过保利公司存在及使用电子印章，涉案扫描后喷墨打印图案的所谓印章，不构成法律意义上的电子印章和签名”。安徽省高级人民法院经审理认为，“本案中没有证据证明保利公司在其经营过程中曾经使用过经扫描后喷墨打印形成的印章，故依据《中华人民共和国电子签名法》的规定，其不具有电子签章的法律效力”。

当然，在通过电子邮件进行商业往来的特殊场景下，简单影印签名、直接打印签名也可能有条件地被归入合格的电子签名，因为电子邮件中（通常是尾端）所附的“文字签名”加上该企业邮箱的登录账号、密码已经可以起到身份识别的作用。这一观点符合国际司法惯例。联合国贸法会对此有过这么一段评论：“在日常实践中，全世界的公司通常都满足于用电子邮件交换电文，除了在邮件下方打上姓名、

① 参见安徽省高级人民法院（2017）皖民终 657 号民事判决书。

职衔和地址外，未使用任何形式认证或签名。有时候会使用手写签名的传真或扫描图像，赋予更正式的外观，但这只不过是手写原件数字化形式的一个副本而已。但是，在不加密电子邮件电文上的姓名和扫描的签名都不能提供高水平的安全性，也不能明确证明电子通信件发端人的身份。但是，为了通信的方便、快捷和有成本效益，企业实体自由地选择使用这些形式的'认证'。立法者和决策者在审议管理电子认证和签名时，必须铭记这些普遍的商业做法。对电子认证和签名的严格要求，特别是采用一种特殊的方法或技术，可能会在不经意间使人对每日没有使用任何认证或签名的大量交易的有效性和可执行性产生怀疑。反过来，这可能导致恶意行事的当事人质疑其自己的电子通信的真实性，以避免它们自由承担的义务所带来的后果。期望施加一些高水平的认证和签名要求最终会使有关各方每天都使用，是不切实际的。"① 美国法院也认定，"创建者在电子邮件电文中的署名符合法定的签名要求"②，"愿意接受那些能够符合书写要求的电子邮件电文及署名"③。这些反映的是理性的传统和务实的态度。回到前述案例 2－6 中，如果行为人发送电子邮箱使用的是企业正式邮箱，那就足以给收件人以可信赖的身份期待，相应地，其中"扫描后镶嵌签名"就可以作为电子签名。这是两种情形的微妙差异。

二、什么是电子签名法

电子签名法是网络法治建设领域极为重要的一个"基本法"，它指的是各国规范电子签名行为，确立电子签名的法律效力，维护电子签名各方当事人合法权益的法律。简言之，它是关于电子签名的专门性法律。

从世界范围来看，电子签名法的立法始于 20 世纪 90 年代。那一时期国际上比较有代表性的法律规范有美国的犹他州《数字签名法》（1995 年）、《统一电子交易法》（1999 年）、《全球与国内商务电子签名法》（2000 年），欧盟的《电子商务指令》（2000 年）、《电子签名指令》（1999 年）④，意大利的《数字签名法》（1997 年）、马来西亚的《数字签名法》（1997 年）、德国的《数字签名法》（1997 年）、新加坡的《电子商务法》（1998 年）、韩国的《电子商业基本法》（1999 年）、澳大利亚的《电子交易法》（1999 年）（2000 年）等。联合国贸法会也分别于 1996 年和 2001 年制定了《电子商务示范法》和《电子签名示范法》，为各国的电子签名立法

① 联合国国际贸易法委员会：《增进对电子商务的信心：国际使用电子认证和签名方法的法律问题》，载 https：//uncitral. un. org/sites/uncitral. un. org/files/media-documents/uncitral/zh/08－55697_ebook_0. pdf。

② Cloud Corporation v. Hasbro，Inc.，United States Court of Appeals for the Seventh Circuit. 26 December 2002. Federal Reporter. 3rd series，vol. 314，p. 296.

③ Central Illinois Light Company v. Consolidation Coal Company，United States District Court for the Central District of Illinois，Peoria Division. 30 December 2002. Federal Supplement. 2nd Series，vol. 235，p. 916.

④ 此指令 2014 年被修改为《电子身份与签名条例》。

提供范本和指导。

在这些早期的相关立法中，有些是专门的“电子签名法”或“数字签名法”，有些则是混杂规定于“电子商务法”、“电子交易法”或“身份认证法”之中，但所涉及的基本内容都是电子签名问题。这就奠定了两种观念上的电子签名法。具体来说，以法律名称和调整对象为标准，电子签名法存在着广、狭义之分。狭义论仅指名为“电子签名法”或“数字签名法”的那些法律，广义论则要关注分散在“电子商务法”、“电子交易法”或“身份认证法”等法律名称下的电子签名专门条款。

三、电子签名法之国际整理

（一）联合国贸法会《电子签名示范法》及其他

联合国贸法会是联合国系统国际贸易法领域的核心法律机构，成立于 1966 年 12 月，五十多年来专门从事全世界商法改革，任务是协调各种国际商业规则并使之现代化。1996 年，联合国贸法会在第 29 届会议中决定将电子签名和认证问题列入议程。2000 年，第 37 届会议完成了《电子签名统一规则草案》的拟定工作。2001 年 7 月，《电子签名示范法》正式面世。该法旨在通过提高电子签名使用的法律确定性，协助各国建立现代化、协调和公正的法律框架，以更有效地解决电子签名问题。该法采用技术中立态度，避免偏袒任何一种特定技术产品，确定了使电子签名和手写签名等同的技术可靠性标准。同时，该法还进一步确定了有关电子签名的基本行为规则。2005 年联合国贸法会通过《国际合同使电子通信公约》（2013 年 3 月生效），对促进在国际贸易中使用电子通信进行规定。由于该公约中含有“电子签字”“经签字的书面形式”“经签字的原字”等极少数条文，故也被视为电子签名法的渊源。本章以《电子签名示范法》为主要内容进行阐述。

图 2-8　联合国总部

1. 签名技术的平等对待原则

《电子签名示范法》第 3 条规定，除第 5 条外，本法任何条款的适用概不排斥、限制或剥夺满足第 6 条第 1 款所述要求或符合适用法律要求的电子签名的任何方法的法律效力。该条所表明的意思是，某项电子签名技术所采用的形式不能成为该签名的法律效力被否定的唯一理由。这反映并贯彻了“不偏重任何技术”的原则。当然，该条的规定并不妨碍合同自由原则：在协商一致且不违反法律的范围内，各方当事人可以自由地排除某些电子签名技术的适用。

2. 电子签名的法定要求

《电子签名示范法》第 6 条规定了可靠电子签名的四项标准：（1）签名制作数据在其使用的范围内与签名人而不是还与其他任何人相关联；（2）签名制作数据在签名时处于签名人而不是还处于其他任何人的控制之中；（3）凡在签名后对电子签名的任何更改均可被觉察；以及（4）如果签名的法律要求目的是对签名涉及的信息的完整性提供保证，凡在签名后对该信息的任何篡改均可被觉察。其中，第一项标准着重于签名制作数据的客观特征，第二项标准表述的是使用签名制作数据的情形，这两点结合起来可确保在任何特定时候（主要在签名时）签名制作数据只能由一人使用。至于第三、四项标准，涉及电子签名及其所签署信息的完整性问题。该条规定的目的在于，通过建立一种实质性的推定规则，确保在使用电子签名技术之时或之前建立某种明确性，并指明使用公认的技术将具有与手写签名相同的效力。

事实上，联合国贸法会电子商务工作组在起草示范法的过程中，一直在定义条款中保留着关于“强化电子签名”的定义。根据草案内容，“强化电子签名”是指那种可以通过应用安全程序或各种安全程序的结合，对其生成之时的状况进行验证的电子签名。虽然这一定义在起草的最后阶段因与第 6 条重复而被删去，但其所体现的“唯一性、独特性、可靠性”的特点被吸收进来。

此外，根据各方当事人的自主权，他们也可以自由商定在相互之间的任何协定中规定某种电子签名技术与手写签名等同；有关法律也可以作出这样的规定。这些约定或法律同示范法第 6 条并不抵触。

3. 电子签名人的义务与责任

《电子签名示范法》第 8 条规定了电子签名人最低限度的“行为守则”，这些“行为守则”包括电子签名人必须履行如下义务：（1）采取合理的谨慎措施，避免他人未经授权使用其签名制作数据；（2）在知悉签名制作数据已经或知悉导致签名制作数据可能已经失密的重大风险情况时，毫不迟延地向电子签名依赖方或支持人员发出通知；（3）在使用证书支持电子签名时，采取合理的谨慎措施，确保签名人作出的关于证书整个寿命周期的或需要列入证书内容的所有实质性表述均精确无误和完整无缺。上述义务归结到一点，就是电子签名人要尽“合理的努力”来保证签名的安全。

如果电子签名人未能履行上述义务，将要承担相应的法律后果。不过，《电子签名示范法》并没有指明责任后果，而是将这个问题留给各主权国家通过立法解决。这是因为在联合国贸法会编写示范法时达成了这样一个结论：以统一规则的形式难以就签名人的责任达成共识。实际上，电子签名的使用场合不同，责任后果的范围就可能不同，具体包括签名人受电文内容的约束、承担损害赔偿责任、失误方不得抵赖电子签名的约束效力，等等。

【案例 2－7】

敖××银行卡被盗刷案

2006 年 3 月敖××在交通银行深南中支行处办理一张借记卡，卡号为 6222581313336××××。2012 年 9 月 12 日 19 点 56 分，敖××持该借记卡在深圳市自助设备同城跨行取现人民币（以下均为人民币）1 000 元。同日 23 时 55 分，与上述借记卡相同的借记卡在昆明市民航路官渡广场的交通银行昆明分行××支行的自助设备转出 49 900 元；23 时 56 分至次日 0 时 6 分，该卡在昆明市的上述自助设备分 8 次提取现金 37 600 元。13 日 0 时 19 分，敖××怀疑自己的银行卡被盗刷，向深圳市公安局西乡派出所报案。敖××认为交通银行深南中支行未履行保障储户资金安全的义务，诉至法院，要求判令交通银行深南中支行赔偿其损失及利息。

银行卡领用法律关系是随着现代电子金融交易技术的发展而诞生的、涉及多方主体的复合型法律关系，交易方式和支付条件发生了质的变化，体现出网络化、无纸化和即时性的特征，往往银行卡信息和密码就成为唯一的支付条件。银行卡密码是银行卡领用关系中确认领用人身份的重要依据，属于广义电子签名的一种表现形式。本案中谁应当承担电子签名人的义务与责任，可以按照联合国《电子签名示范法》的原理进行判断。

4. 认证机构的义务与责任

《电子签名示范法》第 9 条规定了认证机构提供验证服务时所必须遵循的最低限度“行为守则”，即认证服务商应遵守其所作的表述和承诺，例如在验证惯例声明或任何其他种类的政策声明中所作的表述和承诺。

同时，该条也规定了认证机构提供验证服务时所应当履行的基本义务：其一，采取合理的谨慎措施，确保其作出的关于证书的所有重大表述均精确无误和完整无缺。其二，提供合理可及的手段，使依赖方得以从证书中证实下列内容：（1）认证服务提供人的身份；（2）证书中所指明的签名人在签发证书时拥有对签名制作数据的控制；（3）在证书签发之日或之前签名制作数据有效。其三，提供合理可及的手段，使依赖方得以在适当情况下从证书或其他方面证实下列内容：（1）用以鉴别签名人的方法；（2）签名制作数据或证书的可能用途或使用金额上的任何限制；（3）签名制作数据有效，且未发生失密；（4）认证服务提供人规定的责任范围或程度上的任何限制；（5）是否存在签名人依法发出通知的途径；（6）是否开设及时的撤销服务。其四，提供签名人依法发出通知的途径，以及确保提供及时的撤销服务。其五，使用可信赖的系统、程序和人力资源提供其服务。

需要特别说明的是，在最初的草案中该条还规定了认证机构的责任后果，不过在正式的示范法中并未采纳。联合国贸法会认为这个问题应由各主权国家通过立法解决，并建议考虑如下因素：（1）获得证书所需的费用；（2）所验证的信息的性质；（3）是否存在对证书可能用途的任何限制及限制范围；（4）是否存在限制认证服务商责任范围或程度的任何声明；（5）依赖方的任何促成行为；等等。

5. 电子签名依赖方的义务

在网络活动中，电子签名依赖方是广义的概念，既可能是与电子签名人或认证服务商有合同关系的任何人，也可能是与电子签名人或认证服务商没有合同关系的任何人，甚至可能是认证服务商或签名人本人。

《电子签名示范法》第11条规定了电子签名依赖方的最低限度“行为守则”，这些“行为守则”包括电子签名人必须履行如下义务：（1）采取合理的步骤核查电子签名的可靠性；（2）在电子签名有证书支持时，采取合理的步骤核查证书的有效性或证书的暂行或撤销，并遵守对证书的任何限制。

6. 电子签名的国际承认

《电子签名示范法》第12条规定了对外国证书和电子签名的承认问题。其中，第1款反映了不歧视原则，即来源地不应成为确定外国证书或电子签名是否具有法律效力或具有多大法律效力的一个因素；亦即确定电子签名的法律效力时不得考虑签名的地理位置、营业地的地理位置。按照第2款提供的跨国境承认证书的一般标准，在境外签发的数字证书，只要满足“具有实质上同等可靠性”，即具有与境内签发的证书同样的法律效力。

（二）美国《全球与国内商务电子签名法》及其他

美国作为世界上最早开展电子商务的国家，在立法方面取得的成就为世人瞩目。《犹他州数字签名法》是涉及电子签名的第一个立法，规定了“数字签名”等相关定义、认证机构的资质和许可、执业要求、行为禁止、私钥控制、证书签发、证书撤销、证书过期及相关法律责任、签名要求的满足及不可靠的数字签名等内容①，被奉为许多州相关立法的模本。1999年，美国统一州法委员会通过《统一电子交易法》（Uniform Electronic Transactions Act）②，将立法规制的对象由数字签名拓展

① 《犹他州数字签名法》于1995年获得通过，但自2006年5月1日起即被第20号州法案废止。关于该法案的内容，可查阅 http：//www. columbia. edu/～mr2651/ecommerce3/1st/Statutes/UtahDigitalSignatureAct. pdf，最后访问日期：2021－05－03。

② Uniform Electronic Transactions Act（1999）.［2021－05－03］. https：//www. uniformlaws. org/HigherLogic/System/DownloadDocumentFile. ashx? DocumentFileKey＝2c38eebd－69af－aafc－ddc3－b3d292bf805a&forceDialog＝0.

至电子签名的范围。2000 年 10 月美国国会通过了《全球与国内商务电子签名法》(Electronic Signatures in Global and National Commerce Act，以下简称《美国电子签名法》)。[①]受前一法律影响，《美国电子签名法》的突出特点是，继承和拓展以"最低限度"模式来推动电子签名运用的做法，不局限于规定使用某一特定技术。

在适用范围方面，《美国电子签名法》规定电子签名适用于一切州际的或外国的商业合同、协议和记录等，如下特殊情形除外：(1) 关于遗嘱、遗嘱更改附件或任何其他遗嘱性质的文书的订立和签立；(2) 涉及收养、离婚或其他家庭法的事宜；(3)《统一商法典》中的第 1－107、1－206 条，第 2、2A 篇的内容；(4) 与诉讼程序相关的法院命令、通知、其他正式文件，包括诉状、答辩状等；(5) 关于撤销及终止公用服务（包括水、暖气、供电）供给的通知；(6) 以居民住宅为抵押的借贷合同及租赁合同的违约、提前清偿、恢复、取消赎回权、收回租地的通知；(7) 健康保险金及人身保险金的取消和结束的通知；(8) 危及健康和安全的产品及材料回收的通知；(9) 应随同危险材料、危险物品运输或处理的任何文件。

在法律效力方面，《美国电子签名法》赋予了电子签名、电子合同和电子记录同传统形式和手写签名一样的法律效力与可采性。它不但承认了数字签名技术，而且授权在未来可使用任何其他签名技术；同时，它也明确规定不影响现有关于合同、记录必须采用书面、签名形式的法律要求。此外，《美国电子签名法》还规定了消费者通过选择"加入"系统而自愿使用电子签名的规则。

《美国电子签名法》具有独特的特点和优越性：第一，在私营部门和自律政策方面，它试图为电子交易的可靠性和安全性提供一个法律框架以对政府的不适当干预进行限制，放弃对电子签名和认证的强制性规制方案，采取了自由化的、非歧视的市场导向方法。第二，更鲜明地突出了"技术中立"的原则，它强调保障在线签约安全不只存在一种单一的技术或方法。

（三）欧盟：从《电子签名指令》到《电子身份认证与签名条例》

欧盟是一个由原欧洲共同体成员国根据《欧洲联盟条约》组成的区域性国际组织，目前拥有 28 个成员国。它在成员国司法一体化方面取得了重大的成功。其电子商务发展战略的一个重要目标是规范成员国的电子商务活动。为了实现这一目标，欧盟及其成员国自 20 世纪 90 年代以来制定了一系列的法律。

1997 年 4 月，欧盟委员会提出了著名的《欧洲电子商务行动方案》；同年 7 月，欧盟各国又在波恩召开了有关全球信息网络的部长级会议，并通过了支持电子商务发展的部长宣言。1999 年 12 月，欧盟委员会在布鲁塞尔制定了 1999/93/EC 号《电子签名指令》。该指令的立法目的有两个：一是在欧盟范围内建立一个利于电子签名推广、运用的统一法律环境；二是建立一个完整的关于电子签名的法律认证体

① See Electronic Signatures in Global and National Commerce Act. [2021-05-03]. https://www.congress.gov/106/plaws/publ229/PLAW-106publ229.pdf.

系，以使电子签名的法律效力得到法律上的承认。①

2014 年欧盟发布新的法律规定《电子身份认证与签名条例》②（910/2014 号，以下简称欧盟《条例》），有关电子签名的内容被作为信任服务的组成部分纳入其中。该条例于 2016 年 7 月 1 日正式生效，同日《电子签名指令》被废止。这一改变的原因在于《电子签名指令》事实上成了身份服务领域的障碍——欧洲的各成员国都建立了关于在线识别用户的独立机制与级别，却未得到全欧盟范围内的认可。③从“指令”到“条例”，这一法律规范在名称上的变化意味着在效力上的改变。④

欧盟《条例》主要包括电子身份和信任服务两个部分，其中关于电子签名的内容是与适格信任服务（qualified trust services）、电子封印（electronic seals）、电子时间戳（electronic time stamps）、电子挂号寄送服务（electronic registered delivery services）、网上验证（website authentication）并列在一起（有人称之为“eIDAS

① 《电子签名指令》依照电子签名安全水平的高低不同，将电子签名划分为“基本电子签名”和“高级电子签名”。相比而言，高级电子签名是指同时满足以下四项要求的电子签名：（1）与签名人唯一地相联系；（2）能确定签名人身份；（3）用签名人能单独控制的方式签署；（4）与相关数据的连接方式可查知后继数据变动。它往往适用于需要较高安全水平的交易。在法律承认方面，该指令没有具体的技术导向，但提出了电子签名的非歧视原则。它要求“高级电子签名”必须满足国内法的形式条件，产生等同于手写签名的法律效力，即不得以其是电子形式、不是基于资格证书、不是安全签名系统签署等为由而否认其强制执行力和可采性。此外，该指令承认第三国与欧盟的认证服务供应商所签发的证书具有同等的法律效力，只要其与欧盟存在联结关系（如欧盟的民间认证），或欧盟与该第三国之间有双边或多边的协议。在市场准入方面，该指令规定各成员国不得将电子签名认证服务纳入“强制性许可”范围。当然，各成员国可以为提高认证服务而引进或维持一套自愿认可的方案，该方案所有相关条件必须客观透明、适当和非歧视。该指令的附件二专门为认证服务提供商规定了基本要求。在法律责任方面，该指令专门就认证服务提供商的责任作了规定。对于基于证书信赖而遭受损失的自然人、法人或其他团体，认证服务提供商应当承担赔偿责任，除非其能够证明其没有“疏忽行事”；对于认证服务提供商未能及时将证书登记撤销，造成自然人、法人或其他团体信赖证书而遭受损失的，认证服务提供商应当承担赔偿责任；对于认证服务提供商未能在证书中表明其使用限制，造成自然人、法人或其他团体错误认识的，认证服务提供商也应当对超越证书限制而使用所致损失承担赔偿责任。

② 该法的正式名称为“Regulation（EU）No. 910/2014 of the European Parliament and of the Council of 23 July 2014”，简称为“eIDAS Regulation”。https：//www. eid. as/home/.

③ Liaquat Khan. eIDAS：Changing Landscape for e-Signature Regulations. https：//blog. signinghub. com/eidas-changing-landscape-for-e-signature-regulations.

④ 指令与条例均属于是欧盟法的次级渊源。依据欧盟基础法律的相应规定，指令对接受指令的成员国具有约束力，但是接受指令的成员国一般是通过某种方式将指令转化为国内法予以实施的。为此，接受指令的成员国需要调整或修改本国的相应立法或行政、经济等措施，以使各成员国在相应的立法领域内彼此相协调和相互配合。依据基础法律的相关规定，条例（规则）具有普遍适用性，其所有部分均具有法律拘束力。就其本质而言，条例并不只是指向某一个或几个成员国或特定的人和具体情况，而是指向一个抽象的整体，不以特定对象为其适用和生效的范围。条例具有统一适用性和直接适用性，这种统一性要求适用条例的全部，不得以不完全或选择性来局部地适用条例；这种直接适用性表现为条例的适用和生效不依赖成员国的任何转换措施，成员国有义务遵守和实施而不得妨碍条例所固有的直接适用性。参见刘兆兴：《论欧盟法律与其成员国法律之间的关系》，载《环球法律评论》，2006（3），318－319 页。

软件包”），作为电子信任服务的组成部分。欧盟《条例》不仅给电子签名下了一般化的定义，而且将两种特殊形式——“高级电子签名”（advanced electronic signature）与“适格电子签名”（qualified electronic signature）单列出来，明确内涵并建立规则。前者是指同时满足“与签署者有独特联系”“能够识别签署者”“由签署者高度信任在自己控制下的电子签名数据所生成”“与所签署的数据相联系、足以保证发生任何数据变化均能被察觉”四个条件的电子签名；后者是指由合格的电子签名生成装置生成的，以合格的电子签名证书为基础的高级电子签名。

按照相关立法惯例，欧盟《条例》第25条明确了电子签名的法律效力，规定在任何法律程序中“不得仅以系电子形式或者不符合适格电子签名的条件为由”，而否定电子签名的法律效力及其作为证据的可采性；规定“适格电子签名与手写签名具有同等的法律效力”；“基于一个成员国签发的合格证书签发的适格电子签名，在所有其他会员国均视为适格电子签名”。欧盟《条例》还特别针对成员国政府部门使用电子签名的情形，明确使用“符合欧盟委员会实施法规要求的高级电子签名”即可；针对政府部门提供在线服务涉及跨境的情形，明确不得要求使用“比适格电子签名安全性更高的”电子签名。

此外，欧盟《条例》对于电子签名的合格证书（第28条），适格电子签名生成装置的要求（第29条）、认证（第30条）、清单公布（第31条），适格电子签名的验证要求（第32条）、验证服务（第33条）等作了统一的规定。这些都使欧盟的个人和企业在数字化交易等中的工作变得相对容易，极大地增加人们对欧洲数字共同体及统一数字市场的信任，并为电子签名中引入区块链等新兴技术奠定了法律基础。

（四）比较与评价

遍观不同国家与国际组织推出的“电子签名法”，可以发现它们在界定“电子签名”这一事物上存在着不同类型的做法，进而建立了不同的规则体系。以此为标准，电子签名法可以进行三分法分类，即技术中立式、技术特定式与混同式。这一分类与国际上电子签名立法实践中关于“技术中立”还是“技术特定”原则的争论密切相关。

技术中立式的电子签名法规制的是广义的电子签名。只要各种电子签名蕴含了签名人的签名意图，并且电子签名符合一定的抽象条件（电子签名的“方法是可靠的，对生成或传递数据电文的目的来说也是适当的”）①，就具有与传统签名相同的法律效力，而不论签名的具体形式。如联合国《电子商务示范法》、澳大利亚《电子交易法》和美国《电子签名法》《统一电子交易法》等均属于技术中立式。这些

① 例如《电子商务示范法》第7条规定：“如法律要求要有一个人签字，则对于一项数据电文而言，倘若情况如下，即满足了该项要求：(a) 使用了一种方法，鉴定了该人的身份，并且表明该人认可了数据电文内含的信息；(b) 从所有各种情况看来，包括根据任何相关协议，所用方法是可靠的，对生成或传递数据电文的目的来说也是适当的。”

立法没有将某种特定的电子签名法定化，也没有赋予特定电子签名高于一般签名的效力。其中的原因大体在于：其一，技术中立的立法原则能够避免技术歧视，容纳不同层次的技术方式，从而利于法律的推行。其二，美国推行技术中立式，与其处于科技的前沿有很大关系。最发达国家往往拥有最先进的技术，同时也以很快的速度引导技术的革新。技术中立的立法模式，为新技术的运用留下了空间，避免了法律方面的障碍。其三，技术中立式也体现了当事人意思自治的原则，法律侧重于审查电子签名人的意图，兼顾审查电子签名对于签名目的而言是否适当且可靠，只要符合条件就被认为是满足法律要求的电子签名，而具体使用什么电子签名技术就靠当事人的意愿或市场选择了。在新的历史时期，技术中立式的电子签名法出现了认可新技术方案的趋势。如韩国于 2020 年 6 月颁布了新的《数字签名法》，替代了 1999 年《数字签名法》。其中要求政府“努力促进各种技术进行电子签名，如生物识别、区块链等”，并禁止政府“限制使用特定的电子签名系统”。

技术特定式的电子签名法规制的是狭义上的电子签名，主要是相对成熟的数字签名。早年人们认为，只有使用非对称密钥加密算法等成熟技术的数字签名才属于安全的电子签名，可以被赋予法律效力；而其他庞杂的签名技术方案因其安全性尚未被验证认可而暂时不被赋予法律效力。如马来西亚《数字签名法》就只规定了数字签名的法律效力，而对于采用其他技术的电子签名的法律效力未作规定。此外，阿根廷《数字签名法》、爱沙尼亚《数字签名法》、德国《数字签名法》、印度《信息技术法》、以色列《电子签名法》、日本《电子签名和认证服务法》、立陶宛《电子签名法》、波兰《电子签名法》、俄罗斯联邦《电子签名法》（2011 年、2019 年两次修正）、韩国《数字签名法》（2017 年）以及我国香港地区《电子交易条例》也都采用技术特定的立法模式。这类立法应该算得上是比较保守、渐进的立法方式。其优势在于，以成熟技术作为对象，相关配套制度的建设就显得更有针对性，从而也就更安全可靠。

混同式的电子签名法兼有前两者的特征，在规制对象方面立足于成熟的数字签名技术但不排斥其他各种技术方案。例如，新加坡《电子交易法》规定，如果一项法律规则要求签名，或规定某一文件未经签名会产生特定的法律后果，则采用电子签名的形式即满足该法律规则。同时该法又规定，通过适用法定的安全程序或当事人同意采用的合理安全的商业程序，如果能够证实一项签名在制作时符合下列条件，则该签名可以被视为安全的电子签名：（1）使用者唯一的签名；（2）能证实使用者的身份；（3）通过某种使用者可以唯一控制的方式或方法创设；（4）和相关的电子记录以某种方式具有密切联系，一旦该记录被修改，则签名也随之失效。也就是说，既承认一切形式的电子签名，又将可信任证书所支持的数字签名视为“安全的电子签名”。这种立法模式全面又突出重点，既保持了技术的中立性、法律的开放性和前瞻性，又不失规范操作的现实性，因而也被称为“两级或双轨模式”(two-tiered or two-pronged approach)。

相比而言，技术中立式立法呈现的通常是关于电子签名的底线规则，技术特定式立法可以针对特定技术提出高要求的特殊规则，而混同式既亮明底线规则又强调必要的特殊规则，体现出兼容的优势。实践证明，混同式电子签名法的立法模式受到后发国家（地区）的极大关注和越来越多的遵循。不仅早年推出的菲律宾《电子商务法》、毛里求斯《电子交易法》、巴基斯坦《电子交易条例》，以及我国台湾地区的“电子签章法”等属于混同式，而且欧盟《电子身份认证与签名条例》于2014年扛起了混同式立法的大旗。后者表明，在强调电子签名国际互认的新形势下，电子签名法可以走“两级或双轨模式”的道路。

四、中国《电子签名法》之宏观评述

(一) 中国《电子签名法》的制定简史

我国电子签名立法的时间相对较晚。2002年，国务院信息化工作办公室委托有关单位起草了《中华人民共和国电子签章条例（草案)》，其中主要涉及的是数字签名技术，但也专门定义了一个更具一般性的电子签名概念，即把数字签名技术作为实现电子签名的一种主要技术手段，同时也允许其他的电子签名技术。这一立法最初的定位是行政法规。

不过当2002年10月前述条例（草案）被提交国务院法制办公室审查时，主管机关认为还是应该上升到法律，同时指出仅规定数字签名会形成一种技术限定，阻碍新技术的发展。国务院法制办公室随后接手立法，对前述条例（草案）作了较大幅度的修改：从法律条款上完全抹去了数字签名技术，强化了通用的电子签名概念，并强调技术中立是基本的立法原则，同时调整了法律的适用范围。

这样形成的法律（草案）于2004年3月24日在国务院常务会议上讨论并原则通过。同年4月2日，由国务院提请全国人大常委会审议；8月28日十届全国人大常委会第十一次会议予以通过。2005年4月1日《中华人民共和国电子签名法》(以下简称《电子签名法》，在中外比较的情况下简称《中国电子签名法》）正式实施，成为我国第一部真正意义上的电子签名法。

2015年4月24日，《电子签名法》经过第十二届全国人大常委会第十四次会议第一次修改，主要是明确“提供认证服务者应当取得企业法人资格”以及取消提供认证服务的“申请人应当向工商行政管理部门办理企业登记手续”。2019年4月23日，《电子签名法》经过第十三届全国人大常委会第十次会议第二次修改，主要是删去“涉及土地、房屋等不动产权益转让”“涉及供电”不适用“电子签名、数据电文”的规定，也就是说，涉及土地、房屋等不动产权益转让的合同类型，涉及供电公用事业服务的合同类型可使用电子签名。[①]

（二）一种适用范围尽可能扩大的立法体例

作为一部相对后生的法律，《中国电子签名法》可以获得两点宏观判断：其一，从立法模式上看，《中国电子签名法》走的是混同式立法道路，既规定了广义的电子签名，又以数字签名为重心建立规则。其二，从条文设计来看，《中国电子签名法》主要是将联合国《电子签名示范法》《电子商务示范法》移植到中国法律环境中，但也结合中国国情、参照其他国家的经验作了必要的调整。以上第一点不言而喻；第二点表明，《中国电子签名法》并非原封不动地照搬联合国《电子签名示范法》。这不仅由具体法律条文及其表述风格可见，而且从适用范围、签名人行为准则以及认证机构设置、义务、责任规则等细则上均可看出。

下面以法律适用范围为例进行说明（至于其他细则的独特之处见后文）。联合国《电子签名示范法》在适用范围上，给出的条文建议为：“本规则适用于商务活动过程中电子签字的使用，并不凌驾于旨在保护消费者的任何法律规则之上。”联合国贸法会建议具体采用下列案文：“本规则适用于电子签字的使用，但下列情况除外：……”[②] 在这里，联合国贸法会解释说，“对‘商务’一词应作广义解释，使其包括不论是契约型或非契约型的一切商务性质的关系所引起的种种事项。商务性质的关系包括但不限于下列交易：供应或交换货物或服务的任何贸易交易；分销协议；商务代表或代理；客账代理；租赁；工厂建造；咨询；工程设计；许可贸易；投资；融资；银行业务；保险；开发协议或特许；合营或其他形式的工业或商务合作；空中、海上、铁路或公路的客货运输”[③]。

我国在制定《电子签名法》时，将适用范围调整为“民事活动”（第 3 条），弃用了“商务”“商务活动”的表述。[④] 而且，综合借鉴《美国电子签名法》第 103 条、新加坡《电子交易法》第 4 条等的规定，将“非商业环境中产生的文件”排除在适用范围之外。这表现为《中国电子签名法》（2004 年版）中明确电子签名不适用于“涉及婚姻、收养、继承等人身关系的”“涉及土地、房屋等不动产权益转让的”“涉及停止供水、供热、供气、供电等公用事业服务的文书。”诚然，《中国电

① 《电子签名法》在适用范围上的扩大调整符合信息化发展的需要，也为电子政务大发展提供了助推。2019 年 4 月 26 日，《国务院关于在线政务服务的若干规定》公布，其中明确了电子签名、电子印章、电子证照、电子档案的法律效力，具体包括：政务服务中使用的符合《电子签名法》规定条件的可靠的电子签名，与手写签名或者盖章具有同等的法律效力；电子印章与实物印章具有同等的法律效力，加盖电子印章的电子材料合法有效；电子证照与纸质证照具有同等法律效力；符合档案管理要求的电子档案与纸质档案具有同等法律效力。

②③ 联合国国际贸易法委员会：《贸易法委员会电子签字示范法及其颁布指南 2001 年》，1 页，载 https://uncitral.un.org/sites/uncitral.un.org/files/media-documents/uncitral/zh/ml-elecsig-c.pdf。

④ 该法的多版征求意见稿曾经写为“以数据电文形式进行的商务活动，适用本法”。

子签名法》2019 年修订时对限制适用的条款作了进一步的限缩调整。此外，《中国电子签名法》特别允许当事人约定使用或不使用电子签名的范围（第 3 条）。如果约定使用电子签名的，不得仅因为其采用电子签名的形式而否定其法律效力。显而易见，《中国电子签名法》首先明确了适用范围是除极少数限制情形之外的各种民事活动，且允许“意思自治”。换言之，《中国电子签名法》为电子签名规定了极其广阔的适用范围。当然，对于这里的“意思自治”能否从消极的角度理解，在实务中出现了一些特殊的案例。

【案例 2-8】

泊逸酒店公司与上海皖皓公司建设工程施工合同纠纷案①

泊逸酒店公司不服（2018）苏 01 民终 4647 号民事判决，向江苏省高级人民法院申请再审。泊逸酒店公司申请再审的理由之一是：双方合同约定联络方式为书面通知，故上海皖皓公司提交的电子邮件形式不符合要求、内容存疑，不能作为认定上海皖皓公司申报验收的依据。江苏省高级人民法院经审理认为：《电子签名法》第 3 条规定，“民事活动中的合同或者其他文件、单证等文书，当事人可以约定使用或者不使用电子签名、数据电文”。本案中双方合同并未约定不使用电子签名、数据电文，上海皖皓公司以电子邮件形式提交竣工验收报告不违反法律规定。故泊逸酒店公司的申请理由不能成立。

本案从“消极约定”的角度认可了电子签名、数据电文，值得从理论上进一步思考其合理性。

更为重要的是，我国在制定《电子签名法》时曾经讨论过，该法应否仅仅适用于许多国家法律规定的电子商务、电子交易领域，以及能否扩大适用于电子政务、电子法务等公权力活动领域的问题，并最终表明了肯定的态度。该法作了拓展处理，于第 35 条规定：“国务院或者国务院规定的部门可以依据本法制定政务活动和其他社会活动中使用电子签名、数据电文的具体办法。”这一拓展是革命性的，不仅明确了电子政务中可以使用电子签名，而且明确了各种社会活动如行政执法活动、司法活动、仲裁活动、调解活动、立法活动等亦可使用电子签名。案例 2-9 为行政执法中使用电子签名的讨论。简言之，法无禁止即可用。

【案例 2-9】

陈××与龙圩交警大队交通管理行政处罚纠纷案②

陈××不服（2015）梧行终字第 17 号行政判决，于 2016 年 2 月 2 日向广西壮

① 参见江苏省高级人民法院（2019）苏民申 1766 号民事裁定书。

② 参见广西壮族自治区高级人民法院（2016）桂行申 122 号行政裁定书。

族自治区高级人民法院申请再审。陈××申请再审的一个理由是，“一审判决认定电子行政盖章与电子签名具备同等效力，不符合《行政处罚法》（2009年）第39条第2款‘行政处罚决定书必须盖有作出行政处罚决定的行政机关的印章’的法律规定”。广西壮族自治区高级人民法院经审理认为，被申请人龙圩交警大队作出的行政处罚决定书已加盖了电子签章，根据我国《电子签名法》的规定，电子印章与盖章具有同等的法律效力，申请人认为本案简易程序处罚决定书不属于加盖公安交通管理部门的印章，违反法律规定的意见，依法不予采纳。

应该承认，在许多国家电子签名的应用范围在不断扩大，并不完全受限于法律规定。如美国的法院愿意接受对电子签名的立法承认（legislative recognition），它们承认在授权法未明确规定的情形下可以通过签发司法令状等使用电子签名。① 但是，这样的认可是司法操作层面的，不是法律上的明文规定。《中国电子签名法》是一种开放的立法例，即将电子签名的适用范围尽可能扩大化。这可以说是《中国电子签名法》的鲜明特色，也是其优势所在。

【补充知识】

电子签名在刑事诉讼中的运用

2019年4月1日，最高人民法院、最高人民检察院、公安部联合发文②，鼓励在刑事诉讼中应用电子签名：(1) 诉讼参与人在电子法律文书上电子签名、电子指纹捺印，与其在纸质法律文书上手写签名、捺印指纹具有同等法律效力。(2) 人民法院、人民检察院、公安机关应用电子签名、电子指纹捺印技术，应当通过安全认证等方式确保安全和规范，确保在技术上不可复制、不可篡改。(3) 对诉讼参与人电子签名、电子指纹捺印的过程，人民法院、人民检察院、公安机关应当同步录音录像。同步录音录像资料应当不间断、易于辨认，不得剪接、删改，且按规定期限保存，必要时随案移送。各司法机关可以根据办案需要调取查阅。(4) 电子签名、电子指纹捺印的真实性、合法性由电子法律文书的制作单位负责。(5) 需要对电子法律文书上的电子签名、电子指纹捺印的真实性鉴定时，该电子法律文书的制作单位或者存储单位应当配合，并提供信息系统原始数据文件和系统日志。(6) 电子签名、电子指纹捺印的原始数据文件及其元数据，应当封装后生成不可更改的文件格式，并能够脱离原系统保存、归档。应该说，没有《电子签名法》制定时的远见，电子签名在我国刑事诉讼中的运用是难以推进的。

① Department of Agriculture and Consumer Services v. Haire, Fourth District Court of Appeal of Florida. Case Nos. 4D02－2584 and 4D02－3315, 15 January 2003.

② 最高人民法院、最高人民检察院、公安部《关于刑事诉讼中应用电子签名和电子指纹捺印有关问题的意见》（公通字〔2019〕18号）。

第二节 数据电文的框架制度

通俗地讲，数据电文就是电子形式的文件。数据电文的法律问题涉及电子合同、电子证据问题，前者包括数据电文的法律归属，电子邀约与承诺生效的时间、地点等；后者包括数据电文的关联性、真实性、合法性判断等，有待于合同法律制度和证据法律制度的具体调整与阐释。本书将这部分内容放在后面专章中，结合相关的合同法律规范与证据法律规范进行论述。除此之外，数据电文的法律问题还涉及一些更为基础的问题，如书面形式、原件形式、保存要求与平等地位等。它们具有相对独立性，构成数据电文的框架制度。

一、数据电文的书面形式

书面形式是与口头形式相对的一种表达方式。书面形式能更好地固定法律所要求的法律主体间的权利义务关系，因而往往被强制采用。在《电子签名法》实施之前，我国实践中对于数据电文是否为书面形式存在着不同的认识。这造成了在许多基于书面文件的法律活动中难以推广使用数据电文，构成电子商务和电子政务发展的法律障碍。《电子签名法》原则上确认了数据电文的书面形式地位，并设定了两项具体标准。

该法第 4 条规定："能够有形地表现所载内容，并可以随时调取查用的数据电文，视为符合法律、法规要求的书面形式。"这解决了两个相关联的问题：一是数据电文是否符合法律、法规要求的书面形式；二是什么样的数据电文才符合法律、法规要求的书面形式。其中，对第一个问题的回答是肯定的，对第二个问题的回答是将数据电文的书面形式标准分解为"有形性"和"可用性"两项标准。应该说，该条也是从功能等同法①的角度对书面形式作了扩充解释，将大部分数据电文纳入要求书面形式的传统法律体系之中。

【案例 2－10】

刘××与鑫壕天畅公司、天矿所合同纠纷案②

刘××因与鑫壕天畅公司、天矿所合同纠纷案，不服（2017）津民终 424 号民

① 联合国贸法会《电子商务示范法》及其颁布指南将书面形式的功能列举为：确保有可以看得见的证据；引起当事人的注意；保证所有利益相关人都可读到该文件；提供一份永久记录；便于复制；使之可以通过签字方式进行验证；等等。这些功能中，部分是由书面形式实现的，部分是由书面形式和其他形式要求（如签名、原件）相结合加以实现的。《中国电子签名法》借鉴了联合国贸法会《电子签名示范法》的思路，仅仅考虑了书面形式的最低要求。

② 参见最高人民法院（2018）最高法民申 5586 号民事裁定书。

事裁定，向最高人民法院申请再审。刘××申请再审的理由之一是：仲裁协议应当由双方自愿且以书面形式约定，本案中的仲裁条款不符合书面形式要件，不符合《仲裁法》的相关规定。最高人民法院经审理认为：根据《电子签名法》第4条“能够有形地表现所载内容，并可以随时调取查用的数据电文，视为符合法律、法规要求的书面形式”的规定，本案仲裁条款符合仲裁法要求的书面形式。故该项申请再审理由不能成立。

二、数据电文的原件形式

原件在我国既是举证的要求，也是主张物权凭证和票证权利（如重量证书、农产品证书、质量或数量证书、检查报告、保险证书等）的要求。然而，对于数据电文而言，收件人所收到的总是“原件”的拷贝，而不是载有原始信息的那张软盘、光盘之类的媒介物。这就同样需要依靠功能等同法找到解决方案。《电子签名法》第5条规定：“符合下列条件的数据电文，视为满足法律、法规规定的原件形式要求：（一）能够有效地表现所载内容并可供随时调取查用；（二）能够可靠地保证自最终形成时起，内容保持完整、未被更改。但是，在数据电文上增加背书以及数据交换、储存和显示过程中发生的形式变化不影响数据电文的完整性。”这是一种功能等同法的方案，它实际上是将数据电文的原件形式标准概括为“可用性”和“完整性”两个方面，也就是说满足了传统原件（如纸张原件）的基本功能。

对于其中的完整性标准，上述第5条定义的简单含义是“内容保持完整、未被更改”。同时，该条借鉴联合国贸法会《电子商务示范法》之释义的内容，将“在数据电文上增加背书”“数据交换、储存和显示过程中发生的形式变化”剔除出影响完整性的情形。也就是说，对一条数据电文作必要的添加并不影响其“原件”性质。例如，转让票据或者海运提单时在该票据或者提单上作背书，并不影响其原件性质；又如，通过互联网传输数据时，根据互联网协议，需要将一份数据电文进行解码、压缩或者转换等一系列作业，然后传输到指定的信息系统，也不能认为其改变了数据电文的完整性；再如，对于一份利用Word编辑的*.doc文档，运用WPS打开显示时，其形式显然会发生变化，但这些变化并不影响该文档内容的完整性。

特别值得说明的是，对于完整性标准还应当灵活地看待。要考虑该数据电文的内容是出于什么目的生成的、所涉及的标的额以及其他重要情况。显然，在高达上亿美元标的的B2B交易中所要求的数据电文可靠性，相比在网上购买一件小玩具的C2C交易中所要求的数据电文可靠性，要高得多。由此可见，判断数据电文完整性时也要根据个案的不同情况来具体确定。

【案例 2－11】

东方置业公司与外经集团公司、哥斯达黎加银行、中国建设银行安徽省分行保函欺诈案[①]

东方置业公司不服（2012）合民四初字第 00005 号民事判决，向安徽省高级人民法院提起上诉。东方置业公司上诉的理由之一是：一审判决认定了外经集团公司提交的来源于境外的电文复印件是错误的，尤其是其中 2013 年 3 月 16 日哥斯达黎加银行回复中国建设银行（以下简称建行）安徽省分行的电文，不但形式上存在重大瑕疵，而且存在伪造的可能。外经集团公司答辩称：一审期间其提交的电文证据来源于计算机系统，不是来源于域外，不需要公证和认证；依据《电子签名法》第 5 条的规定，其与建行安徽省分行向一审法院提交的数据电文属于加密文件，难以修改，应视为原件；为便于查明案件事实，其在二审期间对于一审中东方置业公司与哥斯达黎加银行否认的数据电文进行了公证，进一步证明该数据电文的真实性、合法性。第三人建行安徽省分行答辩称：其提交的数据电文是依据银行间国际惯例作出的，不存在修改的可能。

对于二审期间外经集团公司新提交的公证书，东方置业公司质证认为，该公证书达不到外经集团公司的证明目的，因为该数据电文是在从位于合肥市的一个建行支行终端提取的电子信息，不能证明数据没有被修改。哥斯达黎加银行亦认可东方置业公司的质证意见，同时认为该份证据系 word 文档，存在被修改的可能，且第三人建行安徽省分行与该证据来源有利害关系。

安徽省高级人民法院经审理认为：外经集团公司提交的上述数据电文属于 swift（环球同业银行金融电讯协会）电文，来源于环球同业银行金融电讯协会系统。成员行的交易数据一旦进入 swift 系统，各银行及其总行都能通过该系统进行查询调取。尽管该组织总部及数据交换中心位于我国境外，但外经集团公司和建行安徽省分行提交的 swift 电文均来源于境内计算机，而非来自域外，因此无须通过外交途径进行认证。swift 电文的密押比电传的密押安全性、保密性、可靠性更高，具有真实性、可监控性和权威性特征。同时，《电子签名法》第 5 条规定，能够有效地表现所载内容并可供随时调取查用、能够可靠地保证自最终形成时起内容保持完整、未被更改的数据电文，视为满足法律、法规规定的原件形式要求。上述数据电文储存于 swift 系统，可以随时查看、调取，并能以网页页面、纸质等形式进行展现，内容完整，未被人为修改，符合《电子签名法》关于数据电文可以视为证据原件的要求，且外经集团公司对涉案的 swift 数据电文资料进行了公证，该数据电文与待证案件事实联系紧密，具有真实性、合法性、关联性，予以采信。原审判决依据上述 swift 电文认定案件事实并无不当。

① 参见安徽省高级人民法院（2014）皖民二终字第 00389 号民事判决书。

三、数据电文的保存要求

依法保存文件既是行政执法（如审计、税收稽查）、司法活动中的一项惯常要求，也是档案管理、文件管理的一种硬性要求。《电子签名法》第6条规定："符合下列条件的数据电文，视为满足法律、法规规定的文件保存要求：（一）能够有效地表现所载内容并可供随时调取查用；（二）数据电文的格式与其生成、发送或者接收时的格式相同，或者格式不相同但是能够准确表现原来生成、发送或者接收的内容；（三）能够识别数据电文的发件人、收件人以及发送、接收的时间。"这设定了满足文件保存要求的三项条件：第一项是重复第4条关于"书面形式"的要求，因为文件保存必然要求"书面形式"。第二项细化了第5条关于"数据电文完整性"的要求，明确可以通过两种方式予以保证：一是保持数据电文形式的高度一致（数据电文的格式与其生成、发送或者接收时的格式相同），二是虽不能保证形式的同一，但要能保证内容的同一。第三项所设定的标准实际上高于传统文件保存的一般要求，它规定除保存数据电文本身外还能识别数据电文的来源，包括发件人、收件人以及发送、接收的时间等信息。

这样规定既考虑了同传统文件保存要求进行对接，也考虑了数据电文进行保存时的特殊困难。实践中，在很多情形下保存数据电文，要求在文件格式上始终同一，是难以实现的。因为数据电文在生命周期中通常要经过一系列的自动解码、压缩或者转换，一味地要求格式不变，与技术现实相悖。这就需要在设定法律要求时提出可对接的标准。按照上述第6条的规定，满足了上述三项条件，即可视为满足了数据电文形式文件保存的要求。我国当下关于数据电文保存的技术方案应当充分考虑上述法律规定的三个要求，融法律要求于技术路径中，否则数据电文的真实性就可能得不到法律的认可（参见案例2-12）。

【案例2-12】

阅图公司诉东方网公司侵害作品信息网络传播权纠纷案①

阅图公司主张东方网公司擅自使用、向公众传播阅图公司享有著作权的涉案20张图片，并提交两份取证录像予以证明。一份取证录像（20170912www.eastday.com取证.avi）显示，2017年9月12日，阅图公司通过可信时间戳方式对东方网公司经营的域名为"www.eastday.com"的网站上存在的侵犯阅图公司著作权的图片进行证据保全。取证视频主要操作步骤为：（1）运行cmd命令提示符，输入"ipconfig"命令，展示TCP/IP内容；（2）输入"ping www.eastday.com"命令，展示连接东方网公司运营网站的有效性；（3）点击打开

① 参见北京互联网法院（2019）京0491民初1212号民事判决书。

浏览器，点击“工具”—“清除浏览记录”，清除该项下所有记录；(4) 输入网址“mini. eastday. com”，打开“东方头条”，点击“联系我们”，展示信息；(5) 于取证视频 2：31：01 开始显示涉案部分图片。另一份取证录像 (www. eastday. com4. avi) 显示了相似的取证过程。东方网公司对阅图公司的事实主张和证据均不认可，特别是对取证录像中阅图公司针对互联网连接真实性检查的操作流程的效力有异议。

庭审中，法庭指定技术调查官参与，组织诉辩双方审查了第三方关于可信时间戳存证方式的《操作指引》①，发现其中关于“互联网连接真实性检查”中包括三个关键步骤：其一，在 IE 浏览器的 Internet 选项下的“连接”中点击“局域网”设置，以保证没有连接代理；其二，在命令窗口输入“ipconfig/all”命令，显示所有网络适配器（网卡、拨号连接等）的完整 TCP/IP 配置信息；其三，在命令窗口输入“tracert 目标网页域名，以确认连接到目标页面网络服务器的路径，保证接入网站的真实性”。而以上三个关键步骤，在取证录像中有不同程度的缺失。据此，法庭审理认为，上述关键步骤的缺失，导致原告提供的可信时间戳证据存在重大缺陷，不足以取信。

这是一起未认可第三方存证效力的知名案件。该案表面上反映的是证据保全问题，实质上反映的是第三方存证是否构成有效文件保存的问题。具体来说，以上三个关键步骤会导致如下疑问：首先，没有点击“局域网”设置查看代理情况，存在设置虚拟代理网站的可能；其次，“ipconfig”没有加上“/all”，就不会显示 DNS 等关键信息，无法排除存在虚拟网站的可能；最后，没有执行“tracert 目标网页域名”，无法查看目标页面网络服务器的真实路径，进而无法确定接入网站的真实性。由此可见，这一取证过程并不满足《电子签名法》关于数据电文保存“能够有效地表现所载内容”“能够识别数据电文的发件人、收件人”的要求。

四、数据电文的平等对待

数据电文的法律地位包括两层含义：一是其在相关活动中是否具有法律效力，二是其作为证据的特殊效力。《电子签名法》用了两个条款进行规范。第 3 条第 2 款规定：“当事人约定使用电子签名、数据电文的文书，不得仅因为其采用电子签

① 《操作指引》中就互联网连接真实性检查部分的具体操作步骤要求如下：(1) 在 IE 浏览器的 Internet 选项下的“连接”中点击“局域网”设置，以保证没有连接代理。代理设置需要为“关”或空状态。(2) 在命令窗口（在开始菜单搜索框中输入“cmd”调出命令窗口）输入“ipconfig/all”命令，显示所有网络适配器（网卡、拨号连接等）的完整 TCP/IP 配置信息。(3) 在命令窗口输入“ping 目标网页域名”（如 ping www. xxx. com），利用“ping”命令可以检查网络是否连通及显示目标网站的 IP 地址。(4) 在命令窗口输入“tracert 目标网页域名”，以确认连接到目标页面网络服务器的路径，保证接入网站的真实性。Tracert（跟踪路由）是路由跟踪实用程序，用于确定 IP 数据包访问目标所采取的路径。(5) 登录门户网站的方式核实网络连接正常，最好访问带有目标标示的网页（例如，国家授时中心 www. ntsc. ac. cn 和联合信任时间戳服务中心 www. tsa. cn）。

名、数据电文的形式而否定其法律效力。”也就是说，只要符合法律规定的条件，数据电文与纸面文件具有同等的法律效力。这确立了数据电文在法律地位方面的非歧视原则。它可以在具体案件中予以援引（如案例2-13），更体现在相关具体法律的贯彻落实方面。

【案例2-13】

阿里小贷公司诉郑××借款合同纠纷案①

2010年6月29日，阿里小贷公司、郑××通过网络在线订立一份“贷款合同”，约定了授信额度、授信期限、利率等。双方同意本合同使用互联网信息技术以数据电文形式订立并认同其效力。借款到期后，截至2011年3月9日，郑××已有7笔贷款到期未清偿。阿里小贷公司诉诸法院。法院经审理认为：原、被告同意使用互联网信息技术以数据电文形式订立合同，根据《电子签名法》第3条的规定，应当确认电子合同及其他文件在本案中具有法律效力。通过公证提取的“贷款合同”，由第三方出具的电子回单、还款记录等，其所含的数据电文，在功能上已经具有原件的证据效力。该数据电文随时可以提取，且被告也未表明存在更改迹象，已符合证据的真实性要求。因此，对“贷款合同”以及付款记录等内容，予以确认。

《电子签名法》第7条还规定：“数据电文不得仅因为其是以电子、光学、磁或者类似手段生成、发送、接收或者储存的而被拒绝作为证据使用。”这是用否定的表达方式主张，对数据电文证据与传统证据同样看待。当然，这并不意味着在具体的个案中以数据电文形式提出的证据就是认定案件事实的根据。能否得出这样的结论，还要进行具体的评断。应该说，《电子签名法》第7条的规定是开创性的：它解决了当时司法实践中经常出现的数据电文是否有证据资格的问题（参见案例2-14），也为后面修改三大诉讼法、确认“电子数据”的单独证据地位打下了良好的基础。

【案例2-14】

甲男诉乙女借款纠纷案

这被称为国内“电子签名法第一案”。

2004年1月，甲男结识了乙女。同年8月27日，乙女发短信给甲男，向他借钱应急。甲男随即将钱汇给了乙女。一个多星期后，甲男再次收到乙女的短信，又借给乙女6 000元。因都是短信来往，两次汇款甲男都没有索要借据。此后，因乙女一直没提过还款的事，而且再次向甲男借款，甲男便产生了警惕，于是向乙

① 参见浙江省杭州市滨江区人民法院（2011）杭滨商初字第178号民事判决书。

女催要，但一直索要未果，于是诉至法院，要求乙女还钱，并提交了银行汇款单两张。但乙女称这是甲男归还以前欠她的欠款。

在庭审时，甲男在向法院提交的证据中，除了提供银行汇款单两张，还提交了自己使用的号码为“1391166××××”的飞利浦移动电话一部，其中记载了部分短信息内容。经法官核实，甲男提供的发送短信的手机号码拨打后接听者是乙女本人。而乙女本人也承认，自己从去年七八月开始就使用这个手机号码。

法院经审理认为：依据《电子签名法》的规定，经对甲男提供的移动电话短信息进行审查，可以认定其作为证据的真实性。而甲男提供的通过乙女使用的号码发送的移动电话短信息内容中载明的款项往来金额、时间与银行个人业务凭证中体现的甲男给乙女汇款的金额、时间相符，且移动电话短信息内容中亦载明了乙女偿还借款的意思表示，两份证据之间相互印证，可以认定乙女向甲男借款的事实。据此，法院判决对甲男要求还款的诉讼请求予以支持。

需要指出的是，《电子签名法》第7条规定的是一项原则，即数据电文用作证据不受歧视的原则。至于实践中怎么用作证据，还需要在个案中考察其用作证据的具体形态、采用标准、控辩争点以及举证责任等等。

【案例2－15】

金力达公司与双鸟公司加工合同纠纷案[①]

金力达公司不服（2015）苏中商终字第00615号民事判决，向江苏省高级人民法院申请再审。金力达公司申请再审的理由之一是：二审法院对“询证函”的真实性不予认定，属于认定事实有误。该函虽系传真件，但其内容与王某堂提供的财务账册能够相互印证，且王某堂在转让金力达公司的股份时从未披露过“信息反馈表”上记载的债务，二审法院仅因双鸟公司否认，即对“询证函”的真实性不予认可，过于草率。双鸟公司未提交意见。

江苏省高级人民法院认为：关于金力达公司提交的“询证函”的证据效力问题，《电子签名法》第7条规定：“数据电文不得仅因为其是以电子、光学、磁或者类似手段生成、发送、接收或存储的而被拒绝作为证据使用。”作为数据电文之一的传真件具有证据资格。金力达公司提交的“询证函”并非复印件，而是传真件的原件，且双鸟公司对“询证函”回函上的公司印章及传真机器号并未提出异议，故对“询证函”的证据效力应予以认定。

① 参见江苏省高级人民法院（2016）苏民申1393号民事裁定书。

第三节　电子签名规则

电子签名如何有效？这离不开一系列具体规则的设计。其中，一类规则是关于什么样的电子签名能够得到法律认可的问题，包括涵盖范围及具体效力；另一类规则是有关电子签名人、电子签名依赖方以及电子认证服务提供者这三方的义务与责任规则。它们构成电子签名的框架制度。

一、可靠电子签名的标准

我国法律承认各种技术方案用于电子签名领域，但是只有“可靠电子签名”才能在法律活动中产生相应的法律效力。而某一种电子签名是否属于“可靠电子签名”，需要进行专门的审查判断。《电子签名法》第13条规定，电子签名同时符合下列条件的，视为可靠的电子签名：（1）电子签名制作数据用于电子签名时，属于电子签名人专有；（2）签署时电子签名制作数据仅由电子签名人控制；（3）签署后对电子签名的任何改动能够被发现；（4）签署后对数据电文内容和形式的任何改动能够被发现。当事人也可以选择使用符合其约定的可靠条件的电子签名。

有研究者将之抽象为四要素：（1）电子签名制作数据的“专有性”。电子签名制作数据是指在电子签名过程中使用的，将电子签名与电子签名人可靠地联系起来的字符、编码等数据。这样的数据，只有为电子签名人“专有”，才能在签名人与电子签名之间准确、有效地形成唯一链接关系。通常，审查制作数据是否具有专有性，可以从电子认证服务提供者的身份审查、核发认证证书，签名制作数据生成、保存、传输所依赖的计算机系统环境的安全性能等方面着手。（2）电子签名制作数据的“唯一可控性”，即签署之时，签名制作数据只能由电子签名人本人或者受其委托的其他人所控制，否则将会导致签名制作数据与实际签名人之间的链接错误。通常，审查时可以从签署环境安全、签名制作数据存储与托管安全着手，或者从审计日志或其他方式排查非法入侵、程序篡改等异常现象着手。（3）电子签名的“防篡改性”，即无法对已经签署的电子签名进行更改，或者任何改动都易于发现。通常，审查时可以考察电子签名的只读性、签名特征的正确性、算法的可靠性、签名验证的正确性以及第三方认证机构对私钥的保密性等。（4）数据电文的“防篡改性”，即无法对签名确认的数据电文进行篡改，或者任何改动都可以被发现。通常，审查时可以从数据电文的只读性、完整性、保密性进行审查或者利用可信时间戳着手。[①] 这些论述为实践中判断何谓“属于电子签名人专有”“仅由电子签名人控制”“签署后对电子签名的任何改动能够被发现”“数据电文的完整性”等提供了参考。

① 参见贺江敏、罗银：《电子签名可靠性测评四要素探析》，载《教育信息技术》，2017（10），48－52页。

【案例2－16】

许×诉深圳市市场监督管理局质量监督检验检疫行政管理纠纷案①

2015年8月10日深圳市市场监督管理局对凤凰创新基金公司予以设立登记，许×被登记为该公司法定代表人，许×、朱金根被登记为该公司股东。据《深圳市企业设立登记营业执照、组织机构代码、税务、刻章许可、社保“一照一码”登记申请书》所载，“拟设立的企业名称”为“凤凰创新基金管理（深圳）有限公司”，“有权签署人签署”处有内容显示为“3××××××××××.0000.0001签署人许×证件号”的电子签名（以下简称涉案电子签名），“全体股东（发起人、股东代表、投资人、合伙人、设立人）签章”处有内容显示为涉案电子签名，“章程”“董事、监事任职书”“执行董事任职书”“经理任职书”等文件亦均载有涉案电子签名。许×诉称，自己对此并不知情，也未提交任何公司设立登记申请材料，未签署任何文件。庭审中，深圳市市场监督管理局称，涉案电子签名源自中国农业银行发放的数字证书。

法院经审理认为：本案的在案证据初步证明，凤凰创新基金公司的设立登记申请材料均有显示许×身份信息的涉案电子签名确认；涉案电子签名源自具有较高社会公信力的银行机构，在案证据不能证明该电子签名不符合可靠电子签名的法定条件。因此，许×关于其未向被告申请凤凰创新基金公司设立登记的主张缺乏事实依据，不予采信。许×如认为凤凰创新基金公司的设立登记申请材料中使用的涉案电子签名具有被伪造、冒用、盗用等情形，应当依法另寻途径解决。

此外，我国法律允许当事人对可靠电子签名的条件进行约定，约定的标准同样对当事人具有约束力。

【案例2－17】

联邦快递公司与信如公司航空货物运输合同纠纷案②

联邦快递公司不服（2014）广铁法民初字第275号民事判决，向广州铁路运输中级法院提起上诉。联邦快递公司上诉的理由之一是，联邦快递公司在一审中提供的运单、商业发票等并非复印件、复制品，而是属于民事诉讼法规定的“电子数据”证据类型，是有效的证据。信如公司答辩称：联邦快递公司提供的本案主要证据均是电子扫描的打印件，没有原件以资核对，也未举证证明其公司内部系统电子文档的完整性及真实性，不能作为认定案件事实的依据。

二审法院经审理认为：运单作为双方存在航空货物运输合同关系的直接证据，

① 参见广东省深圳市盐田区人民法院（2018）粤0308行初1939号行政判决书。

② 参见广州铁路运输中级法院（2015）广铁中法民终字第19号民事判决书。

其表现形式为电子扫描后的打印件。结算协议书第 9 条约定，“运单和其他托运文件以电子扫描保存的，与该等文件之纸质原件具有同等法律效力，货件通过终端电子设备签收可在境内提取打印的，视为可靠电子签名”。该约定并不违反航空货物运输关于运单管理、使用的法律规定，信如公司对此没有提供反驳证据，上述约定应视为双方当事人真实的意思表示，为有效约定。

在该案中，结算协议书第 9 条中的“视为可靠电子签名”即表明本案原、被告双方同意使用《电子签名法》第 13 条第 2 款所述“符合其约定的可靠条件的电子签名”。有此明确的约定，法院才能顺利认可运单、商业发票等电子扫描打印件的效力。

二、可靠电子签名的效力

可靠电子签名具有何种法律效力？《电子签名法》第 14 条规定，可靠的电子签名与手写签名或者盖章具有同等的法律效力。这基本上是借鉴了联合国贸法会《电子商务示范法》以及一些国家电子商务、电子签名立法的有关规定。在这里，判断“可靠电子签名”效力的参照物是合格的“手写签名或者盖章”，不是不合格的“手写签字”（如伪签、未授权代签），也不是不合格的“盖章”（如伪造印文）。这么处理也是功能等同法的应有之义。

【案例 2-18】

赵××与敦化市政府房屋征收补偿行政决定案①

赵××因不服（2019）吉 24 行初 28 号行政判决，向吉林省高级人民法院提起上诉。

在一审中，赵××诉称：评估人员在评估报告中的签字不是评估师本人的签字，违反了《国有土地上房屋征收评估办法》的相关规定。一审法院认为，评估师出庭确认评估报告上采用的是电子签名，系本人所签，这么做是为了防伪，故应当认定评估报告上的电子签名与手写签名具有同等法律效力。故赵××的该主张不成立。

赵××上诉称：依据《国有土地上房屋征收评估办法》的规定，评估报告必须由估价师本人亲笔签名，而未规定可以使用电子签名。敦化市政府没有向一审法院提交电子签名认证证书，也没有提交证明其电子签名合法的证据，一审法院认定电子签名合法的依据不足。敦化市政府答辩称：评估师在一审庭审中认可其电子签名的效力，同时亦进入评估现场实地勘查，评估报告符合法律规定。

吉林省高级人民法院经审理认为，《电子签名法》第 14 条规定：“可靠的电子签名与手写签名或者盖章具有同等的法律效力。”出具评估报告的估价师在一审庭

① 参见吉林省高级人民法院（2019）吉行终第 391 号行政判决书。

审出庭时确认评估报告上的电子签名系本人所签，一审认定评估报告上的电子签名与手写签名具有同等法律效力，并无不当。

三、电子签名各方的义务与责任

由电子签名形成的法律关系通常包括电子签名人、电子签名依赖方以及电子认证服务提供者三方。电子签名人是指持有电子签名制作数据并以本人身份或者以其所代表的人的名义实施电子签名的人；电子签名依赖方是指基于对电子签名认证证书或者电子签名的信赖从事有关活动的人；电子认证服务提供者是指为电子签名活动提供第三方认证如签发认证证书、进行验证等服务的机构。在电子认证服务提供者提供签名设备的情况下，电子签名依赖方与电子认证服务提供者可以合二为一。这三者的义务构成它们的行为准则，相关责任条款构成赔偿责任规则。

《电子签名法》第 15、20 条分别为电子签名人规定了两方面的义务：(1) 妥善保管电子签名制作数据。电子签名人知悉电子签名制作数据已经失密或者可能已经失密时，应当及时告知有关各方，并终止使用该电子签名制作数据（第 15 条）。实践中，电子签名制作数据的载体通常是磁盘、光盘、U 盘等，这些载体一旦丢失或者被他人窃取，往往会给不法分子提供可乘之机。(2) 向电子认证服务提供者申请电子签名认证证书时，应当提供真实、完整和准确的信息（第 20 条第 1 款）。这是一种真实、诚信义务。电子签名人违反这两项义务的，承担赔偿责任（第 27 条）。

《电子签名法》对电子认证服务提供者规定了较多的义务：(1) 制定、公布符合国家有关规定的，包括责任范围、作业操作规范、信息安全保障措施等事项在内的电子认证业务规则，并向国务院信息产业主管部门备案（第 19 条）。这是为了防止电子认证服务领域出现不公平的“霸王条款”。(2) 保证所发放的证书内容在有效期内完整、准确，并使交易对方能够证实或者了解证书所载内容及其他有关事项（第 22 条）。(3) 妥善保存与认证相关的信息（第 24 条）。信息保存期限至少为电子签名认证证书失效后 5 年。此外，为了防止电子认证服务提供者擅自停止经营，造成证书失效，使电子签名人和交易对方遭受损失，该法还规定了电子认证服务提供者暂停、终止认证服务的业务承接制度（第 23 条）。电子认证服务提供者提供的电子签名认证服务造成电子签名人、电子签名依赖方损失的，要证明自己无过错，否则承担赔偿责任（第 28 条）。电子认证服务提供者有违规行为的，还可能被责令限期改正、吊销电子认证许可证书、被追究刑事责任。在这里，要求电子认证服务提供者“保证”所发放的证书内容完整、准确，实际上将国际上普遍适用的“合理谨慎”标准升级了；证明无“过错”，实际上确立了举证责任倒置的规则[①]，体现

① 关于中国规定的这两点特殊性，参见联合国国际贸易法委员会：《增进对电子商务的信心：国际使用电子认证和签名方法的法律问题》，载 https：//uncitral. un. org/sites/uncitral. un. org/files/media-documents/uncitral/zh/08 - 55697_ebook_0. pdf。

出对居于相对弱势地位的电子签名人或者电子签名依赖方实施保护的原则。此外，我们认为，电子认证服务提供者还需要承担诉讼法意义上的作证义务。

【案例 2－19】

周×与钱盆科技公司合同纠纷案①

周×不服（2019）桂 0103 民初 12972 号民事裁定，向南宁市中级人民法院提起上诉。周×的上诉理由是：一审法院根据被上诉人钱盆科技公司提供的一份合同编号为 QP00000461121 的电子“借款协议”中第 7 条第 2 款关于“各方因本合同引起或与本合同有关的争议，均同意提请衢州仲裁委员会仲裁”的约定而作出的驳回起诉的裁定是错误的。具体来说，合同编号为 QP00000461121 的电子“借款协议”不具备证据的客观性。“借款协议”存在的方式为电子数据形式，是由被上诉人的网站自动产生的，上诉人没有对“借款协议”的产生进行任何授权、签字及确认操作，“借款协议”也没有使用可靠的电子签名，不能体现订立过程的公正性和结果的有效性。钱盆科技公司未提交书面答辩意见。

南宁市中级人民法院经审理认为：在案“借款协议”、杭州天谷信息科技有限公司 e 签宝“电子数据存证证明”等证据，证明周×在钱盆科技公司提供的交易平台上进行实名认证并完成了签约手续。电子签名已经第三方数字认证机构杭州天谷信息科技有限公司 e 签宝存证平台进行存证，且周×已经激活交易账户并实际进行了交易。依据网上签约的交易习惯，可认定周×知晓并认可“借款协议”的内容，故周×上诉主张其未签订“借款协议”、未达成仲裁条款缺乏事实依据，本院不予支持。综上，周×的上诉请求不能成立。遂裁定驳回上诉，维持原裁定。

在本案中，电子认证服务提供者充当了证人的角色。

值得特别注意的是，《电子签名法》并没有对电子签名依赖方的义务和责任作出规定，也就是未确立电子签名依赖方的谨慎标准。这跟新加坡《电子交易法》的做法是一致的，但跟国际上作出对等规定的普遍做法有差异。其实，实践中往往需要在电子签名人、电子签名依赖方以及电子认证服务提供者三方之间进行责任权衡（参见案例 2－20）。电子签名依赖方的义务和责任是客观存在的。

【案例 2－20】

蔡××与中国银行锦绣支行借记卡纠纷案②

2007 年 1 月蔡××在中国银行（以下简称中行）锦绣支行办理了一张长城电子

① 参见广西壮族自治区南宁市中级人民法院（2019）桂 01 民终 14570 号民事裁定书。
② 参见广东省深圳市中级人民法院（2014）深中法商终字第 249 号民事判决书。

借记卡。2013年9月21日00点03分32秒，与涉案借记卡相同的借记卡在河南省郑州市的中国银行通过ATM机转出人民币33 300元。同日7点14分，由于怀疑自己的银行卡被盗刷，蔡××向当地派出所报案。同日9点51分15秒，蔡××持涉案借记卡在中国银行××支行ATM机上进行修改密码交易。蔡××认为中行锦绣支行未履行保障储户资金安全的义务，诉至法院。

一审法院判决中行锦绣支行应当承担举证不能的法律后果。

中行锦绣支行不服一审判决，提起上诉，称：银行卡密码在电子金融交易中是持卡人进入电子交易系统的钥匙或身份凭证，起到电子签名的作用，因此持卡人对密码应当负有比一般财产更加严格的保管和保密的义务。银行卡交易密码是持卡人本人在保密状态下向银行预留的，该交易密码经数据加密机加密后，记忆密文以非明码形式进行信息的传送和处理，具有私有性、唯一性和保密性。除非本人泄密，任何人都不可能知晓且无法通过复制的方式获取到其预先设定的交易密码。涉案交易是使用蔡××正确私人交易密码实现的存款支取交易，并无证据证明中行锦绣支行对涉案银行卡的交易密码存在泄露的过错，亦无证据证明中行锦绣支行在ATM机的设置和管理上存在疏漏。而蔡××签字确认的"开户申请书""个人结算账户管理协议书""储户须知""个人电话银行服务条款"及借记卡章程中均约定"凡使用密码进行的交易，均视作用户本人所为"。被上诉人蔡××答辩称：中行锦绣支行作为提供储蓄服务的发卡机构，提供给储户的银行储蓄卡应当符合正常使用的功能，否则应赔偿伪卡给储户造成的损失。

二审法院经审理认为：银行卡领用法律关系是随着现代电子金融交易技术的发展而诞生的、涉及多方主体的复合型法律关系，要求交易各方均应承担交易安全保障义务。一方面，中行锦绣支行作为涉案借记卡的发卡银行，在他人持有伪造的借记卡进行交易的过程中，因为其自身的系统与技术漏洞等原因，未能识别出伪卡，违反了其应负担的安全防范义务，其对持卡人蔡××的存款被非法盗刷存在过错，应承担相应过错赔偿责任。另一方面，本案借记卡凭密码交易，涉案交易为在ATM机上取现。根据ATM机交易条件，仅仅只有伪造的银行卡尚不足以导致持卡人的存款被盗刷，还必须具备持有交易密码这一条件。个人对整个交易流程及银行财产也承担交易安全保障义务。银行卡密码是持卡人在办理银行卡时向银行预留的、未来办理业务时提供给银行自动识别客户身份、权限的数字、字母或其组合，具有私有性、唯一性和秘密性。正常情况下，银行卡信息，尤其是密码，为持卡人设定并仅为其掌握，交易时通过银行系统数据库自动扫描的形式核对，他人，包括柜台交易时的银行工作人员，并不知晓，同持卡人身份证、签名一样，具有身份识别功能，是持卡人进入电子交易系统的钥匙或身份凭证，从而起到电子签名的作用。本案并无证据证明中行锦绣支行对蔡××涉案借记卡的密码泄露存在过错，故本院推定持卡人蔡××没有尽到保管银行卡密码的义务，更符合经验规则。综上，结合本案的实际情况，本院综合考虑双方的义务以及蔡××用卡情况等因素，从公平角度出发，酌定中行锦绣支行承担70%的责任、蔡××承担30%的责任。

第四节　作为支撑的电子认证制度

网络活动中电子签名的各方当事人往往互不相识、缺乏信任，因而通常需要由第三方对电子签名人的身份进行认证并为其发放证书，向交易对方提供信誉保证。这个“第三方”即电子认证机构。从世界范围看，安全认证机构的设置主要有两种方式：一种是由政府组建的或者授权的机构担任，以政府信用作为担保；另一种则是通过市场的方式建立，在市场竞争中建立信用。考虑到我国的国情，《电子签名法》对电子认证服务设立了市场准入制度，即由政府有关部门负责把关。

一、电子认证服务的许可

在我国，从事电子认证服务是一种特定活动，需要按照《行政许可法》取得行政许可，即获得电子认证许可证书。这就需要按照相对人申请、行政机关应答的方式进行。这里的相对人是有关的企业法人，行政机关被设定为“国务院信息产业主管部门”，基本流程是“申请—受理—许可或不许可—公告”。《电子签名法》第17、18、20条按照《行政许可法》的要求做了具体设计。其中，关于提供电子认证服务的基本条件，《电子签名法》第17条概括为六项：（1）取得企业法人资格。这表明我国只给企业法人授予电子认证许可证书。（2）具有与提供电子认证服务相适应的专业技术人员和管理人员。这是因为提供电子认证服务是一项复杂的技术工程，必须要有一批懂技术的专门人才。（3）具有与提供电子认证服务相适应的资金和经营场所。具备必要的资金是电子认证服务提供者承担法律责任的重要保证；具有防火、防盗、防电磁辐射等方面条件的经营场所是开展电子认证服务的场地基础。（4）具有符合国家安全标准的技术和设备。国家为了保障信息技术产品的安全性，先后制定了一系列的国家标准，这些标准应该得到电子认证服务提供者的执行。（5）具有国家密码管理机构同意使用密码的证明文件。我国对商用密码产品的科研、生产、销售和使用实行专控管理，电子认证服务提供者必须获得国家密码管理机构同意使用密码的证明文件。（6）法律、行政法规规定的其他条件。这表明，国务院信息产业主管部门可以就电子认证服务提供者应当具备的条件作出进一步具体和明确的规定。

关于提供电子认证服务申请的受理、审查和公告，《电子签名法》与《行政许可法》的规定相一致。予以许可的，颁发电子认证许可证书。不予许可的，应当书面通知申请人并告知理由。在这里，“告知理由”作为行政程序的一个环节是十分必要的。取得认证资格的电子认证服务提供者，应当按照国务院信息产业主管部门的规定在互联网上公布其名称、许可证号等信息。电子认证服务提供者应当遵守这一规定，公布相关信息。

【案例 2－21】

华盖公司与融信公司侵害著作财产权纠纷案[①]

2014 年 9 月 24 日 10 时 50 分 39 秒、10 时 54 分 38 秒、10 时 55 分 24 秒，华盖公司分别向联合信任时间戳服务中心申请证据保全。联合信任时间戳服务中心签发了三份“可信时间戳认证证书”，证明文件（或电子数据）自申请时间戳时起已经存在且内容保持完整，未被篡改。时间戳文件（tsa）以附件形式存在该证书中。之后，华盖公司以“可信时间戳认证证书”及附件光盘、数据作为证据，起诉融信公司未经许可在其官方微博上使用了侵犯其著作权的涉案图片。

一审法院确定的争议事实是“原告提供的‘可信时间戳认证证书’及附件光盘中所显示的内容能否证明被告构成侵犯原告著作权”。诉讼中，华盖公司举出了由中国科学院国家授时中心于 2010 年 3 月 12 日出具的“关于联合信任时间戳服务中心的说明”，其中指出，“联合信任时间戳服务中心签发的可信时间戳是解决电子签名有效性和数据电文（电子文件）时间权威问题的有效方式”。对此，一审法院不予认可有关证据的效力，主要理由之一是：联合信任时间戳服务中心并非法定的认证服务机构。根据《电子签名法》中的规定，提供电子认证服务应当具备相应法定条件，同时从事电子认证服务应当向国务院信息产业主管部门提出申请，并经国务院信息产业主管部门依法审查后作出许可或者不予许可的决定，予以许可的，颁发电子认证许可证书，且取得认证资格的电子认证服务提供者，应当按照国务院信息产业主管部门的规定在互联网上公布其名称、许可证号等信息。而原告并没有提供联合信任时间戳服务中心具有电子认证服务资格的相关证据。

华盖公司不服，向福建省高级人民法院提起上诉。其上诉理由主要包括：TSA 时间戳是保存电子证据的有效方式，并已被运用于司法实践和法院的电子送达中。现北京、上海、广东、南京等多地的法院在司法实践中均已认可时间戳的效力，北京市昌平区人民法院和广州地区的人民法院还采取时间戳的方式进行诉讼文书的电子送达。融信公司辩称：出具“可信时间戳认证证书”的是北京联合信任技术服务有限公司，这是民营公司，其证明主体、证明效力带有偏向性。

福建省高级人民法院经审理认为：从出具“可信时间戳认证证书”的主体来看。出具该证书的机构为所谓的“联合信任时间戳服务中心”，该机构是否系依法成立的法人或其他组织，华盖公司并未提供证据予以证明。另外，华盖公司也没有依照《电子签名法》的规定，针对联合信任时间戳服务中心已经得到相关行政部门审批、具有出具此类认证证书的资质提交证据证明。因此，“可信时间戳认证证书”

① 参见福建省高级人民法院（2016）闽民终 1485 号民事判决书。

出具主体的合法性无法确认，对华盖公司的上诉请求应予驳回。

该案提出了开展可信时间戳等证据固化服务是否应当归入“从事电子认证服务”的法律问题。笔者认为，诸如可信时间戳等“第三方存证”工作不宜简单归入电子认证服务之列，因为其提供服务的内容是帮助固化电子证据，而不是对“电子签名人的身份”进行认证；它证明的是行为人的行为（电子数据得到有效固化），而不是证明行为人的身份。这一事物类似于电子公证，是无须申领专门执照的。该案的判决结果是否合理不论，但说理值得商榷。

二、电子认证服务的监管

电子认证机构的运营应当受到切实有效的监督以保护电子签名人和电子签名依赖方的利益。从理论上讲，对电子认证机构进行监管的内容主要包括与证书发放有关的记录的保存、发证，证书更新、中止和撤销，认证业务声明、安全准则和保密等。考虑到对电子认证机构要监管有度，《电子签名法》授权国务院信息产业主管部门制定电子认证服务业管理的具体办法（第 25 条）。《电子签名法》还规定了国务院信息产业主管部门对未经许可提供电子认证服务的行为进行监管，可以责令停止违法行为、没收违法所得、罚款。（第 29 条）这是基于保障电子签名人、电子签名依赖方合法权益的考量，对特殊主体的一种行政监管。

2009 年 2 月工信部颁布的《电子认证服务管理办法》（2015 年修订）对电子认证服务的相关事项作出了较为详尽、细致的规定，包括电子认证服务机构市场准入制度、电子认证服务内容、电子签名认证证书、监督管理、罚则等内容。此外，2009 年 10 月，国家密码管理局发布了《电子政务电子认证服务管理办法》（2018 年修订），将电子政务电子认证服务区分于一般电子认证服务，明确了电子认证服务过程中的关键环节和操作规范，并就电子认证服务的相关法律责任与关系进行了说明。

三、跨境电子认证服务

从国际视野来看，电子签名的跨国界使用有可能遇到更大的法律问题，因为这种使用需要得到法律认可的第三方电子认证机构参与。例如，“由可信第三方认证服务提供者签发证书提供支持的电子签名与认证方法即为如此，尤其是根据公钥基础设施提供的数字签名更是如此”①。解决该问题在理论上有以下几种方式：第一，

① 联合国国际贸易法委员会：《增进对电子商务的信心：国际使用电子认证和签名方法的法律问题》，载 https：//uncitral. un. org/sites/uncitral. un. org/files/media-documents/uncitral/zh/08－55697_ebook_0. pdf。

允许境外的电子认证机构在本地提供服务；第二，境内的认证机构出境提供域外认证服务。第三，不同司法管辖范围内的电子认证机构达成互相认证协议。第一、二种方式都是服务贸易的延伸。一旦境内的电子认证机构出境或境外的电子认证机构入境，都可以被视为本地的认证机构，应当受到本地法律的保护和管理。然而，受限于法律制度和管理体制的差异，迄今为止这两条途径均难以实现。

第三种方式需要构建交叉认证制度。交叉认证是解决不同电子认证服务提供者所颁发证书之效力的重要手段，反之，如果不同电子认证服务提供者所颁发证书无法互联互通，则会极大地阻碍电子签名证书的应用发展。譬如，当持有A公司电子证书的甲与持有B公司电子证书的乙通过网络签订合同时，由于A和B之间缺乏交叉认证，甲与乙无法相互信任。其中原因很简单，每一个认证机构的根证书相互区分并相互独立，A公司不能识别B公司签发的证书，同样，B公司也不能识别A公司签发的证书。而不同国别的电子认证服务交叉认证需要由不同国家的政府根据国际法原则协商确定解决。实践证明，这种协商解决必须放弃来源地原则，即要认可境外电子认证服务提供者签发证书的效力和境外电子签名人进行电子签署的效力。这种协商解决也不能是笼统的两国“互惠”思路。在法律制度不统一的情况下，通过笼统的两国“互惠”进行电子签名的交叉认证，会造成对境内外电子认证服务提供者、境内外电子签名人、境内外电子签名依赖方的法律要求内外有别。这种协商解决还不能是简单的“当地认可”方案，因这也会造成境内外电子签名的法律制度与技术方案的冲突。一个比较可行的选择是，有关国家在追求不同电子签名的“实质性等同”方面着力，不同国家的电子签名方式满足“实质性等同”要求的，就可以相互认可。

在我国《电子签名法》第26条在这一问题上作了原则性的规定：“经国务院信息产业主管部门根据有关协议或者对等原则核准后，中华人民共和国境外的电子认证服务提供者在境外签发的电子签名认证证书与依照本法设立的电子认证服务提供者签发的电子签名认证证书具有同等的法律效力。”在这里，“有关协议”是指“两国政府间的协议”，“对等原则”是指“别国政府或法律对中国境内的电子认证服务提供者提供的认证服务的态度”。由于施行效果不彰，这一原则亟待找到新出路。

拓展阅读

1. 于海防．我国电子签名框架性效力规则的不足与完善．法学，2016（1）

2. 刘满达．电了签名的法律效力认定．法学，2011（2）

3. 蔡虹，夏先华．电子签名证据真实性的多维检视：保真、鉴真与证明．湖南社会科学，2019（5）

4. 刘品新．论区块链存证的制度价值．档案学通讯，2020（1）

5. 胡传平，陈兵，方滨兴，邹翔．全球主要国家和地区网络电子身份管理发展与应用．中国工程科学，2016（6）

6. 毕翔，唐存琛．基于影像识别技术的电子签名认证研究．计算机与数字工程，2019（12）

课后思考

1. 我国学者将传统签名的基本功能概括如下：（1）保证有形证据和当事人受其意愿约束的存在；（2）有助于当事人意识到其订立合同的后果；（3）提供各方都可阅读的文件；（4）提供经久不变的文件或交易记录；（5）允许文件复制，以便各方当事人可持有相同数据的副本；（6）可通过签名方式对数据进行认证；（7）提供法院和公证机关可接受的文件形式；（8）以书面固定作者的意愿，并对该意愿提供记录；（9）使数据易于以有形的方式存储；（10）便于控制和满足以后的会计、审计、税务或法定的要求；（11）在书面作为生效要件的情况下，使法律权利与义务生效，等等。

请问：在我国，民事活动中一个合格的电子签名通常需要满足上述哪些功能？

2. 截至目前，我国部分法院在使用远程异地网上签章系统。具体做法是，派出法庭每次下判决时，只需要输入审判员或书记员的法徽号，并在指纹采集器上"摁下手印"，电脑便会自动在数据库中查找相关指纹信息；一旦确认这枚指纹确有权限，即从法院本部终端服务器里调出印模，在判决书上公公正正盖上大红印章，同时附上盖章时间。这极大地节约了宣判时间，因而得以在全国推广。

请问：这种远程异地网上签章，是否属于《电子签名法》所界定的电子签名？

3.《电子签名法》第3条第1款规定："民事活动中的合同或者其他文件、单证等文书，当事人可以约定使用或者不使用电子签名、数据电文。"第35条规定："国务院或者国务院规定的部门可以依据本法制定政务活动和其他社会活动中使用电子签名、数据电文的具体办法。"这似乎表明，电子签名主要适用于电子商务，附带适用于电子政务和其他社会活动。而在实际应用中，全国目前已经发出的电子签名证书的80%是应用于电子政务领域的。

结合这一现象，试述《电子签名法》的适用范围。

4. 我国学者将常见的电子签名手段列举如下：（1）电子文件发件人在电子邮件等数据电文末尾打上的姓名；（2）附着于电子文件上的手写签名的数字化图像，包括采用生理笔迹辨别法所形成的图像；（3）向收件人发出证明发件人身份的密码、计算机口令或在ATM卡上使用的PIN码；（4）采用特定生理技术识别工具，如指纹或眼虹膜等；（5）鼠标点击，比如点击"我同意"按框；（6）声音按键，比如在电话机上敲击"0"键表示同意；等等。

请结合上述电子签名的安全度，阐述《电子签名法》第13条所规定的"可靠的电子签名"之四项标准的基本含义。

5. 一个电子保单的生成过程如下①：

当投保人在某保险公司自助投保网站输入卡号和密码后，所进入的页面上设有温馨提示、投保须知、保险条款、投保人声明等内容。其中保险条款一栏注明“如果您已经阅读各项投保条款，选择同意可继续投保流程；如果您需要查看，请点击下载条款即可”，投保人声明一栏注明“本人已详细阅读上述投保须知和保险条款，并确认保险人已经向本人明确说明了投保须知及包括责任免除条款在内的全部保险条款的内容，本人同意接受并遵守上述内容，自愿投保保险”，投保人点击“我同意”之后，才可进行下一道程序。到激活程序的第五个步骤时，页面上设有法律声明一栏，在“本人对所投保险种的条款及投保规则，尤其是保险人责任免除条款均已了解并同意遵守……本人对本投保书下方的‘继续’按钮的点击动作作为本人投保的真实意思表示”的提示内容下方，点击“继续”，最后生成电子保单。

请结合上述过程，阐述一个简单的点击“我同意”按钮行为是否构成一次电子签名。为什么？

① 改编自浙江省杭州市西湖区人民法院（2015）杭西民初字第180号民事判决书。

第三章

电子商务法

> 21世纪，要么电子商务，要么无商可务。
>
> ——［美］比尔·盖茨
>
> 【关键词】电子商务　跨境电子商务　电子商务法　《电子商务示范法》　《国际合同使用电子通信公约》　电子合同　电子商务合同　电子商务经营者　电子商务消费者　电子商务行业组织　平台内经营者　电子商务平台经营者　自动信息系统　电子错误　亮照经营　“通知—删除”规则　快递物流　电子支付

【案例3-1】

孙××诉世纪卓越公司买卖合同纠纷案[①]

2013年11月26日，孙××在世纪卓越公司经营的亚马逊网站（www.amazon.cn）上看到一台标价为161.99元的长虹电视机，型号为LED32538，尺寸为32英寸，遂决定购买。孙××通过一系列正常操作，确认订单并完成了支付。同日，孙××收到亚马逊网站发来的一封电子邮件，载明：感谢您的订购，sunnycam；送货地址为孙××，和硕路××号，上海市嘉定区；订单总计161.99元，送货方式为快递送货上门；产品为“CHANGHONG长虹LED32538、32英寸LED电视”；此邮件仅确认我们已经收到了您的订单，但不代表我们接受您的订单，只有当我们向您发出发货确认的电子邮件，通知您我们已将您订购的商品发出时，才构成我们对您的订单的接受，我们和您之间的订购合同才成立；请注意尽管您成功提交了订单，订单也注明了送达日期，但仍有可能由于商品缺货等原因

① 参见北京市朝阳区人民法院（2014）朝民初字第7461号民事判决书。

无法发货。当日，亚马逊网站再次给上述电子邮箱发送了邮件，确认邮箱用户已就涉案订单支付货款161.99元。两天后，亚马逊网站给孙××发送邮件称：由于缺货，将无法满足您对商品CHANGHONG长虹LED32538、32英寸LED电视的订购意向；如果您就该商品已经完成付款，相应款项将退至您的礼品卡或原支付卡中等。后孙××多次与世纪卓越公司沟通，未果。孙××诉至法院，要求世纪卓越公司继续履行原订单并交付货物（长虹LED32538、32英寸LED电视机一台，订单价格161.99元）。

在案件审理过程中，双方的网购合同是否成立，成为该案的争议焦点。

该案发生在《电子商务法》颁行之前，曾经被报道因“先低价促销”引发“300余人集体维权”的大事件。假设该案发生在当下，请结合《电子商务法》《民法典》等的最新规定，阐述关于电子（商务）合同成立的法律要件有何变化，并对该案裁判结果进行说明。①

第一节　电子商务法概览

一、什么是电子商务

（一）从术语使用到学术理解

电子商务是伴随着计算机技术、通讯技术和网络技术的运用而蓬勃发展起来的新生事物，但在世界范围内至今尚无一个权威而确切的界定。从英文表达来看，主要用语有“e-business”“e-commerce”“electronic commerce”之别。这三个词经常被交替使用，但其实它们反映了新信息技术在基本商业运作上的不同影响：（1）“electronic commerce”这个词面世最早，大概是在20世纪七八十年代。当时计算机网络系统首次被用来执行交易，最初应用的电子商务系统包括电子汇款、电子结算、证券交易和电子合同等。这些处理过程日益自动化，应用于手工操作的管理系统中，从而产生了电子技术与手工操作混合使用的模式。（2）“e-commerce”一词源于20世纪90年代。当时国际互联网广泛为大众所注目，一个公众的、开放的网络确实是一个崭新的概念，能够把商界同全国、全球的消费者联系起来。而“e-commerce”的概念改变了人们关于新信息技术对商界作用的基本看法。国际互联网的商业化为商界从手工操作、纸基档案方式到自动化操作、网络程序方式的转变，增添了强大的新动力。（3）“e-business”的使用则源于20世纪90年代末。一般来说，其含义要比“e-commerce”更广泛。如果说“e-com-

① 参见王洪亮：《电子合同订立新规则的评析与构建》，载《法学杂志》，2018（14），32－42页。

merce”是指更有效率地在通讯技术所创造的新市场内进行交易，那么“e-business”代表着一个企业为充分利用广泛的新信息技术而对商业运作方式进行全面的构建。[①] 从中文表述来看，电子商务、电子商业、电子交易以及网络交易等术语也常被混用。其实，它们的含义是在“大同”的前提下存在“小异”。

除用语不同以外，学者对电子商务含义的理解也不尽相同，归纳起来，大致可以分为广义和狭义两类。[②] 其中，广义的电子商务是指一切以电子技术手段所进行的与商业有关的活动，狭义的电子商务则是指以互联网为平台而开展的商事交易活动。前者实际上就是商务活动电子化，或者说是“电子技术＋商务活动”；后者实质上则是因特网商务或互联网商务。[③] 需要特别指出的是，“广义说”与“狭义说”虽各有侧重，但两者之间并没有截然的界限，因为“狭义说”所指的商务基本上是“广义说”所述商务的核心，换言之，互联网商务形成或适用的规则可以代表整个电子商务的规则。

（二）电子商务的法律定义

从不同国际组织和国家的现行立法来看，尽管它们对电子商务的表述各不相同，但基本上都奉行广义说的思想。例如，联合国贸法会在《电子商务示范法》及其颁布指南中，通过迂回的方式分别对“电子”与“商务”两个词作出了解释。根据《电子商务示范法颁布指南》，“电子手段”包括以使用电子技术为基础的传递方式，如以电子数据交换进行通讯的方式、利用公开标准或专有标准传递电文的方式、通过电子手段传递自由格式文本的方式，乃至使用电报和传真复印技术的方式等；而对“商务”一词应作广义理解，包括契约型或非契约型的一切商务性质关系所引起的种种事项，其中，商务性质的关系包括供应或交换货物或服务的任何贸易交易、分销协议、商务代表或代理、客账代理、租赁、工厂建造、咨询、工程设计、许可贸易、投资、融资、银行业务、保险、开发协议或特许、合营或其他形式的工业或商务合作以及空中、海上、铁路或公路的客货运输，等等。

这一定义得到了国际社会的广泛响应，为经济合作与发展组织、欧盟、世界贸易组织（WTO）以及有关主权国家在各种正式或非正式的法律文件中所援引。经济合作与发展组织认为，“电子商务一般指基于包括文本、声音、图像的数字数据的处理和交换，包括组织和个人的与商务活动有关的各种形式的交易”[④]；欧盟指出，“电子商务大体上是用电子方式从事业务。它基于对数据，包括文本、声音和图像的电子处理和交换。电子商务包括了对货物和服务的电子贸易、数字内容的网上交货、电子资金转移、电子股票交易、电子提单、商业拍卖、合作设计开发以及

① 参见［美］简·考夫曼·温、本杰明·赖特：《电子商务法》，张楚、董涛、洪永文译，3-4页，北京，邮电大学出版社，2002。

② 参见李适时：《各国电子商务法》，5页，北京，中国法制出版社，2003。

③ 参见张楚主编：《网络法学》，174-175页，北京，高等教育出版社，2003。

④ http：//www.oecd.org/publications/pol-brief.9701-pol.htm.

针对用户的直接广告和售后服务等各种各样的商业行为"①；世界贸易组织称，电子商务可以简单地定义为通过电信网络产品进行的生产、宣传、销售和分销。② 此外，韩国《电子商务法》第 2 条第 4 项规定："'电子商务'是指利用电子信息处理全部或部分商品或服务贸易的商业交易"③；印度《信息技术法》在其立法宗旨中规定："通过电子数据交换和其他通信手段进行的交易，一般称之为'电子商务'"④。由此可见，从广义上界定电子商务属于国际通例。需要说明的是，在英美法系国家的电子商务立法中，冠名"电子交易法"（Electronic Transactions Act）的情况较为普遍，如新加坡、澳大利亚与新西兰分别于 1998 年、1999 年、2002 年制定了《电子交易法》。其中，"电子交易"一词的外延要比"电子商务"更为广泛。从词义上说，交易（transaction）既包括经济贸易方面的交往活动，也包括政府与相对人之间形成的交往活动等。因此，"电子交易"既涵盖广义上的电子商务，也涉及电子政务等。

综上所述，我们亦赞同从广义上理解电子商务，即运用各种电子通讯方式所进行的商事活动。它既包括通过电脑、手机等设备进行的网络交易，也包括利用电话、电报、电子数据交换等电子化通讯方式完成的交易；既包括有关货物贸易的电子交易，也包括电子服务贸易；既包括传统的社会专业服务内容，也包括新型的产品形式。

广义说在我国基本上得到了官方的确认与践行。例如 2011 年商务部发布的《第三方电子商务交易平台服务规范》（2016 年修正）采纳了广义说，其在"术语与定义"部分指出："本规范所指的电子商务，系指交易当事人或参与人利用现代信息技术和计算机网络（包括互联网、移动网络和其他信息网络）所进行的各类商业活动，包括货物交易、服务交易和知识产权交易。"2019 年颁行的《电子商务法》将"电子商务"具体定义为"通过互联网等信息网络销售商品或者提供服务的经营活动"。在此定义中，关键词"信息网络"包括互联网、移动互联网、电信网、物联网等，"经营活动"指的是以营利为目的的商务活动（包括商品交易、服务交易以及相关辅助经营活动）。这里纳入法律调整的"电子商务"显然是一个相当广泛的概念。诚然，"广"亦有"界"，对于实践中出现的微商、社交媒体电商、分享经济、网络游戏、音视频直播等，应当进行具体分析。

① http：//www.oecd.org/publications/pol-brief.0701-pol.htm.

② 参见世界贸易组织秘书处编著：《电子商务与 WTO 的作用》，载《电子商务与 WTO 的作用；贸易、金融和金融危机；金融服务自由化和〈服务贸易总协定〉》，对外贸易经济合作部贸易组织司译，6 页，北京，法律出版社，2002。

③ 关于韩国《电子商务法》第 2 条第 4 款，参见上海市信息化办公室编译：《国内外信息化政策法规选编》，269 页，北京，中国法制出版社，2001。

④ Information Technology Bill 1999 of Indian（Bill No. 135 of 1999）. http：//indiacode.nic.in/incodis/whatsnew/newacts.

二、什么是电子商务法

一般来说，完整的电子商务活动可以分解为三个阶段：一是寻找商品、服务等交易前的准备阶段，二是订立合同阶段，三是支付和履行阶段。从这个全过程可以看出，电子商务同传统商务在本质上似乎没有什么区别，所不同的是方式、手段与环境，即至少上述某个阶段是借助电子手段完成的。比如，买卖双方以网络为广告平台，传递商品或服务的信息，或者借助电子数据交换方式协商并订立合同，或者以电子支付和电子交货方式履行合同等。此即商务活动中“通过互联网等信息网络”进行商品销售或服务提供的因素。

电子商务所赖以进行的方式、手段与环境发生了变化，于是就产生了人们必须研究的电子（商务）合同的基础问题。有关问题集中表现为在电子商务实际运作中不同主体形成了具有特殊性的法律关系，若简单适用以纸质文件或口头形式为基础的传统合同法即商务法律则不可避免地存在冲突，于是，一种新的法律——电子商务法随即产生。基于此，电子商务法就是以“电子商务法”（或“电子交易法”）为名的特定法律规范，核心内容是有关电子（商务）合同/交易及相关争议解决、促进与规制等问题的法律规范。这是一种狭义的界定。

另一种观点与之相对，主张电子商务对传统法律的冲击和挑战是全方位的，电子商务法应当泛指与电子商务有关的一切法律。其中，既有民商法等私法问题，也有刑法、诉讼法、行政法等公法问题；既有实体法问题，也有程序法问题；既有国内法问题，也有国际法问题。例如，21世纪初由我国著名学者黄进教授牵头起草的“中华人民共和国电子商务法（示范法）”，采取“总则＋分则”的形式，按照“总则”“电子讯息与电子合同”“电子签章与认证法”“电子信息交易”“电子资金划拨”“电子证据”“电子商务中的个人资料保护”分章拟定了规范，而且这一体例保持开放性，可以适时增加。① 这便是典型的广义说。

笔者认为，电子商务法是与电子商务法律制度不同的法律概念。相比而言，前者宜采取狭义说，后者宜采取广义说。例如，新加坡《电子交易法》、澳大利亚《电子交易法》、韩国1999年《电子商务基本法》，以及中国香港地区2000年《电子交易条例》等均采取狭义说。它们主要针对包括数据电文的法律承认、归属、收发时间与地点、电子合同的效力在内的部分私法问题作出规定。究其原因，它们除了可能受联合国贸法会《电子商务示范法》等“国际准则”的参考影响，也受不同国家或地区自身立法宗旨和调整对象的内在影响。

① 参见中华人民共和国电子商务法（示范法）课题组：《中华人民共和国电子商务法（示范法）》，载《法学评论》，2004（4），83页。

三、电子商务法之国际整理

自20世纪90年代以来，人类对电子商务立法给予了高度关注，一度掀起一股研究热潮。在国际组织方面，联合国贸法会与欧盟堪称推动电子商务立法的先驱，它们分别主持制定了一系列调整国际电子商务活动的法律文件，不仅对成员国，而且对非成员国，产生了极为重要的示范作用。在主权国家方面，各大洲开展的电子商务立法活动如火如荼，成绩斐然。其中，美国是杰出代表，不仅立法最早，而且成果也最具有标志意义。另外，菲律宾、印度、日本、新加坡、韩国、马来西亚、泰国、俄罗斯、德国、意大利、爱尔兰、立陶宛、加拿大、阿根廷、巴西、哥伦比亚、厄瓜多尔、墨西哥、秘鲁、澳大利亚、新西兰与突尼斯等国家亦通过了名为“电子商务法”“电子交易法”之类的专门性法律。

在我国立法机关建设电子商务法律制度的历史并不长，但也进行了积极有益的立法探索，形成了一套具有中国特色的电子商务法律体系，其中，居于基础地位的是2004年颁行的《电子签名法》、2020年颁行的《民法典》。前者分别对电子签名的原则、数据电文制度、电子签名与认证制度以及电子认证服务者的法律责任等作了规范，后者对电子合同的“书面形式属性”、成立条件、确认书、订立时间与地点以及合同履行中交付时间等作了规定。更为重要的是，为适应电子商务发展的需要，2018年我国推出了一部骨干性专门法律《电子商务法》。该法问世较晚，但影响深远。

（一）联合国贸法会《电子商务示范法》及其他

联合国贸法会的电子商务立法活动始于20世纪80年代。它最早在探讨电子数据交换（EDI）合同可能产生的法律问题时，曾特别关注计算机记录的证据价值问题。此后，它又分别在第19届、第20届会议审议了两份自动数据处理所涉法律问题的进一步报告，这些报告主要是介绍和分析在自动数据处理方面积极活动的国际组织的工作情况。自1988年第21届会议起，联合国贸法会电子商务立法工作转向研究利用电子方法拟订合同所涉及的法律问题。

通过大量反复的调研和审议，联合国贸法会秘书处于1996年5月完成了《电子商务示范法》的起草工作。同年12月，该法案在联合国大会上以大会51/162号决议的形式获得通过。该法创造性地采用“功能等同法”，逐一解决了数据电文的“书面”“原件”“签名”“保存”等问题，并且秉持非歧视原则和技术中立原则，赋予各种数据电文以应有的证明力。为了帮助人们理解和掌握该示范法，同时也为了方便各国政府采用和吸收示范法的内容，联合国贸法会还在第29届会议上通过了《电子商务示范法颁布指南》。① 该指南不仅详细阐述了示范法每一条文的来龙去

① Guide to Enactment of the UNCITRAL Model Law on Electronic Commerce. http：//www.uncitral.org/english/texts/electcom.

脉，而且规定了许多示范法本身未加规定的内容。紧接着，2000 年 9 月联合国贸法会在维也纳举行的电子商务工作组第 37 届会议又核准通过了《电子签字示范法》，随后又配套发布了《电子签字示范法颁布指南》。①

两部示范法的出台并未让联合国贸法会停止其立法步伐，它很快又将注意力转向推动制定“电子订约公约”。在 2000 年，联合国贸法会第 33 届会议就有关电子商务领域今后工作的各项建议初步交换了意见，提出了三个题目：从《国际货物销售合同公约》的角度考虑电子订约；网上解决纠纷；特别在运输行业中权属证书的非物质化。随后联合国贸法会第四工作组就电子订约的有关问题进行了广泛的讨论，并向委员会建议：应在优先基础上开展一项关于电子订约相关问题国际文书的拟订工作。2001 年，在第 34 届会议上工作组的建议得到了广泛的支持。2005 年 11 月 23 日，《国际合同使用电子通信公约》经大会通过。② 该公约的宗旨是，在对国际合同使用电子通信的情形下，增强电子商业活动的法律确定性和商业可预见性。该公约处理的问题包括：如何确定一方当事人在电子环境中的所在地；电子通信的收发时间和地点；如何使用自动信息系统订立合同；确立电子通信和纸面文件以及电子认证方法和手写签名功能上等同所使用的标准，等等。

相比而言，《电子商务示范法》已经为各国形成了促进和规范电子合同的框架，然而它仅仅是推荐各国立法采纳的规范性文件，而不具有国际法上直接的效力。与此不同的是，《国际合同使用电子通信公约》必须得到各成员国的批准，属于真正意义上的国际法。从内容上，《国际合同使用电子通信公约》采纳了《电子商务示范法》和《国际货物销售合同公约》的功能等同原则和技术中立原则，同时在某些方面也修改了现行国际法的一些原则，如合同成立的时间和地点、要约邀请、自动信息系统、电子错误等，即电子订约环境下特有的规则。该公约的颁布，标志着联合国贸法会对电子商务的规范指导由单纯示范法模式向兼顾公约模式进行转型。

2017 年 7 月联合国贸法会通过《电子可转让记录示范法》规定电子可转让记录在功能上等同于可转让单证或票据（一般包括提单、汇票、本票或仓单），从法律上支持电子可转让记录在国内使用或跨境使用。2019 年联合国贸法会又发布《关于云计算合同所涉主要问题的说明》，对商业实体之间云计算合同的主要问题进行说明。这可以被视为更软的“软法”，即“解释性文本”。

（二）欧盟《电子商务指令》及其他

1997 年 4 月，欧盟委员会提出了著名的《欧洲电子商务行动方案》，为规范欧洲电子商务活动制定了框架。该行动方案在“建立一个有效的管理体制”的标题下，用一章的篇幅对欧洲电子商务的立法宗旨、立法原则作了阐述。关于电子商务立

① Guide to Enactment of the UNCITRAL Model Law on Electronic Signatures (2001). http://www.uncitral.org/english/texts/electcom.

② 我国于 2006 年签署该公约。

法的宗旨，该行动方案指出，欧洲电子商务立法必须确立为实现两个互补的目标：其一是建立起消费者与企业对电子商务的信任和信心，其二是保证电子商务充分进入单一市场。1999 年 12 月，欧盟委员会提出了一项题为“电子欧洲：为所有人建造的信息社会”的行动方案，其中在第三节提出了“加快电子商务发展的目标”。

与上述政策制定过程同步，欧盟有关电子商务的立法进程也已启动。在一体化立法的层面上，1998 年 8 月，欧盟颁布了《关于信息社会服务的透明度机制的指令》；同年 10 月，欧盟关于数据保护的指令也生效；关于网上著作权保护的法案也由欧盟委员会提出并进入了欧洲议会审议程序。更具意义的是，2000 年 6 月 8 日，欧盟理事会和欧盟议会最终通过并颁布了《电子商务指令》。① 该指令第一次试图将与电子商务有关的法律法规进行综合制定，目的是保证网络服务得以在欧盟内部市场自由地流通；其主要内容涉及信息社会服务提供者、商业通讯、电子合同规则等。与此同时，关于电子商务税收、关税和消费者保护的相关法律也逐步得到制定和完善。2011 年，欧盟颁布《消费者权利指令》②，将以前发布的《远程销售指令》和《上门销售指令》所保护的各类消费者置于同一部法律之下，强化了对远程销售及上门销售中的消费者权利的保护。当然，其保护的范围并不限于电子商务。

2015 年 12 月，欧盟委员会通过了《关于在线与其他远距离销售货物之合同的提案》，旨在通过建立一个真正的数字单一市场，消除阻碍跨境贸易的合同法方面障碍。经修正后的提案于 2017 年 10 月颁布。③ 2018 年 5 月，欧盟通过了《跨境包裹递送服务条例》（Regulation on Cross-border Parcel Delivery Services），规定加强对包裹递送服务的监管，要求跨境包裹递送服务提供商在网上公布其服务费率，要求欧盟成员国监管部门每年评估跨境包裹递送的费率。④ 2019 年 5 月，欧洲议会和理事会通过了《数字合同指令》（Directive on Contracts for the Supply of Digital Content and Digital Services），统一了整个欧盟的主要消费者合同法规则，将确保数字内容和数字服务领域的高水平消费者保护。⑤ 2019 年 11 月，欧洲议会和理事

① Directive 2000/31/EC of the European Parliament and of the Council of 8 June 2000 on Certain Legal Aspects of Information Society Services, in Particular Electronic Commerce, in the Internal Market. *Official Journal*, L178, 17/07/2000.

② 参见胡庆乐：《欧盟消费者保护机制介评》，载《东莞理工学院学报》，2016（2），27 页。

③ Amended Proposal for a Directive of the European Parliament and of the Council on Certain Aspects Concerning Contracts for the Online and other Distance Sales of Goods, amending Regulation (EC) No. 2006/2004 of the European Parliament and of the Council and Directive 2009/22/EC of the European Parliament and of the Council and repealing Directive 1999/44/EC of the European Parliament and of the Council. [2021-05-03]. https://eur-lex.europa.eu/legal-content/EN/TXT/?uri=COM%3A2017%3A637%3AFIN#footnote1.

④ Regulation on Cross-border Parcel Delivery Services. [2021-05-03]. https://ec.europa.eu/growth/sectors/postal-services/parcel-delivery_en.

⑤ Directive (EU) 2019/770 of the European Parliament and of the Council of 20 May 2019. [2021-05-03]. https://eur-lex.europa.eu/legal-content/EN/TXT/PDF/?uri=CELEX:32019L0770&from=ES.

会通过了《关于更好地执行和现代化欧盟消费者保护的指令》（Directive on Better Enforcement and Modernisation of EU Consumer Protection Rules），修改了以往关于消费者保护的四部指令①，要求各成员制定更好保护消费者的罚则和施加处罚的程序，并采取一切必要措施以确保执行。② 2020 年 3 月，欧盟委员会提出两份产生广泛影响的“数字服务法”（Digital Services Act）草案、“数字市场法”（Digital Markets Act）草案，前者计划为包括简单网站服务、互联网基础设施服务、在线平台服务在内的大规模在线服务明确责任框架和建立现代规则③，后者计划明确数字服务提供者的责任，加强对社交媒体、电商平台等在线平台的监管，以确保公平和开发的数字市场。④

总之，通过欧盟委员会和成员国的努力，在欧盟范围内规范电子商务活动的法律框架已显现出基本轮廓。换言之，欧盟已经形成由欧盟一体化立法、成员国国内立法、综合立法和专项立法共同组成的多层次电子商务活动法律体系。

（三）美国《统一电子交易法》及其他

1997 年 7 月，美国政府颁布了《全球电子商务政策框架》。该文件提出了指导电子商务发展的五大法律原则：（1）私人企业应该居于电子商务发展的主导地位；（2）政府应该避免对电子商务做出不必要的限制；（3）当需要政府介入时，政府参与的目的应该在于支持和维护一个可预测的、介入程度最低的、持续的、简单的商业法律环境；（4）政府应该认同互联网的特性；（5）互联网中电子商务应该在国际化的基础上被推进。基于美国在网络发展中的主导地位以及其强大的经济实力，《全球电子商务政策框架》已成为主导电子商务发展的宪章性文件。依据该文件规定的原则，美国分别与日本、法国、荷兰、爱尔兰、澳大利亚、韩国、菲律宾、智利、埃及等国家签署了《电子商务联合宣言》。

1999 年 4 月，美国统一州法全国委员会及美国法律学会联合发表了一项声明，决定不将关于计算机信息交易的法律规定纳入美国《统一商法典》，而独立制定《统一计算机信息交易法》。该法后来于同年 7 月由美国统一州法全国委员会在丹佛举行的 108 届年会上通过。在这次会议上，还一并通过了《统一电子交易法》，该法最重要的规定是使电子商务和传统商务处于平等地位，不会因为科技形式的不同

① Council Directive 93/13/EEC and Directives 98/6/EC，2005/29/EC and 2011/83/EU of the European Parliament and of the Council.

② Directive (EU) 2019/2161 of the European Parliament and of the Council of 27 November 2019. [2021-05-03]. https：//eur-lex. europa. eu/eli/dir/2019/2161/oj.

③ The Digital Services Act：Ensuring a Safe and Accountable Online Environment. [2021-05-03]. https：//ec. europa. eu/info/strategy/priorities-2019-2024/europe-fit-digital-age/digital-services-act-ensuring-safe-and-accountable-online-environment _ en.

④ The Digital Markets Act：Ensuring Fair and Open Digital Markets. [2021-05-03]. https：//ec. europa. eu/info/strategy/priorities-2019-2024/europe-fit-digital-age/digital-markets-act-ensuring-fair-and-open-digital-markets _ en.

而受到歧视；同时保证合同和交易不会因为使用电子媒介而丧失证据效力和执行效力。①

美国联邦和州在之后的很长一段时间进入电子商务立法的稳定期，许多州的主要举措就是完成通过《统一电子交易法》的立法手续，使之成为可适用于电子交易障碍化解的本州法律。从 1999 年加利福尼亚州率先完成确认《统一电子交易法》的"加入"程序，到 2000 年宾夕法尼亚州等 21 个州集中完成确认"承认"该法的程序，再到 2009 年佐治亚州完成确认"承认"该法的程序，绝大多数州在十年间已经通过确认该法大力促进了各地电子交易的发展。② 在再过 11 年后的 2020 年，华盛顿州也完成了确认"承认"该法的程序；2021 年 4 月，伊利诺伊州——也是迄今"未参加"的最后一个州，也在其参众两院开展"承认"该法的辩论程序。③

2007 年美国联邦国会通过《互联网博彩管理法》（Unlawful Internet Gambling Enforcement Act），对许可经营互联网博彩场所的行为作出规定，要求制定政策和程序以防止所有借记卡和信用卡被用于支付到互联网博彩场所。④ 近年来，美国一些州针对带有机器自动签约、履约性质的智能合约开展立法承认，如华盛顿州 2019 年《关于承认分布式记账技术的有效性的法律》⑤，伊利诺伊州 2020 年施行《区块链技术法》⑥，亚利桑那州、纽约州、俄亥俄州相关法案、法律也做了此类调整。在这些法律往往将智能合约同电子签名、区块链证据等事物混同于一起赋予其法律效力。如伊利诺伊州《区块链技术法》规定，"不得仅仅因为智能合同、记录或签名是由区块链创建、存储或验证的，而否认其法律效力或可执行性"⑦。这两类法律的出现反映了美国开展新型电子商务立法的动态。

（四）比较与评价

二十多年以来，电子商务法律制度在世界范围内的建设几乎刮起一场旋风。这些立法存在着很大的相似之处，表明人类的电子商务立法活动具有鲜明的全球性。

这些立法成果旨在为电子商务的发展扫除障碍和提供保障，体现了共同的规律：(1) 注重相互协调性。不论是联合国、欧盟还是美国、欧盟成员国，在制定相应的电子商务法时，都呼吁和注重相互之间的协调与衔接。这种协调性体现在各国

① 参见万以娴：《论电子商务之法律问题——以网络交易为中心》，29 页，北京，法律出版社，2001。

② Uniform Electronic Transactions Act. [2021－05－03]. https：//www. uniformlaws. org/committees/community-home? CommunityKey=2c04b76c-2b7d-4399-977e-d5876ba7e034.

③ Illinois HB3205，Uniform Electronic Transactions Act. [2021－05－03]. https：//trackbill. com/bill/illinois-house-bill-3205-uniform-electronic-transaction/2040546/.

④ Unlawful Internet Gambling Enforcement Act of 2006. [2021－05－03]. https：//www. fdic. gov/news/financial-institution-letters/2010/fil10035a. pdf.

⑤ Act "Relating to Recognizing the Validity of Distributed Ledger Technology"，Substitute Senate Bill 5638 AN ACT Relating to Recognizing the Validity of Distributed Ledger Technology 2019.

⑥⑦ Blockchain Technology Act of Illinois，H. B. 3575 2020.

在其国内立法中相互参照、取长补短，力求兼容。同时，在传统民商事法律中两大法系之间基于不同主张造成的一些冲突，在电子商务立法中也渐趋统一。（2）立、改、废并重。电子商务面临的法律问题主要是适用传统法律规范时出现的障碍。因此，各国在加快电子商务立法进程中，都既注重制定新法律，又注重对不合时宜的现行法律法规进行修改或废止。（3）逐步推进和完善。电子商务的国际立法还具有边制定边完善的特点。典型法律为联合国贸法会《电子商务示范法》，该法第一部分为“电子商务总则”；第二部分为“电子商务的特定领域”，目前只制定了第一章“货物运输”，该部分其余章节待内容成熟后再逐章增加，但迄今尚未增加。该法于1996年通过后不久，其第一部分内容即于1998年6月由联合国贸法会作了补充。这一特点在以往国际经贸立法中是罕见的，但却是与国际电子商务发展的特点相适应的。

另外，在处理电子商务法与电子签名法的关系问题上，不同国际组织或国家的立法大致有以下三种模式：一是以电子商务法为母法，以电子签名法为子法。在电子商务法规定的原则基础上，电子签名法对各方当事人的权利、义务等内容进一步细化。如联合国的《电子商务示范法》和《电子签名示范法》采此模式。二是两部法律没有明显的内在联系，在所解决的问题、调整的对象和规定的内容方面有很大不同。这种情况下制定的电子签名法主要是为电子签名及认证服务建立一个法律框架，基本上不涉及电子商务方面的内容。如欧盟的《电子身份认证与签名条例》与《电子商务指令》并行，就属于这种情况。三是仅规定电子签名法，以电子签名法涵盖电子商务法律制度的相关内容。这种电子商务法的立法例在各国开展相关领域立法的早期较为多见，但随着法制的昌明已经很罕见了。例如2013年奥地利施行《电子签名法》时规定了电子商务的基本内容，属于此立法例。但2016年奥地利也施行了《电子商务法》，规定了电子商务合同的订立、服务提供商的责任、未经请求的商业通信等方面内容，就不在此列了。

四、中国《电子商务法》之宏观评述

中国《电子商务法》是“一部鼓励、支持、创新、规范和保障电子商务健康发展的促进法，是一部维护广大消费者、平台经营者和平台内经营者合法权益，维护市场秩序和公平正义的保障法”。这是第十三届全国人大常委会第五次会议表决通过该法时的官方评价。① 要理解这一定位评价，需要结合该法的酝酿出台背景。

中国《电子商务法》被纳入立法规划最早始于2013年，最终得到通过是2018年。应该说，这一时期远远晚于国际上启动相关立法的“井喷”时期，更是我国已

① 参见《学习好、宣传好、落实好电子商务法——栗战书委员长在第十三届全国人大常委会第五次会议上的讲话》，载中国人大网，最后访问日期：2018-08-31。

经普遍适用《电子签名法》《合同法》（之后被编入《民法典》）等调整电子商务法律规范的“稳定”时期。前一因素使中国《电子商务法》的制定可以追求、产生后发优势，特别是可以在中国电子商务持续多年保持高速发展的成熟期进行法律调整方面的规则建设。相比许多国外早年制定的“电子商务法”充斥着“宣示性”条文而言，中国《电子商务法》就可以压缩“宣示性立法”的空间，而推出更多实实在在的法律条文。后一因素使中国《电子商务法》的制定可以追求形成互补体系，将已施行的相关法律法规所调整的内容予以提升层级或者相衔接和配合。例如，对于《网络交易管理办法》《第三方电子商务交易平台服务规范》等部门规章所涉及的合理条款，《电子商务法》予以吸收，提升了其效力层级；对于《电子签名法》以及个人信息保护相关法律已有的内容，《电子商务法》不作重复规定。由此可见，中国《电子商务法》的出台不是“填补空白”“鼓励探索”，而是“查漏补缺”“密织法网”。

从立法呈递关系来看，中国《电子商务法》晚近问世，是对“《电子签名法》＋《合同法》（之后被编入《民法典》）”模式的再推进。如此立法选择，较好地处理了《电子商务法》同现有《民法典》《电子签名法》《消费者权益保护法》，以及网络交易管理办法、个人信息保护法律等关联法律之间的衔接配合关系。同时，它也为今后推出在线争端解决规则、电子仲裁规则、跨境电子商务争议解决机制、大数据运用和共享规则、电子商务发展规划、信用评价制度以及电子商务标准体系等法律、政策、标准奠定了基础。

从立法进程及关注问题来看，中国在《电子商务法》的起草过程中深刻挖掘了需要立法解决的实践与理论难题。起草组设立了许多课题，分别委托有关省市或单位承担，有关课题的题目及其承担省市分别是“电子商务监管体制（自选）”“市场准入及退出制度研究（成都）”“数据电文及电子合同研究（深圳）”“电子支付问题研究（上海）”“在线数据产品知识产权保护研究（深圳）”“电子商务消费者权益保护研究（杭州）”“电子商务中税收问题研究（广州）”“电子商务纠纷解决机制（南京）”“电子商务信息安全保障制度研究（上海）”“电子商务立法的国际比较（自选）”“跨境电子商务研究（郑州和杭州）”“电子商务可信交易环境（深圳）”。诚然，这些立法调研课题并未全部成为最终的法律条文，但它们使中国《电子商务法》的覆盖范围远远大于许多国际组织、外国的法律的覆盖范围。

不难看出，中国《电子商务法》既不采典型意义上的广义说，也不采典型意义上的狭义说。其条文分为总则、电子商务经营者、电子商务合同的订立与履行、电子商务争议解决、电子商务促进、法律责任和附则，共 7 章、89 条，主要内容包括电子商务调整对象、电子商务主体（电子商务经营者、平台经营者）、电子商务行为（电子合同、电子支付、快递物流和支付）、数据信息、消费者权益保护和争议解决机制、市场秩序与公平竞争、跨境电子商务、监督管理、法律责任等。其中，既有电子商务的私法条款，也有电子商务监管等公法条款；有些是既有法律制度的更新，有些是法律空白的填补。第一至三、六章为该法的主体部分，后文将聚焦这一部分进行展开阐述。至于其他部分，诸如第四章“电子商务争议解决”部分的6个条文、第五章“电子商务促进”的10个条文，较多地使用抽象性、原则性、宣示性的表述方式，因而更多地反映了我国在新的历史时期致力于完善电子商务法律制度的国家意志与追求。这样一个新而宏大的制定法体系，可以被理解为一种中义说的架构。

作为一部“后发法”“促进法”“综合法”，中国《电子商务法》必将在引领全球电子商务发展、参与主导国家规则制定方面发挥积极重要的作用，这是这部法律的历史使命。它是我国与世界各国探索互通互联、共享共治的立法产物。从这个意义上讲，它是我国积极参与全球互联网治理规则建设的一个窗口。

第二节　电子商务主体制度

一、电子商务主体的框架范围

电子商务主体是一个同电子商务/交易法律关系密切相关的概念。一般来说，有什么样的电子商务/交易法律关系，就会有与之相适应的电子商务主体范围。实践中，由于电子商务的迅猛发展和样态演变，电子商务/交易法律关系常常表现为错综复杂的关系群或体系。其中，最基本的电子商务/交易法律关系是合同关系，最典型的电子商务合同通常表现为依赖电子商务平台的一种特殊合同，对应出现的电子商务主体就是电子合同双方当事人。我国《电子商务法》考虑到电子商务/交易法律关系背后隐藏着性质不等的买卖、服务合同，将电子商务主体的基本范畴确定为电子商务经营者和电子商务消费者；此外，由于电子商务/交易法律关系还存在物流快递服务委托关系、电子支付服务委托关系、信用评价服务委托关系，相应出现了物流快递服务提供者、电子支付服务提供者和信用评价服务提供者三种非基本主体。①

无论是对于电子商务的基本主体还是对于非基本主体，人们均可以进行不同程度的细化。下面以我国《电子商务法》为分析对象，试拟电子商务主体的基本框架及范围（见图3-1）。不难看出，《电子商务法》在立法时充分考虑了电子商务平台经营者这一主体强势崛起的态势，以其为关键主线，化繁为简，抽象出不同电子商务主体的基本内涵并设定各自的权利、义务。

下面选择“电子商务经营者”“电子商务平台经营者”为重点术语，进行展开

① 参见杨立新：《电子商务法规定的电子商务交易法律关系主体及类型》，载《山东大学学报（哲学社会科学版）》，2019（2），118-119页。

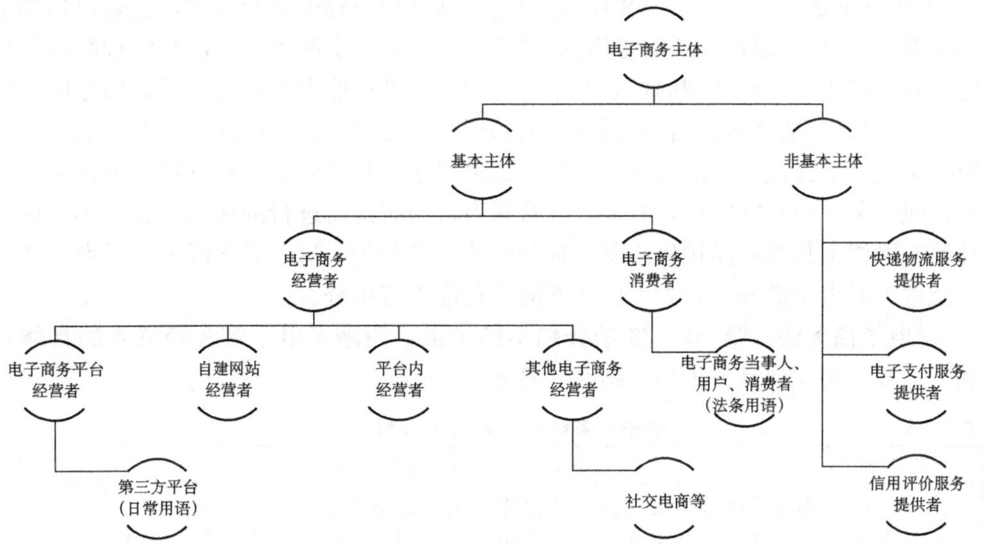

图 3-1　《电子商务法》确定的电子商务主体

阐述；并针对传统上经常讨论的学理概念“电子合同当事人”（主要包括电子商务经营者、电子商务消费者），进行延展讨论。

二、电子商务经营者

（一）电子商务经营者的权利与义务

我国《电子商务法》第二章对“电子商务经营者”按照“一般—特殊”的体例作了专门的规定。其中，电子商务经营者的定义以及其权利义务，是被纳入“一般规定”部分的。之所以采取这样的结构设计，主要是出于两点考虑：一是普通的电子商务经营者同传统的经营者相比存在区别，主要表现为“其从事经营活动媒介的电子化、网络化、在线化，由此催生了一些特殊类型和特殊性质的问题”①，故而有必要作出法律回应，包括对电子商务经营者的主体身份制度、税收制度、销售商品与提供服务的合法性要求、电子发票、营业执照的公示等内容进行明确。二是电子商务平台经营者同传统的经营者相比“真正具有特殊性”②，成为重点规范对象，故而有必要针对电子商务平台经营者设置相对明确、具体的规范。

所谓电子商务经营者，是指“通过互联网等信息网络从事销售商品或者提供服务的经营活动的自然人、法人和非法人组织，包括电子商务平台经营者、平台内经营者以及通过自建网站、其他网络服务销售商品或者提供服务的电子商务经营者”

①② 电子商务法起草组编著：《中华人民共和国电子商务法条文释义》，46 页，北京，法律出版社，2019。

（《电子商务法》第 9 条第 1 款）。这一定义具有相当程度的开放性，主要包括如下几个要素：（1）“通过互联网等信息网络”。这是对电子商务赖以进行的接收端的界定，既指代当下各种类型的信息网络，亦指代未来可能出现的其他形态信息网络交互系统。（2）“从事销售商品或者提供服务”。这是电子商务的内涵，不局限于网络商品买卖，也指代提供诸如交通出行、文化娱乐、餐饮外卖、教育培训等各种形态的在线服务。（3）“经营活动”，即以营利为目的而持续进行的活动。它区别于偶发性地在网络上从事商品销售或服务提供的非经营行为。这一要素源于电子商务的基本定性。对电子商务经营者可以从不同的角度进行拆分。

《电子商务法》第 10～26 条分别不同情形，明晰了电子商务经营者的具体权利、义务，建立和完善了相关制度（参见表 3－1）。

表 3－1　电子商务经营者的法定权利、义务

核心内容	具体权利、义务的表述	具体条款
主体身份管理	电子商务经营者应当依法办理市场主体登记。但是，个人销售自产农副产品、家庭手工业产品，个人利用自己的技能从事依法无须取得许可的便民劳务活动和零星小额交易活动，以及依照法律、行政法规不需要进行登记的除外	第 10 条
纳税义务确认	电子商务经营者应当依法履行纳税义务，并依法享受税收优惠	第 11 条第 1 款
交易行政许可	电子商务经营者从事经营活动，依法需要取得相关行政许可的，应当依法取得行政许可	第 12 条
禁止或限制交易	电子商务经营者销售的商品或者提供的服务应当符合保障人身、财产安全的要求和环境保护要求，不得销售或者提供法律、行政法规禁止交易的商品或者服务	第 13 条
出具消费凭证	电子商务经营者销售商品或者提供服务应当依法出具纸质发票或者电子发票等购货凭证或者服务单据	第 14 条
经营、退出的信息公示①	电子商务经营者应当在其首页显著位置，持续公示营业执照信息、与其经营业务有关的行政许可信息、属于……不需要办理市场主体登记情形等信息，或者上述信息的链接标识	第 15 条第 1 款
	电子商务经营者自行终止从事电子商务的，应当提前 30 日在首页显著位置持续公示有关信息	第 16 条
披露信息	电子商务经营者应当全面、真实、准确、及时地披露商品或者服务信息，保障消费者的知情权和选择权。电子商务经营者不得以虚构交易、编造用户评价等方式进行虚假或者引人误解的商业宣传，欺骗、误导消费者	第 17 条
定向搜索的配套②	电子商务经营者根据消费者的兴趣爱好、消费习惯等特征向其提供商品或者服务的搜索结果的，应当同时向该消费者提供不针对其个人特征的选项，尊重和平等保护消费者合法权益	第 18 条第 1 款

① 《电子商务法》第 76、81 条规定了相关的罚则，包括责令限期改正、罚款等。

② 《电子商务法》第 77 条规定了相关的罚则，包括责令限期改正、没收非法所得、罚款等。

续表

核心内容	具体权利、义务的表述	具体条款
禁止默认搭售①	电子商务经营者搭售商品或者服务，应当以显著方式提请消费者注意，不得将搭售商品或者服务作为默认同意的选项	第 19 条
履行交付义务	电子商务经营者应当按照承诺或者与消费者约定的方式、时限向消费者交付商品或者服务，并承担商品运输中的风险和责任。但是，消费者另行选择快递物流服务提供者的除外	第 20 条
押金②	电子商务经营者按照约定向消费者收取押金的，应当明示押金退还的方式、程序，不得对押金退还设置不合理条件。消费者申请退还押金，符合押金退还条件的，电子商务经营者应当及时退还	第 21 条
禁止滥用市场支配地位	电子商务经营者因其技术优势、用户数量、对相关行业的控制能力以及其他经营者对该电子商务经营者在交易上的依赖程度等因素而具有市场支配地位的，不得滥用市场支配地位，排除、限制竞争	第 22 条
个人信息保护	电子商务经营者收集、使用其用户的个人信息，应当遵守法律、行政法规有关个人信息保护的规定	第 23 条
用户信息查询、更正、删除以及注销	电子商务经营者应当明示用户信息查询、更正、删除以及用户注销的方式、程序，不得对用户信息查询、更正、删除以及用户注销设置不合理条件	第 24 条第 1 款
电子商务数据信息的提供、保护	有关主管部门依照法律、行政法规的规定要求电子商务经营者提供有关电子商务数据信息的，电子商务经营者应当提供。有关主管部门应当采取必要措施保护电子商务经营者提供的数据信息的安全，并对其中的个人信息、隐私和商业秘密严格保密，不得泄露、出售或者非法向他人提供	第 25 条
接受跨境电子商务监管	电子商务经营者从事跨境电子商务，应当遵守进出口监督管理的法律、行政法规和国家有关规定	第 26 条

（二）关于电子商务经营者的特殊法律问题

在我国开展关于电子商务经营者的权利、义务制度的建设过程中，一些问题曾经引发热烈的讨论，或者在实务中出现了有影响力的案例。下面择其要者进行说明。

“自然人网店”是否需要办理市场主体登记？关于这一问题，立法中曾经出现过尖锐的对立观点。一般来说，自然人在网下的商事主体身份是个体工商户，在网上的现实习惯称谓为自然人网店（或个人网店、个人网商）。自然人网店等于从事网上经营的个体工商户。反对者认为，“自然人网店在入驻电子商务平台的时候，平台经营者会对其身份证号码、户籍地址、经常住所等信息进行登记备案。由平台所进行的这种主体身份管理制度，对于规范平台内经营者的相关行为就已经足够，

① 《电子商务法》第 77 条规定了相关的罚则，包括责令限期改正、没收非法所得、罚款等。
② 《电子商务法》第 78 条规定了相关的罚则，包括责令限期改正、罚款等。

因此并不需要对自然人网店进行市场主体登记”①；“考虑到强制要求自然人网店进行登记也会产生额外的经营成本……普遍性地要求自然人网店进行市场主体登记，并不利于鼓励大众创新、万众创业，也不利于电子商务灵活解决就业等优势的发挥”②。赞同者则认为，“注册登记是中外商事法律确立的各种商事主体设立的基本程序，网下的个体工商户是以注册登记程序而取得主体身份，网上的个人网店当然也应有相同或类似的程序……无论从工商登记的功能价值分析，还是基于工商登记效率和成本的考量，个人网店注册登记的必要性都显而易见，尤其是为了易辨识、可溯源、能追责的交易安全目的，个人网店更不应该游离于注册登记程序之外”③。同时，“登记程序并非降低其效率而是提高效率，并非增加其成本而是降低成本。第三方平台的登记管理可以与工商登记互补，但不能完全替代”④。我国《电子商务法》起草者最终选择了折中的立场，认为“自然人开设网店从事电子商务，是否需要市场主体登记，需要具体情况具体分析”⑤。具体来说，自然人网店在特殊情况下实行登记豁免，包括“个人销售自产农副产品、家庭手工业产品”“个人利用自己的技能从事依法无须取得许可的便民劳务活动”“个人从事零星小额交易活动”“依照法律、行政法规不需要进行登记的”。不在此列的，自然人开设网店仍然需要办理市场主体登记，主要是需要向平台经营者提交其姓名、地址、身份证明、联系方式等真实信息，以达到备案和信息披露的目的。

电子商务经营者是否需要取得行政许可？2000 年国务院发布《互联网信息服务管理办法》时，将互联网信息服务区分为经营性的和非经营性的，其中，经营性的互联网信息服务实行许可制，非经营性的互联网信息服务实行备案制。我国《电子商务法》对这一问题作出了明确回应，原则上对于电子商务这一经营方式不需要特别许可；只是在某种特定的经营活动需要行政许可的情况下，相关的经营者通过电子商务进行相关的活动，才需要取得行政许可；针对线下经营所获得的许可，原则上可以延伸至线上经营（参见《电子商务法》第 12 条）。这一规定保证了行政监管与许可的线上线下的一致性，避免出现落差和规避现象。

【案例 3-2】

港联公司与爱万家公司、蔡××、祝××民间借贷纠纷案⑥

2017 年 12 月 11 日，轻易公司与爱万家公司签订“借款服务合同”，约定：“轻

①② 电子商务法起草组编著：《中华人民共和国电子商务法条文释义》，53 页，北京，法律出版社，2019。

③ 赵旭东：《电子商务主体注册登记之辩》，载《清华法学》，2017（4），47 页。

④ 同上文，41 页。

⑤ 电子商务法起草组编著：《中华人民共和国电子商务法条文释义》，53 页，北京，法律出版社，2019。

⑥ 参见湖南省益阳市赫山区人民法院（2019）湘 0903 民初 2375 号民事判决书，湖南省益阳市中级人民法院（2019）湘 09 民终 2407 号民事判决书。

易贷”由轻易公司创建并运营的网络服务平台，向注册会员提供出借与借款中介服务；爱万家公司自愿在“轻易贷”注册成为会员，授权“轻易贷”按照本合同、“个人借款及担保协议”或“借款及担保协议”，“轻易贷”网上发布的各项规则，爱万家公司在网上指令进行操作，不可撤销地承诺完全遵守本合同及“轻易贷”制定的各项规则及网页提示；爱万家公司同意并承诺在“轻易贷”每发生一笔借款义务，均须以网络在线点击的方式确认接受……电子协议（包括但不限于电子协议、电子单据或凭证、通信信息、“轻易贷”发布的各项规则及标准）均为本合同不可分割的一部分，与本合同具有同等法律效力同日，创金天地投资有限公司与爱万家公司、蔡××、祝××、轻易公司签订“借款及担保协议”，约定：本协议是“借款服务合同”的附件；“轻易贷”网络服务平台向注册会员提供出借与借款中介服务；债权人是指通过“轻易贷”向借款人出借款项的出借人；爱万家公司确认并承诺，爱万家公司“轻易贷”用户项下的一切操作及行为均为爱万家公司本人亲自所为，因此产生的一切后果均由爱万家公司承担；借款因此产生的一切后果均由爱万家公司承担；借款利率为4.25%/180天；创金天地投资有限公司、爱万家公司、蔡××、祝××、深益公司、轻易公司一致同意并确认，创金天地投资有限公司、爱万家公司通过登录“轻易贷”以网络在线点击的方式确认接受该协议，进行借款申请和出借等操作，蔡××、祝××事先签署的“担保函”，就创金天地投资有限公司与爱万家公司的借款行为进行了确认，并承诺提供连带担保等。同日，蔡××、祝××，出具了声明和“担保函”。2018年4月26日后，轻易公司的经营范围中含网络借贷信息中介服务。借款到期后，爱万家公司、蔡××、祝××未履行还款义务。港联公司通过“轻易贷”平台最终受让了各出借人享有的全部债权，诉至法院。

该案中，争议问题之一是涉案借款合同、借款转让合同是否有效。一审法院认为，“《中华人民共和国电子商务法》第十二条规定：电子商务经营者从事经营活动，依法需要取得相关行政许可的，应当依法取得行政许可。《中华人民共和国商业银行法》及《中华人民共和国银行业监督管理法》规定，未经国务院银行业监督管理机构批准，任何单位或者个人不得从事银行业金融机构的业务活动。港联公司未经相关机构批准，跨地区向不特定的对象提供资金或采取受让‘轻易贷’网络平台出借人的债权以收取利息、违约金来赚取高额利润，借款和受让债权目的也具有营业性，现已引发众多诉讼案件，违反了商业银行法的有关规定，依照《中华人民共和国合同法》第五十二条的规定，涉案借款合同、借款转让合同均无效”。二审法院维持了一审法院的判决处理，理由是：“金融业务活动系国家特许经营业务，港联公司上诉认可其无发放贷款业务的经营许可，而认为港联公司系受让债权并非发放贷款，但港联公司亦不能证明债权转让方已经银行监督管理机构批准可以从事经常性放贷业务，故一审认定涉案借款合同、借款转让合同违反国务院《银行业监督管理法》第十九条国务院银行特许经营规定无效正确。”

电子商务经营者如何收取和退还押金？这也引起了人们的普遍关注。这里所说的押金，专指电子商务经营者按照合同约定向消费者收取的，用于担保其履行合同义务的一定金额的货币。这一现象是伴随着共享经济或者分享经济的发展而出现的。然而，我国法律一度对该类押金如何存管和被有效监管未作规定，实践中也存在着电子商务经营者（企业）可否自行支配和使用的争议，种种因素造成了乱象丛生。自2017年下半年起，我国有多家运营的共享单车企业宣布停止营业，而当用户要求退还押金时出现退款不及时，甚至难以退还等问题。这严重损害了广大消费者的合法权益。经过广泛论证，我国《电子商务法》起草者做出了在押金问题上保障消费者合法权益的规定，主要包括规定电子商务经营者承担明示押金退还的方式和程序、设定合理的押金退还条件、依照消费者申请及时退还押金的义务。

【案例3-3】

孙××与拜克洛克公司申请确认仲裁协议效力案①

2017年6月10日，孙××以手机号188××××＊＊＊＊注册成为ofo共享单车用户，采用微信支付方式向拜克洛克公司支付押金99元。孙××向法院提交的其注册/登录界面显示，在注册/登录字样下方标注有“注册/登录即表示您已阅读，并同意以下协议：《协议》《ofo用户隐私政策》，尤其是争议解决条款”。孙××向法院提交的“协议”第15.2条“争议解决”约定：凡因本协议引起的或与本协议有关的任何争议，均应提交中国国际经济贸易仲裁委员会，按照申请仲裁时该会现行有效的仲裁规则进行仲裁。仲裁应在北京进行，仲裁裁决是终局的，对双方均有约束力。该段文字采用加粗加黑字体，并在数字15.2下标有下划线。孙××诉称，请求法院确认“协议”中15.2条仲裁协议无效，理由是拜克洛克公司在其提供的格式合同中未能就该仲裁条款进行显著提示。

法院经审理后认为：本案所涉“协议”中第15.2条约定的仲裁条款具有明确的意思表示、仲裁事项和选定的仲裁机构，且根据已查明的事实，孙××系自主自愿选择注册成为ofo共享单车用户，不存在《仲裁法》第17条规定的无效情形，应认定为有效。与诉讼方式相比，仲裁解决纠纷具有高效、快捷、一裁终局的特点，且在仲裁程序中，仲裁庭有权根据当事人承担的责任比例确定最终仲裁费用的分担，也有权要求败诉方补偿胜诉方因办理案件而支出的合理费用。因此，选择仲裁方式解决纠纷，对合同各方主体均是平等的，不能认为是对一方当事人主要权利的排除。本案所涉争议解决条款只是选择中国国际经济贸易仲裁委员会作为争议解决机构，就该条款而言，拜克洛克公司并不存在免除自己责任、加重孙××方的责任、排除其主要权利的情形。故对孙××的上述主张，不予支持。

该案是在《电子商务法》生效后进行裁判的案件。按理说，电子商务消费者要

① 参见北京市第四中级人民法院（2020）京04民特376号民事裁定书。

求及时退还押金的问题已经得到了良好的法律保障，特别是法律明确规定电子商务经营者不得设置不合理的条件，即不得预设不合理的退还押金的障碍或者变相阻碍消费者退款的条件。而在该案中，双方通过“协议”约定的“所涉争议解决只选择中国国际经济贸易仲裁委员会作为争议解决机构”，就构成了一种事实上的障碍，因为中国国际经济贸易仲裁委员会接受仲裁案件的收费金额可能远远大于押金额度。① 这表明《电子商务法》在押金退还条款的适用方面还存在着改进之处。

三、电子商务平台经营者

（一）电子商务平台经营者的权利与义务

电子商务平台经营者是一种特定的电子商务主体，其在《消费者权益保护法》中被称为“网络交易平台提供者”，在《网络交易管理办法》中被称为“第三方交易平台经营者”。我国《电子商务法》立法时做了概念取舍，并将之界定为“在电子商务中为交易双方或者多方提供网络经营场所、交易撮合、信息发布等服务，供交易双方或者多方独立开展交易活动的法人或者非法人组织”（《电子商务法》第 9 条第 2 款）。理解这一定义，需要注意如下几个要素：(1)“提供网络经营场所、交易撮合、信息发布等服务”。这是示例性质的列举，表明其提供服务的主要类型而非全部，实质是为他人从事电子商务活动搭建了一个电子化的网络空间。(2)“供交易双方或者多方独立开展交易活动”，即自己并不直接介入交易活动中去。(3)“法人或非法人组织”，不能是自然人。

【案例 3－4】

郭××与多点公司买卖合同纠纷案②

多点 App 系由多点公司开发并运营的应用程序。郭××在多点 App 上进行了实名注册，用户名为早春。2017 年 9 月 25 日至 26 日，郭××使用多点 App 的送货到家方式购买了七星一号富硒长粒香米若干。之后，郭××以所购商品为不符合食品安全国家标准的食品并存在误导消费者的情形为由，将多点公司诉至法院。

该案争议问题之一是多点公司的法律地位以及其是否符合销售商品的主体。被告多点公司辩称：多点公司作为互联网电子商务平台，为用户提供的是电信和信息服务，多点公司和用户郭××不是商品买卖合同的关系，通过多点公司 App 操作和用户协议可知，多点公司作为网络服务提供者仅仅提供信息技术服务；商品出卖人通过多点公司平

① 中国国际经济贸易仲裁委员会的官网表明，该机构的仲裁费用最低不少于 10 000 元。

② 参见北京市石景山区人民法院（2019）京 0107 民初 20180 号民事判决书，北京市第一中级人民法院（2020）京 01 民终 1649 号民事判决书。

台，发布商品信息，用户下单后同商品出卖人建立商品买卖合同关系；争议商品的生产方是黑龙江益华米业有限公司，而通过郭在××App的订单的也可得知商品的出卖方为物美商超。原告郭××则主张，多点公司应为在物美自建App的经营者、自建App平台内经营者以及通过自建网站销售商品或者提供服务的电子商务经营者。

一审法院经审理后认为，根据已查明的事实，多点App系根据用户定位向用户展示该地理位置附近可提供销售服务的商超，并公示商超的资质、展示商超内销售的商品，供用户进行选择和购买，多点App实系交易双方完成电子商务交易的网络经营场所。多点公司作为多点App的运营方，为交易双方提供网络经营场所、交易撮合和信息发布等服务，其本身并未参与交易活动，亦无须对每款网络经营场所内出售的商品开展进货或查验等工作。故多点公司并非涉案商品的经营者和销售者，未就该商品与郭××建立买卖合同关系。

此案上诉后，二审法院维持原判，认定“多点公司系案涉商品的网络交易平台，并非案涉商品实际出卖人，其与郭××不存在买卖合同关系”。

在该案中，法院认定的“网络交易平台”即是不直接介入交易活动的电子商务平台经营者。

《电子商务法》第27～46条分别不同情形，明晰了电子商务平台经营者的具体权利、义务，建立和完善了相关制度（参见表3-2）。

表3-2　　电子商务平台经营者的法定权利、义务

核心内容	具体权利、义务的表述	具体条款
身份核验与登记①	电子商务平台经营者应当要求申请进入平台销售商品或者提供服务的经营者提交其身份、地址、联系方式、行政许可等真实信息，进行核验、登记，建立登记档案，并定期核验更新	第27条第1款
身份信息和纳税报送②	电子商务平台经营者应当按照规定向市场监督管理部门报送平台内经营者的身份信息…… 电子商务平台经营者应当依照税收征收管理法律、行政法规的规定，向税务部门报送平台内经营者的身份信息和与纳税有关的信息……	第28条
审查、和报告③	电子商务平台经营者发现平台内的商品或者服务信息存在违反本法第12条、第13条规定情形的，应当依法采取必要的处置措施，并向有关主管部门报告	第29条
安全保障	电子商务平台经营者应当采取技术措施和其他必要措施保证其网络安全、稳定运行，防范网络违法犯罪活动，有效应对网络安全事件，保障电子商务交易安全 电子商务平台经营者应当制定网络安全事件应急预案，发生网络安全事件时，应当立即启动应急预案，采取相应的补救措施，并向有关主管部门报告	第30条

①②③ 《电子商务法》第80条规定了相关的罚则，包括责令限期改正、罚款、责令停业整顿等。

续表

核心内容	具体权利、义务的表述	具体条款
信息记录与保存①	电子商务平台经营者应当记录、保存平台上发布的商品和服务信息、交易信息，并确保信息的完整性、保密性、可用性。商品和服务信息、交易信息保存时间自交易完成之日起不少于三年……	第31条
服务协议和交易规则的制定、公示及修改②	电子商务平台经营者应当遵循公开、公平、公正的原则，制定平台服务协议和交易规则，明确进入和退出平台、商品和服务质量保障、消费者权益保护、个人信息保护等方面的权利和义务。	第32条
	电子商务平台经营者应当在其首页显著位置持续公示平台服务协议和交易规则信息或者上述信息的链接标识，并保证经营者和消费者能够便利、完整地阅览和下载	第33条
	电子商务平台经营者修改平台服务协议和交易规则，应当在其首页显著位置公开征求意见，采取合理措施确保有关各方能够及时充分表达意见…… 平台内经营者不接受修改内容，要求退出平台的，电子商务平台经营者不得阻止，并按照修改前的服务协议和交易规则承担相关责任	第34条
禁止不合理限制等③	电子商务平台经营者不得利用服务协议、交易规则以及技术等手段，对平台内经营者在平台内的交易、交易价格以及与其他经营者的交易等进行不合理限制或者附加不合理条件，或者向平台内经营者收取不合理费用	第35条
违法等行为处置信息的公示	电子商务平台经营者依据平台服务协议和交易规则对平台内经营者违反法律、法规的行为实施警示、暂停或者终止服务等措施的，应当及时公示	第36条
自营业务的区分标记	电子商务平台经营者在其平台上开展自营业务的，应当以显著方式区分标记自营业务和平台内经营者开展的业务，不得误导消费者	第37条
连带责任、相应责任④	电子商务平台经营者知道或者应当知道平台内经营者销售的商品或者提供的服务不符合保障人身、财产安全的要求，或者有其他侵害消费者合法权益行为，未采取必要措施的，依法与该平台内经营者承担连带责任。 对关系消费者生命健康的商品或者服务，电子商务平台经营者对平台内经营者的资质资格未尽到审核义务，或者对消费者未尽到安全保障义务，造成消费者损害的，依法承担相应的责任	第38条

① 《电子商务法》第80条规定了相关的罚则，包括责令限期改正、罚款、责令停业整顿等。

② 《电子商务法》第81条规定了相关的罚则，包括责令限期改正、罚款等。

③ 《电子商务法》第82条规定了相关的罚则，包括责令限期改正、罚款等。

④ 《电子商务法》第83条规定了相关的罚则，包括责令限期改正、责令停业整顿、罚款等。

续表

核心内容	具体权利、义务的表述	具体条款
信用评价	电子商务平台经营者应当建立健全信用评价制度，公示信用评价规则，为消费者提供对平台内销售的商品或者提供的服务进行评价的途径。 电子商务平台经营者不得删除消费者对其平台内销售的商品或者提供的服务的评价	第 39 条
竞价排名的广告标注①	电子商务平台经营者应当根据商品或者服务的价格、销量、信用等以多种方式向消费者显示商品或者服务的搜索结果；对于竞价排名的商品或者服务，应当显著标明“广告”	第 40 条
知识产权保护规则	电子商务平台经营者应当建立知识产权保护规则，与知识产权权利人加强合作，依法保护知识产权	第 41 条
通知—删除—反声明—终止等	知识产权权利人认为其知识产权受到侵害的，有权通知电子商务平台经营者采取删除、屏蔽、断开链接、终止交易和服务等必要措施。通知应当包括构成侵权的初步证据。 电子商务平台经营者接到通知后，应当及时采取必要措施，并将该通知转送平台内经营者；未及时采取必要措施的，对损害的扩大部分与平台内经营者承担连带责任②	第 42 条第 1、2 款
	平台内经营者接到转送的通知后，可以向电子商务平台经营者提交不存在侵权行为的声明。声明应当包括不存在侵权行为的初步证据。 电子商务平台经营者接到声明后，应当将该声明转送发出通知的知识产权权利人，并告知其可以向有关主管部门投诉或者向人民法院起诉。电子商务平台经营者在转送声明到达知识产权权利人后 15 日内，未收到权利人已经投诉或者起诉通知的，应当及时终止所采取的措施	第 43 条
	电子商务平台经营者应当及时公示收到的通知、声明及处理结果。	第 44 条
知识产权侵权责任③	电子商务平台经营者知道或者应当知道平台内经营者侵犯知识产权的，应当采取删除、屏蔽、断开链接、终止交易和服务等必要措施；未采取必要措施的，与侵权人承担连带责任	第 45 条
合规经营等	除本法第 9 条第 2 款规定的服务外，电子商务平台经营者可以按照平台服务协议和交易规则，为经营者之间的电子商务提供仓储、物流、支付结算、交收等服务。电子商务平台经营者为经营者之间的电子商务提供服务，应当遵守法律、行政法规和国家有关规定，不得采取集中竞价、做市商等集中交易方式进行交易，不得进行标准化合约交易	第 46 条

① 《电子商务法》第 81 条第 2 款规定，对竞价排名的商品或者服务未显著标明“广告”的，依照《中华人民共和国广告法》的规定处罚。

②③ 《电子商务法》第 84 条规定了相关的罚则，包括责令限期改正、罚款等。

（二）关于电子商务平台经营者的特殊法律问题

对于电子商务平台经营者的权利、义务，实践中还存在一些不同的理解，也产生了有影响力的案例。下面择其要者进行说明。

“身份核验与登记”“身份信息和纳税报送”是电子商务平台经营者所要承担的基本义务，是国家建立对电子商务有效监管的需要。前者表明，电子商务平台经营者必须通过核验的方式保证电子商务经营者提供的身份、地址、联系方式、行政许可等信息是真实的，建立登记档案，并定期核验更新。这相当于一种实质审查义务，而且是持续审查的义务。后者表明，电子商务平台经营者应当依法向有关部门报送数据，主要包括平台内经营者的身份信息、与纳税有关的信息。这一义务不是无限的，电子商务平台经营者只是在配合有关部门履行职责所必需的范围内承担相应的数据提供义务。懈怠以上两种义务的，电子商务平台经营者可能要承担相应的民事责任和行政责任。实践中，我国法院确认，对电子商务平台经营者主张民事责任的，实现“谁主张，谁举证”的证明责任分配规则。

【案例 3－5】

徐××与张××、淘宝公司网络购物合同纠纷案①

徐××在淘宝平台上购买张××销售的“花花公子品牌”产品，发现后者销售的是假冒花花公子品牌的伪劣产品，向淘宝公司四次举报。举报效果不好，后来徐××将此事诉诸法院，其中请求判令淘宝公司全部承担连带清偿责任。淘宝公司辩称，自己已尽法定相关义务，无须承担任何责任。一审法院判决驳回徐××针对淘宝公司的诉讼请求。徐××就此上诉。二审法院经审理后认为，“根据《中华人民共和国电子商务法》第二十七条、第二十八条规定，淘宝公司负有要求平台内电子商务经营者提交身份信息，并向市场管理部门和税务部门报送的义务。本案中，徐××提交的证据不足以证实淘宝公司拒绝向其提交涉案产品交易的经营者的真实姓名、地址和有效联系方式，徐××以淘宝公司未向其披露经营者身份信息为由，主张淘宝公司承担误工费缺乏事实和法律依据，原审驳回其该项请求并无不当。关于恢复网页交易评价信息请求。根据现有证据不足以认定淘宝公司存在屏蔽或删除徐××购买涉案产品的订单评价信息行为，况且在张××经营的涉案网店已经关闭的情况下，徐××要求淘宝公司在平台上恢复该网店交易信息，明显不合理，本院不予支持”。

服务协议和交易规则的修改是《电子商务法》第 34 条作出的新制度安排。它同第 32、33 条所规定的服务协议和交易规则的制定、服务协议和交易规则的公示

① 参见广州互联网法院（2019）粤 0192 民初 2490 号民事判决书，广东省广州市中级人民法院（2019）粤 01 民终 23065 号民事判决书。

相承接，但在制度创新程度上有着明显不同。“服务协议和交易规则的修改”条款属于针对单方变更合同问题进行的全新的规制结构安排：(1) 以法律的形式事实性地赋予平台单方变更合同条款的权利，是以立法形式对平台服务协议双方当事人的权利作出的倾斜性配置。(2) 赋予相对方单方解除权，当相对方在格式合同的变更中遭受不公平待遇时，为相对方提供自由、无成本的退出途径就成为保护相对方权益的最后屏障，即赋予了相对方不接受修改内容时的单方解除合同的权利；(3) 设置意见征集与先期公示制度，即“平台单方修改平台服务协议时，负有公开征求意见和先期告知的义务”，“公开征求意见应该在平台首页的显著位置，并需通过合理措施确保有关各方能够及时充分发表见解”，“修改内容的先期公示则不应少于7日”①。诚然，有关平台单方变更合同的制度仍存在缺陷，有学者提出了“单方解除权难以落地”“征求意见与先期公示徒具形式”“特别提示义务消失”等方面的担心。②

“自营业务的区分标记”是《电子商务法》针对电子商务平台经营者开展自营业务设定的专门义务，即必须以显著方式标明其自营业务，以此同平台内经营者的业务予以区分。如果相关的标记不够清楚，导致消费者误认的，电子商务平台经营者应当承担商品销售者或服务提供者的法律责任。在这里，关于“自营”的含义不能作狭隘的、机械的理解。如果作为电子商务平台经营者的法人单位或其作为商业整体意义上的总公司、分公司、子公司或关联公司从事营业活动的，就可以认为属于“自营”的范围。

【案例 3-6】

肖×与京东公司侵害作品信息网络传播权纠纷案③

微博账号“肖×怕睡觉”的账号信息显示真实姓名为肖×，该微博账号于2015年11月4日及2016年1月12日发布了自己创作的2幅漫画作品。2018年6月25日，河南省许昌市汉魏公证处应肖×的申请，出具（2018）豫许魏证内民字第1091号公证书，记载：“在360浏览器地址栏输入网址www.JD.com进行链接进入京东商城，搜索运动伙伴专营店，进入店铺进行浏览，页面显示：(1) 运动伙伴专营店系京东自营店铺；(2) 店铺中有运动伙伴公路板四轮滑板舞板速降板长板双翘舞板柠檬商品在售；(3) 商品详情中显示其中一款滑板上使用的图案为涉案2幅漫画作品合成后的图片。”另外经查，京东商城的备案网站经营者为京东公司。肖×以京

① 王红霞、孙寒宁：《电子商务平台单方变更合同的法律规制——兼论〈电子商务法〉第34条之局限》，载《湖南大学学报（社会科学版）》，2019（1），137-144页。

② 参见上文。

③ 参见北京互联网法院（2019）京0491民初22186号民事判决书，北京知识产权法院（2019）京73民终3440号民事判决书。

东公司侵犯作品署名权、修改权、信息网络传播权、复制权等为由，诉至法院。京东公司辩称的理由之一是："我司为电子商务平台经营者，并不从事涉案商品的销售，不是涉案商品的销售者，不是本案的适格被告。涉案商品系由京东世纪公司从广州亿动公司处采购，由京东世纪公司的各个子公司通过涉案店铺在全国各区域销售，各个子公司身份已经在京东平台上依法进行了公示。"一审法院经审理后认为：涉案店铺为京东自营店铺，虽然根据京东公司主张自营店铺由其自营商品经营者经营，并且在网页下方公示了自营商品经营者资质信息，但该公示系按照地域区域划分，列明所有的自营商品经营者，无法确定涉案商品具体由哪一公司经营，且《电子商务法》第 37 条明确规定，电子商务平台经营者对其标记为自营的业务依法承担商品销售者或者服务提供者的民事责任，故对京东公司该答辩意见不予采纳。遂判决京东公司赔偿经济损失。后来京东公司提起上诉，二审法院维持原判。

在该案中，京东世纪公司与京东公司的关系就是有关联的商业体。

电子商务平台经营者对于平台内的违法交易行为等是否承担责任，以及承担何种责任，是《电子商务法》立法中存在基本利益博弈和重大认识分歧的问题。《电子商务法（草案三审稿）》第 37 条第 2 款曾经作出最初规定："对关系消费者生命健康的商品或者服务，电子商务平台经营者对平台内经营者的资质资格未尽到审核义务，或者对消费者未尽到安全保障义务，造成消费者损害的，依法与该平台内经营者承担连带责任。"此条款一出台就遭到质疑和反对，认为给平台经营者施加的责任过重，将不利于电子商务的发展。鉴于反对声音，《电子商务法（草案四审稿）》第 37 条第 2 款不再规定"连带责任"，改为规定"承担相应的补充责任"。但是也有反对观点认为，该改动将减轻平台经营者的责任，减损消费者权益。① 最终在平衡电子商务平台责任承担和消费者权利保护后，形成了《电子商务法》第 38 条第 2 款"相应的责任"规定。② 这样一来，电子商务平台经营者的责任就分为两种：一是有证据证明电子商务平台经营者"知道或应当知道"平台内经营者所销售的商品或提供的服务侵害消费者合法权益，且未采取必要措施的，则其承担连带责任（《电子商务法》第 38 条第 1 款）；二是电子商务平台经营者因不作为而承担相应的责任（《电子商务法》第 38 条第 2 款）。后者主要是针对涉及消费者生命、健康的商品或服务，电子商务平台经营者未对平台内经营者的资质资格进行审查或未对消费者尽到安全保障义务而造成损害的情况。目前相关法律已有规定的情形包括两种：（1）根据《食品安全法》第 131 条第 1 款、《广告法》第 56 条第 2 款等的规定，由电子商务平台经营者承担连带责任；（2）依照《消费者权益保护法》第 44 条的规定，由电子商务平台经营者承担垫付责任、先行赔付责任或履行承诺等责任。在这里，"相应的责任"可以交由司法解释或者行政法规予以进一步明确。此

① 参见王道发：《电子商务平台经营者安保责任研究》，载《中国法学》，2019（6），290 页。
② 参见上文，282 页。

外需要特别指出的是，如果实践中出现了适用《电子商务法》第 38 条同其他法律的细节冲突，要按照上位法优于下位法、特别法优于普通法的原则进行处理。

【案例 3－7】

京东公司与王××买卖合同纠纷案①

2017 年 2 月 8 日，有点公司在京东公司经营的网上购物商城发布以单价 1 500 元/台销售联想 ThinkPadp50s 移动图形工作站 15.6 英寸笔记本电脑销售信息。王××当日通过京东公司网上购物商城与有点公司签订该型号笔记本电脑产品网上订单购物合同。该合同约定，王××向有点公司付清货款 1 500 元后，有点公司负责将所购货物以普通快递形式送货至大连市沙河口区香西路××号 702。王××按约付清 1 500 元货款，有点公司以网上售价标注错误设错库存为由，未如期将案涉产品送达约定收货地点，王××一直未收到货物。其间，有点公司曾请求退回货款并按订单金额的 30%赔偿王××的经济损失，王××拒绝。

一审法院经审理后认为，有点公司以网上售价价格标注错误为由拒绝发货系违约行为，不应追究其为缔约过失责任，应追究其违约责任，有点公司应承担因违约给王××造成的重新购置案涉商品的实际损失，京东公司承担连带清偿责任。

京东公司不服，提起上诉。其主要理由是，“电子商务平台经营者不参与买卖双方交易。发生纠纷后，京东公司已责令商家退还货款，并要求商家按合同金额 30%赔偿，采取了必要措施，无据判令京东公司承担连带责任”。二审法院仅就京东公司应否承担连带责任进行审理，并出如下判断：(1)《合同法》第 113 条并未规定电子商务平台经营者的连带责任，仅是规范产品销售方的责任，不能成为判令京东公司承担连带责任的依据。(2) 依照《消费者权益保护法》第 44 条之规定，网络交易平台提供者不能提供销售者或者服务者的真实名称、地址和有效联系方式的，消费者也可以向网络交易平台提供者要求赔偿；网络交易平台提供者明知或者应知销售者或者服务者利用其平台侵害消费者合法权益，未采取必要措施的，依法与该销售者或者服务者承担连带责任。本案中京东公司履行了“提供销售者相关信息”的义务，且无据认定“有点公司利用平台侵害王××的合法权益”，不符合该条法律规定规范的网络交易平台提供者承担责任的情形。(3) 依照《电子商务法》第 38 条，电子商务平台经营者知道或者应当知道平台内经营者销售的商品或者提供的服务不符合保障人身、财产安全的要求，或者有其他侵害消费者合法权益的行为，未采取必要措施的，依法与该平台内经营者承担连带责任。本案中并未发生侵权行为，仅是有点公司未履行合同义务，不符合该条法律规定规范的电子商务平台

① 参见辽宁省大连市沙河口区人民法院（2017）辽 0204 民初 4204 号民事判决书，辽宁省大连市中级人民法院（2019）辽 02 民终 2521 号民事判决书。

经营者承担连带责任的情形。综合上述分析，无据认定京东公司对判项第一项确认债务承担连带责任。遂撤销并改判驳回王××该项诉请。

该案发生在《电子商务法》颁行前后，涉及依据《电子商务法》与《合同法》、《消费者权益保护法》确认电子商务平台经营者是否承担连带责任的问题。一审、二审法院之所以作出不一致的判断，主要原因在于对于认定承担连带责任的前提事实——“知道或应当知道”发生了何种性质的行为（即是否限定于侵权行为）认识不一。把握到其中的微妙差异，对于加深对《电子商务法》第 38 条第 1 款的理解具有重要意义。

【案例 3－8】

蔡×与淘宝公司产品责任纠纷案①

2018 年 11 月 14 日蔡×通过网络平台在店名为“小微欧洲购”的店铺里购买了“Gucci”男包手包一个。同月 27 日，蔡×收到该包后，认为该包非正品，于同月 30 日拨打淘宝客服电话，此后多次发起退款，但多次卖家同意退款，多次因蔡×退货超时导致退款关闭。另查明，“小微欧洲购”的店铺在淘宝网注册为企业店铺，并已上传企业营业执照，企业名称为沈阳市金谷实食品厂，经营范围为“五谷杂粮制品加工；批发；零售（依法须经批准项目。经相关部门批准后方可开展经营活动)”。后蔡×将淘宝公司诉至法院，要求其承担赔偿责任。一审法院经审理认为，“淘宝公司作为电子商务平台经营者，为买卖双方提供交易平台，且已登记卖方真实、地址和有效联系方式并向买方公开该信息，蔡×在通过交易平台自主与卖方达成买卖合意，收到货物支付价款后，因货物质量而产生的纠纷，蔡×应向卖方主张权利；现蔡×仅向淘宝公司主张权利，且蔡×未提供证据证明淘宝公司存在《中华人民共和国电子商务法》第三十八条所述违法行为，故驳回全部诉讼请求”。蔡×上诉称，淘宝公司应当知道淘宝卖家侵害消费者合法权益，因为“该店铺在淘宝网上销售欧洲代购的包，明显与其执照的经营范围不符”。二审法院经审理后认为，蔡×并无证据证明其购买的“Gucci”男包手包非正品；并无证据证明淘宝公司存在《电子商务法》第 38 条所述违法行为。故淘宝公司不应承担赔偿责任。

这一份二审判决实际上表明，上诉人所称的“该店铺在淘宝网上销售欧洲代购的包，明显与其执照的经营范围不符”不足以证明电子商务平台经营者“应当知道”发生了侵害消费者合法权益的行为。这也表明，对此处有关“应当知道”的概念不能作无限制的扩大解释。

① 参见湖北省武汉市硚口区人民法院（2019）鄂 0104 民初 230 号民事判决书，湖北省武汉市中级人民法院（2019）鄂 01 民终 7131 号民事判决书。

【案例 3-9】

徐××与李××、亿心公司、平安财险、华泰财险机动车交通事故责任纠纷案[①]

李××系亿心公司的合作返城拼车司机。2014 年 1 月 25 日 1 时 59 分，李××驾驶肇事车辆与梁××驾驶的小客车、乔××驾驶的停在事故地点的小客车发生交通事故，造成三车损坏，李××及肇事车辆内乘车人徐××受伤。经交警认定，李××负事故的全部责任，梁××、乔××无责任。徐××诉至法院，要求李××、亿心公司、平安财险、华泰财险赔偿医疗费、误工费、伤残赔偿金、被抚养人生活费和精神损害抚慰金等费用。二审法院经审理后认为，亿心公司作为网络交易平台提供者，未能尽到审核、管理之义务，属于应知服务者利用其平台侵害消费者合法权益，未采取必要措施。遂结合对亿心公司与李××之间的法律关系，亿心公司的义务范围、过错程度以及其过错与本次交通事故之关联性等因素的分析，从价值判断及利益衡平的角度出发，判令亿心公司与李××对本次交通事故所造成徐××之各项损失承担连带赔偿责任。

该案是在《电子商务法》颁行前发生的。其判决结果表明："在网络平台为代驾司机提供代驾结束后的返程拼车（顺风车）服务中，拼车车主驾驶的自有车辆不符合安全上路条件且网络平台未尽审核义务，由于拼车车主全责产生交通事故导致作为乘车人的代驾司机受损。拼车车主使用套牌车辆进行返城拼车（顺风车）服务，本身属于违法行为且增加了运营风险，网络平台未尽审核、管理之义务，侵害了网络平台使用者代驾司机（乘车人）作为消费者的合法权益。依据《消费者权益保护法》第四十四条第二款，网络平台应与拼车车主对受害人之损失承担连带赔偿责任。"[②] 现在看来，该案的裁判要旨对于今天理解《电子商务法》第 38 条第 2 款具有重要的参考价值。

【案例 3-10】

何××诉密境和风公司网络侵权责任纠纷案[③]

何××之子吴×宁号称国内高空挑战"第一人"，在其极限运动生涯中，成功挑战过武汉、南京、重庆、长沙等地的高楼和大桥。花椒平台为密境和风公司旗下的视频直播平台。2017 年 7 月 25 日，吴×宁注册了花椒账号，并上传危险动作视频至

① 参见北京市朝阳区人民法院（2014）朝民初字第 27695 号民事判决书，北京市第三中级人民法院（2015）三中民终字第 04810 号民事判决书。

② 《人民司法·案例》，2018（29）。

③ 参见北京互联网法院（2018）京 0491 民初字第 2386 号民事判决书。

花椒平台。粉丝给吴×宁的打赏收益由花椒平台与吴×宁按照比例进行分成。同年11月8日，吴×宁在攀爬长沙华远国际中心大楼拍摄危险动作视频时不慎坠落，其后身亡。此后，何××将密境和风公司诉至法院，要求赔偿损失、赔礼道歉。

本案的争议焦点是：第一，网络服务提供者是否需要对网络用户承担安全保障义务；第二，被告是否构成侵权；第三，若构成侵权，被告承担具体责任如何认定。最终法院依据《侵权责任法》第3条和《电子商务法》第38条，认定被告作为网络服务的提供者和管理者，对吴×宁负有安全保障义务；并判决被告因就其未对吴×宁尽到安全保障义务而对吴×宁的坠亡承担相应的赔偿责任。同时，法院也认定，吴×宁本人对其死亡承担最主要的责任，被告对吴×宁的死亡所承担的责任是轻微的。

我国有学者评价，该案的处理“在一定程度上反映了司法审判中关于网络平台上涉及安全保障义务保护对象界定问题的基本立场”；“其比较明显的不足是，未充分注意到《电子商务法》第38条规定的权利主体的特殊性”①。

“通知—删除—反声明—终止等”的知识产权侵权认定处理机制，是《电子商务法》第42、43条针对电子商务中知识产权保护设定的规则系统，包括通知内容、平台措施、未采取措施、转通知、错误通知或恶意错误通知、经营者声明、转送声明、终止措施等基本环节（参见表3-3）。其中，知识产权权利人进行通知时，有提供“包括构成侵权的初步证据”的要求；电子商务平台经营者可以采取的必要措施包括“删除、屏蔽、断开链接、终止交易和服务等”；电子商务平台经营者接到通知后，除了有条件地采取必要措施，还有义务将该通知转发平台内经营者；平台内经营者接到转送的通知后，可以提交不存在侵权的声明/反通知及提供初步证据；电子商务平台经营者对有关声明进行转送；权利人在15天的选择期内不寻求救济的，电子商务平台经营者应当及时终止所采取的措施。这一过程可以被理解为知识产权权利人、电子商务平台经营者、平台内经营者之间关于知识产权侵权投诉的互动机制。其创新的元素是“反通知”和“15天选择期”，充分“考虑了各方主体之间利益平衡的需要”②。

表3-3　电子商务中知识产权保护机制分解

环节序号	环节内容	环节要求
1	通知内容	构成侵权的初步证据
2	平台措施	删除、屏蔽、断开链接、终止交易和服务等
3	未采取措施	承担连带责任
4	转通知	将通知转送平台内经营者

① 王道发：《电子商务平台经营者安保责任研究》，载《中国法学》，2019（6），284页。

② 刘晓春：《〈电子商务法〉知识产权通知删除制度的反思与完善》，载《中国社会科学院研究生院学报》，2019（2），125页。

续表

环节序号	环节内容	环节要求
5	错误通知；恶意错误通知	承担民事责任；加倍承担赔偿责任
6	反通知/经营者声明	不存在侵权行为的初步证据
7	转送声明	告知向有关主管部门投诉或向人民法院起诉
8	终止措施	转送声明送达后 15 日内，未收到权利人已经投诉或起诉通知的，及时终止所采取的措施

【案例 3－11】

凡迈公司与淘宝公司、万家红百货店侵害商标权纠纷案①

“DEPURDENT”商标的所有权人是 DR. WILD&CO. AG（瑞士怀尔德公司），凡迈公司取得“DEPURDENT”商标在中国地区的独占许可使用权。凡迈公司进行市场调查时，发现万家红百货店在淘宝平台开设的店铺在销售“怀尔德抛光去渍”牙膏，该牙膏的外包装上擅自使用了“DEPURDENT”商标。凡迈公司认为，万家红百货店未经授权，销售侵犯其注册商标独占许可使用权的产品，构成对其注册商标独占许可使用权的侵害；淘宝公司为该侵权行为提供了平台和便利条件，构成了帮助侵权。凡迈公司便诉至法院。该案的争议问题之一是淘宝公司是否应当承担赔偿责任。法院经审理后认为：淘宝公司作为电子商务平台的经营者，仅对电子商务经营者销售的商品或者提供的服务是否符合保障人身、财产安全，环境保护要求及是否属于法律、行政法规禁止交易的商品或者服务等有关人身安全、社会公众利益的事项负有审查义务，而对平台内经营者的商品是否侵犯商标权，不负有事先进行主动审查、监控的义务。在凡迈公司向淘宝公司投诉后，后者已经采取断开侵权被控侵权产品链接的必要措施，尽到阻止侵权行为继续发生的义务。因此，淘宝公司对其平台内经营者销售侵权产品的行为不承担侵权责任。

最终，法院根据《电子商务法》第 42 条等法律法规作出了判决。判决书中，确认淘宝公司作为电子商务平台经营者的法定义务是“采取删除、屏蔽、断开链接、终止交易和服务等必要措施”。

【案例 3－12】

纳通公司与圣洁美仪器厂、阿里广告公司侵害外观设计专利权纠纷案②

纳通公司于 2017 年 11 月 3 日获得名称为水光机的外观设计专利的授权。纳通

① 参见陕西省咸阳市中级人民法院（2019）陕 04 民初 205 号民事判决书。

② 参见江苏省南京市中级人民法院（2018）苏 01 民初 2129 号民事判决书，江苏省高级人民法院（2019）苏民终 641 号民事判决书。

公司经调查发现，圣洁美仪器厂生产的相关产品侵犯了上述权利；且在阿里广告公司平台大量销售。纳通公司对侵权行为进行证据保全公证后，诉至法院。

该案的争议事实之一为，阿里广告公司是否存在销售、许诺销售侵权行为及责任承担问题。一审法院经审理后认为，“鉴于原告提供的证据并不能证实阿里广告公司参与了涉案商品的销售或许诺销售，且判令圣洁美仪器厂停止侵权已足以制止涉案侵权行为，故对于判令阿里广告公司立即停止销售、许诺销售被控侵权产品的诉讼请求不予支持”。

纳通公司上诉称，“涉案被控侵权产品在阿里巴巴平台上展示、销售，且一审判决后仍有类似侵权产品在阿里巴巴平台上销售，故阿里广告公司构成销售及许诺销售侵权行为”；并要求判令阿里广告公司立即停止销售、许诺禁止销售被控侵权产品。二审法院经审理后认为，“阿里巴巴网站系为交易双方或多方提供网络经营场所、交易撮合、信息发布等服务，供交易双方或多方独立开展交易活动的电子商务平台，其本身并不从事任何销售活动。此外，根据《中华人民共和国电子商务法》的相关规定，在电子商务中发生侵害知识产权问题时，电子商务平台经营者仅承担通知及采取删除、屏蔽、断开链接、终止交易和服务等必要措施的责任。除非知道或应当知道发生侵权行为而未采取必要措施，才需要与侵权人承担连带责任”。

在该案中，二审法院以“纳通公司并未提供证据证明阿里广告公司知道或应当知道圣洁美仪器厂或其他商家在其电商平台上销售的是侵权产品”，维持了原判。该案反映出电子商务平台经营者承担连带责任的前提是“未采取必要措施”，且承担连带责任的范围是“损害的扩大部分”。

需要特别指出的是，《电子商务法》第 42 条第 3 款还规定了防止错误投诉，特别是恶意投诉的问题。该款规定：“因通知错误造成平台内经营者损害的，依法承担民事责任。恶意发出错误通知，造成平台内经营者损失的，加倍承担赔偿责任。”这说明，知识产权侵权认定处理机制是一把双刃剑，要避免被恶意利用，进而破坏正常的竞争秩序。

【案例 3－13】

王×与江×、淘宝公司不正当竞争纠纷案①

江×伪造商标权人安德阿镆有限公司（Under Armour，INC.）的签章，假冒该公司名义，通过阿里巴巴知识产权保护平台，以王×经营的网店销售假冒“Under Armour/安德玛”商品为由进行投诉。淘宝公司据此判定王×售假，删除了涉

① 参见杭州铁路运输法院（2018）浙 8601 民初 868 号民事判决书。有关案情介绍和评价，同时参照浙江省高级人民法院官网上的介绍：“王某与江×、浙江淘宝网络有限公司不正当竞争纠纷案”，载 http：//www.zjsfgkw.cn/art/2020/4/10/art_80_20276.html，最后访问日期：2020－12－24。

案商品链接，并于2017年3月14日对其淘宝店铺进行了降权处罚。王×经营的网店2017年2月的销售额为11 708 823.1元，3月的为8 434 433.99元，4月的下降至4 820 346.72元，此后一直未恢复至降权前的销售额。王×向杭州铁路运输法院（杭州互联网法院）提起诉讼，认为江×恶意投诉，构成不正当竞争；请求法院判令江×赔偿其因商品链接被删而造成的经济损失800万元及合理费用3万元。

法院经审理认为：江×作为同业竞争者理应尊重他人的合法权益，诚信经营，但其明知自己不具有投诉资格且不能证明被投诉产品侵权，却通过变造权利凭证并假冒权利人名义的方式对王×进行恶意投诉。其行为违反了诚实信用原则和公认的商业道德，损害了王×的正当商业利益，对这种恶意投诉行为应予及时制止、依法严惩。最终判决：江×赔偿王×经济损失210万元。

此案被称为"电子商务法实施后的首例恶意投诉案"。浙江省高级人民法院发布该案时，指出其裁判要旨是"投诉人通过变造权利凭证、伪造商标权人签章等方式，恶意投诉他人网店售假的，构成不正当竞争行为。被投诉网店在相关商品被删除或被采取处罚措施后的销售额下降幅度，应当作为确定损害赔偿数额的重要考量因素"。

四、电子合同当事人

我国《电子商务法》对于一个重要主体——电子商务消费者并未作出明文规定。但是，从实践来看，符合什么样条件的人是合格的电子商务消费者，即其能签署电子商务合同并进行相应的法律行为？要回答这一问题，要归入电子合同当事人的概念内并依据《民法典》等法律，甚至法理进行考量。这一部分的讨论暂时不限于电子商务合同，而拓展至电子合同的范围，阐述判断电子合同当事人资格时的特殊问题。

（一）身份虚拟与冒用

合同因双方当事人意思表示一致而成立。然而，由于电子交易的匿名性特征，许多当事人是以虚拟的身份出现的。换言之，行为人进入网站以后登录的身份往往与真实的身份不符。在此情况下，能否以合同当事人不存在为由宣告合同不成立呢？这涉及如何准确地认定电子合同当事人的问题。

笔者认为，对此应当区分两种情况：一是以纯粹虚拟的身份进行交易，也就是说，客户登录的姓名与密码都是虚假的，登录的资料和信息完全是虚构的。在此情况下，首先应当查明是谁虚拟了该当事人。如果能够查明，则可以认为该当事人以化名进行交易，其进行交易的意思表示是真实的；但是如果不能发现交易对象是谁，则只能认为该合同因仅具有一方当事人而无法成立。二是完全假冒他人的名义从事交易，也就是说当事人用他人的姓名与密码登录并从事了交易，登录的资料和信息是真实的。在此情况下，另一方当事人可以根据无权代理的规定行使催告权和撤销权。如果在催告本人或法定代理人以后，本人、法定代理人拒绝追认的，则该合同无效；如果本人、法定代理人承认的，则该合同有效。

对于第二种情况，实践中经常衍生出“未成年人（即无民事行为能力人或者限制民事行为能力的人）超越其智力、精神健康状况与电子商务经营者签署合同的效力如何认定”的难题。一种观点认为，应当顾及网络交易的特性，承认未成年人与网上商家所订合同之效力，因为动辄“否定网上商家与未成年人所订合同的效力，必定会挫伤商家开展电子商务的信心”[①]。另一种观点认为：身份的不能判断或者判断错误并不能导致该合同效力的特殊性，关于未成年人网上订约问题仍然应当适用我国现行法律规范的相关规定。具体来说，将未成年人所订之合同区分为纯获利益的合同，与其年龄、智力、精神健康状况相适应的合同以及其他合同这三种类型。因此，对于未成年人网上所订之合同也应当作同样的分类。

【案例 3－14】

儿童签订电子商务合同纠纷案

一名 11 岁男孩在购物网站以其父亲的身份证号码进行注册并订购了一台小型打印机。当打印机送到其家时，孩子的家长拒绝接受，双方为此发生争议。那么，孩童假借其父的名义网上购物，所订合同有无法律效力？

从学理来看，限制民事行为能力人订立的纯获利益的合同以及与其年龄、智力、精神健康状况相适应的合同是绝对有效的；其订立的其他合同则属于效力待定的合同，即只有经过其法定代理人的同意、追认合同才能生效。对于这一点，人们可以结合《民法典》第 19 条[②]的规定加深理解。在 2020 年最高人民法院出台的《关于依法妥善审理涉新冠肺炎疫情民事案件若干问题的指导意见（二）》[③]，也有类似的理解。在特殊情况下，如果未成年人在网上订约时实施了欺诈行为，并以欺诈引导网上商家与其订立了合同，那么是否可以从交易安全和相对人的信赖利益出发将该合同认定为有效合同？这会引起实践中严重对立的观点之争，因为此种情况下毕竟网上商家在订约过程中已经尽到了善意且谨慎的义务。

《电子商务法》第 48 条第 2 款规定：“在电子商务中推定当事人具有相应的民事行为能力。但是，有相反证据足以推翻的除外。”这是我国建立的关于电子商务

① 参见刘满达：《电子交易法研究》，23 页，北京，知识产权出版社，2004。

② 该条规定：“八周岁以上的未成年人为限制民事行为能力人，实施民事法律行为由其法定代理人代理或者经其法定代理人同意、追认；但是，可以独立实施纯获利益的民事法律行为或者与其年龄、智力相适应的民事法律行为。”

③ 该指导意见第 9 条明确规定：“限制民事行为能力人未经其监护人同意，参与网络付费游戏或者网络直播平台‘打赏’等方式支出与其年龄、智力不相适应的款项，监护人请求网络服务提供者返还该款项的，人民法院应予支持。”

当事人的民事行为能力的推定规则。它有利于保障交易安全与善意相对人的利益，有利于维护电子商务合同的有效性，有利于防止未成年人的法定代理人逃脱、逃避监护责任。当然，这一推定可以由未成年人的法定代理人举证推翻。今后我国应当鼓励电子商务经营者主动地采取身份认证技术（如人脸识别技术）、视频对话技术、实名制等方式进行辅助判断。

（二）自动交易系统

《电子商务法》规定了“自动信息系统”，它指的是“按照事先设定的程序指令、算法、运行参数与条件，在无自然人确认或者干预的情况下，交易双方为了订立或者履行合同进行信息互动的计算机信息系统”①。关于这一概念《国际合同使用电子通信公约》中使用的表述是“自动电文系统”，学术上也喜欢用“电子代理人”的表述。所谓“电子代理人”，是指“不需要人的审查或操作，而能独立地发出、回应电子记录，以及部分或全部地履行合同的计算机程序、电子的或其他自动化手段”②。从构成上看，它是具有自动化功能的软件、硬件或其结合；从其商业用途来看，它可用于搜索某一商品或服务的价格，完成在线买卖，或对交易发出授权，故将之形容为“人造商人”似乎更形象。

即便使用“电子代理人”的概念，也不意味着它是《民法典》第七章规定的代理人，而应当将其看作是当事人进行意思表示的工具，因为当事人只是事先将其意思通过一定的程序输入机器中，从而使机器可以按照当事人的要求作出相应的动作。作为一种执行人的意思的、智能化的交易工具，“自动信息系统”与民法上的代理人存在的区别如表 3 - 4 所示。③

表 3 - 4　　“自动信息系统”与民法上代理人的区别

差异点	差异内容
民事能力的不同	“自动信息系统”不具有主体资格，没有民事权利能力，其民事行为能力更是无从谈起
	民法上的代理人必须具有民事权利能力，而且一般是具有完全民事行为能力的自然人或者法人
意思表达能力的不同	“自动信息系统”没有独立思维的能力，不能独立为意思表达，而是完全按照当事人预先设定的程序对特定行为作出反应
	民法上的代理人有独立的意思表达能力，从事民事法律行为时代理人虽以本人名义且为本人利益计算，但为意思表示不受本人的约束
人格方面的不同	“自动信息系统”没有人格，其作出的反应即为当事人作出的意思表示
	民法上的代理人有独立的人格，其人格与本人的人格均是独立的，代理人的行为效果基于法律上的规定而归属于本人

① 电子商务法起草组编著：《中华人民共和国电子商务法条文释义》，144 页，北京，法律出版社，2019。

② 美国《统一电子交易法》第 2 条第 6 项。

③ 当然，学术界对此有争议。如有学者认为代理人可以是限制民事行为能力人或无民事行为能力人，但必须具有民事权利能力。

法学界曾经有一种担心“自动信息系统”的观点，认为电脑作出的表示并不能完全真实地反映订约者的意思，因为计算机可以自动读取数据内容并自动对数据文件进行回复，甚至EDI交易的整个过程都不需要人工的介入。① 而且电子交易过程也容易受到设备故障以及外来因素的影响，导致信息的完整性受到损害，所以采用电子方式订立合同不能完全真实地反映交易双方的真实意思。《电子商务法》对此观点作了否定的处理，其第48条第1款明确规定“电子商务当事人使用自动信息系统订立或者履行合同的行为对使用该系统的当事人具有法律效力”。这反映了立法的与时俱进，也符合当前自动信息系统的可信水平。例如，基于区块链技术开发出的分布式自动信息系统（即所谓的智能合同系统），就被认为具有保障交易安全、防止信息篡改、反欺诈等突出优势。又如，日常生活中一种“自动信息系统”——自动售货机得到普遍运用和认可，人们很少对自动售货机的法律后果产生疑虑。

【案例3-15】

周×与万协云商公司、万商科技公司、高××合同纠纷案②

“牛BUY”网站系万协云商公司管理运营的电子商务平台网站。2016年12月16日，周×以“铜都线条”为注册名，通过点击“同意”的方式在“牛BUY”电子商务平台网站注册成为互联商户。万协云商公司提供的合同编号为20161216000000701号的互联网协议约定：甲方为“铜都线条”，负责人周×，乙方为万协云商公司；甲方是指点击“同意”按钮、成为本协议一方的一家互联商户；当甲方按照乙方页面提示信息阅读并同意本协议后，即视为甲方已充分阅读、理解并接受本协议的全部内容，并与乙方达成一致，成为乙方的“互联商户”；本协议在履行过程中产生的任何争议，双方协商解决，协商不成的应向厦门仲裁委员会提起仲裁。万协云商公司提供的网站管理页面截图显示，“铜都线条”在“牛BUY”平台上仍为“同意互联”状态。

2020年8月，周×以万协云商公司等涉嫌利用牛BUY平台进行欺诈为由，诉求法院。本案的争议问题之一是，双方关于协议履行的争议是否一定要向厦门仲裁委员会提起仲裁。这涉及使用自动信息系统订立的互联网协议的效力问题。一审法院经审理后认为：《电子商务法》第48条规定，电子商务当事人使用自动信息系统订立或者履行合同的行为对使用该系统的当事人具有法律效力。周×和万协云商公司约定以点击“同意”为可靠条件的电子签名，并使用自动信息系统订立的互联网协议，是双方当事人的真实意思表示，应属合法有效，协议内容对双方均有约束力。现双方就协议的履行发生争议，应依据约定的争议解决方式，向相关仲裁机构

① 参见朱遂斌、陈源源：《电子商务合同成立的法律问题》，载《政法论坛》，1999（4），50页。

② 参见安徽省铜陵市铜官区人民法院（2020）皖0705民初3965号民事裁定书，安徽省铜陵市中级人民法院（2020）皖07民终1019号民事裁定书。

申请仲裁。遂裁定驳回原告周×的起诉。

周×提起上诉，称：原裁定未经举证质证阶段，仅凭被上诉人单方面提供且无上诉人电子签章或电子签名的“电子协议”，这种协议未成立；自己提供的书面“互联网合作协议”，无论从形式还是内容、有无仲裁条款，均推翻该电子协议，最基本的交易规则即返款比例也完全不同，证明该电子协议是万协云商公司单方面加载的，不是自己入驻时签订的合作协议。二审法院经审理后认为：当事人已经达成仲裁协议，后一方当事人向人民法院起诉的，人民法院不予受理。本案中，双方当事人通过自动信息系统订立互联网协议，约定甲方通过点击“同意”按钮，成为乙方的“互联商户”，符合互联网商务平台交易习惯，应系双方当事人真实意思表示，合法有效。其中约定争议解决方式的仲裁条款，对双方均具有约束力。现双方就该协议书的履行发生争议，应依据互联网协议中约定的争议解决方式，向相关仲裁机构申请仲裁。遂驳回上诉，维持原裁定。

当然，在“自动信息系统”交易过程中技术原因导致错误的，实践中要依法按照特殊情况进行分别处理。具体来说，如果自动信息系统发生技术故障，未按照预先设定的程序指令、算法、参数与条件运行，导致数据电文未按时传递、传递不完整或失实，则使用自动信息系统的当事人就要承担或分担相应的法律后果。

第三节　电子商务合同的订立与履行制度

一、电子商务合同与电子合同

合同制度是电子商务交易与服务的基石。考虑到要解决电子商务领域的特殊矛盾和问题，《电子商务法》仅仅对电子商务环境下的特殊合同问题作了规定，表现为第三章以“电子商务合同的订立与履行”为名进行的制度设计。它是在现有法律规定的基础上，针对当事人行为能力的推定、电子商务合同的成立与订立、合同标的的交付与物流快递、电子支付等内容作的规则补充、更新。在这里，电子商务合同是采用数据电文方式的合同，即利用互联网等信息网络生成、发送、接收或者存储关于商品或者服务交易的合同。如果合同并非以数据电文形式订立，但以在线传输形式交付合同标的或者以电子支付方式支付价款的，亦在电子商务合同之列。当前实践中已经出现的智能合同、智能合约等新事物，通常属于电子商务合同的新业态。① 严格地说，电

① 有学者研究指出，智能合同、智能合约的概念早在 1996 年就已经提出，是指“一套以数字形式指定的承诺，包括各方履行这些承诺的协议”。Scott A. McKinney，Rachel Landy and Rachel Wilka. Smart Contracts, Blockchain, and the Next Frontier of Transactional Law. *Washington Journal of Law, Technology & Arts*. Vol. 13, No. 3 (2018), p. 321. 转引自夏庆锋：《从传统合同到智能合同：由事后法院裁判到事前自动履行的转变》，载《法学家》，2020 (2)，15 页。

子商务合同属于电子合同的具体形态。为了全面阐述电子商务中的合同制度和原理，特别是为了将《民法典》《电子签名法》等法律中有关合同制度和原理进行结合分析，本节选择将电子合同、电子商务合同两个概念放在一起进行展开。

所谓电子合同，是指一切以电子化格式缔结的合同，即合同的当事人以手机或电脑、数字电视、翻译机等足以发送或接收信息的电子机器所订立的合同。以打车软件"滴滴出行"为例，乘客一方使用该软件的过程主要有以下几个步骤：第一步，乘客填写出发地及目的地，点击"确认呼叫（车辆）"。此乃发出要约；第二步，等待应答，等待附近司机响应，系统筛选确定接单司机。第三步，行程开始。第四步，到达目的地，通过网络或现金支付，行程完成。在这个过程中，第一步确认呼叫（车辆）是发出要约，第二步司机应答最后接单是承诺，自此，打车合同成立。在司机接单后，司乘均可以选择取消订单，说明理由。第三步与第四步是履约的过程。

【案例 3－16】

租个女友回家过年

2011 年年初，一部名为《租个女友回家过年》的电视剧曾经红极一时，男女主角之间的欢喜感情戏为观众添加了饭后谈资。其实，近年来"租女友回家过年"的业务勃兴不衰。很多年轻男士为了应对年关期间父母的催婚、逼婚，到"市场"上寻求花钱租"女友"回家过年。"租女友"市场乱象丛生，纠纷四起。例如，在外打工的高某年近 40 岁，仍然单身。家中父母隔三岔五"催婚"，高某无奈，谎称在打工时找到了一个女朋友。春节将至，为了圆谎，高某在网上发了一封"高价租女友回家过年"的帖子，租得"女友"谢某回家过年。"租赁"期间，两人发生关系。春节过后，谢某发现自己怀孕，做了人流手术，要求高某赔偿。

此类现象引发法律人的思考很多，诸如这种通过网络平台发布的"租女友"帖子是否构成电子邀约，最终形成一份电子合同？

电子合同与传统合同的区别可具体归纳为表 3－5 所示的几个方面。

表 3－5　　传统合同与电子合同的区别

差异点	差异内容
意思表示的方式不同	传统合同通常以面谈、电话等对话方式订立合同；当以非对话方式订立合同时，就会采用书面形式 在电子合同中，当事人利用计算机网络以人不能直接感知的电子数据方式传达意思表示
意思表示的空间不同	传统合同的交易一般为面对面的店堂交易，存在一个确实的物理交易空间，为当事人之间相互了解提供可能 电子合同是在虚拟的网络空间完成的，交易双方互不见面，有关合同内容的信息都保存在磁性介质的电子载体中，其信用依靠密码的验证或认证机构的认证

续表

差异点	差异内容
合同订立的便捷程度不同	传统合同的订立在商谈过程中一般要经过当面的洽谈才能达成一致的协议。有时遇到复杂的贸易内容，谈判过程可能会历经几轮的协商才会有结果
	电子合同的订立是采用电子技术手段，通过操作计算机完成的，当事人可以通过电子数据交换、电子邮件、网络聊天来签订合同，也可以通过点击鼠标来完成订约程序，还可以通过对网站上登载的格式合同来达成协议。订约过程快捷而便利
当事人的身份、信用确认方式不同	传统合同上会有当事人的手书签名、印泥盖章，以证实其身份、信用。 电子合同是无纸化的信息，无法实现手书签名，当事人必须借助电子签名、电子认证等技术手段与服务，来确定对方的身份与信用
合同生效的表示方式不同	传统合同多数是采用书面合同形式的，通常是以传统的签字、盖章方式表示合同的生效，即合同自签字、盖章时生效。 电子商务因其无纸化的特征，无法实现传统的以签字、盖章方式表示合同的生效，电子签名技术替代了传统的签字、盖章方式
合同的生效地点不同	传统合同的生效地点一般为合同成立的地点。 关于电子合同的生效地点要考察收件人的主营业地。电子合同可以在任何地方随时成立。电子合同的生效地点具有一定程度的可选择性
合同订立的运营成本、交易费用不同	在传统合同的订立过程中，收集和调查商品信息以及厂家资料都比较困难，因而运营成本、交易费用会相对提高。 采用电子合同形式订约不受时空限制，当事人进行交易的手续简单，因而运营成本、交易费用会相对低廉
合同条款的格式不同	传统合同的书写形式通常会有条文式、表格式、条文表格式三种。实践中多采用条文式，由双方当事人经过协商而形成双方权利、义务的主要条款。 电子合同因其采用计算机网络通信技术订约，格式条款会是最常见的合同格式，且可以由要约方单方作出合同格式

在我国《民法典》中，电子合同规则的创设是立法的重中之重，满足了信息化时代人们对电子商务普遍化运用的需求。它们涉及电子合同的书面形式属性、成立时间、成立地点及标的物交付时间等，主要内容如表 3-6 所示。

表 3-6　《民法典》关于电子合同的基础规定

制度内容	条款表述	具体法条
电子合同的书面形式属性①	书面形式是合同书、信件、电报、电传、传真等可以有形地表现所载内容的形式。 以电子数据交换、电子邮件等方式能够有形地表现所载内容，并可以随时调取查用的数据电文，视为书面形式	第 469 条第 2、3 款

① 就电子商务合同而言，严格地说，其并不都是书面合同。根据《电子商务法》，使用数据电文方式签订的合同是书面合同；如果一部分合同并非以书面形式订立，但是以在线传输形式交付标的或者采取电子支付履行付款义务的，仍然属于电子商务合同。

续表

制度内容	条款表述	具体法条
确认书、网络提交订单与合同成立时间	当事人采用信件、数据电文等形式订立合同要求签订确认书的，签订确认书时合同成立。 当事人一方通过互联网等信息网络发布的商品或者服务信息符合要约条件的，对方选择该商品或者服务并提交订单成功时合同成立，但是当事人另有约定的除外	第 491 条
电子合同的成立地点①	采用数据电文形式订立合同的，收件人的主营业地为合同成立的地点；没有主营业地的，其住所地为合同成立的地点。当事人另有约定的，按照其约定	第 492 条第 2 款
电子合同的交付时间	通过互联网等信息网络订立的电子合同的标的为交付商品并采用快递物流方式交付的，收货人的签收时间为交付时间。电子合同的标的为提供服务的，生成的电子凭证或者实物凭证中载明的时间为提供服务时间；前述凭证没有载明时间或者载明时间与实际提供服务时间不一致的，以实际提供服务的时间为准。 电子合同的标的物为采用在线传输方式交付的，合同标的物进入对方当事人指定的特定系统且能够检索识别的时间为交付时间。 电子合同当事人对交付商品或者提供服务的方式、时间另有约定的，按照其约定	第 512 条

作为一种特殊的电子合同，电子商务合同在法律适用方面既要遵循《民法典》与《电子签名法》等法律规范的要求，也要遵循《电子商务法》作为特别法的专门规定。假如两者之间出现了法律冲突，还要考虑“特别规定优于一般规定”的适用原则。

二、电子商务合同的订立

（一）电子商务合同的订立模式

一般来说，传统上合同的订立采取“要约—承诺”的模式。我国《民法典》第 471 条规定：“当事人订立合同，可以采取要约、承诺方式或者其他方式。”这是在坚持“要约—承诺”的主体模式基础上，允许采取其他的变通模式。《电子商务法》第 49 条第 1 款规定，“电子商务经营者发布的商品或者服务信息符合要约条件的，用户选择该商品或者服务并提交订单成功，合同成立。当事人另有约定的，从其约定”。这是确认通过自动信息系统签订合同的方式，其签约过程可以被理解为“要约—承诺”的模式，当然，当事人可以“另有约定”。如果经营者在自动信息系统中设置其有接受消费者提交订单的自由，则表明消费者提交订单为要约，经营者有

① 就电子商务合同而言，其并不等于远程合同。即便缔约方仅在咫尺，但彼此通过互联网等信息网络达成交易所订立的合同，也属于电子商务合同。

权决定承诺与否。该条第2款还规定："电子商务经营者不得以格式条款等方式约定消费者支付价款后合同不成立；格式条款等含有该内容的，其内容无效。"这表明，经营者不得以格式条款约定"支付价款后合同不成立"。由此可见，电子商务经营者使用自动信息系统公开发布商品或服务信息，究竟属于要约还是要约邀请，以及承诺何时作出、合同何时成立，视情况而定。

【案例3-17】

王××与寺库公司网络购物合同纠纷案①

2018年3月，寺库公司的寺库网举行商品促销活动。当月27日凌晨0—1点间，王××在寺库网上下单购买了27件促销商品，并支付货款23 220元。付款后，寺库网上显示王××的订单状态为"配货中""您的订单已确认可拣"。当日下午，寺库公司取消王××的上述全部订单、退回所付货款，并向王××的寺库网账号中打入1 000元可提现库币。王××不同意寺库公司单方提供1 000元库币作为违约赔偿，诉至法院，要求判令继续履行合同或者赔偿合同总价款与涉案商品折前价格的差价605 517元。寺库公司辩称：(1) 王××购买商品的价格远低于商品实际价格，系寺库公司工作人员在录入价格时候错误操作所致，因此寺库公司已于2018年3月27日在网上撤销订单，并电话通知王××，同时寺库公司返还了王××已付货款23 220元，额外补偿可提现的现金1 000元。(2) 双方的合同没有成立，因为"寺库注册协议"第6.2条明确约定，只有在寺库将订单商品从仓库实际发出或就购买服务向顾客进行最终确认时，双方合同关系才成立；涉案商品交易仅进行到王××下了订单，寺库公司并未出库或与王××确认订单，因此不满足"寺库注册协议"第6.2条约定的交易成立的条件。(3) 寺库公司在网站展示商品属于要约邀请，王××下订单的行为是要约行为，寺库公司并未对此作出承诺，明确表示不接受王××的要约，并于当日返还了货款。(4) 即便合同成立了，应当认为双方之间的合同存在重大误解而可予以撤销。(5) 即使合同成立了，涉案合同已经解除，寺库公司已经在王××下单当天将订单予以取消，涉案商品已经于2018年下半年下架，目前已经没有相关商品可以交付。(6) 王××在下单及取消过程中没有任何损失，寺库公司也向王××进行了补偿，因而无须再支付其他赔偿。为此，寺库公司提出反诉请求，要求判令撤销双方订立的网络购物合同。

一审法院认为，本案的争议焦点之一为"王××与寺库公司之间的合同是否成立"。结合本案查明情况，依据《电子商务法》的规定，2018年3月27日凌晨王××在寺库网选择商品、点击购买、生成订单后，王××与寺库公司之间的网络购物合

① 参见北京市西城区人民法院（2018）京0102民初27850号民事判决书，北京市第二中级人民法院（2019）京02民终14444号民事判决书。

同即告成立，双方均应依法依约履行合同项下的义务。寺库公司未履行发货义务，已构成违约。但本案中合同总价款与涉案商品折前价格之间的巨额差价亦不属于寺库公司在订立合同时预见和应当预见到的因违反合同可能造成的损失，王××要求寺库公司赔偿合同总价款与涉案商品折前价格之间差价的诉讼主张缺乏事实和法律依据。遂判决驳回王××的全部诉讼请求，驳回寺库公司的全部反诉请求。

王××提起上诉。二审法院确认了一审法院查明的事实，并补充查明：在寺库网购物的流程是注册成为寺库网的会员才能在该网站上购物，而注册会员必须勾选同意“寺库注册协议”；该协议第6.2条约定：“……寺库收到您的订单信息后，只有在寺库将您的订单中订购的商品从仓库实际直接向您发出时（以商品出库为标志），或者寺库就您所购买的服务向您进行最终确认时，方视为您与寺库之间就实际直接向您发出的商品建立了合同关系……”；涉案订单被取消的时节点在货物出库之前。二审法院经审理后认为：“寺库注册协议”属于王××与寺库公司的共同约定，按照此约定，王××和寺库公司对合同成立的条件约定为“……寺库收到您的订单信息后，只有在寺库将您的订单中订购的商品从仓库实际直接向您发出时（以商品出库为标志），或者寺库就您所购买的服务向您进行最终确认时，方视为您与寺库之间就实际直接向您发出的商品建立了合同关系……”从上述文意来看，寺库网提供的商品可分为实物商品和服务。实物商品是指将商品货物转换成货币时，需要中间媒介（物流）的参与即可完成交易的商品。王××所购的系列产品明显属于实物商品范畴，应当适用上述关于实物商品合同成立条件的约定条款即商品出库时合同方成立。现王××和寺库公司均认可王××提交的订单并未达到商品出库的时节点，即王××所订购的涉案商品并未从仓库实际发出，故涉案网络购物合同尚未成立。最终二审法院认为，虽一审法院适用法律错误，但判决结果并无不当，应予维持。

在本案中，关于电子商务合同是否成立的问题，分别提出了是否以“提交订单成功”“支付价款”“商品出库”“双方约定”等为标准的主张，涉及电子商务经营者通过网站展示商品属于要约邀请还是要约的问题，也抛出了如何看待电子商务工作人员在录入价格时候错误操作的法律后果归属的难题。关于该案电子商务合同的效力，二审法院选择双方约定的“商品出库”标准，否决了合同成立的一审法院判断。这一司法处理是否符合《电子商务法》第49条的精神，特别是该条第2款关于“不得以格式条款约定消费者支付价款后合同不成立”的法律规则，仍有深入讨论的空间。

（二）电子商务合同的要约

合同成立的第一阶段是要约。要约是指希望与他人订立合同的意思表示。根据《民法典》第472条，要约要求“内容具体确定”，“表明经受要约人承诺，要约人即受该意思表示的约束”。电子要约既可以由当事人以传送电子邮件等方式进行，也可以由当事人通过自动信息系统等方式完成。无论是上述哪一种方式，都反映了当事人缔约的意思表示，构成合格的电子要约。要约邀请则是希望他人向自己发出要约的表示。拍卖公告、招标公告、招股说明书、债券募集办法、基金招募说明书、商业广告和宣传、寄送的价目表等为要约邀请；商业广告和宣传的内容符合要约条件的，构成要约。

在电子商务实践中，多数情况是销售方在网络上发布其销售商品或服务的信息，该行为在法律上应当定性为网络广告。但该广告属于要约还是要约邀请，则有争议。[①]《电子商务法》第49条第1款是将此问题聚焦于“是否符合要约条件”。实践中，需要判断电子商务经营者发布的商品或服务信息是否足够明确，是否具体指明了商品或服务的数据与价格，是否表明发布者受约束的意愿等。这仍有待于司法工作人员总结归纳具体的判断标准。该法第50条进一步规定：“电子商务经营者应当清晰、全面、明确地告知用户订立合同的步骤、注意事项、下载方法等事项，并保证用户能够便利、完整地阅览和下载。”“电子商务经营者应当保证用户在提交订单前可以更正输入错误。”这是倡导电子商务经营者发布商品或服务信息时做到尽量明确，以避免不必要的理解分歧和责任争议。

【案例3-18】

王×与京东拓帆公司、京东公司侵权责任纠纷案[②]

王×于2018年10月在京东公司的网站中两次购买京东拓帆公司销售的美汁源饮料，共计花费389.34元。购物时网站页面显示，购买饮料有三种促销活动——

① 学术研究表明，关于对电子商务经营者发布商品或服务信息如何定性，需要根据具体情况进行分析。以下观点具有参考价值：第一，如果网上登载的广告不仅介绍了商品的名称、性能等，而且明确规定了价格、数量，尤其是对广告所指明的商品，消费者一旦点击购买就可以成交，则该广告在性质上就不是要约邀请，而是一种要约。即使在网页上已经登载了商品的价格、图片，但并没有规定价格的有效时间，也不影响其构成要约。第二，在广告发布者直接向其会员提供某项产品的信息，且规定了价格、数量的情况下，电子商务经营者不仅仅向特定的人发出了要求其购买某种商品的意思表示，而且含有未来合同的主要条款，可以认为该广告具有要约的性质。第三，若广告发布者在网上刊登广告时，明确规定在消费者点击购买后，必须要有电子商务经营者的确认，则此时的广告只能被认为是要约邀请，因为消费者点击购买只是发出要约，而电子商务经营者的确认才是一种承诺。第四，若广告发布者只是在网站上宣传某种产品，既没有指出其价格、数量等，也没有表达希望他人购买的意图，只是为某个企业做形象宣传，或者提供某种产品的信息，那么，这样的广告不仅不能被认为是要约，也不能被认为是一种要约邀请。这类网上信息与商店里的商品橱窗展示具有的功能是类似的，其目的是宣传和推销某种商品，一般并没有提出出售该商品的主要条款。而且这种广告发出以后，并不能因任何人接受广告的条件而使合同成立，否则登载该广告者将会收到许多无法预见的“承诺”。第五，广告发布者在主页上刊载的广告，如果仅仅供消费者浏览，为消费者提供商业信息，则一般可以认为该广告是要约邀请。但是如果电子商务经营者的广告采取了带附件的电子邮件形式，允许消费者通过点击该附件，按照电子商务经营者的要求填写相关内容，将该信息通过电子邮件反馈给电子商务经营者，并且填写的内容是作为未来合同的主要条款，则该广告将构成要约。对于网上软件销售，如果商家列出了价格和有效期限，一般应认为是要约。因为消费者只要在商家列出的条款中填写了信用卡号码及消费者密码以及所购买的软件，就可以下载该软件，所以应该认为网上的这种通过下载来出售软件的广告是一种要约。

② 参见河北省张家口市桥东区人民法院（2019）冀0702民初119号民事判决书，河北省张家口市中级人民法院（2019）冀07民终1207号民事判决书。

“多买优惠，满两件，总价打 8 折”“多买优惠，满两件，总价打 7.5 折”“满额返券”。王×陈述其参与了“满两件打 7.5 折”的活动，但付款时并没有享受到 7.5 折的优惠。经与京东拓帆公司、京东公司协商未果，王×诉至法院。

王×诉称：在该次互联网购物中京东拓帆公司、京东公司利用虚假的、使人误解的价格手段来诱导消费者消费的行为构成价格欺诈，应当按照《消费者权益保护法》第 55 条规定，赔偿所购买商品价款的 3 倍。京东拓帆公司辩称，“满两件打 7.5 折”的活动需购买两件不同的商品，其已在详情链接中说明，故其不存在欺诈行为。一审法院经审理后认为：王×提供的网页截图证据显示，购买页面中显示为“限时促销：满两件，总价打 7.5 折”，京东拓帆公司并未在详情中明确注明参与 7.5 折的优惠活动必须是购买两件不同类型的产品，故对于京东拓帆公司的辩解不予采信；京东拓帆公司采用了容易使人误解的价格手段，并且因其误导王×作出了购买的行为并支付了货款，应认定为存在欺诈消费者的行为。遂判决京东拓帆公司以购买商品价款的 3 倍进行赔偿。

京东拓帆公司提起上诉，主要理由是：(1) 由王×下单时瞬时保存的交易快照内容可以看出，销售页面共有三种促销选项，王×并未选择满两件，总价打 7.5 折的商品。每一种促销选项均有详情介绍并提供了链接，其中“满两件打 7.5 折”的商品需点开“详情”链接，在一定范围内选择两件不同商品才能按照 7.5 折享受折扣。本案中，王×同时购买两件同一款商品，并不满足打 7.5 折的条件，事实上，经过王×自行选择确认，其享受的是 8 折优惠。(2) 我公司既没有欺诈王×的故意，更没有欺诈王×的行为。同时，王×在选择商品、加入购物车、支付货款、订单配送、订单签收等多个环节，均可以看到支付金额的信息，亦可以自行随时取消订单。经我公司查询，本案所涉商品，王×共计有六个订单，且涉案的六个订单分别是在 2018 年 10 月 29 日和 31 日两天内进行的购买，每个订单中只有两件商品，数量很少，金额计算也很方便。我公司有理由认为，王×在若干交易环节中理应看到了实际购买金额，且不难判断购买金额和预期金额存在不同，还依然坚持购买并收货的行为，应当是对商品售价的认可。

二审法院经审理后认为：《电子商务法》第 50 条规定，电子商务经营者应当清晰、全面、明确地告知用户订立合同的步骤、注意事项、下载方法等事项，并保证用户能够便利、完整地浏览和下载。电子商务经营者应当保证用户在提交订单前可以更正输入错误。本案中，京东拓帆公司称“满两件打 7.5 折”的活动的条件为购买两件不同的商品，并未在详情中明确注明参与 7.5 折的优惠活动必须是购买两件不同类型的产品。王×提供的购物截图显示，购买页面中显示为“限时促销：满两件，总价打 7.5 折”，在付款时，王×并没有享受到 7.5 折的优惠。京东拓帆公司采用了容易使人误解的宣传方式，并且因其误导王×作出了购买的行为，也未能保证用户王×在提交订单前可以更正输入错误，致使王×支付货款。据此，京东拓帆公司采用了容易使人误解的宣传方式，应认定为存在欺诈消费者的行为。遂维持一审原判，驳回上诉。

在该案中，二审法院强调了电子商务经营者发布商品或服务信息应当清晰、全面、明确的法定要求，申明了电子商务经营者应当保证消费者在提交订单前更正输入错误的法定要求。

（三）电子商务合同的承诺

承诺是受要约人同意要约的意思表示。在现实世界中，承诺可以口头、书面或行为等方式作出；而在电子合同中，作出意思表示的方式包括提交订单、点击“确认”键或“同意”按钮、发出电子邮件、从网站上下载商品和签发确认书等。这些承诺方式在实践中均出现过，现阶段日益得到普遍使用的是“提交订单”。《电子商务法》第49条第1款对此作了确认。为了保障电子商务的安全和减少不必要的纠纷，《民法典》特别规定可采用确认程序进行电子承诺。该法第491条第1款规定：“当事人采用信件、数据电文等形式订立合同要求签订确认书的，签订确认书时合同成立。”

【案例3-19】

张×诉阳光人寿公司保险纠纷案①

2017年6月28日，张×与阳光人寿公司签订人身保险合同，投保重大疾病保险。2018年4月2日，张×因冠心病住院治疗。张×出院后向阳光人寿公司申请赔偿。阳光人寿公司以本次出险不属于条款约定的保险责任范围为由，拒绝理赔张×。张×诉至法院，理由之一是订立保险合同时阳光人寿公司未尽到说明和告知义务。一审法院经审理后认为，阳光人寿公司已经举示了保险确认书及保险回执、录音材料等证据证明其已经尽到了说明和告知义务，张×对于在保险确认书及保险回执上签字确认、录音资料的真实性亦无异议，应视为阳光人寿公司履行了该项义务。遂判决驳回张×的诉讼请求。

张×上诉称：自己对保险合同约定的条款不清楚，保险公司没有尽到提示告知义务，电子合同成立于纸质合同之前，没有进行解释告知等。二审法院经审理后认为：阳光人寿公司向一审法院提交的证据已经显示关于对保险合同的送达、对条款的说明尽到了提示告知义务。根据《电子商务法》第49条第1款的规定，电子商务经营者发布的商品或者服务信息符合要约条件的，用户选择该商品或者服务并提交订单成功，合同成立。而本案涉及的保险合同生效日期是2017年6月29日，即在张×交纳保险费之后生效。而且在保险公司2017年7月1日的回访记录以及投保提示书记载，已经明确告知，保险合同有10天的犹豫期，当事人如果对保险合

① 参见辽宁省铁岭市中级人民法院（2019）辽12民终57号民事判决书。

同不满意，可以无条件解除。因此，张×的上诉理由不能采纳。

在该案中，一、二审法院均根据张×“提交订单”成功的事实认定电子商务合同已经成立。至于在电子商务合同签署后再签署纸质合同以及回访记录、投保提示书，可以被理解为重复签署或确认合同，强化了电子商务合同已经成立的事实。

合同成立的标准为各方当事人意思表示一致的达成，而意思表示一致的标志就是承诺的生效，因此，电子商务合同中承诺生效的时间、地点往往就是合同的成立时间和地点。关于合同的成立时间，两大法系的做法迥异。一般来说，英美法系奉行的是“发送主义”，即一旦承诺人将承诺函件投寄出去，承诺生效，合同成立；而大陆法系实行的是“到达主义”，即承诺要到达要约人可支配的范围内才生效。然而，在电子商务合同情况下，由于主要采取电子数据交换、电子邮件等电子手段发送承诺，传输速度极快，在“发送”和“到达”之间几乎没有时间差，“发送”的方式也是多样化的，因此，无论采取的是“发送主义”还是“到达主义”都会遇到一定的法律障碍。一方面，计算机网络等传输媒介的故障或其他意外，会造成发出的数据电文出现改变或丢失，难以到达或者难以以原样到达收件人。在这个意义上讲，似乎依“到达主义”确定合同生效时间更为合理。另一方面，计算机网络故障等可能会阻碍数据电文的传输，收件人收到数据电文的时间很不确定，甚至根本收不到。这样一来，若采取“到达主义”就可能无法确定合同成立的时间。①

基于此，联合国贸法会《电子商务示范法》“无意确立一条法律冲突规则”②，而是采取回避的办法：它未对承诺生效时间直接作出规定，而是选择对数据电文的发出时间和收到时间分别作出规定。对于数据电文的发出时间，《电子商务示范法》采纳的是发送主义。该示范法第 15 条第 1 款规定，“除非发端人与收件人另有协议，一项数据电文的发出时间以它进入发端人或代表发端人发送数据电文的人控制范围之外的某一信息系统的时间为准。这里的信息系统指收件人的信息系统或数据电文传输过程中所经过的任何一个中间信息系统”。而在数据电文的收到时间方面，《电子商务示范法》则采纳到达主义。该示范法第 15 条第 2 款规定，“除非发端人和收件人另有协议，数据电文的收到时间按照下述办法确定：1. 如收件人为接收数据电文指定了某一信息系统：(1) 以数据电文进入该指定的信息系统的时间为收到时间；(2) 如数据电文发给了收件人的一个信息系统，但不是指定的信息系统，则以收件人检索到该数据电文的时间为收到时间；2. 如收件人并未指定某一信息系统，则以数据电文进入收件人的任一信息系统时间为收到时间”。显而易见，《电子商务示范法》试图融合两大法系的传统，为两大法系国家的电子商务立法均提供可参照的样本。

我国《电子签名法》基本采纳了《电子商务示范法》的建议，与该示范法第 15

① 参见朱遂斌、陈源源：《电子商务合同成立的法律问题》，载《政法论坛》，1999 (4)，55 页。

② 联合国贸法会《电子商务示范法颁布指南》第 15 条。

条的规定是一致的。《电子签名法》第 11 条第 2 款规定，“收件人指定特定系统接收数据电文的，数据电文进入该特定系统的时间，视为该数据电文的接收时间；未指定特定系统的，数据电文进入收件人的任何系统的首次时间，视为该数据电文的接收时间”。第 3 款规定：“当事人对数据电文的发送时间、接收时间另有约定的，从其约定。”《民法典》主要针对签订确认书、提交网络订单的方式规定了电子商务合同成立的时间。其第 491 条规定：“当事人采用信件、数据电文等形式订立合同要求签订确认书的，签订确认书时合同成立。当事人一方通过互联网等信息网络发布的商品或者服务信息符合要约条件的，对方选择该商品或者服务并提交订单成功时合同成立，但是当事人另有约定的除外。”这可以视为对前一规定的调整与发展。

关于合同成立的地点，两大法系亦有不同的规定。根据大陆法系的到达主义，意思表示到达的地点即为合同成立地点。而根据英美法系的发送主义，发信人所在地则为承诺生效的地点。然而，在电子商务合同中，一般不能将承诺生效的地点作为合同成立的地点，而应当另外作出特别规定。《电子商务示范法》第 15 条第 4 款规定：除非发端人与收件人另有协议，数据电文应以发端人设有营业地的地点视为其发出地点，而以收件人设有营业地的地点视为其收到地点，就本款的目的而言：(1) 如发端人或收件人有一个以上的营业地，应以对基础交易具有最密切关系的营业地为准，又如果并没有任何基础交易，则以其主要的营业地为准；(2) 如发端人或收件人没有营业地，则以其惯常居住地为准。这一条款只是对数据电文的收到地点作出规定，而并不是对生效地点作出规定，即数据电文收到地点的主要标准是收件人的营业地。[①] 在电子商务实践中，经常发生当事人收件系统所在地与当事人的营业地不一致的情况，这时也要以当事人的营业地为数据电文的收到地点。这一规定不仅解决了文件收到地与营业地不一致的问题，而且也因为确定了合同成立的地点而有利于确定管辖的法院等问题。

联合国《电子商务示范法》的规定基本上为我国《民法典》所采纳，该法第 492 条第 2 款规定：“采用数据电文形式订立合同的，收件人的主营业地为合同成立的地点；没有主营业地的，其住所地为合同成立的地点。当事人另有约定的，按照其约定。”当然，如果将这一条款同示范法的规定作深入比较，两者之间的一些细微区别也是不容忽视的：联合国《电子商务示范法》规定的是数据电文的收到地点，不仅包括承诺文件的收到地点，还包括要约文件的收到地点；而我国《民法典》规定的是合同的成立地点。从实践来看，数据电文的收到不一定导致合同的成立，例如在当事人约定了需要特别确认的情况下，即使承诺文件到达了，在确认之前合同并不成立。

① 值得注意的是，示范法对数据电文的收到时间采取了不同的判断标准，收到时间以收件人指定的或当事人检索到的非指定系统为准。而对于发出与收到的地点，示范法采取的判别标准是“营业地”。这种将行为的时间与地点分别界定的方法适应了现代电子商务的情况。

在电子商务活动中，一方当事人发出要约后，对方当事人很快就收到并加以处理，承诺电文也就很快完成。特别是 EDI 的全自动处理系统，能够在收到要约后的几秒钟内就发出承诺电文，此时电子承诺很难有撤回的可能。考虑到合同双方（特别是电子商务消费者）有可能未对交易作慎重考虑，有的立法还专门规定了合同相对人的撤销权。如欧盟《远程销售合同指令》第 6 条规定，消费者在缔结远程销售合同时，享有至少为期 7 天的撤销订单而无须负担任何费用的撤销权。我国《电子商务法》第 50 条第 2 款规定："电子商务经营者应当保证用户在提交订单前可以更正输入错误。"这是针对电子商务消费者可能按错按钮、误拨数据的情况。我国《民法典》规定承诺可以撤回。

（四）电子商务合同的电子错误

电子错误是使用数据电文传输系统或者处理系统时发生问题而出现的错误。美国《统一计算机信息交易法》第 214 条（a）规定，"电子错误是指没有提供检测并纠正或避免错误的合理方法，消费者在使用一个信息处理系统时产生的电子信息中的错误"。在电子商务环境下，电脑处理信息的速度极快，特别是信息的传输可以在瞬间完成，在此过程中发生错误既难以发现，又难以纠正。一旦发生电子错误，给一方或双方当事人造成了损害，该损害应当由谁承担？该合同是否成立？对此要区分不同情况进行处理。

在封闭式交易如 EDI 交易环境中，用户都是根据协议加入通讯系统的，交易是根据严格的格式进行的，一方当事人如果违反了协议或者操作规程，而向对方发出错误的信息，则应当承担责任。在此情形下，应该认为合同已经成立。当然，当事人也可以基于重大误解而主张撤销该合同，不过即使该合同被撤销，有过错的一方也应当赔偿因此给另一方造成的损失。当然，当事人应当及时通知对方关于电子错误的情况。例如，国际商会制定的《电传交换数据统一行为规则》第 7 条规定，电子贸易数据的接收人在收到电文时应发出收妥通知，如收到的电文显示条理不清、形式不正确或不完整，接收人应尽快将此情况通知发送人。第 10 条规定，各方当事人应保证按发送和收到的原样对所有的电文保持完整的贸易数据记录，不得有任何变动。当事人在收到错误的信息以后，依据诚信原则，不得将信件的内容泄露给他人。第 6 条规定，传达电文的中介人保证对中转传送的电文不作未经授权的改动，并保证不得将其内容透露给未经授权的任何人。

在开放式网络环境中，电子错误是否会导致合同不能成立，又要区别两种情况：一是消费者可以主张合同不成立。消费者与经营者在网上订约时，对于因电子错误所产生的信息，原则上不受其约束，即合同不成立。当然，消费者应当依据诚信原则立即通知对方当事人。例如，美国《统一计算机信息交易法》第 214 条（b）规定："在自动交易中，对于消费者无意接受且是由电子错误产生的电子信息，如果消费者采取了下列行为即不受其约束：（1）于获知电子错误时立即通知对方，同时将所有的信息副本交付给对方或者按照对方的合理指示交付给第三方或销毁；

(2) 未曾使用该信息，未从该信息中获利，也未将该信息转给第三方使用。”二是电子商务经营者不得以电子错误为由否定合同的效力。在开放式的国际互联网上，任何人都可以通过互联网进入一个电子商务经营者的网站购物。如果商家的计算机出错，商家应承担因此造成的损失，而不能以计算机出错为由，否认合同的成立。①

【案例 3－20】

2.4 美元的机票应否得到兑现事件

2008 年 8 月，智利的“兰智利”航空公司网站由于货币兑换器发生故障，机票的美元价格自动转成了比索价格。一张飞往纽约的机票的价格从 1 200 美元变成了 1 200 比索，依照当时的汇率，1 200 比索约等于 2.4 美元。不少“幸运的”网民第一时间订购了这如同天上掉馅饼的便宜机票，并通过信用卡划账支付票款。但面对购票者的取票请求，航空公司回复称：由于计算机系统出现错误，机票不能按被错误换算出的金额出售，公司会归还信用卡扣除的价款。

这一事件的实质是电子商务合同中的典型电子错误。它在智利网民中引起强烈反响，反映出“以计算机出错为由否认合同的成立”的简单做法可能遭受普遍质疑。

另外，在电子意思表示被他人伪造和篡改的情况下，是否应当适用严格责任，由发件人负责呢？一般来说，如果发件人采用了数字签名等方式确认和保管文件，通常能够保证文件在传输或存储过程中的安全性，发件人不承担严格责任；如果发件人没有采取数字签名等方式，致使电子意思表示被他人伪造或篡改的，则应当由发件人承担责任。理由在于，发件人自愿采取了这种高风险的交易方式，当然应当自行承担相应的风险。因为发件人自己选择了某种硬件和相应的软件手段，计算机成为其意思表示的工具，所以计算机表达出来的意思就应当被认为是发件人的意思，只能由发件人承担风险。当然，发件人可以以重大误解为由要求撤销合同，还有权要求伪造者或篡改者承担责任。

三、电子商务合同的履行

电子商务合同的履行是由其标的的交付方式和时间决定的。我国《电子商务法》第 51 条针对不同的电子合同标的的交付方式规定了交付时间的认定标准。其一，当事人约定的标准，即合同当事人可以对交付方式、交付时间进行约定。这体现了私法自治、契约自由的法律精神。其二，快递物流的签收标准，即合同标的为

① 参见刘胜义等：《电子商务中的特殊法律问题》，载《检察日报》，1999－12－08。

交付商品并采取物流快递方式交付的，收货人签收的时间为交付时间。这反映了民法上的财产所有权从财产交付时起转移的法律精神。当然，消费者自行选择快递物流服务提供者的，电子商务经营者不承担商品运输中的风险和责任。其三，凭证载明的时间标准，即合同标的为提供服务时，以“生成的电子凭证或实物凭证中载明的时间”为交付时间，这一时间并不完全等同于凭证生成的时间。凭证没有载明时间或者所载明时间与实际提供服务时间不一致的，则实际提供服务时间为交付时间。

【案例 3－21】

王××与永康市舟山康行冲件厂等产品责任纠纷案①

2017 年 10 月 27 日，王××通过阿里巴巴网购平台与淘宝账户名为“kangxing002”的卖家（注册主体为永康市舟山康行冲件厂）形成交易订单，交易订单号为 75073794753072820，购买“康行优质安全电烤炉”500 台、“康行优质手提箱式炉、烤炉”80 台、“优质烧烤架”100 个。同日，王××通过阿里巴巴网购平台支付宝向永康市舟山康行冲件厂支付货款 25 100 元、运费 80 元。10 月 30 日，永康市舟山康行冲件厂向平台提交了交寄货物的物流信息，信息显示：“物流名称：任式物流”“物流编号：BX108228041660984”“发货时间：2017－10－30”。11 月 9 日，王××超时未进行平台系统操作，平台系统自动确认买方收货，并向卖方永康市舟山康行冲件厂打款 2 5180 元。12 月 23 日，王××未收到前述订单货物，遂通过微信、阿里旺旺等与永康市舟山康行冲件厂销售人员进行联系，该厂销售人员称“找不到这个单子了”，并称“这个货估计在物流站，可能信息不全，导致发不出”。后王××要求该厂继续查找货物情况，该厂销售人员于 2018 年 1 月 6 日称“非常抱歉，我还是找不到。要不这样好了，过段时间我给你补一点货好了，你看让我补你多少好一点”，后又称让王××重新下单，可以给予货款折扣。王××未同意前述协商方案。此后，永康市舟山康行冲件厂也未能向王××提供将货物交寄物流公司的其他凭证、信息，及进一步查找案涉货物去向。王××通过永康市舟山康行冲件厂在平台填写的物流公司联系电话，向“任式物流”客服进行查询，客服告知该公司并无“BX108228041660984”的物流单号。王××又与订单的接收方东方之星仓库工作人员进行确认，亦被告知未收到案涉货物。王××遂诉至法院，请求判令永康市舟山康行冲件厂返还自己货款 25 180 元。法院经审理后认为，本案的争议的焦点之一为：永康市舟山康行冲件厂是否完成了案涉买卖合同约定的交付义务？根据《电子商务法》第 51 条规定，合同标的为交付商品并采用快递物流方式交付的，收货人签收时间为交付时间，即在通过互联网等信息网络销售商品的经营活动

① 参见杭州互联网法院（2018）浙 0192 民初 5239 号民事判决书。

中，采用快递物流方式交付商品的，如无特别约定，交付时间为收货人签收时间。本案中，王××与永康市舟山康行冲件厂就“康行优质安全电烤炉”等货物形成买卖合同关系，在王××已按约定支付货款的情况下，永康市舟山康行冲件厂有义务按约定向王××交付标的物。依据双方当事人在阿里巴巴网购平台形成的交易订单的约定，永康市舟山康行冲件厂需自行委托承运人将货物运送至买受人王××指定的收货地址，由收货人签收后完成交付义务，但王××提交的初步证明表明永康市舟山康行冲件厂未按约定完成交付义务，且永康市舢康行冲件厂亦不能提供其已将货物交付给承运物流公司的任何凭证，更不能提供承运物流公司已将货物送达指定收货地址并由收货人签收的凭证，故永康市舢康行冲件厂应承担举证不能的不利后果，应认定永康市舟山康行冲件厂未按合同约定完成交付标的物的义务，构成合同违约。

该案反映的是“以收货人签收时间为交付时间”的电子商务合同履行标准。

实践中，有些电子商务合同的标的物为数字作品，如著作权、专利、商标等知识产权，数据或虚拟财产等。它们的支付方式通常是“在线传输”，支付过程在瞬间即结束。这一环节同前面所述的电子承诺趋于近似。我国《电子商务法》第51条第2款规定：“合同标的为采用在线传输方式交付的，合同标的进入对方当事人指定的特定系统并且能够检索识别的时间为交付时间。”在这里，合同标的“进入对方当事人指定的特定系统”同《电子签名法》等法律规定的数据电文接收、到达与生效时间相同，但是增加了对方当事人“能够检索识别”的限定条件。这一立法“改变”使判断作为标的物数据是否“进入对方当事人指定的特定系统”变得更形象、易判断，最终被《民法典》第512条第2款吸收。至于“收件人未指定特定系统”的，是采取“数据电文进入收件人的任何系统的首次时间”（《电子签名法》第11条第2款）标准，还是采取“相对人知道或者应当知道该数据电文进入其系统”（原《民法总则》第137条第2款）的时间标准？《电子商务法》与《民法典》均未作规定。这反映了有关实践问题的复杂程度，需要结合案情进行甄别。

（一）快递物流

快递物流是我国实现电子商务实物交易的主渠道。2018年，国务院办公厅发布《关于推进电子商务与快递物流协同发展的意见》，明确深入实施“互联网+流通”行动计划、提高电子商务与快递物流协同发展水平的政策措施。其实，快递物流还不是一个严谨的法律概念。所谓“快递”，简单理解就是关于“快速投递”的业务，指的是对快件揽收、录入、封装、分拨、转运、投递、查询、疑难件处理等，以较快的速度和承诺的时效将快件送达收件人手中的一系列服务活动；所谓“物流”，是一个同快递密切相关的概念，通常是指运送大型物品、大批量货物的专门业务。可以说，近年来若我国没有快递物流的异军突起，就不会有电子商务的蓬勃发展。

我国《电子商务法》第52条规定了电子商务合同以快递物流方式进行商品交

付时应当承担的法律义务。其一，快递物流服务提供者应当遵守《邮政法》《反恐怖主义法》《快递暂行条例》《道路运输条例》等法律、行政法规的规定；其二，快递物流服务提供者应当在经营场所或以互联网方式公示服务承诺事项，包括基本的服务规范和时限等，也包括企业自愿发布的高标准服务承诺等。其三，提示收货人当面查验快递包裹内件，保障收货人可以查验之后再签收快递包裹；其四，事先征得收件人的同意之后，可以使用智能快件箱、驿站及他人代收等非合同约定方式进行投递；其五，按照规定使用环保包装材料，实现包装材料的减量化和再利用；其六，接受电子商务经营者的委托向消费者收取快递包裹内的商品对应的货款。

【案例3-22】

易×诉原海淀工商分局、北京市市监局所作行政复议决定案①

2019年2月12日，易×通过“12315”互联网平台向海淀工商分局举报美团外卖（三快公司），称其于2019年2月11日19点51分通过美团网预订商户“宏状元”的外卖服务，其认为该笔订单美团外卖配送超时且拒绝告知其所执行的外卖配送服务相关标准，侵害了消费者知情权、选择权、公平交易权，隐瞒了与消费者有重大利害关系的信息，是对消费者的欺诈行为，要求查处。2月22日，易×向海淀工商分局中关村西区工商所现场提交书面补充举报材料，在原有举报内容的基础上，举报三快公司违反相关规定未在其服务平台与外卖配送包装上标注和对外公示所执行的外卖服务配送标准等。

此案经过海淀工商分局进行行政答复和北京市市监局进行行政复议后，易×不服，诉至北京互联网法院，诉称三快公司配送超时且拒绝告知其所执行的外卖配送服务标准构成欺诈。北京互联网法院经审理后认为：根据已查明的事实，三快公司在“美团外卖用户服务条款”中的“配送服务”中已载明“预计送达时间不作为美团外卖或商家对您做出的配送到达时间的承诺。您可根据需要，自行选择购买美团外卖提供的配送延误保障服务（如适用），以更好地保障外卖配送的时效性或获得相应的补偿”。该条款在用户注册时已进行重点提示，且已依据《电子商务法》的规定在网站首页显著位置持续公示。据此，三快公司就涉案订单的配送问题不存在故意告知原告虚假情况或者故意隐瞒真实情况的客观事实，不构成欺诈行为。

后易×上诉到北京市第四中级人民法院，该院经审理后认为，易×提出相关诉讼请求的成立均以三快公司存在相关违法行为为前提，然而三快公司是否存在易×举报所称的违法行为并非本案审查范围。最终，该院撤销被诉回复、被诉复议决定以及一审判决，改判责令海淀区市监局重新作出处理。

① 参见北京互联网法院（2019）京0491行初17号行政判决书，北京市第四中级人民法院（2019）京04行终12号行政判决书。

该案提出了《电子商务法》第52条第2款关于快递物流服务提供者应当公示服务规范和实现承诺等事项的问题，也提出了针对其违反相关义务应当如何监管的问题。

【案例3-23】

王××与顺丰三亚荔枝沟公司邮寄服务合同纠纷案①

王××于2019年8月22日在淘宝网拍下××牌手机一部，卖家默认使用顺丰三亚荔枝沟公司的顺丰速运（承运方）发货，收货地址是三亚××混凝土配送有限公司（王××在此当门卫）。8月25日上午九点半左右王××在上班期间、暂离门卫室上洗手间时，接到顺丰三亚荔枝沟公司方派件员梁××的电话，称王××有一个快递送到了。王××说现在没在，梁××提出将快递放在门卫室，王××应允。片刻之后，王××回到门卫室未见快递，遂电话联系梁××确认。通话中，梁××说："已经（将快递）送到保安室交给门卫了。"当日梁××派送的时间段正好是轮到王××值班，也就是说作为收件人的王××同时也是梁××口中所说的"已经（将快递）送到保安室交给门卫了"的门卫。而接到梁××派送电话的时候，王××因为上洗手间并没有在保安室。王××认为，梁××将快递送到保安室交给当时并没有在保安室的王××，这种情形不可能存在。梁××之所以会撒这种会不攻自破的谎，是因为他根本就没想到收件人和门卫其实都是王××一个人。而后来王××找顺丰三亚荔枝沟公司索赔的时候，该公司却以派件员口误为由拒绝赔偿。王××也尝试了申请"淘宝小二"介入处理。但因为顺丰三亚荔枝沟公司在王××并没有签收也没有授权让其代为签收的情况下擅自将物流信息做了"已签收"处理，"淘宝小二"以此为依据判定王××已经收到货物，驳回王××的退款申请，将货款3 188元全额打给了卖家。之后，王××向海南省邮政管理局申诉中心投诉无果。

王××认为，顺丰三亚荔枝沟公司以上行为已经严重侵害了王××的合法权益，便向法院提起诉讼，请求判令顺丰三亚荔枝沟公司赔偿王××未收到手机价额损失3 188元。其诉称：自己作为收件人虽然没有直接跟作为承运方的顺丰三亚荔枝沟公司签订书面邮寄合同，但在派件过程中顺丰三亚荔枝沟公司却与王××就快递放置地点有口头约定，而顺丰三亚荔枝沟公司却没有履行此约定，以此造成王××未能收到快递；同时，顺丰三亚荔枝沟公司在王××没有签收也没有授权让其代为签收的情况下，擅自将物流信息做"已签收"处理。顺丰三亚荔枝沟公司辩称：(1) 快件是联系王××并经他同意后，放在保安室的，由王××提供的证据也可以证明其同意才放置在保安室。(2) 快件在保安室遗失后，我司积极协助王××查找，王××上班的保安室监控却被人有意破坏，导致无法核查快件情况。(3) 对于

① 参见海南省三亚市城郊人民法院（2019）琼0271民初9704号民事判决书。

快件产生的纠纷，交易平台和邮政管理局均认定为王××要求赔偿的请求无效，缺失依据。（4）快件并没有进行保价，根据快递邮寄法律法规，王××的诉求不合理。

法院经审理后认为：本案是因顺丰三亚荔枝沟公司快递员未将王××在淘宝网上购买的手机快件送达王××造成丢失引起的索赔纠纷。《电子商务法》第52条第2款规定："快递物流服务提供者为电子商务提供快递物流服务，应当遵守法律、行政法规，并应当符合承诺的服务规范和时限。快递物流服务提供者在交付商品时，应当提示收货人当面查验；交由他人代收的，应当经收货人同意。"从该条规定可知：快递公司交付快件有两种方式，一是向收货人交付并提示当面查验，二是经收货人同意交他人代收。顺丰三亚荔枝沟公司负有将快件安全送达目的地交付收货人的义务。本案中，虽然王××同意顺丰三亚荔枝沟公司快递员梁××将快件放在王××上班公司的保安室，但事后王××通过电话询问快递员梁××时，快递员回答已将快件交给保安室的门卫。事实上，顺丰三亚荔枝沟公司在事后不能举证证明交给了保安室哪个门卫，也未举证证明确已放置保安室，顺丰三亚荔枝沟公司应承担举证不利的法律后果。法院最终确认了王××主张顺丰三亚荔枝沟公司并未将快件送达保安室的事实，判决顺丰三亚荔枝沟公司赔偿手机快件丢失损失3 188元。

该案提出了快递物流环节货物丢失的责任承担问题。快递物流的货物出现了损失的，参照《邮政法》规定的邮件丢失、损毁或者内件短少的责任规则处理。当然，适用这些规则的同时，也要适用民事诉讼中的证明责任分配规则。

（二）电子支付

电子支付是指使用人通过电子终端，直接或间接地向支付服务商发出支付指令，实现货币支付与资金转移的行为。① 实践中，人们也会使用互联网支付、网络支付等类似概念。从学理上讲，电子支付形成一种四方法律关系的架构：（1）基于支付委托合同构造资金关系，付款人以付款指令发起付款程序，并由此产生付款机构与付款人的各项权利义务关系；（2）托收关系以托收委托合同为基础，但托收机构执行收款经常另需收款指令及双方的托收约定；（3）付款人与收款人间存在基础关系，电子支付为当中的支付方式，基于未来交易的需要，其应逐步取得与现金支付相当的法律地位；（4）支付服务商间以央行支付系统与网联支付平台为中介成立结算关系，进行资金结算。②

我国《电子商务法》专门针对电子商务中的电子支付问题进行了制度建设，其中重点是确定电子支付服务者的法律义务。具体来说，电子支付服务者应当履行如下义务：其一，告知义务与公平交易义务，即向用户告知电子支付服务的功能、使用方法、注意事项、相关风险和收费标准等事项，并不得附加不合理交易条件。这是保障

① 参见李建星、施越：《电子支付中的四方关系及其规范架构》，载《浙江社会科学》，2017（11），52页。

② 参见上文，59页。

用户知情权和公平交易权的需要。其二，确保电子支付指令的完整性、一致性、可跟踪稽核和不可篡改。在这里，“完整性”指的是指令能够准确、完全地表达用户的意志；“一致性”指的是支付指令在全流程中物理和逻辑上保持数据一致；“可跟踪稽核”指的是要构建客户身份识别和客户身份资料及交易记录保存管理机制；“不可篡改”指的是确保电子支付指令在全流程中免受包括外部攻击和内部违法违规操作等在内的影响。这些要求源于中国人民银行的相关规定及一些技术标准。其三，免费对账服务及保存交易记录的义务，即向用户免费提供对账服务及最近三年的交易记录。这里的“三年期”同《民法典》确定的普通诉讼时效期间为“三年”存在对应关系，能够保障当事人维护民事权益的需要。其四，支付安全管理义务，即不得提供不符合国家有关支付安全管理要求的电子支付服务。电子支付安全风险包括很多方面，如技术性风险、操作性风险、系统性风险等，电子支付服务提供者提供的安全管理活动均要涵盖以上各种风险。其五，查明错误支付的原因并采取相关纠正措施的义务，即用户发出的支付令错误时，电子支付服务者应当及时查找原因，并采取相关措施予以纠正。可能发生的电子支付错误包括付款人错误、付款账号错误、收款人错误、收款账号错误、金额错误、支付时间错误、支付指令重复发出等。其六，向用户提供支付确认信息的义务，即电子支付完成后，应当及时准确地向用户提供符合约定方式的确认支付的信息。其七，未授权支付发生后的止损义务，即发现支付指令未经授权或者收到用户支付指令未经授权的通知时，采取措施防止未授权支付的损失扩大的义务。未授权支付指的是在未经用户以约定的方式授权的情况下，用户以外的他人发出支付指令，导致用户账户资金减少或授信额度被占的情况。

为了规范电子支付服务提供者履行电子支付服务合同义务的行为，《电子商务法》还梳理了电子支付服务提供者因违反义务而需要承担的四种损害赔偿责任：(1)“不符合支付安全管理要求损害赔偿责任”，即电子支付服务提供者在提供电子支付服务时，没有遵守国家有关支付安全管理的规定，造成用户托管、支付的资金损失时应当承担的侵权损害赔偿责任；(2)“支付错误损害赔偿责任”，即电子支付服务提供者因其自身原因致使电子支付指令发生错误，造成用户损失时应当承担的损害赔偿责任；(3)“未经授权支付损害赔偿责任”，即电子支付服务提供者未经电子支付用户授权，而将该用户的资金转给他人时应当承担的损害赔偿责任；(4)“发现未经授权或者收到未经授权通知却未及时采取措施的损害赔偿责任”，即电子支付服务提供者发现支付指令未经授权，或者收到用户支付指令未经授权的通知后没有及时采取措施以防止损害扩大，而就损失扩大部分应当承担的损害赔偿责任。这些损害赔偿责任均属于在电子商务交易中，于电子支付辅助性法律关系即电子支付服务合同关系中发生的违约责任。①

① 参见杨立新：《电子商务交易中电子支付服务损害赔偿责任及其规则》，载《中州学刊》，2019 (2)，45页。

【案例 3－24】

技宇公司与支付宝公司服务合同纠纷案①

2017 年 6 月 22 日，技宇公司在支付宝公司注册了账号为×××××××××@qq.com 的支付宝企业账户。11 月 7 日，技宇公司向支付宝公司申请开通该账户下的“单笔转账到支付宝账户接口”功能，并通过电子签约方式与支付宝公司签订了“支付宝服务合同”“支付宝安全保障规则”。“单笔转账到支付宝账户接口”功能系资金支出类的高风险接口，使用 App ID 和 RSA 密钥，无须输入支付密码就能操作账户资金支出。“支付宝服务合同”第 1.4 条约定：“即时到账服务：指除甲乙双方（甲方为技宇公司，乙方为支付宝公司）另有约定外，付款人一旦确认付款，款项即时到达收款人支付宝账户的服务，乙方对此不提供支付宝中介服务，所有的风险和责任由付款人和收款人自行解决与承担。”该合同附件“单笔转账到支付宝账户接口”服务规则约定：“1、在即时到账交易模式下，付款人一旦确认付款，款项即时到达收款人支付宝账户内，乙方对此不提供中介服务，所有的风险和责任由付款人和收款人自行解决与承担。2、甲方对使用本服务过程中发出的指令的真实性及有效性承担全部责任，该指令视为甲方的真实意思表示且不可变更或撤销；且甲方应对其向乙方提供的用户支付宝账户的准确性和真实性负责。3、甲方承诺，乙方按照甲方指令进行操作的一切风险均由甲方承担……9、甲方同意，在使用本服务进行转账时，甲方无需另行输入支付宝账户的支付密码。甲方在开通本服务前，已充分认识到无密转账的风险，并承诺由甲方自行承担无密转账的风险。”另外，“支付宝安全保障规则”中“本公司提醒您认真阅读、充分理解本规则各条款，特别是以粗体标注部分”以及“保障的范围”部分约定的内容：均以加粗字体显示。

技宇公司开通“单笔转账到支付宝账户接口”功能后，至 11 月 25 日之前，频繁通过该功能向其参与运营的“斯摩格庄园”游戏的相关游戏玩家发放奖励，未有争议。2017 年 11 月 25 日始发生涉案交易：当日 19 时 26 分至 22 时 05 分，及次日 19 时 45 分至 20 时 28 分，技宇公司该支付宝账户分别向“×海川”等 10 人的支付宝账户分 28 笔共计转出 654 800 元，向“×霆霆”等 5 人的支付宝账户分 13 笔共计转出 274 200 元。

2017 年 11 月 27 日 11 时 26 分，技宇公司法定代表人就前述交易致电支付宝公司反映其账户被盗，并表示其开通了“单笔转账到支付宝账户接口”功能，不登录支付宝账户，也可以通过接口进行转账。但当支付宝公司客服询问是否需要关闭技宇公司支付宝账户的余额支付和提现功能时，其予以拒绝。当日 15 时，技宇公司

① 参见上海市浦东新区人民法院（2018）沪 0115 民初 26533 号民事判决书。

向公安机关报案，称其被人利用漏洞骗取了929 000元，并称涉案交易可能是有人利用技宇公司的认证漏洞，跳过认证程序，或者破解了技宇公司的支付宝账户和密码所进行的转账。当日18时56分至19时18分，技宇公司该支付宝账户又分5笔共计转出194 000元至“×述超”“×健敏”的支付宝账户。当日19时29分，技宇公司法定代表人致电支付宝公司反映账户再次被盗，要求支付宝公司关闭涉案支付宝账户的支付功能。当日19时30分许，技宇公司再次补充报案，称其账户又被人利用漏洞骗取了194 000元。12月5日，上海市公安局静安分局决定对技宇公司被诈骗一案予以立案。12月8日，支付宝公司清退了技宇公司支付宝账户的“单笔转账到支付宝账户接口”功能。2018年4月8日，技宇公司诉至法院，诉称上述交易非经自己授权，且支付宝公司负有安全保障义务，依约应承担赔偿责任。

本案中的争议事实之一是涉案交易能否被认定为未经技宇公司授权的交易。技宇公司认为，交易发生在非工作日，IP地址也不是技宇公司常用的IP地址，不是技宇公司真实意思表示，并已向公安机关报案；支付宝公司认为，其对交易时间和IP地址更换并不作审查，亦不会因此阻断交易，涉案交易经正确输入其专有接口的App ID和RSA密匙完成，应为技宇公司或授权代理人操作其自有运营系统，向支付宝系统发送支付指令，代表技宇公司的真实意思。法院经审理后认为，判断涉案交易是否经技宇公司授权，并非从技宇公司主观认识予以考察，应当着重审查支付指令的发出及完成是否依合同约定的方式使用了正确的App ID和RSA密匙。首先，从技宇公司申请开通“单笔转账到支付宝账户接口”功能的情况来看，技宇公司在涉案交易有约定“用户需自行创建应用并获取App ID、配置密钥、搭建和配置开发环境”的要求下，仍选择签约并开通该功能，表明技宇公司自信自己具备使用该功能的技术条件。其次，从技宇公司使用该功能进行支付的情况来看，技宇公司仅需依约使用其App ID和自行生成并保管的RSA密钥即可完成交易，无须输入支付密码，支付宝公司不从中提供中介服务，双方也未约定交易应特定在工作日或有固定IP地址的设备上；支付宝公司仅应依约验证完成交易所需的App ID和RSA密钥是否正确；技宇公司开通该支付功能后，一直使用该支付方式向其游戏玩家发放佣金，其在历次使用过程中均未对交易方式持有异议。故现涉案交易能够完成，应认为系因使用正确的App ID和RSA密钥所完成。最后，技宇公司向公安机关的报案陈述认为，涉案交易可能系案外人利用技宇公司的支付漏洞跳过了认证程序或者破解了技宇公司的支付宝账户和密码所致。该报案行为针对的是案外人的侵权行为，不能直接证明涉案交易指令的发出或完成存在不符合合同约定的情形。综上，因技宇公司未提供证据证明涉案交易指令的发出及完成未以合同约定的方式进行，涉案交易应被认定为系经技宇公司授权的交易。

本案中的争议事实之二是支付宝公司对涉案交易的风险是否尽到了审慎合理的提示义务。技宇公司认为，支付宝公司对免除其责任的条款未进行特别说明，未采取短信提醒措施；支付宝公司认为，涉案交易在技宇公司支付宝系统均有提醒，技宇公司应予注意，“支付宝服务合同”均对涉案交易的风险进行了充分揭示。法院经审理后认为：首先，从合同内容来看，涉案交易采用即时支付、即时到账方式，即技宇公司一旦确认付款，款项即时到达收款人支付宝账户，款项的支付与否及支付对象的确定完全由作为用户的技宇公司直接控制，并通过技宇公司自行设置的支付流程发出指令，支付宝公司仅有依约验证指令的义务，没有理由和机会拒绝执行用户的交易指令。正是基于该类交易方式的即时性、高风险特点，双方在“支付宝服务合同”及其附件中就交易风险责任的分配均作“甲方承诺，乙方按照甲方指令进行操作的一切风险均由甲方承担”等相关约定，该约定内容契合交易特点，对于合同双方权利义务的设置并无不合理，双方当事人应予遵从。其次，在签约及功能开通阶段，支付宝公司对涉案交易的风险通过对合同中的相关内容以加粗字体呈现及网站公示等方式进行揭示的做法，符合电子合同签订过程中的交易习惯，亦可证明支付宝公司适时充分、合理地履行了风险提示义务。再次，在功能使用阶段，支付宝公司按约通过支付宝账户向技宇公司及时告知了交易信息，技宇公司认为应当通过短信方式提醒的主张缺乏合同依据。最后，技宇公司作为一家网络技术公司，凭借其专业技术及应有的行业风险识别意识和能力，对涉案交易可某某存在的风险，亦应知晓并力所能及地予以防范，但技宇公司对自身账户的安全并未尽到相应的审慎注意和保障义务，甚至当支付宝公司客服在涉案交易发生后提示技宇公司法定代表人是否需要关闭余额支付和提现功能时，其仍予以拒绝，相应的后果应自行承担。综上，支付宝公司作为电子支付服务提供者，对涉案交易的风险已向技宇公司尽到了审慎合理的提示义务。

综上所述，法院判决驳回技宇公司上海技宇网络科技有限公司的诉讼请求。

该案发生在《电子商务法》生效前，但可用于加深对电子支付服务提供者责任，特别是《电子商务法》第 57 条规定“未经授权支付损害赔偿责任”的理解。

拓展阅读

1. 杨立新．电子商务法规定的电子商务交易法律关系主体及类型．山东大学学报（哲学社会科学版），2019（2）．

2. 孔祥俊．“互联网条款”对于新类型网络服务的适用问题——从“通知删除”到“通知加采取必要措施”．政法论丛，2020（1）．

3. 姚海放．网络平台经营者民事责任配置研究——以连带责任法理为基础．中国人民大学学报，2019（6）．

4. 王道发．电子商务平台经营者安保责任研究．中国法学，2019（6）．

5. 李适时．关于我国电子商务立法的思考．中国法学，2003（3）．

6. 赵旭东．电子商务主体注册登记之辩．清华法学，2017（4）．

课后思考

1. 来某鹏于4月22日晚通过新浪网申请会员页面申请注册成为新浪会员并享受新浪网免费电子邮箱服务。当日20时16分，来某鹏收到主题为“新浪会员注册成功确认邮件—lai×××peng”的电子邮件，内容为：“作为新浪会员，您不仅可以获得一个容量空前巨大（50M），功能齐全卓越的新浪免费电子邮箱，而且还可以享有其他许多针对会员的服务……”20时20分，来某鹏收到主题为“恭喜您申请的新浪免费电子邮箱正式开通”的电子邮件，内容为：“欢迎使用新浪网为您提供的免费电子邮件系统！新浪网为您提供的免费电子邮箱：lai×××peng1@sina.com，已经开通。您可以立刻开始用这个邮箱来发送或接收电子邮件……”2001年8月2日、9月13日新浪网向电子邮箱用户发布重要通知，通知新浪免费邮箱空间大小将在9月16日零时正式从50M调整为5M。来某鹏认为，自己与“新浪网邮箱”提供商四通利方公司缔结了电子邮箱服务合同，该服务合同应该对双方均具有约束力，现四通利方公司不顾其承诺和作为门户网站企业的信誉擅自将其承诺的50M邮箱容量缩减为5M，构成违约。遂诉诸法院，要求判决四通利方公司继续履行其承诺提供的50M容量“免费电子邮箱”的服务。

法庭经审理查明：新浪网将会员注册的第二步设置为新浪网北京站服务条款，互联网用户在注册成为新浪会员时，必须接受该服务条款的约定，方可进行下一步操作。该服务条款之“3）服务条款的修改和服务修订”中规定：“新浪网有权在必要时修改服务条款，新浪网服务条款一旦发生变动，将会在重要页面上提示修改内容。如果不同意所改动的内容，用户可以主动取消获得的网络服务。如果用户继续享用网络服务，则视为接受服务条款的变动。新浪网保留随时修改或中断服务而不需知照用户的权利。新浪网行使修改或中断服务的权利，不需对用户或第三方负责。”法院经审理认为：根据“新浪网”北京网站提供的要约条件，在免费邮箱注册时，除需要按页面要求提供申请注册人的个人信息外，必须全面地接受页面中显示的“新浪网北京站服务条款”的全部条款，认可该条款所有内容，点击“我同意”按框后才能完成注册步骤，获得“新浪网”北京站会员的资格和享有免费邮箱的服务，双方之间缔结了关于免费邮箱使用的服务合同。在点击“我同意”按框后，应当认为申请者已完全知悉并接受“新浪网北京站服务条款”。来某鹏正是完成了前述的注册程序后，自愿明确地接受网站服务条款，从而与新浪网之间缔结了电子邮箱服务合同。遂判决驳回来某鹏的诉讼请求。

结合该案，论述电子合同中点击“我同意”按框的法律意义，并列举能够起到同样功能的方法还有哪些。

2. 在证券交易所、在线拍卖公司使用的自动交易撮合系统中，“自动信息系统”同时代理买卖双方当事人进行交易而充当了“居间人”的地位。

请问：通过这种执行交易中介功能的“自动信息系统”所订立的买卖合同，其要约、承诺是怎样作出的呢？

3. 景荣公司注册了电子邮箱：jrsy@jrsy. com. cn；衡阳厂注册了电子邮箱：h-ynz@online. sh. cn。2015 年 3 月 5 日上午，景荣公司给衡阳厂发出要求购买该厂生产的办公家具的电子邮件一份，电子邮件中明确了如下内容：(1) 需要办公桌 8 张、椅子 16 张；(2) 要求在 3 月 12 日之前将货送至景荣公司；(3) 总价格不高于 15 000 元。电子邮件还对办公桌椅的尺寸、式样、颜色作了说明，并附了样图。

当天下午 3 点 35 分 18 秒，衡阳厂也以电子邮件回复景荣公司，对景荣公司的要求全部认可。为对景荣公司负责起见，3 月 6 日，衡阳厂还专门派人到景荣公司作了确认，但双方都没有签署任何书面文件。

2019 年 3 月 11 日，衡阳厂将上述桌椅送至景荣公司。景荣公司由于已于 10 日以 11 000 元的价格购买了另一家工厂生产的办公桌椅，就以双方没有签署书面合同为由拒收。双方协商不成。3 月 16 日，衡阳厂起诉至法院。庭审中，双方对于用电子邮件方式买卖办公桌椅及衡阳厂去人确认、3 月 11 日送货上门等均无异议，但是，景荣公司认为，双方没有签订传统的书面合同，就可以不承认已经存在的合约关系，就可以不履行义务。

(1) 评述景荣公司关于“它们与衡阳厂之间没有书面合同”的说法是否符合中国法律。

(2) 结合该案，阐述电子合同成立的时间、地点。

(3) 试述该案中法官应当如何判决。

(4) 假如该案发生在 2020 年，可以适用我国《电子商务法》《民法典》的新规定，请问该案判决可以援引的法律依据是哪些法条。

4. 试述《电子商务法》关于消费者权益保护的规定同《消费者权益保护法》的相关规定有何联系与区别。

5. 上海环讯电子商务公司（以下简称“上海环讯”）、西单电子商务有限责任公司（以下简称“西单电子”）以及中国建设银行上海分行（以下简称“上海建行”）合作共同从事电子商务，一般流程如下：第一步，西单电子把商品的信息公布在互联网上，购货人订货后，订货信息经中介企业上海环讯集中整理后发给上海建行；第二步，上海建行核对买方的信用卡，并将货款划入，经由上海环讯打给西单电子；第三步，西单电子得到购货人货款已划入的信息，即“交易成功”的信息，就把商品交由物流递送企业发送到购货人手中；第四步，上海环迅把货款打入西单电子的账户。

不到半年时间，上述合作业务额就达近千万元。然而好景不长，2002 年 8 月西单电子发出去两台手提电脑，迟迟不见回款，便向上海环讯进行咨询。几天后，上海环讯回信说，购买者持国外信用卡，购买者拒绝支付，共涉及货款 58 万元，全是通过上海建行结算的。而国外银行卡组织规定，持卡人在接到对账单后的 6 个月内可以无条件地拒绝付款；只要持卡人有要求，银行就应当将划出的款再划回持卡人账户。上海建行根据上述规定，把已经打出的钱又从上海环讯账面上划了回去。

由于当时弄不清楚这些持外卡的拒付者是恶意透支还是伪造信用卡，出现损失后，上海建行首先暂扣了上海环讯的60万元货款，上海环讯也扣下应该支付给西单电子的10万元货款。在这种情况下，西单电子只好暂停上述合作业务。第二年，上海环讯把西单电子告上法庭，要求返还其余货款的损失，理由是损失的款项应看作是上海环讯替西单电子交的垫付款。几个月后上海环讯撤诉。2005年年初上海环讯以同样理由起诉，并在法院要求下将上海建行列为第二被告。2006年6月，上海市长宁区人民法院一审判决三企业各负三分之一的责任。西单电子不服，提起上诉。9月，上海市第一中级人民法院二审判决西单电子没有责任，上海建行负三分之二的责任，上海环讯负三分之一的责任。

结合该案，试述我国《电子商务法》专门就电子商务中的电子支付进行建规立制有何进步意义，并试述假如该案发生在今天，如何适用《电子商务法》进行判决。

6. 论述我国《电子商务法》在中国社会主义法律体系中的基本地位。

第四章

电子政务法

运用信息科技的力量可以帮助打击犯罪；可以利用一个安全有效率的方式，消除伪造与欺瞒的机会，将服务传递给真正需要的人；也可以增进医疗保健的服务、寻找失踪儿童、保护所有人的隐私权。简言之，就是完完全全地重新塑造政府传递服务给顾客的方式。

——［美］弗莱志克

【关键词】电子政务　电子政府　电子行政　电子政务法　信息公开法　《政府信息公开条例》　电子行政法

【案例 4-1】

杜宝良交通违章系列案

“电子眼”执法是一种新型的非现场交通执法，是由道路交通违章监测仪对交通违法行为进行拍照取证的做法。2004 年 7 月 20 日至 2005 年 5 月 23 日，安徽进城务工人员杜宝良在驾驶小货车运菜时，在每天必经的北京同一地点 105 次闯禁行标志，未曾被交通警察现场纠正，而是均由“电子眼”记录。在这期间，杜宝良从未收到过来自交管部门的任何警示。直到 2005 年 5 月 23 日，杜宝良才偶然得知结果，最终罚款达到 10 500 元、交通违章记分 210 分。6 月 1 日，杜宝良前往北京西城交通支队执法站接受了巨额罚款。北京交管部门随后向新闻媒体披露“违章大王”接受万元处罚的事情，以期教育广大驾驶员自觉遵守交通法规。此事经披露后引起广泛关注，人们发现实际上这不是孤立的个案，全国还有不少“杜宝良”因交通违章而不知不觉地“积累”多张罚单的情况。“天量罚单”式的道路交通摄像头问题愈演愈烈。2021 年《行政处罚法》再次修订后，其中明确规定行政机关利用电子技术监控设备记录违法事实要接受严格的法律规制。即便如此，广东佛山一高速路依然曝出了涉嫌一个摄像头一年记录“62万车主违章、罚款总额1.2亿元”的事件，引发舆情。在我国信息化转型过程中，“杜宝良现象”都是政府部门推广电子执法活动中值得警醒的话题。

第一节　电子政务法概览

一、什么是电子政务

（一）电子政务的历史发展

电子政务是自20世纪90年代全球兴起的一场政务革命。早在1993年，美国克林顿政府发起了一场“国家绩效评估运动”，就提出应用先进的信息网络技术克服美国政府在管理和提供服务方面所存在的弊端，于是构建“电子政府”成为政府改革的一个重要方向。1996年，美国政府发动“重塑政府计划”，提出要让联邦机构最迟在2003年全部实现上网，使美国民众能够充分获得联邦政府掌握的各种信息。2000年9月，美国政府开通“第一政府”网站（www. firstgov. gov）；2007年1月，该网更名为“美国网”（www. usa. gov）。随后，美国政府更加注重用户体验，为方便使用者查找、使用相关数据，于2009年5月21日宣布实施“开放政府计划”（Open Government Initiative），进一步有效开放政府信息；同时开通了“一站式”政府数据下载网站Data. gov，该网站对现有数据中心进行有效整合，旨在方便用户下载和再开发，同时鼓励第三方机构利用Data. gov的数据开发特色应用，从而提高用户体验度，推动数据利用创新。2010年12月，美国政府发布《改革联邦政府IT管理的25条实施计划》，率先提出“云优先”发展战略，明确要求各政府部门于2012年6月底将至少三项服务移到云平台。2011年2月，美国政府又发布《联邦云计算战略》，计划每年将总计约800亿美元的IT开支中约四分之一的部分迁移至云服务。在“云优先”发展战略下，美国启动了联邦政府云服务门户Apps. gov。该门户是一个以云计算为基础架构的、以IT公共服务为主要产品的在线应用商店平台。在此平台上，政府集中购买各种云服务产品，节约大量预算；企业之间公平竞争，向政府提供专业化的IT服务。二者之间形成良好互动，从而推进云战略更好发展。同年9月20日，美国、英国、巴西、挪威、菲律宾、印度尼西亚、墨西哥、南非八个国家联合签署了《开放数据声明》，成立“开放政府合作伙伴”（Open Government Partnership，OGP）。2012年5月美国发布《数字政府构建一个21世纪平台以更好地服务美国人民》的电子政务战略，明确“以信息为中心”“共享平台”“以客户为中心”等基本原则。2019年12月美国发布《联邦数据战略和2020年行动计划》，描述了美国联邦政府未来十年的数据愿景。

欧洲电子政务的发展主要经历了四个阶段：1990—1994年，主要着眼于中央

图 4－1　美国政府数据开放运动

级政府部门的电子政务工作；1994－1998 年，启动面向公民、企业以及所有行政机关的信息交换工作；1998－2002 年，向政府职能整合的高层次电子政务发展；自 2000 年后，欧盟提出并改进“电子欧洲”概念，即帮助欧洲从信息管理转化为知识管理，将整个欧盟地区与各成员国的信息化紧密地联系在一起。随着云计算的发展，欧洲一些国家将基于云计算的电子政务列入了国家战略，并纷纷投入应用。例如，2012 年英国政府内阁办公室发布《数字政府战略》，正式启用“数字政府”代替传统的“电子政务”，并开始将政府数字化建设与政府转型结合起来。[①] 2017 年英国出台《政府转型战略（2017—2020）》，进一步推动英国政府数字化转型的进程。欧洲大多数国家计划在全国层面的公共部门应用云计算，相比而言，奥地利、丹麦、芬兰、法国、德国、爱尔兰、西班牙和英国属于基于云计算的电子政务发展较好的国家。根据《2020 年联合国电子政务调查报告》，欧洲的电子政务发展平均

① 参见林梦瑶、李重照、黄璜：《英国数字政府：战略、工具与治理结构》，载《电子政务》，2019（8），91 页。

指数值处于全球的领先地位，丹麦、爱沙尼亚、芬兰、瑞典、英国、荷兰、冰岛、挪威处于欧洲的领先地位。

我国电子政务的发展也有些历史年头。2000年10月，《中共中央关于制定国民经济和社会发展第十个五年计划的建议》明确了“以信息化带动工业化”的战略方针，电子政务进入快速发展时期。2001年8月，中央重新组建了国务院信息化领导小组，其常设办事机构国务院信息化工作办公室随即成立。2002年，国家信息化领导小组第二次会议制定了《关于我国电子政务建设指导意见》，明确了“十五”期间我国电子政务建设的目标。2005年10月，《中共中央关于制定国民经济和社会发展第十一个五年规划的建议》再次明确提出，“深化政府机构改革，优化组织结构，减少行政层级，理顺职责分工，推进电子政务，提高行政效率，降低行政成本”。2006年1月1日，中央政府门户网站（www.gov.cn）正式开通。2011年3月，《国民经济和社会发展第十二个五年规划纲要》再次强调，“大力推进国家电子政务建设，推动重要政务信息系统互联互通、信息共享和业务协同，建设和完善网络行政审批、信息公开、网上信访、电子监察和审计体系”。2014年10月，中国共产党第十八届中央委员会第四次全体会议审议通过了《中共中央关于全面推进依法治国若干重大问题的决定》，指出要全面推进政务公开，推进政务公开信息化，加强互联网政务信息数据服务平台和便民服务平台建设。2015年3月5日，第十二届全国人民代表大会第三次会议上，国务院总理李克强在2015年《政府工作报告》中强调“全面实行政务公开，推广电子政务和网上办事”，也首次提出了“互联网＋”行动计划。2016年中共中央办公厅、国务院办公厅联合发布的《国家信息化发展战略纲要》指出要“深化电子政务，推进国家治理现代化”。同年国务院发布《新一代人工智能发展规划》，明确了“智能政务”的概念，提出“开发适于政府服务与决策的人工智能平台，研制面向开放环境的决策引擎，在复杂社会问题研判、政策评估、风险预警、应急处置等重大战略决策方面推广应用”的具体要求。此外，《“十三五”国家信息化规划》（2016）、《促进大数据发展行动纲要》（2015）等重要文件均对电子政务作出明确要求。2018年10月，国务院办公厅印发《政府网站集约化试点工作方案》，推进政府网站互联互通融合发展。2019年4月，国务院公布《关于在线政务服务的若干规定》，明确国家加快建设全国一体化在线政务服务平台。2019年5月，中共中央办公厅、国务院办公厅印发《数字乡村发展战略纲要》，明确“依托全国一体化在线政务服务平台，加快推广‘最多跑一次’‘不见面审批’等改革模式，推动政务服务网上办、马上办、少跑快办。2021年1月，中共中央印发《法治中国建设规划（2020—2025年）》，明确“加快推进‘互联网＋政务服务’，政务服务重点领域和高频事项基本实现‘一网、一门、一次’”。这些标志着我国电子政务的建设开始进入智能化的新发展阶段。可以说，在“网络强国”“数字中国”“智能社会”建设的大背景下，我国的电子政务正在朝着智慧/智能政务、数字/数据治理、智能/智慧治理等新业态进行急剧的转型。

（二）电子政务的语词含义

“政务”是指公共机构进行的管理和服务，狭义上仅指行政，广义上则包括立法、行政、司法、党派、公益团体、大学等为公民和企业提供的政治、经济、文化、法律、信息等方面的管理和服务。相应地，电子政务也存在广、狭义之分。狭义的电子政务专指行政机关借助电子信息技术进行的管理和服务活动，即在信息化、新公共管理和法治国家理论的指导下，公共机构应用现代信息技术，进行政府再造的系统方案，并在此基础上逐步形成的一种后现代化的公共行政模式；广义的电子政务则包括狭义的电子政务以及电子党务、电子人大、电子政协、电子法务、电子军务、电子校务等。无论前述哪一种含义，电子政务都不是“电子”和“政务”的简单相加，而是重新组合所形成的一种新的公共政务。

要准确理解这一概念，必须注意以下几点：(1) 电子政务的核心在政务，电子只是实现管理的手段，其最终目的是处理与公共权力的行使相关的业务；(2) 电子政务必须借助于电子信息技术，离不开信息基础设施和相关软件技术的发展；(3) 电子政务并不是简单地将传统的政府管理和运作原封不动地搬到网络上，而是要对现有的政府组织结构、运作方式、行政流程等进行优化和重组。显而易见，电子政务与传统政务有着重大的实质不同，它是一种新型的政府治理模式。

为实现这一目标，各国的电子政务建设至少包括三个组成部分：一是政府部门内部的电子政务；二是政府相关部门之间的电子政务，它主要通过电子公文传输系统、协同办公系统等开展政务，用于收发、传递公务及政务信息、会签、联合行文、联合审批等，实现网上交互式协同办公；三是政府部门面向社会公众的电子政务，包括政府对企业的政务和政府对公民的政务两种，前者是指政府通过网络系统进行电子采购、招标等行政工作，后者是指政府通过网络系统为公民提供各种政务服务。

如果对这三个方面建设的成熟程度作一番考察的话，可以看出，各国的电子政务发展水平大体上分为政府工作信息化与电子政府两种形态：前者主要是指利用现代化的办公设备、计算机技术和通信技术来代替政府官员的手工作业，从而大幅度地提高政府的办公效率；后者则是利用电子信息技术来构建一个“虚拟政府”“智能政府”，从而使民众能够随时随地地享受各类政府服务。显然，前者是一种初级状态，后者是一种高级状态。我国各级政府的建设重心应当由政府工作信息化转移至电子政府。

近年来，我国强调要加快推动电子政务，打通信息壁垒，构建全流程一体化在线服务平台，助力建设人民满意的服务型政府，就是在积极践行电子政务由初级状态向高级状态的转移。国务院将“互联网＋政务服务”作为深化“放管服”改革的关键环节，印发了《进一步深化“互联网＋政务服务”推进政务服务“一网、一门、一次”改革实施方案》，推进跨层级、跨地域、跨系统、跨部门、跨业务的协同管理和服务。① 一些部

① 国务院办公厅《关于印发进一步深化“互联网＋政务服务”推进政务服务“一网、一门、一次”改革实施方案的通知》（国办发〔2018〕45号）。

门和地方积极探索，深入推进“互联网＋政务服务”，在互联网＋政务服务、政务系统整合共享、市场监管等方面取得的显著成效，产生了一批类似于浙江“最多跑一次”改革等数字中国建设年度最佳实践成果。

二、什么是电子政务法

随着电子政务发展的不断深入，人们对电子政务已经不再陌生，但对电子政务法还没有形成一个被普遍接受的看法。在我国学术界，学者对电子政务法的理解主要有以下两种观点。

一是广义说。如有人认为，电子政务法是专门调整现代信息技术在公共行政应用的范围、条件、方式、地位和效力等事项的法律规范的总称，具体包括电子政府法、电子政务技术法、电子政务基金法、电子行政行为法与电子政务监督法等（体系结构见表 4-1）。①

表 4-1　　广义的电子政务法体系

<table>
<tr><th>部门</th><th>具体法律制度</th><th colspan="2">调整对象</th></tr>
<tr><td rowspan="2">电子政务组织管理法律制度</td><td>电子政务组织法</td><td rowspan="2">调整电子政务在规划、组织、管理、资金使用等方面的社会关系</td><td>调整事项：电子政府的设置、法律地位、主管部门和职责权限等</td></tr>
<tr><td>电子政务基金法</td><td>调整电子政务财政资金来源、预算、使用及监督等</td></tr>
<tr><td rowspan="2">电子政务信息法律制度</td><td>政府信息公开法</td><td rowspan="2">调整政府信息和公民个人信息的公开与保护</td><td>调整政府信息的公开与豁免公开等事项</td></tr>
<tr><td>个人信息保护法</td><td>调整个人信息的公开、保密及侵权后的救济</td></tr>
<tr><td rowspan="2">电子政务技术法律制度</td><td>电子政务标准化法</td><td rowspan="2">调整电子政务技术的标准、技术的使用以及技术的安全等事项</td><td>调整电子政务标准的制定与执行</td></tr>
<tr><td>电子签名法</td><td>调整电子签名的认证、使用与效力等事项</td></tr>
<tr><td rowspan="2">电子行政行为法律制度</td><td>电子行政行为法</td><td rowspan="2">调整电子行政行为的法律地位、合法要件、效力以及对电子政务的监督等</td><td>调整电子行政行为的合法要件和效力</td></tr>
<tr><td>电子政务监督法</td><td>调整电子政务实施评价、网上行政救济等事项</td></tr>
</table>

二是双重含义说，即主张从狭义和广义两个角度去理解电子政务法。如有人认为，促进行政业务电子化、实现电子政务的各项具体内容的各种法律规范，包括法律、行政法规、部门规章、地方性法规、民族自治法规、经济特区的规范性文件、部门规章以及地方行政规章等，均可被称为电子政务法律规范。从法律分类来讲，狭义的电子政务法，应当属于行政法的范畴；而广义的电子政务法，可能涉及诸如

① 参见高家伟：《论电子政务法》，载《中国法学》，2003（4），66-67 页。

宪法（如选举、立法）、诉讼法（如行政诉讼中电子证据的使用）等领域。①

我们认为，前述两种观点的分歧是表面性的，相同点是本质性的，即都承认电子政务法存在广、狭义之别。前者是由国家颁行的专门单行法，如“政府信息公开法”“电子政务法”“电子政府法”等；后者是由国家颁行的各种法律中有关电子政务的条款，如基本法律、行政法规、部门规章以及地方性法规等各种法律规范性文件中的相关条款。

实际上，当今世界各国的电子政务法并没有统一的模式。有的国家规定了这方面的专门性法律，如美国 2002 年《电子政府法》涵盖体制、信息安全、个人信息保护与削减公文等各个方面；有的国家虽未制定专门性法律，但在众多传统法律部门中零星分散着一些有关电子政务的条款。特别是一些发展中国家，为了回应信息时代各种政务活动中遇到的新问题，往往在修改传统法律的过程中零散地作些规定。简言之，国情的不同，决定了各国电子政务法模式的差异。

我国目前仍处于大力推进电子政务法建设并走向智慧政府制度初创的阶段，从理论上限定什么是电子政务法并没有多大的现实意义，关键在于弄清楚我国电子政务法的核心内容。笔者认为，从近年的立法动态来看，我国电子政务立法的核心部分至少应包括政府信息公开法、个人信息保护法、电子签名法、电子行政法、电子政府法以及电子文件管理法等。其中，有的已经颁行，有的正在推动之中，有的还未被纳入议事日程；有的是单纯的“电子”政务法，有的与“电子”商务法结合在一起。这些法律的共同特点是，它们的调整对象都涉及行政机关与其他机关在网络空间或者利用网络技术开展政务活动时形成的各类社会关系。为行文方便，本章后文将重点阐述政府信息公开法、电子行政法与电子文件管理法律制度。

三、电子政务法之国际整理

（一）美国《电子政府法》及其他

美国在电子政务立法方面走在世界的前列，全面的立法为电子政务发展创造了良好的环境。早在 1996 年，美国就颁布了《克林杰-科恩法案》(Clinger-Cohen Act of 1996)，目的是增强信息技术在政府机构中的作用，要求在联邦政府的每个部门、机构设立首席信息官（CIO）职位。② 1998 年颁布《政府文书无纸化法》(Government Paper Work Elimination Act of 1998)，要求政府机构自 2003 年起在公务活动中使用电子表格、电子文档、电子签名。③ 2002 年，通过《联邦信息安全

① 参见张楚主编：《网络法学》，228 页，北京，高等教育出版社，2003。

② Clinger-Cohen Act，Sec. 5125. [2021-05-03]. https://www.fismacenter.com/Clinger%20Cohen.pdf.

③ Title XVII—Government Paperwork Elimination Act. [2021-05-03]. https://cdt.org/wp-content/uploads/righttoknow/981019gpea.pdf.

管理法》(Federal Information Security Management Act of 2002)，规定必须对联邦政府信息系统进行安全评估并备案。[①]

特别值得一提的是，美国于 2002 年 12 月颁行了电子政务领域的“基本法”——《电子政府法》(E-Government Act)。这是迄今为止世界上内容详细、覆盖面广的一部代表性的电子政务法律，详细地规定了美国推行电子政府的政策和措施。其主要内容包括：(1) 白宫管理和预算办公室下设一个电子政府信息办公室，由政府首席信息官负责电子政府的资源协调和预算问题；(2) 设立一个由各个行政部门首席信息官组成的委员会，负责政府各部门的合作和信息资源共享；(3) 在财政部设立电子政府专项基金，保障电子政府建设经费的拨付；等等。[②] 这一法律构成美国开展电子政府建设的基础法律。此后，美国联邦政府进入了执行该法并予以改进的建设期。依照该法，白宫管理和预算办公室每年要向国会就联邦政府执行该法的情况作报告，报告内容一般包括关于电子政务的资金投入、人才队伍建设、灾备管理、地理信息系统行动 (geographic information systems and initiatives)、政府向公众提供服务、在线规则制定、国家电子档案管理、政府隐私政策及隐私影响评估等情况。不难看出，《电子政府法》极大地提高了美国联邦政府工作的透明度和决策能力，保障了公民通过互联网等信息技术获得联邦政府信息和服务的机会。

另一部值得一提的“法案”版本是由美国立法交流委员会 (American Legislative Exchange Council)[③] 拟定的《电子政府服务法》(Electronic Government Services Act)。[④] 该“法案”于 2003 年 1 月经该委员会的董事会批准，分别于 2012 年 12 月、2017 年 9 月经过两次修改。它其实仅是一部具有“示范立法”(Model Legislation) 性质的“法案”版本，旨在确保政府机构开展的电子政务服务活动是适当的、有效的。具体来说，如果政府机构开展电子政务服务向社会公众提供与私营企业所提供的商品和服务相同的或有重叠的，该“法案”保护私营企业免受政府机构不正当竞争的影响。为实现这一目的，该“法案”设定了四项规则：(1) 政府机构原则上不得针对私营企业向公众提供电子商务服务的业务，以政府经费或财物开发、启动与拓展类似服务，除非政府机构依照本“法案”的指引且接受相关立法委员会之有效监督；(2) 政府机构向公众提供与电子商务相同或有竞争关系之服务的，必须向公众通报其必要性、差异性、服务费用来源及支出说明等事项；(3) 政府机构向公众提供与电子商务相同或有竞争关系之服务的，应当在特定日期之前准

① Federal Information Security Management Act of 2002. [2021-05-03]. https://www.congress.gov/bill/107th-congress/house-bill/3844.

② E-Government Act of 2002. [2021-05-03]. https://www.govinfo.gov/content/pkg/PLAW-107publ347/pdf/PLAW-107publ347.pdf.

③ 该委员会是美国最大的无党派会员组织，由致力于限制政府权力、捍卫市场自由的州立法者和政策领域的利益相关者组成。

④ Electronic Government Services Act. [2021-05-03]. https://www.alec.org/model-policy/electronic-government-services-act/.

备并发布其电子政务服务的年度报告；（4）州内的电子商务服务提供者有权对政府机构提供电子政务服务的行为提出司法诉讼。诚然，该“法案”绝不能被片面理解为禁止政府机构开展电子政务。

此后，美国还出台了一系列完善电子政府的法律和文件，内容涵盖以下几类：（1）促进电子政府的其他基础性法律和文件，如远程办公促进、绩效评估现代化、网站风格优化等；（2）以信息公开、隐私权保护为主要内容的法律和文件；（3）以计算机安全为主要内容的法律和文件；（4）以知识产权保护为主要内容的法律和文件；等等。列举重要的如下：

2010 年 12 月，美国通过《远程办公促进法》（Telework Enhancement Act of 2010）① 该法要求各政府机构行政负责人制定授权符合条件的雇员开展远程办公的政策，确定雇员参加远程办公的资格以及向具有远程办公资格的雇员发出通知。该法对远程办公政策提出了明确要求，包括要确保远程办公不会降低工作绩效或机构运行、机构管理者与雇员要签订书面协议、远程办公不适用于政府机构承担官方职责的工作人员等。该法还要求政府机构的人力资源主管研究政府和私营部门利用远程办公的最佳做法和建议，审查因远程办公对能源消耗、城市交通、警情处置的可能影响，并向社会发布调查结果等。

2011 年 1 月，美国《政府绩效现代化法》（GPRA Modernization Act of 2010）② 正式施行。该法修改了 1993 年《政府绩效法》（Government Performance and Results Act of 1993），旨在通过联邦机构制订战略计划、年度绩效计划和年度项目绩效报告来提高联邦项目的效率和效力，要求每季度对政府方案进行绩效评估，并设立机构绩效改进首席运营官、干事及委员会。

2014 年 12 月，美国通过《联邦信息安全现代化法》（Federal Information Security Modernization Act of 2014），修改了 2002 年《联邦信息安全管理法》。该法重新设立白宫管理和预算办公室的主任对政府机构信息安全政策和做法的监督权，并授权国土安全部的部长管理此类信息系统政策和做法的执行；规定在政府机构的信息安全项目中使用自动化工具进行定期风险评估、安全程序测试以及安全事件的侦测、报告和响应等；授权联邦政府审计署向各政府机构和检测官员提供包括检测信息安全控制和程序在内的技术援助；指示信息安全和隐私咨询委员会向国土安全部提供建议和年度报告。③

① Telework Enhancement Act of 2010. [2021-05-03]. https://legislation.lawi.us/telework-enhancement-act-of-2010/.

② GPRA Modernization Act of 2010. [2021-05-03]. https://www.congress.gov/111/plaws/publ352/PLAW-111publ352.pdf.

③ Federal Information Security Modernization Act of 2014. [2021-05-03]. https://www.congress.gov/bill/113th-congress/senate-bill/2521.

2018 年 1 月，美国签署了电子政务领域的一部新法律——《互联网政府法》[①]（于同年 7 月生效）。该法要求联邦机构新建或改建的官方网站必须是“移动友好型”（mobile-friendly），即政府官网必须便于公众通过智能手机、平板电脑或类似的移动设备进行检索、浏览和访问。该法也要求白宫管理和预算办公室在法律实施后 18 个月内向国会提交一份报告。

（二）欧洲国家的代表性立法

在欧洲，一些国家启动电子政务相关法律建设的历史也很悠久。芬兰于 2003 年 2 月 1 日开始实施《公共领域电子送达与联络法》（Act on Electronic Services and Communication in the Public Sector），规定在行政机关、法院等司法机关以及其他执法机关中普遍采用电子数据传输，提升送达与联络的效率以及信息安全，为构建电子政府提供了基础的法律保障。[②] 该法于 2010 年 11 月修改后，于第 18、19、20 条分别进一步明确了政府文件可以通过电子信息送达（electronic service）、其他文件经当事人同意的也可以通过电子信息送达、政府文件可以通过机械方式（Mechanical signature）进行签署。[③] 2011 年 9 月，芬兰施行《公共行政信息管理治理法》（Act on Information Management Governance in Public Administration），对公共行政某些机构承担信息管理治理、促进并保障信息系统可用性的义务作出规定，以提高政府行政活动的效率。[④] 2013 年 12 月，芬兰通过《政府通用信息通讯技术服务法》（Act on Government's Common ICT-services），规定政府信息通讯技术服务中心（Valtori）负责提供通用信息通讯技术服务，包括数据中心、网络、工作站、通信和通用软件支持服务等，政府组织负责商业特定软件的开发、运维和支持等，以改善政府部门公共信息通讯技术服务的效率、质量和互操作性。[⑤] 2015 年 1 月，芬兰通过《政府安全网络活动法》（Act on Government Security Network Activities），规定了政府安全网络（Government Security Network）的启用、服务及其他安全活动，以保证国家领导人能够在正常、非正常或意外情况下同重要安全部门、其他关键部门保持不受干扰、不间断的联系，并获取用于决策的完整而保密的信息。[⑥]

① Connected Government Act. ［2021－05－03］. https：//www.congress.gov/115/plaws/publ114/PLAW-115publ114.pdf.

② Act on Electronic Services and Communication in the Public Sector，Sec. 1. ［2021－05－03］. https：//www.finlex.fi/en/laki/kaannokset/2003/en20030013.pdf.

③ Act on Electronic Services and Communication in the Public Sector，Sec. 18－20. ［2021－05－03］. https：//www.finlex.fi/fi/laki/alkup/2010/20100924.

④ Act on Information Management Governance in Public Administration. ［2021－05－03］. https：//www.w3.org/2013/share-psi/wiki/images/1/18/Act_on_Information_Management_en.pdf.

⑤ Act on Government's Common ICT-services. ［2021－05－03］. https：//www.finlex.fi/fi/laki/alkup/2013/20131226.

⑥ Act on Government Security Network Activities. ［2021－05－03］. https：//www.finlex.fi/sv/laki/alkup/2015/20150010.

奥地利于 2004 年 3 月 1 日开始实施《电子政府法》（eGovernment Act）。该法的全称为《规定促进同政府部门进行电子通信的联邦法》（Federal Act on Provisions Facilitating Electronic Communications with Public Bodies），历经 2018 年、2020 年等多次修改。① 作为奥地利电子政务制度的一部核心法律，它主要设定了开展电子政务的三项重要原则：一是用户在联系政府部门时有选择通信手段的自由；二是通过适当的技术措施（如公民卡）保障安全和改进法律保护；三是为具体需要获得政府管理信息和服务的人提供无障碍的方式。② 该法第一章为所有人设定了同政府部门进行交流的"电子通信权"（right of electronic communications），即"对于联邦法管辖的事项，除非不适合以电子方式提供的事项外，每个人都有权与法院、行政机关进行电子通信"。第二～七章分别针对公民的独特标识与电子身份证（如身份证号、PIN、eID 等）、电子身份证在私营部门及国外如何使用、个人数据的电子验证、电子记录独特性的保管、违法的刑事责任、法条适用的规则等内容作了详细的规定。③

意大利于 2006 年 1 月开始实施《数字行政管理法典》（Codice dell'Amministrazione Digitale），该法也被称为《电子政府法典》（eGovernment Code）。该法历经 2016 年 8 月、2017 年 12 月等多次修订和补充。④ 它旨在为电子政府的发展提供一个清晰的法律框架，并为构建有效和亲民的政府行政管理制度创造条件。它制定了若干规则、义务、建议和目标，以促进信息通信技术在政府部门的使用，帮助消除进一步发展电子政务遭遇的文化和道德方面的障碍。它规定政府部门应当通过电子手段分享相关信息，使公民和企业获取信息更轻松；应当在其网站上提供超过最低限度的内容和服务，包括组织架构、邮箱索引、电子服务列表、表格下载以及有关行政程序的信息；应当接受通过电子邮件方式进行的文件和信息交换；应当接受公民和企业的在线付款；应当使用电子身份证和国家服务卡作为允许访问在线服务的标准手段；等等。它还赋予公民和企业以要求和获得政府部门在与用户日常联系中使用电子手段的权利。

德国于 2013 年 6 月通过了《电子政府促进法》（Act to Promote Electronic Government）。⑤ 该法的主要条款于同年 8 月生效，部分条款则延迟至 2014 年 7

① Federal Act on Provisions Facilitating Electronic Communications with Public Bodies (E-Government Act-E-GovG). [2021-05-03]. https://www.ris.bka.gv.at/Dokumente/Erv/ERV_2004_1_10/ERV_2004_1_10.html.

② eGovernment in Austria. [2021-05-03]. https://joinup.ec.europa.eu/sites/default/files/inline-files/eGovernment_in_Austria_2018_vFINAL.pdf.

③ Federal Act on Provisions Facilitating Electronic Communications with Public Bodies (E-Government Act-E-GovG). [2021-05-03]. https://www.ris.bka.gv.at/Dokumente/Erv/ERV_2004_1_10/ERV_2004_1_10.html.

④ Codice Amministrazione Digitale. [2021-05-03]. https://www.agid.gov.it/it/agenzia/strategia-quadro-normativo/codice-amministrazione-digitale.

⑤ E-Government Act of 25 July 2013 (Federal Law Gazette [BGBl.]). Part I, p.2749. https://www.gesetze-im-internet.de/englisch_egovg/englisch_egovg.html.

月、2015年7月，甚至2020年1月生效。其目的是促进行政部门使用电子通信的方式，强化联邦、州和地方政府提供更简便的、友好的、高效的电子政务服务。该法明确，联邦政府部门有义务为电子文件的传输提供一个通道；有义务根据《德国邮件法》开放访问以DE为后缀的电子邮件访问方式，并将邮件存储于联邦政府邮件服务器；有义务根据《护照法》第18条或《居住法》第78（5）条提供电子身份证明；有义务通过可公开访问的网络方式公布其工作、地址、上班时间以及邮政、电话、电邮方式等信息；有义务通过可理解的方式提供其公务活动、随附费用、接受文件、联络主管、联络细节，必要时以表格方式提供；有义务针对电子行政程序提供电子缴费或类似收费的方式；有义务针对电子行政程序提供通过电子方式提交文件的方式；有义务经过参与人同意后直接从德国政府部门数据库进行信息检索。① 此外，该法还对电子文件管理、纸面文件转换和销毁、设置文件访问权限、优化行政程序、执行信息标准化解决方案、自动化程序的合并、数据提供的要求、电子表格的地位、不动产的地理位置配准、官方公报期刊的电子化以及残疾人享有平等机会等内容作了翔实的规定。②

此外，英国于2000年5月颁布《电子通信法》，确定电子签名和其他电子证书在诉讼中可以作为证据使用，授权政府部门修改有关法令，为电子政务的实施进一步扫除障碍。③ 2016年7月该法修正后，进一步完善了电子签名及相关证书运用的规则。④

（三）比较与评价

总的来看，世界上电子政务法的表现形式非常多样，立法水平不尽一致。即便是在具有法典化传统的大陆法系国家，如德国、奥地利、意大利等，也没有统一的样态。从立法目标来看，各国的电子政务法存在效率监管与权利保障两种考量，相应地可以区分为两种类型。

在前一种类型下，电子政务法的设计主要考虑如何有利于政府对社会进行管理，有利于其提高政务管理的效率。至于如何防止政府在电子政务的过程中滥用权力，如何防止政府在管理社会的过程中侵犯行政相对人的权益，如何为被政务行为侵犯的相对人提供救济，则作为第二位的目标考虑。在后一种类型下，电子政务法的设计主要考虑如何更好地服务公众，如何防止和控制公权力滥用，如何避免政府在行使职权过程中以权谋私和侵犯行政相对人的合法权益。至于提高政务效率和加强监管，只是政务程序设计考虑的第二位目标。

① Act to Promote Electronic Government (E-Government Act-EGovG), Sec. 1－5, File.

② Ibid., Sec. 6－16, File.

③ Electronic Communications Act 2000. [2021－05－03]. https://www.legislation.gov.uk/ukpga/2000/7/part/I?timeline=false#reference－c1909723.

④ Electronic Communications Act 2000, Sec. 7 Electronic Signatures and Related Certificates. [2021－05－03]. https://www.legislation.gov.uk/ukpga/2000/7/notes/division/6/2/1.

前面所述的美国电子政务法是第一种类型，其法令（美国立法交流委员会拟定的《电子政府服务法》除外）多是从政府机关的角度设立推行电子政府的相关政策、措施，包括设立首席信息官/运营官、信息官委员会、信息干事等，而少从行政相对人的权利或自由保障的角度立规；而奥地利《电子政府法》赋予所有人以“电子通信权”，意大利《电子政府法典》明确公民和企业享有使用电子手段的权利，德国《电子政府促进法》也有多处指涉并强调当事人、第三方、残疾人等主体的权利。① 长期以来，各国日益重视电子政务法治建设的作用。通过必要的立法活动为电子政务的发展提供法律保障，已经渐成一种趋势。

四、中国电子政务制度之宏观评述

（一）中国电子政务制度的初步架构

我国的电子政务立法始于 20 世纪 90 年代，现已出台数十部相关的法律法规，形成了电子政务的初步法律架构（参见表 4－2）。

表 4－2　　我国电子政务初步法律体系

内容类别	法律示例	法条示例
电子行政类	《行政许可法》（2019 年修正）	第 33 条规定：“行政机关应当建立和完善有关制度，推行电子政务，在行政机关的网站上公布行政许可事项，方便申请人采取数据电文等方式提出行政许可申请；应当与其他行政机关共享有关行政许可信息，提高办事效率。”
		第 29 条第 3 款规定：“行政许可申请可以通过信函、电报、电传、传真、电子数据交换和电子邮件等方式提出。”
政府信息公开类	《政府信息公开条例》（2019 年修正）	第 5 条规定：“行政机关公开政府信息，应当坚持以公开为常态、不公开为例外，遵循公正、公平、合法、便民的原则。”
电子政务中的信息服务类	国务院《互联网信息服务管理办法》	第 4 条规定：“国家对经营性互联网信息服务实行许可制度；对非经营性互联网信息服务实行备案制度。”“未取得许可或者未履行备案手续的，不得从事互联网信息服务。”
	国家发改委《电子招标投标办法》	

① Act to Promote Electronic Government (E—Government Act-EGovG), Sec. 8, 11 (6), 12 (5), 16, E-Government Act of 25 July 2013 (Federal Law Gazette [BGBl.]). Part I, p. 2749. https://www.cio.bund.de/SharedDocs/Publikationen/DE/Innovative-Vorhaben/egov_urschrift_en.pdf?__blob=publicationFile.

续表

内容类别	法律示例	法条示例
行业信息化类	财政部《企业会计信息化工作规范》	第4条规定："财政部主管全国企业会计信息化工作，主要职责包括：（一）拟订企业会计信息化发展政策；（二）起草、制定企业会计信息化技术标准；（三）指导和监督企业开展会计信息化工作；（四）规范会计软件功能。"
信息系统及基础设施建设类	《电信建设管理办法》	第6条规定："电信建设管理应维护国家通信主权，破除垄断，鼓励竞争，促进资源合理利用，维护通信建设市场秩序，营造公开、公平、公正的竞争环境。"
信息服务市场管理与登记许可类	《互联网域名管理办法》	第5条规定："中国互联网域名体系由工业和信息化部予以公告。根据域名发展的实际情况，工业和信息化部可以对中国互联网域名体系进行调整。"
信息安全与保密类	国务院《关于大力推进信息化发展和切实保障信息安全的若干意见》	（略）
	公安部《计算机病毒防治管理办法》	第1条规定："为了加强对计算机病毒的预防和治理，保护计算机信息系统安全，保障计算机的应用与发展，根据《中华人民共和国计算机信息系统安全保护条例》的规定，制定本办法。"

（二）一种由地方"先行先试"探索的风格

在这样一个法律框架中，应该说我国还没有一部名为"电子政府法""电子行政（程序）法"之类的基本法作为支撑，更多的是行政法规或部委规章层级的法律规范。这不利于确立电子政务的战略地位。目前影响最大的就是《行政许可法》，其许可通过电子申请的方式进行行政许可的申请与审批。

【案例4-2】

君艺美居公司诉巴南环保局不履行环评审批法定职责案①

2018年5月14日，君艺美居公司将该公司申请书、废气检测报告、危险废物安全处置合同等通过EMS邮寄给巴南环保局，要求办理环境影响评价手续。经邮政全程跟踪查询系统查询该邮件为2018年5月15日妥投，邮政提供的回执扫描件上的收件人签名为"卢尤"。巴南环保局未启动环评审批程序，作了邮寄退回的处理。为此，君艺美居公司提起行政诉讼。庭审中，君艺美居公司出示相关查询记

① 参见重庆市江津区人民法院（2018）渝0116行初107号行政判决书，重庆市第五中级人民法院（2019）渝05行终90号行政判决书；重庆市高级人民法院（2019）渝行申374号行政裁定书。

录，巴南环保局认可其已于2018年5月15日收到该邮件，但辩称：君艺美居公司于2018年5月14日邮寄的环境影响评价申请材料不属于环保行政主管部门审批环境影响评价文件要求的材料，其邮寄的材料无法启动建设项目环境影响评价审批程序；君艺美居公司对环境影响评价审批制度存在误解，并不是提交了一份“办理环境影响评价手续申请书”，生态环境部门即为其办理手续。

一、二审法院均认为：《中华人民共和国行政许可法》第29条第3款规定，行政许可申请可以通过信函、电报、电传、传真、电子数据交换和电子邮件等方式提出。本案中，君艺美居公司申请巴南环保局办理环境影响评价许可的形式虽不符合巴南环保局之规定的要求，但巴南环保局在2018年5月14日收到君艺美居公司寄送的环境影响评价申请资料后，应当履行必要的告知义务，告知正确的申请途径。巴南环保局认为君艺美居公司只能以网上申请的形式或到行政机关办公场所提出行政许可申请，另，其收到君艺美居公司的邮件后已经予以退回不再需要另行告知的观点，缺乏事实依据和法律依据。

巴南环保局向重庆市高级人民法院提出申诉。

重庆市高级人民法院亦裁定巴南环保局的理由不能成立。

相比其他国家而言，我国的电子政务立法可谓特色不足，更谈不上形成特色优势。如果一定要提炼我国在这一领域的既有经验，可以说一些地方性法规中出现了电子政务的“先行先试”，成为这一领域法治建设的有生力量。如贵州地区为保障大数据引入政务活动，率先推出了《贵州省大数据安全保障条例》《贵州省大数据发展应用促进条例》《贵阳市大数据安全管理条例》等规范，这些都有示范意义；同样，浙江地区为了借助立法保障推进“互联网＋政务服务”改革，先后出台《关于推进和保障桐庐县深化“最多跑一次”改革的决定》《浙江省公共数据和电子政务管理办法》《浙江省保障“最多跑一次”改革规定》等。这些地方性的宝贵探索，为我国在电子政务领域未来立法的整体提升打下了坚实的基础。

第二节　政府信息公开法

一、政府信息公开的含义

在经济全球化、政治民主化、社会网络化的背景下，对信息的任何封锁与垄断都会阻挡社会前进的步伐。政府信息公开在电子政务持续建设的大背景下日益显现出重要性，甚至被称为电子政府治理理念的灵魂。虽然政府信息公开制度并不是电子政务的专门制度，但这一制度在网络时代具有特殊的意义。

所谓政府信息公开制度，是指关于政府信息公开的原则、适用机关，公开的范围、方式和程序，涉及政府信息公开与不公开的申诉和诉讼等各项具体法律制度的总和。从信息论的角度看，政府的工作实际上就是信息资源的开发、利用和管理，政务就是一个不断产生信息的过程。因此，政府信息公开的实质就是要向公众发布信息和收集公众反馈的信息。

作为政府依法行政的重要内容，政府信息公开制度的实施具有重大的现实价值：第一，政府信息公开能够充分保障公民和组织依法获取政府及各类公共企事业单位的相关信息，使公众能够实现对国家事务的民主参与，加强对政府工作的社会监督。第二，政府信息公开摆脱了时间和空间限制，能够实现信息的高效传播和快速更新，能够防止信息被少数人专用或有选择性地公开，从而提高政务的透明度，积极推进政府职能的转变。第三，政府信息公开可以将拟推行的重大举措放在网上征求公众的意见，获得反馈信息后能够据此完善或追踪决策，使政府公共管理和服务更加精干高效，从而充分保障政府与公众之间的信息互动。下述案例是一起在我国很有影响的政府信息公开案件，反映了有关制度的价值平衡问题，值得深入思考。

【案例 4－3】

陆红霞诉南通市发改委政府信息公开答复案①

2014 年陆红霞因不服南通市发改委政府信息公开答复，向南通市港闸区人民法院起诉。庭审中，被告南通市发改委提出原告陆红霞及其家人存在明显滥用政府信息公开申请权的行为，其行为不具有正当性。江苏省南通市港闸区人民法院依职权查明了以下事实：2013 年至 2015 年 1 月期间，原告陆红霞以及其父亲陆富国、母亲张兰三人以生活需要为由，分别向南通市人民政府等共提起至少 94 次政府信息公开申请；在以上提出的政府信息公开申请中，陆红霞以及其父亲陆富国、母亲张兰分别向南通市人民政府等主体申请公开内容相同的信息，并分别向江苏省人民政府等复议机关共提起至少 39 次行政复议；在经过行政复议程序之后，三人又分别以形式违法、程序违法等为由提起政府信息公开之诉至少 36 次。

江苏省南通市港闸区人民法院认为：获取政府信息和提起诉讼是法律赋予公民的权利。公民在行使权利时，应当按照法律规定的方式和程序进行，接受法律及其内在价值的合理规制。原告陆红霞所提出的众多政府信息公开申请具有以下几个明显特征：一是申请次数众多；二是家庭成员分别提出相同或类似申请，内容多有重复；三是申请公开的内容包罗万象；四是部分申请目的明显不符合《政府信息公开条例》的规定。上述特征表明，原告陆红霞不间断地向政府及其相关部门申请获取所谓政府信息，真实目的并非获取和了解所申请的信息，而是借此表达不满情绪，并向政府及其相关部门施加答复、行政复议和诉讼的压力，以实现拆迁补偿安置利益的最大化。原告这种任凭个人主观意愿执意不断提出申请的做法，显然已经构成

① 《最高人民法院公报》，2015（11）。

了获取政府信息权利的滥用，属于典型的滥用诉权行为。在现行法律规范尚未对滥用获取政府信息权、滥用诉权行为进行明确规制的情形下，本院根据审判权的应有之义，结合立法精神，决定对原告陆红霞的起诉不作实体审理，裁定驳回起诉。

陆红霞不服一审裁定，提起上诉。

江苏省南通市中级人民法院二审认为：上诉人陆红霞持续、琐碎、轻率，甚至带有骚扰性质的滥用获取政府信息权、滥用诉权的行为，超越了权利行使界限，应当对其设定一个限制反复的约束。遂裁定驳回上诉。

该案的指导要旨是，“知情权是公民的一项法定权利。公民必须在现行法律框架内申请获取政府信息，并符合法律规定的条件、程序和方式，符合立法宗旨，能够实现立法目的。如果公民提出政府信息公开申请违背了《政府信息公开条例》的立法本意且不具有善意，就会构成知情权的滥用。当事人反复多次提起琐碎的、轻率的、相同的或者类似的诉讼请求，或者明知无正当理由而反复提起诉讼，人民法院应对其起诉严格依法审查，对于缺乏诉的利益、目的不当、有悖诚信的起诉行为，因违背了诉权行使的必要性，丧失了权利行使的正当性，应认定构成滥用诉权行为。”

二、中国《政府信息公开条例》

为了保障公民、法人和非法人组织依法获取政府信息，提高政府工作的透明度，建设法治政府，充分发挥政府信息对人民群众生产、生活和经济社会活动的服务作用，我国《政府信息公开条例》于 2007 年 1 月 17 日通过，并于 2008 年 5 月 1 日起施行。该法既涉及行政机关对于在履行行政管理职能过程中制作或获取的政府信息的公开，也涉及公共企事业单位对于在提供社会服务过程中制作或获取的信息的公开。这是中国的第一部政府信息公开法规，彰显着政府向“透明式”和“服务型”方向转变的决心。2019 年 4 月，国务院公布修订后的《政府信息公开条例》，扩大了主动公开的范围和深度，明确“以公开为常态、不公开为例外”的原则，提升了政府信息公开的在线服务水平。

（一）政府信息公开的范围

政府信息公开的范围是政府信息公开制度的核心内容，它直接决定了公民、法人和非法人组织之知情权的实现程度。我国《政府信息公开条例》第 2 条规定了所调整的“政府信息”含义，指的是“行政机关在履行行政管理职能过程中制作或者获取的，以一定形式记录、保存的信息”。其中，将原先条文中使用的“履行职责过程”表述修改为“履行行政管理职能过程”。这意味着“行政机关以民事主体身份作为机关法人在从事民商事活动过程中制作和获取的信息”“公安等国家机关依据《刑事诉讼法》的明确授权在实施刑事侦查活动过程中制作和获取的信息”等两类信息不属于政府信息。

【案例 4-4】

艾×、杨××与江苏省司法厅、司法部信息公开及行政复议案[①]

2018年1月23日，艾×、杨××向江苏省司法厅邮寄“政府信息公开申请书”，申请公开江苏省镇江市中级人民法院审理的（2017）苏11行初93号行政诉讼案件中，江苏省司法厅与江苏博事达律师事务所签订的委托代理合同。2月11日，江苏省司法厅作出［2018］7号《关于艾×、杨××申请公开政府信息事项的答复》，决定不予公开。艾×、杨××不服该答复，于2月25日向司法部邮寄“行政复议申请书”，请求撤销上述答复，责令江苏省司法厅重新作出答复并公开代理合同。司法部认为艾×、杨××申请公开的内容为江苏省司法厅与律师事务所签订的行政诉讼委托合同，不属于《政府信息公开条例》第2条规定的政府信息，遂于2018年5月16日作出［2018］司复决69号“行政复议决定书”，明确申请人申请公开的内容不属于《政府信息公开条例》第2条规定的政府信息。

艾×、杨××不服，先后提起一、二审行政诉讼，被江苏省南京市中级人民法院、江苏省高级人民法院判决败诉。他们向最高人民法院申请再审。最高人民法院再审认为：本案的争议焦点系再审申请人艾×、杨××申请公开的信息是否属于政府信息。司法部69号复议决定认为，上述委托合同不属于《政府信息条例》第2条规定的政府信息，江苏省司法厅决定不予公开，并无不当。遂裁定驳回再审申请。在本案中，江苏省司法厅与律师事务所签订所形成的委托代理合同显然不是“履行行政管理职能过程”的产物。

在另外一起案件中，政府部门为了履行职务的需要，通过购买服务与律师事务所签订合同形成的“签约律师事务所及律师名单、财政支出来源及各家费用清单”等信息，被司法判决确认为需要公开的政府信息。这两种案件的差异体现在所申请公开信息的细节方面，值得注意。

【案例 4-5】

郝××诉浑南区政府、沈阳市政府信息公开与撤销复议决定案[②]

郝××于2017年11月17日向浑南区人民政府提交政府信息公开申请，要求公开：（1）浑南区人民政府聘用的作为法律顾问的律师事务所及律师名单；（2）财政支出来源及各家费用清单。浑南区人民政于11月24日作出“政府信息部分公开

① 参见江苏省南京市中级人民法院（2018）苏01行初310号行政判决书，江苏省高级人民法院（2019）苏行终85号行政判决书，最高人民法院（2019）最高法行申11918号行政裁定书。

② 参见辽宁省沈阳市中级人民法院（2018）辽01行初49号行政判决书，辽宁省高级人民法院（2018）辽行终1332号行政判决书，最高人民法院（2019）最高法行申8515号行政裁定书。

告知书”，该告知书的主要内容为：“你所申请的信息（聘请政府法律顾问的财政支出来源及各家费用清单）属于行政机关在日常工作中制作和获取的内部管理信息，不属于《政府信息公开条例》所指的应公开的政府信息。”郝××不服该告知书，于 12 月 4 日依法向沈阳市人民政府申请复议。沈阳市人民政府维持了浑南区政府作出的“政府信息部分公开告知书”。郝××不服并提起诉讼。此案经过一审、二审，两审法院均认为，郝××要求沈阳市浑南区人民政府公开的浑南区人民政府聘用的作为法律顾问的律师事务所及律师名单、财政支出来源及各家费用清单的信息属于法律规定的政府购买的法律服务的范畴，属于沈阳市浑南区人民政府应主动公开的信息。遂判决被告沈阳市浑南区人民政府、沈阳市人民政府败诉。

浑南区人民政府不服司法判决，向最高人民法院申请再审。最高人民法院经审查认为：《政府购买服务管理办法（暂行）》第 14 条第 5 项规定，法律服务属于政府履职所需要辅助性事项，应当纳入政府购买服务指导性目录；第 36 条规定，财政部门和购买主体应当按照《政府信息公开条例》、《政府采购信息公告管理办法》以及预算公开的相关规定，公开财政预算及部门和单位的政府购买服务活动的相关信息，涉及国家秘密、商业秘密和个人隐私的信息除外，故浑南区人民政府应当依法向郝××公开案涉信息。遂驳回再审申请。

《政府信息公开条例》第 19～21 条对政府主动公开的信息内容作出了规定，明确“对涉及公众利益调整、需要公众广泛知晓或者需要公众参与决策的政府信息”，行政机关应当主动公开；并将政府主动公开信息中的重点内容作了列举。该条例第 27 条对政府依申请公开的信息内容作出了规定（列表如下）。这可以被理解为正面清单。从中可以看出，我国是采取列举式确定政府主动公开信息的范围，以尽可能地将政府机关的信息公开义务明确化、具体化，防止因笼统规定而造成政府滥用自由裁量权。这体现出较合理的逻辑编排，使立法的可操作性增强。

表 4-3　　政府公开内容一览

主动公开信息的重点内容	所有行政机关	（1）行政法规、规章和规范性文件； （2）机关职能、机构设置、办公地址、办公时间、联系方式、负责人姓名； （3）国民经济和社会发展规划、专项规划、区域规划及相关政策； （4）国民经济和社会发展统计信息； （5）办理行政许可和其他对外管理服务事项的依据、条件、程序以及办理结果； （6）实施行政处罚、行政强制的依据、条件、程序以及本行政机关认为具有一定社会影响的行政处罚决定； （7）财政预算、决算信息； （8）行政事业性收费项目及其依据、标准； （9）政府集中采购项目的目录、标准及实施情况； （10）重大建设项目的批准和实施情况；

续表

<table>
<tr><td rowspan="3">主动公开信息的重点内容</td><td>所有行政机关</td><td>（11）扶贫、教育、医疗、社会保障、促进就业等方面的政策、措施及其实施情况；
（12）突发公共事件的应急预案、预警信息及应对情况；
（13）环境保护、公共卫生、安全生产、食品药品、产品质量的监督检查情况；
（14）公务员招考的职位、名额、报考条件等事项以及录用结果；
（15）法律、法规、规章和国家有关规定规定应当主动公开的其他政府信息</td></tr>
<tr><td>设区的市、县级政府及其部门</td><td>除前述 15 种信息外，还包括：涉及市政建设、公共服务、公益事业、土地征收、房屋征收、治安管理、社会救助等方面的政府信息</td></tr>
<tr><td>乡（镇）人民政府</td><td>除前述 15 种信息外，还包括：贯彻落实农业农村政策、农田水利工程建设运营、农村土地承包经营权流转、宅基地使用情况审核、土地征收、房屋征收、筹资筹劳、社会救助等方面的政府信息</td></tr>
<tr><td>依申请公开的信息内容</td><td colspan="2">公民、法人或者非法人组织可以向地方各级人民政府、对外以自己名义履行行政管理职能的县级以上人民政府部门（含派出机构、内设机构）申请获取相关政府信息</td></tr>
</table>

修正后的《政府信息公开条例》还针对政府信息公开申请不明确的情况，规定了行政机关应当给予指导和释明。这是对过去实践经验的总结。

【案例 4－6】

李××等人与老城区政府、洛阳市政府信息公开及行政复议案①

李××等人不服洛阳市中级人民法院（2017）豫 03 行初 131 号行政判决书，向河南省高级人民法院提起上诉。河南省高级人民法院二审认为，李××等人要求老城区政府公开“由岳村村委会提交给洛阳国土局的支付清单”，经该院释明，其请求内容实质是公开本村村民补偿的建筑物面积、补偿数额、补偿标准等补偿情况。对此，老城区政府未履行帮助释明义务，而仅仅从字面上理解申请人的申请内容。遂判决撤销洛阳市中级人民法院（2017）豫 03 行初 131 号行政判决，撤销洛阳市政府行政复议决定书，撤销洛阳市老城区政府于 2017 年 1 月 12 日作出的《答复函》。

后来洛阳市政府向最高人民法院申请再审。最高人民法院确定本案的争议焦点为：老城区政府是否应当向李××等人公开岳村征地补偿、安置费用的支付清单？

① 参见河南省洛阳市中级人民法院（2017）豫 03 行初 131 号行政判决书，河南省高级人民法院（2018）豫行终 798 号行政判决书，最高人民法院（2019）最高法行申 537 号行政裁定书，最高人民法院（2019）最高法行再 206 号行政判决书。

最高人民法院认为：因二审判决系在 2018 年 6 月作出，本案应适用修订前的《政府信息公开条例》。根据修订前的《政府信息公开条例》第 11 条第 3 项的规定，设区的市级人民政府、县级人民政府及其部门重点公开的政府信息包括征收或者征用土地、房屋拆迁及其补偿、补助费用的发放、使用情况。本案中，岳村集体建设用地的征地拆迁工作系由老城区政府具体负责。李××等人作为被征收人向老城区政府申请公开岳村征地补偿、安置费用的支付清单，是为了了解征收补偿安置费用的发放是否公平、公正，于法有据，亦合乎情理。遂判决责令老城区政府向李××等人提供其所申请公开的政府信息。

同时，《政府信息公开条例》还规定了不予公开、附条件公开、限制公开的政府信息名录。不予公开的情况，主要是“依法确定为国家秘密的政府信息”“法律、行政法规禁止公开的政府信息”“公开后可能危及国家安全、公共安全、经济安全、社会稳定的政府信息”。附有条件公开的情况，主要是“涉及商业秘密、个人隐私等公开会对第三方合法权益造成损害的政府信息”。对于这些信息，行政机关原则上不得公开；但是，第三方同意公开，或者行政机关认为不公开会对公共利益造成重大影响的，予以公开。

【案例 4－7】

陈××等人诉东城区政府信息公开案①

2017 年 9 月 5 日，陈××等人向东城区提出政府信息公开申请，申请公开“崇文区危改项目协议书”“宝华里项目遗留问题解决方案”等（以下简称案涉信息）。9 月 27 日，东城区政府作出《关于征求第三方意见的函》，认为案涉信息可能会涉及中通公司的商业秘密，遂书面征求中通公司是否同意公开的意见。10 月 17 日，中通公司回函称案涉信息涉及该公司的商业秘密，不同意公开。10 月 23 日，东城区政府再次向中通公司作出《关于请第三方说明涉及商业秘密情况的函》，要求中通公司说明涉及“商业秘密的范围、认定依据、公开该信息对你司的影响程度等情况进一步予以说明并提供相应的证据材料”。12 月 29 日，中通公司复函东城区政府，认为“价格结算条款是该协议的核心条款，中通公司直接从上述条款内容确定的结算价款获取可实现商业利益。而我司提交给区重大办的‘宝华里项目遗留解决方案’也是协议后履行的一部分，服务于协议的目的。中通公司在日常经营活动中对以上文件均采取保护措施（我司相关档案管理制度附后）未予以公开”。2018 年 1 月 4 日，东城区政府召开相关会议，研究不公开案涉信息是否会对公共利益造成重大影响，以及能否区分处理后公开，最终形成的结论是不予公开。1 月 16 日，东

① 参见北京市第四中级人民法院（2018）京 04 行初 298 号行政判决书，北京市高级人民法院（2018）京行终 5736 号行政判决书，最高人民法院（2019）最高法行申 2768 号行政裁定书。

城区政府作出告知书，并邮寄送达陈××。

陈××等五人不服，于2018年2月1日提起行政诉讼。一、二审法院均认为：案涉信息涉及的内容属于中通公司经营范围，信息内容不为所属领域的相关人员普遍知悉且中通公司采取了相应的保密措施，可以认定属于商业秘密。东城区政府收到中通公司不同意公开的回函后，组织召开了相关会议，研究不公开案涉信息是否会对公共利益造成重大影响，以及能否区分处理后公开，最终形成的结论是不予公开。东城区政府受理信息公开申请，并作出被诉“告知书”，认定事实清楚、程序符合法律规定。

后来陈××等五人继续提出申诉，最高人民法院裁定驳回再审申请。

“可以不予公开”的情况，主要是“内部事务信息”“过程性信息”“行政执法案卷信息”。其中，“过程性信息”包括行政机关在履行行政管理职能过程中形成的讨论记录、过程稿、磋商信函、请示报告等。这些信息不是一律不公开，若法律、法规、规章规定应当公开的，从其规定。

【案例4-8】

周××诉汉阳区政府信息公开案①

2015年8月27日，周××向汉阳区政府邮寄“汉阳区政府信息公开申请表”，要求公开“鹦鹉洲项目剩余拆迁工作指挥部第34期会议纪要”的政府信息。9月17日，汉阳区政府作出“汉阳区政府办公室关于对周××申请信息公开的回复”，告知周××其申请公开的信息不属于应当公开的范围。周××认为汉阳区政府作出的答复违法，便提起行政诉讼。一审法院认为，汉阳区政府针对周××的政府信息公开申请，告知其申请公开的信息属于不予公开的范围并说明了理由，其行为符合上述法律法规规定，并无不当。遂驳回周××的诉讼请求。二审法院认为：周××向汉阳区政府申请公开的“会议纪要”属于行政机关内部讨论、研究的过程性信息，不属于应公开的政府信息。两审法院均判决周××败诉。

周××向最高人民法院申请再审称：涉案会议纪要确定了改制费用等内容，是结论性的会议纪要。汉阳区政府没有提供会议纪要证明是内部讨论、研究的过程性信息，法院更没有写明内部讨论、研究的过程性信息属于不应公开的政府信息的法律依据。最高人民法院经审查认为：根据《党政机关公文处理工作条例》第8条第15项的规定，会议纪要是适用于记载会议主要情况和议定事项的一种公文类型，属于行政机关内部公文，具有过程性和决策性的特点。从世界范围看，内部信息、过程信息、决策信息通常被列为可以不公开的情形。这些信息普遍具有“内部性”

① 参见湖北省高级人民法院（2016）鄂行终539号行政判决书，最高人民法院（2017）最高法行申1310号行政裁定书。

和“非终极性”的特点，属于“意思形成”的信息，一旦过早公开，可能会引起误解和混乱，或者妨碍坦率的意见交换以及正常的意思形成，从而降低政府效率。这类信息免于公开，目的是保护政府决策过程的完整性，鼓励政府官员之间的相互讨论，并防止在决定作出以前不成熟地予以公布。《国务院办公厅关于做好政府信息依申请公开工作的意见》（国办发〔2010〕5号）第2条中规定：“……行政机关在日常工作中制作或者获取的内部管理信息以及处于讨论、研究或者审查中的过程性信息，一般不属于《条例》所指应公开的政府信息。”《政府信息公开条例》第3条第2款规定，“国务院办公厅是全国政府信息公开工作的主管部门，负责推进、指导、协调、监督全国的政府信息公开工作”。上述意见在性质上属于全国政府信息公开工作主管部门对《政府信息公开条例》的具体应用解释，且该解释符合国际通例，也有利于兼顾公开与效率。遂裁定驳回再审申请。

本案是在《政府信息公开条例》2019年修订前的案件。当时法律未对“过程性信息”是否公开予以明确，修法后“可以不予公开”的规则已经建立了。在新形势下，也不宜简单地“仅以会议纪要的形式为由不予公开”①。其实，会议纪要的功能非常复杂，很多行政决策的主要内容都在会议纪要中体现，实践中会议纪要也可能是结论性的。所以，公开与否的关键是对有关信息内容进行细节判断。

【案例4－9】

朱××诉金华市政府信息公开案②

朱××不服浙江省高级人民法院（2016）浙行终730号行政判决书，向最高人民法院申请再审。最高人民法院经审查认为：修订前的《政府信息公开条例》第2条规定，本条例所称政府信息，是指行政机关在履行职责过程中制作或者获取的，以一定形式记录、保存的信息。《国务院办公厅关于做好政府信息依申请公开工作的意见》［国办发（2010）5号］则规定，行政机关在日常工作中制作或者获取的内部管理信息以及处于讨论、研究或者审查中的过程性信息，一般不属于《政府信息公开条例》所指应公开的政府信息。本案中，朱××于2015年3月18日向金华市政府提出政府信息公开申请，要求公开两项信息，其中第二项为“《浙江省金华仙源湖旅游度假区总体规划》（2007—2020）报金华市人民政府审批的手续依据，及金华市人民政府以一定形式记录、保存的信息”。朱××提出的第二项信息申请是针对《浙江省金华仙源湖旅游度假区总体规划》（2007—2020）相关部门上报、金华市政府作出审批各中间环节的信息，该信息属于行政机关处于讨论、研究、审

① 王敬波：《过程性信息公开的判定规则》，载《行政法学研究》，2019（4），4页。该论者主张，“仅以会议纪要的形式为由不予公开，缺乏对信息内容的分析”。

② 参见浙江省金华市中级人民法院（2015）浙金行初字第70号行政判决书，浙江省高级人民法院（2016）浙行终730号行政判决书，最高人民法院（2019）最高法行申2173号行政裁定书。

查中的过程性信息，不属于应予公开的政府信息。金华市政府作出答复，认为该项信息不属于应予公开的政府信息并说明理由，符合前述规定。

在本案中，最高人民法院再审时就进行了对信息内容细节的有效判断。

此外，政府信息客观存在是行政机关公开政府信息的前提。如果行政机关经查找发现政府信息不存在的，则不具备信息公开的基础。

【案例 4－10】

董×诉徐汇区房屋土地管理局政府信息公开案①

2004 年 5 月，董×向徐汇区房屋土地管理局申请公开岳阳路 200 弄 14 号房屋产权相关原始资料，称此房为其父亲在新中国成立前以 240 两黄金购下。徐汇区房屋土地管理局根据《上海市房地产登记资料查阅操作细则》以及《档案法》的规定，认为：董×不是房屋所有权的权利人，不能查阅；同时信息涉及第三方利益。遂在征询房屋现有产权人徐房集团意见而徐房集团不同意公开的基础上，否决了此信息公开申请。董×以徐汇区房屋土地管理局政府信息公开不作为为由，向法院提起行政诉讼。经审理，徐汇区人民法院驳回原告的诉讼请求，认为应当适用《房地产资料查阅操作细则》的规定。该案被上诉到上海市第一中级人民法院后，上海市第一中级人民法院虽然支持了判决结果，但是反对一审法院的裁判理由，认为不予公开的理由是"信息不存在"，而非档案规定优先适用。

实践中，行政机关主张依申请公开的政府信息不存在时，应当承担说明、解释的责任。这一种责任能否进一步被明确为行政机关的举证责任，值得思考。

【案例 4－11】

陆××等四人诉自然资源部（原国土资源部）政府信息公开案②

陆××等四人不服北京市高级人民法院（2018）京行终 4465 号行政判决，申请再审。陆××等四人申请再审称：根据《国土资源业务档案管理办法》及《电子文件管理暂行办法》的规定，自然资源部应制作陆××等四人所申请的政府信息。国土资公开告知（2017）1843 号国土资源部政府信息公开告知书（以下简称 1843 号告知书）答复不存在申请公开的政府信息于法无据。自然资源部也未提供相应的检索不存在及能够证明不存在的证据。一审、二审法院不支持其诉讼请求明显不当。

① 参见上海市徐汇区人民法院（2004）徐行初字第 76 号行政判决书。转引自程洁：《政府信息公开的法律适用问题研究》，载《政治与法律》，2009（3），30－31 页。

② 参见最高人民法院（2019）最高法行申 1727 号行政裁定书。

最高人民法院再审认为：陆××等四人及案外人申请公开的政府信息为“根据2017年11月8日上午，贵部诉讼代理人孙鲁平庭审中称贵部审查上海市2014年度建设用地请示的申报材料，审查后呈报国务院是以电子运送的方式。请求获取该电子公文国务院已收到的记录”。自然资源部收到政府信息公开申请后，作出1843号告知书，告知不存在陆××等四人申请公开的政府信息，并进行了解释。现有证据亦不足以证明自然资源部在作出1843号告知书时已经制作或获取了陆××等四人申请公开的信息。故一审、二审法院认为自然资源部已尽到法定告知义务，并无不当。

《政府信息公开条例》在附则中还规定了公共企事业单位的部分信息公开的“参照使用”条款。这属于广义的“公共”信息公开。

【案例4-12】

曾××诉江西移动公司不履行信息公开义务案①

曾××起诉称：江西移动公司于2017年8月1日在其网站上发布“优化流量封顶规则公告”，其发现提供的网速与以往的不一致，即向10086投诉，但未有结果。其以挂号信形式向江西移动公司邮寄“江西省通信管理局政府信息公开申请表”，要求公开135××××2944［80020053］E学地带GPRS套餐中GPRS基本费用的计费原则、流量情况、资费标准、适用时限及E学地带包月不限流量套餐的双封顶规则，但未收到回复，故诉至法院。

南昌铁路运输法院一审认为：根据《政府信息公开条例》第37条②的规定，公共企事业单位依法公开的信息应当严格限于提供“社会公共服务过程中制作、获取的信息”，而不应包括用户个人与通信公司之间的履行服务协议所产生的相关信息。本案中，曾××所申请公开内容系其与江西移动公司之间基于通信服务协议所产生，其就服务协议项下的权利，仍可以通过其他途径申请救济，故所申请公开内容并非《政府信息公开条例》调整范围，不属于人民法院行政诉讼受案范围。遂裁定驳回起诉。

曾××不服，提起上诉，称：上诉人所申请的信息需要社会公众广泛知晓，属于

① 参见南昌铁路运输法院（2018）赣0701行初19号行政裁定书，南昌铁路运输中级法院（2018）赣71行终222号行政裁定书。

② 这里指修正前的《政府信息公开条例》第37条，对应的是修正后的《政府信息公开条例》第55条——“教育、卫生健康、供水、供电、供气、供热、环境保护、公共交通等与人民群众利益密切相关的公共企事业单位，公开在提供社会公共服务过程中制作、获取的信息，依照相关法律、法规和国务院有关主管部门或者机构的规定执行。全国政府信息公开工作主管部门根据实际需要可以制定专门的规定”“前款规定的公共企事业单位未依照相关法律、法规和国务院有关主管部门或者机构的规定公开在提供社会公共服务过程中制作、获取的信息，公民、法人或者其他组织可以向有关主管部门或者机构申诉，接受申诉的部门或者机构应当及时调查处理并将处理结果告知申诉人。”

已申请公开的信息。

南昌铁路运输中级法院二审认为：根据《中华人民共和国行政诉讼法》第25条的规定，公民、法人或其他组织提起行政诉讼，必须与被诉行政行为具有利害关系。对“利害关系”的理解，仍应限于法律上的利害关系，除法律另有明确规定外，一般仅指公法上的利害关系。本案中，曾××与其所诉的江西移动公司信息公开不予答复行为没有利害关系，理由是：《中华人民共和国消费者权益保护法》第8条规定：消费者享有知悉其购买、使用的商品或者接受的服务的真实情况的权利。消费者有权根据商品或者服务的不同情况，要求经营者提供商品的价格、产地、生产者、用途、性能、规格、等级、主要成分、生产日期、有效期限、检验合格证明、使用方法说明书、售后服务，或者服务的内容、规格、费用等有关情况。该法第20条第1款中规定，经营者向消费者提供有关商品或者服务的质量、性能、用途、有效期限等信息，应当真实、全面。曾××此次提出的信息公开申请可被纳入消费者知情权范畴。一审认为曾××申请公开内容不属于《政府信息公开条例》调整范畴，其起诉不属于人民法院行政诉讼受案范围，正确。综上，裁定驳回上诉，维持原裁定。

（二）政府信息公开的法律原则

《政府信息公开条例》第5、10～11条规定了我国政府信息公开所要遵循的七项法律原则。

（1）以公开为常态、不公开为例外的原则。

（2）公正、公平、合法、便民的原则，即人人享有平等获取政府信息的权利，政府信息要能方便地被民众利用。

【案例4-13】

中华环保联合会诉修文县环境保护局环境信息公开案①

2011年10月，中华环保联合会向贵州省清镇市人民法院环保法庭提起环境公益诉讼，起诉贵州好一多乳业有限公司（以下简称好一多公司）超标排放工业污水。因案件需要好一多公司的相关环保资料，中华环保联合会便向贵州省贵阳市修文县环境保护局提出申请，要求其公开好一多公司的排污许可证、排污口数量和位置、排放污染物种类和数量情况、经环保部门确定的排污费标准、经环保部门监测所反映的情况及处罚情况、环境影响评价文件及批复文件、“三同时”验收文件等有关环境信息，并于2011年10月28日将信息公开申请表以公证邮寄的方式提交给修文县环境保护局。修文县环境保护局收到该信息公开申请表后，认为中华环保联合会所申请公开的信息内容不明确，信息形式要求不具体、不清楚，获取信息的

① 参见《中华环保联合会诉贵州省贵阳市修文县环境保护局环境信息公开案》，载《最高人民法院公报》，2013（1）。

方式不明确，故一直未答复。

案件中的争议焦点是，具有维护公众环境权益和社会监督职责的公益组织，是否可以向环保机关申请获取环保信息。本案，在表面上看是明确了环保组织信息公开申请人资格，实则践行了政府信息公开“以公开为常态、不公开为例外”“公正、公平、合法、便民”的原则。

需要补充说明的是，“以公开为常态、不公开为例外”“公正、公平、合法、便民”的原则并不意味着不考虑政府信息公开的申请对象。若特别法律对公开范围有特殊限定的，要遵从限定的范围。

【案例 4－14】

齐××诉金安区政府信息公开案①

于齐××诉安徽省六安市金安区人民政府不履行政府信息公开法定职责案，齐××不服安徽省高级人民法院（2017）皖行终 408 号行政判决，申请再审。

最高人民法院再审认为：本案的主要争议焦点是，金安区政府是否应当向齐××公开安丰路道路改建工程及西侧厢涵建设项目国有土地上房屋全区域征收补偿汇总信息等。关于国有土地上房屋征收相关信息的公布范围及公布对象，《国有土地上房屋征收与补偿条例》第 29 条第 1 款明确规定：“房屋征收部门应当依法建立房屋征收补偿档案，并将分户补偿情况在房屋征收范围内向被征收人公布。”根据上述规定，对国有土地上房屋征收补偿情况，应当是在房屋征收范围内向被征收人公布。本案中，齐××并非案涉项目的被征收人，不属于政府信息主动公开的对象；齐××亦未向金安区政府提供证据证明其申请获取的政府信息与自身生产、生活、科研等特殊需要有关。金安区政府收到齐××的申请后，作出答复：对其所申请公开的政府信息不予公开，符合法律规定。根据最高人民法院《关于审理政府信息公开行政案件若干问题的规定》第 5 条第 6 款、第 12 条第 6 项的规定，被告以政府信息与申请人自身生产、生活、科研等特殊需要无关为由不予提供的，人民法院可以要求原告对特殊需要事由作出说明；不能合理说明申请获取政府信息系根据自身生产、生活、科研等特殊需要，被告据此不予提供，且已经履行法定告知或者说明理由义务的，人民法院应当判决驳回原告的诉讼请求。齐××在诉讼中未能向人民法院作出合理说明，一、二审判决并无不当。综上，裁定驳回再审申请。

（3）及时、准确的原则，即行政机关发现影响或者可能影响社会稳定、扰乱社会管理秩序的虚假或者不完整信息的，应当在其职责范围内发布准确的政府信息予以澄清。

（4）谁制作、谁公开的原则，即行政机关制作的政府信息，由制作该政府信息

① 参见安徽省六安市中级人民法院（2017）皖 15 行初 1 号行政判决书，安徽省高级人民法院皖行终 408 号（2017）行政判决书，最高人民法院（2019）最高法行申 6387 号行政裁定书。

的行政机关负责公开。

【案例 4－15】

陈××诉荥阳市政府信息公开案[1]

陈××于 2017 年 4 月 16 日向荥阳市政府邮寄“政府信息公开申请表”，申请“依法公开‘荥阳富光置业有限公司裕华行园建设项目用地、荥政储［2016］154—2 号地块’征收的一书四方案和土地性质（国有或集体）”的相关信息。荥阳市政府于 2017 年 5 月 8 日作出“荥阳市政府信息公开告知书”，主要内容为：“您所申请获取的‘一书四方案’由荥阳市国土资源局制作，依法不属于本机关公开，建议您到荥阳市国土资源局咨询（联系电话：6465×××1，地址：荥阳市康泰路与荥泽大道交叉口南 100 米）”。陈××认为该告知书没有提供相关信息，遂诉至法院。

郑州市中级人民法院一审认为：荥阳市政府明确告知陈××其申请公开的“一书四方案”，属荥阳市国土资源局制作保存，并告知了该行政机关的名称、详细地址及联系方式，履行了法定告知义务，据此作出的“荥阳市政府信息公开告知书”并无不当。陈××的诉讼请求依法不能成立。

陈××提起上诉。

河南省高级人民法院经审查认为：陈××要求公开的“一书四方案”应当由荥阳市国土资源局制作，同时荥阳市政府也可能保存该信息。根据《政府信息公开条例》第 17 条的规定[2]，当制作的行政机关与保存的行政机关不一致时，应当首先由制作机关承担信息公开义务，故荥阳市政府告知陈××到荥阳市国土资源局咨询，符合法律规定。

陈××不服，向最高人民法院申请再审。

最高人民法院经审查认为，根据《政府信息公开条例》第 17 条的规定，行政机关制作的政府信息，由制作该政府信息的行政机关负责公开；行政机关从公民、法人或者其他组织获取的政府信息，由保存该政府信息的行政机关负责公开。从该条规定可以看出，“谁制作、谁公开”是政府信息公开应遵循的基本原则，可以对政府信息公开的职责在不同层级的行政机关之间进行相对合理的分配，由制作机关负责公开政府信息也更能够保证政府信息公开答复的准确性。根据《建设用地审查报批管理办法》第 8 条第 1 款的规定，在土地利用总体规划确定的城市建设用地范围内，为实施城市规划占用土地的，由市、县国土资源主管部门拟订农用地转用方案、补充耕地方案和征收土地方案，编制建设项目用地呈报说明书，经同级人民政府审核同意后，报上一级国土资源主管部门审查。在实践中，“一书四方案”基本

① 参见河南省高级人民法院（2018）豫行终 4019 号行政判决书，最高人民法院（2019）最高法行申 14282 号行政裁定书。

② 这里指修正前的《政府信息公开条例》第 17 条，对应的是修正后的《政府信息公开条例》第 10 条。

上也均由国土资源主管部门负责拟定。因此一般情况下，“一书四方案”的拟定机关及信息公开机关应系国土资源主管部门。本案陈××向荥阳市政府申请公开荥政储（2016）154—2号地块征收的“一书四方案”的信息，荥阳市政府作出“荥阳市政府信息公开告知书”，告知陈××所申请获取的“一书四方案”由荥阳市国土资源局制作，建议其到荥阳市国土资源局咨询，并提供了荥阳市国土资源局的联系方式，已经履行了政府信息公开的法定职责。原审判决驳回陈××的诉讼请求并无不当。

（5）谁保存、谁公开的原则，即行政机关从公民、法人和非法人组织获取的政府信息，由保存该政府信息的行政机关负责公开。

（6）制作者、最初获取者公开的原则，即行政机关获取的其他行政机关的政府信息，由制作或者最初获取该政府信息的行政机关负责公开。

【案例 4 - 16】

李××与国家市场监督管理总局信息公开案①

2018年1月11日，国家质检总局收到李××提交的政府信息公开申请，其申请公开“加盖有中华人民共和国国家质量监督检验检疫总局印章的机构名称‘都匀经济开发区匀东镇人民政府 代码：31438873—0号’中华人民共和国组织机构代码证内容的政府信息。”同年1月23日，国家质检总局作出“告知书”，并于25日向李××邮寄送达。李××不服，诉至法院。

一、二审法院审理均认为：本案的焦点问题在于李××申请公开的信息是否应当由国家质检总局公开。《组织机构代码管理办法》* 第4条规定，国家质检总局依法负责统一组织协调全国组织机构代码管理工作，全国组织机构代码管理中心在职责范围内负责全国组织机构代码管理的具体实施工作。参照上述办法的规定，国家质检总局负责统一组织协调全国组织机构代码管理工作，组织机构代码的具体实施工作由全国组织机构代码管理中心负责。国家质检总局并不负责特定组织的组织机构代码证的颁发工作，故国家质检总局并非李××申请公开的“都匀经济开发区匀东镇人民政府组织机构代码证”信息的制作机关。现有证据亦不足以证明国家质检总局在履行职责过程中获取过上述信息，故国家质检总局作出被诉“告知书”、认定李××申请公开的信息依法不属于其公开，并无不当。

李××不服，申请再审。

---

* 该办法已于2016年被废止。——编辑注

① 参见北京市第一中级人民法院（2018）京01行初918号行政判决书，北京市高级人民法院（2018）京行终6113号行政判决书，最高人民法院（2019）最高法行申7335号行政裁定书。根据第十三届全国人民代表大会第一次会议批准的《国务院机构改革方案》，国家质检总局的职责与其他单位的职责整合，组建国家市场监督管理总局，作为国务院的组成部门，不再保留国家质检总局。根据《中华人民共和国行政诉讼法》第26条第6款的规定，行政机关被撤销或者职权变更的，继续行使其职权的行政机关是被告。因此，本案后来由国家市场监督管理总局作为被告参加诉讼。

最高人民法院再审认为：本案审查的焦点问题在于原国家质检总局作出的告知书是否违反法律规定。被诉“告知书”作出时有效的《政府信息公开条例》第17条规定：“行政机关制作的政府信息，由制作该政府信息的行政机关负责公开；行政机关从公民、法人或者其他组织获取的政府信息，由保存该政府信息的行政机关负责公开。法律、法规对政府信息公开的权限另有规定的，从其规定。”第21条第3项规定：“依法不属于本行政机关公开或者该政府信息不存在的，应当告知申请人，对能够确定该政府信息的公开机关的，应当告知申请人该行政机关的名称、联系方式。”本案中，李××申请公开“都匀经济开发区匀东镇人民政府组织机构代码证”，由于国家质检总局并非上述信息的制作或保存机关，其根据上述规定作出李××申请公开的信息依法不属于其公开的“告知书”并送达李××，并不违反法律规定。一审判决驳回诉讼请求，二审予以维持，亦无不当。

（7）协调准确的原则，即行政机关发布政府信息涉及其他行政机关的，应当与有关行政机关进行沟通、确认，保证所发布的政府信息准确、一致。

（三）政府信息公开的方式和程序

关于主动公开政府信息，我国各级行政机关要建立健全政府信息发布机制，增强工作的主动性和实效性。公开的方式包括公报公开、网站公开、政务媒体公开、新闻发布会公开、广电报刊公开、档案馆公开、图书馆公开、政务服务场所公开等。具体来说，《政府信息公开条例》第23～25条规定：（1）行政机关应当建立健全政府信息发布机制，将主动公开的政府信息通过政府公报、政府网站或者其他互联网政务媒体、新闻发布会以及报刊、广播、电视等途径予以公开。（2）各级人民政府应当加强依托政府门户网站公开政府信息的工作，利用统一的政府信息公开平台集中发布主动公开的政府信息。政府信息公开平台应当具备信息检索、查阅、下载等功能。（3）各级人民政府应当在国家档案馆、公共图书馆、政务服务场所设置政府信息查阅场所，并配备相应的设施、设备，为公民、法人和其他组织获取政府信息提供便利。行政机关可以根据需要设立公共查阅室、资料索取点、信息公告栏、电子信息屏等场所、设施，公开政府信息。行政机关应当及时向国家档案馆、公共图书馆提供主动公开的政府信息。伴随社会发展与技术进步，我国各级行政机关也在积极开拓信息公开的途径与渠道，时下火热的新媒体在政府信息公开方面扮演着日益重要的角色。

【案例4－17】

张×诉太和县政府信息公开案①

张×不服安徽省高级人民法院（2019）皖行终329号行政判决，申请再审。

① 参见安徽省高级人民法院（2019）皖行终329号行政判决书，最高人民法院（2019）最高法行申14354号行政裁定书。

最高人民法院经审查认为：关于张×申请公开的房屋征收决定及城乡规划信息，太和县政府已在政府网站主动公开，其告知张×自行登录网址下载打印，并无不当。关于张×申请的其他信息，太和县政府在本案的二审阶段已将所有相关信息提供给张×。因此，二审法院以张×所申请的政府信息已经获取，再次判令太和县政府向张×公开所申请信息已无实际意义为由，驳回张×的诉讼请求，并无不当。综上，裁定驳回再审申请。

本案表明，政府信息公开可以采取“政府网站”公开方式。

实践中，有的行政机关也会采取“电话答复”等不规范方式，进行信息公开。这可能导致不能完全满足当事人申请目的的情况，是否合法值得商榷。

【案例 4-18】

李××诉徐州市政府信息公开案①

2015 年 7 月 28 日，李××针对徐州市政府向江苏省人民政府申请一次行政复议。10 月 21 日，江苏省人民政府作出［2015］行复第 215 号“政复议决定书”，其中载明，徐州市政府在复议期间提交了一份“情况说明”（复印件）。李××认为该份材料与其有重大的利害关系，遂向徐州市政府申请公开该“情况说明”。当年 11 月 20 日，徐州市政府工作人员通过电话告知李××应去行政复议机关获取“情况说明”，因该份证据是徐州市新城区管委会出具的，徐州市政府并无留存。李××认为徐州市政府未履行信息公开的法定职责，便提起行政诉讼。

江苏省徐州市中级人民法院一审认为：徐州市政府已通过电话告知李××应向行政复议机关查阅该“情况说明”，李××提出的徐州市政府未以书面形式向其答复违法的观点，依法不予支持。李××持有该“情况说明”提起行政诉讼，亦可证明李××已根据徐州市政府告知的方式获取了“情况说明”。遂判决驳回诉讼请求。

李××不服，提起上诉，称：虽然上诉人已经获取涉案信息，但徐州市政府未作出政府信息公开答复违法。江苏省高级人民法院二审认为：徐州市政府电话答复不当，鉴于李××已经获取该“情况说明”，该答复形式上的瑕疵，对李××的实体权益不产生实际影响。徐州市政府应当在以后的政府信息公开工作中加以改进。但原审法院判决驳回李××的诉讼请求正确。

李××不服，继续提起申诉。最高人民法院再审认为：本案核心争议系被申请人徐州市政府是否已经履行了政府信息公开的法定职责。徐州市政府的工作人员在收到李××的政府信息公开申请后，于 2015 年 11 月 20 日通过电话告知其应向行政复议机关查阅该“情况说明”，可视为该府已经基本履行了说明理由的相关义务。

① 参见江苏省徐州市中级人民法院（2016）苏 03 行初 109 号行政判决书，江苏省高级人民法院（2016）苏行终 1676 号行政判决书，最高人民法院（2019）最高法行申 12321 号行政裁定书。

二审法院认为该府通过电话方式答复李××确有不当，要求徐州市政府在以后的政府信息公开工作中加以改进，体现了对行政机关的严格审查，本院给予肯定。此外，二审法院明确指出，鉴于李××已经实际获取该“情况说明”，上述形式瑕疵对其实体权益不产生实际影响，故本案实体上亦无支持李××再审请求之必要。遂裁定驳回再审申请。

政府依申请公开信息的完整程序包括以下步骤：相对人申请、行政机关受理、行政机关告知利害相关人、行政机关公开或不公开信息。

公民、法人或者非法人组织申请获取政府信息的，应当向行政机关的政府信息公开工作机构提出，并采用包括信件、数据电文在内的书面形式；采用书面形式确有困难的，申请人可以口头提出，由受理该申请的政府信息公开工作机构代为填写政府信息公开申请。政府信息公开申请应当包括下列内容：（1）申请人的姓名或者名称、身份证明、联系方式；（2）申请公开的政府信息的名称、文号或者便于行政机关查询的其他特征性描述；（3）申请公开的政府信息的形式要求，包括获取信息的方式、途径。

对申请公开的政府信息，行政机关根据下列情况分别作出答复：（1）所申请公开信息已经主动公开的，告知申请人获取该政府信息的方式、途径。（2）所申请公开信息可以公开的，向申请人提供该政府信息，或者告知申请人获取该政府信息的方式、途径和时间。（3）行政机关依据《政府信息公开条例》的规定决定不予公开的，告知申请人不予公开并说明理由。（4）经检索没有所申请公开信息的，告知申请人该政府信息不存在。（5）所申请公开信息不属于本行政机关负责公开的，告知申请人并说明理由；能够确定负责公开该政府信息的行政机关的，告知申请人该行政机关的名称、联系方式。（6）行政机关已就申请人提出的政府信息公开申请作出答复、申请人重复申请公开相同政府信息的，告知申请人不予重复处理。（7）所申请公开信息属于工商、不动产登记资料等信息，有关法律、行政法规对信息的获取有特别规定的，告知申请人依照有关法律、行政法规的规定办理。

【案例 4－19】

罗××诉彭水县地方海事处政府信息公开案[①]

2014 年 11 月 17 日，罗××因其诉重庆大唐国际彭水水电开发有限公司财产损害赔偿纠纷案的需要，通过邮政特快专递向彭水县地方海事处邮寄书面政府信息公开申请书，具体申请公开下列事故的海事调查报告等所有事故材料：兴运 2 号在 2008 年 5 月 18 日、9 月 30 日的 2 起安全事故，及鑫源 306 号、鑫源 308 号、高谷 6 号、荣华号等船舶在 2008 年至 2010 年发生的安全事故。彭水县地方海事处于 11

① 参见最高人民法院指导案例 26 号。

月19日签收后，于2015年1月23日作出（2015）彭海处告字第006号“政府信息告知书”，载明：对申请公开的海事调查报告等所有事故材料，经查该政府信息不存在。4月22日，罗××不服，提起行政诉讼。

另查明，罗××在诉讼中提交了涉及兴运2号船于2008年5月18日在彭水高谷长滩子发生整船搁浅事故以及于2008年9月30日在彭水高谷煤炭沟发生沉没事故的《乌江彭水水电站断航碍航问题调查评估报告》等材料。

彭水县人民法院于2015年6月5日作出（2015）彭法行初字第00039号行政判决，驳回罗××的诉讼请求。

罗××不服一审判决，提起上诉。

在案件二审审理期间，彭水县地方海事处主动撤销了其作出的（2015）彭海处告字第006号“政府信息告知书”，但罗××仍坚持诉讼。

重庆市第四中级人民法院作出（2015）渝四中法行终字第00050号行政判决，撤销（2015）彭法行初字第00039号行政判决；确认彭水县地方海事处于2015年1月23日作出（2015）彭海处告字第006号“政府信息告知书”的行政行为违法。重庆市第四中级人民法院的生效裁判认为：彭水县地方海事处作为彭水县的海事管理机构，负有对彭水县行政区域内发生的内河交通事故进行立案调查处理的职责，其在事故调查处理过程中制作或者获取的，以一定形式记录、保存的信息属于政府信息。罗××提交了兴运2号船于2008年5月18日在彭水高谷长滩子发生整船搁浅事故，以及于2008年9月30日在彭水高谷煤炭沟发生沉没事故的相关线索，而彭水县地方海事处作出的（2015）彭海处告字第006号“政府信息告知书”第二项告知罗××申请公开的该项政府信息不存在，仅有彭水县地方海事处的自述，没有提供印证证据证明其尽到了查询、翻阅和搜索的义务。

该案的指导要旨是，“在政府信息公开案件中，被告以政府信息不存在为由答复原告的，人民法院应审查被告是否已经尽到充分合理的查找、检索义务。原告提交了该政府信息系由被告制作或者保存的相关线索等初步证据后，若被告不能提供相反证据，并举证证明已尽到充分合理的查找、检索义务的，人民法院不予支持被告有关政府信息不存在的主张”。

若存在以下三种特殊情况的，行政机关分别作出专门处理：(1) 申请公开的信息中含有不应当公开或者不属于政府信息的内容，但是能够作区分处理的，行政机关应当向申请人提供可以公开的政府信息内容，并对不予公开的内容说明理由。(2) 依申请公开的政府信息公开会损害第三方合法权益的，行政机关应当书面征求第三方的意见。第三方逾期未提出意见的，由行政机关依照《政府信息公开条例》的规定决定是否公开。第三方不同意公开且有合理理由的，行政机关不予公开。行政机关认为不公开可能对公共利益造成重大影响的，可以决定予以公开，并将决定公开的政府信息内容和理由书面告知第三方。(3) 申请人申请公开政府信息的数量、频次明显超过合理范围，行政机关可以要求申请人说明理由，申请理由不合理的，告知申请人不予处理。

【案例 4－20】

林×与上海市环境保护局、上海市人民政府环保案①

2015 年 1 月 9 日，上海市环保局受理了林×提出的政府信息公开申请。林×要求公开“上海巨浪环保环评报告（需要按照新的环保法全文公开，包括公众参与者名单）”。上海市环保局经审查认为，之前有其他公民要求公开巨浪公司的“环境影响报告书”全文，市环保局曾征询过巨浪公司是否同意公开的意见，巨浪公司于 2014 年 9 月出具“删除内容说明”，认为报告书中部分内容涉及个人隐私、商业秘密。随后，市环保局电话询问巨浪公司对上述“环境影响报告书”的意见，巨浪公司告知以其 2014 年 9 月出具的“删除内容说明”为准。1 月 29 日，市环保局认定，“环境影响报告书”中上百名公众调查对象的姓名、电话等信息系个人隐私，评估经费等信息系商业秘密，上述信息不公开不影响公共利益，故均不应当公开。遂作出沪环保公答［2015］6 号“政府信息公开申请答复书”，告知林×：“根据有关规定，向您公开该项目环境影响报告书（除去涉及商业秘密和个人隐私的部分），现将该政府信息提供给您。”随后，上海市环保局将答复书以及隐去上述个人隐私与商业秘密的“环境影响报告书”送达林×。林×不服，于 3 月 26 日向上海市人民政府申请行政复议。6 月 24 日，上海市人民政府作出沪府复字（2015）第 149 号“行政复议决定书”，维持了上海市环保局作出的被诉信息公开答复。

林×仍不服，提起行政诉讼。上海市黄浦区人民法院一审认为，本案中争议焦点集中在两个方面：一是上海市环保局未征询公众调查对象是否同意公开其个人隐私的意见，行政程序是否合法。林×申请公开的“环境影响报告书”不仅内容庞杂，而且涉及权利人众多，仅公众调查对象就百余人，如若逐一征询其本人意见，则势必耗费较多的行政资源，导致行政效率的低下与行政程序的拖沓。在此情形下，应当允许行政机关选择便捷的决策方式，对经判断为商业秘密、个人隐私的政府信息，不公开且不损害公共利益的，行政机关可径行决定不予公开。上海市环保局将不予公开的个人隐私、商业秘密隐去，未对上述内容在该报告书中的完整体现带来影响。二是公众调查对象的姓名、电话等个人隐私是否应当公开。涉案百余名公众调查对象对其行为的合理预期为，其个人隐私不因接受问卷调查而被泄露，应当依法受到保护。上海市环保局认定公众调查对象的姓名、电话等个人隐私不应当公开，并无不当。综上，驳回林×的诉讼请求。

林×提起上诉。上海市第三中级人民法院二审认为：申请公开的政府信息中含

① 参见上海市黄浦区人民法院（2015）黄浦行初字第 292 号行政判决书，上海市第三中级人民法院（2016）沪 03 行终 112 号行政判决书。

有不应当公开的内容，但是能够作区分处理的，行政机关可以在隐去不应当公开的内容后向申请人提供可以公开的内容。本案中，被上诉人上海市环保局在隐去不应当公开的内容后，向申请人公开“环境影响报告书”的其余内容，符合法律规定。遂判决驳回上诉。

该案的裁判要旨在于，“行政机关具有对是否公开涉及个人隐私和商业秘密政府信息的判断权和最终决定权，在征询相关权利人意见存在现实障碍的情况下，行政机关经权衡认定不公开相关商业秘密、个人隐私不损害公共利益，且不会对当事人知情权的实现造成不利影响时，行政机关不征询相关权利人意见直接决定不予公开的，可以认定程序合法”。

行政机关应当按照《政府信息公开条例》规定的时限及时答复申请公开政府信息的当事人。对于能够当场答复的，应当当场予以答复；对于不能当场答复的，应当自收到申请之日起 20 个工作日内予以答复；需要延长答复期限的，应当经政府信息公开工作机构负责人同意并告知申请人，延长的期限最长不得超过 20 个工作日。行政机关征求第三方和其他机关意见所需时间不计算在前述期限内。

【案例 4－21】

如果爱公司诉民政部信息公开案①

2013 年 1 月 28 日，石家庄市如果爱婚姻服务有限公司（以下简称如果爱公司）请求民政部向其书面公开中国婚姻家庭研究会的社会团体登记资料、年检资料，社会团体法人登记证书及对中国婚姻家庭研究会涉嫌欺诈行为的查处结果。民政部接到如果爱公司的申请后，未在法定的 15 日期限内作出答复。② 在行政复议期间，民政部于 2013 年 4 月 26 日向如果爱公司作出“政府信息告知书”。如果爱公司不服，提起行政诉讼。

北京市第二中级人民法院经审查认为：民政部认为如果爱公司申请的该政府信息属于公开范围，遂答复如果爱公司获取该政府信息的方式和途径，即登录中国社会组织网查询并附上网址，并无不当。民政部在“政府信息告知书”中并未引用相关法律条款，导致该被诉具体行政行为适用法律错误，应予撤销。作出“政府信息告知书”超过法定答复期限，且没有依法延长答复的批准手续，属程序违法。综上，判决撤销民政部所作“政府信息告知书”。

民政部不服，提起上诉。

北京市高级人民法院二审认为：一审法院关于民政部答复内容并无不当的认定

① 参见《全国法院政府信息公开十大案例》，载《人民法院报》，2014－09－13（4）。

② 这里指修正前的《政府信息公开条例》第 24 条，规定的答复期间是“收到申请之日起 15 个工作日”；《政府信息公开条例》修正后，第 33 条将答复期间规定为“收到申请之日起 20 个工作日”。

错误，本院予以纠正。民政部作出被诉告知书明显超过法定期限，且无依法延长答复期限的批准手续。民政部在复议程序中已经确认超期答复违法，本院予以确认。此外，被诉告知书有可援引的法律依据而未援引，应属适用法律错误。综上，判决驳回上诉，维持一审判决。

在该案中，判决针对行政机关超期答复等问题作出确认，有利于促进政府信息公开答复形式与程序的规范化。

需要补充说明的是，《政府信息公开条例》修正后将依申请公开政府信息的"法定"答复期限调整为通常"20个工作日"、经批准可延长"20个工作日"。这已经考虑到了实践中的现实需要，不再允许有其他的例外。

【案例4-22】

李××诉广东省交通运输厅政府信息公开案[①]

2011年6月1日，李××通过广东省人民政府公众网络系统向广东省交通运输厅递交了政府信息公开申请。广东省人民政府公众网络系统以申请编号11060100011予以确认，并通过短信通知提交成功。7月28日，广东省交通运输厅作出受理记录，并于8月4日向李××送达"关于政府信息公开的答复"和"政府信息公开答复书"。

李××起诉称：被告广东省交通运输厅应在当月23日前答复自己，故请求法院判决确认被告未在法定期限内答复的行为违法。

被告广东省交通运输厅辩称：李××申请政府信息公开通过的是广东省人民政府公众网络系统，即省政府政务外网（以下简称省外网），而非被告的内部局域网（以下简称厅内网）。按规定，被告将广东省人民政府"政府信息网上依申请公开系统"的后台办理设置在厅内网。由于被告的厅内网与互联网、省外网物理隔离，互联网、省外网数据都无法直接进入厅内网处理，需通过网闸以数据"摆渡"方式接入厅内网办理，因此，被告的工作人员未能立即发现原告在省外网提交的申请，致使被告未能及时受理申请。根据《政府信息公开条例》第24条、《国务院办公厅关于做好施行〈中华人民共和国政府信息公开条例〉准备工作的通知》等规定，政府信息公开中的申请受理并非以申请人提交申请为准，而是以行政机关收到申请为准。原告称2011年6月1日向被告申请政府信息公开，但被告未收到该申请，被告正式收到并确认受理的日期是7月28日，并按规定向原告发出了"受理回执"。8月4日，被告向原告当场送达"关于政府信息公开的答复"和"政府信息公开答复书"，距离受理日仅5个工作日，并未超出法定答复期限。因原告在省外网递交的申请未能被及时发现并被受理应视为不可抗力和客观原因造成，不应计算在答复期限内。

① 参见最高人民法院指导案例26号。

广东省广州市越秀区人民法院作出一审判决：确认被告广东省交通运输厅未依照《政府信息公开条例》第 24 条规定的期限作出答复违法。该法院认为：本案原告于 2011 年 6 月 1 日提交了政府信息公开申请，被告确认收到上述申请，8 月 4 日才作出“关于政府信息公开的答复”和“政府信息公开答复书”，已超过了上述规定的答复期限。由于广东省人民政府“政府信息网上依申请公开系统”作为政府信息申请公开平台所应当具有的整合性与权威性，如未作例外说明，则从该平台上递交成功的申请应被视为相关行政机关已收到原告通过互联网提出的政府信息公开申请。至于外网与内网、上下级行政机关之间对于该申请的流转，属于行政机关内部管理事务，不能成为行政机关延期处理的理由。被告认为以其于 2011 年 7 月 28 日发现原告申请为收到申请日期的理由不能成立，应当确认为违法。

该案的指导要旨是，“公民、法人或者其他组织通过政府公众网络系统向行政机关提交政府信息公开申请的，如该网络系统未作例外说明，则系统确认申请提交成功的日期应当视为行政机关收到政府信息公开申请之日。行政机关对于该申请的内部处理流程，不能成为行政机关延期处理的理由，逾期作出答复的，应当确认为违法”。

（四）政府信息公开的监督和保障

《政府信息公开条例》第 46～50 条规定：各级人民政府应当建立健全政府信息公开工作考核制度、社会评议制度和责任追究制度，定期对政府信息公开工作进行考核、评议；政府信息公开工作主管部门应当加强对政府信息公开工作的日常指导和监督检查；县级以上人民政府部门应当在每年 1 月 31 日前向本级政府信息公开工作主管部门提交本行政机关上一年度政府信息公开工作年度报告并向社会公布，县级以上地方人民政府的政府信息公开工作主管部门应当在每年 3 月 31 日前向社会公布本级政府上一年度政府信息公开工作年度报告。政府信息公开工作年度报告应当包括下列内容：（1）行政机关主动公开政府信息的情况；（2）行政机关收到和处理政府信息公开申请的情况；（3）因政府信息公开工作被申请行政复议、提起行政诉讼的情况；（4）政府信息公开工作存在的主要问题及改进情况，各级人民政府的政府信息公开工作年度报告还应当包括工作考核、社会评议和责任追究结果情况；（5）其他需要报告的事项。

违反政府信息公开制度的，行政机关及其主管人员、主要责任人员应当承担相应的法律责任。同时，要求公开信息的人和反对公开的利害关系人均可按照行政和司法两种途径寻求救济。《政府信息公开条例》第 51 条规定：公民、法人或者其他组织认为行政机关在政府信息公开工作中侵犯其合法权益的，可以向上一级行政机关或者政府信息公开工作主管部门投诉、举报，也可以依法申请行政复议或者提起行政诉讼。第 52 条规定，行政机关违反本条例的规定，未建立健全政府信息公开有关制度、机制的，由上一级行政机关责令改正；情节严重的，对负有责任的领导人员和直接责任人员依法给予处分。第 53 条规定，行政机关违反本条例的规定，有下列情形之一的，由上一级行政机关责令改正；情节严重的，对负有责任的领导人员和直接责任人员依法给予处分；构成犯罪的，依法追究刑事责任：（1）不依法履行政府信息公开职能；（2）不及时更新公开的政府信息内容、政府信息公开指南和政府信息公开目录；（3）违反本条例规定的其他情形。

第三节　电子行政法

一、电子行政的含义

行政是行政机关依法行使权力，管理公共事务，直接或间接产生法律后果的行为。电子行政则是行政机关运用电子化的手段为社会提供公共服务的行为。显而易见，电子行政是传统行政的提升。简单地说，传统行政是以纸面文件为中心的一套机制，电子行政是以电子文件为中心的另一套机制，其最大特色就在于虚拟性，即行政方式的无纸化、信息传送的网络化、身份关系的数字化。

就具体行政内容而言，现阶段已经成型的电子行政主要包括以下七种形式。

一是电子行政许可，如行政相对人通过网络申领驾驶执照、工商企业营业执照、出国护照等，行政机关予以审批和颁发。

【案例 4－23】

西安益佳大药房不服西安市工商局莲湖分局工商行政登记案①

2018 年 2 月 8 日西安益佳大药房通过西安红盾信息网向西安市工商局莲湖分局提出企业名称变更登记申请，欲更名为西安百姓乐大药房有限公司。后该药房上西安红盾信息网②查询所得结果为：“根据《企业名称登记管理规定》等法律法规的规定，经系统自动检测，您查询的结果如下：您申报的西安百姓乐大药房有限公司名称没有通过，原因是：名称重复。”西安益佳大药房不服，以西安市工商局莲湖分局未向其送达书面的处理决定书为由主张程序违法，诉至西安铁路运输法院。

本案被诉行政行为系被告对企业名称变更登记所作的审核行为，争议焦点之一是“被诉企业名称驳回通知程序是否合法”。法院经审理认为：西安红盾信息网系电子政务，为现代政府行政的新方式。这种通过应用信息技术的方式有利于改善公共服务，增强公共参与、政务公开和民主程度，促进政府办公自动化、电子化、网

① 参见西安铁路运输法院（2018）陕 7102 行初 700 号行政判决书。

② 西安红盾信息网系西安市工商行政管理局根据国家工商总局《关于推进企业登记全程电子化工作的意见》推出的电子政务系统，可以进行企业网上登记，包括本案中的企业名称变更登记，同时可以在该网上查询相应办理结果，该结果由系统按固定格式自动生成。

络化和信息资源的全面共享，有利于提高公共管理的效率、增强公共决策的科学性。原告通过西安红盾信息网提交企业名称变更登记申请，就表明其接受网络化的、电子政务化行政处理方式。行政处理决定的形式可以有多种，既可以采用电子方式，也可以采用书面方式。行政机关作出行政决定后，可以通过计算机等自动设备将其转化成有文字的纸制品送达行政相对人，也可以通过网络以电子行政决定书的形式通知相对人，相对人也可以通过打印机将该行政决定打印在纸制品上。但是电子政务的初衷在于提高行政效率、节约行政成本，如果都以纸质记载文字为形式要件，则不能发挥计算机技术在提高行政效率方面的优势。当然，信息化设备作出的行政行为的形式，也应符合程序法对形式的一般规定。原告通过西安红盾信息网提交企业名称变更登记申请，被告经过审核后，告知结果并载明理由，原告可以通过网络进行查询。原告在接受电子政务化的行政处理方式后，再行起诉的理由不能成立。

二是电子行政征收，如一些税务部门开展的网上报税、电子发票、发票核查等电子税务项目。

三是电子行政确认，如网上防伪打假，对公民的身份、婚姻、学历状况等提供的网上认证或公证服务等。

四是电子行政给付，如社会福利的电子支付等。

五是电子行政合同，如政府签订的电子采购合同等。

【案例 4－24】

超恒公司与教育中心招标投标买卖合同纠纷案①

电子反拍是一种网上采购方式，常用于大型的政府以及企业的采购项目中。其具体做法是：由采购人确定反拍商品、起拍价、反拍轮数、起止时间、参与反拍的资格要求等反拍卖规则，由供应商公开报名，在通过资格审查后，参与网上竞拍，采购人根据技术、质量和服务符合需求且报价最低的原则确定成交供应商。2013年12月广东省教育技术中心（以下简称教育中心）在广东省电子政府采购平台发布关于采购数码摄像机及镜头的电子反拍公告，公告要求：供应商资格应符合《政府采购法》第22条的规定，中标供应商需为协议供应商；为保证设备为正品行货，中标供应商需提供原厂货物证明及售后服务承诺函原件。12月18日，广州市超恒数码科技有限公司（以下简称超恒公司）与教育中心签订“广东省政府采购协议供货合同”2份，约定：教育中心向超恒公司采购型号为EX280的索尼数码摄像机2台，协议供货价合计70 857.6元；采购型号分别为EF24－70mmf/2.8LUSM的EF

① 参见广东省广州市海珠区人民法院（2014）穗海法民二初字第1043号民事判决书，广东省广州市中级人民法院（2014）穗中法民二终字第1730号民事判决书。

镜头等四个，协议供货价合计 41 910.4 元。双方并就交货时间、地点、验收标准、产品服务标准、付款方式及期限达成合意。同年 12 月 19 日，超恒公司交付了上述摄像机及镜头给教育中心。之后教育中心以超恒公司未提交原厂售后服务承诺函原件为由拒绝付款。教育中心向索尼（中国）有限公司官洲分公司咨询售后服务政策后，确认经销商可向该公司申请开具原厂售后服务承诺函以确认相关服务。2014 年 4 月 10 日，教育中心出具催告函，要求超恒公司在5个工作日内提供索尼（中国）有限公司开具的承诺函，逾期则退还货物并解除供货合同。到期，超恒公司仍未提供。5月 14 日，教育中心向超恒公司出具了“解除合同通知函”。超恒公司于 5 月 29 日向法院提起诉讼，要求判令教育中心支付货款 112 768 元及违约金 5 638.4 元。

在本案的审理过程中，广东省电子政府采购平台上发布的电子反拍公告的性质成为双方争议的焦点之一。原、被告双方有不同的理解。一审法院的意见是：本案系政府采购过程中以电子反拍形式形成的买卖合同关系。合同双方除应按照供货合同的约定履行义务之外，还应当遵守采购过程中相关文件的要求。二审法院认为，本案的买卖合同，是在政府采购过程中，以招投标的方式确定中标后再签订的合同，在适用我国合同法的规定同时，也要适用我国政府采购法和招标投标法的规定。在我国的政府采购法和招标投标法中，均规定政府在采购和招标投标过程应当遵循公开、公平、公正和诚实信用原则。

六是信息化自动执法，如案例 4－1 中交通警察开展的道路交通违章监测仪执法等。

七是行政决策上网，如行政决策承办单位通过政府网站、政务新媒体以及报刊、广播、电视等便于社会公众知晓的途径，公布决策草案及其说明等材料，向社会公开征求意见。

【案例 4－25】

希优公司不服上海市商务委员会行政决策案①

2008 年上海机场（集团）有限公司委托浦东机场公司通过国际招标采购虹桥国际机场扩建工程所需高杆灯。该招标项目于 2008 年 9 月 8 日开标，共有艾伯克斯公司、北京吉乐灯具厂及希优公司三家企业参与投标。招标机构组织的评标委员会经评审，推荐艾伯克斯公司中标。评标结果于当年 10 月 7 日在招标网上进行公示。评标委员会对希优公司的评审结论为“技术废标”，理由为站坪与航站楼间路面等区域的照度均匀比大于 4∶1，不满足招标文件第八章第 2.1.13.9 条的要求。希优公司不服评标委员会的评标结果，于 10 月 13 日、10 月 28 日两次向上海市商

① 参见《北京希优照明设备有限公司不服上海市商务委员会行政决策案》，载《最高人民法院公报》，2011 (7)。

务委员会（以下简称“市商委”）提出书面质疑，并要求重新评标。市商委于同年12月10日在招标网上作出重新评标的质疑处理决定，要求招标机构严格按规定组织专家重新评标。招标机构根据市商委的要求组织了新的评标委员会并进行了重新评标。新的评标委员会对希优公司的评审结论仍为“技术废标”，但理由为站坪与航站楼间路面等区域的照度均匀比不满足招标文件和强制性民用航空行业标准的规范要求。市商委收到招标机构提交的重新评标专家报告后，对重新评标进行了审核，作出了“同意专家复评意见，维持原评标结果”的决定，并于同年12月29日对重新评标报告予以网上备案。招标网当即自动生成招标编号为0681－0840ZBJ08022的高杆灯中标公告，公告显示：“经重新评标，艾伯克斯公司为上海虹桥国际机场扩建工程西航站楼站坪工程、维修机坪、货机坪工程高杆灯国际招标项目的最终中标人。”同年12月31日，市商委通过招标网出具“国际招标评标结果通知”。

希优公司不服，提起行政诉讼，主要理由是：市商委在收到自己提出的质疑后，虽在网上进行了公告，但没有针对自己的质疑作出答复，程序上违法。

上海市长宁区人民法院一审认为：对于行政机关在网上公布处理决定的，当事人能否以行政机关未向其送达书面处理决定书为由主张行政程序违法，成了本案的争议焦点。本案系电子政务引发的新类型案件，原、被告双方对被诉具体行政行为是否符合法定程序的争议，实质上是基于对传统与现代政府行政方式的不同认识。当今社会信息技术高速发展，电子政务的出现是信息技术影响政府行政方式的结果。本案中，被告市商委作出的维持原评标结果的具体行政行为，认定事实清楚，证据确凿，行政程序合法，适用法律正确。原告希优公司的诉请缺乏相应的事实证据和法律依据，不予支持。

希优公司不服一审判决，提起上诉。

上海市第一中级人民法院二审认为：根据本案事实，被上诉人受理上诉人希优公司的质疑后，责成招标机构重新评标，并在审查重新评标报告过程中，依法对招标文件、重新评标专家的组成、复评意见等内容进行了监督审核，查明重新评标报告符合法律规定，作出同意复评意见、维持原评标结果的决定，其行政行为合法。被上诉人在招标网上作出重新评标的质疑处理决定，对重新评标报告依法进行审查后作出审核决定，并对重新评标报告予以网上备案，生成涉案高杆灯中标公告，行政程序亦无不当。根据涉案重新评标专家材料载明的专家姓名、职务、专家库级、人数等信息，参与涉案重新评标的专家组成符合法定要求。综上，裁定驳回上诉，维持原判。

无论是上述哪一种形式，电子行政都必须符合法定的要件，才能产生法律效力。这些法律要件包括：(1) 行为主体合法，即行为主体应当具备行政机关资格，实施行为的公职人员应当具有合法的身份；(2) 行为权限合法，即行政机关必须在自己的事务管辖权、地域管辖权和级别管辖权的范围内作出行政行为；(3) 行为内容合法，即行政行为具有事实和法律依据，意思表示真实、完整和准确，执法行为适用法律、法规正确；(4) 行为程序合法，即行政行为既要符合行政程序的基本原则，又要符合行政程序的制度；(5) 行为形式合法，即要式行政行为必须具备法律所要求的形式。相比传统行政行为而言，电子行政行为的上述五个要件都很难判断。在案例［4－25］中，市商委通过招标网发布公告及结果通知，而未向希优公司送达书面处理决定书。关于这种无纸化、网络化的电子行政行为的法律地位在传统行政法尚未有明文规定，对其效力问题需要通过明确的法律规定来予以解决。这样一来，电子行政领域就有进行专门规则建设的必要。

【案例 4－26】

周××诉武汉市公安局交通管理局特勤大队等交通管理行政处罚案[①]

2015 年 9 月 16 日 8 时 30 分，周××驾车行驶至武昌区临江大道彭刘杨西路 Q 路口时，未按所需行进方向驶入导向车道，被交通技术监控设备（电子警察）记录。2017 年 2 月 17 日，周××到武汉市公安局交通管理局特勤大队（以下简称特勤大队），该大队以周××实施通过有交通信号灯控制路口时不按所需行进方向驶入导向车道的违法行为，对其作出罚款 200 元、记 2 分的处罚决定。周××于 2 月 22 日向武汉市交通管理局申请行政复议。3 月 9 日，武汉市交通管理局作出复议决定，维持了处罚决定。周××不服，诉至法院。

湖北省武汉市汉阳区人民法院一审认为，本案争议的焦点为：(1) 原告的交通违法行为发生后，被告特勤大队未及时短信通知是否违法？(2) 被告特勤大队对原告的处罚是否超过处罚时效？

一审判决书中梳理了“通知”与“告知”的界限：交管部门基于执法成本和效率需要，采用交通技术监控设备（电子警察）监控路面交通状况，拍摄交通参与人的违法行为。因电子警察不能直接实施处罚，便产生了电子警察拍摄后，交管部门“通知”违法行为人到指定场所接受处理的流程。该“通知”在性质上属于对违法行为的调查。而“告知”是《行政处罚法》(2009 条) 第 31 条规定的作出处罚决定前的法定程序，是指违法行为人到指定场所接受处理后，交管部门经查实违法行为，在决定作出处罚决定前“告知”违法行为人拟处罚的事实、理由和法律依据，并听取违法行为人的陈述、申辩的行为。《道路交通安全违法行为处理程序规定》(2008 年) 第 20 条规定：“交通技术监控设备记录的违法行为信息录入道路交通违法信息管理系统后三日内，公安机关交通管理部门应当向社会提供查询；并可以通过邮寄、发送手机短信、电子邮件等方式通知机动车所有人或管理人。”由此可知，

① 参见湖北省武汉市汉阳区人民法院（2017）鄂 0105 行初 101 号行政判决书，湖北省武汉市中级人民法院（2017）鄂 01 行终 367 号行政判决书，湖北省高级人民法院（2018）鄂行申 123 号行政裁定书。

提供查询属强制性规定，而发送手机短信等仅是倡导性规定，均属于“通知”的形式。本案被告特勤大队通过官网、微信平台等多种渠道发布了原告车辆的违法记录以供查询，履行了“通知”职责。《道路交通安全违法行为处理程序规定》（2008年）第42条规定，适用简易程序处罚的，口头告知违法行为的基本事实、拟作出的行政处罚、依据，并听取违法行为人的陈述申辩。被告特勤大队的处罚程序并无不当。

一审判决书中也梳理了“处罚时效”、“处罚期限”与“记分周期”的界限：根据《道路交通安全法》相关规定，“处罚时效”是指违法行为在2年内未被发现的，不再给予行政处罚；“处罚期限”是指对发现的违法行为应在一定期限内予以处罚；“记分周期”是对驾驶人连续12个月的累计记分期间。上述三个期间相互独立。原告认为被告特勤大队未在记分周期作出处罚决定超过了处罚时效，亦是对法律的误读。本案中，原告的违法行为一经发生便即时被电子警察发现并记录，故不存在2年内未被发现而超过处罚时效的情形。本案双方争议的内容实质上是被告特勤大队作出的行政处罚是否超过了处罚期限。本案中，原告到被告特勤大队处接受处理后，被告特勤大队当场作出了行政处罚决定并向原告交付了处罚决定书。综合上述《道路交通安全违法行为处理程序规定》（2008年）第20条关于“公安机关交通管理部门应当向社会提供查询”的规定以及第50条关于“当事人应当及时到公安机关交通管理部门接受处理”的规定，主动查询违法记录并到交管部门处接受处理是驾驶人的义务，在被告特勤大队已提供查询的情况下，原告将自身未及时履行义务导致的反复违法后果归责于被告特勤大队，没有事实和法律依据。

最终，一审法院判决驳回诉讼请求。

周××后来继续提起上诉、申诉。湖北省武汉市中级人民法院、湖北省高级人民法院均维持原判。

本案充分展示了电子行政与传统行政在某些程序方面呈现不同的规律。

二、中国电子行政专门程序之构建

我国当下正在积极推动行政程序立法。这给电子行政行为的专门规则建设提供了契机。从理想状态来看，我国应当出台“电子行政法”。该法的全称可以为“电子行政行为法”，指的是调整电子行政行为的合法要件和效力、确立电子行政行为的法律规范。

国际上不乏这样的立法先例。例如，德国在2002年8月21日修正《联邦行政程序法》时，在第3条之后增加第3a条作为电子行政条款。其要点是：第一，电子行政方式是与口头、纸面等并列的一种独立的、不排他的行政活动方式，与纸面行政方式具有同等的法律效力、遵循同样的原则和规则，除非法律另有规定。第二，一旦行政机关设立电子信箱，公民即可以传输电子文件。在符合其有关一般接收关系的认识的情况下，该文件被视为公民的意思表示。第三，行政机关有权预先设定格式，不符合该格式要求的传输文件没有法律效力。第四，电子行政行为具有持续的可审查性。[①] 参考这一经验，笔者建议我国的“行政程序法”对电子行政行为设计其适用范围及生效、无效和撤销规则。

（一）电子行政行为的适用范围

电子行政行为与传统行政行为的主要区别在于行政行为以纸面文件为基础还是以电子文件为基础，即政府是否在各个行政环节采用电子文件的形式。显而易见，电子文件与传统纸面文件相比是存在许多差异的，主要包括：（1）信息的非人工识读性。（2）系统依赖性：电子文件的使用依赖于一定的硬件设备、操作系统和应用软件。（3）信息处理的灵活性：制作电子文件时，人们可以任意地增、删、改。单纯从电子文件本身来看，修改的痕迹荡然无存。[②] 这些差异的客观存在，决定了电子行政行为的适用范围必然受到限制。

在立法技术上，有关国家主要采取了两种模式：一是采取列举法，逐一规定适用电子行政的领域；二是概括性地承认电子行政方式，但允许政府机关依据法令或公告排除电子行政方式的适用。鉴于我国已经颁行了《电子签名法》，该法规定政务活动中可以使用数据电文[③]，我国应当采取上述第二种模式，对于不使用电子行政方式的领域作出排除性规定。

在我国当前的行政执法实践中，电子行政还有极大的拓展空间。随着大数据、人工智能等新技术的引入，政府实施电子行政行为的情形将会愈来愈多。笔者认为，不使用或限制使用电子行政方式的领域主要包括：（1）抽象行政行为。此种情形下往往涉及较大的公众利益，使用电子行政方式会造成对老年人等特定人群的数字鸿沟等弊端。（2）必须当面递交行政相对人或由其亲笔签收回执的纸面文件。（3）对特定行政相对人不利的处理决定，如行政处罚决定、强制拆迁决定、公用服务的暂停或取消通知等。在案例 4－1 中，交通部门未向杜宝良发送处罚决定书，亦未进行任何提示，结果产生了天价的罚金。这是一种很可怕的后果。此外，我国《电子签名法》第 3 条第 1 款规定：“民事活动中的合同或者其他文件、单证等文书，当事人可以约定使用或者不使用电子签名、数据电文。”对该条款与《电子签名法》第 35 条作体系解释后可以认为，我国法律鼓励行政机关和行政相对人协商约定使用电子行政方式的范围。

当然，对于积极开展电子行政方式的领域，也需要辅以配套制度进行保障。

---

① 参见高家伟：《论电子政务法》，载《中国法学》，2003（4），68 页。

② 参见李传军：《信息技术发展对公共行政的影响》，载《中国行政管理》，2000（8），28－30 页。

③ 《电子签名法》第 35 条规定，“国务院或者国务院规定的部门可以依据本法制定政务活动和其他社会活动中使用电子签名、数据电文的具体办法”。

【案例 4－27】

电子行政登记引发的烦恼[1]

2008 年，自贡市富顺县狮市镇复兴村村民杨××发现户口本上关于其母亲罗老太的年龄记录错误，该错误的年龄比其母亲的实际年龄小了将近 22 岁。由于年龄错误，杨××的母亲至今未能办理身份证，也无法享受农村养老保险。为此，杨××前往村上找资料、开证明，希望更正。但在之后 6 年的时间里，他多次拿着村上的证明到派出所，却因种种原因未能顺利更改。复兴村村主任邓女士说：杨××的母亲的年龄记录可能是 2005 年更换户口本时，派出所工作人员将手写的户口本录入电脑时弄错的；除了给杨××他们找资料开证明，我们也曾多次开车带着罗老太到派出所，甚至找了三个跟罗老太年纪差不多的老人做证明，但还是没能改过来。

有学者指出，该事件之所以发生，缘于我国户口登记的电子化改革。具体说来，就是指 2000 年开始户口登记逐步由人工录入转为电脑录入。当时，所有的户口信息需要全部录入电脑中，并更换新的户口簿。由于录入的信息量极为巨大，基层警力严重不足，各地派出所临时雇用大量协管员从事录入工作。然而管理上的疏忽和大量基层户籍档案字迹的潦草，造成了大量错误登记事项的发生。

（二）电子行政行为的生效、无效和撤销

行政行为的生效是与依法进行行政告知或送达密不可分的。告知是指行政机关在行政行为过程中将有关情况告诉行政相对人，送达是指行政机关按照法定的程序和方式将行政决定送交行政相对人。那么，电子行政行为应当何时生效？这显然与电子行政的告知或送达相关，即取决于电子文件的收发时间。笔者认为，电子文件的传送依赖信息系统的运行，电子文件发出后还可能由于种种原因发生丢失、发送对象错误、无法打开等现象，因此对于电子文件的发文时间和收文时间不宜强求统一，可以由法律规定一个参考性标准（如电子文件发送到收文者指定的信息系统或发文者无法控制的信息系统）。当然，这一生效标准应当允许各方当事人进行意思自治，即作出特别的约定。

【案例 4－28】

李××诉清新公安分局等交通违法行政处罚案[2]

清新分局交警大队电子警察系统拍摄的三张连续照片显示：2014 年 5 月 15 日上午 10：55 时，李××在清新区新宁路由东向西行驶至清新大道北站路口时，路

① 参见杨桦：《电子行政登记及其法律规制》，载《广东社会科学》，2015（2），239 页。

② 参见广东省清远市中级人民法院（2015）清中法行初字第 7 号行政判决书，广东省高级人民法院（2015）粤高法行终字第 680 号行政判决书。

口红灯亮起，李××驾驶粤A×××××小型汽车在左侧直行车道穿越道路上白色停止线继续向前行驶。清新分局交警大队依据相关规定，对李××予以200元罚款，将有关“处罚通知书”通过邮寄的方式送达。9月30日，李××到清新分局交警大队电子警察处理中心接受处理。一名工作人员接待了李××，协助其在电脑前通过电子警察处理系统处理交通违法行为，打印“处罚决定书”交由其签字确认。

李××不服，先后提起行政复议和诉讼。

李××诉称的理由之一是：交警大队的工作人员不是执法主体。清新公安分局辩称：为便民，公安机关在电子警察处理中心提供“好易通”自助设备，群众可以自行接受处罚、缴纳罚款等。如果群众不便使用“好易通”，也可以在现场工作人员的协助下，通过电子警察处理系统处理电子警察拍摄的道路交通违法行为。这种便民、协助行为不是执法行为，不需要具备执法主体资格，不需要出示工作证。

对此，清远市中级人民法院一审认为：本案道路交通违法行为处罚决定是通过电子警察拍摄处理系统处理的，并不等同于交通民警现场执法，交警大队的工作人员在处理过程中履行送达法律文书等辅助职责并无不妥，不能因此认为交警大队的工作人员就是执法主体。该案适用的简易程序是合法的。广东高级人民法院二审认为：本案属交通技术监控设备记录了违法行为，当事人事后到公安机关交通管理部门接受处理的情形，不适用《行政处罚法》（2009年）第34条第1款关于“执法人员当场作出行政处罚决定的，应当向当事人出示执法身份证件”的规定。李××在清新分局交警大队的电子警察处理中心办公场所利用该中心的电子设备接受处理，执法人员未向其出示执法身份证件，并不影响其对执法主体的正确认识，亦未违反法律的规定。

关于电子文件的收发时间，可以援引《电子签名法》的相关规定。《电子签名法》第10条规定：法律、行政法规规定或者当事人约定数据电文需要确认收讫的，应当确认收讫。发件人收到收件人的收讫确认时，数据电文视为已经收到。第11条规定：数据电文进入发件人控制之外的某个信息系统的时间，视为该数据电文的发送时间。收件人指定特定系统接收数据电文的，数据电文进入该特定系统的时间，视为该数据电文的接收时间；未指定特定系统的，数据电文进入收件人的任何系统的首次时间，视为该数据电文的接收时间。当事人对数据电文的发送时间、接收时间另有约定的，从其约定。

【案例4－29】

刘×诉生态环境部不履行信息公开法定职责案①

2018年6月11日，刘×通过电子信箱向生态环境部提出政府信息公开申请。生

① 参见北京市第一中级人民法院（2018）京01行初1521号行政判决书，北京市高级人民法院（2019）京行终2300号行政判决书，最高人民法院（2019）最高法行申12475号行政裁定书。

态环境部于2018年7月3日作出告知书，同日通过刘×所用电子信箱送达告知书。刘×认为告知书超过法定期限答复，程序违法，便诉至法院。

北京市第一中级人民法院一审认为：《政府信息公开条例》（2007年）第24条第2款规定，行政机关不能当场答复的，应当自收到申请之日起15个工作日内予以答复；如需延长答复期限的，应当经政府信息公开工作机构负责人同意，并告知申请人，延长答复的期限最长不得超过15个工作日。《最高人民法院关于适用〈中华人民共和国行政诉讼法〉的解释》（2018年）第48条第2款规定：期间以时、日、月、年计算。期间开始的时和日，不计算在期间内。《国务院办公厅政府信息与政务公开办公室关于政府信息公开期限有关问题的解释》中规定，信息公开处理期限，自收到申请之日的次日起计算。本案中，刘×于2018年6月11日提出政府信息公开申请，依据上述规定，生态环境部作出政府信息公开答复的工作日应从2018年6月12日起开始计算，截止日期为2018年7月3日。生态环境部于2018年7月3日作出被诉告知书，并于当日向其送达，未超过法定答复期限。综上，刘×的诉讼理由均不能成立。

刘×不服一审判决，提起上诉，称：根据最高人民法院指导案例、《政府信息公开条例》（2007年）及国务院相关规范性文件，电子邮件系统确认申请提交成功的日期即为收到申请之日，政府信息公开处理之日虽为收到申请的次日，但答复期限并非从处理之日起算，仍应从收到申请之日起算。《行政诉讼法》及其司法解释的规定仅适用于诉讼期间，不适用行政行为作出的期间。北京市高级人民法院二审认为：答复期限是否应从收到申请之日的当日起算，是本案诉辩双方争议之核心。根据最高人民法院《关于适用〈中华人民共和国行政诉讼法〉的解释》（2018年）第48条第2款之规定，期间以时、日、月、年计算。期间开始的时和日，不计算在期间内。该规定虽主要针对诉讼行为，但对于行政决定作出时限亦不无参照适用之余地。其共通的道理在于，期间开始的时和日，往往并非完整的一时一日，倘以当时当日作为期间起算时点，于法定完整期间不合，亦对适用该期间规定的当事人有失公允。有鉴于此，《政府信息公开条例》（2007年）第24条第2款规定的15个工作日的答复期限应从收到申请之日的次日起算。综上，判决驳回上诉。

刘×不服，申请再审。最高人民法院经审查认为：本案双方争议的是应自6月11日起还是自6月12日起算15日答复期限。对此，根据最高人民法院《关于适用〈中华人民共和国行政诉讼法〉的解释》第48条第2款之规定，期间开始的时和日，不计算在期间内。该规定虽主要针对诉讼行为，但对于行政决定作出时限也可以参照适用。有鉴于此，《政府信息公开条例》（2007年）第24条第2款规定的15个工作日的答复期限应从收到申请之日的次日起算，对此，《国务院办公厅政府信息与政务公开办公室关于政府信息公开期限有关问题的解释》亦明确信息公开处理期限自收到申请之日的次日起计算。因此，一审、二审判决并无不当。

本案确立了电子行政行为中法定期限的计算规则。

电子行政行为无效是指因为明显重大违法，行为自始至终不产生法律效力。行政机关职权不明确或明显超越行政机关职权的电子行政行为，一般应当归于无效；无效的电子行政行为自始无效。在传统行政行为中，其无效的情形主要有以下几种：（1）行政行为具有特别重大的违法情形或具有明显的违法情形；（2）行政主体不明确或明显超越相应行政主体的职权；（3）行政主体受胁迫作出行政行为；（4）行政行为的实施将导致犯罪；（5）没有可能实施。[①] 关于电子行政行为是否无效，除了参照传统无效行政行为的情形进行判断外，还应该结合电子行政行为的特点具体分析。这是因为，在电子环境下追求行政管理高效、便捷的同时，需要应对的突发情况也更加复杂，需要赋予行政机关一定的自由裁量权。然而，在传统行政法中，基于限制公权力的考虑，行政机关的权限是“法无明文规定即禁止”。对于这一矛盾就需要在立法设计中加以解决。

电子行政行为的撤销是指在相应电子行政行为具备可撤销要件的情形下，由有权机关作出撤销决定而使之失去法律效力。从学理上讲，合法的电子行政行为应当具备三个要件：主体合法、内容合法及程序合法。欠缺其中任何一个要件，该电子行政行为就是可撤销的。如法律规定不能实施电子行政，而行政机关以电子形式实施了行政行为的，应当认为行政行为缺乏合法要件，从而可加以撤销。实践中，可撤销的行政行为不一定会被撤销，一旦撤销即丧失效力。

第四节　电子文件管理法

一、电子文件管理的含义

电子文件是信息时代国家治理和政府管理的重要工具与载体，是国家的重要战略信息资源。2009年，中共中央办公厅、国务院办公厅联合发布《电子文件管理暂行办法》，以规范电子文件管理，确保电子文件的真实、完整、可用和安全，保存国家历史记录，促进信息资源开发利用，推动国家信息化健康发展。2010年，中共中央办公厅牵头的国家电子文件管理部际联席会议在起草的《国家电子文件管理工作规划》中，又提出了适时启动电子文件立法的计划。之后，电子文件管理部际联席会议办公室组织了“电子文件管理条例”的专项调研。2016年，“电子文件管理条例”制定工作正式启动。从地方立法的层面来看，《广东省电子文件管理暂行办法》《广东省公共资源交易电子文件管理暂行办法》《上海市电子证照管理暂行办法》《浙江政务服务网电子文件管理暂行办法》《杭州市电子文件管理暂行办法》《福建省促进电子证照应用管理暂行办法》《南京市电子文件归档与管理暂行规定》

① 参见罗豪才、湛中乐：《行政法学》，141-142页，北京，北京大学出版社，2012。

《浙江省保障“最多跑一次”改革规定》等，都为当地电子政务的发展奠定了坚实的基础。

在这里，电子文件是指机关、团体、企事业单位和其他组织在处理公务过程中，通过计算机等电子设备形成、办理、传输和存储的文字、图表、图像、音频、视频等不同形式的信息记录。实践中，被纳入依法管理范围的电子文件包括电子公文、电子证照、电子发票、电子合同、电子病历、电子图纸等常见业务领域的文件。随着社会智能化的发展，大数据也将成为电子文件的一个重要采集来源。

【案例 4-30】

秦××诉溧水区政府不履行行政复议法定职责案①

2003年1月8日溧水县发展计划与经济局和溧水县对外贸易经济合作局联合作出溧计经项［2003］8号批复，对于太阳岛公司的企业名称等事项进行了批复。秦××的承包责任地在上述项目范围之内。2015年8月14日，秦××向溧水区政府提起行政复议，要求确认溧计经项［2003］8号批复违法并予以撤销。溧水区政府于当年8月18日收到申请，8月20日作出复议决定，以秦××申请行政复议超过60日的复议期限为由决定不予受理。

秦××不服，提起诉讼。江苏省南京市中级人民法院一审查明：秦××提交的溧计经项［2003］8号批复复印件共计两页，第一页上盖有“南京市工商行政管理局企业档案登记资料专用章”，第一页右下角有“江苏省工商行政管理局20060315005O2918773”签章，第二页右下角有“江苏省工商行政管理局2006031500506532103”签章。南京市溧水区市场监督管理局出具的“情况说明”载明，根据江苏省工商系统电子档案查询规则，工商部门出具的书式档案打印件下方显示的数码前8位为查询、打印的日期。该院认为，结合溧计经项［2003］8号批复右下角的签章以及南京市溧水区市场监督管理局出具的说明，可以认定该份材料取得时间为2006年3月15日。秦××提出其是2015年8月通过网络途径购买了溧计经项［2003］8号批复复印件，而并非在2006年3月15日向工商部门调取。对此，秦××所述获取文件途径并非正常的途径，且对此没有提供证据证实或加以合理说明，秦××的陈述不能证明其获取文件的具体时间。因溧计经项［2003］8号批复是秦××自行向溧水区政府提交，溧水区政府据此认定秦××获知该文件的时间是签章显示的时间，即2006年3月15日，并以其于2015年8月14日申请复议已经超过了法律规定的期限为由，决定不予受理秦××提出的复议申请，具有事实和法律依据。综上，判决驳回秦××的诉讼请求。

① 参见江苏省南京市中级人民法院（2015）宁行初字第247号行政判决书，江苏省高级人民法院（2016）苏行终14号行政判决书，最高人民法院（2018）最高法行申6563号行政判决书。

秦××不服，继续提起二审、再审。江苏省高级人民法院、最高人民法均维持一审判决。

在本案中，溧计经项［2003］8号批复复印件就是典型的电子文件（复印件），带有不同于纸面文件的特点。

电子文件管理是指对电子文件的形成、接收、维护、利用及处置等进行高效和系统的控制，以保障电子文件的真实性、完整性、可用性和安全性，发挥电子文件的记录、凭证和资产作用。[①] 它包括电子文件形成办理、归档管理、长期保存等。这个概念同电子档案管理具有一定的交叉之处。站在促进电子政务发展和推动“网络强国”“数字中国”“智慧社会”建设的角度，笔者认为有必要对两个概念、两项工作作出适度的区隔。

【案例 4-31】

刘××与北京市政府信息公开及行政复议案[②]

2018年4月18日，北京市政府收到刘××提交的政府信息公开申请，“要求对北京西客站工程总指挥部第101期‘生产调度会’议定的第3项事项‘积极落实原定铁路部门给丰台区500名招工指标’中的‘原定’信息公开”。北京市政府经向相关部门了解后，确认“西站指挥部已撤销，相关档案已移交市档案馆保存”。2018年5月4日，北京市政府作出答复：“经查，您所提申请涉及的‘北京西客站工程总指挥部’全称为‘北京西客站工程建设总指挥部’，该指挥部已经撤销，相关档案已经移交市档案馆。根据《北京市政府信息公开规定》（北京市人民政府令第257号）第29条第3项‘申请公开的政府信息已经移交各级国家档案馆的，应当告知申请人按照有关档案管理的法律、行政法规和国家有关规定办理’之规定，建议您向市档案馆咨询，通过档案查询利用渠道解决。”刘××不服，先后提起行政复议及一、二审和再审行政诉讼，法院维持被诉答复。

本案的案情表明，政府信息移交给各级国家档案馆的，进入电子档案管理环节。之前还存在着一个环节，即在有关行政机关进行电子文件管理的环节。

现阶段，我国亟待加快电子文件管理立法工作，以满足电子政务迅猛发展的需要。2019年4月26日国务院颁发《关于在线政务服务的若干规定》，不吝篇幅地用连续多个条款就电子文件替代纸面文件的效力进行了明确的宣示，包括重申“符合……规定条件的可靠的电子签名，与手写签名或者盖章具有同等法律效力”（第8

① 参见《国家电子文件管理知识与政策干部读本》编委会：《国家电子文件管理知识与政策干部读本》34页，北京，人民出版社，2019。

② 参见北京市第二中级人民法院（2018）京02行初290号行政判决书，北京市高级人民法院（2018）京行终6615号行政判决书，最高人民法院（2019）最高法行申12452号行政裁定书。

条)、“电子印章与实物印章具有同等法律效力……”(第9条第2款)、“电子证照与纸质证照具有同等法律效力”(第10条第3款)、“符合档案管理要求的电子档案与纸质档案具有同等法律效力”(第12条第2款)等。这显然属于应急之举。从长远来看，我国应当提升电子文件管理的立法层次，将电子文件的管理规范由一般规范性文件转变为电子政务领域的条例，甚至转变为网络法治领域的“基本法”。这就需要较高层级的法律明确电子文件的法律效力，鼓励、引导和促进机构单位使用电子文件，履行公务职能，规范各类机构单位的电子文件管理行为，确保机关单位依法履行管理电子文件的社会职能，保障、促进电子文件作用的发挥。这又涉及理念转变与规则构建的问题。

二、中国电子文件管理立法之完善

(一) 电子文件管理的理念转变

以往的电子文件管理制度设计侧重于关注电子文件的记录功能，抑或其业务凭证功能，即以之为具有参阅价值的“数据”，而忽视对电子文件的法律凭证即电子文件之证据价值的重视。这在电子文件管理中表现为重视对信息的现实利用，忽视对“文件”的长久保存。[①] 实际上，在国际上，电子文件具有“法律证据”价值已经是共识，“证据神圣”[②] 的思想再次受到重视。我国的电子文件管理立法完善，应当从强化电子文件的记忆功能转向法律凭证功能。

【案例4-32】

成××与司法部等再审审查与审判监督案[③]

成××因其诉北京市司法局履行信息给付法定义务及司法部行政复议决定案，不服北京市第三中级人民法院(2018)京03行终915号行政判决，申请再审。北京市高级人民法院再审认为：成××向北京市司法局申请公开2004年北京市西城区公证处(现国立公证处)的对外公章的备案及申请批示，北京市司法局对该局公证管理处的工作档案及该局公证工作相关纸质档案进行检索，未检索到相关信息；还通过归纳关键词、关键词输入的方式，在该局档案管理系统中对电子档案进行检索，亦未查找到成××申请公开的信息。北京市司法局在履行法定程序的基础上作出被诉“政府信息答复告知书”，已尽到了检索查找及相应的告知义务。司法部作

① 参见冯惠玲、赵国俊等：《电子文件管理国家刍议》，载《档案学通讯》，2006(3)，4页。

② 杜童欣、陆阳：《“证据神圣性”的重新发现》，载《档案与建设》，2019(10)，13-16页；谭必勇：《“证据的神圣性”：希拉里·詹金逊古典档案思想成因探析》，载《档案学通讯》，2017(2)，19-22页。

③ 参见北京市高级人民法院(2019)京行申443号行政裁定书。

出行政复议决定的程序亦不违反法律规定。故终审法院判决驳回成××的诉讼请求正确。综上，裁定驳回再审申请。

该案反映的是政府机关电子文件管理经常受到质疑的现象。要改善这种状况，需要在制度设计中关注电子文件的记录功能与法律凭证功能。

这就要求将对电子文件证据价值的维护以及电子文件的具体证据法规则融入电子文件管理制度的顶层设计中。当前，我国有不少研究者开始意识到电子文件的证据价值，并对二者展开契合研究。然而，一个明显的误区是很多学者仅将“真实性”“可靠性”作为对电子文件展开证据价值研究的基础；还有学者将具备“四性”（真实性、可靠性、完整性和可用性）的电子文件称为“可信电子文件”，认为可信电子文件具备法律上的凭证价值。[①] 从证据学原理来讲，仅建立在真实性基础上的电子文件的证据效力是不完整的，在此理念下所构建的电子文件管理制度也不能充分保证电子文件的证据效力。因此，需拓展一贯以来的电子文件作为法律凭证的“真实性”理念，将合法性、关联性、证明力要求一并纳入电子文件管理制度的构建中。

而要想电子文件具备理想的证据价值，必须将真实性、关联性、合法性等要求纳入电子文件管理的前端，特别要将证据要求纳入电子文件的形成阶段，即社会管理、电子政务等业务活动环节中。美国、英国、加拿大、欧盟等相当一部分国家及地区采取了“前端控制”“业务纳入”的做法。[②] 进行“前端控制”有利于从源头上保证电子文件符合真实性、关联性、合法性等的要求，优化管理的同时保障电子文件的证据效力。具体来说，可将证据保全要求纳入电子文件的形成、管理环节，通过对系统的“前端控制”来对电子文件的真实性、可靠性进行固定和保护，从而达到“同步保全”的效果，保证其凭证作用的发挥。[③]

（二）电子文件管理的规则构建

关于电子文件立法如何强化电子文件的证据价值，学术界的习惯性建议是在“电子文件管理条例”等的法律条文中明示“不得否定或歧视电子文件的证据地位”。通俗地说，就是不能对电子文件的证据效力方面给予不同于传统文件的差别性待遇。该建议条款可以被理解为“同等对待”原则或“非歧视”原则的一种具体践行。这从表述风格上归属于宣示性的立法例，带有“原则性”“反向性”的鲜明特点。笔者认为，宣示性立法例同现阶段相关法律法规的发达水平不相适应，亦同证据法之通用规则亦不相称。

笔者建议，电子文件立法应当弃用虚化的原则范式，走向实质的规则创设。这就需要将证据法中的“证据四性”标准吸收进电子文件管理活动中。具体来说，我

① 参见黄永勤：《可信电子文件的内涵及管理研究》，载《浙江档案》，2014（7），12-15页。

② 参见冯惠玲：《电子文件管理：信息化社会的基石》，载《电子政务》，2010（6），3-9页。

③ 参见李侃：《证据法语境下电子文件的凭证性保障探析》，载《机电兵船档案》，2017（2），61-64页。

国应当适当设计保证电子文件用作证据的合法性、关联性、证明力的基本条款，要重点关照电子文件管理在合法性、关联性、证明力方面的特殊要求。

同时，电子文件立法应当对被纳入管理的电子文件进行外延拓展，将纸面文件电子化的情形也纳入法律调整的范围。在选择立法表述时，可以考虑使用“参照体例”。具言之，法条可以在明确界定“电子文件”“电子文件管理”后，特别规定“对纸面文件电子化进行管理的，参照本法执行”。参照适用条款的立法体例，能够起到全面认可电子文件的效力的作用。

此外，面对海量电子文件进行有效管理是当下的一大挑战。我国立法要尽快确立基于一批批电子文件的完全自动化、平台集成化的归档或管理机制。浙江省在这一方面探索建立了电子文件管理平台。《浙江政务服务网电子文件管理暂行办法》第 15 条第 1 款规定：“行政机关一般应通过本级国家综合档案馆电子文件统一平台，对浙江政务服务网办结的电子文件进行归档移交和集中管理，并按标准规范做好分类、整理、存储、封装、鉴定、检测等工作……”这样的平台被正式称为“电子文件归档管理平台”，“确定了电子文件采用统一平台管理的原则”①。这一地方性法规范本亦值得我国在国家立法层面予以借鉴。

拓展阅读

1. 周文彰．数字政府和国家治理现代化．行政管理改革，2020（2）．
2. 沈岿．信息公开申请和诉讼滥用的司法应对——评“陆红霞诉南通市发改委案”．法制与社会发展，2016（5）．
3. 彭錞．我国政府信息公开制度的宪法逻辑．法学，2019（2）．
4. 秦浩．电子治理的概念界定．电子政务，2014（8）．
5. 周汉华．电子政务法研究．法学研究，2007（3）．
6. 高家伟．论电子政务法．中国法学，2003（4）．

课后思考

1. “杜宝良现象”的顽疾难以根治暴露出我国现阶段开展电子政务建设存在着哪些问题？

2. 余某珠在三亚金冕混凝土有限公司海棠湾混凝土搅拌站旁种有 30 亩龙眼果树。为掌握搅拌站产生的烟尘对周围龙眼树开花结果的环境影响情况，余某珠请求三亚市国土环境资源局（以下简称三亚国土局）公开搅拌站相关环境资料，包括：23 号、50 号、422 号文之后，三亚国土局作出“政府信息部分公开告知书”，同意

① 梁绍红、占晖：《〈浙江政务服务网电子文件管理暂行办法〉有关档案工作的职责、任务和要求解读》，载《浙江档案》，2017（3），12－13 页。

公开422号文，但认为23号、50号文系该局内部事务形成的信息，不宜公开；“项目环评影响报告表”是企业文件资料，不属于政府信息，也不予公开。余某珠提起行政诉讼，请求判令三亚国土局全部予以公开。

请依照《政府信息公开条例》，评述本案中三亚国土局的处理结果是否合法。

3. 前述如果爱公司诉民政部信息公开案（续）：在2014年4月28日北京市高级人民法院作出（2014）高行终字第915号行政判决后，民政部经审查认为如果爱公司申请公开的信息中的“社会团体登记资料”和“年检资料”，可能涉及中国婚姻家庭研究会及其会员的商业秘密和个人隐私，遂于2014年5月30日向中国婚姻家庭研究会发出民信公［2014］50号“政府信息公开告知书”，征询该会意见。中国婚姻家庭研究会于2014年6月6日向民政部回函称，该会不同意公开“社会团体登记资料”和“年检资料”的全部内容。2014年6月25日，民政部作出被诉“告知书”，并向如果爱公司公开了中国婚姻家庭研究会的社会团体登记资料（社会团体负责人登记表和社会团体法人代表登记表除外）、2003年至2012年年检资料（基本信息、财务报告和业务情况除外）、社会团体法人登记证书。如果爱公司不服，于2014年8月24日向民政部申请行政复议。民政部于2014年10月20日作出民复决字［2014］5号“行政复议决定书”，维持了被诉“告知书”。如果爱公司仍不服，第二次向北京市第二中级人民法院提起行政诉讼。

北京市第二中级人民法院经审查认为：原告如果爱公司申请公开的政府信息为“中国婚姻家庭研究会的社会团体登记资料、年检资料、社会团体法人登记证书及对中国婚姻家庭研究会涉嫌欺诈行为的查处结果”的信息，民政部在审查后，认为相关信息中的“社会团体登记资料”和“年检资料”可能涉及中国婚姻家庭研究会及其会员的商业秘密和个人隐私，遂向中国婚姻家庭研究会发函征询该会意见，在中国婚姻家庭研究会回函不同意公开“社会团体登记资料”和“年检资料”的全部内容后，民政部经审查，认为不公开相应信息，不会对公共利益造成重大影响，遂作出被诉“告知书”，并向如果爱公司公开了中国婚姻家庭研究会的社会团体登记资料（社会团体负责人登记表和社会团体法人代表登记表除外）、2003年至2012年年检资料（基本信息、财务报告和业务情况除外）和社会团体法人登记证书。上述行为，符合《政府信息公开条例》（2007年）第23条的规定。

关于如果爱公司称民政部未公开的相应信息涉及公共利益的主张，北京市第二中级人民法院对民政部提交的证据进行审查后认为，民政部未予公开的社会团体负责人登记表和社会团体法人代表登记表中包含中国婚姻家庭研究会负责人及法人的家庭住址、私人电话和个人履历，涉及个人隐私，中国婚姻家庭研究会2003年至2012年年检资料中的“基本信息”、“财务报告”和“业务情况”中涉及该会的商业秘密，但并不涉及如果爱公司所称中国婚姻家庭研究会涉嫌非法经营罪的细节情况。民政部对上述个人隐私和商业秘密不予公开并不影响社会公共利益。综上，民政部所作的被诉“告知书”，认定事实清楚，适用法律正确，程序合法，判决驳回如果爱公司的诉讼请求。[1]

如果爱公司不服，继续向北京市高级人民法院提起上诉。北京市高级人民法院于 2015 年 7 月 8 日公开开庭审理。在审理期间，上诉人如果爱公司申请撤回上诉。北京市高级人民法院二审认为上诉人有权在诉讼期间依法处分其诉讼权利，遂裁定准许撤回上诉。[2]

结合本案，论述如何提高我国政府信息公开制度的效率。

4. 在案例 4-3 中，江苏省南通市港闸区人民法院认为陆红霞构成滥用诉权的行为，理由如下：(1) 原告陆红霞的起诉明显缺乏诉的利益。诉的利益是原告存在司法救济的客观需要，没有诉讼利益或仅仅是为了借助诉讼攻击对方当事人的不应受到保护。本案原告的起诉源于政府信息公开申请，此为一项服务于实体权利的程序性权利。由于对获取政府信息权利的滥用，原告在客观上并不具有此类诉讼所值得保护的合法的、现实的利益。(2) 原告陆红霞的起诉不具有正当性。《行政诉讼法》第 2 条明确规定：公民、法人或者其他组织认为行政机关和行政机关工作人员的具体行政行为侵犯其合法权益，有权依照本法向人民法院提起诉讼。显然，行政诉讼是保护公民、法人和其他组织的合法权益的制度，原告陆红霞不断将诉讼作为向政府及其相关部门施加压力、谋求私利的手段，此种起诉已经背离了对受到侵害的合法权益进行救济的诉讼本旨。(3) 原告陆红霞起诉违背诚实信用原则。诚实信用原则要求当事人实施诉讼行为、行使诉讼权利必须遵守伦理道德，诚实守诺，并在不损害对方合法利益和公共利益的前提下维护自身利益。骚扰、泄愤、盲目、重复、琐碎性质的起诉显然不符合诚实信用原则的要求。原告本已滥用了获取政府信息权利，所提起的数十起诉讼要么起诉理由高度雷同，要么是在已经获取、知悉所申请政府信息的情形下坚持提起诉讼。这种对诉讼权利任意行使的方式有违诚实信用原则。对此观点，学术界也有不同的看法。

请结合本案，阐述你认为对政府信息公开该如何防止明显的权利滥用。

5. 试述电子政务和电子商务之间的联系与区别。

6. 论述电子文件管理制度建设对电子政务发展的支撑作用。

① 参见北京市第二中级人民法院（2015）二中行初字第 389 号行政判决书。

② 参见北京市高级人民法院（2015）高行终字第 1998 号行政裁定书。

第五章

网络安全法

随着我们跨入计算机王国时代，因特网和数字技术产生了一个“潘多拉盒子”的效果，这些自由发展的科技已经对我们的国家、公司企业以及个人的安全造成了威胁，我们必须要在这些技术控制我们人类以前，对其加以控制。

——［英］尼尔·巴雷特

【关键词】网络安全　信息安全　网络安全法　信息安全法　网络运行安全　网络信息安全　网络监测预警

【案例 5-1】

3Q 大战引发网络安全风波

2010 年 10 月 29 日，奇虎 360 公司发布了一款名为“360 扣扣保镖”的安全工具，称该软件具有“给 QQ 体检”“帮 QQ 加速”“清 QQ 垃圾”“去 QQ 广告”“杀 QQ 木马”“保 QQ 安全”和隐私保护等功能。而 QQ 软件的运营商腾讯公司很快作出反应，当日发表了《关于 360 公司推出非法外挂的严正声明》，谴责“360 扣扣保镖”是“通过外挂手段对腾讯 QQ 的多项功能进行破坏，严重影响 QQ 软件的安全和完整服务”。11 月 3 日，腾讯公司再次发出了《致广大 QQ 用户的一封信》，称奇虎 360 公司“破坏腾讯的正常运营”，腾讯公司不得不作出“一个艰难的决定”，要求 QQ 用户在 360 软件与 QQ 软件之间“二选一”。当时 QQ 软件拥有 6 亿注册用户，360 软件的用户量也高达 3 亿。因此，两家公司之间的争斗引发了一起影响广泛的公众事件。

后来，为有效保护用户合法权益，维护公平有序的互联网市场秩序，国家主管部门明确要求两公司以用户合法权益为重，立即停止一切损害用户合法权益的行为；对两公司侵犯用户合法权益、造成恶劣社会影响的行为，给予通报批评。此后，QQ 软件与奇虎 360 公司的全线产品恢复兼容。11 月 21 日，奇虎 360 公司与腾讯公司几乎同时发布致歉声明，但诉讼硝烟四起……

第一节　网络安全法概览

一、什么是网络安全

（一）网络安全的丰富内涵

网络空间是当代最新的法律疆域，网络安全则是当今全人类共同遭遇的最大安全。自从人类社会出现网络以来，网络安全问题就像一个百变幽灵从地下冒出来一样，迅速同传统安全问题相结合，显露出极大的破坏力。其中，不仅有企业的安全、用户的安全，还有政府的安全；不仅有政治安全、经济安全，还有军事安全；不仅有人身安全，还有财产安全。特别是，不仅有个人安全、组织安全，更有国家安全。在个人、组织与国家三个层面的网络安全中，国家安全无疑具有显著的地位，而且会辐射到组织安全和个人安全。例如，美国人斯诺登曝光的美国政府棱镜计划，充分揭示了网络安全的现实严峻性及三个层面安全的密切关系（参见案例 5－2）。对网络安全含义的理解，关系到人们能否深刻认识这一新事物，并就其带来的挑战和问题提出对策。

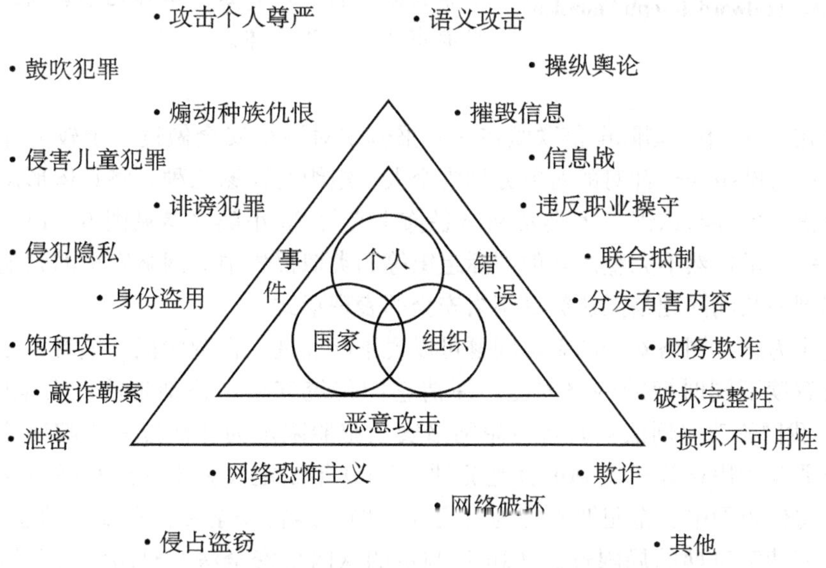

图 5－1　网络安全的层级：个人、组织与国家的层面①

① Cybersecurity Guide for Developing Countries. http：//www. itu. int/ITU-D/cyb/publications/2007/cgdc－2007－e. pdf.

【案例 5－2】

美国政府棱镜计划威胁各国网络安全

据美国中情局前职员爱德华·斯诺登爆料："棱镜"窃听计划，始于小布什当总统时期的 2007 年。美国情报机构一直在 9 家美国互联网公司中进行数据挖掘工作，从音频、视频、图片、邮件、文档以及连接信息中分析个人的联系方式与行动。监控的类型有 10 类：电子邮件信息、即时消息、视频、照片、存储数据、语音聊天、文件传输、视频会议、登录时间、社交网络资料的细节。其中包括两个秘密监视项目。斯诺登称，美国国家安全局在全球进行超过 6.1 万个入侵电脑行动，其中数以百计的目标针对中国内地和香港，范围涵盖政、商、学界。他说，美国国家安全局的入侵目标包括香港中文大学、香港特别行政区政府公务员、企业和学生的电脑以及位于中国内地的电脑系统。

图 5－2　爆料者爱德华·约瑟夫·斯诺登（Edward Joseph Snowden）

在这一重大事件中，网络安全牵涉的层面无疑包括个人、国家和组织等不同的层面，内容也非常繁杂。换言之，这一事件几乎影响到了现实世界中的每一种主体。

早在 2007 年，国际电信联盟在一份报告中对网络安全做过一个较为详细的列举，其中将网络安全针对的对象分列为个人、组织与国家三种，将具体形态分解为恶意攻击、事件与错误三大类及网络恐怖主义等 25 小类（参见图 5－1）。即便如此，这一列举仍然不完整。其他国际组织等的类似报告中对网络安全的归纳还有很多，遇到的共同问题是无法穷尽网络安全的表现形式。

迄今为止，网络安全的新鲜问题可以说不断涌现。在现阶段，笔者主张以开放的观念解读不同时期的网络安全，厘清它同传统安全，特别是信息安全的关系。1997 年我国修改《刑法》时将侵犯网络安全犯罪限定为非法侵入或破坏计算机信息系统罪及利用计算机实施的其他犯罪，2000 年制定《关于维护互联网安全的决定》时将侵犯网络安全犯罪限定为侵犯互联网的运行安全和信息安全的违法犯罪。这都具有特定时期的局限性。2016 年制定的《网络安全法》对网络安全的监督管理做了基本制度的设计，确定了网络安全的基本法治原则，将网络安全的定义调整为"通过采取必要措施，防范对网络的攻击、侵入、干扰、破坏和非法使用以及意外事故，使网络处于稳定可靠运行的状态，以及保障网络数据的完整性、保密性、可用性的能力"。从法律规制的发展状况来看，网络安全的内涵处于变动中，其外延有了显著的扩张。

网络安全不是凭空而降的，主要是由形形色色的传统安全聚合而来的。传统上有哪些形式的安全问题，也不容易界定。大凡由刑事、行政与民事实体法作出禁止性规定的行为，基本上都可以泛化为某种含义上的安全问题。如我国《刑法》规定了危害国家安全罪、危害公共安全罪等10种类罪名，这表明刑法保护10种典型的安全。类似地，《治安管理处罚法》《保守国家秘密法》等行政实体法分别对涉及社会治安秩序的公共安全、涉及国家秘密的国家安全予以保障，规范侵权责任的民事实体法如《民法典》对民事主体的人身、财产安全予以保障。当代网络技术的迅猛发展，使前述各种安全问题因“涉网”而升级换代，演化为人类社会中一种全新而复杂的安全形态。从这个意义上讲，网络安全并非同传统安全无关，两者在涵盖的范围上存在很多交叉的地方。

（二）网络安全的特殊规律与法律定义

尽管网络安全不能割断其同传统安全的千丝万缕联系，但网络安全如今已经有了相对独立的内容和特殊的规律。我国有学者认为，网络安全包括网络系统实体安全、网络系统运行安全、网络信息安全和网络民事权益的安全保障。[①] 也有学者主张，信息网络安全包括信息网络设施安全和信息网络传输、存储和处理的信息的安全。[②] 我国《网络安全法》分别以“网络运行安全”“网络信息安全”为节的名称，按照“两分法”将一些特色的内容明确下来。这些说法或做法中的独特之处在于将网络系统或设备等硬件方面的安全与网络数据或信息等软件方面的安全区别开来，后者就是狭义的信息安全。[③]

网络具有无限扩增的效应，任何一项传统安全问题一旦“涉网”就被急剧地放大。在案例5-1中，奇虎360公司与腾讯公司的“口水战”看似是它们两家之间的事情，实际上波及广大的网络用户，影响到了政府行政，甚至对国家治理、社会治理带来了严峻挑战。随后这两家公司又掀起了关于不正当竞争的系列诉讼，不仅诉讼本身，而且法院的相关判决，都会对网络安全的导向产生影响（参见案例5-3）。

【案例5-3】

奇虎360公司、奇智公司与腾讯公司、腾讯计算机公司不正当竞争纠纷案[④]

（续案例5-1）腾讯公司认为“360扣扣保镖”软件直接针对腾讯QQ软件，

① 参见孙昌军、郑远民、易志斌：《网络安全法》，15-17页，长沙，湖南大学出版社，2002。

② 参见孙占利主编：《信息网络法学》，263页，厦门，厦门大学出版社，2012。

③ 一般理解的“信息安全”，是一个比《网络安全法》规定的网络信息安全更大的概念，存在广义、狭义之分。广义的信息安全是同网络安全并列或混同的概念，包括无涉网络空间的信息安全。

④ 参见最高人民法院（2013）民三终字第5号民事判决书。

通过虚假宣传，鼓励和诱导用户删除腾讯QQ软件中的增值业务插件、屏蔽其客户广告，同时将奇虎360公司的产品和服务嵌入腾讯的QQ软件界面，借机宣传和推广自己的产品。腾讯公司认为奇虎360公司的前述行为不仅破坏了其合法的经营模式，导致其产品和服务的完整性、安全性遭到严重破坏，也使其商业信誉和商品声誉遭到严重损害，遂以奇虎360公司的行为违反了公认的商业道德为由，诉至广东省高级人民法院，请求法院判令奇虎360公司、奇智公司立即停止涉案不正当竞争行为等。此案经过广东省高级人民法院一审、最高人民法院二审。

最高人民法院二审认为：奇虎360公司为达到其商业目的，诱导并提供工具积极帮助用户改变QQ软件的运行方式，并同时引导用户安装“360安全卫士”，替换“QQ软件安全中心”，破坏了QQ软件相关服务的安全性并对QQ软件整体具有很强的威胁性，减少了腾讯公司的经济收益和增值服务交易机会，违反了诚实信用原则和公认的商业道德。奇虎360公司无事实依据地宣称QQ软件会对用户电脑硬盘中的隐私文件强制性地进行查看，并且以自己的标准对QQ软件进行评判并宣称QQ软件存在严重的健康问题，造成了用户对QQ软件及其服务的恐慌及负面评价。该评论已超出正当的商业评价、评论的范畴，突破了法律界限。奇虎360公司在经营“扣扣保镖”时，将自己的产品和服务嵌入QQ软件界面，取代了QQ软件的部分功能。其根本目的在于依附QQ软件强大的用户群，通过对QQ软件及其服务进行贬损的手段来推销、推广“360安全卫士”，从而增加自己的市场交易机会并获取市场竞争优势。此行为本质上属于不正当地利用他人的市场成果，为自己谋取商业机会，从而获取竞争优势的行为。遂判决奇虎360公司违反了诚实信用和公平竞争原则，构成不正当竞争。

该案为最高人民法院二审审理的第一起涉及互联网领域不正当竞争的案件。本书引用在此，无意评价两方当事人谁是谁非，亦无意评判法院的判决是否经得起历史的检验。显然，这样一份判决对于中国的网络安全行业产生了深远的影响。[①]

实践表明，那些能够危害信息安全的网络事件都有可能产生过去难以想象的破坏力。诸如2006年“熊猫烧香”病毒事件、2010年Google公司退出中国内地市场事件、2013年光大证券“乌龙”事件、2014年苹果公司iCloud安全漏洞泄露名人裸照事件、2015年优步（Uber）公司5万名司机信息遭泄露事件、2016年孟加拉银行遭网络抢劫事件、2017年WannaCry勒索病毒事件、2018年万豪酒店数据泄露事件、2019年委内瑞拉电力系统遭网络攻击事件，等等，均产生了威力巨大的危害后果。这些影响和挑战不仅仅是针对网络设施、网络设备而言的，更是直接影响到各种网络使用者的信息安全。

① 我国就有学者从网络安全的角度解读这一事件的相关法律问题，主张是网络空间的安全问题导致了互联网企业对其产品、用户对其电脑和各种服务产生了安全防护需求。参见胡凌：《网络安全、隐私与互联网的未来》，载《中外法学》，2012（2），379－394页。

综上可见，网络安全有不同的内涵属性与界分标准。从法治建设的视域看，人们应该基于对互联网本身规律的把握，辩证地看待问题，形成符合当今时代的、正确的网络安全观：一是网络安全是整体的而不是割裂的，二是网络安全是动态的而不是静态的，三是网络安全是开放的而不是封闭的，四是网络安全是相对的而不是绝对的，五是网络安全是共同的而不是孤立的。[①] 关于网络安全的这几个特点，是需要全面领会的。

二、网络安全法之含义简释及国际整理

随着人类遭遇越来越多网络安全方面的挑战，建构全面有效的专门法律体系来保护网络环境比以往任何时候都显得迫切。这就涉及全球范围内网络安全法等相关法律的建设问题。所谓网络安全法，是指与网络有关的国家安全、社会安全与个人安全的专门法律。网络安全法建设涉及的范围是相当广泛的。从传统部门法来看，它不仅包括网络犯罪法（或刑法中涉及网络犯罪的修正案）、治安管理处罚法，也包括民法典、行政法、反垄断法、反不正当竞争法、消费者权益保护法、刑事诉讼法、民事诉讼法与行政诉讼法等部门法中的专门性条款。在世界范围内网络安全法没有统一的模式。人们可以从不同角度进行类型化分析，掌握当今世界网络安全法的概貌。

（一）欧盟：从《网络犯罪公约》到《网络安全法》

1989 年，欧洲理事会部长委员会就通过了关于与计算机有关犯罪的第 R（89）9 号建议，要求各成员国在其国内立法中增加相应条款或另立新法以防范与计算机有关的犯罪。1995 年，欧洲理事会部长委员会又通过了《关于与信息技术有关的刑事诉讼程序若干问题的第 R（95）13 号建议》，提出了缔结一个预防和惩治网络犯罪公约的构想。其后，欧洲理事会犯罪问题委员会任命凯斯珀森教授研究起草公约的具体事项，并于 1997 年 2 月成立网络空间犯罪专家委员会。1997 年 4 月到 2000 年 12 月间，网络空间犯罪专家委员会举行了 10 次全体会议，其草案专家组举行了 15 次会议。2000 年 4 月，公约草案及其说明备忘录被发布到互联网上，征求有关专家、网络经营者和广大用户的意见与建议。2001 年 11 月 8 日，欧洲理事会部长委员会正式批准了公约文本——《网络犯罪公约》。

这是在当代产生广泛影响的关于网络安全的国际立法。其第二章第一节将网络犯罪分为四类进行概括列举：（1）侵犯计算机数据和系统的机密性、完整性及可用性的犯罪，即通过非法访问、非法干扰等对计算机系统、网络或计算机数据的安全造成威胁的行为，包括非法访问、非法截获、数据干扰、系统干扰和设备滥用的犯

① 习近平：《在网络安全和信息化工作座谈会上的讲话》，载 http：//www.cac.gov.cn/2016-04/25/c_1118731366.htm。

罪等；（2）与计算机有关的犯罪，即以“计算机系统、网络和计算机数据”为工具实施传统犯罪的行为，包括与计算机有关的伪造罪、欺诈罪等；（3）与内容相关的犯罪，即与网络信息的内容有关的犯罪，其实只涉及一个类罪名——“与儿童色情有关的犯罪”，包括制造、提供、分发、获取或保存儿童色情资料罪等；（4）与侵犯版权和邻接权有关的犯罪，即违反缔约国所参加的知识产权条约的规定，在达到商业规模的情形下，通过计算机系统实施的故意侵犯版权或邻接权的行为。这表明，《网络犯罪公约》并没有明确地规定网络犯罪的完整罪状，只建立了犯罪的基本模型。这就意味着缔约国可以在《网络犯罪公约》所建立的罪行模型基础上，遵循一些基本原则，再来充实与调整具体规则：第一，《网络犯罪公约》规定的是最低要求的网络犯罪模型，缔约方相关国内刑事立法完全可以将更多的与互联网相关的严重违法行为规定为犯罪。第二，《网络犯罪公约》允许缔约方在限制情况下，按照第 40 条、第 42 条的规定，对上述犯罪中的一部分规定全部或者部分保留适用。

为了进一步补充该公约，欧洲理事会随后起草了一份旨在打击通过计算机网络实施种族歧视和仇视外国人行为的附加议定书。2003 年 1 月 28 日，欧洲理事会在法国的斯特拉斯堡开放签署《2003 年〈网络犯罪公约〉附加议定书：对通过计算机系统实施种族性排外行为的犯罪化》。该议定书又确立了四种犯罪行为：（1）通过计算机系统传播种族性排外材料的行为；（2）种族排外主义引起的威胁行为；（3）种族主义引起的侮辱行为；（4）对灭绝种族罪或危害人类罪的否认、低估、支持或辩护行为。借助《网络犯罪公约》所建立的法律机制，该议定书形成了打击网络犯罪中种族性排外行为的新机制。① 2013 年 3 月，欧盟宣布设立“欧洲网络犯罪中心”（European Cybercrime Center，EC3）②，以提高打击网络犯罪的能力和确保有一个开放安全的网络系统。这是欧盟集合各方资源共同维护网络安全的一个里程碑。

2016 年 7 月，欧洲议会全体会议正式通过了《网络与信息系统安全指令》（Network and Information Security Directive）。这是欧盟关于网络安全的另一项重要国际法律规范，虽不具有直接的法律效力，但为各成员国制定国内法提供了借鉴和指引。它所针对的“网络与信息系统安全”是指“在一定可信水平下，网络与信息系统抵抗破坏其所存储、传输、处理之数据或者相关服务的可用性、真实性、完整性或者保密性行为的能力”。它要求成员国制定网络安全国家战略和加强成员国之间合作，并确定了欧盟的网络安全法治框架：（1）欧盟各国必须制定自身的网络与信息安全国家战略；（2）增强欧盟各国之间的网络安全战略合作和跨境协作；（3）建立计算机安全事件响应团队并建立欧盟合作网络；（4）区分基本服务运营者和数字服务提供者，分别予以监管；（5）针对不同主体建立不同程度的网络安全事

① 参见张颖军：《打击网络犯罪中的少数人权利保护——〈关于将通过计算机系统从事种族歧视和仇外行为犯罪化的附加议定书〉介评》，载《中南民族大学学报（人文社会科学版）》，2011（2），124-127 页。

② https：//www. europol. europa. eu/about-europol/european-cybercrime-centre-ec3.

件报告制度；（6）鼓励产业发展，将小微企业排除在监管范围之外。[①] 其中，具有特别参照价值的是第四点，将纳入监管的数字市场主体分为基本服务运营者（operators of essential services）和数字服务提供者（digital service providers）两类，分别赋予不同的监管义务。基本服务运营者是指"提供维持关键社会活动和/或经济活动基本服务的主体，这种服务的提供依赖于网络和信息系统，网络安全事件会对服务的提供造成重大的破坏性影响"；数字服务提供者包括在线市场、在线搜索引擎、云计算服务的提供者。该指令要求二者都应履行以下义务：采取适当的和成比例的技术和组织措施来管理网络安全风险；采取适当的措施防止和最小化网络安全事件的影响，以确保这些服务的持续性；应当向主管机构或计算机安全事件响应团队及时报告具有较大影响的网络安全事件。但是，该指令却区别规定了不同程度的义务和责任要求：对数字服务提供者施以"轻监管"（light-touch）责任，判断其是否履行网络安全风险管理义务。[②]

2019 年 6 月，欧盟正式实施《网络安全法》（EU Cybersecurity Act），即欧洲议会和欧盟理事会通过的第 2019/881 号条例。[③] 这更是欧盟网络安全治理方面的里程碑事件。该法的内容涵盖比较广泛，既涉及立法宗旨等原则问题，也包括对机构设置、制度安排等具体规则。该法的立法宗旨是"确保内部市场的正常运作，同时旨在实现欧盟内部的高水平网络安全、网络弹性和信任"。为实现这一目标，该法主要设定了两个方面的内容：第一，调整了欧盟网络和信息安全署（European Network and Information Security Agency，ENISA）作为常设机构的框架。它将 ENISA 指定为永久性的欧盟网络安全职能机构，明确其任务目标是"采用欧洲网络安全认证系统的框架，以确保欧盟 ICT 产品、ICT 服务或 ICT 流程具有足够的网络安全水平，同时避免欧盟内部市场在网络安全认证计划方面产生分歧"，执行该法案赋予的各项职权；规定了 ENISA 在欧盟和成员国层面针对与网络安全相关的大规模跨境事件的具体合作方式。第二，授权欧盟委员会建立一个自愿的网络安全认证机制。该法针对网络安全认证机制的框架作出了欧盟一级的整体构建，同时还以附则的形式明确了合格评定机构的资格、标准。这构成该法的一大亮点。此举

① Directive (EU) 2016/1148 of the European Parliament and of the Council of 6 July 2016 concerning Measures for a High Common Level of Security of Network and Information Systems across the Union. https：//eur-lex. europa. eu/legal-content/EN/TXT/? qid＝1584871478324&uri＝CELEX：32016L1148. 关于该指令的中文介绍，参见刘金瑞：《欧盟网络安全立法最新进展及其意义》，载《汕头大学学报（人文社会科学版）》，2017（1），118－125 页。

② 我国有学者将这两者责任概括为强责任与轻责任。参见龙卫球：《我国网络安全管制的基础、架构与限定问题——兼论我国〈网络安全法〉的正当化基础和适用界限》，载《暨南学报（哲学社会科学版）》，2017（5），2 页。

③ Regulation (EU) 2019/881 of the European Parliament and of the Council. https：//eur-lex. europa. eu/legal-content/EN/TXT/? qid＝1584977919238&uri＝CELEX：32019R0881. 关于该法部分内容的中文介绍，参见胡尼克、黎雷、杨乐：《中国与欧盟的网络安全法律原则与体系比较》，载《信息安全与通信保密》，2019（9），58－69 页。

不仅能够促进成员国在具有高度分化节点的网络之间缩小安全差距，而且能促进欧盟“单一市场经济”的深度发展。

（二）美国《爱国者法》及其他

美国的涉及网络安全法的法案众多，内容繁杂。有些法案已经通过，在维护网络安全方面起到了重要的作用；有的法案还处于审议阶段或最后并未获通过，但也反映出美国网络安全立法方面的新变化、新趋势。从整体上看，美国网络安全科技引领世界潮流，其网络安全立法的复杂程度也首屈一指，可以进行类型化区分。

第一种类型为以保护国家安全为主的法律。

有代表性的包括：（1）1987 年《计算机安全法》（Computer Security Act）。这是美国旨在治理由计算机系统脆弱性引发安全威胁的一部重要法律。该法的目的是强化联邦政府使用的计算机系统内敏感信息的安全与保密，并形成最起码的可接受的安全实务。① （2）1994 年《法律执行通讯协助法》（Communication Assistance Law Enforcement Act）。该法要求电子通信服务提供者具备协助司法机关进行通信监控的能力。（3）2001 年《爱国者法》（PATRIOT Act）。② 这是美国有关网络安全的最重要的法律。（4）作为《2002 年国土安全法》（Homeland Security Act of 2002）一部分的《2002 年网络安全加强法》（Cyber Security Enhancement Act of 2002）。（5）作为《2002 年国土安全法》一部分的 2002 年《关键基础设施信息法》（Critical Infrastructure Information Act）。其目的在于规制对提交给国土安全部的、有可能威胁到关键基础设施的信息的使用和披露。（6）2003 年《联邦信息安全管理法》（Federal Information Security Management Act）。③

其中，几部极为重要的法律值得特别关注。《爱国者法》对包括 1934 年《联邦通讯法》、1978 年《外国情报监视法》、《电子通讯隐私保护法》、《家庭教育和权利隐私法》、《联邦电子窃听规范》、《联邦犯罪审查程序规范》等在内的诸多原有法律进行了扩充和修改。④ 该法的基本原则就是“以自由换安全”，即以牺牲部分公民权利为前提，提高政府的“反恐”能力和效率。例如，该法第 216 条规定，政府在不确知正被追踪对象的身份和位置的情况下，可以请求法官批准使用各种手段监控

① 关于什么是敏感信息，该法规定为“其丢失、不当使用、未经授权被人接触、修改会不利于国家利益或联邦政府计划的实行或不利于个人依法享有的个人隐私权的所有信息”。该法要求所有联邦机构列出含有敏感信息的计算机系统，创制计算机安全计划，对有关计算机系统的使用者、拥有者进行适当的培训。

② 该法全名为《通过提供截获和阻断恐怖主义所需要的合适工具以团结美国并加强美国的法律》（Uniting and Strengthening America by Providing Appropriate Tools Required to Intercept and Obstruct Terrorism Act），其内容分为加强国内“反恐”、完善监视手段、为保护关键设施而增加情报共享等 10 个部分。

③ 该法致力于提出一个保护政府的信息、运营及资产的全盘性架构，为联邦政府投资信息科技提供适度安全的承诺。该法规定必须对联邦政府信息系统进行安全评估并备案，并为改善美国政府机构信息系统的信息安全设定了目标。该法给各联邦政府机关、国家标准与技术研究所、管理和预算办公室安排了特定任务。

④ 参见刘卫东：《〈爱国者法〉及其对美国公民权利的影响》，载《美国研究》，2006（1），76 页。

其网络记录、电子邮件和电话内容。《2002年网络安全加强法》旨在扩大警方监视互联网或监听电话的职权范围，在将用户数据资料提供给警方方面，赋予互联网服务提供者更大的自由。该法规定，警方有权在未取得法官批准的情况下，对受攻击的联网计算机与威胁国家安全利益的行为进行有限度的监视，监视范围包括嫌疑人的电话号码、IP地址、URL网址和电子邮件信息；互联网服务提供者在他人受到生命安全威胁或者严重肢体伤害等情况下，应当立即披露有关用户数据。2002年《关键基础设施信息法》旨在规制对提交给国土安全部的、有可能威胁到关键基础设施的信息的使用和披露。根据该法，美国国土安全部确立了关键基础设施的信息保护计划，创建了一个保护可能威胁关键基础设施的信息的全新体系。这个计划保证那些自愿提交给国土安全部的关于国家关键基础设施的机密资料得到保护，不会向公众披露。

第二种类型为以保护企业安全为主的法律。

有代表性的包括：(1) 1996年《经济间谍法》(Economic Espionage Act)。这是一部保护商业秘密的联邦法律。① (2) 1998年《数字千年版权法》(Digital Millennium Copyright Act)。该法规定了网上著作权侵权责任限制、计算机维护与修理之版权豁免以及对某些原创设计的保护等，规定了禁止规避数字版权作品上的技术保护措施，还规定了禁止生产、进口和提供这样的设备和方法。② (3) 2003年《联邦反垃圾邮件法》(Federal CAN-SPAM Act)。这是限制和惩罚通过互联网发送未经索取的商业电子邮件来规范商业活动的一部法律。③

第三种类型为以保护个人安全为主的法律。

有代表性的包括：(1) 1988年《计算机匹配与隐私保护法》(Computer Matching and Privacy Protection Act)。这是旨在保障因计算机信息匹配而被公开的数据的隐私、完整性及可验证性的法律。④ (2) 1999年《在线隐私保护法》(Online

① 该法规定，通过利用包括计算机网络在内的手段侵犯商业秘密的行为要承担民事责任，情节严重的还将承担刑事责任。其主要分为两部分内容：一部分是禁止为外国政府的利益而盗窃商业秘密的行为；另一部分是禁止一般性的盗窃商业秘密行为。该法制裁的盗窃商业秘密手段包括未经授权而拷贝、复制、记述、绘制、摄影、下载、上传、改变、毁损、影印、重制、传输、交付、送达、寄送、交流或者转移有关资讯等。

② 该法确立了举世闻名的“避风港”规则：当网络服务提供者只提供空间服务并不制作网页内容时，如果其被通知侵权，则有删除的义务，否则被视为侵权；如果侵权内容既不在网络服务提供者的服务器上存储，又没有被通知哪些内容该被删除，则网络服务提供者不承担侵权责任。

③ 其全称为《未经索取的色情和营销邮件攻击控制法》(Controlling the Assault of Non-Solicited Pornography and Marketing Act)。该法规定：(1) 在全国范围内规范商业性电子邮件；(2) 商业性电子邮件的发送者不得在邮件来源或内容上误导收件人；(3) 商业性电子邮件的收件人有权拒绝接收从相同来源发出的其他邮件。该法还规定：(1) 禁止和取缔滥用的商业电子邮件；(2) 采取对电子邮箱用户的其他保护措施；(3) 禁止在电子邮件中利用虚假或误导信息进行商业推广；(4) 确定执行机构；(5) 设立反垃圾电子邮件登记机构等。

④ 该法要求在美国联邦政府机构中设立数据完整委员会，负责审查、通过并维持所有匹配程序的机构订立的书面协议，审查当年所有源机构或接收机构参与的和继续进行的匹配程序，以及像清算公司一样接收并提供匹配程序中记录的具有准确性、完整性以及可靠性的信息，等等。

Privacy Protection Act)。这是一部督促美国联邦贸易委员会提出相关法案以规范和保护互联网上个人资料的法律。[①]（3）2005 年《个人数据隐私与安全法》(Personal Data Privacy and Security Act)。这是旨在制定与企业资料安全相关的法规及对信息窃取行为的相关罚则，以降低信息泄露事件对企业营运与民生经济的影响。[②]

第四种类型为综合性法律。

有代表性的包括：（1）1999 年《网络空间电子安全法》(Cyberspace Electronic Security Act)。该法在国家安全、公共安全、隐私保护和密码的商业利用之间作了平衡，放宽了对密码产品的出口管制。（2）2015 年《网络安全信息共享法》(Cybersecurity Information Sharing Act，CISA)。[③] 这是目前此领域较为全面和深入的立法。该法授权政府机构、企业以及公众之间可以在法定条件和程序下共享网络安全信息，并将网络安全信息界分为"网络威胁指标"[④] 和"防御措施"[⑤] 两类信息。该法规定了联邦政府、非联邦主体的网络安全信息共享以及私主体信息共享的责任豁免；规定了对个人隐私、自由等私权利的保护，限制政府对所获共享信息的后续利用；并确立了联邦主要机构向国会定期报告的制度。美国国土安全部根据该法制定了"联邦政府向非联邦主体共享网络威胁信息的程序规定""非联邦主体向联邦机构共享网络威胁信息指南""联邦政府接收网络威胁信息程序""隐私和公民自由保护指南"等四个相关程序、指南。

① 该法的主要内容包括：（1）公司必须在网站上公告经营者的身份、会收集何种资料、收集的资料会被如何使用、何种资料会被其他公司分享；（2）个人能够通过一定的程序同意或限制其个人资料被使用之方式；（3）公司必须确保被收集的个人资料的机密性、安全性和完整性。

② 该法规定：（1）以严密的法规架构规范数据经纪人，即"收集、传输或以其他方式提供 5 000 笔以上足以辨识顾客或员工身份之个人信息"的公司或非营利机构。（2）入侵数据经纪人的计算机系统的，处以罚款和 10 年徒刑；故意隐瞒某种类型的重大个人信息外泄事件的，处以 5 年徒刑。（3）强制作为身份信息专有者（Solo Proprietor）的企业与个人遵守"广泛的个人信息隐私与安全计划"。（4）命令身为身份信息专有者的企业与个人，在计算机信息系统遭入侵事件"影响上万人"的情况下，必须通知相关人士。（5）要求检讨联邦刑罚制度，对于滥用个人身份辨识资料者加重处罚；并授权司法部准许州政府加强对身份欺诈相关犯罪行为的执法工作。（6）如果某联邦机构依赖内部的以美国公民个人信息为主的商业数据库，必须进一步作"隐私影响评估"。

③ Cybersecurity Information Sharing Act of 2015. https：//www. congress. gov/bill/114th-congress/senate-bill/754. 关于该法的中文介绍，参见刘金瑞：《我国网络关键基础设施立法的基本思路和制度建构》，载《环球法律评论》，2016（5），116－133 页。

④ "网络威胁指标"（cyber threat indicator）是指描述或识别以下情形的必要信息：（1）恶意侦查，包括为了收集与网络安全威胁或安全漏洞相关的技术信息的通信流量异常；（2）突破安全措施或者挖掘安全漏洞的方法；（3）安全漏洞，包括显示安全漏洞存在的异常活动；（4）造成合法访问信息系统或该系统所存储、处理或传输信息的用户不经意使安全措施失效或安全漏洞被挖掘的方法；（5）恶意的网络命令或控制；（6）安全事件所造成的实际或潜在损害，包括特定安全威胁所造成的信息泄露；（7）其他并非法律禁止披露的网络安全威胁的属性；（8）上述情形的任意组合。

⑤ "防御措施"（defensive measure）是指检测、防止或减轻信息系统或其所存储、处理或传输信息的已知或者潜在网络安全威胁或安全漏洞的行为、设备、程序、签名、技术或其他措施。但应排除破坏、瘫痪、提供未经授权访问或实质性危害信息系统或者信息系统数据的措施，只要这些系统或者数据不属于实施该措施的私主体、不属于向实施该措施的私主体授权提供同意或已经提供同意的其他主体或联邦主体。

(三) 日本《网络安全基本法》及其他

作为网络发达国家，日本在网络安全法制建设方面也卓有成效。这突出表现在其积极应对网络犯罪，不断强化打击网络违法犯罪行为。例如，日本刑法典将非法生成电磁记录、损害信用、通过损害计算机阻碍交易、计算机欺诈，以及损害公用文件、私用文件等行为规定为犯罪；日本积极参与欧洲理事会制定《网络犯罪公约》的进程，于2004年2月6日签署该公约，并颁布了《网络犯罪公约说明书》，依据该公约修订电信法、有线广播法、儿童保护法等。日本还制定了一些网络安全单行法或关联法。例如，1999年《禁止不正当侵入计算机行为法》规定，禁止不正当侵入他人的计算机，禁止不正当侵入他人计算机的协助行为；规定都道府县公共安全委员会为防止此类行为再次发生应实施援助措施等；还规定国家应当致力于普及防止拥有访问控制功能的特定计算机遭受不正当侵入方面的知识。1999年《都道府县公共安全委员会关于协助防止不正当侵入计算机行为再次发生的规章》则进一步明确了都道府县公共安全委员会进行相关援助的程序、措施和方法。2003年《约会网站管理法》规定，禁止利用约会网站引诱儿童使其成为性交行为的对象；对约会网站应进行必要的规制来保护儿童，以有助于儿童的健康成长。

最值得一提的是，日本国会于2014年11月表决通过了《网络安全基本法》(Cybersecurity Basic Act)，该法于2015年1月9日起生效。[①] 这是一部旨在加强日本政府与民间在网络安全领域的协调和合作以更好地应对网络攻击的重要法律，成为新时期日本网络安全治理的法律基础。它的出台既同日本遭受的网络攻击层出不穷相关，也与2020年奥运会计划在东京举办这一事件相关。立法的目的就是强化控制中心的职能，促进其制定和推进关乎网络安全的国家战略。该法提供了强化技能和完善立法的法律依据，规定了国家的责任和义务，并且明确了国家、地方政府、重要基础设施运营商、网络相关运营商的联动方针。

该法确立了包括网络安全的施政方针、国家行政机关确保网络安全、促进重要基础设施运营商确保网络安全以及其他重要事项在内的网络安全战略。这一战略的具体计划和方案由内阁决定，由首相发布。

该法确定了日本的网络安全基本政策：(1) 国家行政机关确保网络安全；(2) 促进重要基础设施运营商确保网络安全；(3) 促进民间组织和教育科研机构自发维护网络安全；(4) 促进多方主体合作；(5) 防控犯罪及防止被害扩大；(6) 应对严重威胁国家安全的事态；(7) 振兴产业发展并增强国际竞争力；(8) 促进网络安全相关研发活动；(9) 确保人才供应；(10) 注重网络安全的普及和启蒙教育，促进教学振兴；(11) 着重推进国际合作。

该法确立了日本有关施行网络安全的相关政策的基本理念：(1) 积极促进政府和公民之间的互动，并将其作为确保情报自由流通的基础；(2) 构建稳健的网络安

① 该法的立法背景、主要内容以及图5-3，系由北京市安理律师事务所李思文律师根据日文资料负责编译，特此致谢。

全体制，以便于加深每一个公民对网络安全的认识，并促使其自发地参与到网络安全建设中来；（3）整合高度情报化的通讯网络，同时通过信息技术为构建经济社会注入活力；（4）在国际联合互动的背景下施政，并为构建国际社会网络安全秩序提供基础资料；（5）在信息技术基本法的范围内施政；（6）禁止侵害公民的基本利益。

根据该法，2015 年日本政府设立以内阁官房长官为首的“网络安全战略本部”，以协调各政府部门的网络安全对策。以前，日本的安全战略体制以“国家安全政策会议”和内阁官房下属的“国家信息安全中心”为协调机构，但是仍然受到多方制约，并且面临人才不足的问题。依据该法，将由网络安全战略本部承担以往由上述机构承担的“推进政府、公民共同确保信息安全”的职能。网络安全战略本部将与日本国家安全保障会议、IT 综合战略本部等其他机构加强合作。该法还规定，电力、金融等重要基建部门和相关网络企业应当协助政府以及各自治体，共同承担义务，强化官民一体的协作机制。图 5－3 是网络安全战略本部的职能和权限。

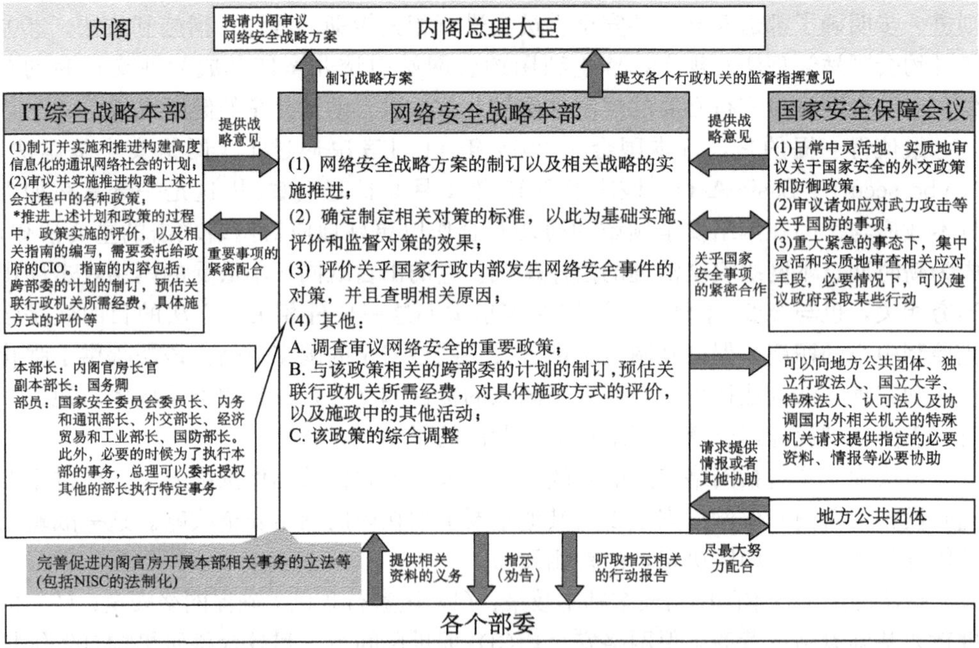

图 5－3　日本网络安全战略本部的职能和权限

根据该法，日本于 2015 年、2018 年两度修订《网络安全战略》，推行“积极网络防御”政策。2015 年版《网络安全战略》提出，实现战略目标的各项实施措施必须尽可能符合“从事后应对转为事前防御”和“从被动实施变为倡议主导”的政策方法；2018 年版《网络安全战略》更明确提出，日本政府施行“积极网络防御”策略，为促进事前积极防御措施，政府将与网络企业合作，利用技术诱导攻击方式搜集攻击者的信息，进而增进威胁信息的共享使用。①

① 参见《日本网络安全战略发展及实施情况》，载《网信军民融合》，2018（12），61 页。

（四）比较与评价

从世界范围来看，网络安全法的建设方兴未艾，形成了不同的风格。一种极有价值的区分方式是，以网络安全领域是否存在着一部具有支撑性质的“基本法”为标准，将网络安全法区分为总分模式与分散模式。这一划分标准既涉及法律形式，也涉及具体的调整对象。

所谓网络安全“基本法”，是指这一领域中规范网络安全监管的基本机构和基本制度的专门性法律。它通常表现为一部专门型的网络安全法律，构成网络安全领域的法律制度基石，成为其他相关立法的基础。最典型的莫过于日本的《网络安全基本法》，它成为日本修改《网络安全战略》和进行配套立法完善的新起点与催化剂。欧盟、新加坡①、越南②，以及中国澳门地区③近年来也纷纷制定各自的名为《网络安全法》的专门法律，均在此列。但是，这些《网络安全基本法》或《网络安全法》的出台，并不意味着一部法律打天下，各个法域需要据此制定或修订其他的网络安全法律。这样的网络安全法治建设表现为以“基本法”为统领的总分模式。它需要“基本法”会同与网络安全有关的其他法律法规，构成一个法律规范体系。

所谓网络安全“关联法”，专指这一方面的特定法。这通常又可以划分为三类：一是设定网络通讯自由、网络隐私保护、电子数据档案、个人信息保护等自由、权利、权益保护规则以及关键数据库运行、电子商务、电子政务等活动中自由、权利、权益保护规则的法律，如美国 1986 年《电子通讯隐私法》、1988 年《计算机匹配与隐私保护法》、1989 年《计算机匹配与隐私保护法修正案》，以及南非 2002 年《电子通讯和贸易法》、印度 2000 年《信息技术法》等；二是规制非法访问或侵入计算机系统、篡改或删除计算机数据、发送垃圾电邮或其他信息、利用约会网站引诱儿童等不法行为的法律，如巴巴多斯《计算机滥用法》、新加坡 1998 年《计算机滥用法》、加拿大 2010 年《打击互联网和无线垃圾邮件法》，以及日本 1999 年《禁止不正当侵入计算机行为法》、1999 年《都道府县公共安全委员会关于协助防止不正当侵入计算机行为再次发生的规章》、2003 年《约会网站管理法》等；三是关于维护计算机或网络空间安全的综合性法律，如美国 1987 年《计算机安全法》等。

假如将传统部门法律中增修的网络安全条款纳入视野，那么凡是规范网络犯罪、信息技术、网络媒体、个人信息保护、网络监管、网络内容等的法律，亦可归入网络安全关联法之列。它们通常用于规范互联网信息内容管理，具体包括：（1）惩治网络犯罪的法律，如欧洲理事会《网络犯罪公约》《〈网络犯罪公约〉附加议定书：对通过计算机系统实施种族性排外行为的犯罪化》，以及马来西亚《计算机犯罪法》、新加坡《计算机滥用法》、澳大利亚《网络犯罪法》等；（2）规范信息技术运用及电子化存档的法律，如印度《信息技术法》、中国《电子签名法》等；

① 2018 年 2 月，新加坡议会通过了《网络安全法 2018》(Cybersecurity Act 2018)。

② 2018 年 6 月，越南国会表决通过《网络安全法》，于 2019 年 1 月 1 日起正式实施。

③ 2019 年 6 月，我国澳门特别行政区颁布第 13/2019 号法律。该法于同年 12 月 22 日生效。

(3) 调整电子媒体的注意义务、青少年媒体保护等关系的法律，如德国《电子媒体法》、《广播电视与电子媒体州际协议》和《青少年媒体保护州际协议》[①] 等；(4) 规定个人信息保护的法律，如非洲联盟《网络安全与个人数据保护公约》、中国《儿童个人信息网络保护规定》等；(5) 明确网络监管的法律，如日本《约会网站管理法》，中国《互联网信息服务管理办法》《区块链信息服务管理规定》等；(6) 限制网络内容的法律，如澳大利亚《反垃圾邮件法》、美国《联邦反垃圾邮件法》、加拿大《打击互联网和无线垃圾邮件法》、美国《儿童网络隐私保护法》等。以上法律实际上是一些新而小的法律文本，俗称网络犯罪单行法、信息技术法、网络媒体法、个人信息保护法、网络监管法、互联网内容规制法等。

联合国迄今推出的关于网络安全与网络犯罪的许多决定、决议和宣言，也属于网络安全关联法的类型。例如，联合国经济及社会理事会于 2004 年 7 月作出《开展国际合作，预防、调查、起诉和惩罚经济欺诈与和身份有关犯罪的决议》，联合国大会于 2000 年 11 月通过《联合国打击跨国有组织犯罪公约》；2000 年 12 月、2002 年 1 月分别发布《迎接二十一世纪的挑战的关于犯罪与司法：维也纳宣言》《关于犯罪与司法：迎接二十一世纪的挑战的维也纳宣言之执行行动计划》，2002 年 12 月发布《创造全球网络安全文化的要点》，于 2003 年 12 月发布《创造网络安全全球文化、保护关键信息设施的决议》，于 2005 年 12 月发布《开展国际合作，打击世界毒品问题的决议》，于 2010 年 12 月发布《关于应对全球挑战的综合战略：预防犯罪和刑事司法及其在变化世界中的发展的萨尔瓦多宣言》；2012 年 9 月发布《国内和国际的法治问题大会高级别会议宣言》；2015 年 12 月发布《关于将预防犯罪和刑事司法纳入更广泛的联合国议程以应对社会和经济挑战并促进国内和国际法治及公众参与的多哈宣言》……它们的有关内容从不同侧面规范了网络安全问题。

各个具体法域若未能推出网络安全“基本法”，则就形成一种网络安全法治建设的分散模式。美国和俄罗斯属于此种。如前所述，美国的网络安全法多如牛毛，但基本上表现为网络安全法治建设的部分内容，或者是有关法律中部分条款涉及网络安全问题，全面规范网络安全的“基本法”至今缺失。同样，作为网络安全大国的俄罗斯，颁布了涉及网络信息安全的一系列具体法律规范[②]，形成了较为完备、

① 德国人认为，大部分互联网服务属于“电子媒体”的范畴，而电子媒体法律问题主要受上述三部法律调整，因此这三部法律被视为德国核心的互联网立法。参见颜晶晶：《传媒法视角下的德国互联网立法》，载张平主编：《网络法律评论》，2012 年第 2 期，272 页，北京，北京大学出版社，2012。

② 我国学者的研究表明，俄罗斯联邦自成立至今共通过十余部网络安全法案，总体上可划分为叶利钦总统时期（1991—1999 年）、普京第一次总统时期（1999—2008 年）、梅德韦杰夫总统时期（2008—2012 年）、普京第二次总统时期（2012—至今），四个时期各有特征，十余部网络安全法案涉及大众传媒、国家机构、外国投资、信息安全等领域。20 世纪 90 年代，俄罗斯就已颁布《国际信息交换法》《信息、信息化与信息保护法》《安全法》；其后颁布的包括《政府信息公开法》《商业秘密法》《个人数据法》。2002 年，俄罗斯在刑法典中增设了计算机信息领域犯罪的相关规定。为规范网络信息领域，应对网络安全风险，俄罗斯颁布了包括《信息权法》《电子商务法》《信息保护设备认证法》《俄罗斯联邦因特网发展和利用国家政策法》《电子文件法》《电子合同法》等若干法律规范。参见王康庆、孟禹廷：《俄罗斯网络安全法发展简述及其对我国的启示》，载《江苏警官学院学报》，2018（2），95-99 页。

具有分立性质的法律规范体系。

两相比较，应该说总分模式与分散模式在网络安全法的关联法方面是不存在实质差异的。而能够更好体现两种模式差异的网络安全"基本法"，无一例外属于新近产生的事物，也更容易引发人们的关注。下面对这类法律进行再界分，并作为网络安全法治的亚模式。

首先，以法律效力为标准，网络安全"基本法"可以区分为国际法、国内法与区域法。如欧盟实施的《网络安全法》显然属于国际法，它"自颁布后的 20 天以内生效"，"在欧盟成员国全部、直接地适用"①。我国澳门地区的《网络安全法》属于区域性法律，只在中华人民共和国澳门特别行政区适用。德国、新加坡、越南的《网络安全法》则属于主权国家的法律。

其次，以法律形式为标准，网络安全"基本法"可以区分为法典法与"修改法"。前者是法典形式的法律，后者是"对很多部法律进行修改"的法律。我国有学者专门介绍过德国于 2015 年通过的《网络安全法》，指出它不是一个法典，而是一个类似于"修正案"的"修改法"②。

最后，以网络安全的内涵侧重为标准，网络安全"基本法"可以区分为强化网络空间主权型与非强化网络空间主权型。网络安全受国家法律保护，是否意味着国家对网络空间享有主权？这是一个基础问题。越南的《网络安全法》属于网络空间主权型的代表，其第 2 条明确规定"国家网络空间，是指由政府设立、管理、监督的网络空间"，第 7 条第 1 款规定"网络安全国际合作要在互相尊重独立、主权、领土完整、互不干涉内政、平等互利的原则上进行"③；其第三章中详细列出了 7 个条文，主要明确"预防和处理侵犯网络的侵权行为，包括打击使用网络空间从事煽动颠覆国家政权，欺骗、煽动分裂越南社会主义共和国，歪曲历史、否认革命成就、破坏国家统一等行为，维护越南网络空间主权"④ 等内容。也有许多国家在网络空间主权方面似乎不那么看重。

为了加深对网络安全"基本法"的理解，下面通过列表对主要内容进行补充说明。

① Article 69 of regulation (EU) 2019/881 of the European Parliament and of the Council. https://eur-lex.europa.eu/legal-content/EN/TXT/?qid=1584977919238&uri=CELEX:32019R0881.

② 周遵友博士在 2018 互联网法律大会上关于德国网络安全法的演讲。

③ 有关该法的中文译本，参见张怡：《越南网络安全法》，载《南洋资料译丛》，2018 (3)，63-80 页。

④ 王道征、胡菊：《越南特色的网络安全治理实践——越南〈网络安全法〉观察》，载《情报杂志》，2019 (2)，107 页。

表 5－1　　几部网络安全基本法之内容比较

	欧盟《网络安全法》	日本《网络安全基本法》	新加坡《网络安全法 2018》	越南《网络安全法》	中国澳门地区《网络安全法》
设定的主管机构	欧盟网络和信息安全署	网络安全战略本部等	网络安全专员、助理专员	公安部、国防部，部署专业保护网络安全力量；通讯传媒部等各部门及各省级人民委员会等，部署保护网络安全力量	网络安全委员会；网络安全事故预警及应急中心；网络安全监管实体
是否涉及网络安全战略	否	是	否	否	否
设定的网络安全基本制度	利益相关者网络安全认证小组；网络安全大规模跨境事件合作机制；网络安全认证机制	危机处理协调机制；重要基础设施运营商配合网络安全举措、提供相关情报机制；防控网络犯罪及防止被害扩大机制；推进网络安全国际合作机制	关键信息基础设施监管认定、事故报告、审计评估、安全测试制度；网络安全审查和风险评估制度；应对网络安全威胁和事件制度；网络安全服务提供商制度	国家安全重要通信系统的审定、评价、检查、监察及应急处理制度；国家关键信息基础设施保护制度；网络安全防御、处理制度；国内外网络服务提供商的境内数据存储制度；儿童网络安全保护制度	关键基础设施私人营运者、公共营运者的网络安全义务制度；网络安全的处罚制度

三、中国《网络安全法》之宏观评述

（一）中国网络安全法律制度的渊源

中国网络安全法律制度的早期建设可以追溯至 1994 年 2 月 18 日国务院颁布的《计算机信息系统安全保护条例》。这是中国以计算机为重心建立安全保护制度的法律文件，开启了中国网络安全立法的序幕，具有里程碑的意义。此后二十多年，中国网络安全法治建设获得了持续发展，迄今已经形成了基本法与关联法的两个层次。

中国《网络安全法》于 2016 年 11 月 7 日通过，自 2017 年 6 月 1 日开始实施。这是一部全面规范网络空间安全管理方面问题的基础性法律，确立了一个更加系统、更加强大的国家网络安全管制框架。① 该法分为“总则”“网络安全支持与促进”“网络运行安全”“网络信息安全”“监测预警与应急处置”“法律责任”“附则”七章，共 79 条，有三个突出的特点：一是全面性。该法比较全面和系统地确立了国家、主管部门、网络运营者、网络使用者的网络安全责任，确立了保障网络产品和服务安全、网络运行安全、网络信息服务安全等各方面的基本制度。二是针对性。该法从中国国情出发，坚持问题导向，总结实际经验，借鉴其他国家做法，有针对性地建立和完善相关制度，重在管用，重在解决实际问题。三是协调性。该法坚持安全与发展并重，保证二者协调一致、共同推进，以安全保发展，以发展促安全。② 该法对于落实总体国家安全观，维护国家网络空间主权、安全和发展利益具有十分重要的意义。

中国涉及网络安全的关联法律很多。首先表现为《刑法》《国家安全法》《反恐怖主义法》《著作权法》《未成年人保护法》《治安管理处罚法》等综合性法律中针对网络安全的相关条款，以及诸如全国人大常委会颁布的《关于维护互联网安全的决定》《关于加强网络信息保护的决定》等专门性法律。我国正在审议的“数据安全法”（草案）规定了保障数据安全的专门性问题，因数据安全往往与网络安全相交织，该法颁行后亦将成为涉及网络安全的关联法律。从调整对象来看，这些法律涉及互联网基础资源管理、信息传播规范、信息安全保障等主要方面，对基础电信业务经营者、互联网接入服务提供者、互联网信息服务提供者、政府管理部门及互联网用户等行为主体的责任与义务作出了规定。

表 5－2　　中国网络安全关联法律之主要内容

法阶	名称	主要内容及条款
专门法律	《关于维护互联网安全的决定》	人民政府及有关部门要重视和支持对网络安全技术的研究和开发，增强网络的安全防护能力； 有关主管部门要加强对互联网的运行安全和信息安全的宣传教育； 从事互联网业务的单位发现互联网上出现违法犯罪行为和有害信息时，要采取措施，停止传输有害信息，并及时向有关机关报告； 任何单位和个人在利用互联网时，都要遵纪守法，抵制各种违法犯罪行为和有害信息； 人民法院、人民检察院、公安机关、国家安全机关要依法严厉打击利用互联网实施的各种犯罪活动
	《关于加强网络信息保护的决定》	国家保护能够识别公民个人身份和涉及公民个人隐私的电子信息； 任何组织和个人不得窃取或者以其他非法方式获取公民个人电子信息，不得出售或者非法向他人提供公民个人电子信息

① 参见龙卫球：《我国网络安全管制的基础、架构与限定问题——兼论我国〈网络安全法〉的正当化基础和适用界限》，载《暨南学报（哲学社会科学版）》，2017（5），2 页。

② 参见杨合庆主编：《中华人民共和国网络安全法释义》，26 页，北京，中国民主法制出版社，2017。

续表

法阶	名称	主要内容及条款
综合性法律	《刑法》	非法侵入计算机信息系统罪（第 285 条第 1 款）； 非法获取计算机信息系统数据、非法控制计算机信息系统罪（第 285 条第 2 款）； 提供侵入、非法控制计算机信息系统程序、工具罪（第 285 条第 3 款）； 破坏计算机信息系统罪（第 286 条）； 侵犯公民个人信息罪（第 253 条之一）； 利用计算机实施金融诈骗、盗窃、贪污、挪用公款、窃取国家秘密或者其他犯罪的提示性规定（第 287 条）
	《国家安全法》	维护国家网络空间主权、安全和发展利益（第 25 条）； 国家对影响或者可能影响国家安全的网络信息技术产品和服务进行审查和监管（第 59 条）
	《反恐怖主义法》	电信业务经营者、互联网服务提供者落实网络安全、信息内容监督制度和安全技术防范措施（第 19、84 条）
	《治安管理处罚法》	禁止侵入计算机信息系统，破坏计算机信息系统，故意制作、传播计算机病毒等破坏性程序的行为（第 29 条）； 禁止在计算机信息网络中刊载民族歧视、侮辱内容的行为（第 47 条）； 禁止利用计算机信息网络、电话以及其他通讯工具传播淫秽信息的行为（第 68 条）
	《保守国家秘密法》	涉密信息系统实行分级保护（第 23 条）； 机关、单位应当加强对涉密信息系统的管理（第 24 条）； 机关、单位应当加强对国家秘密载体的管理（第 25 条）； 禁止在互联网及其他公共信息网络或者未采取保密措施的有线和无线通信中传递国家秘密（第 26 条第 2 款）； 公共信息网络的信息编辑、发布应当遵守有关保密规定（第 27 条）； 公共信息网络运营商、服务商有配合泄密案件调查的义务（第 28 条）
	《反间谍法》	国家安全机关可以依照规定查验有关组织和个人的电子通信工具、器材等设备、设施，责令其整改，直至予以查封、扣押（第 13 条）
	《未成年人保护法》（2020 年）	设置“网络保护”专章（第五章第 64～80 条），内容涵盖“保障未成年人在网络空间的合法权益”“强制安装未成年人网络保护软件”“对未成年人个人信息特别保护”“明晰未成年人网络保护各方责任”等。
	《电子签名法》	提供电子认证服务应当具有符合国家安全标准的技术和设备（第 17 条）； 电子认证业务规则应当包括信息安全保障措施（第 19 条第 2 款）

此外，中国网络安全的关联法律还包括相关司法解释、行政法规和部门规章以及国际条约。其中，司法解释是由最高人民法院、最高人民检察院针对具体法律颁布的解释（包括中央政法机关参与出台的规定）。关于网络犯罪的司法解释，在本书第十章中有着详细阐述，在此不赘述。

国务院及国家部委颁布的行政法规、部门规章基本涵盖了网络安全治理的方方面面，其中，既有关于保护关键信息基础设施安全的，也有关于保护网络信息内容安全的。在上述规范中，有一些网络安全法律制度颇具代表性。《计算机信息网络国际联网安全保护管理办法》第 5 条规定，任何单位和个人不得利用国际联网制作、复制、查阅和传播下列信息：(1) 煽动抗拒、破坏宪法和法律、行政法规实施的；(2) 煽动颠覆国家政权、推翻社会主义制度的；(3) 煽动分裂国家、破坏国家统一的；(4) 煽动民族仇恨、民族歧视，破坏民族团结的；(5) 捏造或者歪曲事实，散布谣言，扰乱社会秩序的；(6) 宣扬封建迷信、淫秽、色情、赌博、暴力、凶杀、恐怖，教唆犯罪的；(7) 公然侮辱他人或者捏造事实诽谤他人的；(8) 损害国家机关信誉的；(9) 其他违反宪法和法律、行政法规的。这些禁令就是在中国影响广泛的上网“九不准”①。该办法第 10 条规定，互联单位、接入单位及使用计算机信息网络国际联网的法人和其他组织应当履行下列安全保护职责：(1) 负责本网络的安全保护管理工作，建立健全安全保护管理制度；(2) 落实安全保护技术措施，保障本网络的运行安全和信息安全；(3) 负责对本网络用户的安全教育和培训；(4) 对委托发布信息的单位和个人进行登记，并对所提供的信息内容进行审核；(5) 建立计算机信息网络电子公告系统的用户登记和信息管理制度；(6) 发现有利用国际联网危害国家安全、泄露国家秘密，侵犯国家的、社会的、集体的利益和公民的合法权益，从事违法犯罪活动，制作、复制、查阅和传播违法信息，危害计算机信息网络安全或者侵犯用户的通信自由和通信秘密的行为，应当保留有关原始记录，并在 24 小时内向当地公安机关报告；(7) 按照国家有关规定，删除本网络中含有“九不准”内容的地址、目录或者关闭服务器。

《互联网安全保护技术措施规定》第 9 条规定，提供互联网信息服务的单位除落实互联网安全保护技术措施外，还应当落实具有以下功能的安全保护技术措施：(1) 在公共信息服务中发现、停止传输违法信息，并保留相关记录；(2) 提供新闻、出版以及电子公告等服务的，能够记录并留存发布的信息内容及发布时间；(3) 开办门户网站、新闻网站、电子商务网站的，能够防范网站、网页被篡改，被篡改后能够自动恢复；(4) 开办电子公告服务的，具有用户注册信息和发布信息审计功能；(5) 开办电子邮件和网上短信息服务的，能够防范、清除以群发方式发送伪造、隐匿信息发送者真实标记的电子邮件或者短信息。这反映出我国行政主管部门依靠网络服务提供者进行网络安全治理的惯性思维。

《互联网新闻信息服务单位约谈工作规定》第 4 条规定，互联网新闻信息服务单位有下列情形之一的，国家互联网信息办公室、地方互联网信息办公室可对其主要负责人、总编辑等进行约谈：(1) 未及时处理公民、法人和其他组织关于互联网新闻信息服务的投诉、举报，情节严重的；(2) 通过采编、发布、转载、删除新闻

① 现在我国关于上网“九不准”规则已有进一步丰富和发展。

信息等谋取不正当利益的；(3) 违反互联网用户账号名称注册、使用、管理相关规定，情节严重的；(4) 未及时处置违法信息，情节严重的；(5) 未及时落实监管措施，情节严重的；(6) 内容管理和网络安全制度不健全、不落实的；(7) 网站日常考核中问题突出的；(8) 年检中问题突出的；(9) 其他违反相关法律法规规定，需要约谈的情形。这一规定确定了通过警示谈话、指出问题、责令整改纠正等维护网络安全的行政方式，简称为“约谈十条”。它标志着约谈成为中国进行互联网新闻信息管理的一种常态化模式。

基于种种原因，目前中国尚未参加诸如《网络犯罪公约》之类的网络安全公约，但在积极推动维护网络安全的新国际规范的制定。这突出表现在上海合作组织成员国发出的《关于国际信息安全的声明》和《信息安全国际行为准则》提案。它们反映了国际上共同应对信息安全领域的挑战的努力。

2011 年，中国、俄罗斯、塔吉克斯坦和乌兹别克斯坦向联合国大会第 66 届会议联合提交了“信息安全国际行为准则”。后来吉尔吉斯斯坦和哈萨克斯坦加入，成为共同提案国。此准则作为大会文件（A/66/359）分发。国际社会予以高度重视，反响热烈。2015 年 1 月，该六国修改了准则，以充分顾及所有方面的意见和建议。这是目前国际上就信息和网络安全国际规则提出的首份较系统的文件。

附 5-1

信息安全国际行为准则

所有自愿遵守该准则的国家承诺：

（一）遵守《联合国宪章》和公认的国际关系基本原则与准则，包括尊重各国主权，领土完整和政治独立，尊重人权和基本自由，尊重各国历史、文化、社会制度的多样性等。

（二）不利用信息通信技术和信息通信网络实施有悖于维护国际和平与安全目标的活动。

（三）不利用信息通信技术和信息通信网络干涉他国内政，破坏他国政治、经济和社会稳定。

（四）合作打击利用信息通信技术和信息通信网络从事犯罪和恐怖活动，或传播宣扬恐怖主义、分裂主义、极端主义以及煽动民族、种族和宗教敌意的行为。

（五）努力确保信息技术产品和服务供应链的安全，防止他国利用自身资源、关键设施、核心技术、信息通讯技术产品和服务、信息通讯网络及其他优势，削弱接受上述行为准则国家对信息通讯技术产品和服务的自主控制权，或威胁其政治、经济和社会安全。

（六）重申各国有责任和权利依法保护本国信息空间及关键信息基础设施免受威胁、干扰和攻击破坏。

（七）认识到人们在线时也必须享有离线时享有的相同权利和义务。充分尊重信息空间的权利和自由，包括寻找、获得、传播信息的权利和自由，同时铭记根据《政治与公民权利国际公约》（第19条），这些权利的行使带有特殊的义务和责任，因此得受某些限制，但这些限制只应由法律规定并为下列条件所必需：

（1）尊重他人的权利或名誉；

（2）保障国家安全或公共秩序，或公共卫生或道德。

（八）在国际互联网治理和确保互联网的安全性、连贯性和稳定性以及未来互联网的发展方面，各国政府应平等发挥作用并履行职责，以推动建立多边、透明和民主的互联网国际管理机制，确保资源的公平分配，方便所有人的接入，并确保互联网的稳定安全运行。

（九）各国政府应与各利益攸关方充分合作，并引导社会各方面理解他们在信息安全方面的作用和责任，包括私营部门和民间社会，促进创建信息安全文化及保护关键信息基础设施。

（十）各国应制订务实的建立信任措施，以帮助提高可预测性和减少误解，从而减少发生冲突的风险。这些措施包括但不限于：自愿交流维护本国信息安全的国家战略和组织结构相关信息，在可行、适当的情况下分享可能和适合的最佳做法等。

（十一）为发展中国家提升信息安全能力建设水平提供资金和技术援助，以弥合数字鸿沟，全面落实“千年发展目标”。

（十二）加强双边、区域和国际合作。推动联合国在促进制定信息安全国际法律规范、和平解决相关争端、促进各国合作等方面发挥重要作用。加强相关国际组织之间的协调。

（十三）在涉及上述行为准则的活动时产生的任何争端，都以和平方式解决，不得使用武力或以武力相威胁。

此外，中国参加了《联合国打击跨国有组织犯罪公约》，其第29条第1款中规定，“各缔约国均应在必要时为其执法人员，包括检察官、进行调查的法官和海关人员及其他负责预防、侦查和控制本公约所涵盖的犯罪的人员开展、拟订或改进具体的培训方案”。其中就包括特别针对“打击借助计算机、电信网络或其他形式现代技术所实施的跨国有组织犯罪”进行培训和技术援助。

（二）一种以网络空间主权原则为主线的总分模式

从形式特征来看，中国的网络安全法治显然属于总分模式。其中，2016年颁布的网络安全法治基本法——《网络安全法》属于这一领域法治建设的“火车头”部分，其他关联法律属于“火车厢”部分。中国形成这一模式有一个渐进调整的过程，伴随着近年来网络空间主权原则在国际上获得越来越多认同和支持的背景而不断演变进而成型。中国网络安全法治更为重要的特征是以网络空间主权原则为主。

诚然，该原则并非中国独创。2012 年国际电信联盟修改《国际电信规则》①，2013 年联合国信息安全政府专家组的报告确认了国家主权原则在网络空间的适用。② 这一主张与中国对网络空间、网络安全的基本主张是一致的，网络空间主权原则也得以在《网络安全法》中得到全面推行。

该法第 1 条规定："为了保障网络安全，维护网络空间主权和国家安全、社会公共利益，保护公民、法人和其他组织的合法权益，促进经济社会信息化健康发展，制定本法。"这就将"维护网络空间主权"确定为其立法目的与宗旨。该法第 2 条规定："在中华人民共和国境内建设、运营、维护和使用网络，以及网络安全的监督管理，适用本法。"这明确了该法的效力原则上限于中国境内。但是，需要注意的是，该法还规定了特定的域外效力。其第 5 条规定："国家采取措施，监测、防御、处置来源于中华人民共和国境内外的网络安全风险和威胁，保护关键信息基础设施免受攻击、侵入、干扰和破坏，依法惩治网络违法犯罪活动，维护网络空间安全和秩序。"这明确了中国有权监测、防御、处置源自境外的网络安全风险和威胁。该法第 50 条明确，"国家网信部门和有关部门……对来源于中华人民共和国境外的上述信息，应当通知有关机构采取技术措施和其他必要措施阻断传播"。这说明中国有阻断传播的权力。该法第 75 条规定："境外的机构、组织、个人从事攻击、侵入、干扰、破坏等危害中华人民共和国的关键信息基础设施的活动，造成严重后果的，依法追究法律责任；国务院公安部门和有关部门并可以决定对该机构、组织、个人采取冻结财产或者其他必要的制裁措施。"这说明中国有特定范围的制裁权力。可以说，《网络安全法》所设置的各项基本制度都是在具体践行网络空间主权原则。而追根溯源，"维护网络空间主权"是中国《国家安全法》首次确立的法律原则，不过在《网络安全法》中得到了进一步细化和发展。

那么，究竟什么是网络空间主权呢？主权通常是指一个国家在其管辖区域内所具有的至高无上的、排他性的政治权力，体现为对内最高统治权和对外独立权的统一。传统上主权是基于国家领土——"领陆、领空、领海"三维空间的主权，在互联网时代人类活动空间正在逐步拓展到网络空间，主权也逐渐从陆地、海洋、天空向网络空间延伸，形成基于延伸出的网络空间的主权——"领网权"。网络空间主

① 2012 年，国际电信联盟在迪拜召开世界电信大会，讨论修订 1988 年制定的《国际电信条例》。发展中国家希望纳入有关互联网治理和网络安全等内容，推动各国平等管理互联网。美国等西方国家则坚决反对国际电联涉足互联网治理，不接受将任何涉及互联网的内容纳入上述条例。最终大会以投票方式通过了新修订的条例。中、俄等 89 个国际电联成员国在新条例上签字，但美、英等西方国家拒绝签字。参见马新民：《网络空间的国际法问题》，载《信息安全与通信保密》，2016（11），27 页。

② 2013 年，联合国信息安全政府专家组的报告对于哪些国际规范和原则适用于网络空间给出了回答，确认国家主权及其衍生的国际准则与原则，适用于国家开展的信息通讯技术相关活动，也适用于各国对本国领土上信息通讯技术基础设施的司法管辖。2015 年，联合国信息安全政府专家组达成的报告重申并丰富了网络空间国家主权的内容。参见马新民：《网络空间的国际法问题》，载《信息安全与通信保密》，2016（11），29 页。

权是每个国家依据主权权力而当然享有的，具有原生性。它主要包括以下内容：国家拥有对其领土范围内网络基础设施、网络活动与信息的管辖权；国家拥有管理跨界网络活动的权力，这一权力通常需要依赖国家之间的合作来实现；国家拥有独立制定政策、自主处理国内外网络事务，不受他国干涉的权力；国家对他国的网络攻击有采取自卫措施的权力。[①] 这四点可以被简称为“国内主权”“依赖性主权”“独立权”“自卫权”。

这样一来，中国《网络安全法》的一个鲜明特点就是以网络空间主权原则为主线。该主线同样贯穿于维护中国网络空间安全及参与网络空间国际治理的全过程。中国要以积极开放的姿态维护网络空间主权，以多种形式维护中国的国家安全、社会公共利益和不同主体的合法权益。这构成中国网络安全法治的实质特色和基本立场。也就是说，中国的《网络安全法》及关联法律同样属于网络空间主权型的代表。这跟越南的情况是一致的，当然在表述细节和代表性方面有所不同。

【案例 5－4】

孙×在暗网传播儿童色情资料案[②]

这是号称我国警方破获的首例涉“暗网”犯罪案件。“暗网”是指需要通过特殊软件、特殊授权，或对电脑做特殊设置才能连上的网络，它跟被标准搜索引擎索引到的“明网”相对应。一般来说，用户在访问“明网”时，会被记录终端计算机的 IP 地址等信息。而“暗网”因采用了匿名访问机制而不会留下访问者的“痕迹”。“暗网”日益成为贩毒、贩枪、走私、洗钱、色情、售假、从事恐怖活动等的新场所。2016 年 3 月，北京市公安局接到公安部通报，美国国土安全部海关移民执法局在日常巡查中，发现有中国网民（IP 地址属于北京）在境外网站发布大量儿童色情图片及视频。警方经调查发现，在“暗网”一个英文论坛，某账号发布了大量儿童色情图像和视频。通过技术手段，警方锁定了这个 IP 地址的嫌疑人北京某大学学生孙×。当月 13 日，警方在北京一小区内将孙×抓获。在现场查获的电脑和移动硬盘中，警方发现了多达 3T 的色情图像和视频，其中，儿童色情图像、视频达 400G。据警方统计，孙×在“暗网”论坛中传播视频 100 多个，点击率高达 2 万多次。

该案反映的犯罪事实主要在“暗网”，犯罪人意图借助“暗网”规避各国法律的惩治。笔者理解，根据中国《网络安全法》，对“暗网”中的部分特殊犯罪案件中国享有网络空间主权，可以单独行使司法权或者依赖他国的帮助、合作而行使司法权。

① 参见杨合庆主编：《中华人民共和国网络安全法释义》，26 页，北京，中国民主法制出版社，2017。

② 参见刘子珩：《揭秘“暗网”第一案背后的暗黑世界》，载《新京报》，2016－11－25。

第二节　网络运行安全制度

一、基于不同主体的解读

网络运行安全是我国《网络安全法》确定的一种调整范围或对象，它指的是互联网等计算机信息系统顺畅运行的一种状态。我国《网络安全法》第三章规定了必须落实网络运营者第一责任人的责任，主要是将现有的网络安全等级保护制度上升为法律，并细化了网络运营者的各种网络安全保护义务。该法并没有使用许多法律惯常使用的“网络服务提供者”的核心概念，而是改为“网络运用者”。这主要是考虑到网络的所有者、控制者/管理者也必须承担相应的安全管理义务。简单理解就是，“网络运营者”等于网络的所有者、管理者和网络服务提供者。①《网络安全法》还使用了“网络产品、服务提供者”“关键信息基础设施的运营者”等小概念，它们可以归入特定的“网络运营者”范围。

此外，我国《网络安全法》还从抽象主体“国家”的角度，从主管部门“国家网信部门”“有关部门”的角度，从社会其他主体“个人和组织”“行业组织”的角度，分别设定了不同的义务和责任。这些义务和责任是互补的，甚至是对应的关系。例如，在实行网络等级保护制度的问题上，该法规定了网络运营者的义务，也规定了国家的相应责任（见第 21 条）。规定这些义务和责任的条款中既有柔性的、灵活性的条款，也有较多的刚性条款。该法第 21～39、51～75 条共同构成我国保障网络一般运行的框架结构。

表 5-3　　我国《网络安全法》的框架内容②

涉及主体	义务与责任	违法的后果	重要制度	条款
国家	实行网络安全等级保护			第 21 条
	电子身份认证			第 24 条
	支持网络安全合作			第 29 条
	实行关键信息基础设施重点保护等			第 31 条
	编制并组织实施关键信息基础设施安全规划等			第 32 条

① 参见杨合庆主编：《中华人民共和国网络安全法释义》，27－28 页，北京，中国民主法制出版社，2017。

② 本表在归纳“重要制度”一栏时，重点梳理了目前有影响力、相对成熟的“网络安全等级保护制度”等三种制度。这并不意味着该法第三章的各个条款所涉及的不是网络安全法律制度。

续表

涉及主体	义务与责任	违法的后果	重要制度	条款
国家网信部门和有关部门	制定、公布网络关键设备和网络安全专用产品目录等			第 23 条
	限制使用在履行网络安全保护职责中获取的信息	给予处分、追究刑事责任		第 30 条
	统筹协调对关键信息基础设施的安全保护			第 39 条
网络运营者	采取防范技术措施等	责令改正、警告、罚款	网络安全等级保护制度	第 21 条
	要求用户提供真实身份信息等	责令改正、罚款，责令暂停相关业务、停业整顿、关闭网站、吊销相关业务许可证或者吊销营业执照	网络实名制度	第 24 条第 1 款
	制定网络安全事件应急预案等	责令改正、警告、罚款		第 25 条
	为侦查等活动提供技术支持和协助	责令整改、罚款		第 28 条
	收集用户信息要遵守个人信息保护规定	责令改正、警告、没收违法所得、罚款，责令暂停相关业务、停业整顿、关闭网站、吊销相关业务许可证或者吊销营业执照		第 22 条第 3 款
网络产品、服务提供者	网络产品、服务符合国家标准的强制性要求	责令改正、警告、罚款		第 22 条第 1 款
	为其产品、服务持续提供安全维护等			第 22 条第 2 款
	收集用户信息要遵守个人信息保护规定	责令改正、警告、没收违法所得、罚款，责令暂停相关业务、停业整顿、关闭网站、吊销相关业务许可证或者吊销营业执照		第 22 条第 3 款
	对销售或者提供的网络关键设备和网络安全专用产品，申请安全认证和安全检测等			第 23 条

续表

涉及主体	义务与责任	违法的后果	重要制度	条款
关键信息基础设施的运营者	建设关键信息基础设施实行“三同步”	责令改正、警告、罚款	关键信息基础设施保护制度	第 33 条
	制定网络安全事件应急预案等			第 34 条
	采购网络产品和服务应当签署安全保密协议			第 36 条
	对其网络的安全性、可能存在的风险进行年度检测评估			第 38 条
	采购网络产品和服务要通过国家安全审查①	责令停止使用、罚款		第 35 条
	境内“数据”在境内存储，或进行向境外提供的安全评估	责令改正、警告、没收违法所得、罚款，责令暂停相关业务、停业整顿、关闭网站、吊销相关业务许可证或者吊销营业执照		第 37 条
有关个人和组织	开展网络安全认证等活动遵守国家有关规定	责令改正、警告、罚款，责令暂停相关业务、停业整顿、关闭网站、吊销相关业务许可证或者吊销营业执照		第 26 条
	不得从事非法活动	拘留、罚款、没收违法所得、追究刑事责任、工作禁止		第 27 条
有关行业组织	建立健全本行业的网络安全保护规范和协作机制等			第 29 条
境外的机构、组织、个人	不得危害中华人民共和国的关键信息基础设施	冻结财产或者其他必要的制裁措施		第 75 条

二、网络安全等级保护制度

我国自 20 世纪 90 年代起即开始推进中国特色的信息网络等级保护制度，实行对基础网络和重要信息系统的特殊保护。1994 年国务院发布的《计算机信息系统安全保护条例》第 9 条规定：“计算机信息系统实行安全等级保护。安全等级的划

① 2020 年 4 月 13 日国家网信办会同十二个部门联合发布《网络安全审查办法》，规定“关键信息基础设施运营者……采购网络产品和服务，影响或可能影响国家安全的……进行网络安全审查”。

分标准和安全等级保护的具体办法，由公安部会同有关部门制定。”1999 年 9 月，由公安部提出并组织制定，国家质量技术监督局发布了《计算机信息系统安全保护等级划分准则》，其中把计算机信息安全划分为了五个等级，分别为“用户自主保护级”“系统审计保护级”“安全标记保护级”“结构化保护级”“访问验证保护级”①。随着安全保护等级的增高，计算机信息系统安全保护能力逐渐增强。2007 年，公安部、国家保密局、国家密码管理局、国务院信息化工作办公室制定了《信息安全等级保护管理办法》，将信息系统的安全保护等级分为 1—5 级，实行按照等级的监督管理（参见表 5－4）。2016 年《网络安全法》提升了网络安全等级保护制度的层级，是一种有序的衔接。

表 5－4　　信息系统的安全保护等级

级别	具体体征	监督管理方式
第一级	受到破坏后，会对公民、法人和非法人组织的合法权益造成损害，但不损害国家安全、社会秩序和公共利益	运营、使用单位应当依据国家有关管理规范和技术标准进行保护
第二级	受到破坏后，会对公民、法人和非法人组织的合法权益产生严重损害，或者对社会秩序和公共利益造成损害，但不损害国家安全	运营、使用单位应当依据国家有关管理规范和技术标准进行保护。国家信息安全监管部门对该级信息系统信息安全等级保护工作进行指导
第三级	受到破坏后，会对社会秩序和公共利益造成严重损害，或者对国家安全造成损害	运营、使用单位应当依据国家有关管理规范和技术标准进行保护。国家信息安全监管部门对该级信息系统信息安全等级保护工作进行监督、检查
第四级	受到破坏后，会对社会秩序和公共利益造成特别严重损害，或者对国家安全造成严重损害	运营、使用单位应当依据国家有关管理规范、技术标准和业务专门需求进行保护。国家信息安全监管部门对该级信息系统信息安全等级保护工作进行强制监督、检查
第五级	受到破坏后，会对国家安全造成特别严重损害	运营、使用单位应当依据国家管理规范、技术标准和业务特殊安全需求进行保护。国家指定专门部门对该级信息系统信息安全等级保护工作进行专门监督、检查

以上确定了“根据信息系统在国家安全、经济建设、社会生活中的重要程度，

① 有学者的研究表明，这一准则源自 1983 年美国国家计算机安全中心（NCSC）制定的可信计算机系统评估准则（TCSEC）。TCSEC 与 CCPECT、FC 以及欧洲四国标准 ITSEC 共同转化为国际通用标准 CC，最终被国际标准化组织 ISO 吸纳成为 ISO15408。我国的网络安全等级保护相关标准也多参照 ISO15408。参见刘山泉：《德国关键信息基础设施保护制度及其对我国〈网络安全法〉的启示》，载《信息安全与通信保密》，2015（9），89 页。

信息系统遭到破坏后对国家安全、社会秩序、公共利益以及公民、法人和其他组织的合法权益的危害程度等因素”进行分级的标准。2018 年公安部会同有关部门起草《网络安全等级保护条例（征求意见稿）》时，将该标准调整为“根据网络在国家安全、经济建设、社会生活中的重要程度，以及其一旦遭到破坏、丧失功能或者数据被篡改、泄露、丢失、损毁后，对国家安全、社会秩序、公共利益以及相关公民、法人和其他组织的合法权益的危害程度等因素”进行分级的标准。

网络安全等级保护制度的主要内容可以分为技术类和管理类安全要求。技术类安全要求通过在信息系统中部署软、硬件并正确配置其安全功能来实现；管理类安全要求主要从安全管理制度、安全管理机构、人员安全管理、系统建设管理和系统运行维护管理几个方面提出，通过控制各种角色的活动，从政策、制度、规范、流程以及记录等方面作出规定来实现。我国《网络安全法》第 21 条规定了留存网络日志等等级保护制度。

【案例 5－5】

高校未落实等级保护制度致学生信息泄露案

这是号称国内首例高校因未落实等级保护制度致学生信息泄露案。2019 年 9 月，安徽省淮南市网络与信息安全信息通报中心接到国家网络与信息安全信息通报中心通报：淮南职业技术学院招生信息管理系统存在高危漏洞，该系统存储的四千余名学生身份信息已经造成泄露。经查，淮南职业技术学院招生信息管理系统的确存在越权漏洞，后台登录密码弱口令，学院未落实网络安全管理制度，未建立网络安全防护技术措施，网络日志留存少于六个月，未采取数据分类、重要数据备份和加密措施，致使系统存储的 4 353 名学生的身份信息泄露。淮南市公安局网安支队依法对该学院处以立即整改和行政警告的处罚措施。

三、网络实名制度

2012 年，全国人大常委会通过《关于加强网络信息保护的决定》，对网络身份管理制度提出了要求。此后，工业和信息化部、国家互联网信息办公室发布《电话用户真实身份信息登记规定》《互联网用户账号名称管理规定》，分别对电信用户入网环节、互联网应用环节明确实行用户实名登记管理。2015 年，全国人大常委会通过《反恐怖主义法》，又从“反恐”的角度对网络用户身份管理作了规定，要求电信、互联网等业务经营者、服务提供者对客户身份进行查验，对身份不明或者拒绝身份查验的用户不得提供服务。2016 年《网络安全法》制定，在前述法律规定的基础上，进一步完善了网络用户身份管理制度。这为查处利用网络从事违法犯罪提供了必要条件。诚然，该制度的设计不可偏废，应当追求不同价值的平衡。在满足侦查机关、司法机关等职能的同时，还应当兼顾对网络运营者、网络用户合法权益的保护。

该法第 24 条第 1 款规定：“网络运营者为用户办理网络接入、域名注册服务，办理固定电话、移动电话等入网手续，或者为用户提供信息发布、即时通讯等服务，在与用户签订协议或者确认提供服务时，应当要求用户提供真实身份信息。用户不提供真实身份信息的，网络运营者不得为其提供相关服务。”一般理解，这是从基础和应用的两个环节构建网络实名制。网络的基础环节包括网络接入、域名注册、固定电话、移动电话入网等；应用环节包括提供信息发布、即时通讯服务等。这两个环节均要求用户提供真实身份信息。当然，这种实名要求可以是“后台实名，前台自愿”的方式，也可以是利用手机号、微信号验证或进行人脸识别等方式。在试行网络可信电子身份证的部分地方、行业，这种实名要求更容易得到满足。网络实名制的基本要求是，一旦所运营的网络产品、服务中出现了违法犯罪，网络运营者可以向有关部门提交相关网络用户的真实身份信息。

【案例 5－6】

鑫澄公司诉上海市公安局闵行分局责令限期整改通知案①

2017 年 7 月 6 日 13 时，上海市公安局闵行分局（以下简称闵行分局）下属网安支队接到报警称，负责××城××中心××楼（××路××号）网络接入业务的鑫澄公司存在办理网络接入业务收费时不签署相关合同的情况，违反网络接入实名制要求。同日，网安支队的两名办案民警对位于××路××号的××城××中心××楼进行网络安全隐患检查，并制作了检查笔录。经检查发现，××城××中心××楼网络接入代理商鑫澄公司在为该楼部分企业提供互联网接入服务的过程中存在未与相关企业签署接入协议、未要求相关企业提供实名信息的情况。2017 年 7 月 12 日，闵行分局作出沪公闵（网安）责通字［2017］0003 号“责令限期整改通知书”，认定鑫澄公司存在为用户办理网络接入时未要求用户提供真实身份信息的违法行为，根据《网络安全法》第 61 条之规定，责令鑫澄公司立即予以改正；在 2017 年 7 月 27 日前改正或整改完毕，并将结果函告闵行分局，在期限届满之前鑫澄公司必须在与用户签订协议或者确认提供服务时要求用户提供真实身份信息。闵行分局于当日向鑫澄公司送达了“责令限期整改通知书”。鑫澄公司不服，诉至上海市闵行区人民法院，请求判决撤销上述责令限期整改通知。

一审法院认为，被诉责令限期整改通知认定事实并无错误，适用法律正确，执法程序亦无不当。遂判决驳回鑫澄公司的诉讼请求。

鑫澄公司不服，上诉于上海市第一中级人民法院。鑫澄公司上诉称：被上诉人

① 参见上海市闵行区人民法院（2017）沪 0112 行初 239 号行政判决书，上海市第一中级人民法院（2018）沪 01 行终 601 号行政判决书。

作出责令限期整改通知时并无任何证据能证明上诉人实施了涉案违法行为，证据都是被上诉人事后取得或由上诉人提供，故被诉行政行为违法。闵行分局辩称：被上诉人已经提供证据证明上诉人存在为用户办理网络接入时未要求用户提供真实身份信息的违法行为。二审法院认为：上诉人鑫澄公司在为××城××中心××楼的用户办理网络接入服务时，未要求用户提供真实身份信息。该事实有被上诉人提供的检查笔录、办案民警出具的工作情况等证据证明，亦有办理网络接入的用户提交的书面说明和上诉人提交的与用户签订的鑫澄电信通信产品接入服务合同等证据印证，主要证据充分，基本事实清楚。因此，原审判决驳回上诉人要求撤销被诉责令限期整改通知的诉讼请求并无不当，可予维持。

四、关键信息基础设施保护制度

“关键信息基础设施”（Critical Information Infrastructure，CII）是网络时代基于“关键基础设施”（Critical Infrastructure，CI）延展出的一个新概念。美国2001年《爱国者法》以法律的形式定义了“关键基础设施”，即“对美国至关重要的系统和资产，不论实体的还是虚拟的，重要到如果这类系统或资产不运行或是遭到破坏将会对安全、国家经济安全、国家公众健康或安全，或这些事项的任何组合，造成削弱影响。”① 随着信息通信技术的飞速发展，越来越多的关键基础设施接入互联网，形成了基于信息通信网络信息系统的“关键信息基础设施”，且涵盖的范围在不断扩大。

《网络安全法》在第三章第二节中用了相当的篇幅规范了关键信息基础设施的安全与保护法律制度，范围涵盖了公共通信和信息服务、能源、交通、水利、金融、公共服务、电子政务等重要行业和领域。这些重要行业和领域一旦遭到破坏、丧失功能或者数据泄露，可能严重危害国家安全、国计民生、公共利益，属于关键信息基础设施，因此对其要在网络安全等级保护制度的基础上实行重点保护。这是我国首次在法律层面提出关键信息基础设施的概念和重点保护范围，具体采取的是“列举＋限定”的办法。当然，具体的范围还需要国务院专门制定办法进行明确，关键在于如何认定相关行业和部门的网络信息系统涉及的数据是否可能对国家安全、国计民生和公共利益产生严重影响。

为了强化对关键信息基础设施安全保护的责任，《网络安全法》从国家主体和关键信息基础设施运营者两大层面，分别明确了对关键信息基础设施安全保护的法律义务与责任。在国家层面，按照国务院规定的职责分工，负责关键信息基础设施安全保护工作的部门分别编制并组织实施本行业、本领域的关键信息基础设施安全

① 王春晖：《〈网络安全法〉六大法律制度解析》，载《南京邮电大学学报（自然科学版）》，2017（1），3页。

规划，指导和监督关键信息基础设施运行安全保护工作（第 32 条）；在关键信息基础设施运营者方面，还应当履行四大安全保护义务：一是设置专门安全管理机构和安全管理负责人；二是定期对从业人员进行网络安全教育、技术培训和技能考核；三是对重要系统和数据库进行容灾备份；四是制定网络安全事件应急预案，并定期进行演练（第 34 条）。

《网络安全法》理解关键信息基础设施是基于网络空间主权的立场，针对关键信息基础设施相关的个人信息和重要数据专门设置了境内存储与经安全评估后跨境流转的制度（第 37 条）。所谓境内存储，一般是指重要数据在境内控制，如存储数据的服务器等介质设在境内；所谓跨境流转，也称为跨境转移，是指数据在不同法域之间流动。这两者通常是一物两面的东西，要求重要数据的境内存储往往意味着限制重要数据的跨境流转。数据跨境流转会出现数据出口国（数据流出国）和数据进口国（数据流入国）两端，通常在数据出口国会引发法律问题。越来越多的数据出口国要求，重要数据在进行跨境流转之前，需要进行安全评估。《网络安全法》作此规定，主要是为了监督并保证对这些数据的保护符合我国法律规定的安全要求和标准。这种规定与其他国家限制数据出境的基本逻辑是一样的，都是“推定第三国的个人数据保护水平没有达到本国的同等水平，进而以保护个人数据为名限制数据的跨境转移，认为如果企业将个人数据从本国转移到第三国就构成规避本国法律”①。关于安全评估的具体流程，需要根据不同国家的法律要求进行设定。我国全国信息安全标准化技术委员会正在拟定《信息安全技术　数据出境安全评估指南》，下面附上其设计的主管部门评估流程供参考（参见图 5－4）。

我国形成关键信息基础设施数据跨境流转的框架规则后，需要进一步探究制度细节与现实需求。其一，“境内”存储、“跨境”流转的境内究竟是什么？“境”首先应该被理解为“国境”，这是没有争议的，但有待讨论的是：中国大陆（内地）跨境数据流动制度之“境”是否包含内地与香港、澳门之间的“境”？内地与港澳地区之间的“境”虽然不同于“国境”，但确实是真实存在的。内地与港澳之间数据流动是否属于“跨境”、是否应该被纳入跨境数据流动制度的规制范围最终取决于港澳地区的制度和技术环境。政治制度、司法制度的差异在一定程度上也影响着数据流动中的安全风险及其防范水平。在港澳现有法律制度和技术环境下，内地的数据流入港澳地区后，是否存在危害国家安全的可能，是否能够保证国家对相关数据的安全可控，决定了内地与港澳地区之间数据流动是否属于“跨境”。其二，“数据”之形式、类型的厘清。数据是跨境数据流动制度的规制对象。我国的跨境数据流动制度规制关乎国家层面安全的数据，基于该定位，在厘清数据的形式、类型时，需要以国家安全为依归，注重对数据体量、属性及安全风险的综合评估，而非采用“一刀切”的思路。例如，跨境数据流动制度在关注公开数据的同时，也要注

① 张金平：《跨境数据转移的国际规制及中国法律的应对——兼评我国〈网络安全法〉上的跨境数据转移限制规则》，载《政治与法律》，2016（12），140 页。

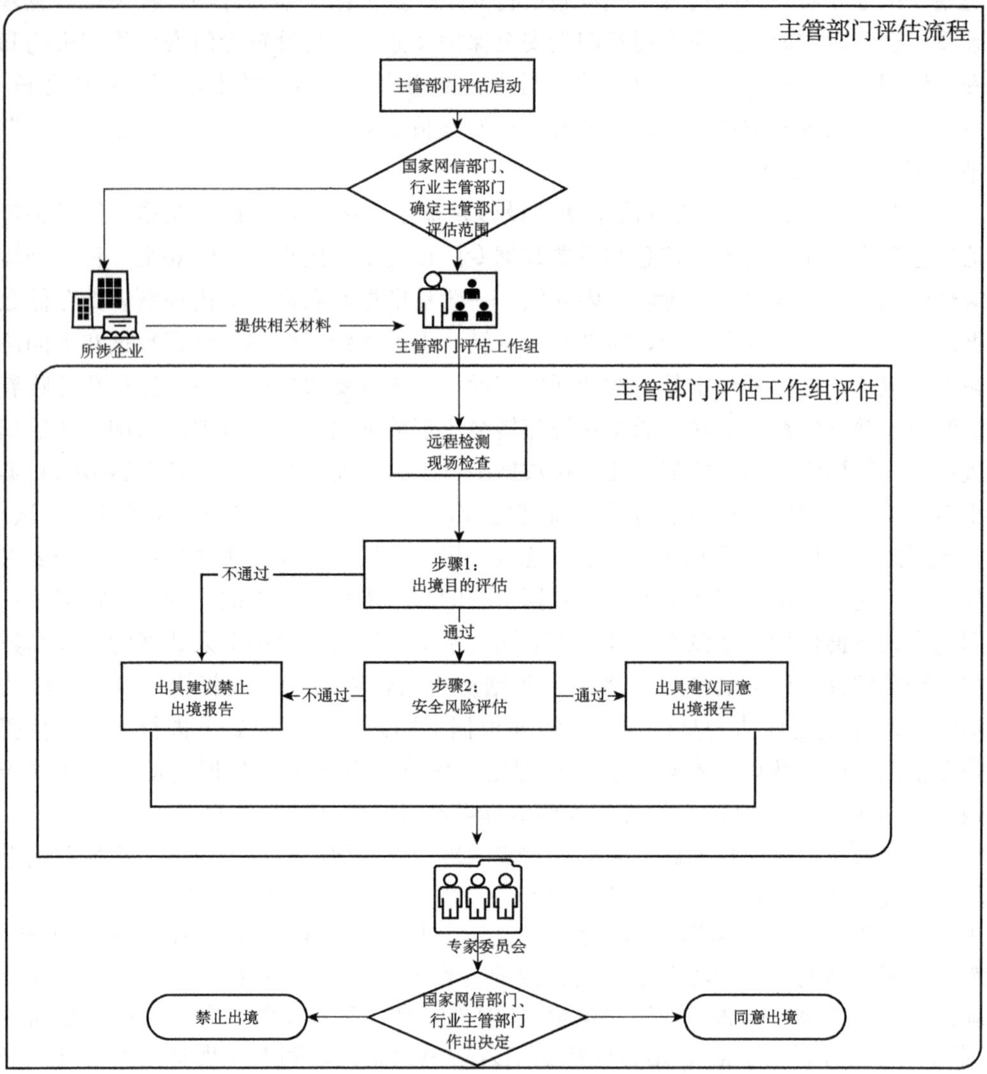

图 5-4　跨境数据流转的主管部门评估流程

意公开数据流动后集聚而产生的扩大效应。

【案例 5-7】

华大科技人类遗传资源信息违规出境行政处罚案①

国家科技部国科罚〔2015〕2号“行政处罚决定书”表示：根据《人类遗传资源管理暂行办法》（国办发〔1998〕36号）、《行政处罚法》等有关规定，中国人类

① http：//www. most. gov. cn/bszn/new/rlyc/xzcf/.

遗传资源管理办公室（以下简称遗传办）对深圳华大基因科技服务有限公司（以下简称华大科技）执行“中国女性单相抑郁症的大样本病例对照研究”国际科研合作情况进行了调查，现已调查终结。经查明，存在以下违法违规行为：华大科技与华山医院未经许可与英国牛津大学开展中国人类遗传资源国际合作研究，华大科技未经许可将部分人类遗传资源信息从网上传递出境。华大科技上述行为违反了《人类遗传资源管理暂行办法》第 4 条、第 11 条、第 16 条规定。现根据《人类遗传资源管理暂行办法》第 21 条及《行政处罚法》有关规定，决定处罚如下：(1) 华大科技应于接到本决定书之日起立即停止该研究工作的执行。(2) 销毁该研究工作中所有未出境的遗传资源材料及相关研究数据。(3) 自本决定书送达之日起停止华大科技涉及我国人类遗传资源的国际合作，整改验收合格后，再行开展。

公开报道称本案中违规出境的人类遗产资源信息涉及了 14 万孕妇的基因信息。①

本案涉及人类遗传资源信息的跨境流动，同时涉及科研活动中数据流动的问题。案件所涉及的医疗、科研、人类遗传资源领域在《网络安全法》第 31 条中并未被明确列举，但应当被理解为“关键信息基础设施”涵盖的领域。虽然科研目的或许是放宽跨境数据流动限制的事由，但是经审批出境仍然是本案坚持的立场。只有在不威胁国家安全、能够实现相关数据安全可控的情况下，才可以放宽对重要数据出境的限制。

第三节　网络信息安全制度

一、基于不同主体的解读

网络信息安全是《网络安全法》确定的一种调整范围或对象，它指的是保障网络信息或网络数据的完整性、保密性和可用性的一种状态。《网络安全法》第四章在既有的网络信息安全管理有关制度和实践的基础上，进一步明晰了国家网信部门等监管部门、网络经营者等有关个人或组织的权力、义务、责任及违法后果等（参见表 5-5）。其中关于个人信息保护的规定取得了实质性的法治进展，为修改《刑法》有关个人信息犯罪的罪名提供了尺度，也为今后出台“个人信息保护法”奠定了基础。此外，《网络安全法》还做了必要的保障网络信息安全的执法制度建设。考虑到本书有专章对个人信息保护制度进行介绍，且有专门内容对个人信息犯罪问题进行阐述，在此对有关内容从略。

① https：//www.admin5.com/article/20181106/883662.shtml. 关于该事件，华大科技于 2018 年 10 月 26 日曾经做过“澄清说明”：关于“14 万中国人基因大数据”研究的知情权，华大研究团队严格遵从《人类遗传资源管理暂行办法》和生命伦理原则规范。在进行无创产前基因检测前，受检者会签署知情同意书，同意其样本和数据供科学研究。本研究披露的是群体分析结果，不包含任何可识别个人身份信息。参见澎湃新闻：《华大基因回应“科技部开罚单”：“14 万中国人基因大数据”研究全部在境内完成》，载 http：//www.thecover.cn/news/1304525，最后访问日期：2021-02-06。

表 5－5　　网络监管部门、网络经营者等的权力、义务、责任及违法后果

涉及主体	义务与责任	违法的后果	重要制度	条款
国家网信部门和有关部门	依法履行网络信息安全监督管理职责等			第 50 条
监管部门及其工作人员	对在履行职责中知悉的个人信息、隐私和商业秘密严格保密等			第 45 条
网络运营者	对其收集的用户信息严格保密等		个人信息保护制度	第 40 条
	收集、使用个人信息要经被收集者同意等	责令改正、警告、没收违法所得、罚款，责令暂停相关业务、停业整顿、关闭网站、吊销相关业务许可证或者吊销营业执照		第 41 条第 1 款
	不得收集与其提供的服务无关的个人信息等			第 41 条第 2 款
	不得泄露、篡改、毁损其收集的个人信息等			第 42 条第 1 款
	确保收集的个人信息安全等			第 42 条第 2 款
	应个人要求删除或者更正其个人信息			第 43 条
	对禁止发布或者传输的信息，立即停止传输，采取消除措施等			第 47 条
	建立网络信息安全投诉、举报制度		网络运营者处置违法信息制度	第 49 条第 1 款
	配合有关部门依法实施的监督检查	责令改正、罚款		第 49 条第 2 款
	按照有关部门的要求，对禁止发布或传输的信息停止传输、消除等			第 50 条
电子信息发送服务提供者和应用软件下载服务提供者	履行安全管理义务等	责令改正、警告、没收违法所得、罚款，责令暂行相关业务、停业整顿、关闭网站、吊销相关业务许可证或者吊销营业执照		第 48 条第 2 款
有关个人	有权要求网络运营者删除其个人信息、予以改正等			第 43 条
任何个人、组织	不得非法获取、出售或者提供个人信息等	没收违法所得、罚款、追究刑事责任		第 44 条
	不得设立用于违法犯罪的网站、通讯群组等	拘留、罚款、关闭网站和通讯群组，追究刑事责任		第 46 条
	不得设置恶意程序等	责令改正、警告、罚款		第 48 条第 1 款

二、网络运营者处置违法信息制度

网上违法信息的治理是一项系统工程，网络运营者承担着重要的治理责任。一方面，网络运营者拥有信息优势和资源优势，处在同网络平台生态的第一线；另一方面，网络营运者又不具有国家赋予的当然强制力，无法对网络空间中的违法犯罪行为施加直接的惩处。因此，《网络安全法》针对网络经营者确定了有限制的处置违法信息的制度。

其一，网络经营者应当建立网络信息安全的投诉、举报制度，及时受理并处理社会大众的投诉举报。具体内容包括明确受理和处理投诉、举报的机构、人员及其职责、范围、方式、程序、操作规程等事项，包括以合理方式公布投诉、举报方式等信息，包括无正当理由不得拒绝投诉、举报并及时告知处理结果等。该制度指向网络信息安全的投诉人、举报者。

【案例 5－8】

林××诉微梦公司侵犯名誉权纠纷案[①]

林××就职于招商证券股份有限公司。微梦公司系新浪“微博平台”的备案主办单位。2018 年 7 月 25 日 10：01，新浪微博名为“王大力如山”的加“V”博主发布一篇微博，称“现在连小组长都这么牛逼了？大家不妨去了解下招商证券托管部”，配图为一页信息截图，信息内容为“大力哥，我想举报招商证券托管部的一个十分无敌变态的组长，林××。我们这个看似光鲜的行业第一部门其实真的恶心到头了，林组长公然性骚扰我司一个小姐姐……在一个电梯里，那个小姐姐讲了一句嗯最近要减肥。这个林姓组长立马回了一句，你不胖，你就是胸大而已，不要减。眼神一直锁定别人胸部，实在恶心……这种组长，业务能力也垃圾，还整天性骚扰，看不下去了……另外我们托管部，真的没有年薪 100 万……大家真的别来托管部……不希望大家傻乎乎来我们单位托管部。不想害人”。当日，该微博博主又发布多篇同类的微博……针对上述微博，林××进行了投诉。微梦公司已于 2018 年 10 月 9 日删除。林××主张其有两次向微梦公司发出删帖通知的投诉。微梦公司否认林××的上述说法，认为林××没有提供身份证复印件，其通知不属于有效通知；并称 2018 年 9 月 26 日收到林××的投诉后，还于 9 月 29 日通过电子邮件回复林××，要求其补充身份证复印件。林××认为微梦公司的要求无理。

① 参见广东省深圳市福田区人民法院（2019）粤 0304 民初 14057 号民事判决书。

微梦公司在“微博社区管理中心”制定的“社区规则”中的《微博举报投诉操作细则》第22条“人身攻击包括侮辱、诽谤、肖像篡改”规定：处置程序的发现方式为“站方通过主动发现和接受用户举报两种方式发现用户纠纷类违规。完成真实身份验证的用户可通过微博页面上的‘举报’功能，对涉嫌违规的行为进行举报。非认证用户按照《人身权益纠纷投诉处理流程公示》中所规定的办法进行投诉”。受理方式：“(1) 行为明显违规，由站方根据本规定直接处理，并建立卷宗公示结果。(2) 线上举报流程无法核实判断处理的，按照《人身权益纠纷投诉处理流程公示》处理。”处置结果：“1. 删除诽谤信息呈现的微博、评论。2. 删除侮辱信息呈现的微博、评论，并同时扣除信用积分2分、1分。3. 删除肖像篡改信息呈现的微博、评论或账号信息，并同时扣除信用积分2分、1分。4. 发布人身攻击信息情节恶劣、后果严重或以人身攻击为目的存在的账号，同时采取禁言直至关闭账号的措施。”第28条规定：“人身权益纠纷投诉流程的处理时限，站方明确承诺，有关人身权益纠纷的投诉，在无特殊情况下，如果资料齐全，将在接收到投诉人的有效线下通知函件后5个工作日内予以处理，但纠纷本身复杂疑难，须经司法行政机关作出认定方可处理的，不在此列。”《人身权益投诉处理流程公示》中规定：“人身权益纠纷的处理流程：1. 已有微博账号的用户，请提供您的身份证或者单位机构的主体资格证明资料的复印件，进入人身权益投诉入口，按要求填写相关信息进行投诉；2. 没有微博账号的用户，请点击下载‘微博投诉通知函件’表格填写投诉内容（所欲选项均为必填），并提供您的身份证或单位机构的主体资格证明资料复印件，资料准备齐全后，请将投诉材料邮寄至：北京市海淀区西北旺东路10号院西区8号楼新浪总部大厦，收件人：微博投诉，邮政编码100193。”“提交微博投诉通知函件后，投诉人需要做什么？……为了保证您的问题能够及时有效地处理，请您在第一次提交材料的时候，务必提交真实有效、完整清晰的材料，以免造成您的问题处理不成功或无法受理；当您通过线上人身权益投诉进行投诉时，若资料不全，站方会私信通知您在24小时内补充提交证明材料，在24小时内未能及时补充提交资料的，您的投诉将被驳回。”“为什么被投诉微博没有删除？……您提交的材料可能存在不完整、不具体，被视为无效投诉，请您重新线上提交或选择快递方式提交投诉函。”

林××将微梦公司诉至法院。

法院经审查认为，林××主张其曾两次对涉案微博向微梦公司进行过投诉，但微梦公司未及时删除涉案微博并向林××披露实际侵权人的真实身份信息，应承担侵权责任。微梦公司在《微博举报投诉操作细则》《人身权益纠纷投诉处理流程公示》中已明确要求投诉者提供身份证复印件，并承诺在收到有效通知后5个工作日内处理；林××提交的公证书中的相关身份信息并不完整，尽管如此，微梦公司仍于2019年10月9日在其承诺的时间内采取了删除了涉案微博的措施，已经尽到了网络服务提供者的管理责任。现有证据不足以证明微梦公司存在怠于采取删除涉案微博措施的行为，进而不能证明微梦公司的行为对林××因名誉权受侵犯而遭受的损失造成了扩大。

在本案中，法院虽未直接援引《网络安全法》，但反映了该法所设定的网络经营者接受投诉、举报制度。

其二，网络经营者应当配合有关部门依法实施网络安全监督检查，按照有关部门的要求采取消除、阻断不良信息的措施。这是一种网络安全执法的协助制度，具体内容包括对有关的监督检查应当接受并予以配合，应当提供有关资料和信息，应当按照要求采取相应的处置措施等。否则，网络经营者将承担相应的法律后果。该制度指向国家网信部门与其他有关部门。

其三，网络经营者中的电子信息发送服务提供者和应用软件下载服务提供者，还承担一种具体的网络安全管理义务，那就是对用户发送的信息、提供的应用软件中含有违法信息的进行相应的处置，具体包括对违法行为人停止提供相应的服务，对违法信息进行消除等处置，以及及时向主管部门报告。该制度具有应急处置的性质。

【案例 5－9】

深圳微源码软件公司诉腾讯公司垄断纠纷案①

2016 年 9 月，深圳微源码公司注册的“数据精灵分销平台”“一键转发平台”“一键转发开发团队”等 26 个微信公众号被封禁。涉案公众号的推广内容中包含大量推荐、介绍使用接入微信系统的外挂软件信息。该公司遂以滥用即时通讯软件及服务市场的支配地位为由起诉腾讯公司。

法院经审查认为：本案系滥用市场支配地位纠纷，争议焦点之一为“被告封禁原告微信公众号的行为是否具有正当理由”。微信公众号作为向广大互联网用户开放的平台服务，其运营和使用行为不仅牵涉到作为运营方的被告的利益，以及作为使用方的原告的利益，同时也牵涉到广大微信用户的微信使用环境以及互联网公共秩序。微信公众号的注册运营行为如果不加约束，则可能会对其他微信用户正常使用微信软件产生影响。被告作为微信公众号平台的运营方，不仅要保证微信公众号用户正常使用微信公众号服务，同时也承担着维护广大微信用户的良好使用环境和微信公众号平台正常使用秩序之责任，涉及一定的社会公共利益。互联网行业的信息传播具有速度快、影响范围广的特点，客观上要求互联网公共平台的管理者对平台上的运营行为采取必要的事前规范与事后救济措施。“运营规范”和“服务协议”正是在此基础上与所有微信公众号用户事先作了约定，明确禁止公众号用户干扰、传播、发表、传送骚扰信息，禁止强制、诱导其他用户关注账号、点击链接页面或分享信息，未经腾讯公司书面许可利用其他微信公众账号、微信账号和任何功能以

①　节选自广东省深圳市中级人民法院（2017）粤 03 民初 250 号民事判决书。

及第三方运营平台进行推广或互相推广，使用插件、外挂或通过其他第三方工具、运营平台或任何服务接入本服务和相关系统，制作、发布与以上行为相关的方法、工具，或对此类方法、工具进行运营或传播。前述约定有助于避免广大微信用户免受未主动关注的公众号之信息干扰，保障微信用户接受微信相关信息之自主选择权，对于维护健康的微信使用环境具有必要性和积极意义。而原告对涉案微信公众号的运营行为，不仅明确违反了微信公众平台的"运营规范"和"服务协议"，还严重破坏了广大微信用户的微信使用环境，影响了微信用户对微信软件的正常使用。以原告在微信公众号上发布"爆粉助手"等产品与服务为例，其推广的服务实质上是对未相互关注的用户通过外挂软件强行进入用户系统添加关注。微信用户个人信息和系统仅对其主观愿意添加的对方用户开放，原告推介的此类产品和服务实际上破坏了微信平台对用户个人系统信息的保护，使微信用户在不知情的情况下被动接受陌生信息干扰，实质上是对他人信息系统的非法侵入，损害了其他微信用户的利益。又如原告在微信公众号发布的"推广服务平台"公告，包括"日加百人、被动加精准粉丝、每日1 000微信群、疯狂换群"等功能介绍，表明借助其所开发的软件，原告可以在很大范围内打破微信对个人系统信息的保护，实现对大量微信用户的侵入，使其日常使用被原告通过开发软件而予以广泛扩散的信息所充斥，无疑将严重扰乱微信的公共使用秩序。综上，在原告涉案26个公众号上的运营行为与发布内容违反了"运营规范"与"服务协议"的多项规定，已危及广大微信用户正常的微信使用环境及合法权益的情况下，被告作为微信公众平台的运营方，有必要也有义务依据微信公众平台的使用规范对微信公众号运营主体的违规行为采取管理措施。被告对原告涉案微信公众号采取封禁措施具有正当理由，具有明确的合同依据，有助于维护微信公众平台的公共秩序，净化微信公众号的运行环境，保障广大微信公众号用户免受违法行为的骚扰与侵犯，保护微信用户的合法权益。

第四节　监测预警与应急处置制度

一、基于不同主体的解读

《网络安全法》第五章规定了监测预警和应急处置制度，具体明确了国家、国务院及国家网信部门等对网络安全事件进行监测预警、应急处置的权力与责任（参见表5-6）。近年来，国内外各种网络安全事件频发，呈现出不确定性、连锁性等特点，加强监测预警、及时进行应急响应已经成为国际社会的共同选择。这离不开国家网信部门统筹协调有关部门的执法工作。当然，这些权力的行使也离不开网络运营者等主体的有效配合。其中，网络安全监测预警和信息通报、网络通信临时限制、网络安全约谈是需要进行制度化建设的重要内容。

表 5-6　　不同主体进行监测预警、应急处置的权力与责任

<table>
<tr><th>涉及主体</th><th>义务与责任</th><th>重要制度</th><th>条款</th></tr>
<tr><td rowspan="2">国家</td><td>建立网络安全监测预警和信息通报制度</td><td>网络安全监测预警和信息通报制度</td><td>第 51 条</td></tr>
<tr><td>依法处置网络安全事件、突发事件或者生产安全事故</td><td></td><td>第 57 条</td></tr>
<tr><td>国务院</td><td>决定或者批准在特定区域对网络通信采取限制等临时措施</td><td>网络通信临时限制制度</td><td>第 58 条</td></tr>
<tr><td rowspan="3">国家网信部门和有关部门</td><td>统一发布网络安全监测预警信息</td><td></td><td>第 51 条</td></tr>
<tr><td>制定网络安全事件应急预案、组织演练</td><td></td><td>第 53 条第 1、3 款</td></tr>
<tr><td>启动网络安全事件应急预案</td><td></td><td>第 55 条</td></tr>
<tr><td rowspan="3">负责关键信息基础设施安全保护工作的部门</td><td>建立健全相关行业、领域的网络安全监测预警和信息通报制度，报送相关行业、领域的网络安全监测预警信息</td><td></td><td>第 52 条</td></tr>
<tr><td>制定本行业、本领域的网络安全事件应急预案、组织演练</td><td></td><td>第 53 条第 2 款</td></tr>
<tr><td>启动网络安全事件应急预案</td><td></td><td>第 55 条</td></tr>
<tr><td rowspan="2">省级以上人民政府有关部门</td><td>要求有关部门、机构和人员及时收集、报告有关信息；组织有关部门、机构和专业人员，对网络安全风险信息进行分析、评估；向社会发布网络安全风险预警，发布避免、减轻危害的措施</td><td></td><td>第 54 条</td></tr>
<tr><td>对网络运营者的法定代表人或者主要负责人进行约谈</td><td rowspan="2">网络安全约谈制度</td><td>第 56 条</td></tr>
<tr><td>网络运营者</td><td>接受省级以上人民政府有关部门约谈、进行整改</td><td>第 56 条</td></tr>
</table>

二、网络安全监测预警和信息通报制度

网络安全事件一旦发生，后果严重，治理的上策是“早发现、早报告、早处置”。这就要求国家建立高效的网络安全监测预警和信息通报制度。网络安全监测是指采取技术手段对网络系统进行实时监控，从而掌握网络的全面运行状况，发现网络安全风险的活动；网络安全预警是指在网络安全风险发生蔓延并造成实际危害之前，对通过网络安全监测所获取的信息进行分析和风险评估，向有关部门和社会发出警示。① 之后，还应当及时通报相关风险预警信息，以便开展后续的评估、调

① 参见杨合庆主编：《中华人民共和国网络安全法释义》，116-117 页，北京，中国民主法制出版社，2017。

查、处置等工作。这就是网络安全监测预警和信息通报制度。它与美国于 20 世纪 90 年代后期提出的网络安全信息共享（Cybersecurity information sharing）[①] 概念有着密切的联系。在美国历史上，“9·11”事件的发生与各个部门关于网络安全信息不畅的问题有一定关系。2009 年 2 月，美国政府问责署发布了名为“美国网络安全战略：需实现的重大改进”的报告[②]，提出了“增强国土安全部帮助恢复受破坏网络的能力”等重点网络安全领域改革建议。2018 年 5 月，美国国土安全部（United States Department of Homeland Security，DHS）发布网络安全战略，提出了识别风险、减少漏洞、减小威胁、减轻影响和实现安全的“五大支柱”，期望通过发挥其在网络安全领域的领导作用，进行机构联合和资源整合，以实现对政府、企业和公民的网络安全管理与治理。[③]

在我国，《网络安全法》确定的是由国家网信部门统筹协调有关部门加强网络安全信息收集、分析和通报工作，并统一发布网络安全监测预警信息的机制。这一机制是由网络安全工作的性质与特点决定的，这一工作必须改变各个部门分管一段、互不通气的局面。当然，这种以网信部门为主，由电信部门、公安部门、其他有关部门分工合作的治理结构，也有亟待改善的问题。这突出表现为迄今为止我国网信部门的具体职权依然处于法律授权的模糊状态，其行政执法队伍和执法机制仍然亟待建设。

此外，对于关键信息基础设施的相关行业、领域，《网络安全法》还要求负责相关安全保护工作的部门建立健全该行业、领域的网络安全监测预警、信息通报制度，及时报送相关监测预警信息。这些部门应当根据该行业、领域网络安全工作的要求，制定应急预案并定期组织演练。

三、网络通信临时限制制度

为了维护国家安全和社会公共秩序，处置重大突发社会安全事件，《国家安全法》《突发事件应对法》均规定可采取管控处置、应急处置等特别措施。《网络安全法》据此对特别区域内临时限制网络通信的特别措施作了规定，即初步形成了网络通信临时限制制度。应该说，这一制度并非中国独创，亦非中国首创。在国际上一般讨论国家在什么情形下可以依法“断网”的问题，具体来说，国家或其代表——

① 网络安全信息共享指的是国家之间、国内各级政府之间、政府与私营企业之间，以及私营企业相互之间的信息共享。参见马民虎、方婷、王玥：《美国网络安全信息共享机制及对我国的启示》，载《情报杂志》，2016（3），18 页。

② 本报告直译为《美国网络安全战略：为改善国家安全状况需实现的重大改进》。本报告由美国政府问责署下设《信息技术管理刊物》主任戴维·鲍勒在众议院国土安全委员会之能源威胁、网络安全、科学与技术附属委员会面前作证时使用。

③ 参见刘传凯、王俊魁：《解读美国国土安全部〈网络安全战略〉》，载《保密工作》，2018（12），52 页。

政府部门、政府官员有无权力切断网络？如何行使这一权力？美国早期法律对此有过原则性意见，呈现出截然不同的两种观点。其《1934 年通信法》（Communications Act of 1934）规定，总统有权在战争时期接管或关闭有线和无线电通讯。根据有关原则性的解释，总统似乎有关闭互联网的权力。然而，《2009 年网络安全法》（Cyber Security Act of 2009）被提交至国会审议时，其第 18 条就规定，"总统有权在出现威胁国家安全、网络安全的紧急情况下，关闭关键基础设施网络"。2011 年提交国会审议的《网络安全和互联网自由法》（Cybersecurity and Internet Freedom Act）则明确"禁止总统或其他官员切断互联网"；不过，允许总统宣布"信息空间的紧急状态"，在此状态下政府可以部分接管或禁止对部分站点的访问。这两部法案均未获通过。在我国，关于"断网"权力的公开讨论或辩论并不多，但实践中诸如网络封锁、网络监控、网络过滤等行为引起了人们关于限制网络自由的担心。2016 年《网络安全法》第 58 条明确了这一权力，规定："因维护国家安全和社会公共秩序，处置重大突发社会安全事件的需要，经国务院决定或者批准，可以在特定区域对网络通信采取限制等临时措施。"

显而易见，对网络通信的临时限制是依法管网中一种有着很大影响的措施。它不仅直接影响到网络自由的实现，更影响普通民众的基本生活。因此，采取这一措施必须十分慎重。《网络安全法》将这一措施的决定和批准机关确定为国务院，将适用范围限定为特定区域，确定其性质是临时性的。其区域范围、适用时限均应由国务院在作出决定或批准时确定。一般认为，该措施的采取应当与国家安全危机、重大突发社会安全事件可能造成的危害的性质、程度、范围相适应；有多种措施可供选择的，应当选择能最大限度地保护公民、组织权益的措施。一旦事件的威胁得到控制或消除后，国家应当尽快停止该措施，恢复正常网络通信。

四、网络安全约谈制度

《网络安全法》规定了网络安全监督管理的约谈制度。实践证明，这一措施看似和缓，实则其威力远超罚款、没收违法所得等措施对网络不法行为的震慑。这一制度所确定的就是网络安全行政管理主体对行政管理相对人进行的约谈，是一种行政指导行为。[①] 该措施具有警示、告诫的功能，具有督促履行义务的功能，具有落实网络安全风险监测预警、紧急处置的功能。

准确理解相关规定，需要把握以下几点：（1）约谈的主体是负有网络安全监督管理职责的省级以上人民政府有关部门；（2）约谈的对象是网络经营者内部承担网络安全管理主要责任的人，包括法定代表人或主要负责人；（3）约谈的情形和法定

① 参见杨合庆主编：《中华人民共和国网络安全法释义》，122 页，北京，中国民主法制出版社，2017。

条件是发现网络存在较大安全风险或者发生了网络安全事件；（4）约谈的程序是听取约谈对象关于网络安全管理制度执行、网络安全风险防范、网络安全事件处置等情况的汇报，指出约谈对象在网络安全管理中存在的问题，对进一步加强网络安全管理提出具体要求，明确整改责任，督促消除网络安全风险或者妥善处置网络安全事件；（5）约谈的法律效力是约束约谈对象，以及进一步采取监管措施和追责措施。

【案例 5-10】

北京市网信办、工商局依法约谈查处抖音、搜狗事件①

2018 年 6 月 6 日，北京市网信办、工商局针对抖音在搜狗搜索引擎投放的广告中出现侮辱英烈内容问题，依法联合约谈查处抖音、搜狗，责令网站立即清除相关违法违规内容并进行严肃整改。经查，抖音对其制作的广告内容未尽到依法审核职责，搜狗搜索对其发布的广告未尽到依法审核义务，导致侮辱英雄烈士的违法信息在网上传播，造成不良影响。以上行为涉嫌违反《网络安全法》第 12 条第 2 款中“任何个人和组织使用网络应当遵守宪法法律，遵守公共秩序，尊重社会公德……”和第 47 条关于“网络运营者应当加强对其用户发布的信息的管理，发现法律、行政法规禁止发布或者传输的信息的，应当立即停止传输该信息，采取消除等处置措施，防止信息扩散，保存有关记录，并向有关主管部门报告”的规定；涉嫌违反《英雄烈士保护法》第 22 条关于“禁止歪曲、丑化、亵渎、否定英雄烈士事迹和精神”“英雄烈士的姓名、肖像、名誉、荣誉受法律保护……任何组织和个人不得将英雄烈士的姓名、肖像用于或者变相用于商标、商业广告，损害英雄烈士的名誉、荣誉”的规定；涉嫌违反《广告法》第 9 条中明确的广告不得有“法律、行政法规规定禁止的其他情形”的规定。

拓展阅读

1. 张新宝，许可．网络空间主权的治理模式及其制度构建．中国社会科学，2016（8）.

2. 黄志雄．2011 年“伦敦进程”与网络安全国际立法的未来走向．法学评论，2013（4）.

3. 周汉华．网络法治的强度、灰度与维度．法制与社会发展，2019（6）.

4. 寿步．网络安全法若干基本概念辨析．科技与法律，2017（4）.

5. 曹诗权．习近平关于网络安全法治的重要论述研究．公安学研究，2018（1）.

① 参见《北京市网信办工商局依法约谈查处抖音搜狗并责令整改》，载《中国有线电视》，2018（6），738 页。

6. 汪恭政. 论我国网络领域规范治理的法治化进程——以《网络安全法》的演变为视角. 西安电子科技大学学报（社会科学版），2017.（4）

课后思考

1. 论述网络空间主权的理论发展、现实含义及法治价值。

2. 美国是互联网的发源地，在互联网核心技术上远远领先于其他国家。目前，维持全球互联网正常运转最为重要的十三个根服务器，1个为主根服务器，放置在美国；其余12个均为辅根服务器，其中9个放置在美国，2个在欧洲，位于英国和瑞典，1个在亚洲，位于日本。所有根服务器长期由美国政府授权的互联网域名与号码分配机构ICANN统一管理，ICANN负责全球互联网域名根服务器、域名体系和IP地址等的管理。虽然在国际社会的压力之下，ICANN近两年进行改革，将监管权力从美国政府处移交给全球多利益相关方，但美国技术社群和互联网企业仍是规则的主要推动者，这使美国的主导地位不言而喻。同时，在计算机操作系统、芯片、应用软件、企业规模与实力等各个方面，相较于其他国家美国也占有领先地位。正是由于技术上的全面领先和经济上的财大气粗，美国能够对其他国家予取予求，进行碾压。

结合上述现实，论述“将网络空间归入全球公域”主张的虚伪性。

3. 试述“约谈十条”在依法管网方面的优劣。（注：2015年4月28日，国家网信办发布《互联网新闻信息服务单位约谈工作规定》，简称为“约谈十条”。）

4. 结合美国2015年《网络安全信息共享法》，阐述网络安全信息共享制度的核心内涵及特殊价值。

5. 迄今为止，我国《民法典》等民事法律并未对虚拟财产予以明确定性，但实务中有不少盗窃虚拟财产的行为被按照财产性犯罪定罪判刑。结合这一现象，点评我国网络安全法制建设领域存在的“刑民脱节”现象及改善方案。

6. 评述欧盟或日本的网络安全基本法的主要内容及借鉴价值。

第六章

个人信息保护法

有人说过，“上帝会宽恕和忘记我们的错误，而互联网从来不会!”这就是为什么被遗忘权对于我如此重要。随着越来越多的个人数据在互联网，尤其是在社交网点上移动，人们应当拥有将其数据加以完全删除的权利。①

——［卢］维维亚娜·雷丁

【关键词】个人信息　隐私　隐私权　直接个人信息　间接个人信息　敏感个人信息　琐细个人信息　电脑处理个人信息　个人信息保护法　隐私权法　欧盟《一般数据保护条例》　个人信息权　被遗忘权　“人肉”搜索

【案例 6－1】

谷歌诉冈萨雷斯被遗忘权案②

西班牙报纸《先锋报》发表了西班牙将举行财产强制拍卖活动的公告，其中提到的遭到强制拍卖的财产中有一件属于冈萨雷斯。2009 年 11 月，冈萨雷斯与该报纸取得了联系，投诉称公告中登出的名字被谷歌搜索引擎收录了，他希望能够在网

① 维维亚娜·雷丁（Viviane Reding）女士时任欧盟委员会副主席，负责司法、基本权利和公民隐私事务。这是其 2010 年 11 月 30 日参加布鲁塞尔“欧洲数据保护和隐私会议”的发言内容。Viviane Reding. Why the EU Needs New Personal Data Protection Rules.（2010－11－30）［2021－02－13］. https：//ec. europa. eu/commission/presscorner/detail/en/SPEECH_10_700.

② Wikipedia. Google Spain SL v. Agencia Española de Protección de Datos. Case C－131/12.（2020－12－21）［2021－02－13］. https：//en. wikipedia. org/wiki/Google_Spain_v_AEPD_and_Mario_Costeja_Gonz%C3%A1lez. 关于此案情的中文版介绍，参见杨立新、韩煦：《被遗忘权的中国本土化及法律适用》，载《法律适用》，2015（2），24 页。

上删除这些与他有关的信息。他称：该强制拍卖活动在几年前就已经结束，而且这些数据信息也已经失效，如果任由这些信息继续存在，则会对其声誉造成持续的伤害。《先锋报》回复称：由于该公告的授权方是西班牙劳动与社会事务部，因此有关冈萨雷斯的个人数据无法删除。冈萨雷斯于2010年2月与谷歌公司西班牙分部取得了联系，请求它们删除该公告的链接。后者遂将该请求转交给了美国加利福尼亚的谷歌公司总部。随后，冈萨雷斯向西班牙数据保护局提交了投诉，要求《先锋报》按要求删除数据信息、谷歌公司西班牙分部或谷歌公司总部按要求删除数据链接。2010年7月30日，西班牙数据保护局驳回了他针对报纸提交的诉求，但支持他对谷歌公司西班牙分部和谷歌公司总部的诉求，并要求谷歌公司总部删除链接并保证通过搜索引擎无法打开该信息。

谷歌公司西班牙分部和谷歌公司总部随后分别向西班牙国立高等法院提起了单独诉讼。西班牙国立高等法院在将两个诉讼合并后，将该案提交给了欧盟法院。欧盟法院依据《欧洲数据保护指令》，对诉讼中的一些问题进行初步裁决，其中有一条涉及是否需要制定“被遗忘权”（the right to be forgotten）的问题。欧盟法院在广泛听取各方意见后，于2014年5月13日宣布了最终裁决，认为谷歌公司作为搜索引擎运营商，应被视为《欧洲数据保护指令》适用范围内的数据控制者，对其处理的第三方发布的带有个人数据的网页信息负有责任，并有义务将其消除。而对于是否制定所谓的“被遗忘权”这一问题，虽然谷歌公司西班牙分部、谷歌公司总部以及欧洲委员会等在这一点上都持否定态度，但是欧盟法院认为，有关数据主体的“不好的、不相关的、过分的”（inadequate，irrelevant，excessive）信息也应当从搜索结果中删除。据此，欧盟法院最终裁决谷歌公司西班牙分部、谷歌公司总部败诉，要求他们按照冈萨雷斯的请求对相关链接进行删除。

自此，欧洲通过欧盟法院的这一判决，确立了被遗忘权的概念，并且使之成为信息主体的一项民事权利。之后，我国亦出现过相关的诉讼，但迄今尚无明确的法律规则。

第一节　个人信息保护法的基础概念

一、个人信息及相关概念的含义

（一）从隐私保护到个人信息保护

隐私权是联合国《世界人权宣言》《公民权利和政治权利国际公约》认可的一项基本人权。但作为伴随科技进化而不断发展的一个概念，隐私权的法律范围始终不太确定。隐私权一词的创立者、19世纪的美国法官路易斯·布兰代斯认为，隐

图 6-1 路易斯·布兰代斯
(Louis Brandeis)

私权就是一个人独处的权利（Right to be let alone）。①世易时移，隐私权逐渐涵盖更多的内容，逐渐向覆盖“个人信息控制权”转变。如日本学者奥平康弘在 20 世纪 80 年代初即主张，“所谓隐私权，乃是指个人自由地决定在何时、用何种方式、以何种程度向他人传递与自己有关的信息的权利主张”②。到了当代，一般认为，隐私权至少包括如下内容：（1）个人信息的保密；（2）个人生活不受干扰的权利；（3）决定个人私事的自由。③

二十多年来，因特网的迅猛发展改变和改造了人类的生活。网络技术不仅改变了人们收集、利用、传播和交换信息的方式，而且改变了隐私权概念的本身。传统隐私权不断向网络领域延伸，增加了新的实体内容，即从传统意义上的隐私权演变为囊括网络环境下隐私权的新形态。其中最重要的变化是，人类社会越来越强调个人对其信息的自治权和管理权，即关注对资料隐私权的保护。④ 这里所说的资料隐私权保护，就指向个人信息保护。从源头上看，网络环境下的个人信息源于人的隐私。但这并不意味着所有的个人信息都能轻易地划归隐私的范畴，如电子邮件地址、IP 地址、网络用户名、新兴的个人身份特征等是否属于隐私，就长期存有争议，成为不时被讨论的话题。

为了回应网络对隐私权制度的挑战，学术理论一度不断地拓展隐私权的内涵。例如，有学者将隐私权区分为消极意义上的隐私权与积极意义上的隐私权两个方面。前者强调个人私生活事务不受恣意公开干扰的权利，后者强调对个人信息控制的支配权。⑤ 又如，有学者将隐私权扩大到信息隐私、空间隐私以及自决隐私等领域。⑥ 这些理论的提出，实质是将自然人的个人信息纳入隐私权的保护范畴。诚然，以各种方式获得个人信息并由此产生的隐私保护问题并非网络环境下独有。然而，网络具有多媒体的特点，使快速、高效地收集、存储、修改和传播个人信息成为可能。这是传统社会所不能想象的。如此长期地“法”随“技”变，自然人的个人信息保护变成了超越隐私保护的话题。

个人信息的概念起步于隐私的概念，但并没有止步于隐私的概念。有学者总结

① Samuel Warren, Louis Brandies. The Right to Privacy. *Harvard Law Review*, 1890 (4): 193.

② ［日］奥平康弘：《知情权》，384 页，东京，岩波书店，1981；谢青：《日本的个人信息保护法制及启示》，载《政治与法律》，2006（6），154 页。

③ 参见张新宝：《隐私权的法律保护》，12 页，北京，群众出版社，1997。

④ 参见蒋坡主编：《国际信息政策法律比较》，425 页，北京，法律出版社，2001。

⑤ 参见谢远扬：《信息论视角下个人信息的价值——兼对隐私权保护模式的检讨》，载《清华法学》，2015（3），96 页。

⑥ 参见王利明：《隐私权概念的再界定》，载《法学家》，2012（1），108 页。

道："个人隐私与个人信息呈交叉关系，即有的个人隐私属于个人信息，而有的个人隐私则不属于个人信息；有的个人信息，特别是涉及个人私生活的敏感信息，属于个人隐私，但也有一些个人信息因高度公开而不属于隐私。"① 现在看来，个人信息在概念上超越隐私主要在于其具有越来越强的公法保护的色彩，即"国家不再单纯以超然利益关系的治理者出现，它同时也是最大的个人信息收集、处理、储存和利用者"②；"应该将个人数据信息作为公共物品来规制，对个人数据信息使用进行治理的主体应该是政府专门机构，进而治理的法律性质应该是公法而不是私法"③。

我国相关制度的发展演绎了这一规律。2012 年 12 月全国人大常委会发布的《关于加强网络信息保护的决定》第 1 条规定，"国家保护能够识别公民个人身份和涉及公民个人隐私的电子信息"。在这里，个人信息跟隐私是密切相关的。2013 年 7 月工业与信息化部颁布的《电信和互联网用户个人信息保护规定》第 4 条规定：本规定所称用户个人信息，是指电信业务经营者和网络信息服务提供者在提供服务的过程中收集的用户姓名、出生日期、身份证件号码、住址、电话号码、账号和密码等能够单独或者与其他信息结合识别用户的信息以及用户使用服务的时间、地点等信息。该规定相对凸显"识别用户信息"的表述，而没有出现隐私一词。2016 年 11 月全国人大常委会颁行的《网络安全法》第 76 条④，2017 年 4 月最高人民法院、最高人民检察院《关于办理侵犯公民个人信息刑事案件适用法律若干问题的解释》第 1 条⑤对个人信息概念有了进一步的微调，它们的共性均体现为将个人信息同隐私相区隔。到了 2020 年全国人大颁布《民法典》，对"个人信息""隐私"有了进一步并行的规定。《民法典》第 1032 条第 2 款规定，"隐私是自然人的私人生活安宁和不愿为他人知晓的私密空间、私密活动、私密信息"；第 1034 条第 2 款规定，"个人信息是以电子或者其他方式记录的能够单独或者与其他信息结合识别特定自然人的各种信息，包括自然人的姓名、出生日期、身份证件号码、生物识别信息、住址、电话号码、电子邮箱、健康信息、行踪信息等"。一般理解，前一条文规定的隐私中的"私密信息"实际上就是个人信息，而"私密空间""私密活动"不在此列。鉴于此，《民法典》第 1034 条第 3 款明确："个人信息中的私密信息，适用有关隐私权的规定；没有规定的，适用有关个人信息保护的规定。"

① 张新宝：《从隐私到个人信息：利益再衡量的理论与制度安排》，载《中国法学》，2015（3），39 页。

② 同上文，38 页。

③ 吴伟光：《大数据技术下个人数据信息私权保护论批判》，载《政治与法律》，2016（7），116 页。

④ 该条第 5 项规定："个人信息，是指以电子或者其他方式记录的能够单独或者与其他信息结合识别自然人个人身份的各种信息，包括但不限于自然人的姓名、出生日期、身份证件号码、个人生物识别信息、住址、电话号码等。"

⑤ 该条规定："刑法第二百五十三条之一规定的'公民个人信息'，是指以电子或者其他方式记录的能够单独或者与其他信息结合识别特定自然人身份或者反映特定自然人活动情况的各种信息，包括姓名、身份证件号码、通信通讯联系方式、住址、账号密码、财产状况、行踪轨迹等。"

“个人信息保护已经迅速成为一项独立的法律制度，有独立的法律渊源、程序设计、制度配置、执法机制、交流平台等，甚至已经形成了一个专门的复合型知识结构的职业共同体和不同于传统的隐私权保护的话语体系。”① 应该说，将个人信息同隐私相区隔的做法，是适应实践中许多个人信息实际上处于非私密状态的应变之举，是回答引入公法保护手段之正当性的逻辑前提。该做法也越来越多地得到了一些司法案例的呼应。

【案例6-2】

刘××诉乐元素公司隐私权纠纷案②

刘××诉称：乐元素公司的App“开心消消乐”未经其授权，私自获取其个人的位置信息（行踪轨迹）等，构成对用户个人隐私的侵犯。乐元素公司答辩的理由之一是，用户为获得良好的游戏体验主动披露其个人信息，位置信息也不能归入隐私的范畴。一审法院经审查认为：涉案App“开心消消乐”用户的个人位置信息、通讯录信息、个人短信等均属于个人信息的范畴，依法受到保护。乐元素公司收集用户个人信息是否侵害刘××的隐私权，应结合其收集信息的方式与范围、是否征得被收集者的同意、使用被收集信息的目的与方式等综合判断。首先，除非特殊情形或特殊主体，位置信息在一定范围内被人知悉，一般不具有私密性，故位置信息一般属于应予保护的个人信息范畴。刘××并未证明其对该信息特别加以保密，或存在特殊场景下的特殊利益，故该位置信息不属于私密信息。其次，刘××公证所用手机的位置信息被涉案App调用并用于搜索附近的玩家，即被用于匹配关联玩家以优化游戏功能，并无证据显示乐元素公司存在公开或向第三方披露刘××个人具体位置信息的行为，刘××亦未证明涉案App的调用行为侵扰了其个人生活安宁。综上，刘××的上述信息属于应予依法保护的个人信息，而不属于隐私。遂判决驳回关于隐私权的起诉。

刘××提起上诉。二审法院经审查认为：隐私权与个人信息保护在权利客体、权利内容以及权利保护方式等方面均存在一定区别，在各自侵权责任构成要件的认定方面亦应予以区别。乐元素公司的上述行为，指向的是用户是否知晓并同意网络服务提供者获取己方个人信息以及同意获取信息的具体范围等个人信息的自主决定权益，而非指向未经用户同意擅自公开披露用户信息或侵扰用户生活安宁的隐私权益，故乐元素公司的诉争行为不宜在隐私权保护的范畴内被认定为侵权行为。最终，二审法院维持了一审判决。

① 周汉华：《个人信息保护的法律定位》，载《法商研究》，2020（3），53-54页。

② 参见北京市海淀区人民法院（2018）京0108民初41946号民事判决书，北京市第一中级人民法院（2020）京01民终8911号民事判决书。

诚然，由于个人信息保护同隐私权的流变关系，司法实践中也确认两者之间存在着部分内容的重叠。这指的是“私密信息”部分。

【案例 6 - 3】

陈××与北京市工商行政管理局朝阳分局政府信息公开案①

2013 年 12 月 27 日，陈××向北京市工商行政管理局朝阳分局（以下简称朝阳分局）申请公开“捷时利公司股东盛××、许××自然人公民身份号码、住址信息”的信息。2014 年 2 月 8 日，朝阳分局作出“政府信息涉及第三方告知书”，决定不予公开陈××所申请的信息。陈××不服，先后申请行政复议、提起诉讼。陈××诉称：朝阳分局以保护“个人隐私”为借口，限制律师查询公司自然人股东身份信息，是变相剥夺律师查询企业档案资料的权利，为债权人主张债权设置障碍，客观上为“老赖”提供了保护伞。朝阳分局辩称：居民身份证记载的身份证号码、住址信息关乎公民个人信息安全，应属需要保密的公民个人信息，依据《居民身份证法》第 13 条第 2 款关于“有关单位及其工作人员对履行职责或者提供服务过程中获得的居民身份证记载的公民个人信息，应当予以保密”的规定，不应予以公开。法院经审理认为：个人隐私一般是指关系个人财产、名誉或其他利益的不宜对外公开的情况和资料。《居民身份证法》第 13 条第 2 款规定，有关单位及其工作人员对履行职责或者提供服务过程中获得的居民身份证记载的公民个人信息，应当予以保密。依据上述规定，居民身份证上包括号码和住址在内的信息应属于公民的个人隐私。被告朝阳分局认定盛××、许××的身份证号码、住址的信息涉及该二人个人隐私是正确的，应当平衡保护申请人的知情权与第三方的隐私权，慎重考虑涉案政府信息不公开是否会对既有的企业档案查询规定、特殊情形下追究股东责任的公司法相关规定的落实等情况造成重大影响。最终法院判决撤销被诉行政行为。

该案件表明法院的裁判观点是身份证中相关信息既属于个人信息的范围，也属于隐私权的范围。值得注意的是，个人信息的范围并未停止扩张，实践中也出现了一些丰富个人信息外延的新案例。

【案例 6 - 4】

盈讯公司与河南移动合同纠纷案②

2009 年 6 月 30 日，盈讯公司与河南移动公司签订了“开机提醒业务合作合

① 参见北京市朝阳区人民法院（2014）朝行初字第 361 号行政判决书。

② 参见河南省郑州市中级人民法院（2013）郑民四初字第 187 号民事判决书，河南省高级人民法院（2015）豫法民二终字第 305 号民事判决书。

同”，双方约定合作开发、运营开机提醒业务。“开机提醒”业务是当被叫用户处于关机、不在服务区等无法接通的情况发生变化而可以接通时，业务平台将发给主叫用户的短信提醒。“开机提醒”业务发展方式灵活，可以与来电提醒等被叫通知业务捆绑推广，也可以单独推广发展。2011 年 10 月 31 日，中国移动下发文件，表明因“开机提醒”业务涉嫌侵犯客户权益，引发了客户投诉并造成一定的负面影响，要求及时采取整改、清理和下线措施。之后，双方就“开机提醒业务合作合同”是否有效向法庭提起诉讼、反诉。此案先后经历一审、二审。

一审法院认定“开机提醒业务合作合同”为无效合同。二审法院进行了更详细的论证：被叫用户的开机行为，反映了被叫用户的生活状态或工作状态的变化，该行为的时间信息在性质上是被叫用户的个人信息，被叫用户享有允许他人知道或不知道的权利，享有选择向社会和其他公众公开或不公开的权利，享有该信息不被他人知悉的权利，因此，被叫用户对本人的开机时间信息依法享有隐私权，该信息及信息内容应当属于法律规定的个人隐私的保护范围。开机提醒业务的实现过程中，是在未经被叫用户同意的情况下，探测和收集被叫用户的开机时间信息，并将该信息即时告知主叫用户。该行为侵犯了被叫用户的隐私权和个人信息安全。开机提醒业务的被叫用户是全国范围内的移动通信用户，数量庞大、范围广泛并具有非常强的不确定性，任何一位移动通信用户都可以成为开机提醒业务中的被叫用户，其个人的信息安全和隐私权都会受到侵害。遂维持关于合同无效的一审判决。

（二）个人信息的含义

个人信息在过去曾经被称为个人隐私、个人数据或个人资料。对于何为个人信息，学术界曾经给出过关联型界定、隐私权型界定、识别型界定等截然不同的定义。关于关联型界定，如有我国台湾地区学者认为，“所谓个人信息，包括人之内心、身体、身份、地位及其他关于个人之一切事项之事实、判断、评价等之所有信息在内。换言之，有关个人之信息并不限于与个人之人格或私生活有关者，个人之社会文化活动、为团体组织中成员之活动，及其他与个人有关联性之信息，全部包括在内”[①]。关于隐私权型界定，如美国帕润特教授认为，“个人信息系指社会中多数所不愿向外透露者（除对朋友、家人等之外），或是个人极敏感而不愿他人知道者（如多数人不在意他人知道自己的身高，但有人则对其身高极为敏感，不欲外人知道）”[②]。关于识别型界定，如有我国大陆学者主张，“个人资料是指个人的姓名、性别、年龄、血型、健康状况、身高、人种、地址、头衔、职业、学位、生日、特征等可以直接或间接识别该个人的资料”[③]；“个人数据是指涉及个人的已被识别和

① 范江真微：《政府资讯公开与个人隐私之保护》，载《法令月刊》，2001（5），30 页。

② 陈起行：《信息隐私权法理探讨——以美国法为中心》，载《政大法律评论》，2000（6），9 页。

③ 齐爱民：《论个人资料》，载《法学》，2003（8），80 页。

可被识别的任何资料，如个人的自然情况（身高、体重、出生时间、出生地点、性别、种族等）、社会与政治背景（教育程度、工作经历、宗教信仰、哲学观点、政治主张和党派倾向等）、生活经历与习惯（婚姻恋爱史、消费习惯等）和家庭基本情况（婚姻状况，配偶、父母及子女的情况等）"①。相比而言，关联型界定过宽，隐私权型界定过窄，而识别型界定较准确地反映了法律所应保护个人信息的范围。现在，识别型界定已经占据主流，并成为许多国家和地区的法律选择。当前，一个更大的变化是，个人信息、个人数据已经成为比个人隐私、个人资料等术语得到更多认可的法律概念。

上述变化不仅暗合了个人信息保护与隐私权渐行渐远之势，而且呈现出两条规律：其一是"外向扩容"。从现实生活中提炼个人信息的表现样态，是一种认识方法。随着具体技术的演变，越来越多的新生事物（如"MAC"地址、IP 地址、设备 ID 信息、Cookie 信息等）被有条件地纳入了个人信息的范围，并出现了有一定影响的影响性案件。

【案例 6－5】

成都九正公司诉天津和合公司等买卖合同纠纷案②

2017 年 12 月 31 日，天津和合公司为甲方、成都九正公司为乙方签订"招财宝产品分销协议"，约定甲方授权乙方分别在武汉等五个区域销售"招财宝产品"各 400 套。2019 年中央电视台"3·15"晚会对招财喵等产品利用探针盒子获取用户信息的情况进行了报道。成都九正公司以招财宝产品违法而导致合同目的无法实现为由，诉至法院，要求天津和合公司回购产品。在法庭上，双方当事人确认招财宝与招财喵系同一产品，招财宝是软件系统，内置在招财喵硬件产品中。天津和合公司辩称，"3·15"晚会的报道不符合证据形式，不能证明天津和合公司的产品存在违法问题。此案先后经过一审、二审。

本案的焦点问题是招财宝产品是否违法。二审法院经查询确认：MAC 地址也叫物理地址，是用来确认网络设备位置的地址。MAC 地址用于在网络中标示网卡，每个网卡都需要并会有一个唯一的 MAC 地址。MAC 地址如同身份证上的身份证号码一样，具有唯一性。对于手机 MAC 地址是否属于个人信息双方意见不一。二审法院认为：手机 MAC 地址信息与其他信息结合可以获取该手机用户的电话号码，因此手机 MAC 地址信息属于个人信息。遂判决招财宝产品为违法产品，予以收缴等。

① 张新宝：《隐私权的法律保护》，146 页，北京，群众出版社，1997。

② 参见天津市武清区人民法院（2019）津 0114 民初 10664 号民事判决书，天津市第一中级人民法院（2020）津 01 民终 3291 号民事判决书。

在该案中，MAC地址被纳入个人信息是因为司法机关采取了“结合其他信息能够识别”的标准。实践中，也有司法机关对类似问题采取了保守回应的态度，如2019年杭州经济技术开发区法院在一起合同纠纷案中，针对具有自动获取Mac地址，实现智能选址、行业分析、客流统计等功能的“商优盒子”产品，指出“原告未提供有效证据证明其违法性，本院确认该部分功能不违反法律规定”①。（诚然，实践中也有其他相对保守的司法判决。）

【案例6-6】

贾×诉商优公司合同纠纷案

2018年6月12日，贾×（甲方）与商优公司（乙方）签订“区域合作协议书”，约定贾×申请成为“商优数据广告投放平台”及“商优盒子”合作商。据介绍，“商优盒子”通过收集移动设备Mac地址获取半径100米范围内客户的信息(时间、性别、年龄、兴趣、购买记录等)，自主生成用户画像。2019年“3·15”晚会披露了探针盒子收集个人信息、机器人拨打骚扰电话等商家信息。贾×以产品涉嫌违法犯罪、现不得不暂停经营为由，诉至法院。

本案的焦点同前述案件的相似。法院经审理认为：认定“区域合作协议书”是否有效的关键在于，原告获得代理权的“商优数据广告平台”及“商优盒子”是否违反法律、行政法规的强制性规定。原告未对“商优数据广告平台”的合法性提出异议，且根据被告的陈述，该平台的运行方式并不违反法律、行政法规的强制性规定，与该部分内容相关的合同效力应为有效。关于“商优盒子”代理权，“商优盒子”具备的智能选址、行业分析、客流统计等功能，主要通过“商优盒子”获取Mac地址实现，原告未提供有效证据证明其违法性，确认该部分功能不违反法律规定。

在该案中，法院以当事人未能承担举证责任作出判决。简单总结，关于MAC地址等“新”信息是否属于个人信息，不能一概而论，“应当根据案件具体情况作出判断”②。这是司法解释制定者的专业解读。而当下司法判决的一个整体规律是，越来越多的“新”信息被归入个人信息的同时，也伴随着不同热度的争议。

① 浙江省杭州经济技术开发区人民法院（2019）浙0191民初189号民事判决书。

② 喻海松：《侵犯公民个人信息罪司法解释理解与适用》，25页，北京，中国法制出版社，2018。

【案例 6 - 7】

黄××、魏××侵犯公民个人信息罪案①

2016 年 2 月初，黄××、魏××在一个专门用于 iphoneid 手机解锁的 QQ 群中结识。黄××使用 QQ（QQ 号：32××05，昵称："大劈古"；QQ 号：15××59，昵称：iphoneiHome 招代理）同魏××（QQ 号：13××88，昵称 BH）联系，将从他人处获取的 iphone 手机所有人的批量信息（姓名、DSID 码、iphone 手机 id 账号即个人邮箱账号、居住城市、国籍、手机号码等）发送给魏××，由魏××联系下家破解密码，再将破解后的信息通过黄××向其上家反馈。2016 年 6 月 12 日，黄××、魏××被公安人员抓获，当场被缴获 5 部移动电话、1 台联想牌电脑、1 个红色 U 盘、1 台黑色电脑主机。经司法检验：从黄××、魏××的电脑主机、移动硬盘中分别提取到涉及公民个人信息 141 条、1 132 条。法院判决两被告人犯侵犯公民个人信息罪。

在本案中，所指控犯罪侵犯的个人信息主要是"解锁 iphone 手机 id 资料"，包括 iphone 手机设备号（IMEI）、标识码、姓名、手机号码及 iphone id 账号等，它们实际上被归类为"可能影响人身、财产安全"的个人信息。

其二是"内向扩增"。个人信息究竟是什么？当下的核心难题在于如何确定其中的"可识别性"或"识别"。早期，一般理解"识别"是指"数据与本人存在某一客观确定的可能性，即通过这些信息能够把个人直接或间接地认出来"。这是指向个体意义上的"识别"。后来，实践中出现了越来越多的案例，指向特定群体的个人信息，如有的犯罪人贩卖的是小区业主、高考考生或住院患者等人群的手机号，虽不能识别到个体，但可以被用于违法犯罪。这样便指向了群体意义上的"识别"。最高人民法院、最高人民检察院《关于办理侵犯公民个人信息刑事案件适用法律若干问题的解释》进一步将"反映特定自然人活动情况的各种信息"即行踪轨迹信息纳入。不仅如此，"可识别性"或"识别"的含义不仅意指"单独识别"（典型的如身份证号），也包括"结合识别"，即"同其他信息相结合能够识别"（典型的如工作单位、家庭住址等信息）。学者的研究也反映了同样的规律，如有人专门针对"个人信息识别标准"，论证其不仅包括"原有的身份识别及行为识别"，还包括第三重含义，即"对个人信息识别能力的识别"，"信息识别能力是指某项个人信息对个人的重要性程度，以及其收集使用可带来的财产价值高低及被泄露后可造成的损害大小，亦可称之为信息识别风险"②。

以上变化反映了个人信息概念的内涵处于持续丰富中，个人信息判断标准也在

① 参见广东省广州市越秀区人民法院（2017）粤 0104 刑初 312 号刑事判决书。

② 彭诚信、史晓宇：《个人信息识别标准的域外考察和在我国的转进——基于美欧国家制度互动的分析》，载《河南社会科学》，2020（11），7 页。

不断调整。

【案例6-8】

孙××诉百度网讯公司等人格权纠纷案[①]

2018年10月，孙××在百度网站搜索“孙××”关键词，发现百度网站非法收录并置顶了自己在“chinaren校友录”网站上传的个人账户头像（个人证件照），链接地址为https：//image. baidu. com/search/detail……。孙××咨询搜狐信息公司后了解到：“chinaren校友录”网站的服务器已于2013年关闭，照片为百度网站收录的图片快照。孙××认为，涉案图片以及其与自己姓名的关联关系涉及个人信息等，百度网站非法收录、存储、泄露涉及个人信息的图片，应承担赔偿损失的责任。百度网讯公司抗辩的理由之一是：原告通过自行上传、将其证件照片用于“chinaren校友录”网站的头像照片，系公开信息，不属于孙××个人隐私；同时，肖像不属于个人信息的保护范畴，涉案信息并不属于孙××个人信息。

法院经审理认为：本案的争议焦点之一是涉案姓名、照片及其关联关系等信息是否属于个人信息。一般认为，个人信息的认定标准为具有“可识别性”，这种“可识别性”，既包括对个体身份的识别，也包括对个体特征的识别。对于单独或者结合其他信息可识别特定自然人的信息，都将纳入个人信息的范围。涉案信息通过关键词搜索加结果展示的形式，将“孙××”这一自然人姓名和带有其面目特征信息的头像照片进行关联，成为可识别出唯一特定自然人的信息。该信息反映了原告面部形象的个体特征，属于个人信息。最终法院认定，由于涉案信息并非明显侵权或存在高度侵权风险的个人信息，故在通知删除前被告不构成对原告个人信息权益的侵害；在收到删除通知后，被告构成对原告个人信息权益的侵害。

基于以上内外变化的考量，现阶段人们可以对个人信息形成一种开放性的认识：（1）其主体是个人，指基于“出生”的法律事实[②]而取得民事主体资格的本国公民、外国人和无国籍人[③]，通常不指向法人、非法人组织等单位[④]；（2）其可用

① 参见北京互联网法院（2019）京0491民初10989号民事判决书。

② 关于尚未出生的“胎儿”、已经死亡的“自然人”的个人信息是否受法律保护，存有不同的理解。笔者认为，胎儿是指妊娠8周以后分娩出的胎体，显然不属于“个人（自然人）”的范围，但胎儿分娩前的诊断资料完全可以作为该胎儿母亲的个人信息，受到法律保护。已经死亡的“自然人”通常不是民事权利的主体，但是，死者遗留的个人信息可能涉及生者，可能影响到社会的正常秩序和善良风俗，因此绝对否定死者个人信息受法律保护的观点是值得商榷的。我国已经倾向于承认“自然人死亡后其个人在个人信息处理活动中的权利可由其近亲属行使”之立场。

③ 有观点认为，个人信息保护通常是由国内法规定的，指向的当然是本国公民；我国《刑法》使用了“公民个人信息”的概念，不宜将其理解为包括外国人和无国籍人的个人信息。笔者认为此类观点过于偏狭。

④ 法人、非法人组织的信息是否应当同自然人的信息得到同等保护，各国法律的态度不尽一致。如奥地利立法者主张，法人、非法人组织由自然人组成，保护法人就是保护自然人，因此，其2000年《数据保护法》第4条第3项规定，“数据所有人是指……其数据接受处理的任何自然人、法人或自然人群体”。与之相反，多数国家采否定的立场，将法人等社会团体的信息排除在个人信息保护法的适用范围之外。

于直接或间接地识别自然人个体或群体①的身份、活动情况等，其中，直接识别与间接识别之间的区别在于是单独识别还是需要与其他信息相结合来识别自然人个体或群体的身份、活动情况等；(3) 其并不必然为自然人个体或群体所知，无论是自然人个体或群体知道的还是不知道的个人信息都受法律保护；(4) 其可以是由自然人个体或群体等采取了保密措施的，也可以是未经保密而公开在信息网络等媒体上的；(5) 其可以是单独存在的自然人信息，也可以是同物的信息相混存的自然人信息。具备上述特点的个人信息多而庞杂，人们可以依据不同的标准进行类型化分析(如表 6－1 所示)。②

表 6－1　　　　个人信息的分类或列举

以跟自然人的生产、生活的关系为标准③	个人基本资料	个人姓名、生日、性别、民族、国籍、家庭关系、住址、个人电话号码、电子邮件地址等
	个人身份信息	身份证、军官证、护照、驾驶证、工作证、出入证、社保卡、居住证等
	个人生物识别信息	个人基因、指纹、声纹、掌纹、耳郭、虹膜、面部特征等
	网络身份标识信息	个人信息主体账号、IP 地址、个人数字证书等
	个人健康生理信息	个人因生病医治等产生的相关记录，如病症、住院志、医嘱单、检验报告、手术及麻醉记录、护理记录、用药记录、药物食物过敏信息、生育信息、以往病史、诊治情况、家族病史、现病史、传染病史等，以及与个人身体健康状况相关的信息，如体重、身高、肺活量等
	个人教育工作信息	个人职业、职位、工作单位、学历、学位、教育经历、工作经历、培训记录、成绩单等
	个人财产信息	银行账户、鉴别信息(口令)、存款信息(包括资金数量、支付收款记录等)、房产信息、信贷记录、征信信息、交易和消费记录、流水记录等，以及虚拟货币、虚拟交易、游戏类兑换码等虚拟财产信息
	个人通信信息	通信记录和内容、短信、彩信、电子邮件，以及描述个人通信的数据(通常称为元数据)等
	联系人信息	通讯录、好友列表、群列表、电子邮件地址列表等

① 有观点认为个人信息仅仅指向自然人个体。然而，实践中关于一个家庭、一个单位、一个民族，乃至一个国家等群体的自然人信息均有依法受保护的迫切需要。如我国 2019 年发布的《人类遗传资源管理条例》明确“人类遗传资源信息是指利用人类遗传资源材料产生的数据等信息资料”，应当依法进行有效保护和合理利用。在这里，“人类遗传资源信息”就可以被理解为指向自然人群体的信息。

② 诚然，表中列举略显传统，且难免挂一漏万，仅供读者对个人信息的内涵和外延形成一个初步的全局认识。

③ 此部分参见《个人信息安全规范》的附件 1“个人信息示例”。全国信息与文献标准化技术委员会．信息安全技术 个人信息安全规范：GB/T 35273－2020．(2020－10－01)［2021－02－11］．http：//www.ahstu.edu.cn/system/resource/storage/download.jsp?mark＝MUZFOEI1REM5MkE5NzVFNjE3NTY×QjY4NUJEREUzREEvQjdCNkQ1MDAvRkU×MEE＝．

续表

以跟自然人的生产、生活的关系为标准	个人上网记录	指通过日志储存的个人信息主体操作记录，包括网站浏览记录、软件使用记录、点击记录、收藏列表等
	个人常用设备信息	指包括硬件序列号、设备 MAC 地址、软件列表、唯一设备识别码（如 IMEI/Android ID/IDFA/OpenUDID/GUID/SIM 卡 IMSI 信息等）等在内的描述个人常用设备基本情况的信息
	个人位置信息	包括行踪轨迹、精准定位信息、住宿信息、经纬度等
	其他信息	婚史、宗教信仰、性取向、未公开的违法犯罪记录等
以能否直接识别自然人为标准	直接个人信息	可以直接用于识别自然人个体或群体的信息，包括肖像、姓名、身份证号、社会安全号等
	间接个人信息	必须借助其他方法才能识别特定自然人个体或群体身份的信息，包括出生日期、住址、电话号码、工作单位、职务、性别、爱好、兴趣、习惯、职业、收入、学历等
以是否涉及个人隐私为标准	敏感个人信息	涉及个人隐私的信息，包括个体或群体的人脸信息、种族、人种、政治观点、宗教与道德信仰、所参加的社会团体、健康状况、性生活状况、财产状况、行踪轨迹、交易信息、通信内容、征信信息等
	琐细个人信息	不涉及个人隐私的信息
以处理手段为标准	电脑处理个人信息	使用电脑或其他自动化机器进行输入、储存、编辑、更正、检索、删除、输出、传递或其他处理的信息
	非电脑处理个人信息	使用手工等传统方法进行处理的信息
以是否公开为标准	公开个人信息	通过特定、合法的途径可以了解和掌握的信息
	隐秘个人信息	不向社会公开的信息
以内容为标准	属人的个人信息	反映个体或群体的自然属性和自然关系的信息，如生物信息等
	属事的个人信息	反映个体或群体的社会属性和社会关系的信息
以是否与主体的人格尊严有直接关系为标准	关涉人格尊严的个人信息	与人格尊严有直接关系的信息，如姓名、肖像等
	无关人格尊严的个人信息	与人格尊严没有直接关系的信息，如受教育信息、财产信息、消费习惯等

其中，“敏感个人信息”被单列出来，具有良好的理论和制度价值。表 6－1“以是否涉及个人隐私为标准”界分“敏感个人信息”是一种传统的宽泛做法，实践中通常有着程度不同的限缩或调整。如我国的国家标准《信息安全技术-公共及商用服务信息系统个人信息保护指南》将“敏感个人信息”界定为“一旦遭到泄露或修改，会对标识的个人信息主体造成不良影响的个人信息”，《信息技术安全—个人信息安全规范》将之界定为“一旦泄露、非法提供或滥用可能危害人身和财产安全，极易导致个人名誉、身心健康受到损害或歧视性待遇等的个人信息”。它们还

分别进行了范围不等的列举。有学者针对实践中常见的个人信息，建议将以下个人信息列为个人敏感信息：（1）健康信息；（2）性生活和性取向；（3）身份证件号码；（4）金融信息；（5）政治意见；（6）通讯信息；（7）基因信息；（8）生物特征信息；（9）精确地理位置。① 此外，国际上有的法律也使用“特定种类个人信息/数据”的术语来表达“敏感个人信息”之义。如欧盟《一般数据保护条例》第9条将“特定种类个人数据的处理”明确为：“禁止在个人数据处理中泄露种族或民族起源、政治观点、宗教信仰、哲学信仰、工会成员资格等个人信息，禁止以识别自然人身份为目的对个人基因数据、生物特征数据的处理，禁止对健康数据、性生活、性取向等相关数据进行处理。”② 在这里，明确禁止处理“个人基因数据”等，就是因为它们属于敏感个人信息。

【案例6-9】

郭兵诉野生动物世界服务合同纠纷案③

2019年4月27日，郭兵向野生动物世界购买“畅游365天”年卡，留下姓名、身份证号码、拍照、电话号码并录入指纹等信息。后野生动物世界决定将入园方式从指纹识别入园调整为人脸识别入园。之后，郭兵诉至法院，称强制人脸识别入园违反《消费者权益保护法》。11月4日《钱江晚报》第二版《杭州野生动物世界年卡改为强制刷脸入园，法学博士提出质疑并诉至法院，动物园有权采集我的脸吗》一文登载了郭兵的意见：“采指纹，我是同意的，但是采集人脸信息，我是拒绝的。”野生动物世界辩称：郭兵完全清楚被告收集的面部特征是否属于个人敏感信息、是否属于个人生物识别信息，郭兵也完全清楚野生动物世界经过同意扫描、收集生物识别信息的方式是否损害消费者的合法权益。

法院经审理认为：本案的核心问题为对经营者处理人脸等个人生物识别信息行为的评价和规范问题。合同当事人在办卡时签订的是采用指纹识别方式入园的服务合同，野生动物世界收集郭兵的人脸识别信息，超出了必要原则的要求，不具有正当性。尽管野生动物世界在涉指纹识别的“年卡办理流程”中规定流程包含“至年卡中心拍照”，但其并未告知郭兵拍照即已完成对人脸信息的收集及其收集目的，郭兵同意拍照的行为不应被视为对野生动物世界通过拍照方式收集个人人脸识别信息的同意。综上，郭兵要求野生动物世界删除收集的其个人的人脸识别信息，理由正当，应予以支持。

在该案中，人脸信息事实上被作为敏感个人信息看待。

① 参见胡文涛：《我国个人敏感信息界定之构想》，载《中国法学》，2018（5），252页。

② Internet Consulting. Art. 9 GDPR: Processing of Special Categories of Personal Data. [2021-02-11]. https://gdpr-info.eu/art-9-gdpr/.

③ 参见浙江省杭州市富阳区人民法院（2019）浙0111民初6971号民事判决书。

（三）个人信息是权利、权益还是其他

个人信息从隐私权中剥离出来后，究竟是作为一项与隐私权相并列的民事权利（个人信息权），还是作为一项民事权益（个人信息权益），抑或作为行政法等公法规制的对象？对此，当下仍有完全不同的声音。在我国《民法典》编纂进程中，曾有学者建议“《民法典》人格权编应创制个人信息权，从而对个人信息权这一民事权利以独立人格权的形式加以保护”①。在《民法典》最终问世后，确立的是“个人信息保护”专门条款，即“并未规定相关法律规则以明确个人信息保护应为法益保护抑或权利保护”②。此外，也有很多学者主张，对个人信息通过公法予以保护，如“非法存储、使用他人个人信息会带来无法预见的风险，国家公权力机关有权对相关风险进行有效预防与制止，使个人信息能够被安全地收集、使用”③。这三种主张相并列，也有一定的兼容空间。

其中，个人信息权说影响较大。其主张在本质上要确认一种新型的权利——建立在个人信息之上的专门的“个人信息控制权”（简称“个人信息权”）。从学理上讨论，个人信息权指的是个人依法对其个人信息所享有的支配、控制并排除他人侵害的权利，大体上包括信息决定权、信息保密权、信息查询权、信息更正权、信息封锁权、信息删除权和信息报酬请求权（如表 6－2 所示）。

表 6－2　个人信息权的组成

权利的名称	权利的简称	权利的内涵
信息决定权	决定权	本人得以直接控制与支配其个人信息，并决定其个人信息是否被收集、处理与利用以及以何种方式、目的、范围收集、处理与利用的权利
信息保密权	保密权	本人得以请求信息处理者保持信息隐秘性的权利
信息查询权	查询权	本人得以查询其个人信息及其有关的处理情况，并要求答复的权利
信息更正权	更正权	本人得以请求信息处理者对不正确、不全面、陈旧的个人信息进行更正与补充的权利，具体包括个人信息错误更正权（本人对于错误的个人信息有更正的权利）、个人信息补充权（本人对于遗漏或新发生的个人信息有补充的权利）、个人信息更新权（本人对于过时的个人信息有要求及时更新的权利）
信息封锁权	封锁权	在法定或约定事由出现时，本人得以请求信息处理者以一定方式暂时停止信息处理的权利
信息删除权	删除权	在法定或约定的事由出现时，本人得以请求信息处理者删除其个人信息的权利

① 郑维炜：《个人信息权的权利属性、法理基础与保护路径》，载《法制与社会发展》，2020（6），139页。

②③ 同上文，132 页。

续表

权利的名称	权利的简称	权利的内涵
信息报酬请求权	报酬请求权	本人因其个人信息被商业性利用而得以向信息处理者请求支付对价的权利；特定的信息处理者必须在对信息控制、处理与利用前后向本人提供一定的报酬

国内外实践中关于“被遗忘权”的讨论给个人信息权说提供了良好的支撑示例。一般认为，“被遗忘权”是表6-2中“删除权”之一部分，指的是“信息主体有权要求信息控制者删除与其个人相关的资料信息”①。它由欧盟法院通过本章案例6-1确立，后被欧盟2012年出台的《一般数据保护条例》进行立法确认。我国亦出现过类似的诉讼，法官们也使用了“被遗忘权”的表述进行论证。

【案例6-10】

任××诉百度网讯公司侵犯名誉权、姓名权、一般人格权纠纷案②

任××于2014年7月1日起在无锡某公司从事过相关的教育工作。2015年4月8日，任××进入百度公司搜索页面，键入“任××”后在“相关搜索”处显示有“无锡某氏教育任××”“国际超能教育任××”“美国潜能教育任××”“香港跨世纪教育任××”；另外，在搜索框内键入“某氏教育”，在“相关搜索”处显示有“无锡某氏教育”“某氏教育骗局”“某氏远航教育是骗局吗”。任××诉至法院，称：现在某氏跟任××没有关系，公众会误解任××与某氏还有合作，误导潜在合作伙伴、误导学生。百度网讯公司辩称：任××主张的权利没有明确的法律依据。

一审法院经审理认为：我国现行法中并无法定称谓为“被遗忘权”的权利类型，“被遗忘权”只是在国外有关法律及判例中有所涉及，但其不能成为我国此类权利保护的法律渊源。任××希望“被遗忘”（删除）的对象是百度网讯公司“相关搜索”推荐关键词链接中涉及的其曾经在“某氏教育”工作经历的特定个人信息。任××主张的应“被遗忘”（删除）信息的利益不具有正当性和受法律保护的必要性，不应成为侵权保护的正当法益。其关于该利益受到一般人格权中所谓“被遗忘权”保护的诉讼主张，法院不予支持。

任××不服，提起上诉。

二审法院经审理认为：本案争议的焦点问题之一是百度网讯公司“相关搜索”服务显示的涉及任××的检索词是否侵犯了任××主张的一般人格权中的所谓“被遗忘权”。被遗忘权是欧盟法院通过判决正式确立的概念，虽然我国学术界对被遗忘权的本土化问题进行过探讨，但我国现行法律中并无对“被遗忘权”的法律规

① 2016 General Data Protection Regulation，Art. 17.

② 参见北京市海淀区人民法院（2015）海民初字第17417号民事判决书，北京市第一中级人民法院（2015）一中民终字第09558号民事判决书。

定，亦无“被遗忘权”的权利类型。任××依据一般人格权主张的被遗忘权应属一种人格利益，该人格利益若想获得保护，任××必须证明其在本案中的正当性和应予保护的必要性，但任××并不能证明上述正当性和必要性。故原审法院认定正确。

二、个人信息保护法的含义

个人信息保护法是调整个人和个人信息处理者等相关法律主体在个人信息的收集、处理和利用等有关环节中，因保护个人信息而产生的社会关系的法律规范的总称。这一概念说明，个人信息保护法调整的社会关系是行政机关或民事主体在收集、处理和利用个人信息的过程中形成的社会关系，即个人信息法律关系。它可以被划分为纵向的个人信息法律关系与横向的个人信息法律关系两大类。前者是指行政机关在行政管理活动中形成的个人信息法律关系，后者是指平等的民事主体在民事活动中形成的个人信息法律关系。

从形式上看，个人信息保护法可分为形式意义上的个人信息保护法与实质意义上的个人信息保护法。① 形式意义上的个人信息保护法是指按照一定体例编纂的并以保护个人信息（或类似术语）为主题命名的单行法。综观各国个人信息立法，因法律文化和法律制度不同，个人信息保护法的名称也不相同，大体上有个人信息保护法、个人数据档案法、个人数据保护法、个人资料保护法或隐私（权）法等。实质意义上的个人信息保护法即部门法意义上的个人信息保护法，它不仅包括以个人信息保护法命名的单行法，而且还包括散见于宪法及其他法律规范中的相关规定。

从内容和范围来看，个人信息保护法可分为狭义的个人信息保护法与广义的个人信息保护法。狭义的个人信息保护法是仅仅保护姓名、肖像、隐私等部分个人信息的立法，主要针对那些关涉人格尊严的个人信息予以保护，立法所承认的人格权在本质上属于消极性的、防御性的、不具有财产内容的权利。广义的个人信息保护法将保护范围扩大到无关人格尊严的个人信息，其代表性立法是欧盟早期《个人数据保护指令》以及随后用于替代的《一般数据保护条例》。广义的立法适应了网络技术发展的趋势，代表了个人信息保护立法的潮流，也被称为新型的个人信息保护法。我国 2012 年《关于加强网络信息保护的决定》、2013 年《电信和互联网用户个人信息保护规定》、2020 年《民法典》均属于广义的个人信息保护法。

从适用时代来看，个人信息保护法可分为面向传统时代的个人信息保护法和面向大数据时代的个人信息保护法。前者坚持个人信息具有个体性，其基本逻辑是“确定个人信息权属——构建知情同意规则——实现个人信息保护”，后者主张个人信息同时具有社会性，其基本逻辑是“采取公法框架保护——改良或消解知情同意规则——实现个人信息保护”；前者“建立的以信息主体控制权为核心的保护架构面临个人信息保护范围不确定、权利异化以及个人信息保护原则无法发挥作用的缺

① 参见齐爱民：《个人信息保护法的宏观解读》，载《长春市委党校学报》，2007（4），65 页。

陷”①，后者需要确立新理念，“根据具体场景中的风险评估采取差异化保障措施，变信息处理前的静态合规遵循为信息使用中的动态风险控制，在提升个人信息保护实效性的同时大幅减轻企业负担，助力数据开发与数据保护的双赢”②。应该说，当下多数国家的个人信息保护法还处在第一种的阶段。第二种意义上的个人信息保护法略有突破，主要体现在欧盟《一般数据保护条例》规定了限制大数据画像等自动化决策中使用个人数据的规则等。在我国有的学者主张，“我国应当从个人信息的法律属性出发，以社会控制论指导个人信息保护立法，建立平衡个人利益和社会整体利益的、适应大数据时代的个人信息保护制度”③。有的学者主张，“基于社会本位理念的个人信息保护的总体思路是，以良好秩序构建为首要目标，以多重价值平衡为价值取向，以风险多元治理为立法核心，最终达至社会利益最大化”④。还有学者主张，“要走出大数据时代知情同意原则的困境……知情同意原则之重塑，应坚持以自主为核心价值，以保护与利用的平衡为理念，巧妙设计适应大数据需求的新型知情同意模式。应从整齐划一的同意向基于信息分类、场景化风险评估的分层同意转变，从一次性同意向持续的信息披露与动态同意转变，容许有条件的宽泛同意＋退出权模式”⑤。

第二节　个人信息保护法概览

一、个人信息保护法之国际整理

从世界范围来看，最早的个人信息保护立法是德国黑森州 1970 年《数据保护法》，它开启了制定个人信息保护法的国际先河。较早的立法还有，1974 年美国推出《隐私权法》，成为个人信息保护的重要法律源头之一；1977 年德国颁布了联邦层面的《个人数据保护法》，规定何种资料得以储存、处理和传送，并规定在储存、传递、修改和删除个人数据时禁止滥用数据；1978 年法国通过了《个人数据保护法》，规定收集和处理、使用个人数据不得损害个人数据主体的人格和身份与私生活，以及数据库必须公布其搜集数据的授权、目的和种类。

自 20 世纪 80 年代伊始，国际组织登上个人信息保护立法的舞台，引领各成员开展相关法律制度建设。经济合作与发展组织在 1980 年发布《个人数据的隐私保

① 王秀哲：《大数据时代个人信息法律保护制度之重构》，载《法学论坛》，2018（6），115 页。

② 范为：《大数据时代个人信息保护的路径重构》，载《环球法律评论》，2016（5），92 页。

③ 高富平：《个人信息保护：从个人控制到社会控制》，载《法学研究》，2018（3），84 页。

④ 王怀勇、常宇豪：《个人信息保护的理念嬗变与制度变革》，载《法制与社会发展》，2020（6），149 页。

⑤ 田野：《大数据时代知情同意原则的困境与出路——以生物资料库的个人信息保护为例》，载《法制与社会发展》，2018（6），111 页。

护与跨境流转指南》，1985 年颁布《跨境数据流转宣言》，1998 年公布《全球网络隐私保障宣言》，2013 年修订《个人数据的隐私保护与跨境流转指南》等；2014 年非洲联盟通过了《网络安全和个人数据保护公约》（2020 年 5 月 11 日最后签署），旨在协调非洲的数据保护法律与监管框架①；欧盟于 1995 年发布《个人数据保护指令》，之后持续进行个人信息治理规则的建设，成为全球个人信息治理领域的引领者。欧盟在这一领域的立法事件令人眼花缭乱，主要大事如表 6-3 所示，其中最有影响的还是 2016 年颁布《一般数据保护条例》替代《个人数据保护指令》。

表 6-3　欧盟个人信息保护立法的进程②

年份	事件
1995	作为《一般数据保护条例》（GDPR）前身的《个人数据保护指令》（1995/46/EC）获得通过
1997	颁布《通信领域个人数据处理与隐私保护指令》（1997/66/EC）
2000	颁布《关于在欧盟机构、团体处理个人数据保护与自由流转条例》〔Regulation（EC）45/2001〕
2002	颁布《关于隐私和电子通信的指令》（ePrivacy Directive，2002/58/EC），取代 1997/66/EC； 颁布《关于欧洲数据保护监督人履职的规定和一般条件的指令》（1247/2002/EC）
2009	颁布《欧盟 Cookie 指令》（2009/136/EC），修订 2002/58/EC
2012	形成《一般数据保护条例》第一份提案
2015	欧盟理事会、议会和委员会就《一般数据保护条例》初稿达成共识
2016	欧盟理事会和议会通过《一般数据保护条例》
2018	《一般数据保护条例》正式实施； 颁布《关于在欧盟机构、团体、办事处和机构处理个人数据保护及自由流转条例》〔Regulation（EU）2018/1725〕，于 2019 年生效，取代 EC No 45/2001、1247/2002/EC； 颁布《关于非个人数据在欧盟内自由流转的框架条例》〔Regulation（EU）2018/1807〕，于 2019 年生效； 未就《关于隐私和电子通信的指令》修改达成共识
2020—2021	预期《关于隐私和电子通信的指令》修改后正式实施

（一）有关国家、地区的代表性立法

就国家或地区关于个人信息的专门立法而言，它们在称谓上略有区别，形成了

① 2014 年非洲联盟通过了《网络安全和个人数据保护公约》（2020 年 5 月 11 日最后签署）。该公约旨在协调非洲国家的个人数据保护法律与监管框架。African Union Convention on Cyber Security and Personal Data Protection. [2021-05-03]. https://au.int/en/treaties/african-union-convention-cyber-security-and-personal-data-protection.

② Noah Ramirez. ePrivacy：the EU's Other Data Protection Rule.（2021-01-15）[2021-02-11]. https://www.osano.com/articles/eprivacy-guide.

两种模式：一是采用“个人隐私”称谓的立法例，如美国 1974 年《隐私权法》、加拿大 1982 年《隐私法》等；二是采用“个人信息”“个人数据”等相关称谓的立法例，如韩国 1994 年《公共机关个人信息保护法》、新加坡 2012 年《个人数据保护法》等。可以说，个人信息保护立法已经成为全球的一道流行色。表 6 - 4 以是否为经济合作与发展组织的成员为标准进行部分列举。

表 6 - 4　　部分国家或地区的个人信息保护专门立法

国家或地区		专门法律的名称
经济合作与发展组织成员的立法	瑞典	《个人数据法》(Personal Data Act)
	芬兰	《个人数据保护法》(Personal Data Protection Act)
	丹麦	《个人数据处理法》(Act on Processing of Personal Data)
	挪威	《个人数据档案法》(Personal Data Registers Act 1978)、《个人数据档案法》(Personal Data Registers Act 2000)
	法国	《个人数据保护法》(Personal Data Protection Act)、《数字共和国法》(Digital Republic Law)
	荷兰	《数据登记法》(Data Registration Act 1988)、《个人数据保护法》(Personal Data Protection Act 2000)
	奥地利	《数据保护法》(Datenschutzgesetz 2000)(2018 年修正)
	德国	《个人数据保护法》(1990 年、1994 年、1997 年、2001 年、2009 年等多次修正)(Personal Data Protection Act)
	比利时	《数据保护法》(1998 年修正)(Data Protection Act 1992)
	卢森堡	《有关电子计算机处理数据之限制利用法》(Act Concerning the Use of Nominal Data in Computer Processing)
	瑞士	《联邦数据保护法》(Federal Act of Data Protection)
	西班牙	《数据保护法》(1999 年修正)(Data Protection Law)
	葡萄牙	《个人数据保护法》(Act on the Protection of Personal Data)
	意大利	《数据保护法》(Data Protection Act)
	希腊	《个人数据处理中保护个人法》(The Law on the Protection of Individuals with regard to the Processing of Personal Data)
	英国	《数据保护法》(Data Protection Act)
	爱尔兰	《数据保护法》(Data Protection Act)
	冰岛	《个人数据处理中个人保护法》(Act on the Protection of Individuals with regard to the Processing of Personal Data)
	波兰	《个人数据保护法》(Law on the Protection of Personal Data)
	捷克	《个人数据保护法》(Personal Data Protection Law)
	匈牙利	《个人数据保护与公共利益数据公开法》(Protection of Personal Data and Disclosure of Data of Public Interest)
	斯洛伐克	《信息系统中个人数据保护法》(Act on Protection of Personal Data in Information Systems)

续表

国家或地区		专门法律的名称
经济合作与发展组织成员的立法	美国	《隐私法》（Privacy Act）、《儿童线上隐私保护法》（Children's Online Privacy Protection Act）、《加利福尼亚州消费者隐私法》（California Consumer Privacy Act）、《加利福尼亚州消费者隐私法条例》（California Consumer Privacy Act Regulation）
	加拿大	《隐私法》（Privacy Act）、《个人信息保护与电子文件法》（Personal Information Protection and Electronic Document Act）
	澳大利亚	《隐私法》（Privacy Act）、《私营部门隐私修正法》［Privacy Amendment（Private Sector） Act］
	新西兰	《隐私法》（Privacy Act）
	韩国	《公共机关个人信息保护法》（Act on the Protection of Personal Information Maintained by Public Agencies）、《信息通信网络利用和信息保护促进法》（Act on the Promotion of Information & Communications Network Utilization and Information Protection）、《个人信息保护法》（2014 年、2020 年修正）（Personal Information Protection Act）
	日本	《个人信息保护法》《关于保护行政机关所持有之个人信息的法律》《关于保护独立行政法人等所持有之个人信息的法律》《信息公开与个人信息保护审查会设置法》《对〈关于保护行政机关所持有之个人信息的法律〉等的实施所涉及的相关法律进行完善的法律》《个人信息保护法》
	斯洛文尼亚	《个人数据保护法》（Law on Personal Data Protection）
	立陶宛	《个人数据法律保护法》（Law on Legal Protection of Personal Data）
	爱沙尼亚	《个人数据保护法》（Personal Data Protection Act）
	智利	《个人生活保护法》（Law for the Protection of Private Life）
	拉脱维亚	《个人数据保护法》（Law on Personal Data Protection）
	以色列	《隐私保护法》（1985 年修正）（Protection of Privacy Law）
其他国家或地区的立法	中国香港	《个人资料（私隐）条例》［Personal Data（Privacy） Ordinance］
	中国澳门	《个人资料保护法（私隐法）》［Law of Protection of Personal Data（Privacy Law）］
	中国台湾	《计算机处理个人数据保护法》（Computer Processed Personal Data Protection Law）
	新加坡	《个人数据保护法》（Personal Data Protection Act）
	阿根廷	《个人数据保护法》（Law for the Protection of Personal Data）
	俄罗斯	《俄罗斯联邦信息、信息化与信息保护法》（2017 年修正）（Law of the Russia Federation on Information，Informatization，and Information Protection）

续表

国家或地区		专门法律的名称
其他国家或地区的立法	圣马力诺	《计算机个人数据收集、处理与使用法》(Act on Collection，Elaboration and Use of Computerized Personal Data)
	摩纳哥	《数据保护法》
	突尼斯	《数据保护法》
	波黑	《个人数据保护法》
	阿尔巴尼亚	《个人数据保护法》
	乌拉圭	《数据保护法》(Habeas Data Law)
	巴西	《数据保护法》(Law on Habeas Data)
	亚美尼亚	《个人数据法》(Law on Personal Data)
	保加利亚	《个人数据保护法》(Personal Data Protection Act)
	南非	《个人信息保护法》(Protection of Personal Information Act)

(二) 经济合作与发展组织《个人数据的隐私保护与跨境流转指南》：从 1980 年版到 2013 年版①

经济合作与发展组织颁布的《个人数据的隐私保护与跨境流转指南》(Guidelines on the Protection of Privacy and Transborder Flows of Personal Data) 是国际上开展个人数据保护的标志性法律文件。其第一版颁布于 1980 年，主要确定了个人数据的概念，以及“限制收集”“资料内容完整、正确”“目的特定化”“限制使用”“安全保护”“公开”“个人参与”“承担责任”等八大原则。自 2008 年开始，经济合作与发展组织对《个人数据的隐私保护与跨境流转指南》进行修改，新版本于 2013 年 7 月正式推行。

图 6-2　经济合作与发展组织 (OECD) 于 1948 年成立

① Organization for Economic Co-operation and Development. OECD Guidelines on the Protection of Privacy and Transborder Flows of Personal Data. (2013-07-11) [2021-02-11]. http://www.oecd.org/sti/ieconomy/oecd_privacy_framework.pdf.

在这次修改过程中，经济合作与发展组织的工作组强调，个人数据在人们的经济、社会、日常生活中的作用同30年前相比发生了深刻的变化，传统隐私原则的适用环境也发生了一些重大的改变。这些变化主要包括：(1) 收集、使用和存储的个人数据量；(2) 个人数据可用于分析个体或团体的动态、轨迹、利益和活动；(3) 关于个人数据的新技术和负责任使用提升了其社会和经济价值；(4) 隐私受到威胁的程度；(5) 能够威胁或保护隐私的行为者的数据和种类；(6) 个人理解并参与的个人数据交互的频率和复杂度；(7) 在允许不间断、多点数据流的通讯网络和平台支持条件下个人数据的全球可用性。为此，新版本贯彻了两个基本思想：一是基于风险管理的方法推动隐私保护政策的切实执行，二是通过改进的互操作性（improved interoperability）提升处理全球隐私多样化。新版本也使用了诸如“国家隐私战略”“隐私管理工程”“数据安全漏洞告知”等大量新概念。新版本的另一个变化是促进跨境数据流转的现代化，明确了负责任之组织需要注意的关键因素，并加强了关于隐私执法的设计。

2013年版《个人数据的隐私保护与跨境流转指南》分为6章，共23条：

(1) 第一章（第1～6条）为“总则”，规定了定义和适用范围。其中，“个人数据”被界定为任何关于被识别或可被识别的自然人的数据，并明确了“数据控制者”（data controller）、“隐私保护法”（laws protecting privacy）、“隐私执法机构”（privacy enforcement authority）、个人数据跨境流转（transborder flows of personal data）的含义；其适用范围被确定为公共和私营部门中因使用可能对隐私和个人自由构成风险的个人数据，并确定该指南属于低限标准。

(2) 第二章（第7～14条）为“国内适用的基本原则”，规定了个人数据保护的八大原则。这八项原则是对1980年版本设定的相关原则的原封不动的保留，体现了一定的继承性。对此，后文再展开阐述。

(3) 第三章（即第15条）为“实施责任制”。这是新增设的内容，规定了数据控制者的法律责任：一是制定包括以下内容的隐私管理计划——“对其控制下的所有个人资料实施本指引”“根据其业务的结构、规模、体量和敏感性进行调整”“根据隐私风险评估提供适当的保障措施”“整合组织治理结构、建立内部监督机制”“形成针对调查和事件的回应计划”“基于持续监测和定期评估进行措施升级”。二是准备在必要时，特别是在隐私执法机构或其他责任主体提出要求时，解释、适用本指南的隐私管理计划。三是在发现影响个人数据的重大安全漏洞时，以合适方式向隐私执法机构或其他相关机构发出通知；如果安全漏洞可能对数据主体产生不利影响，数据控制者应当通知受影响的数据主体。

(4) 第四章（第15～18条）为“国际适用之基本原则——自由流转与法律限制”，规定数据控制者对其控制下的个人数据负责，而不论数据存储在何处；任一成员应当克制对个人数据在该成员与另一成员之间进行跨境流转的限制，只要另一个成员实质上遵守本指南，或者针对数据控制者存在有效执行机制和适当管理措施等充分的保障；如果采取个人数据跨境流动限制的，所采取的措施应当与出现的风险相称，并考虑数据的敏感程度和处理背景。

(5) 第四章（第 19 条）为“国内实施”，规定成员为确保本指南在其境内实施应当采取必要的措施：一是制定隐私战略，明确跨政府部门的协调方法；二是制定保护隐私的法律；三是建立和运行有治理效能的隐私执法机构；四是以行为准则等方式鼓励和支持行业自律；五是为个人行使权利提供有效手段；六是针对违反隐私法律的行为规定充分的制裁和救济措施；七是采取教育培训、技能提升等提升隐私保护的措施；八是设置除数据控制者之外的参与治理角色；九是确保不存在对数据主体的不公平歧视。

(6) 第五章（第 20～23 条）为“国际合作与相互可操作”，规定成员应当在这一方面采取的措施，包括成员之间应当采取适当措施促进跨境隐私执法合作，特别是加强隐私执法机构之间信息共享；应当鼓励和支持制定国际条约，促进相互隐私制度之间的可操作性；应当鼓励制定具有国际可比性的衡量标准，告知针对个人数据的隐私问题、跨境流动问题所制定的政策；应当公布其遵守本指南的具体情况。

其中，第二章所提出的个人数据保护八大原则在国际上产生了持续而深远的影响，成为许多成员或非成员开展相关立法的基础：(1) 限制收集的原则。应当对个人数据的收集加以限制，收集任何数据都应当采取合法的、公正的手段；必要时，应当得到数据主体的同意或者告知数据主体。(2) 资料内容完整、正确的原则。个人数据应当与使用的目的有关，且在特定目的范围内必须保持完整、正确和时新。(3) 目的特定化的原则。个人数据在收集时，目的应当是确定的，禁止超出目的范围收集、处理和利用个人信息。(4) 限制使用的原则。除非数据主体同意，或者法律另有规定，个人数据不得被披露、被他人取得或者被用作特定目的以外的目的。(5) 安全保护的原则。对个人数据应当以合理的措施加以保护，避免发生个人数据意外灭失，被不法接触、破坏、使用、修改或者泄露的风险。(6) 公开的原则。应当存在有关个人数据的开发、实践和操作规则的公开政策；应当提供现实可行的手段，证实个人数据的存在和性质、被使用的目的以及持有人的身份和住址。(7) 个人参与的原则。个人对于他人所持有的自己数据享有如下权利：从数据控制者处知道其是否保有自己的个人数据；在合理期限内、在必要时以合理的费用、方式知悉有关自己的个人数据；在以上请求被拒绝时提出异议；对有关自己的个人数据提出合理异议时，对数据进行删除、修改、完善或者补充。(8) 承担责任的原则。个人数据控制者应当对于是否遵守了上述原则承担责任。

(三) 欧盟：从《个人数据保护指令》到《一般数据保护条例》

欧盟关于个人数据保护的最重要的早期规定是 1995 年通过的《个人数据保护指令》(Directive 95/46/EC/ on the protection of individuals with regard to the processing of personal data and on the free movement of such data)，敦促各国以立法

的形式保护个人数据权。① 该指令分为前言和正文两部分，正文部分共 7 章、34 条，基本内容分别是：第一章为总则（第 1～4 条），阐述了指令的目的、定义、适用范围和可适用的国内法；第二章（第 5～21 条）阐述了关于传递个人数据合法性的一般性规则，也是个人数据隐私保护的主体部分；第三章（第 22～24 条）规定了司法救济、责任和罚则；第四章（第 25～26 条）规定了个人数据向第三国传递时应当遵循的原则；第五章（第 27 条）规定了行为规则；第六章（第 28～30 条）规定了监督机关的权力和职责以及个人数据保护工作组的建立；第七章（第 31～34 条）规定了欧盟成员国的执行措施和最后条款。该指令确定了关于个人数据保护的七项基本规则、四项基本权利。

2016 年 4 月 14 日，欧洲议会投票通过了《一般数据保护条例》（General Data Protection Regulation）。② 该条例于 2018 年正式生效。《一般数据保护条例》取代了《个人数据保护指令》，直接适用于欧盟各成员国。它大大加强了对自然人数据的保护，一统此前欧盟成员国相对零散的个人数据保护规则。它由 11 章共 99 条组成，基本内容是"一般规定""原则""数据主体权利""数据控制者和处理者""个人数据向第三国或国际组织的流转""独立监管机构""国际合作与一致性""救济、责任与罚则""关于具体处理情形的规定""授权规则与实施规则""附则"等。

相比《个人数据保护指令》，《一般数据保护条例》加强了对欧盟数据主体的权利保护，主要变化体现为以下方面：一是大幅扩展适用范围，将管辖原则扩展为"影响主义原则"，即"属地"＋"属人"＋"保护"等综合性的"影响性"普遍原则③；二是扩充原则性规定，进一步提出或明晰了目的限制等原则；三是增加数据主体的权利，增设"删除权（被遗忘权）"、"数据可携带权"以及针对"数据画像"的反对权，延展"知情权""访问权"；四是加重数据控制者和处理者的责任、义务，规定了它们的数据处理活动记录义务、数据保护影响评估义务、跟监管机构事先协商的义务、数据泄露报告和告知义务，规定了数据控制者采取安全保障措施的义务，并为数据处理者设置了专门责任；五是完善数据跨境流转机制，设置了数据跨境流转的条件；六是设立数据保护官，规定了数据保护官的任命、任务、通知及登记；七是规定了欧盟监管机构一致性机制，强调监管机构应当通过一致性机制相互合作，并在适当的情况下联合运作；八是设立欧洲数据保护委员会，取代以前的

① The European Parliament and the Council of the European Union. Directive 95/46/EC/ on the Protection of Individuals with Regard to the Processing of Personal Data and on the Free Movement of Such Data. (1995－11－23) [2021－02－11]. https://eur-lex.europa.eu/legal-content/EN/TXT/PDF/?uri=CELEX:31995L0046&from=EN.

② The European Parliament and the Council of the European Union. Regulation (EU) 2016/679 of the European Parliament and of the Council of 27 April 2016 on the Protection of Natural Persons with regard to the Processing of Personal Data and on the Free Movement of Such Data, and repealing Directive 95/46/EC (General Data Protection Regulation). (2016－05－04) [2021－02－11]. https://eur-lex.europa.eu/legal-content/EN/TXT/PDF/?uri=CELEX:32016R0679.

③ 参见京东法律研究院：《欧盟数据宪章：〈一般数据保护条例〉GDPR 评述及实务指引》，35 页，北京，法律出版社，2018。

个人数据保护工作组；九是规定了巨额行政罚款。①

表 6-5　　《一般数据保护条例》规定的定义、适用范围、原则及罚款

概括性的内容	相关条款	具体的表述
基本术语的定义	第 4 条	"个人数据"是指与已识别或者可识别的自然人（数据主体）相关的任何数据； "数据处理"是指对个人数据通过自动化手段或非自动化手段进行的任一或系列操作，包括数据收集、记录、组织、建构、存储、改编或修改，检索、查询、使用以及以其他方式进行传递、传播等披露，排列或组合、限制、清除或销毁等； "数据画像"是指为了评估某个自然人特定方面的情况——特别是为了分析和预测该自然人的工作表现、经济状况、健康情况、个人偏好、兴趣爱好、可信度、行为举止、所在位置或行踪轨迹等，而基于个人数据进行的任何自动化处理； "数据控制者"是指单独或与他人共同确定个人数据处理的目的和方式的自然人、法人、政府机关、代理机构或其他单位； "数据处理者"是指代表数据控制者处理个人数据的自然人、法人、政府机关、代理机构或其他单位
适用范围	第 2、3 条	适用于全部或部分通过自动化手段进行的个人数据处理行为，以及通过自动化手段以外的其他方式进行的、构成或旨在构成存档系统一部分的数据处理行为。 适用于住所地在欧盟的数据控制者与处理者；适用于虽然住所地不在欧盟但其在提供商品和服务的过程中涉及欧盟内数据主体的个人数据的，或者虽然住所地不在欧盟但其对发生在欧盟内的行为进行监测的数据控制者与处理者；适用于虽然住所地不在欧盟但其数据处理过程依照国际公法需要遵循欧盟成员国法律的数据控制者
处理个人数据的原则	第 5 条	(1) 合法性、公平性、透明性原则：合法地、公平地并且以公开透明的方式对数据主体的个人数据进行处理； (2) 目的限制原则：基于具体、明确、合法的目的收集个人数据，且随后不得以与该目的相违背的方式进行处理； (3) 数据最小化原则：数据应是充足的、相关的，且限于数据处理目的的最小必要范围； (4) 准确性原则：数据应是准确的，且有必要保持适时更新，采取一切合理措施确保错误数据被及时清除或更正； (5) 存储限制的原则：储存数据的期限不得长于为达到目的所需的时间； (6) 完整性和保密性原则：采取技术和管理措施，以保护数据免遭未经授权或非法的处理以及意外的丢失、销毁或破坏； (7) 责任制原则：数据控制者有责任落实以上几点并能够证实

① 参见京东法律研究院：《欧盟数据宪章：〈一般数据保护条例〉GDPR 评述及实务指引》，24-33 页，北京，法律出版社，2018。

续表

概括性的内容	相关条款	具体的表述
巨额罚款	第 83 条	对于一般违法，处以 1 000 万欧元或企业上一年度全球营业收入的 2%（取数额大者）的罚款；对于严重违法，处以 2 000 万欧元或企业上一年度全球营业收入的 4%（取数额大者）的罚款

《一般数据保护条例》的立法宗旨是“保护自然人的基本权利和自由，尤其是所享有的保护个人数据的权利”①。它保留、细化并扩展了《个人数据保护指令》规定的异议权、拒绝权等内容，增设了限制处理权、数据可携带权、被遗忘权等，形成了一个权利保护体系。诚然，欧盟对这些权利进行规定时突出了比例原则和平衡思想，主要表现为设计了一些例外情况。数据主体的这些权利基本上等同于数据控制者和处理者的义务。

表 6－6　《一般数据保护条例》规定的个人数据权

权利的名称	相关条款	权利的主要内涵
知情权	第 13、14 条	数据控制者在收集与数据主体相关的个人数据时，应当告知数据主体如下信息：数据控制者的身份与详细联系方式；数据处理将涉及的个人数据的使用目的；处理个人数据的法律或合同依据等。
访问权	第 15 条	数据主体有权从数据控制者处获得关于其个人数据是否正在被处理的真实情形；当向第三国或国际组织转移个人数据时，数据主体应当有权被告知所采取的适当安全保障措施；向数据控制者要求提供正在处理个人数据的副本
修正权	第 16 条	数据主体有权要求数据控制者及时地纠正与其有关的错误个人数据
删除权（被遗忘权）	第 17 条第 1 款	若出现“个人数据对于实现其被收集或处理的相关目的不再必要”等确有必要情况的，数据主体有权请求数据控制者立即清除与其相关的个人数据
	第 17 条第 3 款	在行使言论和信息自由权、提起诉讼或应诉所必要的数据处理等例外情况下，数据主体不能行使“删除权”
限制处理权	第 18 条	在特定情况下，数据主体有权限制数据控制者对数据进行处理
数据可携带权	第 20 条	数据主体有权以结构化的、通用的和机器可读的格式接收其提供给数据控制者的与其有关的个人数据；有权将这些数据传输给另一个数据控制者
拒绝权	第 21 条	数据主体有权基于其自身特殊情况随时拒绝实施涉及处理其个人数据的行为；有权随时拒绝为营销目的而处理其个人数据的行为
免受自动化决策（含大数据画像）的权利	第 22 条	数据主体有权不接受基于自动化处理行为的决策（包括大数据画像），以避免其对个人产生法律影响或其他显著影响，经欧盟或成员国法律授权等特殊情况除外

① Internet Consulting. Art. 1 GDPR：Subject-matter and Objectives. [2021－02－11]. https：//gdpr-info. eu/art－1－gdpr/.

《一般数据保护条例》针对日益增长的数据跨境流转的需要，规定了多样化的数据跨境流转方式，严格地限制欧盟境内的个人数据只得流入欧盟认可能够提供“充分保护”或“适当保障措施”的国家和地区，以确保对个人数据提供保护的水平不会下降。它主要将数据跨境流转分为“满足充分保护水平的流转”“提供适当保障措施的流转”“非经欧盟法律授权的流转”“特殊情况下的例外流转”四种。

表 6-7　　《一般数据保护条例》规定的数据跨境流转方式

数据跨境流转机制	相关条款	数据跨境流转的方式
满足充分保护水平的流转	第 45 条	欧盟委员会认为第三国或其一个地区、特定部门或者国际组织满足“充分保护水平”的，个人数据可以不经过特别授权向该国或国际组织流转
提供适当保障措施的流转	第 46 条	在前述情形之外，数据控制者或处理者仅在提供适当的保障措施且满足数据主体能有效行使权利、获得高效救济的情况下，才能将个人数据向第三国或国际组织流转。适当保障措施包括政府当局或机构之间的法律文件、符合规定的公司有拘束力规则等。依照该方法进行数据跨境流转无须监管机构的具体授权
非经欧盟法律授权的流转	第 48 条	在第三国与欧盟或成员国之间存在司法互助约定等有效国际条约的基础上，数据控制者或处理者可以基于第三国法院的判决、裁决以及行政机关的决定，向该国流转或披露个人数据
特殊情况下的例外流转	第 49 条	数据主体明知不满足充分保护水平、未提供适当保障措施仍明确同意流转的；为履行数据主体和数据控制者之间的合同义务或先合同义务的；为数据控制者与他人订立和履行有关数据主体利益的合同所必需的；为重要公共利益所必需的；为确立、行使或对抗法定请求权所必需的；当数据主体在客观上或法律上不能明确同意流转时，为了保护数据主体或其他主体的重要利益而必须进行流转的；基于依据欧盟及成员国法律进行的登记进行流转的；等等

不难看出，欧盟立法对个人数据采取的是强保护的态度。无论是《个人数据保护指令》还是《一般数据保护条例》，均赋予了数据主体以各种具体权利。《一般数据保护条例》第 6 条将这些合法性条件进一步规定为“数据主体同意为特定目的处理其数据”“处理数据是为签订或履行合同所需”“处理数据是为遵守法定义务所需”“处理数据是为了保护数据主体或其他自然人的至关重要的利益”“处理数据是为了公共利益或行使政府授予的权力”“处理数据是为追求数据控制者的合理利益，且不得损害数据主体的利益”①。由此可见，数据处理者不能自由自在地收集和使用个人数据，而必须承担法定的谨慎义务。这是欧盟法律的一种鲜明特色。

① Internet Consulting. Art. 6 GDPR：Lawfulness of Processing. [2021-02-11]. https：//gdpr-info. eu/art-6-gdpr/.

（四）美国1974年《隐私权法》及美欧协议

迄今为止，美国在联邦层面还没有专门的法典就个人信息保护问题进行规制，其个人信息保护规定分散在众多隐私法律中。如《儿童线上隐私保护法》要求网络业者必须明示其隐私权政策，并且在收集13岁以下儿童的资料之前必须获得家长的同意。而1974年《隐私权法》通过规范联邦政府机构收集、维护、使用和传播个人信息的行为，致力于打造“公平信息实践法典”①。为此，该法在制定时践行了五项重要原则：（1）行政机关不应当保有任何秘密记录；（2）个人必须能够知道哪些个人信息被行政机关记录了以及如何使用；（3）未经个人事先书面同意，不得将基于某一目的而采集的个人信息用于其他不同目的；（4）个人必须被许可查询有关个人信息，并得以澄清；（5）任何存储或使用个人数据的组织必须对信息的准确性负责，努力防止数据被滥用。这反映出美国更重视从公共领域规制联邦政府机关涉及利用个人信息的行为。下面对该法进行重点介绍。

严格地说，1974年《隐私权法》并没有将个人信息或个人数据作为专门术语，它使用的正式表述是“记录”（record）一词，指的是“由任何机构保存的、有关个人之信息的任何品目、采集或组合，包括但不限于个人的教育程度、财务往来、病史、犯罪前科或工作经历、姓名、身份识别码、符号或者指印、声纹、照片等标识物”。其中，“个人”指的是美国公民或合法获得永久居留权的外国人，因而“记录”可以被理解为美国公民、合法永久居留外国人的个人信息。② 该法还对“记录系统”“统计记录”作了解释，它们可以被简单理解为由有关机构汇总个人信息形成的系统、摘录个人信息形成的记录。

1974年《隐私权法》确立了禁止公开的原则：除非个人提出书面申请或者事先取得个人书面许可，联邦政府机关原则上不得向其他人或其他机关披露其任何记录。以下十二种情况，不在禁止披露之列：（1）在机关内部为执行公务使用个人记录；（2）根据该法即《美国法典》第552条披露个人记录；（3）属于本法第（a）（7）条、第（e）（4）（D）条规定的“常规使用”；（4）根据《美国法典》第十三章向人口普查局提供个人记录；（5）以不能识别出特定个人的形式，向作出书面保证的其他机关，提供作为统计研究之用的个人记录；（6）向国家档案文件管理部门提供具有历史价值或其他特别意义的值得长期保存的个人记录，有关范围由美国档案保管员或其指定人员决定；（7）出于其他机关的执法需要，向该机关或其下属机构提供个人记录；（8）在紧急情况下，为了某人的健康或安全而使用个人记录并告知本人；（9）向参众两院及其委员会、分委员会、联合委员会提供个人记录；（10）向总审计长及其代表提供开展审计公务所需的个人记录；（11）根据法院的命令提供个人记录；（12）根据《美国法典》第三十一章第3711（e）条向消费资信机构提供个

①② USA Privacy Act of 1974，5 U.S.C. § 552a (2012). https://legal-dictionary.thefreedictionary.com/Privacy+Act+of+1974.

人记录。① 此外，中央情报局（CIA）、联邦刑事执法机构保存的所有记录以及涉及保护总统的特勤局记录、仅用于统计记录的信息、各种国家安全和执法记录，政府机关可以以国家安全或执法方面的理由不作公开。②

1974年《隐私权法》确立了个人享有获取和修改记录的权利。具体来说，个人有权申请访问联邦政府记录系统中存储的其个人记录，有权审查相关记录并获得可读取的副本；有权要求修改或删除其认为不准确、不相关、不及时或不完整的个人记录；在联邦政府机关拒绝修改或删除个人记录时，个人有权提出审查复议，要求联邦政府机关负责人在30日内作出最终决定；在该机关负责人依然拒绝修改或删除个人记录时，个人有权提起司法审查的诉讼。③ 个人享有的这些权利，正是联邦政府机关应当履行的义务。

关于联邦政府机关进行个人记录保护的义务，1974年《隐私权法》具体设定为：（1）遵循美国法律、总统行政命令，将相关的、符合目的的个人记录加以保管；（2）拟采集的个人记录可能导致个人权利、利益、特权受损的，应当尽可能地直接向本人进行信息采集；（3）在要求个人提供信息时，必须对提供者说明“要求提供信息的法律依据，以及本人是否必须公开该信息”“该信息主要用于什么目的”“该信息的常规使用”“本人拒绝提供所需信息的法律后果”。（4）建立或修改个人记录系统的，必须予以公告。（5）联邦政府机关在保管个人记录前，应当作出决定，明确合理必需的保管范围，以将准确、相关、及时或完整的个人记录进行保管；（6）联邦政府机关向其他机关移转个人记录的，应当努力保证记录的准确性、相关性、适时性和完整性；（7）不得保管有关宪法第一修正案所保障之权利的任何记录，除非法律明文授权、个人明确同意且符合联邦政府机关的职权范围；（8）依照法律的强制性规定，在将个人记录纳入公共记录保管时尽可能向本人发出告知；（9）建立关于设计、开发、运行与维护个人记录系统的个人行为规则，指导执行有关个人行为准则；（10）建立行政的、技术的和物质的保安保密措施，以保障个人记录的安全、完整不受到威胁、危险，防止对被记录者可能产生实质损害、困境、不方便和不公平的问题；（11）需要对记录系统开发新使用功能的，应当提前至少30日在《联邦政府公报》上发布新设计方案的公告，以便利益相关者提供书面数据、观点和异议；（12）同非联邦政府机关进行数据匹配项目的，应当提前至少30日在《联邦政府公报》上发布关于项目建设或调整的公告。

显而易见，美国对个人信息保护的方式同欧盟的存在明显不同。“美国更关注

① USA Privacy Act of 1974，5 U. S. C. §552a（b）. https：//www. archives. gov/about/laws/privacy-act-1974. html.

② USA Privacy Act of 1974，5 U. S. C. §552a（2012）. https：//legal-dictionary. thefreedictionary. com/Privacy+Act+of+1974.

③ USA Privacy Act of 1974，5 U. S. C. §552a（d）. https：//www. archives. gov/about/laws/privacy-act-1974. html.

个人数据的经济特性和个人价值，采取分散立法模式，按照行业进行联邦立法（如通讯、金融、教育、保险和儿童上网隐私等），没有专门的法典就该问题进行规制。在监管上采取行业自律的模式。这种做法更符合高效、便捷、与时俱进的市场需求。"① 这同欧盟的强监管方案之间形成竞争，也给大型跨国数据企业提出了新挑战，构成一个如何协调立场、兼容规则的新课题。

早年美国为了保证欧盟成员国的个人信息能通过《个人数据保护指令》自由流入美国，于2000年7月同欧盟签订了"安全港"协定（Safe Harbor Privacy Principles）。② 该协定要求想获得来自欧盟的个人信息的美国公司必须加入"安全港"协定，承诺遵守该协定。这样，这些美国公司就被假定达到了充分保护水平的要求，可以继续接受来自欧盟的个人信息。"安全港"协定虽为非强制的，是否加入取决于美国公司的自愿，但要取得来自欧盟的个人信息则必须加入。凡是加入"安全港"协定的美国公司必须遵守七条准则：（1）通知——及时通知被收集数据的所有者；（2）选择——由数据所有者选择是否将个人数据向第三人公开和用于收集的非原始目的；（3）继续传输——由所有者选择是否将个人数据向第三人传输；（4）知悉——数据所有人有权知悉其个人数据的真实使用情况；（5）安全——保证数据安全使用；（6）数据完整——保护数据真实、完整；（7）强制措施——对违反规定的使用者采取惩处办法。在相当长的时期内，"安全港"协定对于欧盟与美国进行个人信息保护的互动起到了实际的作用。

2013年斯诺登事件发生后，"安全港"协定的执行效果受到了质疑。当年6月奥地利公民施雷姆斯（Schrems）向脸书公司欧洲总部所在地爱尔兰的数据保护机构提出申诉，以斯诺登事件佐证美国对于欧盟公民的个人数据未提供充分保护为由，要求禁止脸书公司将其个人数据转移至美国。此案后来由爱尔兰高等法院提请欧洲法院作出裁决。2015年10月6日，欧洲法院作出判决，宣布"安全港"协定"不是遵守欧盟数据保护要求的有效机制"③。欧洲法院的理由是，"欧洲委员会没有尽职调查美国对个人数据的保护程度，仅通过审查安全港协定，就得出充分性保护的决定"；"美国国家安全、执法诉求等凌驾于安全港协定之上，可以对跨境转移到美国的欧盟公民个人信息采取监控、拦截、获取等措施"④。这一判决作出后，"安全港"协定丧失合法性基础。美国商务部自2016年10月31日起停止接受所有基于"安全港"协定的认证申请。

① 张平：《大数据时代个人信息保护的立法选择》，载《北京大学学报（哲学社会科学版）》，2017（3），145页。

② U.S. Department of Commerce. Safe Harbor Privacy Principles. （2020-07-21）[2021-02-11]. https://2016.e×port.gov/safeharbor/eu/eg_main_018475.asp.

③ Export.gov. Welcome to the U.S.-EU Safe Harbor. （2017-21-01）[2021-02-11]. Https://2016.export.gov/safeharbor/eu/index.asp.

④ 京东法律研究院：《欧盟数据宪章：〈一般数据保护条例〉GDPR评述及实务指引》，20页，北京，法律出版社，2018。

之后美欧启动新一轮谈判。2016 年 7 月 12 日，美国商务部长和欧盟专员联合宣布批准《欧盟-美国隐私保护盾框架》(EU-U. S. Privacy Shield Framework)，用作将个人数据从欧盟转移到美国时遵守欧盟法律要求的有效机制。新机制于 2016 年 8 月 1 日开始接受认证申请，取代"安全港"协定。该机制赋予美国企业更多的义务，由美国企业以自愿的方式与欧洲妥协。其核心是七项"隐私保护盾"原则：(1) 声明的原则：参与组织必须发布隐私声明，包含其对欧盟居民数据的使用、收集与同第三方共享的隐私实践，以及其参与"隐私保护盾框架"的具体信息；(2)(为用户) 提供选择的原则：参与组织必须给个人提供一种机制，使其可以选择不将个人信息透露给第三方，以及可以选择不将其信息用于与提供目的不同的目的；特别是在将其敏感信息共享给第三方或用于新的目的时，需要适用征得其明确同意 (opt-in consent) 的机制；(3) 数据继续传递时承担责任的原则：参与组织必须与代表其处理个人数据的第三方或其代表签订合同，要求它们在处理或转移个人数据时采取符合"隐私保护盾"的方式；(4) 安全的原则：参与组织应当考虑个人数据涉及的风险和性质，采取合理、妥当的措施保护个人数据免遭丢失、滥用，以及未经授权的访问、披露、更改和破坏；(5) 数据完整性和目的限制的原则：参与组织必须采取合理的步骤将个人数据的处理限制在收集目的之内，并确保个人数据准确、完整和时新；(6) 可访问的原则：参与组织必须给数据主体提供一种验证方法，使后者可以请求访问、更正、修改或删除该组织所拥有的有关信息；(7) 可追索、可执行和承担责任的原则：该原则保证受违规影响的个人可以有效行使追索权，保证违规组织承担法律后果，保证个人可以进行有效核验。① 隐私保护盾决定将欧美双方产业利益的争议掩盖在了协议之下，对其他国家或地区也会产生很大的影响。

二、中国个人信息保护法之宏观评述

(一) 立法状况及特色

截至目前，我国酝酿制定的"个人信息保护法"尚未正式出台，但基本框架已经成形。从整体上看，我国调整个人信息保护的法律规定主要散见于宪法、法律及其他规范性文件中。它们之中既有针对姓名、肖像、名誉、隐私等关联事物进行规范而辐射到个人信息保护的，也有直接针对个人信息作出保护性规定的，如 2012 年《关于加强网络信息保护的决定》、2013 年《电信和互联网用户个人信息保护规定》、2020 年《民法典》关于个人信息保护的专门条款 (第 1034 条)。这是一个较为全面而系统的个人信息保护法律体系。随着"个人信息保护法"最终问世，这一

① Shefali Mookencherry. 7 Principles of the EU-U. S. Privacy Shield Framework. [2021-02-05]. https://www.impact-advisors.com/security/eu-us-privacy-shield-framework/.

法律体系将因核心部分被充实而进一步健全。对该法律体系可以按照法律渊源及其层级划分为多个不同的单元。

表 6-8　中国个人信息保护法律体系

法阶	法律部门或类型化①	法律规范的名称	主要条款	关于个人信息及其保护的主要内容
法律	宪法	宪法	第 33 条第 3 款	国家尊重和保护人权
			第 38 条	公民的人格尊严不受侵犯
			第 39 条	公民的住宅不受侵犯
			第 40 条	公民的通信自由和通信秘密受法律的保护
	宪法相关法	英雄烈士保护法	第 23 条第 1 款	发现发布或者传输以侮辱、诽谤或者其他方式侵害英雄烈士的姓名、肖像、名誉、荣誉的信息的，要求网络运营者采取必要措施
			第 25 条第 1 款	对侵害英雄烈士的姓名、肖像、名誉、荣誉的行为，可以依法向人民法院提起诉讼
	民法商法	民法典	第 111 条	自然人的个人信息受法律保护
			第 999 条	为公共利益实施新闻报道、舆论监督等行为的，可以合理使用民事主体的个人信息等
			第 1030 条	民事主体与信用信息处理者之间的关系适用个人信息保护的规定
			第 1032～1039 条	“自然人享有隐私权”“自然人的个人信息受法律保护”，形成平行且交叉的保护架构； 处理个人信息的原则、归责方式；自然人可以查阅或者复制其个人信息，有权提出异议并请求及时采取更正等必要措施，有权请求信息处理者及时删除； 信息处理者的责任；国家机关、承担行政职能的法定机构及其工作人员的义务
			第 1226 条	医疗机构及其医务人员对患者的隐私和个人信息保密
		电子签名法	第 2 条	定义电子签名与数据电文（同个人信息相关的概念）
			第 20 条	电子签名人申请认证证书应当提供真实、完整和准确的信息
		商业银行法	第 29 条	商业银行办理个人储蓄存款业务，应当遵循为存款人保密的原则；对个人储蓄存款，有权拒绝任何单位或者个人查询、冻结、扣划，但法律另有规定的除外
			第 53、87 条	商业银行的工作人员不得泄露其在任职期间知悉的商业秘密；相应的纪律处分、刑事责任

① 此处对法律部门的界分，以全国人大常委会 2021 年 1 月 26 日发布的现行有效法律目录（275 件）为标准。全国人民代表大会．现行有效法律目录（275 件）.（2021-01-26）[2021-02-05]. http：//www.npc.gov.cn/npc/c30834/202101/170eaa5d4a994214aaf88e5dfac97665.shtml.

续表

法阶	法律部门或类型化	法律规范的名称	主要条款	关于个人信息及其保护的主要内容
法律	民法商法	《商业银行法》	第 73 条	非法查询、冻结、扣划个人储蓄存款的民事责任
		《消费者权益保护法》	第 14 条	消费者享有个人信息依法得到保护的权利
			第 29 条	经营者收集、使用消费者个人信息的原则及征得同意、保密、采取相关措施等义务
			第 50 条	经营者侵害消费者个人信息的民事责任
			第 56 条	经营者侵害消费者个人信息等的处罚机关和处罚方式
	行政法	《反恐怖主义法》	第 20 条	物流运营单位应当对客户身份进行查验
			第 21 条	电信、互联网业务经营者、服务提供者应当对客户身份进行查验
			第 50、51 条	公安机关调查恐怖活动嫌疑，可以提取或者采集肖像、指纹、虹膜图像等人体生物识别信息；有权向有关单位和个人收集、调取相关信息和材料
		《传染病防治法》	第 12 条	一切单位和个人，必须接受有关传染病的预防、控制措施，如实提供有关情况；疾病预防控制机构、医疗机构不得泄露涉及个人隐私的有关信息、资料
			第 68 条	疾病预防控制机构故意泄露个人隐私信息、资料的行政责任与刑事责任
			第 69 条	医疗机构故意泄露个人隐私信息、资料的行政责任与刑事责任
		《居民身份证法》	第 3 条	居民身份证登记的项目；公民身份号码
			第 13 条第 2 款	有关单位及其工作人员对居民身份证记载的公民个人信息应予以保密
			第 19 条	泄露居民身份证记载的公民个人信息的刑事责任、行政责任与民事责任
		《护照法》	第 12 条第 3 款	对因制作、签发护照而知悉的公民个人信息，予以保密
			第 20 条	护照签发机关工作人员泄露公民个人信息的行政责任与刑事责任
		《测绘法》	第 47 条	地理信息生产、利用单位和互联网地图服务提供者遵守个人信息保护规定
		《档案法》	第 28 条第 3 款	利用档案涉及个人信息的，遵守有关法律、行政法规的规定
			第 47 条	档案主管部门及其工作人员不得泄露履职过程中知悉的个人隐私
		《律师法》	第 38、48 条	律师不得泄露当事人的隐私；对委托人和其他人不愿泄露的有关情况和信息，予以保密；相应的行政责任

续表

法阶	法律部门或类型化	法律规范的名称	主要条款	关于个人信息及其保护的主要内容
法律	行政法	《执业医师法》	第 22 条	医师在执业活动中要保护患者的隐私
			第 37 条	医师泄露患者隐私，情节严重的，承担行政责任与刑事责任
	经济法	《网络安全法》	第 22 条第 3 款	网络产品、服务具有收集用户信息功能的，其提供者应当向用户明示并取得同意，遵守个人信息保护规定
			第 37 条	境内运营中收集和产生的个人信息等应当在境内存储
			第 40～50 条	网络信息安全制度，包括网络运营者的义务、个人的权利、监管部门的职责及相关的制度等
			第 76 条	个人信息、网络运营者的定义
		《广告法》	第 9 条	广告不得泄露个人隐私
			第 43 条	未经当事人同意或者请求，不得以电子信息方式向其发送广告
		《旅游法》	第 52 条	旅游经营者对旅游者个人信息予以保密
			第 86 条	监督检查人员对个人信息依法保密
		《邮政法》	第 35 条	邮政企业及其从业人员不得非法泄露用户使用邮政服务的信息
			第 36 条	因国家安全等特殊需要，可以要求邮政企业提供用户使用邮政服务的信息
			第 76 条	违法提供用户使用邮政服务或者快递服务的信息的行政责任与刑事责任
		《统计法》	第 9 条	统计机构和统计人员对个人信息予以保密
			第 25 条	统计调查中获得的能够识别或者推断单个统计调查对象身份的资料，不得对外提供、泄露，不得用于统计以外的目的
			第 39、47 条	泄露统计调查对象的个人信息或者提供、泄露能够识别或者推断单个统计调查对象身份的资料，承担行政责任与刑事责任
		《反洗钱法》	第 5 条	对依法履行反洗钱职责或者义务获得的客户身份资料和交易信息，应当予以保密；限制使用范围
			第 17、18 条	金融机构按照规定履行客户身份识别义务
			第 19 条	金融机构按照规定建立客户身份资料和交易记录保存制度
			第 32、33 条	违规的行政责任与刑事责任

续表

法阶	法律部门或类型化	法律规范的名称	主要条款	关于个人信息及其保护的主要内容
法律	社会法	《未成年人保护法》	第 4 条	尊重未成年人的人格尊严
			第 49 条	不得侵犯未成年人的个人隐私
		《妇女权益保障法》	第 42 条	妇女的隐私权、肖像权等人格权受法律保护
			第 59 条	贬低损害妇女人格的，依法给予行政处罚
		《母婴保健法》	第 34 条	从事母婴保健工作的人员应当为当事人保守秘密
	刑法	《刑法》	第 253 条之一	狭义上仅指“侵犯公民个人信息罪”
			第 246 条	广义上涉及公民个人信息的罪名包括“侮辱罪”“诽谤罪”
			第 252 条	广义上涉及公民个人信息的罪名包括“侵犯通信自由罪”
			第 285 条第 2 款	广义上涉及公民个人信息的罪名包括“非法获取计算机信息系统数据罪”
	诉讼与非诉讼程序法	《民事诉讼法》	第 55 条	人民检察院可以提起民事公益诉讼
			第 68 条	对涉及个人隐私的证据应当保密，不在公开开庭时出示
			第 134 条	涉及个人隐私的案件，不公开审理
			第 156 条	裁判文书中涉及个人隐私的，不予公开或者以隐去相关信息的方式供公众查阅
		《行政诉讼法》	第 25 条	人民检察院可以提起行政公益诉讼
			第 32 条	对涉及个人隐私的材料，律师应依照法律规定保密
			第 41 条	对涉及个人隐私的证据，可以申请人民法院调取
			第 43 条	对涉及个人隐私的证据，不得在公开开庭时出示
			第 54 条	行政案件涉及个人隐私的，不公开审理
			第 65 条	判决书、裁定书涉及个人隐私的，不公开供公众查阅
		《刑事诉讼法》	第 48 条	辩护律师对在执业活动中知悉的委托人的有关情况和信息，有权予以保密
			第 54 条	对涉及个人隐私的证据，应当保密
			第 64 条	对于危害国家安全犯罪等案件，证人、鉴定人、被害人因在诉讼中作证，本人或者其近亲属的人身安全面临危险的，人民法院、人民检察院和公安机关应当采取“不公开真实姓名、住址和工作单位等个人信息”等保护措施
			第 132 条	对人身进行检查时可以提取指纹信息，采集血液、尿液等生物样本
			第 152 条	侦查人员对采取技术侦查措施过程中知悉的个人隐私，应当保密
			第 188 条	有关个人隐私的案件，不公开审理
			第 285 条	审判的时候被告人不满十八周岁的案件，不公开审理

续表

<table>
<tr><th>法阶</th><th>法律部门或类型化</th><th>法律规范的名称</th><th>主要条款</th><th>关于个人信息及其保护的主要内容</th></tr>
<tr><td rowspan="2">法律</td><td rowspan="2">其他特殊法律</td><td>《关于维护互联网安全的决定》</td><td>第 4 条第 2 项</td><td>非法截获、篡改、删除他人电子邮件或者其他数据资料，追究刑事责任</td></tr>
<tr><td>《关于加强网络信息保护的决定》</td><td>第 1～12 条</td><td>国家保护能够识别公民个人身份和涉及公民个人隐私的电子信息；企业事业单位收集、使用公民个人电子信息的原则、规则与义务；公民要求采取措施的权利；有关主管部门的职责</td></tr>
<tr><td colspan="2">行政法规</td><td colspan="3">《人类遗传资源管理条例》《征信业管理条例》《快递暂行条例》《保安服务管理条例》《电信条例》等①</td></tr>
<tr><td colspan="2">部门规章及部门规范性文件</td><td colspan="3">《电信和互联网用户个人信息保护规定》《儿童个人信息网络保护规定》《规范互联网信息服务市场秩序若干规定》《电话用户真实身份信息登记规定》《通信短信息服务管理规定》《网络预约出租汽车经营服务管理暂行办法》《网络借贷中介机构业务活动管理暂行办法》《互联网新闻信息服务管理规定》《互联网域名管理办法》《公安机关办理刑事案件程序规定》《公安机关办理行政案件程序规定》《寄递服务用户个人信息安全管理规定》等②</td></tr>
<tr><td colspan="2">司法解释及规范性文件</td><td colspan="3">最高人民法院、最高人民检察院《关于办理侵犯公民个人信息刑事案件适用法律若干问题的解释》、最高人民法院、最高人民检察院、公安部《关于办理电信网络诈骗等刑事案件适用法律若干问题的意见》、最高人民法院《关于人民法院在互联网公布裁判文书的规定》、最高人民法院《关于审理利用信息网络侵害人身权益民事纠纷案件适用法律若干问题的规定》、最高人民法院、最高人民检察院《关于检察公益诉讼案件适用法律若干问题的解释》等③</td></tr>
</table>

不难看出，我国已经形成了一个关于个人信息保护的庞杂法律体系。这一体系是融社会主义法律体系的所有部门法于一体的综合体系，所设计的个人信息法律责任包括刑事责任、民事责任和行政责任三大类。这一体系是在关于个人信息保护的“基本法”长期缺位的情况下，依靠各个部门、不同层级、不同侧重的各种法律规范协同发力打造的。随着“个人信息保护法”草案的成熟和成案，这一法律体系将因其核心部分得到充实而进一步发展。从表面上看，“由外围触及核心”，可以称为我国个人信息保护法的基本特色。

而从实质上看，我国个人信息保护法在个人信息的确权方面的确有着特色。这突出表现为我国法律并未采取简单方式赋予个人以个人信息权（或个人信息控制权），亦未简单否定个人或其他主体对个人信息可能享有的各种民事权利、权益。换言之，《民法典》等相关法律法规中惯常的表述是“个人信息保护”，而不是“个

①②③ 这些行政法规中关于个人信息及其保护内容的条文比较分散，故不列举具体指向的“主要条款”。

人信息权保护”。这就隐藏着各种答案和可能。以赋予私权之宝典《民法典》为例，虽然其中也有一个条文使用了“个人信息决定权”的标题，规定自然人“发现信息有错误的，有权提出异议并请求及时采取更正等必要措施”，“发现信息处理者违反法律、行政法规的规定或者双方的约定处理其个人信息的，有权请求信息处理者及时删除”，但是该法在这一方面的总基调是“自然人的个人信息受法律保护”，因此其并未细致勾画自然人对个人信息享有哪些完整的民事权利。这一点，相比欧盟《一般数据保护条例》对“被遗忘权”“数据携带权”等八大类权利的设计而言，显然不是一种风格。若从更大范围来作比较，美国一直强调数据使用的行业自律和“公平信息实践”，其1974年《隐私权法》亦确立了个人享有获取和修改记录的五项权利，加利福尼亚州《消费者隐私权》更创建了消费者针对企业收集其个人信息享有的“知情权”（right to know）、删除权（right to delete）、“选择不出售个人信息的权利”（right to opt-out of the sale of their personal information）、“行使权利时不受歧视的权利”（right to non-discrimination for exercising their CCPA rights）四大类。[①] 日本《个人信息保护法》韩国《个人信息保护法》等新近法律无一不针对数据主体进行了相应的赋权。可以说，中国法律的谨慎做法为深入探讨个人信息的权属提供了充足的空间，为“个人信息保护法”规定个人信息权及建立具有可操作性的法律规则奠定了坚实的基础。[②] 人们期望，“中国方案”能形成一种既鼓励数据使用又有效保护个人信息的后发优势。

（二）重点内容补述

1.《宪法》的相关内容

《宪法》中涉及个人信息保护的规范，可以归纳为以下几项。（1）第38条规定：“中华人民共和国公民的人格尊严不受侵犯。禁止用任何方法对公民进行侮辱、诽谤和诬告陷害。”上述条款确定了人格尊严不受侵犯的原则，而隐私权正是人格权的一种。这为其他部门法和特别法规保护公民个人隐私权以及为相应的司法解释提供了基础。（2）第39条规定：“中华人民共和国公民的住宅不受侵犯。禁止非法搜查或者非法侵入公民的住宅。”这一规定可认为是对隐私权的重要内容——个人日常生活安宁的直接确认与保护，并且明确禁止非法搜查或者非法侵入公民住宅的行为。它为刑法和民法对公民生活安宁的具体保护提供了依据。（3）第40条规定：“中华人民共和国公民的通信自由和通信秘密受法律的保护。除因国家安全或者追查刑事犯罪的需要，由公安机关或者检察机关依照法律规定的程序对通信进行检查外，任何组织或者个人不得以任何理由侵犯公民的通信自由和通信秘密。”这　规

① California Consumer Privacy Act (CCPA). https://www.oag.ca.gov/privacy/ccpa. 关于该法律的中文译本，可参见丁晓东：《个人信息保护原理与实践》，267-321页，北京，法律出版社，2021。

② 2020年10月全国人大常委会发布《中华人民共和国个人信息保护法（草案）》，其中第四章规定“个人在个人信息处理活动中的权利”包括“知情权、决定权”“查阅、复制权”“请求更正、补充权”“请求删除权”“请求解说说明权”。

定涵盖对通信秘密的保护，而通信秘密属于个人生活内容或者私人信息的部分。此外，《宪法》第33条关于"国家尊重和保护人权"的规定也可以作为宪法对个人信息的间接保护依据。

【案例6-11】

齐玉苓诉陈晓琪等以侵犯姓名权的手段侵犯宪法保护的公民受教育的基本权利纠纷案①

齐玉苓与陈晓琪均是滕州八中的九零届应届初中毕业生。齐玉苓在九零届统考中取得成绩441分，超过了委培生的录取分数线。当年录取工作结束后，济宁商校发出了录取齐玉苓为该校九零级财会专业委培生的通知书。该通知书由滕州八中转交。陈晓琪在1990年中专预选考试中，因成绩不合格，失去了继续参加统考的资格。为能继续升学，陈晓琪从滕州八中将齐玉苓的录取通知书领走。陈晓琪之父陈克政为此联系了委培单位。陈晓琪持齐玉苓的录取通知书到济宁商校报到时，没有携带准考证；报到后，以齐玉苓的名义在济宁商校就读。陈晓琪在济宁商校就读期间的学生档案，仍然是齐玉苓初中阶段及中考期间形成的考生资料，其中包括贴有齐玉苓照片的体格检查表、学期评语表以及齐玉苓参加统考的试卷等相关材料。1993年，陈晓琪从济宁商校毕业，自带档案到委培单位中国银行滕州支行参加工作。

1999年1月，齐玉苓发现被冒名上学后，将陈晓琪、陈克政、济宁商校、滕州八中和山东省滕州市教育委员会一并起诉到山东省枣庄市中级人民法院。此案经过一审、二审。二审法院山东省高级人民法院认为此案存在着适用法律方面的疑难问题，便报请最高人民法院进行解释。最高人民法院经研究后认为：当事人齐玉苓主张的受教育权，来源于我国《宪法》第46条第1款的规定。根据本案事实，陈晓琪等以侵犯姓名权的手段，侵犯了齐玉苓依据宪法规定所享有的受教育的基本权利，并造成了具体的损害后果，应承担相应的民事责任。据此，最高人民法院以法释〔2001〕25号司法解释②批复了山东省高级人民法院的请示。山东省高级人民法院判决陈晓琪、陈克政赔偿齐玉苓因受教育的权利被侵犯造成的直接经济损失7 000元。

此案被称为"宪法司法化第一案"。现在看来，此案更直接涉及个人信息被冒名使用的法律问题。

① 参见《齐玉苓诉陈晓琪等以侵犯姓名权的手段侵犯宪法保护的公民受教育的基本权利纠纷案》，载《最高人民法院公报》，2001（5），158-161页。

② 2008年该司法解释已停止适用。

2. 刑法的相关内容

在大数据时代，侵犯个人信息犯罪被称为“百罪之源”：没有利用各种手段非法获取个人信息并大肆倒卖的猖獗现象，就不会有暗流涌动的网络犯罪黑产。对《刑法》规定的涉及公民个人信息的罪名可以从狭义与广义的角度去理解。

狭义上仅指“侵犯公民个人信息罪”，即《刑法》第253条之一第1～3款规定的“违反国家有关规定，向他人出售或者提供公民个人信息”“违反国家有关规定，将在履行职责或者提供服务过程中获得的公民个人信息，出售或者提供给他人的”“窃取或者以其他方法非法获取公民个人信息的”这三种情形。在这里，“公民个人信息”指的是“以电子或者其他方式记录的能够单独或者与其他信息结合识别特定自然人身份或者反映特定自然人活动情况的各种信息，包括姓名、身份证件号码、通信通讯联系方式、住址、账号密码、财产状况、行踪轨迹等”。

【案例6-12】

傅××、曹××侵犯公民个人信息罪案①

2015年3月1日至2016年9月2日，傅××为了从违章车辆销分中赚取利润，通过QQ联系上了曹××。随后曹××从辽宁鞍山当地驾驶员及同行处获取了4 367本辽宁籍驾驶证、身份证信息并通过微信、QQ的方式非法出售给傅××。尔后，傅××将该信息跟同行提供的违章车辆信息汇总后，非法提供给宁国市公安局交管大队民警宦××（另案处理）。其间，宦××通过上述驾驶证信息消除车辆违章记录11 094条，傅××获得赃款人民币56 771元，曹××获得赃款人民币87 340元。

庭审中，辩护人提出傅××购买的是公民自愿有偿出卖的个人驾驶证等信息，没有侵犯违反法律的强制性规定，不应被认定为犯罪。法院经审理认为：对于“以其他方法非法获取公民个人信息”的理解，“其他方法”是指“窃取”以外的其他方法，如收买、骗取等方法。从行为人获取行为的本质属性角度判断，只要行为人没有获取公民个人信息的法律依据或者资格而获取相关个人信息的，即可以认定为“非法获取”。被告人傅××违反《刑法》第253条之一第3款的规定“以其他方法非法获取公民个人信息”构成侵犯公民个人信息罪，应以《刑法》第253条之一第1款的规定处罚。

本案的指导意义在于对《刑法》中侵犯公民个人信息罪之“非法获取”要件作了注解。

从广义上讲，涉及公民个人信息的罪名还包括“非法获取计算机信息系统数据罪”“侵犯通信自由罪”“侮辱罪”“诽谤罪”等。《刑法》第285条第2款规定的“非法获取计算机信息系统数据罪”针对的是那些侵犯身份认证信息等，情节严重

① 参见安徽省宁国市人民法院（2017）皖1881刑初17号刑事判决书。

的行为；第252条规定的“侵犯通信自由罪”针对的是那些侵犯通信自由权利和通信秘密权利，情节严重的行为；第246条规定的“侮辱罪”“诽谤罪”针对的是那些侵犯名誉权，情节严重的行为。

3. 诉讼法的相关内容

《民事诉讼法》有关个人信息保护的规定包括以下内容。(1) 第68条规定：“……对涉及国家秘密、商业秘密和个人隐私的证据应当保密，需要在法庭出示的，不得在公开开庭时出示。”法庭举证可能会涉及当事人和案外人的个人隐私，遇此情形，有关当事人可以请求“不得在公开开庭时出示”，人民法院应当允许。人民法院也可以主动裁定某些证据不在公开开庭时出示，以保护当事人或案外人的隐私权。(2) 第134条规定：“人民法院审理民事案件，除涉及国家秘密、个人隐私或者法律另有规定的以外，应当公开进行。”“离婚案件，涉及商业秘密的案件，当事人申请不公开审理的，可以不公开审理。”公开审判是现代民事诉讼法的基本原则之一，当这一原则与保护个人隐私权等发生冲突时，就要作例外处理；有些离婚案件的当事人不愿将自己的私生活通过公开开庭审理公之于众，因此法律也赋予其在诉讼中保护自己隐私的权利，他们可以申请不公开审理。(3) 第156条规定：“公众可以查阅发生法律效力的判决书、裁定书，但涉及国家秘密、商业秘密和个人隐私的内容除外。”裁判文书公开是审判公开原则的重要内容之一，但是当公开裁判文书不利于保护个人隐私等时，应该不予公开或者以隐去相关信息的方式供公众查阅。

《刑事诉讼法》有多个条文涉及个人信息保护：(1) 第48条规定，辩护律师对在执业活动中知悉的委托人的有关情况和信息，有权予以保密。这一规定赋予辩护律师对委托人的个人信息进行保密的权利。(2) 第54条第3款规定，“对涉及国家秘密、商业秘密、个人隐私的证据，应当保密”；第152条第2款规定，“侦查人员对采取技术侦查措施过程中知悉的国家秘密、商业秘密和个人隐私，应当保密……”；第188条和第285条规定，有关个人隐私的案件、“审判的时候被告人不满十八周岁的案件”，不公开审理。(3) 第64条规定，对于危害国家安全犯罪等案件，证人、鉴定人、被害人因在诉讼中作证，本人或者其近亲属的人身安全面临危险的，人民法院、人民检察院和公安机关应当采取“不公开真实姓名、住址和工作单位等个人信息”等保护措施。这些条文对刑事诉讼中司法机关及诉讼参与人的信息保护义务作出了规定。

4. 涉及个人信息保护的专门性法律规范

2012年12月全国人大常委会发布《关于加强网络信息保护的决定》，以法律形式保护能够识别基本公民个人身份和涉及公民个人隐私的电子信息。其对网络服务提供者及其他企事业单位在业务活动中的权利与义务、网络身份管理制度、有关主管部门对非法利用公民个人电子信息的违法犯罪行为进行管理的职责与权限等作出了较为详尽的规定。例如，其第3条规定：“网络服务提供者和其他企业事业单位及其工作人员对在业务活动中收集的公民个人电子信息必须严格保密，不得泄露、篡改、毁损，不得出售或者非法向他人提供。”该规定直指网络服务提供者对于在业务活动中知悉的个人信息所承担的保密义务。又如，其第 7 条规定：“任何组织和个人未经电子信息接收者同意或者请求，或者电子信息接收者明确表示拒绝的，不得向其固定电话、移动电话或者个人电子邮箱发送商业性电子信息。”该规定规制的是发送垃圾短信息的行为。

【案例 6-13】

掌柜网络公司诉嘉宝公司网络服务合同纠纷案①

2013 年 4 月 23 日，掌柜网络公司与嘉宝公司签订“短消息合作协议书”一份，约定掌柜网络公司在嘉宝公司指定的时间、内容、区域、手机用户群体为嘉宝公司发布其所提供的有关移动信息服务。基于保密义务，掌柜网络公司有权不对嘉宝公司开放其所掌握的手机用户数据；嘉宝公司根据双方确认的“信息服务执行确认单”所定的合同总金额进行付款，嘉宝公司应于第二个月支付掌柜网络公司已经执行的信息费用。后来双方就信息费用支付问题发生纠纷，掌柜公司诉诸法院。法院经审理认为：原、被告双方在对所发送的电子信息的性质充分知情的情况下，无视手机用户群体是否同意接收商业广告信息的主观意愿，强行向不特定公众发送商业广告，违反网络信息保护规定，侵害不特定公众的利益，故该协议无效。遂依据《关于加强网络信息保护的决定》的相关规定，驳回原告掌柜网络公司的诉讼请求。

2013 年 7 月工业和信息化部颁布《电信和互联网用户个人信息保护规定》。该规定主要规定了电信和互联网用户个人信息的保护范围、用户个人信息收集和使用原则、使用规范、安全保障措施、监督检查制度、法律责任等内容。该规定确定了我国电信服务和互联网信息服务领域的个人信息保护专门制度。

【案例 6-14】

高××与北京信管局、工信部不服投诉答复、行政复议决定案②

2019 年 11 月 30 日、12 月 2 日，高××分别向北京信管局电子邮箱发送了题为“举报北京联通向我拨打营销电话”“北京联通违反《网络安全法》和工信部 24 号令”的投诉举报邮件，请北京信管局依法查处。12 月 6 日，北京信管局向高××发送“来信来访受理告知”，告知其投诉均予以受理。北京信管局向北京联通进行调查。北京联通于 2020 年 1 月 6 日向北京信管局提交了“处理报告”。1 月 22 日，北京信管局作出答复并于当日通过电子邮件向高××进行了送达。高××不服答复，向工信部提出行政复议申请。4 月 14 日，工信部作出复议决定，并于 4 月 16 日向高××邮寄复议决定。高××不服，向法院提起行政诉讼。

① 参见江苏省无锡市南长区人民法院（2014）南扬商初字第 0402 号民事判决书。

② 参见北京市西城区人民法院（2020）京 0102 行初 127 号行政判决书。

法院经审理认为，案件中的争议焦点之一为“是否应当裁定驳回高××的起诉”。对此，法院认为：根据《电信和互联网用户个人信息保护规定》第3条的规定，北京信管局作为北京市电信管理机构，具有对辖区内电信和互联网用户个人信息保护工作实施监督管理的法定职责。高××作为使用电信服务的用户，认为自己受到营销电话的骚扰，有权向电信管理机构进行投诉。北京信管局对高××所投诉事项进行调查处理是在履行其监督管理的法定职责，北京信管局所作被诉《答复书》对高××投诉事项作出了认定，对高××作为电信服务使用者的权益具有影响，故对于北京信管局主张应当驳回高××起诉的观点，本院不予支持。

另外，《网络安全法》用专章规定了用户个人信息的保护问题，并就“个人信息”首创了很有影响力的定义。它已经成为我国制定一些具体法律规范的依据和司法实务中裁判的标尺。考虑到这部分内容在本书的《网络安全法》一章中已有详细的阐述，在此不赘述。

5. 涉及个人信息保护的公益诉讼探索

检察公益诉讼制度是我国推进国家治理现代化的一项创造性设计。2014年中国共产党十八届四中全会提出，“探索建立检察机关提起公益诉讼制度”；2015年5月，中央全面深化改革领导组第十二次会议审议通过《检察机关提起公益诉讼改革试点方案》，确定了生态环境和资源保护、国有资产保护、国有土地使用权出让、食品药品安全等四个重点领域的公益诉讼试点。之后的实践探索中，检察公益诉讼被稳妥地拓展至个人信息保护案件。2017年6月，全国人大常委会修订了《民事诉讼法》和《行政诉讼法》，为检察公益诉讼的全面实施提供了基本法律依据。这样一来，依靠检察公益诉讼来保护公民个人信息，就成为一种独特的方案。

【案例 6-15】

四川省自贡市人民检察院与周××人格权纠纷民事公益诉讼案①

2019年4月，周××通过手机微信等方式从岑某处非法获取含有自然人身份证件号码等个人信息的文档，通过将非法获取的部分自然人个人信息用于微信实名认证或者直接出售给他人等方式获利20 000元。12月30日，四川省荣县人民法院依法判决周××犯侵犯公民个人信息罪。2020年7月，四川省自贡市人民检察院在正义网发出了对周××提起民事公益诉讼的公告，公告期内未有法律规定的机关和有关组织提起民事公益诉讼。该院之后提起民事公益诉讼。

法院经审理认为，本案的审理重点为“本案是否属于民事公益诉讼范围”“四川省自贡市人民检察院是否属于适格主体”。对此，法院认为：大数据时代背景下的个人信息保护不仅涉及自然人个人权益保障的问题，同时具有高度的社会公共利益属性。公益诉讼的诉的利益在于保护公共利益，虽然法律规定并未明确将个人信

① 参见四川省自贡市中级人民法院（2020）川03民初16号民事判决书。

息列举为社会公共利益保护范围，但从“等”字兜底条款来看，检察机关探索公益诉讼“等”外领域是有法可依的。在个人信息保护领域，民事私益诉讼往往存在个人信息主体之间具有不平等的地位和认知能力、低概率的维权和极低的违法成本等局限性，检察机关在办理刑事案件过程中，更容易发现侵害自然人个人信息行为的线索，相比自然人个人更具有优势。检察机关提起民事公益诉讼，既能解决民事私益诉讼维权面临的举证难、成本高等共性难题，还能通过赔礼道歉、赔偿损失等民事责任承担方式，提高侵权人的违法成本。本案中，四川省自贡市人民检察院依法对周××侵害众多自然人个人信息的行为提起民事公益诉讼，是检察院发挥法律监督职能作用、积极回应社会公众新期待、维护“等”外领域社会公共利益的具体体现，应当予以肯定。此外，四川省自贡市人民检察院依法履行了公告程序，公告期内未有法律规定的机关和有关组织提起民事公益诉讼，故该院属于适格主体。最终，法院判决周××对其侵害众多自然人个人信息的行为，在国家级媒体上向社会公众发布赔礼道歉声明；交纳社会公共利益损害赔偿款 20 000 元，专门用于公益事项支出。

该案系四川省首例个人信息保护民事公益诉讼案件，旨在明晰个人信息的民法保护方式，同时也反映出个人信息保护领域确实存在“隐秘的角落”。需要说明的是，该案的刑事诉讼部分与民事公益诉讼部分是分开的。此外，实践中也有刑事附带民事公益诉讼的做法。

第三节 中国个人信息保护的法律实践

一、个人信息的范围延展

如前所述，对个人信息的含义存在着不同的理解，理论上的分歧主要在于“识别”的对象是否限于自然人、“识别”的目标是否指向个体、“识别”的方法是否强调单独、“识别”的依据是否限于保密信息等。法律实践中则涉及对更深层次问题、更新技术形态的讨论，如一些复合信息、行为信息是否可以作为个人信息。

【案例 6-16】

俞××诉淘宝公司等网络侵权责任纠纷案①

2018 年 1 月 31 日，俞××来到位于北京市海淀区的乐友清河店，购买儿童牙膏一盒，并使用手机中的支付宝 App 进行支付，在支付完成页面显示“支付成功

① 参见北京市海淀区人民法院（2018）京 0108 民初 13661 号民事判决书。

59元”……打开淘宝app，在订单详情页面显示订单编号、支付宝交易号、创建时间2018-01-31 09：48：14、付款时间2018-01-31 09：48：16、成交时间2018-01-31 09：48：16。俞××认为，自己做的是一个线下零售交易，但淘宝app等获取了交易信息，并体现在淘宝账户里面，故诉至法院。

本案的争议问题之一是，涉案信息是否为个人信息。原告俞××主张的个人信息主要指交易信息，具体表现为两条交易记录，包括店铺信息、商品价格、购买门店、商品规格等信息。原告主张，本案中的交易信息是一个个人行为的痕迹信息，可以和其他信息结合起来识别自然人的个人身份。被告淘宝公司等辩称：涉案信息属于订单信息，不是专属于原告的个人信息，也属于商家。淘宝公司等还辩称，针对加入“智慧门店”服务的线下门店，消费者在购物时，若通过支付宝扫码，支付宝将订单信息传递给“智慧门店”平台，“智慧门店”平台立即与该门店对应的线上商家所设置的优惠信息进行匹配，使用户在线下购物时能够享受该商家的线上优惠。

对此法院经审理认为：交易信息中包含了商品信息、店铺信息、购买时间、商品价格等，其基础性的信息均来源于用户的交易行为，通过用户的支付信息等痕迹信息可以形成用户身份识别代码，淘宝公司据此识别用户关联的淘宝账号等，这些信息显然可以通过与其他信息结合的方式识别出自然人的身份信息，属于个人信息。该信息是交易信息，不影响该信息同时具有可识别性，其亦是原告俞××本人的个人信息。

该案表明，个人信息可以同交易信息（交易信息）并存，从而导致统一信息既归属于商家也归属于个人的情况。这一现象在理论上可以称为“权利束”，即“数据权利是一组多个权利的集合，它既包含了法律已经规定的人格权，也包含了一些新型权利——由数据派生的财产权，以及所涉及的可能存在的执法权与管辖权等”①。其中，个人和平台商家对同一交易行为产生的包含个人信息的数据均享有权利、利益。“用户的重大利益期待包括：以私生活秘密不被公开为内容的隐私利益期待，以网络生活安宁不被打扰为内容的隐私利益期待，以个人信用信息的准确维持为内容的信用利益期待，以免于因个人偏好信息被错误评估而导致错误广告推送和名誉减损风险为内容的名誉利益期待，以免于因人格缺陷等信息被提炼和利用而遭遇现实人身、财产诈骗损失为内容的数据安全期待，以实现必要个人信息的积极利用为内容的其他人身或财产利益期待，等等”；“平台企业的重大利益期待表现为：向免费使用平台服务的用户推送广告以获得利润的回报期待，收集和处理用户信息以满足用户个性化需要并优化服务的技术优化期待，基于广大用户的消费偏好开发新的商品或者服务的继续开发期待，保护既有市场竞争地位免于被不合理地替

① 闫立东：《以“权利束”视角探究数据权利》，载《东方法学》，2019（2），63页。

代的利益期待，等等"[1]。不难看出，以"权利束"的视角保护个人信息是一种比较务实的方案。在此理论框架下，对个人信息的保护依然要坚持"可识别性""识别关系"等标准，而不论个人信息如何与其他性质的权利/权力发生混合。

【案例 6－17】

申×与携程公司、支付宝公司侵权责任纠纷案[2]

2017 年 8 月 9 日 00 时 55 分 46 秒，申×通过携程公司手机 App 平台订购了东方航空公司承运的两张联程航班机票。8 月 10 日 10 时 15 分，申×收到＋85295672718 的号码向申×在携程注册账号及订购涉案机票所留的尾号为 3686 的手机号发送的短信，短信内容为原定航班"因起落架故障已被取消。请及时致电客服 008617710402984 办理改签或退票"。申×称其按照短信提示拨打了"客服电话"，"客服"准确地说出了乘机人的姓名、身份证号，航班的起飞时间、航班号，并再次告知申×因航班取消需退款 1 250 元……申×按照"客服"的要求分两次共计转账 99 976 元，未收到退款，遂向北京市公安局朝阳分局大屯派出所报案。截至本案一审辩论终结前，该刑事案件未告侦破。

本案的争议焦点之一是，申×在携程公司订购机票过程中产生的信息是否属于民法所保护的申×的个人信息。对此，法院经审理认为：对个人信息保护而言，重点在于信息与信息主体之间的身份识别关系，而非单纯信息本身。申×被泄露的信息包括申×的手机号及机票行程安排（包括乘机人，起落时间、地点，航空公司及航班信息）等。申×的手机号和机票行程信息可以与信息主体申×个人进行匹配与识别，符合个人信息识别能度的根本特征。据此，申×被泄露的上述诸信息为民法所保护。

二、个人信息的处理规则

个人信息的处理包括个人信息的收集、存储、使用（包括二次运用）、加工、传输（包括共享）、提供、公开等系列活动。关于处理个人信息的原则，在世界范围内比较容易趋于一致，通常包括遵守法制原则（采取合法、正当的方式）、最小处理化原则（限于实现处理目的的最小范围）、公开透明原则（明示个人信息处理方式）与承担责任原则（个人信息处理者应当对其个人信息处理活动负责）等。关于个人信息处理的规则，取决于价值取向的具体追求。在我国，长期以来选择的是

[1] 包晓丽、熊丙万：《通讯录数据中的社会关系资本——数据要素产权配置的研究范式》，载《中国法律评论》，2020（2），150 页。

[2] 参见北京市朝阳区人民法院（2018）京 0105 民初 36658 号民事判决书。

以“告知—同意”为核心的个人信息处理规则，即“个人信息处理者原则上要事先告知个人信息处理事项，取得个人同意后方能处理个人信息”。

“告知—同意”是法律允许或鼓励的最优个人信息处理机制。其中，“个人同意”的含义可以分解为：(1) 处理个人信息应当在事先充分告知的前提下，取得个人同意；(2) 处理个人信息的同意，应当由个人在充分知情的前提下自愿、明确作出意思表示，必要时应当采取个人单独同意或者书面同意的方式；(3) 重要事项发生变更的，应当重新取得个人同意；(4) 个人有权撤回其同意，个人撤回同意的，个人信息处理者应删除个人信息；(5) 人信息处理者一般不得以个人不同意为由，拒绝提供产品或者服务；(6) 个人信息处理者向第三方提供其处理的个人信息的，应当向个人告知并取得个人的同意；(7) 第三方变更原先的处理目的、处理方式的，应当重新向个人告知并取得其同意；(8) 个人信息处理者处理已公开的个人信息超出与该用途相关的合理范围的，应当向个人告知并取得其同意；(9) 基于个人同意处理敏感个人信息的，个人信息处理者应当取得个人的单独同意，乃至书面形式的单独同意；(10) 个人信息处理者向境外提供个人信息的，应当向个人告知并取得个人的单独同意；等等。

【案例 6-18】

孙××诉平安银行、鑫富源公司隐私权纠纷案①

2016 年 11 月，鑫富源公司的业务员拨打孙××的电话，询问是否需要贷款。孙××认为自己的隐私权受到侵害。为方便取证，孙××借口需要进一步商谈来到鑫富源公司的办公场所，并用手机对商谈过程进行了偷拍。其间，孙××按照鑫富源公司业务员的要求签署了一份“平安银行个人征信授权书”，该授权书载明：“本人因向平安银行申请信贷业务，授权平安银行在其信贷业务申请阶段及业务存续期间，向金融信用信息基础数据库和其他经国务院征信业监督管理部门批准设立的征信机构查询本人个人信息及信用信息，用于本人信贷业务申请与后续管理。”鑫富源公司的业务员通过微信将该“个人征信授权书”拍照后发送给平安银行，并让孙××手持“征信授权书”和居民身份证拍照后一并发送给平安银行。平安银行经审核孙××的身份无误后，通过中国人民银行开发的征信系统查询了孙××的征信报告，答复鑫富源公司孙××符合向该行申请贷款的基本条件。孙××认为鑫富源公司业务员首次拨打电话时能够准确地说出自己的姓名、曾在平安银行获批过贷款及贷款金额等不为外界所知的个人信息，主张鑫富源公司通过平安银行非法获取其个人信息，诉至法院。

鑫富源公司对此矢口否认，认为：早在 2016 年 10 月 11 日以前该公司业务员

① 参见广东省深圳市福田区人民法院（2016）粤 0304 民初 24741 号民事判决书。

就与孙××取得联系，在了解到孙××存在贷款意向后交由其他业务员跟进处理；孙××的电话号码是在号码魔方或在百度上按号码段导出后取得的，其工作单位是通过启信宝等应用软件筛选掌握的；孙××曾在平安银行贷款的信息则是孙××主动告知该公司业务员的，而非通过平安银行获取的。

法院经审理认为："告知与许可原则"是互联网领域公民个人电子信息保护的一项基本原则，根据《关于加强网络信息保护的决定》与《电信与互联网用户个人信息保护规定》的规定，收集、使用公民个人电子信息，应当明示收集、使用信息的目的、方式和范围，并经被收集者同意。被告鑫富源公司为更加精准地开发目标客户，未经原告孙××同意，擅自使用应用软件筛选、调查原告的个人信息，违反了"告知与许可原则"的规定，构成对原告隐私权的侵害，依法应当承担侵权责任，原告要求被告书面赔礼道歉的诉讼请求成立，予以支持；原告自愿签署"个人征信授权书"，并且手持"个人征信授权书"和本人居民身份证进行拍照，此举符合委托民事法律行为的成立要件，被告平安银行取得原告的授权后查询其个人征信报告符合相关法律规定，其查询行为不存在过错，原告对被告平安银行的诉讼请求不能成立。

实践中，个人信息处理者不执行"告知—同意"机制的，不仅可能承担相应的民事、行政责任，还可能带来衍生的不利后果。例如，在一起委托合同纠纷案件中，合同的一方当事人采集、录入个人信息时未取得个人信息主体的同意，因而法院判决合同无效。

【案例 6－19】

鼎信公司诉云上城网络公司委托合同纠纷案①

2015年3月1日，鼎信公司与云上城网络公司签订了一份"'云上城'平台业务代理协议"，约定由鼎信公司代表云上城网络公司发展物业公司、居民住宅区等以及为居民提供配套服务的商家接入云上城网络公司的"云上城"平台；并对收益分成、权利义务、考核指标、违约责任等进行了约定。后来，鼎信公司向云上城网络公司主张，其已完成业主信息采集、录入工作，理应应得到相应的报酬，诉诸法院。

法院释明：争议焦点是鼎信公司采集、录入的业主信息是否经过了业主本人的同意。根据双方在庭审中的陈述，签约的小区接入"云上城"平台并建立业主信息档案的流程为，被告提供开户账号和密码供原告与物业公司使用，由原告与物业公司联络后将物业公司提供的住户数据导入"云上城"平台，属于完成了业主信息档案的建立工作。其内容包括小区住户的姓名、电话、小区名称、房号等。原、被告

① 参见广东省深圳市南山区人民法院（2016）粤0305民初1754号民事判决书。

均认可有关业主信息的来源为物业公司提供，但并不清楚物业公司在提供信息和数据时是否事先征得了业主的同意。

法院经审理后认为：原告确认有部分业主信息是其从合作的物业公司获取并录入了“云上城”平台，有部分业主信息由物业公司录入“云上城”平台，但原告并未提供证据证明被录入信息的业主对其本人信息被录入“云上城”平台是知情并同意的；原告亦未提供证据证明其已对提供业主信息的物业公司尽到了充分的监督义务，确实知悉物业公司提供的业主信息是经过业主同意录入“云上城”平台的；原告未提交证据证明在将业主信息录入“云上城”平台的过程中，曾设置了须经业主本人同意才能录入成功的操作流程。基于此，原、被告为实现其合同目的，在未能证明物业公司已征得业主本人同意将其个人信息用于非物业管理所需的情况下，大量搜集并录入相关住宅小区业主的信息用于商业用途，其行为涉嫌侵犯相关业主的个人隐私。根据任何人不得从其违法行为中获利的法律精神，对原告以其完成了相关住宅小区业主信息档案的建立为由，主张被告应向其支付签约推广费用的诉讼请求，不予支持。

不难发现，“告知—同意”是我国现阶段个人信息处理机制中的一条“金线”，“同意”是我国个人信息处理合法合规的一项“黄金法则”。实践中，出现了一些个人信息处理者刻意规避该“金线”“黄金法则”的做法。对此类做法，应当旗帜鲜明地予以否定。

【案例6-20】

俞××与淘宝公司等网络侵权责任纠纷案（续）[①]

在该案的交易链条中，俞××自愿选择了支付宝公司的付款方式，采用支付宝扫码支付的方式。此时已经在支付宝后台中形成了一串代表某一支付宝用户在特定时间、地点采用支付宝进行支付的代码。俞××的淘宝、天猫订单中随即出现了线下交易的订单。支付宝公司与淘宝公司、天猫公司系通过共享交易信息的方式实现了淘宝、天猫用户的身份识别并关联生成了淘宝、天猫平台的交易订单，这一行为是乐友公司、支付宝公司、淘宝公司和天猫公司之间就俞××交易信息的共享行为。

法院经审理认为：(1) 个人信息控制者只有在取得用户知情同意的情况下，方可与他人对用户的个人信息进行共享。支付宝公司提交的“隐私政策”中明确约定了获取用户同意为共享个人信息的前提。在支付宝公司的“隐私政策”中约定“仅在下列情形下与支付宝关联公司共享您的信息：在获取您同意的情况下与第三方共享您的信息”。(2) 网络运营者共享用户个人信息的行为不应概括授权。淘宝公司、

① 参见北京市海淀区人民法院（2018）京0108民初13661号民事判决书。

天猫公司辩称其在“隐私政策”中对可能涉及用户个人信息的情形提前告知和提示用户注意，但其并未针对其提供的本案所涉智慧门店服务专门、明确地告知用户并获取用户的授权。(3) 网络运营者即使向用户告知了其将共享用户的个人信息，在用户明确拒绝的情况下不得再实施个人信息的共享行为。本案中，原告将关于“授权淘宝获取你线下交易信息并展示”的默认勾选取消，应当视为明确拒绝各被告对其个人信息实施共享行为，用户主观上不希望淘宝公司获取其线下交易并进行展示，则各被告理应遵从用户意愿，不应再对用户交易信息进行共享。综上，乐友公司、支付宝公司、淘宝公司、天猫公司在明知其使用智慧门店中个人信息需要事先获得用户授权的情况下，并未实际取得用户授权，使用了原告俞××的个人信息，该行为侵犯了原告俞××对其个人信息享有的权益，构成共同侵权。

一个值得特别注意的现象是，随着“告知—同意”机制的深入推行，现阶段许多普通老百姓（即个人信息主体）陷入被高频率地询问是否“同意”，进而不得不“同意”的许可困境。这一方向绝非个人信息保护之福。人们需要寻求创新思维，构建配套制度。而此乃时代性的命题。值得期待的一个改变方向是，设立并拓展“告知—同意”原则的新机制。司法实践和法律理论已经逐步认可“例外”情形，包括合同必需的情形（为订立或者履行个人作为一方当事人的合同所必需）、职责/义务必需的情形（为履行法定职责或者法定义务所必需）、紧急必需的情形（如为应对突发公共卫生事件，或者紧急情况下为保护自然人的生命健康和财产安全所必需）、公益必需的情形（如为公共利益实施新闻报道、舆论监督等行为在合理的范围内处理个人信息）等。

【案例 6－21】

黄××诉微梦公司等名誉权纠纷案①

新浪微博是微梦公司运营的社交平台。黄××是新浪微博名称为“gency 徐幼凉”的用户，认为“说给织女徐幼凉”“说给织女徐幼凉 809”新浪微博用户发表的微博言论构成对自己的诽谤和侮辱，引发了许多不明真相的网友使用污秽的语言对其进行攻击。为此，黄××诉至百色市田阳区人民法院，请求判令微梦公司向自己提供有关微博用户的真实身份信息，包括姓名、性别、民族、出生年月日、住所地、身份证号码、职业、联系方式。微梦公司辩称：自己不能直接向原告提供涉案微博用户的个人信息，只能在法院认为确有必要的情况下向人民法院提供，在审判实践中，确有一些原告存在利用人民法院立案登记制，套取大量用户个人信息的行为。被告恳请法院在审查原告证据后，对于认为确有必要披露的用户个人信息，以书面形式载明确有必要披露的用户名称及 UID，要求被告提供，被告将积极配合向

① 参见广西壮族自治区百色市田阳区人民法院（2019）桂 1021 民初 1009 号民事判决书。

法院提供。

在案件审理过程中，百色市田阳区人民法院发出调查函给微梦公司，同时委托湖北省宜昌市伍家岗区人民法院协助调查，查明“说给织女徐幼凉”微博账户绑定的手机号码185××××3387为杨××的父亲杨晨实名办理的电话号码，在杨××未成年时办理给杨××使用的；“说给织女徐幼凉809”微博账户绑定的手机号码为杨××的电话号码；这两个新浪微博账户均为杨××注册使用。

该案中，网络服务提供者微梦公司之所以可以不必经过个人信息主体（杨××）的同意向黄××提供有关微博用户的真实身份信息，是因为这属于“履行法定义务所必需”的情形。

实践中，有关网络服务提供者可能会设置相关审批流程，而这一流程是否合理、合法可能会引发一些不必要的争议。因此，如何优化、完善“例外”制度是有待进一步探索的问题。

【案例6-22】

陈××诉淘宝公司财产损害赔偿纠纷案①

2018年11月16日，陈××通过淘宝公司经营的淘宝网以其会员名“yaler005”向会员名为“京锋数码城”的卖家购买“苹果×5.8寸”手机。11月20日，陈××收到手机后认为手机存在质量问题，在与卖家协商无果的情况下，于2018年12月1日以卖家店铺注销、无法换货为由向淘宝公司投诉。后来陈××要求淘宝公司披露卖家的身份信息。2018年12月7日，陈××收到淘宝公司回复，要求其填写“信息披露申请表”按规定流程进行申请。双方因此发生纠纷，陈××便诉至法院。

案件审理中，陈××陈述道：淘宝公司确有告知其披露涉案卖家信息所需遵守的流程和规定，但其对该流程和规定不予认可。双方一致确认淘宝公司没有在起诉前披露涉案卖家信息的原因是，陈××未按淘宝公司规定的流程上传其身份信息以及信息披露申请表。2019年4月16日在证据交换时，淘宝公司当庭向陈××出示涉案卖家“京锋数码城”的真实名称、地址、有效联系方式。

此外，各种“例外”情形仍有大力拓展和优化流程的空间。例如，个人信息的“脱敏”使用是否无须征求“同意”？“脱敏”尚无统一的界定，它通常指的是“对个人信息的去标识化处理”，即“收集个人信息后，个人信息控制者宜立即进行去标识化处理，并采取技术和管理方面的措施，将可用于恢复识别个人的信息与去标识化后的信息分开存储并加强访问和使用的权限管理”②。简单来理解，“脱敏”后的个人信息是对个人身份信息的去除或改变，由它通常不能再识别到个人。这就为

① 参见上海市松江区人民法院（2019）沪0117民初6495号民事判决书。

② 见《信息安全技术—个人信息安全规范》（GB/T 35273-2020）第6.2条。http：//c.gb688.cn/bzgk/gb/showGb？type=online&hcno=4568F276E0F8346EB0FBA097AA0CE05E.

缩减个人信息主体的“同意”奠定了基础。当然，“脱敏”不是绝对的，“脱敏”后的个人信息使用无须主体“同意”也不是无条件的。又如，个人信息的“二次利用”是否无须征求“同意”？个人信息的二次利用（second use），也称加值利用，是指超出收集个人信息的特定目的的使用。一般情况下，二次利用是不被法律禁止的，但需要符合正当的使用观念。大数据时代悄然来临，个人信息的“二次利用”可能绕过个人信息中的“识别性”部分，而只是宏观地分析数据背后的规律与趋势。这也为缩减个人信息主体的“同意”奠定了基础。

三、个人信息的跨境提供

个人信息的跨境提供，是指存储于某一国家或地区境内的个人信息或相关数据向另一国家或地区进行转移、提供的活动。它是数据跨境流动的一种，既涉及个人信息保护问题，也涉及数据主权问题，还涉及其他国家、地区可能对我国采取歧视性的禁止、限制或者其他类似措施的问题。现阶段，几乎所有个人信息都存在跨境提供的法律问题，需要接受有关机关、专业机构组织的安全评估和个人信息保护认证，需要获得个人信息主体的同意，受个人信息处理者同境外接收方的合同约束。更为重要的是，对于关键信息基础设施运营者、海量个人信息处理者确实需向境外提供个人信息的，应当如何依法进行“加强型”处置。

实践中，个人信息能否及如何进行跨境提供，必须接受具体信息属性的判断。如在【案例 5－7】华大科技因人类遗传资源信息违规出境行政处罚案及阿斯利康、药明康德、上海华山医院等六家公司或机构因类似行为受科学技术部处罚的案件中，涉案被传递出境的数据既是人类遗传资源信息，也兼有科研活动中数据的属性。前一定性是指典型意义上的个人信息，后一定性并非典型意义上的个人信息。这就意味着有关信息的跨境提供既要接受个人信息保护法律的规制，也要同时接受其他相关法律的规制。不仅人类遗传资源信息如此，国家秘密信息、国家档案数据、个人金融信息、个人征信信息、人口健康信息、会计档案信息和审计工作底稿等也存在同个人信息混同的可能，因此在出境时需要接受双重或多重的规制。

【案例 6－23】

美国证监会要求五家会计师事务所提供审计底稿案

2012 年 12 月，美国证监会在美国提起诉讼，指控德勤、安永华明、毕马威华振、普华永道中天四大会计师事务所的中国所以及一家名为立信大华的会计师事务所拒绝提交中国客户的审计底稿和相关工作文件，妨碍对一起涉嫌欺诈案件的调查。美国证监会起诉的法律依据是美国《萨班斯－奥克斯利法》。针对该指控，四大会计师事务所不约而同地作出回应，将“矛头”指向中美监管层，称双方的跨境监管合作缺乏进展才是导致无法遵循相关法律跨境提供审计底稿的根本原因。2014 年 1 月，美国证监会行政审判法官卡梅伦—埃利奥特（Cameron Elliot）作出初审判决：暂停五家会计师事务所在美国的审计业务 6 个月。此案后经中美两国证监会的持续沟通，最终在审计日常监管合作方面取得重要进展，达成解决问题的谅解。①

假若这起案件发生在今天，有关审计底稿等材料的出境既要遵守《保守国家秘密法》关于保守国家秘密事项的规定，也要遵守《会计师事务所从事中国内地企业境外上市审计业务暂行规定》关于境内形成的审计工作底稿应当在境内存放、受限出境的规定。此外，由于审计底稿往往涉及公民个人信息，因此有关审计底稿等材料的出境还要遵守关于个人信息依法方能进行跨境提供的规定。

四、个人在个人信息处理活动中的权利

个人信息自决权在我国尚不明朗，这是一个需要同平台或其他主体的数据权利相权衡的问题。我国在“个人信息保护法”草案中，专门选择“个人在个人信息处理活动中的权利”进行了相关权利体系的设计。其限缩范围是“在个人信息处理活动中”，包括“知情权”等各项权能；也规定了相关的申请受理和处理机制。

表 6-9　个人信息处理活动中个人权利的名称、内涵及配套机制

个人在个人信息处理活动中的主要权利	知情权、决定权	个人有权限制或者拒绝他人对其个人信息进行处理，法律、行政法规另有规定的除外
	查阅、复制权	个人有权向个人信息处理者查阅、复制其个人信息，法律另有规定的除外
	请求更正、补充权	个人发现其个人信息不准确或者不完整的，有权请求个人信息处理者更正、补充
	请求删除权	个人有权请求删除个人信息
	要求解释说明权	个人有权要求个人信息处理者对其个人信息处理规则进行解释说明
配套机制	死者的权益行使机制	自然人死亡的，其个人在个人信息处理活动中的权利，由其近亲属行使
	申请受理和处理机制	个人信息处理者应当建立个人行使权利的申请受理和处理机制。拒绝个人行使权利的请求的，应当说明理由

① 改编自周小龙：《中国会计师事务所的两难境地——对“SEC起诉德勤上海案”的法律思考》，载《公司法律评论》，2013（1），373-374 页。

【案例 6-24】

贝尔塔公司与伊×人格权纠纷案①

贝尔塔公司的启信宝网站提供商业查询服务，向公众提供查询企业工商登记、涉讼裁判文书等信息的服务。2017 年，贝尔塔公司将中国裁判文书网的三篇裁判文书和人民法院公告网上的一篇法院送达判决的公告文书，转载至启信宝网站，任何人均可在该网站上搜索、查询到上述文书。上述文书分别记述了伊×涉及的四起纠纷情况，伊×系上述文书的案件当事人。伊×认为贝尔塔公司侵犯其个人信息等人格权，曾经与贝尔塔公司联系，要求删除文书，贝尔塔公司未予删除。伊×诉至法院。

庭审中查明，贝尔塔公司转载上述文书时，未获得中国裁判文书网②和人民法院公告网主办单位的授权，亦未征询伊×的意见。

一审法院认为：(1) 案涉裁判文书系由中国裁判文书网依法公开发布，伊×是案涉文书的案件当事人，文书中记述了伊×发生相关纠纷的情况，能够据以识别其身份，故不得违法使用；(2) 贝尔塔公司以营利为目的转载案涉法律文书，并未获得中国裁判文书网和人民法院公告网主办单位的授权，亦未征得当事人同意，其行为已构成非法使用他人个人信息；(3) 贝尔塔公司的非法使用行为，会使当事人个人信息的传播范围被不当扩大。遂判决贝尔塔公司的行为侵犯了伊×的个人信息权，对伊×要求贝尔塔公司删除转载的相关裁判文书并赔偿损失的主张予以支持。

贝尔塔公司不服，提起上诉。其主要理由是：在伊×起诉或应诉时法院已告知其信息将被公开，按照判决方式结案必须接受信息公开后果；伊×未向法院申请对判决书内容进行处理或不予公开，可视为其同意公开判决书中的个人信息；共享、转让、公开自合法公开披露的信息中获取的个人信息无须征得信息主体同意。

二审法院经审理认为，本案的争议焦点之一是：贝尔塔公司转载中国裁判文书网及人民法院公告网上发布的涉案文书是否侵犯伊×的个人信息权益。对此，二审法院认为：(1) 贝尔塔公司公开的涉案裁判文书和公告文书能够识别出伊×的个人身份，包含了伊×的个人信息。涉案裁判文书及公告文书展现了伊×与原就职公司

① 参见江苏省苏州工业园区人民法院 (2018) 苏 0591 民初 2244 号民事判决书，江苏省苏州市中级人民法院 (2019) 苏 05 民终 4745 号民事判决书。

② 中国裁判文书网上发布的裁判文书下方均有一段公告："一、本裁判文书库公布的裁判文书由相关法院录入和审核，并依据法律与审判公开的原则予以公开。若有关当事人对相关信息内容有异议的，可向公布法院书面申请更正或者下镜。二、本裁判文书库提供的信息仅供查询人参考，内容以正式文本为准。非法使用裁判文书库信息给他人造成损害的，由非法使用人承担法律责任。三、本裁判文书库信息查询免费，严禁任何单位和个人利用本裁判文书库信息牟取非法利益。四、未经允许，任何商业性网站不得建立本裁判文书库的镜像（包括全部和局部镜像）。五、根据有关法律规定，相关法院依法定程序撤回在本网站公开的裁判文书的，其余网站有义务免费及时撤回相应文书。"

或者合同相对方发生纠纷的情况，伊×的名字较长，相较于大多数人的姓名，其独特性和显著性较为明显，结合文书内容易于识别伊×的个人身份，可以认定贝尔塔公司通过转载相关文书实施了公开伊×个人信息的行为。(2) 中国裁判文书网和人民法院公告网登载涉伊×的裁判文书和公告文书系基于司法解释的强行性规定，伊×对此负有容忍之义务。(3) 贝尔塔公司转载并公开涉伊×等主体的法律文书，系基于法律文书已被中国裁判文书网和人民法院公告网合法公开，且就法律文书内容而言并不能判别是否涉及自然人值得保护的重大利益，故不违法。(4) 对贝尔塔公司的转载和再次公开行为是否违反正当性和必要性原则、是否对所涉自然人值得保护的重大利益造成影响，应更多考量个人信息主体对其个人信息传播控制的权利以及其对个人利益受影响程度的评判，即应尊重伊×本人对于其已被合法公开信息进行二次传播的个人意愿，赋予伊×应有的选择权利。贝尔塔公司收到伊×要求后仍未及时删除相关裁判文书和公告文书，有悖于伊×对已公开信息进行传播控制的意思表示，违反了合法性、正当性和必要性原则，应该认为对伊×构成重大利益影响，侵犯了其个人信息权益。

该案中，一审法院确认的是“伊×的个人信息权”，二审法院确认的是“伊×的个人信息权益”。这反映了在法律尚无明确规定的情况下司法机关作出的谨慎处理。人们有理由相信，随着法律明确赋权，司法机关作出权利确认判决会变得清晰。当然，关于个人信息的权利肯定是一种附条件的民事权利——人们需要注意法律条款赋权时所作的权限范围和条件限定。

【案例 6－25】

于××诉解放派出所、鞍山市公安局个人信息录入行为违法并赔偿案①

2020 年 3 月 2 日，于××去鞍山市公安局铁东分局解放派出所开取“无犯罪记录证明”。该派出所出具了“无犯罪记录证明”，内容为：“兹有于××，性别：男，出生日期 1960 年 3 月 24 日，公民身份号码：2103021960××××××××，户籍地址：辽宁省鞍山市××工人街××单元××号。经查阅辽宁公安综合信息资源应用平台，该人系案件 A2103004503002016080089 的嫌疑人”。于××认为，派出所依据的辽宁省综合信息资源应用平台上有“该人系案件 2103004503002016080089 的嫌疑人”的登记信息，但没有关于“鞍山市铁东区人民检察院于 2019 年 7 月 1 日认为鞍山市公安局认定该案的犯罪事实不清，证据不足，不符合起诉条件，作出鞍东检刑不诉（2019）18 号不起诉决定，并于同日对于××解除取保候审”的登记信息。于××认为，鞍山市公安局对其个人信息登记不准确、不完全，诉至法院。

于××诉称：《公安机关公民个人信息安全管理规定》第 3 条规定，公安机关应当按照合法、必要、准确、安全的原则收集管理使用公民个人信息，保护公民的个人

① 参见辽宁省海城市人民法院（2020）辽 0381 行初 126 号行政裁定书。

隐私和合法权益。第5条规定，公安机关应当规范准确收集公民个人信息，发现公民个人信息不准确的，应当及时予以更正或者删除。更正或者删除不准确的公民个人信息，应当经过审批并留存操作日志。公民个人信息更正或者删除前已经进行数据交换的，更正后应当重新进行数据交换；删除后应当及时向原数据接收单位通报。

法院经审理认为：依据最高人民法院《关于适用〈中华人民共和国行政诉讼法〉的解释》第1条第2款第1项关于"公安、国家安全等机关依照刑事诉讼法的明确授权实施的行为"的规定，鞍山市公安局对于××涉嫌犯罪实施的行为系公安机关机关依照刑事诉讼法的明确授权实施的行为，不属于行政诉讼的受案范围。

在该案中，法院以"侦查机关处理个人信息的行为不属于行政行为"为由，回避了对于××享有"请求更正、补充权"之事项的确认。应该说，若处理个人信息超越了侦查活动的范围，于××主张相关个人信息权利是完全合理且正当的。

五、个人信息处理者的义务

与个人在个人信息处理活动中享有权利相对，个人信息处理者承担着个人信息保护的概括义务。个人信息处理者因个人信息处理活动侵害个人信息权益的，要承担赔偿责任、行政责任；情节严重的，还可能被依法给予治安管理处罚、追究刑事责任。

【案例6－26】

刘×诉中国工商银行侵犯个人信息受保护权案①

2011年6月律师刘×在中国工商银行上海市分行（以下简称工行上海分行）申请开通了一张牡丹畅通卡。该卡开通后，工行上海分行未经刘×同意，多次以"95588"银行专用短号码向原告发送并非用户服务的商业信息，从2013年2月起至2014年6月止，数量多达三十余条。刘×曾三次要求工行上海分行停止发送商业信息，但该银行置之不理。刘×将工行上海分行诉诸法院，请求判令被告停止侵害原告个人信息受保护的权利的行为。被告工行上海分行辩称：自原告刘×开卡之日起，原、被告均遵守中国工商银行牡丹信用卡章程及牡丹畅通卡领用合约的各项规定。本案中，既不存在被告的侵害行为，也缺少原告的客观损害事实，两者间的因果关系和被告的过错也无从谈起，不符合一般侵权行为的构成要件，故原告的诉讼请求无法成立。

法院经审理后认为：被告工行上海分行的行为滥用了其掌握的原告个人信息，客观上滋扰了原告正常的生活安宁，在原告提出异议后即应停止向其发送商业性信息。遂判决被告工行上海分行停止向原告刘×发送商业性短信息，并书面赔礼道歉。

① 参见上海市浦东新区人民法院（2014）浦民一（民）初字第31800号民事判决书。

在大数据时代，强化个人信息处理者所承担的个人信息保护义务，特别是强化不同的个人信息处理者之间的义务，比以往更为重要和迫切。我国有法院在判案时特别指出，"互联网＋大数据时代，用户数据安全与商业化利用是形影不离的两个问题，只有在充分尊重用户意愿，保护用户隐私权、知情权和选择权的前提下，才能更好地利用数据信息，促进网络经济的发展，进而实现增进消费者福祉，营造公平有序的互联网竞争环境"①。这表明，司法机关主张个人信息处理者承担个人信息保护义务是一种社会责任。

【案例 6－27】

微梦公司与淘友技术公司、淘友科技公司不正当竞争纠纷案②

微梦公司经营的新浪微博，既是社交媒体网络平台，也是向第三方应用软件提供接口的开放平台。淘友技术公司、淘友科技公司经营的脉脉软件，是一款移动端的人脉社交应用软件，上线之初因为和新浪微博合作，用户可以通过新浪微博账号和个人手机号注册登录脉脉软件，用户注册时还要向脉脉上传个人手机通讯录联系人，脉脉根据与微梦公司的合作可以获得新浪微博用户的 ID 头像、昵称、好友关系、标签、性别等信息。微梦公司后来发现，脉脉用户的一度人脉中，大量非脉脉用户的新浪微博用户头像、名称、职业、教育等信息也被直接显示。后新浪微博与脉脉软件终止合作，并提起诉讼，主张淘友技术公司、淘友科技公司存在非法抓取、使用新浪微博用户职业、教育等信息等不正当竞争行为。

一审法院根据优势证据原则认定涉案非脉脉用户信息来自新浪微博，判决淘友技术公司、淘友科技公司停止涉案不正当竞争行为等。

两被告不服，提起上诉，二审法院维持原判。二审法院特别指出：微梦公司作为新浪微博的网络运营者，拥有上亿用户的个人信息，庞大的用户群及数据信息成为新浪微博在社交软件中的竞争优势。但是，微梦公司在 OpenAPI 的接口权限设置中存在重大漏洞，被侵权后无法提供相应的网络日志进行举证，对于涉及用户隐私信息数据的保护措施不到位，暴露出其作为网络运营者在管理、监测、记录网络运行状态，应用、管理、保护用户数据，应对网络安全事件方面的技术薄弱问题。为了保护新浪微博用户的个人信息及维护新浪微博的竞争优势，微梦公司应当积极履行网络运营者的管理义务，防止用户数据泄露或被窃取、篡改，保障网络免受干扰、破坏或者未经授权的访问。为此二审法院倡议网络运营者在采集、运用用户数据时履行如下管理义务：(1) 制定内部数据信息安全管理制度和操作规程，确定网络安全负责人，落实网络数据信息安全保护责任；(2) 采取防范计算机病毒和网络攻击、网络侵入等危害网络数据信息安全行为的技术措施；(3) 采取监测、记录网络运行状态、网络安全事件的技术措施，并按照规定留存相关的网络日志；(4) 采

① 北京知识产权法院（2016）京 73 民终 588 号民事判决书。

② 参见北京市海淀区人民法院（2015）海民（知）初字第 12602 号民事判决书。

取数据分类、重要数据备份和加密等措施；（5）制定网络安全事件应急预案，及时处置系统漏洞、计算机病毒、网络攻击、网络侵入等安全风险。

我国“个人信息保护法”草案按照个人信息处理者的不同情况，初步设立了细化的义务制度。这些细化义务主要针对个人信息处理者，但这并不意味着个人信息控制者等主体不承担保护个人信息的义务，也不排斥有关部门履行个人信息保护的职责。

表 6-10　　个人信息处理者之义务的名称及内涵

全部的个人信息处理者	安全保障的义务	制定内部管理制度和操作规程
		对个人信息实行分类管理
		采取相应的加密、去标识化等安全技术措施
		合理确定个人信息处理的操作权限，并定期对从业人员进行安全教育和培训
		制订并组织实施个人信息安全事件应急预案
		法律、行政法规规定的其他措施
	组织审计的义务	定期对其个人信息处理活动遵守法律、行政法规的规定进行合规审计
	对特定事项进行事前风险评估的义务	处理敏感个人信息
		利用个人信息进行自动化决策
		委托处理个人信息、向他人提供个人信息、公开个人信息
		向境外提供个人信息
		其他对个人有重大影响的个人信息处理活动
	采取补救措施和通知的义务	发现个人信息泄露的，应当立即采取补救措施
		通知履行个人信息保护职责的部门和个人
		通知包括个人信息泄露的原因、泄露的个人信息种类和可能造成的危害、已采取的补救措施、个人可以采取的减轻危害的措施、个人信息处理者的联系方式在内的事项
		个人信息处理者采取措施能够有效避免信息泄露造成损害的，个人信息处理者可以不通知个人
处理个人信息达到规定数量的个人信息处理者	指定个人信息保护负责人的义务	指定个人信息保护负责人，负责对个人信息处理活动以及采取的保护措施等进行监督
		公开个人信息保护负责人的联系方式，并将个人信息保护负责人的姓名、联系方式等报送履行个人信息保护职责的部门
境外的个人信息处理者	设立专门机构或指定代表	在中国境内设立专门机构或者指定代表，负责处理个人信息保护相关事务
		将有关机构的名称或者代表的姓名、联系方式等报送履行个人信息保护职责的部门

续表

超大互联网平台①	强化的个人信息保护义务	成立主要由外部成员组成的独立机构，对个人信息处理活动进行监督
		对严重违反法律、行政法规处理个人信息的平台内的产品或者服务提供者，停止提供服务
		定期发布个人信息保护社会责任报告，接受社会监督
接受委托处理个人信息的受托方	相关义务	采取必要措施保障所处理的个人信息的安全

【案例 6－28】

申×与携程公司、支付宝公司侵权责任纠纷案（续）②

该案的争议问题之二是：申×的个人信息是否为携程公司所泄露？携程公司应否承担民事责任？对此，法院经审理认为：申×已举证证明其将个人信息提供给携程公司，后在较短时间内发生信息泄露，已完成相应合理的举证义务。携程公司应就其对申×的个人信息泄露无故意或过失之事实负举证责任。现携程公司的举证为两方面，即其在信息安全管理上无漏洞，以及个人信息存在被其他主体泄露的可能。但从现有证据看，携程公司在信息安全管理的落实方面存在漏洞，未尽到对个人信息负有的信息保管及防止泄露义务，具有过错。至于其他主体获得个人信息问题，涉案信息的传递是因携程公司出于经营需要而发生，携程公司主张其他主体泄露信息，依法应由其进行举证。现携程公司仅提出理论上存在其他主体泄露的可能性而未完成举证。故综合来看，申×对于个人信息泄露已完成举证，携程公司提出的主张及举证不充分。综上，携程公司在信息安全管理的落实方面存在漏洞，未尽到对个人信息负有的信息保管及防止泄露义务，具有过错，应承担侵权责任。

法院进一步指出，携程公司作为电商平台、网络服务提供者，其承担的安全保障义务的合理性表现如下：第一，携程公司作为知名旅行产品网络服务提供者，已成为大数据时代的主要个人信息处理者，其对个人信息的处理包含了从信息被收集，到被处理和利用，再到传递等一系列行为，其商业行为的获利模式亦主要在于信息的处理与传递。携程公司对于申×订票所生成的个人信息负有信息安全保管及防止泄露、控制危险的义务。第二，从电商平台的运营模式来看，用户对电商平台保障其消费流程的数据安全具有合理的信赖，基于网络环境下的基本安全需求，实

① 法条用语为“提供基础性互联网平台服务、用户数量巨大、业务类型复杂的个人信息处理者”。

② 参见北京市朝阳区人民法院（2018）京 0105 民初 36658 号民事判决书。

际已经形成了用户预期免受第三人侵害的合理信赖利益，因此从保护用户信赖利益的角度出发，法律也应对电商平台提出安全保障的义务。本案中，申×正是对携程公司不会违法向第三人泄露机票行程信息的状态产生了合理的信赖，才会对诈骗分子产生轻信，进而遭受了财产损失。第三，网络服务提供者作为系统安全的直接维护者和受益者，对于这类行为无论是在反应机制和技术储备方面还是在人力、财力的支持方面，都具有高度的应对便利和条件，因此对网络服务提供者规范其安全保障责任，将最有利于被侵权人得到合理的救济，也最符合侵权法的整体效率的实现。

该案是个人信息处理者承担义务的动态呈现。法院主要针对其安全保障义务，阐述了各方当事人的举证责任及认定过程、认定结果。具体来说，作为个人信息处理者的携程公司应当证明其在信息安全管理上无漏洞，或者证明个人信息是由其他主体泄露的。其被判败诉，原因主要在于其举证不充分。

以下是另一起因购买机票出现个人信息泄露被诈骗引发的案件。案件中不仅开展线上卖票业务的App平台被起诉，而且开设线上直营店的航空公司亦被起诉。航空公司因证明自己对旅客信息采取了多重信息安全保障措施而被判决不承担责任。

【案例 6-29】

方××与东航股份公司等合同纠纷案①

2018年8月12日，方××通过“金色世纪”App平台订购东方航空股份公司机票两张，后接到“航班取消”信息而被骗79 629元。方××报警后诉至法院。法院经审理查明：东航股份公司与金色世纪公司于2018年6月23日签订“线上直营合作协议”，约定，前者在后者北京金色世纪商旅平台开设线上直营店，后者为前者提供机票销售的推广、票务结算及清算等服务。庭审时，东航股份公司主张其对旅客信息采取了多重信息安全保障措施，其针对可查看订单信息的“东航B2C会员专区后台管理系统”进行了数据脱敏设置，已确保任何人都无法通过该系统查询到订单信息所对应的订票人身份证号、手机号及联系人手机号，并提交了上海市长宁公证处出具的（2019）沪长证经字第1044号、1045号公证书，信息系统安全等级测评报告、等级测评情况说明、信息系统的等级保护备案证明予以证明。原告对这些证据的真实性予以认可，对关联性和证明目的不予认可。

关于东航股份公司是否存在泄露信息的违约行为的争议，法院经审理认为：东航股份公司作为实际出票人和承运人，掌握了原告的姓名、身份证号、手机号、行程信息等个人信息，其应举证证明已采取有效措施保护乘客的个人信息。为此，东

① 参见广东省深圳市宝安区人民法院（2018）粤0306民初23342号民事判决书。

航股份公司提交了一系列证据证明其针对可查看订单信息的“东航B2C会员专区后台管理系统”进行了数据脱敏设置，确保任何人都无法通过该系统查询到订单信息所对应的订票人身份证号、手机号及联系人手机号；并制订了严密的安全管理制度，对数据存储安全进行专门认证，执行个人信息保护和数据安全方面最严格的国际规范，等等。基于此，被告东航股份公司已充分举证在自身掌握信息阶段不存在泄露信息的事实。

六、政府部门履行个人信息保护职责

我国“个人信息保护法”草案明确了“履行个人信息保护职责的部门”。具体来说，国家网信部门负责统筹协调个人信息保护工作和相关监督管理工作；国务院有关部门在各自职责范围内负责个人信息保护和监督管理工作；县级以上地方人民政府有关部门负责个人信息保护和监督管理职责。这种“网信＋有关部门”分散制的履职模式，意味着各有关部门应职责分工、协同执法。

【案例6-30】

许××诉广东省通信管理局不履行法定职责案①

许××因中国移动广州分公司下属的营业厅以其不同意拍摄无备注身份证原件为由拒绝办理相关业务，向该公司投诉。该公司答复称，此做法系执行《关于防范和打击电信网络诈骗犯罪的通告》等文件。许××对中国移动广州分公司的答复不服，遂通过广东省通信管理局官方网站的“信访申请”窗口向该局反映情况。广东省通信管理局受理许××的信访申请后，向许××作出并送达了意见书。该意见书载明：经向广东移动公司调查了解，由于品牌转换业务办理涉及用户资料信息登记核实，且许××的上述号码在新入网时仅进行实名登记并没有现场拍照，未达到实名制的要求标准。根据六部门通告等文件的相关要求，为确保上述号码的办理人与登记机主身份一致，中国移动广州公司在为该号码办理品牌转换业务时，除通过身份证识别仪器（国政通）对机主有效证件资料进行校验外，还需要通过营业厅高清仪器现场拍照进行人脸识别并进行信息留存。为避免用户信息外泄或挪作他用，对于通过该流程留存的业务办理人照片等信息，系统均会自动生成含有“中国移动实名制专用”“仅用于办理移动业务、复印无效”等水印备注说明，因此无须另外在身份证件上加保护套或备注信息再拍照。综上，暂未发现该企业存在违规行为。许××认为广东省通信管理局属于行政不作为，便诉至法院。一、二审法院均

① 参见广东省高级人民法院（2019）粤行终671号行政裁定书，最高人民法院（2020）最高法行申2612号行政裁定书。

以许××的起诉不符合法定起诉条件，裁定不予立案。许××向最高人民法院申请再审。最高人民法院经审理认为：电信业务经营者在提供电信服务过程中，对用户的个人信息，尤其是身份信息，负有安全保障义务；电信用户认为电信业务经营者收集、利用其个人信息时侵犯其合法权益的，有权通过合法途径寻求救济。本案中，广东省通信管理局在其官方网站为通信用户行使申诉、投诉、举报、信访等权利提供了多种救济途径。再审申请人许××在能够自由选择该网站提供的救济路径的情形下，自主选择了“信访申请”入口向广东省通信管理局提出案涉信访事项。广东省通信管理局根据《信访条例》规定，就该信访事项进行调查后，作出意见书，向再审申请人许××进行解释说明，属于信访处理行为。根据最高人民法院《关于适用〈中华人民共和国行政诉讼法〉的解释》第1条第2款第9项规定，行政机关针对信访事项作出的登记、受理、交办、转送、复查、复核意见等行为，不属于人民法院行政诉讼的受案范围。遂裁定再审事由不能成立。

该案反映了电信管理部门承担对个人信息保护履行执法责任的事实。

其实，我国推行个人信息保护领域的“网信+有关部门”履责之分散制，在很大程度上受到《网络安全法》之网络安全执法体制的影响。该法第8条规定：“国家网信部门负责统筹协调网络安全工作和相关监督管理工作。国务院电信主管部门、公安部门和其他有关机关依照本法和有关法律、行政法规的规定，在各自职责范围内负责网络安全保护和监督管理工作。”该条规定所涉及的网信部门、电信部门、公安部门以及工信部门等，均要承担个人信息保护的职责，其中，网信部门承担的是“统筹协调”的主责；至于不在《网络安全法》第8条规定范围之内的其他部门，如《电子签名法》《商业银行法》《消费者权益保护法》《反恐怖主义法》《传染病防治法》《居民身份证法》《护照法》《测绘法》《档案法》《律师法》《执业医师法》《广告法》《旅游法》《邮政法》《统计法》《反洗钱法》等法律对应的部门，均要在各自职责内依法履职。

面向未来，我国如何在现有分散制的基础上提高执法效率、提升治理效果，值得从适当集中履职机构的角度进行努力。从世界范围来看，欧盟《一般数据保护条例》设置了欧洲数据保护委员会（European Data Protection Board)，该委员会在相关执法乃至立法领域起到了实质性作用。例如，2018年4月欧盟委员会提出电子证据条例——《关于制定欧洲刑事电子证据提交令与保存令条例的提案》①，之后必须听取欧洲数据保护委员会的专业意见。同年9月26日，欧洲数据保护委员会就有关提案发表意见，明确拟推出“条例”应当在欧盟中保持较高的数据保护水

① European Commission. Proposal for a Regulation of the European Parliament and of the Council on European Production and Preservation Orders for Electronic Evidence in Criminal Matters.（2018-04-17）[2021-02-06]. https：//eur-lex. europa. eu/legal-content/EN/TXT/? qid=1595206697885&uri=CELEX：52018PC0225.

平，并注意与未来国际协议之间的相互影响。① 欧洲数据保护委员会可以促进提高各种立法的个人信息保护水平，这与其机构相对集中设置是有关系的。笔者以为，我国在坚持现有相关机构分别建设个人信息保护队伍的基础上，设立一个指导和协调机构如"部际联席会议"是必要的。这就像 2010 年我国建立国家电子文件管理部际联席会议一样。该会议由国家网信部门/中央网信部门牵头，可以形成稳定的"联席会议"制度。

拓展阅读

1. 张新宝．从隐私到个人信息：利益再衡量的理论与制度安排．中国法学，2015（3）

2. 郑维炜．个人信息权的权利属性、法理基础与保护路径．法制与社会发展，2020，26（6）

3. 刘文杰．被遗忘权：传统元素、新语境与利益衡量．法学研究，2018，40（2）

4. 周汉华．个人信息保护的法律定位．法商研究，2020（3）

5. 王利明．数据共享与个人信息保护．现代法学，2019（1）

6. 丁晓东．个人信息私法保护的困境与出路．法学研究，2018（6）

课后思考

1. 结合下述案例，试述"人肉"搜索对个人信息的侵犯及如何规制。

媒体报道的中国"人肉搜索第一案""网络暴力第一案"，引发了国人对人肉搜索现象的广泛关注与讨论。2007 年年底，一个叫姜×的 31 岁女子，因为丈夫王×有了第三者想与其离婚，便从 24 楼跳下自杀。她在生前写下的、后来广为人知的"死亡博客"中，将自杀原因归咎于丈夫的不忠，并贴出了丈夫和第三者的照片。这些内容在网上公开后，网友众口一词痛骂"负心郎"与第三者。姜×的大学同学张××为了祭奠姜×，并抨击王×的不忠行为，于 2008 年 1 月 11 日注册了"北飞的候鸟"网站。张××、姜×的亲属及朋友先后在该网站上发表纪念姜×的文章。张××还将该网站与天涯网等进行了链接。几天后，大旗网也制作了《从 24 楼跳下自杀的 MM 最后的 BLOG 日记》的专题，将王×的真实姓名和合影照片等粘贴在网页上。王×随即遭遇"人肉搜索"，他被网友骚扰、被迫辞职，再没有单位敢聘用他；甚至他父母家门口也贴满诬陷、恐吓的标语……

① European Data Protection Board. Summary of the Opinion of the European Data Protection Supervisor on Proposals regarding European Production and Preservation Orders for Electronic Evidence in Criminal Matters. (2020 - 01 - 31) [2021 - 02 - 06]. https://edps.europa.eu/sites/edp/files/publication/edps_summary_of_opinion_on_e_evidence_proposals_final_en.pdf.

同年3月18日，王×将三网站起诉至法院，要求判令三被告停止侵害、赔礼道歉，并索赔工资损失7.5万元、精神损害抚慰金6万元及公证费用2 050元。9个月后，法院判决“北飞的候鸟”网站经营者张××和大旗网构成对王×隐私权和名誉权的侵犯，分别被判停止侵权、公开道歉，并赔偿王×精神抚慰金5 000元和3 000元；天涯网因于王×起诉前及时删除了侵权帖子，被判免责。

2. 论述我国各个领域推出的实名制对个人信息保护的利弊。

3. 结合下述案件和文章，阐述cookie信息是否属于个人信息。

百度网讯公司在百度网站首页设置了《使用百度前必读》的链接，设置有“隐私权保护声明”的链接，其中表明使用了cookie技术，cookie主要的功能是“便于您使用网站产品和/或服务，以及帮助网站统计独立访客数量等。运用cookie技术，百度能够为您提供更加周到的个性化服务，并允许您设定您特定的服务选项。当您使用服务时，会向您的设备发送cookie。当您与我们提供给合作伙伴的服务（例如广告和/或推广服务，以及可能显示在其他网站上的由百度提供的服务功能）进行交互时，我们允许位于百度域的cookie或者其他匿名标识符发送给百度的web服务器。您可以选择拒绝cookie。您可以通过修改浏览器设置的方式拒绝cookie。如果您选择拒绝cookie，则您可能无法登录或使用依赖cookie的百度服务或功能。如果您不希望在您访问百度联盟网站时，百度基于cookie向您推送个性化的信息，可以通过个性化配置限制百度对cookie的使用”。2013年5月6日，朱×认为百度网讯公司利用cookie技术，未经朱×的知情和选择，记录和跟踪了朱×所搜索的关键词，将朱×的兴趣爱好、生活学习工作特点等显露在相关网站上，并利用记录的关键词，对朱×浏览的网页进行广告投放，便诉至法院。一审法院经审理认为，“百度网讯公司在使用cookie技术的同时，收集了朱×的网上活动轨迹，并根据朱×的上网信息在百度网讯公司的合作网站上展示与朱×上网信息有一定关联的推广内容，进一步利用了他人隐私进行商业活动，且该利用并非cookie技术使用的必然结果，已经构成侵犯他人的隐私权。”二审法院推翻一审判决，认为“cookie技术是一项合法的、基础的、中立的工具，在全球范围内被谷歌、雅虎、亚马孙等网络服务商普遍采用。本案中的cookie信息无法与特定的人相联系，也不包含《电信和互联网用户个人信息保护规定》第四条规定的个人身份识别信息，百度网讯公司为客户在合作网站上展示推广的内容仅是一种个性化展现，百度网讯公司所搜集的仅是不可识别的网络行为碎片化信息，而非现实世界中具体的个人信息，根本不可能与朱×发生对应识别关系。”

关于这起中国“cookies技术侵权第一案”，我国有学者认为二审法院的观点是错误的，理由是：保护个人信息归根结底是为了实现公民个人对其私人空间的自我支配和对其私人生活及个人形象的自我决定，从而免受外界不请自来的干扰，因此，通常使他人锁定或较为容易地锁定特定自然人的存在的信息都属于个人信息。互联网服务商使用cookies技术收集的信息一般包括用户上网轨迹信息和上网浏览器地址，这些信息使服务商可以轻易锁定特定人的生活空间，根据其关注的主题或其他特征，实现对公民私人生活的精准干涉，已满足可识别性要件，构成个人信息。①

4. 下列哪些情况属于侵犯个人信息的行为？

（1）许多明星的手机号按照姓氏拼音顺序出现在某网站论坛上；

（2）一些小区安装人脸识别系统；

（3）一些学校为了防止学生谈恋爱、防止考试作弊，在教室安装摄像头；

（4）一些网站向商业公司出售所收集到的用户信息；

（5）一些快递公司出售快递单据上的个人信息；

（6）一些 App“强制读取通讯录”；

（7）一种以 WiFi 探针为主要技术手段的广告营销设备上市；

（8）一些网络平台利用算法技术进行大数据杀熟。

5. 结合 2019 年国家互联网信息办公室发布的《儿童个人信息网络保护规定》，阐述我国儿童个人信息保护有哪些不同于对成年人个人信息保护的特殊做法。

6. 国家机关为履行法定职责处理个人信息，应否向个人告知并取得其同意？

① 参见刘文杰：《被遗忘权：传统元素、新语境与利益衡量》，载《法学研究》，2018（2），26－27页。

第七章

网络犯罪法

到 2025 年，今天有关互联网和网络犯罪的所有概念可能都会被扔进历史的垃圾箱。到那时，最大的威胁可能是将虚拟网络世界同现实世界加以区分的极端困难。心理学家已经警告过我们，观念可能比真理更重要：如果网络世界比现实世界更让人可信，那么虚拟世界将成为“真实的”世界。欢迎来到“骇客帝国”！

——［美］吉恩·斯蒂芬斯

【关键词】网络犯罪　《关于维护互联网安全的决定》　《网络犯罪公约》　非法侵入计算机信息系统罪　破坏计算机信息系统罪　网络聚众型犯罪　限制上网资格刑

【案例 7－1】

“善心汇”网络传销案

2013 年，张××注册成立深圳市善心汇文化传播有限公司。自 2016 年 3 月起，张××招募人员开发“善心汇众扶互生系统”上线运行。其以“扶贫互助”为名，以高额回报为诱饵，在各地发展会员。其要求参加者以购买“善种子”的方式获得入会资格，并按照一定顺序组成层级，以发展下线的数量作为返利依据。截至案发，参与“善心汇”传销活动的人员共 598 万余人，涉案金额竟然高达 1 046 亿余元。2018 年 12 月，湖南省永安市双牌县、冷水滩区、祁阳县人民法院分别作出一审判决，判决张××构成组织、领导传销活动等罪，判处有期徒刑 17 年并处罚金 1 亿元；判处其余被告人有期徒刑 10 年至 1 年 6 个月不等，并处罚金。2019 年 5 月，二审法院维持一审判决。

该案反映出广义上的网络犯罪呈现聚合化的严峻态势，跃升为法律治理领域的空前挑战。

第一节　网络犯罪的刑法治理

一、作为学术概念的网络犯罪

网络犯罪是伴随着网络的蓬勃发展而出现的一类新型犯罪现象。为了对这些与网络共生共存的犯罪现象进行研究，西方犯罪学家提出了“cybercrime”的概念，国内学者一般将其译为“网络犯罪”。从当前国内外的研究状况来看，人们对网络犯罪的内涵和外延的理解还不尽一致，归纳起来大体上包括如下四种观点。

（1）“工具说”。该学说是以网络的工具性价值为标准对网络犯罪概念加以定义的。例如，有人认为，“网络犯罪，是指行为人通过计算机、通信等技术手段，或者利用其所处的特殊地位（如 ISP），在网络环境中实施的侵害或者威胁法益并应受刑罚处罚的行为”①。“网络犯罪，是指违反国家法律规定，利用信息技术，在计算机网络上进行的妨害计算机信息交流或者严重危害社会，依法应负刑事责任的行为”②。

（2）“对象说”。该学说主要以侵害的对象为标准对网络犯罪概念加以定义。例如，日本警察厅认为，“计算机网络犯罪是对非法连接计算机网络系统的通信电缆等附带设备的犯罪，以及所有改换、消除现金卡、信用卡的磁条部分的犯罪”③。另有学者认为，“所谓计算机网络犯罪，是指针对和利用计算机系统，通过非法操作或者其他手段对计算机系统内数据的安全性或系统正常运行造成危害后果的行为”④。

（3）“结合说”。该学说实际是将上两种学说结合起来，既强调以网络（或网络技术）为犯罪工具，又强调以网络为犯罪对象。例如，有的学者认为，“从网络犯罪的共性出发……对网络犯罪应当进行广义上的界定，即网络犯罪是以计算机网络为犯罪工具或者犯罪对象而实施的严重危害网络空间安全的行为”⑤。有的认为，“网络犯罪，是指发生在网络空间的，以计算机网络为犯罪工具或者攻击对象的严重危害社会的行为”⑥。还有的认为，“网络犯罪，是指行为人运用计算机技术借助

① 张楚主编：《网络法学》，245 页，北京，高等教育出版社，2003。

② 王云斌编著：《网络犯罪》，27 页，北京，经济管理出版社，2002。

③ 转引自许秀中：《网络与网络犯罪》，163 页，北京，中信出版社，2003。

④ 孙铁成：《计算机与法律》，50－51 页，北京，法律出版社，1998。

⑤ 赵秉志、卢建军：《中国网络犯罪的现状及特点》，载《检察日报》，2004－08－04。

⑥ 冯卫国：《试论网络犯罪及其控制对策》，载赵秉志主编：《新千年刑法热点问题研究与适应》（上），382 页，北京，中国检察出版社，2001。

网络对其系统或信息攻击与破坏或者利用网络进行其他犯罪的总称”①。

（4）“关联说”。这是一种最广义的观点，主要以某一犯罪是否与网络有关为标准进行界定。采取这种广义观的理由是，网络是个新生事物，它本身还在不断发展之中，必然会有许多新型的网络犯罪不断发生。如案例 7－1 所指的网络传销犯罪，就法律定性来说，一般归于扰乱市场秩序罪的范围，但同时具有鲜明的“网络犯罪”色彩。这类新出现的犯罪以涉众型、经济型为特色，显然，“网络搭台”的力量在犯罪形成中起到了推波助澜的作用。

（5）“空间说”。这是关于网络犯罪最新的学说，其主张任何犯罪，只要涉及网络空间，都应当被视为网络犯罪。该学说强调的是网络犯罪的空间属性，其提出以网络在犯罪中的地位演变为依据。其学术贡献在于将很多看似典型的传统犯罪也在一定程度上纳入了网络犯罪之列。网络空间的存在，使传统犯罪的发生平台由“现实空间”一个增加为“现实空间”和“网络空间”两个，一个犯罪行为既可以是全部犯罪过程都发生于网络空间，也可以同时跨越网络空间和现实空间两个平台。②

前述各种观点似乎各有一定的道理。然而，学术研究和制度建设均须以一定的概念为起点。2021 年 1 月，最高人民检察院发布《人民检察院办理网络犯罪案件规定》，其中规定“网络犯罪是指针对信息网络实施的犯罪，利用信息网络实施的犯罪，以及其他上下游关联犯罪”。这就将“对象说”“工具说”“关联说”等学术观点等汇聚在一起。参考相关立法例，笔者认为，要合理地界定处于变动状态之中的网络犯罪概念，必须注意以下三点。

其一，网络犯罪是在计算机犯罪基础上“孵化”出来的。③ 计算机犯罪是在单机时代形成的刑法学或犯罪学概念；到了微机和局域网时代，计算机犯罪从单机犯罪扩展为单机犯罪和多机（网络）犯罪并存。当人类进入因特网时代后，计算机犯罪的主要表现形式为网络犯罪，而且网络犯罪的外延已经远远突破了计算机犯罪，因为因特网早已超出了计算机的范畴。具体来说，网络犯罪不仅侵犯计算机系统及其信息，也侵犯用户的合法利益，如财产权、知识产权、隐私权等；在一定条件下还会危及国家安全、公共安全、市场经济秩序、社会管理秩序，等等。无论如何，网络犯罪研究是在传统计算机犯罪研究的基础上发展而来的。这是毋庸置疑的。也正因为如此，网络犯罪的“工具说”、“对象说”、“结合说”与“空间说”之争，都带有关于计算机犯罪的类似争论的影子。

其二，网络犯罪并不是一个独立的罪名，而是某一类犯罪行为的统称，即属类罪。从这个角度来说，网络犯罪的客观方面构成要件不可能是某一种单独的行为，而应当是若干行为的集合。因此，人们在理解网络犯罪时不应当简单地理解为出现

① 唐大森：《网络犯罪若干问题探析》，载赵秉志主编：《新千年刑法热点问题研究与适应》（上），401 页，北京，中国检察出版社，2001。

② 参见于志刚：《网络、网络犯罪的演变与司法解释的关注方向》，载《法律适用》，2013（11），21 页。

③ 参见杨正鸣主编：《网络犯罪研究》，9 页，上海，上海交通大学出版社，2004。

了一种全新的犯罪形式，而应当同时注意几乎所有传统犯罪都出现了不同程度网络化的转向。在我国最高人民法院曾于 2016 年公布通过网络实施犯罪的刑事典型案例，涉及故意杀人案、盗窃案、诈骗案、绑架案、强奸案、非法拘禁案，就是传统犯罪同网络犯罪的交集。①

其三，网络犯罪并不是一个静止的概念，会随着网络技术的发展而呈现具体形态的演变。当下的互联网追求将人、数据和机器连接起来，相应地产生了物联网、工业互联网、能源互联网等概念。这些也带来了网络犯罪的空间转移现象。特别是，当下是大数据、人工智能的时代，一些以海量数据为对象或工具的犯罪也浮出水面，一些借助人工智能实施的犯罪初露端倪。有关现象也被称为数据犯罪、人工智能犯罪，它们丰富了网络犯罪的时代内涵。

【案例 7-2】

叶源星、张剑秋犯提供侵入计算机信息系统程序罪，谭房妹犯非法获取计算机信息系统数据罪案②

这是媒体报道的中国 AI“撞库打码”第一案。

2015 年 1 月，叶源星编写了用于批量登录某电商平台账户的“小黄伞”撞库软件（“撞库”是指黑客通过收集已泄露的用户信息，利用账户使用者相同的注册习惯，如相同的用户名和密码，尝试批量登录其他网站，从而非法获取可登录用户信息的行为）供他人免费使用。“小黄伞”撞库软件运行时，配合使用叶源星编写的打码软件（“打码”是指利用人工大量输入验证码的行为）可以完成撞库过程中对大量验证码的识别。叶源星通过网络向他人有偿提供打码软件的验证码识别服务，同时将其中的人工输入验证码任务交由张剑秋完成，并向其支付费用。2015 年 1 月至 9 月，谭房妹通过下载使用“小黄伞”撞库软件，向叶源星购买打码服务，获取到某电商平台用户信息 2.2 万余组。叶源星、张剑秋通过实施上述行为，从谭房妹处获取违法所得共计人民币 4 万余元。谭房妹通过向他人出售电商平台用户信息，获取违法所得共计人民币 25 万余元。

2017 年 6 月 20 日，浙江省杭州市余杭区人民检察院以叶源星、张剑秋构成提供侵入计算机信息系统程序罪，谭房妹构成非法获取计算机信息系统数据罪，向浙江省杭州市余杭区人民法院提起公诉。

11 月 17 日，法院公开开庭审理了本案。法院审理期间，叶源星、张剑秋、谭房妹对检察机关的指控均无异议，并退缴了全部违法所得。最终法院采纳了检察机

① 参见《最高人民法院公布通过网络实施犯罪的刑事典型案例》，载《最高人民法院公报》，2016（3），15-19 页。

② 参见浙江省杭州市余杭区人民法院（2017）浙 0110 刑初 664 号刑事判决书，最高人民检察院指导性案例（检例第 68 号）。

关的指控意见，判决认定被告人叶源星、张剑秋的行为已构成提供侵入计算机信息系统程序罪，且系共同犯罪；被告人谭房妹的行为已构成非法获取计算机信息系统数据罪。鉴于三名被告人均自愿认罪，并退出违法所得，对三名被告人判处3年有期徒刑，适用缓刑，并处罚金。

该案中，"小黄伞"软件具有不断更换IP地址、接入打码平台并突破验证码，自动抓取该淘宝账号对应的昵称、注册时间、是否认证等信息，在未经授权的情况下非法获取淘宝网计算机信息系统上的数据等功能。

此类案件也被视为人工智能犯罪在中国的初步出现。

二、网络犯罪刑法治理的国际模式

（一）有关国家的代表性立法

国际上治理网络犯罪的努力最早可推至1958年美国硅谷发生的计算机盗窃案。那一起案件暴露得很晚。大约是在8年后的1966年10月，美国斯坦福研究所计算机安全专家唐·B. 帕克在调查与计算机有关的事故时，发现一位计算机工程师通过篡改程序的方法在银行存款余额上做了手脚。① 之后，这类案件在世界范围内便越来越频繁。

作为世界上信息技术最发达的国家，同时也是饱受网络犯罪困扰的国家，美国首开网络犯罪立法的先河。1978年8月，美国佛罗里达州通过了世界上第一部《计算机犯罪法》，内容包括侵犯知识产权、侵犯计算机装置和设备、侵犯计算机用户等多项犯罪以及量刑的规定。随后，美国其他各州均纷纷效仿，竞相立法，几乎所有的州都制定了规制网络犯罪的专门法律，如亚利桑那州的《有组织犯罪及欺诈法》、明尼苏达州的《阻碍商业犯罪法》、康涅狄格州的《计算机犯罪法》、弗吉尼亚州的《计算机犯罪法》等。在联邦层面，美国国会自1979年就开始讨论有关网络犯罪的立法问题，于1984年制定了第一部惩治计算机犯罪的专门法律《伪造访问装置及计算机欺诈与滥用法》，此后数次对该法案进行修订，最后形成了《计算机滥用法修正案》。② 上述州法和联邦法所针对的网络犯罪大致包括以下内容：（1）非授权进入计算机系统窥探他人信息的行为；（2）危害计算机信息系统正常工作的行为；（3）释放具有破坏性的计算机程序、危害计算机信息系统安全的行为；（4）利用计算机实施贪污或者欺诈行为；（5）制造刻意隐瞒身份的犯罪性垃圾邮件的行为等。总的来看，美国法律中关于网络犯罪的规定既包括侵犯计算机系统和计算机数据安全的犯罪，也包括利用计算机实施其他犯罪的行为。这一立法经验为许多西方

① 参见［日］西田修：《浅谈电子计算机犯罪》，何为译，2页，北京，群众出版社，1986。

② 参见刘晓丽、张丽云：《美国计算机犯罪立法情况概览》，载《网络安全技术与应用》，2007（8），32页。

国家所参考，如法国、比利时、西班牙、荷兰、芬兰、日本、澳大利亚等国家的刑法都对网络犯罪作了列举式规定。

（二）有关国际组织的代表性立法

从国际立法的层面来看，欧洲理事会可谓功勋卓越。1989 年，欧洲理事会部长委员会就通过了《关于与计算机有关犯罪的第 R（89）9 号建议》，要求各成员国在其国内立法中增加相应条款或另立新法以防范与计算机有关的犯罪。1995 年，欧洲理事会部长委员会又通过了《关于与信息技术有关的刑事诉讼程序若干问题的第 R（95）13 号建议》，提出了缔结一个预防和惩治网络犯罪公约的构想。其后，欧洲理事会犯罪问题委员会任命凯斯珀森教授研究起草公约的具体事项，并于 1997 年 2 月成立网络空间犯罪专家委员会。2000 年 4 月，公约草案及其说明备忘录被发布到互联网上，征求有关专家、网络经营者和广大用户的意见与建议。2001 年 11 月 8 日，欧洲理事会部长委员会正式批准了公约文本——《网络犯罪公约》。

这是一部由欧洲理事会 45 个成员国及美国、加拿大、日本、南非 4 个观察员国签署的第一个防范网络犯罪的国际公约，在当代产生了广泛的影响。其序言部分将网络犯罪确定为“危害计算机系统、网络和计算机数据的机密性、完整性和可用性，以及对这些系统、网络和数据进行滥用的行为”。其第二章第一节对网络犯罪分四类进行概括列举：（1）侵犯计算机数据和系统的机密性、完整性及可用性的犯罪，即通过非法访问、非法干扰等对计算机系统、网络或计算机数据的安全造成威胁的行为，包括非法访问、非法截获、数据干扰、系统干扰和设备滥用的犯罪等；（2）与计算机有关的犯罪，即以“计算机系统、网络和计算机数据”为工具实施传统犯罪的行为，包括与计算机有关的伪造罪、欺诈罪等；（3）与内容相关的犯罪，即与网络信息的内容有关的犯罪，其实只涉及一个类罪名——“与儿童色情有关的犯罪”，包括制造、提供、分发、获取或保存儿童色情资料罪等；（4）与侵犯版权和邻接权有关的犯罪，即违反缔约国所参加知识产权条约的规定，在达到商业规模的情形下，通过计算机系统实施的故意侵犯版权或邻接权的行为。这表明，《网络犯罪公约》并没有完整、明确地规定网络犯罪的罪状，只建立了犯罪的基本模型。这就意味着缔约国可以在《网络犯罪公约》所建立的罪行模型基础上，遵循一些基本规则作进一步充实与调整：第一，《网络犯罪公约》规定的是最低要求的网络犯罪模型，缔约国相关国内刑事立法完全可以将更多的与互联网相关的严重违法行为规定为犯罪。第二，《网络犯罪公约》允许缔约方在限制情况下，按照第 40 条、第 42 条的规定，对上述部分条款保留适用。

随着时间的推移，《网络犯罪公约》为越来越多的国家所接受。为了进一步补充该公约，欧洲理事会着手起草一个旨在打击通过计算机网络从事种族歧视和仇视外国人行为的附加议定书。2003 年 1 月 28 日，欧洲理事会在法国的斯特拉斯堡开放签署《2003 年〈网络犯罪公约〉附加议定书：对通过计算机系统实施种族性排外行为的犯罪化》。该议定书又确立了四种犯罪：（1）通过计算机系统传播种族性排外材料的行为；（2）种族排外主义引起的威胁行为；（3）种族主义引起的侮辱行为；（4）对灭绝种族罪或危害人类罪的否认、低估、支持或辩护行为。借助《网络犯罪公约》所建立的法律机制，该议定书形成了打击网络犯罪中种族性排外行为的新机制。①

（三）比较与评价

时至今日，无论是在国内法层面还是在国际法层面，治理网络犯罪的专门法律都已蔚为大观，并渐趋成熟。这就为人们在当下认识国外网络犯罪专门法律的不同特点奠定了基础。

以刑事立法例的外在表现及内在思路为标准，国际上治理网络犯罪的刑法模式可以区分为变通式与创新式。变通式是对原有刑事法律规范进行适当修改、变动，使传统规范能够适用于网络犯罪；创新式是颁行全新的“网络犯罪法”或“计算机犯罪法”，专门解决网络犯罪的治理问题。简单梳理可见，法国、比利时、西班牙、荷兰、芬兰、俄罗斯、保加利亚、罗马尼亚、马其顿、马耳他、塞尔维亚、摩尔瓦多、亚美尼亚、乌克兰、塔吉克斯坦、乌兹别克斯坦等国家均对其刑法典作了修正，专章或专条规定了网络犯罪的罪状与量刑。这些属于对现有刑法规范的修修补补，维护了刑事法律的传统体系。与之相反，欧洲理事会颁行的《网络犯罪公约》、《〈网络犯罪公约〉附加议定书：对通过计算机系统实施种族性排外行为的犯罪化》以及马来西亚颁行的《计算机犯罪法》、澳大利亚颁行《网络犯罪法》、日本颁行的《网络犯罪公约说明书》属于第二种思路，即突出考量治理网络犯罪的特殊性，整体性进行单行的立法，以为推出一些专门的治理规则留下空间。2015 年 5 月尼日利亚签署《网络犯罪（禁止、预防）法》将这种思路的优势进一步彰显出来。笔者注意到，中国也仅仅在刑法中修改有关网络犯罪的规范，扩大了刑事法律传统体系难以自洽的问题。在这个意义上讲，对网络犯罪进行刑事治理更适宜运用“创新式”的思路。这也是笔者将本章的名称由通俗意义上的“网络犯罪的刑法制度”调整为“网络犯罪法”这一专门表述的主要原因。②

三、中国现行法律规定的网络犯罪

（一）网络犯罪的罪名变迁简史

在中国，网络犯罪因快速迭代而纷繁芜杂。不仅有制造、传播计算机病毒，非法侵入计算机系统等“对象说”意义上的网络犯罪；也有网络色情、网络恐怖、网

① 张颖军：《打击网络犯罪中的少数人权利保护——〈关于将通过计算机系统从事种族歧视和仇外行为犯罪化的附加议定书〉介评》，载《中南民族大学学报（人文社会科学版）》，2011（2），124－127 页。

② 我国有学者建议，尽早制定一部一部集程序法与实体法于一身的“反网络犯罪法”。参见于志刚：《网络犯罪的代际演变与刑事立法、理论之回应》，载《青海社会科学》，2014（2），1－11 页。

络赌博、网络诈骗、网络盗窃、网上贩毒等“工具说”意义上的网络犯罪；还有网络传谣、恶意好评（恶意差评）破坏生产经营、网络 P2P 等“关联说”“空间说”意义上的网络犯罪。在一定意义上讲，网络犯罪在我国的发展层次已经超越欧美等国家或地区的现实状况。

【案例 7－3】

淘宝网上给予“好评”引发非法经营罪案

甲、乙两公司分别在淘宝网上注册开设店铺，利用“paperpass 论文检测系统”为用户提供论文检测服务。为了达到破坏甲公司网络经营的目的，乙公司雇佣丙恶意购买甲公司的大量检测服务，并给予“好评”。此举导致淘宝监督机制被激发，系统误认甲公司存在恶意刷“好评”的嫌疑，进而对甲公司的服务商品进行“淘宝降权”，影响甲公司的正常生产经营，造成的经济损失经省级会计师事务所审计为人民币 20 万元。案发后，丙及乙公司的法定代表人丁被公安机关以涉嫌破坏生产经营罪刑事拘留。①

该案反映出一些网站的评价机制已经被用于犯罪，但是是否将该行为纳入刑事打击范围及如何定罪量刑引发了广泛的争议。这种新生现象及背后规律值得关注。

中国关于惩治网络犯罪的刑事法律是伴随着网络犯罪变迁而出现并发展成型的。1997 年，《刑法》第 285、286、287 条规定了关于非法侵入计算机信息系统罪、破坏计算机信息系统罪和利用计算机实施的其他犯罪的规定，这相当于将“计算机犯罪”纳入刑法规制的视野；2000 年，全国人大常委会《关于维护互联网安全的决定》又对网络犯罪作了进一步的区分，在概念上从“计算机犯罪”走向“网络犯罪”；2009 年，《刑法修正案（七）》将非法侵入他人计算机信息系统获取数据，或对计算机信息系统实施非法控制，或为实施这类行为提供程序工具，情节严重的行为增加规定为犯罪；2011 年，《刑法修正案（九）》大幅度地改变了网络犯罪的罪名体系，不仅修改了非法侵入计算机信息系统罪、非法控制计算机信息系统罪，提供侵入、非法控制计算机信息系统程序、工具罪，以及破坏计算机信息系统罪，而且增设了拒不履行信息网络安全管理义务罪、非法利用信息网络罪、帮助信息网络犯罪活动罪等新罪名。2021 年，最高人民检察院发布《人民检察院办理网络犯罪案件规定》，其第 2 条规定“网络犯罪是指针对信息网络实施的犯罪，利用信息网络实施的犯罪，以及其他上下游关联犯罪”。这是一个非常广泛的定义。结合互联网络的发展背景，分析这些代表性法律规范的演变规律，不难发现，中国网络犯罪立法从“对象说”“工具说”“结合说”逐步走向“关联说”“空间说”，所规定的网络犯罪罪名体系呈现不断扩大的态势。

① 参见于志刚：《防止网络成为两个意义上的“无法空间”》，载《中国检察官》，2015（6），3－6 页。

（二）一种"直接罪名十概括规范"的双层结构

不难看出，中国现行法律已经形成了以刑法典为主要承载的网络犯罪框架体系。这一罪名体系具有鲜明的"直接罪名＋概括规范"的双层结构特点。

首先，刑法典通过刑法修正案（七）—（九）等修改了原有罪名、增设了新的罪名，实现了所规定的网络犯罪罪名在较长时期的优化和扩张（如表 7-1 所示）。

表 7-1　　现行《刑法》直接规定的网络犯罪

序号	罪名	条文
1	非法侵入计算机信息系统罪	第 285 条第 1 款规定："违反国家规定，侵入国家事务、国防建设、尖端科学技术领域的计算机信息系统的，处三年以下有期徒刑或者拘役。"
2	非法获取计算机信息系统数据、非法控制计算机信息系统罪	第 285 条第 2 款规定："违反国家规定，侵入前款规定以外的计算机信息系统或者采用其他技术手段，获取该计算机信息系统中存储、处理或者传输的数据，或者对该计算机信息系统实施非法控制，情节严重的，处三年以下有期徒刑或者拘役，并处或者单处罚金；情节特别严重的，处三年以上七年以下有期徒刑，并处罚金。"
3	提供侵入、非法控制计算机信息系统程序、工具罪	第 285 条第 3 款规定："提供专门用于侵入、非法控制计算机信息系统的程序、工具，或者明知他人实施侵入、非法控制计算机信息系统的违法犯罪行为而为其提供程序、工具，情节严重的，依照前款的规定处罚。" 第 285 条第 4 款规定："单位犯前三款罪的，对单位判处罚金，并对其直接负责的主管人员和其他直接责任人员，依照各该款的规定处罚。"
4	破坏计算机信息系统罪	第 286 条规定："违反国家规定，对计算机信息系统功能进行删除、修改、增加、干扰，造成计算机信息系统不能正常运行，后果严重的，处五年以下有期徒刑或者拘役；后果特别严重的，处五年以上有期徒刑。""违反国家规定，对计算机信息系统中存储、处理或者传输的数据和应用程序进行删除、修改、增加的操作，后果严重的，依照前款的规定处罚。""故意制作、传播计算机病毒等破坏性程序，影响计算机系统正常运行，后果严重的，依照第一款的规定处罚。""单位犯前三款罪的，对单位判处罚金，并对其直接负责的主管人员和其他直接责任人员，依照第一款的规定处罚。"
5	拒不履行信息网络安全管理义务罪	第 286 条之一规定："网络服务提供者不履行法律、行政法规规定的信息网络安全管理义务，经监管部门责令采取改正措施而拒不改正，有下列情形之一的，处三年以下有期徒刑、拘役或者管制，并处或者单处罚金：（一）致使违法信息大量传播的；（二）致使用户信息泄露，造成严重后果的；（三）致使刑事案件证据灭失，情节严重的；（四）有其他严重情节的。""单位犯前款罪的，对单位判处罚金，并对其直接负责的主管人员和其他直接责任人员，依照前款的规定处罚。""有前两款行为，同时构成其他犯罪的，依照处罚较重的规定定罪处罚。"

续表

序号	罪名	条文
6	利用计算机实施的相关犯罪	第287条规定："利用计算机实施金融诈骗、盗窃、贪污、挪用公款、窃取国家秘密或者其他犯罪的，依照本法有关规定定罪处罚。"
7	非法利用信息网络罪	第287条之一规定："利用信息网络实施下列行为之一，情节严重的，处三年以下有期徒刑或者拘役，并处或者单处罚金：（一）设立用于实施诈骗、传授犯罪方法、制作或者销售违禁物品、管制物品等违法犯罪活动的网站、通讯群组的；（二）发布有关制作或者销售毒品、枪支、淫秽物品等违禁物品、管制物品或者其他违法犯罪信息的；（三）为实施诈骗等违法犯罪活动发布信息的。""单位犯前款罪的，对单位判处罚金，并对其直接负责的主管人员和其他直接责任人员，依照第一款的规定处罚。""有前两款行为，同时构成其他犯罪的，依照处罚较重的规定定罪处罚。"
8	帮助信息网络犯罪活动罪	第287条之二规定："明知他人利用信息网络实施犯罪，为其犯罪提供互联网接入、服务器托管、网络存储、通讯传输等技术支持，或者提供广告推广、支付结算等帮助，情节严重的，处三年以下有期徒刑或者拘役，并处或者单处罚金。""单位犯前款罪的，对单位判处罚金，并对其直接负责的主管人员和其他直接责任人员，依照第一款的规定处罚。""有前两款行为，同时构成其他犯罪的，依照处罚较重的规定定罪处罚。"
9	扰乱无线电通讯管理秩序罪	第288条规定："违反国家规定，擅自设置、使用无线电台（站），或者擅自使用无线电频率，干扰无线电通讯秩序，情节严重的，处三年以下有期徒刑、拘役或者管制，并处或者单处罚金；情节特别严重的，处三年以上七年以下有期徒刑，并处罚金。" "单位犯前款罪的，对单位判处罚金，并对其直接负责的主管人员和其他直接责任人员，依照前款的规定处罚。"
10	侵犯公民个人信息罪	第253条之一规定："违反国家有关规定，向他人出售或者提供公民个人信息，情节严重的，处三年以下有期徒刑或者拘役，并处或者单处罚金；情节特别严重的，处三年以上七年以下有期徒刑，并处罚金。""违反国家有关规定，将在履行职责或者提供服务过程中获得的公民个人信息，出售或者提供给他人的，依照前款的规定从重处罚。""窃取或者以其他方法非法获取公民个人信息的，依照第一款的规定处罚。""单位犯前三款罪的，对单位判处罚金，并对其直接负责的主管人员和其他直接责任人员，依照各该款的规定处罚。"
11	破坏广播电视设施、公用电信设施罪	第124条第1款规定："破坏广播电视设施、公用电信设施，危害公共安全的，处三年以上七年以下有期徒刑；造成严重后果的，处七年以上有期徒刑。"

其次，2000年全国人大常委会发布的《关于维护互联网安全的决定》对网络

犯罪形式作了较为完整的概括性规定。2009 年该决定的内容作了微调①，但决定的主要内容一直沿用至今，可以用作前述各种直接罪名的支撑条款。具体来说，它在我国《刑法》第 285、286、287 条的基础上，进一步将网络犯罪分述为五类：

第一，涉及互联网运行安全和危害计算机信息系统安全运行方面的犯罪，具体包括三种：(1) 非法侵入计算机信息系统的行为，即侵入国家事务、国防建设、尖端科学技术领域的计算机信息系统的行为；(2) 非法破坏计算机系统的行为，即故意制作、传播计算机病毒等破坏性程序，攻击计算机系统及通信网络，致使计算机系统及通信网络遭受损害的行为；(3) 非法中断计算机服务的行为，即违反国家规定，擅自中断计算机网络或者通信服务，造成计算机网络或者通信系统不能正常运行的行为。

第二，危害国家安全和社会稳定方面的犯罪，具体包括以下四种：(1) 利用互联网造谣、诽谤或者发表、传播其他有害信息，煽动颠覆国家政权、推翻社会主义制度，或者煽动分裂国家、破坏国家统一的行为；(2) 通过互联网窃取、泄露国家秘密、情报或者军事秘密的行为；(3) 利用互联网煽动民族仇恨、民族歧视，破坏民族团结的行为；(4) 利用互联网组织邪教组织、联络邪教组织成员，破坏国家法律、行政法规实施的行为。

第三，扰乱社会主义市场经济秩序和管理秩序方面的犯罪，具体包括以下五种：(1) 利用互联网销售伪劣产品或者对商品、服务作虚假宣传的行为；(2) 利用互联网损害他人商业信誉和商品声誉的行为；(3) 利用互联网侵犯他人知识产权的行为；(4) 利用互联网编造并传播影响证券、期货交易或者其他扰乱金融秩序的虚假信息的行为；(5) 网上色情行为，即在互联网上建立淫秽网站、网页、提供淫秽站点链接服务，或者传播淫秽书刊、影片、音像、图片的行为。

第四，侵犯个人、法人和其他组织的人身、财产等合法权利的犯罪，具体包括三种：(1) 利用互联网侮辱他人或者捏造事实诽谤他人的行为；(2) 非法截获、篡改、删除他人电子邮件或者其他数据资料，侵犯公民通信自由和通信秘密的行为；(3) 通过互联网进行盗窃、诈骗、敲诈勒索的行为。

第五，利用互联网实施其他构成犯罪的行为，即除以上四类网络犯罪行为以外的犯罪行为。从学理上理解，其一般包括网上赌博、网上洗钱、网上教唆或传播犯罪方法等行为。

毋庸讳言，无论是前述关于网络犯罪的直接罪名，还是概括性规范，都存在完善的空间。一方面，现有法律对网络犯罪的表述仍然很不完善，存在着定罪方面的“无法可依”或者适法勉强的情形。例如，盗窃、诈骗、考试作弊、传播淫秽信息都“插上”了网络的翅膀，成为对老百姓影响最大的网络犯罪，但它们并不属于典型的网络犯罪类型，对它们难以实现有效的打击。特别是存在对这些罪名该如何精

① 主要改动是将其第 6 条引用的《治安管理处罚条例》修改为《治安管理处罚法》。

准地定罪量刑、如何合理界分有关犯罪行为是否涉网及其引发的量刑均衡问题，若简单援引现有法律规定就存在着大量的“疏漏”。另一方面，现有法律客观上生成了许多网络犯罪的“口袋罪”，加剧了司法恣意的现象。例如，破坏计算机信息系统罪、侵犯公民个人信息罪，非法获取计算机信息系统数据、非法控制计算机信息系统罪，均被贴上了网络时代新型“口袋罪”的标签，导致司法实践中法院无所适从，处理的结果差别很大。

【案例 7-4】

林甲等八人非法经营罪案①

2018 年 1 月至 9 月，林甲以杭州某智能科技有限公司名义，在未获得支付结算业务资质的情况下，伙同林乙、张某等人，以支付宝、微信等第三方支付平台为接口，自建非法“第四方支付”系统。林甲等人通过向他人收买、要求本公司员工注册等方式收集大量无实际经营业务的空壳公司资料（包括工商资料、对公银行账户、法人资料等），利用上述资料在支付宝、微信等第三方支付平台注册数百个公司支付宝、微信等账户，再将上述账户绑定在其自建的支付平台上，实现资金的非法支付结算。上述非法“第四方支付”系统与境外赌博网站联通，协助资金支付转移。赌客在赌博网站点击充值后，赌博网站即向该系统发送指令，系统随机调用已接通的空壳公司支付宝、微信等账户，与赌客间生成一笔虚假商业交易（如购买电子书等），并给赌客发送收款码。赌客扫描收款码支付赌博资金后，资金直接进入空壳公司支付宝、微信等账户，再转移到空壳公司的对公银行账户，经过层层转账后，最终转入赌博平台实际控制的账户。林甲等人以上述方法为境外赌博网站等非法提供资金支付结算服务，结算金额共计人民币 46 亿余元。

2018 年 12 月 11 日，浙江省杭州市公安局网络警察分局以林甲等八人涉嫌开设

① 最高人民检察院 2021 年 01 月 25 日发布《充分发挥检察职能 推进网络空间治理典型案例》，载 https://www.spp.gov.cn/spp/xwfbh/wsfbh/202101/t20210125_507452.shtml。最高人民检察院指出，该案的典型意义在于：(1) 非法“第四方支付”平台日益成为网络犯罪资金流转通道，危害经济金融安全。非法“第四方支付”平台为获取非法利益，在未取得国家支付结算许可的情况下，违反国家金融管理制度，以正常商业交易为掩护，依托正规第三方支付平台，利用收集的大量支付账户，短时间内快速流转资金，导致支付结算活动“体外”循环。这些非法“第四方支付”平台的存在，不仅极大地便利了赌博、电信/网络诈骗等犯罪资金流转，成为网络犯罪产业链上的重要一环，还严重破坏金融管理秩序，威胁金融安全，必须予以依法严厉打击。(2) 坚持全链条打击，斩断非法支付结算通道。犯罪分子搭建非法“第四方支付”平台时，为规避国家监管，往往会大量收购银行卡、收款二维码、对公账户等形成“资金池”，伪造正常商业交易，层层转账，以掩盖犯罪事实。对公账户因可信度高、交易额度大，更为犯罪分子所青睐。非法“第四方支付”平台的存在，催生了工商资料、对公账户、非银行支付账户买卖的黑灰产业链。对此，要坚持源头管控、综合治理。既要严厉打击非法支付结算的行为，又要深挖线索，一体化打击买卖工商资料、对公账户、非银行支付账户的关联违法犯罪。对于不构成犯罪但违反行政法规的，及时移送行政机关加大行政处罚力度，摧毁整个违法犯罪链条。

赌场罪，移送杭州市西湖区人民检察院审查起诉。杭州市西湖区人民检察院经审查，追加认定 17 家空壳公司账户为涉赌账户并予以冻结，犯罪数额从人民币 30 亿余元增加至人民币 46 亿余元；追缴涉案资金人民币 6 000 余万元。杭州市西湖区人民检察院经审查认为，林甲等人的行为同时构成开设赌场罪和非法经营罪，按照想象竞合从一重处断的原则，应当以处罚较重的非法经营罪追究刑事责任。2019 年 6 月 19 日，杭州市西湖区人民检察院对林甲等八人以非法经营罪提起公诉。2020 年 6 月 18 日，杭州市西湖区人民法院以非法经营罪判处被告人林甲有期徒刑 12 年 6 个月，并处没收财产人民币 5 000 万元，对林乙、张某等其他七名被告人分别判处有期徒刑 2 年至 7 年，并处罚金人民币 5 万元至 700 万元。林甲等人上诉后，二审维持原判。

第二节　网络犯罪的定罪问题

一、网络行为的罪与非罪

网络不断平台化、生活化，人类活动不断向网络空间拓展、延伸，网络空间已然成为人类社会发展的第二层空间，其活动内容的多样性与复杂性甚至不亚于最初的现实空间。网络行为日益丰富多样，但是，由于法律规定的相对滞后，相关行为的合法性并未明确。哪些行为属于网络越轨行为？哪些行为应该被纳入法律规制的范围？哪些行为或者行为侵害法益达到何种程度时应该入罪？这些问题，是研究网络犯罪定罪制度首先需要思考的。

【案例 7－5】

复制出售游戏武器装备行为的罪与非罪

王×原系上海某网络发展有限公司游戏项目管理中心运维部副经理，其由于工作职责可以接触到“热血传奇”游戏服务器的数据，经常有人在网络上游说他“弄些装备出来卖钱”。

金×，系王×的小学、中学同学，从 2002 年开始玩“热血传奇”游戏，曾将自己通过正常途径得到的游戏装备出售过。

汤×，无业，系王×和金×的小学、中学同学。

2004 年 8 月底，金×在与王×网上聊天时提议利用王×在网络公司工作、有条件接触该公司运营的“热血传奇”网络游戏软件数据库的便利，复制游戏武器装备予以销售。9 月起，王×和金×开始实施上述行为。由金×首先在该款游戏中建立人物角色，然后将游戏角色的相关信息通过聊天记录发送给王×，王×在公司内利用公司的电脑进入游戏系统，同时打开该款游戏服务器6000端口，通过增加、修改数据库Mir. DB文件中的数据，在金×创建的游戏人物身上增加或修改游戏武器装备，然后由金×将游戏人物身上的武器装备通过“www. 5173. com”网站或私下交易出售给游戏玩家。2005年2月，王×又将此事告诉汤×，汤×表示愿意加入，并采用同样的方法与王×共同实施，复制并销售游戏武器及装备。一段时间后，王×由于认为上述操作方法比较麻烦，就让金×、汤×从网上下载了该款游戏的私服游戏服务器端，并生成拟制的数据包，王×负责打开该款游戏服务器6000端口，同时将服务器的IP地址告诉金×、汤×，由金×、汤×将每次修改后的数据包发送到服务器，王×在收到数据包后，提取数据信息再传送到数据库中，在游戏人物的身上增加或修改游戏武器及装备。三人约定金×、汤×在出售游戏武器及装备得款后，分给王×60%的获利，由金×、汤×分别将款项汇入王×的中国工商银行账户内。2005年7月，由于网络公司发现游戏装备异常增多的情况并开始查询相关记录，三人的上述行为才停止。

该案爆发后曾经引起社会关于王×、金×、汤×的行为是否构成犯罪以及以何罪论处的讨论。

罪刑法定原则是我国刑法的基本原则，其基本内容是：“法无明文规定不为罪，法无明文规定不处罚”。对于网络空间的越轨行为，存在着大量的“法无明文规定”。对这些越轨行为该如何定性？通过对现行刑法条文进行解释以解决新型犯罪问题，是当前相对缓和的处理方式。然而，在刑法解释的问题上，学界又存在不同的观点。一种观点认为，刑法解释只能严格遵循刑法条文的字面含义，面对一些新型的网络越轨行为，对现有的刑法条文无论进行何种形式解释都无法将这些行为纳入刑法规制范围内的，法无明文规定不为罪，即为合法行为，行为人不应该受到任何刑事处罚。例如，案例7-5中对于通过篡改用户游戏数据兜售游戏装备的行为，法院当时认定为职务侵占罪，但是该罪的适用就存在两个方面的问题：（1）网络游戏装备是否属于法律保护的财产范围？（2）如果属于，那么其归属于游戏用户、网络游戏公司还是其他主体？既然关于这两个问题法律尚未明确规定，法院的判决就存在违背罪刑法定原则的嫌疑。另一种观点则认为，“对犯罪构成要件的解释不能停留在法条的字面含义上，必须以保护法益为指导，使行为的违法性与有责性达到值得科处刑罚的程度”①。参照该观点，我国对于一些新兴网络犯罪（如有偿的网络裸聊行为），可以基于法益保护理论将其纳入刑法规制的范围之内，科处一定刑罚。

在传统行为的罪与非罪问题上，实质解释论与形式解释论之间的理论之争一直激烈，引入网络这一要素之后，对于网络行为的罪与非罪问题，这两种理论之间的碰撞愈加强烈。网络越轨行为给传统定罪制度带来了严峻挑战：一方面，若严

① 张明楷：《实质解释论的再提倡》，载《中国法学》，2010（4），49页。

格遵循刑法规定的字面含义，现行刑法对众多新型网络犯罪来说往往会陷入“鞭长莫及”的尴尬之中；另一方面，若从法益保护去解释，对一些网络行为的违法性与有责性仍然难以判断，强加规制又有违背罪刑法定原则之嫌。对网络行为的定罪问题还是需要通过完善立法加以解决，具体包括三个方面：其一，回应网络时代新型问题，增设或调整网络犯罪专门罪名；其二，明晰罪状表述，增强条文的可操作性；其三，结合网络空间的新特点及网络犯罪的新趋势，对定罪情节、责任年龄、单位犯罪、共同犯罪、虚拟财产价值认定等问题作出有针对性的调整或明确。

二、罪状表述的案例阐释与司法解释

我国现行法律关于网络犯罪的规定存在着一定程度的罪状表述不清的问题。这既可归因于静止的法律语言本身难以描述变化的犯罪现象，更要归因于网络犯罪剧烈变动带来的挑战。解决网络犯罪中罪状表述清晰化的问题，案例阐释和司法解释均可起到重要作用。下面列举我国在这一方面的进展。

（一）破坏计算机信息系统罪的罪状厘清

《刑法》第 286 条第 1～3 款规定：“违反国家规定，对计算机信息系统功能进行删除、修改、增加、干扰，造成计算机信息系统不能正常运行，后果严重的，处五年以下有期徒刑或者拘役；后果特别严重的，处五年以上有期徒刑。”“违反国家规定，对计算机信息系统中存储、处理或者传输的数据和应用程序进行删除、修改、增加的操作，后果严重的，依照前款的规定处罚。”“故意制作、传播计算机病毒等破坏性程序，影响计算机系统正常运行，后果严重的，依照第一款的规定处罚。”简单理解，该罪的犯罪客体是计算机系统的正常运行和安全；该罪在客观方面表现为行为人违反国家规定，对计算机信息系统功能实施删除、修改、增加或者干扰的行为。然而，关于什么是“破坏计算机信息系统”，以及“删除”“修改”“增加”“干扰”“计算机病毒等破坏性程序”等，在实践中都出现了理解上的分歧。我国的有关指导性案例和司法解释对此作出回应。

1. “锁定智能手机导致不能使用的行为”属于“破坏计算机信息系统”

该罪名使用了“计算机信息系统”的表述（有人也理解为“计算机系统”），没有使用“网络”“网络系统”“手机系统”等字眼。最高人民法院、最高人民检察院《关于办理危害计算机信息系统安全刑事案件应用法律若干问题的解释》第 11 条将“计算机信息系统”“计算机系统”明确为“具备自动处理数据功能的系统，包括计算机、网络设备、通信设备、自动化控制设备等”。即便如此，我国实践中仍然出现了智能手机终端是否属于“计算机信息系统”“计算机系统”的争议。

【案例 7-6】

曾兴亮、王玉生犯破坏计算机信息系统罪案①

2016 年 10 月至 11 月，曾兴亮与王玉生结伙或者单独使用聊天社交软件，冒充年轻女性与被害人聊天，谎称自己的苹果手机因故障无法登录“iCloud”（云存储），请被害人代为登录，诱骗被害人先注销其苹果手机上原有的 ID，再使用曾兴亮、王玉生提供的 ID 及密码登录。随后，曾、王二人立即在电脑上使用新的 ID 及密码登录苹果官方网站，利用苹果手机相关功能将被害人的手机设置修改，并使用“密码保护问题”修改该 ID 的密码，从而远程锁定被害人的苹果手机。曾、王二人再在其个人电脑上，用网络聊天软件与被害人联系，以解锁为条件索要钱财。采用这种方式，曾兴亮单独或合伙作案共 21 起，涉及苹果手机 22 部，锁定苹果手机 21 部，索得人民币合计 7 290 元；王玉生参与作案 12 起，涉及苹果手机 12 部，锁定苹果手机 11 部，索得人民币合计 4 750 元。

2016 年 11 月 24 日，二人被公安机关抓获。江苏省海安县人民检察院于 2016 年 12 月 23 日以曾兴亮、王玉生犯破坏计算机信息系统罪向海安县人民法院提起公诉。2017 年 1 月 20 日，海安县人民法院作出判决，认定被告人曾兴亮、王玉生的行为构成破坏计算机信息系统罪，分别判处有期徒刑 1 年 3 个月、有期徒刑 6 个月。

该案的指导要旨是，“智能手机终端，应当认定为刑法保护的计算机信息系统。锁定智能手机导致不能使用的行为，可认定为破坏计算机信息系统”。在该案中，行为人通过修改被害人手机的登录密码，远程锁定被害人的智能手机设备，使之成为无法开机的“僵尸机”，属于对计算机信息系统的功能进行修改、干扰的行为。行为人采用非法手段锁定手机后以解锁为条件，索要钱财，在数额较大或多次敲诈的情况下，其目的行为又构成敲诈勒索罪。在这类犯罪案件中，手段行为构成的破坏计算机信息系统罪与目的行为构成的敲诈勒索罪之间成立牵连犯，对牵连犯应当从一重罪处断，故对该案应以重罪即破坏计算机信息系统罪论处。

2. “删改购物评价”属于“对计算机信息系统内存储数据进行修改操作”

在我国，伴随着电子商务的迅猛发展，一种对购物网站评价系统的数据进行删改的行为也出现了。所谓购物网站评价系统，是对店铺销量、买家评价等多方面因素进行综合计算分值的系统。其内部储存的数据，即网络购物评价，直接影响到搜索流量分配、推荐排名、营销活动报名资格、同类商品在消费者购买比较时的公平性等。通常，网络买家在购买商品后，根据用户体验对所购商品分别给出好评、中评、差评三种不同评价。所有的评价都以数据形式存储于买家的评价系统之中，成为整个购物网站计算机信息系统整体数据的重要组成部分。实践中，针对网络购物评价进行人为干

① 参见最高人民检察院指导性案例（检例第 35 号）。

扰的方式既有前述的恶意好评、恶意差评，也有侵入评价系统删改购物评价。关于后一种行为应否被纳入犯罪打击范围，需要解决“删改购物评价”的行为定位问题。

【案例 7－7】

李骏杰等犯破坏计算机信息系统罪案①

2011年5月至2012年12月，李骏杰在工作单位及自己家中，单独或伙同他人通过聊天软件联系需要修改中差评的某购物网站卖家，并从黄福权等处购买发表中差评的该购物网站买家信息300余条。李骏杰冒用买家身份，骗取客服审核通过后重置账号密码，登录该购物网站内部评价系统，删改买家的中差评347个，获利9万余元。另有胡榕利用职务之便，将获取的公民个人信息分别出售给黄福权、董伟、王凤昭。

2012年12月11日，李骏杰被公安机关抓获归案。此后，因涉嫌出售公民个人信息、非法获取公民个人信息，胡榕、黄福权、董伟、王凤昭等人也被公安机关先后抓获。

2014年3月24日浙江省杭州市滨江区人民检察院以李骏杰犯破坏计算机信息系统罪、胡榕犯出售公民个人信息罪、黄福权等人犯非法获取公民个人信息罪，向浙江省杭州市滨江区人民法院提起公诉。2015年1月12日，杭州市滨江区人民法院作出判决，认定被告人李骏杰的行为构成破坏计算机信息系统罪，判处有期徒刑5年；被告人胡榕的行为构成出售公民个人信息罪，判处有期徒刑10个月，并处罚金人民币2万元；被告人黄福权、董伟、王凤昭的行为构成非法获取公民个人信息罪，分别判处有期徒刑、拘役，并处罚金。一审宣判后，被告人董伟提起上诉。杭州市中级人民法院二审裁定驳回上诉，维持原判。

该案的指导要旨是，“冒用购物网站买家身份进入网站内部评价系统删改购物评价，属于对计算机信息系统内存储数据进行修改操作，应当认定为破坏计算机信息系统的行为”。该案表明，“删改购物评价行为的实质是对计算机信息系统内存储的数据进行删除、修改操作的行为。这种行为危害到计算机信息系统数据采集和流量分配体系运行，使网站注册商户及其商品、服务的搜索受到影响，导致网站商品、服务评价功能无法正常运作，侵害了购物网站所属公司的信息系统安全和消费者的知情权”。

3. “DNS劫持”行为属于“破坏计算机信息系统”

DNS是域名系统（Domain Name System）的英文首字母缩写，作用是提供域名解析服务。“DNS劫持”是指通过修改域名解析，使对特定域名的访问由原IP地址转入篡改后的指定IP地址，导致用户无法访问原IP地址对应的网站或者访问虚假网站，从而实现窃取资料或者破坏网站原有正常服务的目的。“DNS劫持”看似

① 参见最高人民检察院指导性案例（检例第34号）。

劫持了特定网站的流量，这种行为应否被认定为破坏计算机信息系统罪呢？

【案例 7－8】

付宣豪、黄子超犯破坏计算机信息系统罪案①

2013 年年底至 2014 年 10 月，付宣豪、黄子超等人租赁多台服务器，使用恶意代码修改互联网用户路由器的 DNS 设置，进而使用户登录“2345. com”等导航网站时跳转至其设置的“5w. com”导航网站，付宣豪、黄子超等人再将获取的互联网用户流量出售给杭州久尚科技有限公司（系“5w. com”导航网站所有者），违法所得合计人民币 754，762. 34 元。

2014 年 11 月 17 日，付宣豪接民警电话通知后自动至公安机关，黄子超主动投案，二人到案后均如实供述了上述犯罪事实。上海市浦东新区人民法院于 2015 年 5 月 20 日作出判决，认定被告人付宣豪、黄子超犯破坏计算机信息系统罪。一审宣判后，二人均未上诉，公诉机关未抗诉，判决已发生法律效力。

该案的指导要旨是，“通过修改路由器、浏览器设置、锁定主页或者弹出新窗口等技术手段，强制网络用户访问指定网站的‘DNS 劫持’行为，属于破坏计算机信息系统，后果严重的，构成破坏计算机信息系统罪”。该案中，付宣豪、黄子超二人使用恶意代码修改互联网用户路由器的 DNS 设置，将用户访问“2345. com”等导航网站的流量劫持到其设置的“5w. com”导航网站，并将获取的互联网用户流量出售，显然是对网络用户的计算机信息系统的功能进行破坏，造成计算机信息系统不能正常运行，符合破坏计算机信息系统罪的客观行为要件。

4. “干扰环境质量监测”属于“破坏计算机信息系统”

从字面上讲，“破坏”既包括数据性的破坏，也包括物理性的破坏。前者可以被简单理解为利用计算机操作方法针对计算机信息系统运行程序及运行软件的破坏行为；后者指的是通过爆炸、砸毁、刮擦、高温、燃烧、浸水、电线短路等物理手段破坏计算机硬件设备及其功能的行为。我国现行法律规定并未明确区分这两种意义的“破坏”，引发了实践中关于物理性的破坏是否属于破坏计算机信息系统罪规制范围的争议。我国一些地方出现的针对环境空气质量自动监测系统，使用棉纱堵塞采样器的方法进行干扰的违法行为，就是一个典型的例子。

【案例 7－9】

李森、何利民、张锋勃等人犯破坏计算机信息系统罪案②

陕西省西安市长安区环境空气自动监测站（以下简称长安子站）系环保部确定

① 参见最高人民法院指导案例 102 号。

② 参见最高人民法院指导案例 104 号。

的西安市13个国控空气站点之一，通过环境空气质量自动监测系统采集、处理监测数据，并将数据每小时传输发送至中国环境监测总站（以下简称监测总站）。2016年2月4日，长安子站回迁至西安市长安区西安邮电大学南区动力大楼房顶。李森利用协助子站搬迁之机私自截留子站钥匙并偷记子站监控电脑的密码，此后至2016年3月6日间，李森、张锋勃多次进入长安子站内，采取用棉纱堵塞采样器的方法，干扰子站内环境空气质量自动监测系统的数据采集功能。何利民明知李森等人的行为而没有阻止，只是要求李森把空气污染数值降下来。李森还多次指使张楠、张肖采用上述方法对子站自动监测系统进行干扰，造成该站自动监测数据多次出现异常，多个时间段内监测数据严重失真，影响了国家环境空气质量自动监测系统正常运行。2016年2、3月间，长安子站每小时的监测数据已实时传输发送至监测总站，通过网站向社会公布，并用于环保部编制2016年2月、3月和第一季度全国74个城市空气质量状况评价、排名。2016年3月5日，监测总站在例行数据审核时发现长安子站数据明显偏低，检查时发现了长安子站监测数据弄虚作假问题。后公安机关将李森、何利民、张楠、张肖、张锋勃五人抓获到案。李森、张锋勃、张楠、张肖在庭审中均承认指控属实，何利民在庭审中辩解称其对李森堵塞采样器的行为仅是默许、放任，请求宣告其无罪。陕西省西安市中级人民法院认为：五被告人的行为破坏了计算机信息系统。最高人民法院、最高人民检察院《关于办理危害计算机信息系统安全刑事案件应用法律若干问题的解释》第11条规定，计算机信息系统和计算机系统，是指具备自动处理数据功能的系统，包括计算机、网络设备、通信设备、自动化控制设备等。根据最高人民法院、最高人民检察院《关于办理环境污染刑事案件适用法律若干问题的解释》第10条第1款的规定，干扰环境质量监测系统的采样，致使监测数据严重失真的行为，属于破坏计算机信息系统。长安子站系国控环境空气质量自动监测站点，产生的监测数据经过系统软件直接传输至监测总站，通过环保部和监测总站的政府网站实时向社会公布，参与计算环境空气质量指数并实时发布。空气采样器是环境空气质量监测系统的重要组成部分。PM10、PM2.5监测数据为环境空气综合污染指数评估中的最重要两项指标，被告人用棉纱堵塞采样器的采样孔或拆卸采样器的行为，必然造成采样器内部气流场的改变，造成监测数据失真，影响对环境空气质量的正确评估，属于对计算机信息系统功能进行干扰，造成计算机信息系统不能正常运行的行为。遂于2017年6月15日作出判决，被告人李森等五人犯破坏计算机信息系统罪。宣判后，各被告人均未上诉，判决已发生法律效力。

该案的指导要旨是，“环境质量监测系统属于计算机信息系统。用棉纱等物品堵塞环境质量监测采样设备，干扰采样，致使监测数据严重失真的，构成破坏计算机信息系统罪”。

5. “企业的机械远程监控系统”属于“计算机信息系统”

判断计算机信息系统是采形式标准还是采功能标准，会得出不同的结论。实践中，许多设备没有普通计算机的外形，甚至分布在不同地方，需要组合起来发挥作用，如何判断其是否属于刑法意义上的计算机信息系统？功能标准越来越得到人们的认可。

【案例 7-10】

徐强犯破坏计算机信息系统罪案①

为了加强对分期付款的工程机械设备的管理，中联重科股份有限公司（以下简称中联重科）投入使用了中联重科物联网 GPS 信息服务系统。该套计算机信息系统由中联重科物联网远程监控平台、GPS 终端、控制器和显示器等构成，具备自动采集、处理、存储、回传、显示数据和自动控制设备的功能，其中，控制器、GPS 终端和显示器由中联重科在工程机械设备的生产制造过程中安装到每台设备上。中联重科对“按揭销售”的泵车设备均安装了中联重科物联网 GPS 信息服务系统，并在产品买卖合同中明确约定“如买受人出现违反合同约定的行为，出卖人有权采取停机、锁机等措施”，以及“在买受人付清全部货款前，产品所有权归出卖人所有。即使在买受人已经获得机动车辆登记文件的情况下，买受人未付清全部货款前，产品所有权仍归出卖人所有”的条款。然后由中联重科总部的远程监控维护平台对泵车进行监控，如发现客户有拖欠、赖账等情况，中联重科就会通过远程监控系统进行“锁机”，泵车接收到“锁机”指令后依然能发动，但不能作业。

2014 年 5 月间，徐强使用“GPS 干扰器”先后为钟××、龚××、张××名下或管理的五台中联重科泵车解除锁定。经鉴定，中联重科的泵车 GPS 终端被拆除及控制程序被修改后，中联重科物联网 GPS 信息服务系统无法对泵车进行实时监控和远程锁车。

2014 年 11 月 7 日，徐强主动到公安机关投案。在案件审理过程中，徐强退缴了违法所得人民币 45 000 元。湖南省长沙市岳麓区人民法院认为：中联重科物联网 GPS 信息服务系统由中联重科物联网远程监控平台、GPS 终端、控制器和显示器等构成，具备自动采集、处理、存储、回传、显示数据和自动控制设备的功能。该系统属于具备自动处理数据功能的通信设备与自动化控制设备，属于刑法意义上的计算机信息系统。被告人徐强利用“GPS 干扰器”对中联重科物联网 GPS 信息服务系统进行修改、干扰，造成该系统无法对案涉泵车进行实时监控和远程锁车，是对计算机信息系统功能进行破坏，造成计算机信息系统不能正常运行的行为，且后果特别严重。2015 年 12 月 17 日，该院作出判决，被告人徐强犯破坏计算机信息系统罪。被告人徐强不服，提起上诉。湖南省长沙市中级人民法院于 2016 年 8 月 9

① 参见最高人民法院指导案例 103 号。

日作出“驳回上诉，维持原判”的终审裁定。该裁定已发生法律效力。

该案的指导要旨是，“企业的机械远程监控系统属于计算机信息系统。违反国家规定，对企业的机械远程监控系统功能进行破坏，造成计算机信息系统不能正常运行，后果严重的，构成破坏计算机信息系统罪”。

6. “计算机病毒等破坏性程序”

计算机病毒是一个计算机科学术语，指的是一种具有特殊破坏功能的计算机程序。在刑法意义上，什么是计算机病毒？还有哪些程序属于相关的破坏性程序？最高人民法院、最高人民检察院在《关于办理危害计算机信息系统安全刑事案件应用法律若干问题的解释》中对此作了说明。其第5条将“计算机病毒等破坏性程序”细化为三类：(1) 能够通过网络、存储介质、文件等媒介，将自身的部分、全部或者变种进行复制、传播，并破坏计算机系统功能、数据或者应用程序的；(2) 能够在预先设定条件下自动触发，并破坏计算机系统功能、数据或者应用程序的；(3) 其他专门设计用于破坏计算机系统功能、数据或者应用程序的程序。

应该承认，我国法律关于破坏计算机信息系统罪的罪状描述越来越完善。但学术研究也表明，该罪名的罪状仍有实质性的问题，突出表现为该罪在客观方面缺少对危险犯的规定。目前法条规定的是结果犯，即定罪的前提是“后果严重”，亦即行为人的破坏行为使计算机系统的功能丧失或造成重大经济损失。如果行为人对计算机系统的破坏行为没有发生严重后果，例如行为人在计算机系统内安置“病毒”，但在“病毒”发作之前已经因意志以外的原因被警方抓获，那么根据罪刑法定的原则其行为就不能构成犯罪。这样一来，行为人是否犯罪就在某种程度上取决于警方的破案时机。而从实质上看，行为人的犯罪行为已经实施完毕，对社会所造成的潜在危险已达到刑罚惩罚之要求程度。笔者认为，该罪应当适当吸收危险犯的合理内核，将造成严重潜在危险的行为亦作为犯罪处理。

【案例 7－11】

丹·里瑞安置“逻辑炸弹”案

1996年，加拿大电气电脑工程师丹·里瑞受聘为重庆利马高科技陶瓷有限公司的技术总管，专门负责全公司机械设备和控制软件的设计工作。1997年9月，丹·里瑞为达到威胁老板加薪升职的个人目的，在公司生产线控制程序中安置了有害数据——两枚“逻辑炸弹”。一枚是计时“逻辑炸弹”，即当生产线的机器运转到当年11月29日，控制程序内的重要工艺参数就会自动删除，后果是导致整个1 200万美元的生产线永久性瘫痪；另一枚是计数“逻辑炸弹”，即当注浆机每运行一次，毁灭性技术参数就增加一次，当累加到6 000次时，也会导致控制系统破坏，使生产线永久性瘫痪。11月22日，重庆警方因其他案件介入调查时，意外发现了这两枚“逻辑炸弹”。当时离第一枚“炸弹”爆发时间仅剩不到7天，第二枚“炸弹”的技术参数也运行到了2 500次……若非发现及时，后果将不堪设想！警方还发现，丹·里瑞本人使用的电脑、设计的程序和使用的备份技术盘中都具有相同的“逻辑炸弹”，进而认定丹·里瑞有故意利用计算机破坏生产的行为。

关于本案能否提起刑事诉讼以及如何定性，存在着一定的争议。由于丹·里瑞的行为在案发时尚未造成严重后果，当地警方最终未以破坏计算机信息系统罪移送审查起诉，而仅仅作出了罚款5 000元的行政处罚决定。

这类案例带给人们的思考意义是深远的。

（二）其他网络犯罪的罪状厘清

1. 非法侵入计算机信息系统罪、非法获取计算机信息系统数据罪

《刑法》第285条第1款规定了非法侵入计算机信息系统罪的罪状，第2款规定了非法获取计算机信息系统数据罪的罪状。前者表明该罪保护的对象是国家事务、国防建设、尖端科学技术领域的计算机信息系统，后者表明本罪保护的是前述以外的计算机信息系统。这是两者的差异。它们的共性在于均使用了“侵入”计算机信息系统的表述。然而，法条上对“侵入”的表述语焉不详。在实务中这常常成为一个司法证明难题。有的案件中，法庭寻求司法鉴定来予以证明，但鉴定人通常不懂“侵入”术语的法律含义，又如何作出令人信服的判断？案例7-12针对“超出授权范围使用账号、密码登录计算机信息系统”的行为作了明确阐述。

【案例7-12】

卫梦龙、龚旭、薛东东犯非法获取计算机信息系统数据罪案①

卫梦龙曾于2012年至2014年在北京某大型网络公司工作，龚旭供职于该大型网络公司运营规划管理部，两人原系同事。薛东东系卫梦龙的商业合作伙伴。因工作需要，龚旭拥有登录该大型网络公司内部管理开发系统的账号、密码、Token令牌（计算机身份认证令牌），具有查看工作范围内相关数据信息的权限。但该大型网络公司禁止员工私自在内部管理开发系统查看、下载非工作范围内的电子数据信息。2016年6月至9月，经事先合谋，龚旭向卫梦龙提供自己所掌握的该大型网络公司内部管理开发系统账号、密码、Token令牌。卫梦龙利用龚旭提供的账号、密码、Token令牌，违反规定多次在异地登录该大型网络公司内部管理开发系统，查询、下载该计算机信息系统中储存的电子数据。后卫梦龙将非法获取的电子数据交由薛东东通过互联网出售牟利，违法所得共计37 000元。

2017年2月9日北京市海淀区人民检察院以卫梦龙、龚旭、薛东东犯非法获取

① 参见最高人民检察院指导性案例（检例第36号）。

计算机信息系统数据罪，向北京市海淀区人民法院提起公诉。北京市海淀区人民检察院认为：被告人龚旭将自己因工作需要掌握的本公司账号、密码、Token令牌等交由卫梦龙登录该公司管理开发系统获取数据，虽不属于通过技术手段侵入计算机信息系统，但内外勾结擅自登录公司内部管理开发系统下载数据，明显超出正常授权范围。超出授权范围使用账号、密码、Token令牌登录系统，也属于侵入计算机信息系统的行为。行为人违反《计算机信息系统安全保护条例》第七条、《计算机信息网络国际联网安全保护管理办法》第六条第一项等国家规定，实施了非法侵入并下载获取计算机信息系统中存储的数据的行为，构成非法获取计算机信息系统数据罪。6月6日，北京市海淀区人民法院作出判决，认定被告人卫梦龙、龚旭、薛东东的行为构成非法获取计算机信息系统数据罪，情节特别严重。判处卫梦龙有期徒刑4年，并处罚金人民币4万元；判处龚旭有期徒刑3年9个月，并处罚金人民币4万元；判处薛东东有期徒刑4年，并处罚金人民币4万元。一审宣判后，三被告人未上诉，判决已生效。

该案的指导要旨是，“超出授权范围使用账号、密码登录计算机信息系统，属于侵入计算机信息系统的行为；侵入计算机信息系统后下载其储存的数据，可以认定为非法获取计算机信息系统数据”。该案表明，“侵入”，是指违背被害人意愿非法进入计算机信息系统的行为。其表现形式既包括采用技术手段破坏系统防护进入计算机信息系统，也包括未取得被害人授权擅自进入计算机信息系统，还包括超出被害人授权范围进入计算机信息系统。

【案例7-13】

叶源星、张剑秋犯提供侵入计算机信息系统程序、谭房妹非法获取计算机信息系统数据案（续）①

2017年11月17日庭审中，被告人叶源星和张剑秋的辩护人提出以下辩护意见：一是检察机关未提供省级以上有资质机构的检验结论，现有证据不足以认定“小黄伞”软件是“专门用于侵入计算机信息系统的程序”。针对上述辩护意见，公诉人答辩如下：在案电子数据、勘验笔录、技术人员的证言、被告人供述等证据相互印证，足以证实“小黄伞”软件具有避开和突破计算机信息系统安全保护措施、未经授权获取计算机信息系统数据的功能，属于法律规定的“专门用于侵入计算机信息系统的程序”。

该案的指导要旨是，“对有证据证明用途单一、只能用于侵入计算机信息系统的程序，司法机关可依法认定为‘专门用于侵入计算机信息系统的程序’；难以确

① 参见浙江省杭州市余杭区人民法院（2017）浙0110刑初664号刑事判决书，最高人民检察院指导性案例（检例第68号）.

定的，应当委托专门部门或司法鉴定机构作出检验或鉴定。”①

此外，非法获取计算机信息系统数据罪中“数据”的含义究竟是什么？罪状描述中表述为“计算机系统中存储、处理或传输的数据”，但法条并未对“数据”的具体内容进行限定。一般来说，计算机系统在运行的过程中会产生很多数据，但这些数据的重要性是不同的。根据罪刑相适应原则，违法行为只有达到一定的危害性才能入罪。最高人民法院、最高人民检察院《关于办理危害计算机信息系统安全刑事案件应用法律若干问题的解释》将《刑法》第285条第2款规定的“数据”类型化为“网络金融服务的身份认证信息”、其他“身份认证信息”（见表7-2）。这样的限定过于狭窄，显然是不足的。当然，反过来，对数据的类型不作限定，那也是不行的。在大数据已经渗透进人类社会生产、生活方方面面的今天，非法获取计算机信息系统罪指涉的数据是哪些数据，需要刑法予以明确。

表7-2　非法获取计算机信息系统数据罪的裁量标准

情节严重	（1）获取支付结算、证券交易、期货交易等网络金融服务的身份认证信息10组以上的
	（2）获取第①项以外的身份认证信息500组以上的
	（3）非法控制计算机信息系统20台以上的
	（4）违法所得5 000元以上或者造成经济损失1万元以上的
	（5）其他情节严重的情形
情节特别严重	（1）数量或者数额达到前述第①项至第④项规定标准5倍以上的
	（2）其他情节特别严重的情形

① 最高人民检察院在发布该指导性案例时指出，审查认定“专门用于侵入计算机信息系统的程序”，一般应要求公安机关提供以下证据：一是从被扣押、封存的涉案电脑、U盘等原始存储介质中收集、提取相关的电子数据。二是对涉案程序、被侵入的计算机信息系统及电子数据进行勘验、检查后制作的笔录。三是能够证实涉案程序的技术原理、制作目的、功能用途和运行效果的书证材料。四是涉案程序的制作人、提供人、使用人对该程序的技术原理、制作目的、功能用途和运行效果进行阐述的言词证据，或能够展示涉案程序功能的视听资料。五是能够证实被侵入计算机信息系统安全保护措施的技术原理、功能以及被侵入后果的专业人员的证言等证据。六是对有运行条件的，应要求公安机关进行侦查实验。对有充分证据证明涉案程序是专门设计用于侵入计算机信息系统、非法获取计算机信息系统数据的，可直接认定为“专门用于侵入计算机信息系统的程序”。证据审查中，可从以下方面对涉案程序是否属于“专门用于侵入计算机信息系统的程序”进行判断：一是结合被侵入的计算机信息系统的安全保护措施，分析涉案程序是否具有侵入的目的、是否具有避开或者突破计算机信息系统安全保护措施的功能。二是结合计算机信息系统被侵入的具体情形，查明涉案程序是否在未经授权或超越授权的情况下，获取计算机信息系统数据。三是分析涉案程序是否属于“专门”用于侵入计算机信息系统的程序。根据最高人民法院、最高人民检察院《关于办理危害计算机信息系统安全刑事案件应用法律若干问题的解释》第10条和最高人民法院、最高人民检察院、公安部《关于办理刑事案件收集提取和审查判断电子数据若干问题的规定》第17条的规定，对是否属于“专门用于侵入计算机信息系统的程序”难以确定的，一般应当委托省级以上负责计算机信息系统安全保护管理工作的部门检验，也可由司法鉴定机构出具鉴定意见，或者由公安部指定的机构出具报告。实践中，应重点审查检验报告、鉴定意见对程序运行过程和运行结果的判断，结合案件具体情况，认定涉案程序是否具有突破或避开计算机信息系统安全保护措施，未经授权或超越授权获取计算机信息系统数据的功能。

【案例 7－14】

庞×、季×非法获取计算机信息系统数据罪案[①]

2014 年，庞×通过号码为 66977×××的 QQ 从 QQ 昵称分别为“缘”“360 免杀”“远程控制”等人处购买名为“小杰”和“Gllost”的木马程序以及该木马程序的免杀、升级更新服务。随后，庞×让季×对木马程序进行测试。测试成功后，庞×便购买大量的 QQ 号，分发给姩×和朱×使用，并让二人用这些 QQ 号加入网络游戏“英雄联盟”等 QQ 群。之后，又让季×及王×对群内的 QQ 网民发送木马程序。随后，庞×通过木马程序成功侵入被害人曹×家中的电脑，并利用木马程序的功能从曹×的电脑中下载了五千多个“英雄联盟”账号。盗取这些账号后，庞×让季×、姩×、朱×用“海绵”改密、改保等软件对这批账号进行修改、梳理和分类。季×等人成功修改四千多个账号。后庞×通过淘宝网和其私人的支付宝账户出售了 1 164 个“英雄联盟”账号，获利 2.9 万余元。

该案中，被告人盗取的网游账号就不能被简单地归入“网络金融服务的身份认证信息”、其他“身份认证信息”之列。

该案当时被称为当地“首例网游盗号案”。如果不是以违法所得超过 5 000 元的 5 倍为标尺，判决构成犯罪可能都会有困难。

2. 提供侵入、非法控制计算机信息系统程序、工具罪

《刑法》第 285 条第 3 款规定：“提供专门用于侵入、非法控制计算机信息系统的程序、工具，或者明知他人实施侵入、非法控制计算机信息系统的违法犯罪行为而为其提供程序、工具，情节严重的，依照前款的规定处罚。”该款规定明确将非法侵入控制计算机信息系统的“帮助行为”入罪。实践表明，在侵入、非法控制计算机信息系统这类犯罪的实施过程中，对工具与技术的依赖性比较大，特别是当犯罪对象是具有重要价值或社会公共利益的计算机信息系统时，其原有的防护体系就比较坚韧，侵入和非法控制需要具备相应的技术基础与工具条件。因而，将此类犯罪的帮助行为入罪实属必要。

但是，“专门用于侵入、非法控制计算机信息系统的程序、工具”中“专门”一词表述不清。对此，最高人民法院、最高人民检察院《关于办理危害计算机信息系统安全刑事案件应用法律若干问题的解释》第 2 条进行了明确，将其区分为三种类型：(1) 具有避开或者突破计算机信息系统安全保护措施，未经授权或者超越授权获取计算机信息系统数据的功能的；(2) 具有避开或者突破计算机信息系统安全保护措施，未经授权或者超越授权对计算机信息系统实施控制的功能的；(3) 其他

① 参见江西省弋阳县人民法院（2015）弋刑初字第 27 号刑事判决书。

专门设计用于侵入、非法控制计算机信息系统、非法获取计算机信息系统数据的程序、工具。这就明确了该罪打击的对象包括“专门性程序、工具”和特定条件下的“非专门性程序、工具”（也称为“中性程序、工具”）。

【案例 7-15】

冯××犯提供侵入、非法控制计算机信息系统程序、工具罪案[①]

冯××为获利制作了“钓鱼网站和木马病毒”程序，专门用于在互联网上盗取他人使用的QQ聊天工具账号。2010年8月至2011年6月，冯××以贩卖的形式将其制作的“钓鱼网站和木马病毒”程序，提供给覃×、王忠×、王鹏×、王×等人使用，利用户名为刘×、潘×、韦×等人的银行卡收钱，非法获利达一万余元。后覃×、王忠×、王鹏×、王×等人均被以诈骗罪定罪量刑。2011年，法院认定被告人冯××非法向他人提供专门用于侵入、非法控制计算机信息系统的程序、工具的事实成立，情节严重，判决其行为已构成提供侵入、非法控制计算机信息系统程序、工具罪。

该案中，“钓鱼网站和木马病毒”程序就属于“专门性程序、工具”，不存在具有合法用途的可能性。

3. 非法控制计算机信息系统罪

《刑法》第285条第2款规定了非法控制计算机信息系统罪的罪状，表明该罪打击的是“违反国家规定，侵入前款规定以外的计算机信息系统或者采用其他技术手段……对该计算机信息系统实施非法控制”的行为。其中，如何理解“其他技术手段”？如何理解该罪与破坏计算机信息系统罪之间的界限？这些都是实务中的难点。2020年12月最高人民法院通过指导案例对此予以澄清。

【案例 7-16】

张某杰等犯非法控制计算机信息系统罪案[②]

自2017年7月开始，张某杰、彭某珑、祝某、姜某豪经事先共谋，为赚取赌博网站广告费用，在马来西亚吉隆坡市租住的××公寓B幢902室内，相互配合，对存在防护漏洞的目标服务器进行检索、筛查后，向目标服务器植入木马程序（后门程序）进行控制，再使用“菜刀”等软件链接该木马程序，获取目标服务器后台浏览、增加、删除、修改等操作权限，将添加了赌博关键字并设置自动跳转功能的静态网页，上传至目标服务器，以提高赌博网站广告被搜索引擎命中的概率。截至

① 参见苏家成：《提供侵入、非法控制计算机信息系统程序、工具罪的认定》，载《人民司法》，2013(12)，64-68页。

② 参见最高人民法院指导案例第145号。

2017年9月底，张竣杰、彭玲珑、祝东、姜宇豪链接被植入木马程序的目标服务器共计113台，其中部分网站服务器还被植入了含有赌博关键词的广告网页。后公安机关将张竣杰、彭玲珑、祝东、姜宇豪抓获到案。公诉机关以破坏计算机信息系统罪对四人提起公诉。被告人张竣杰、彭玲珑、祝东、姜宇豪及其辩护人在庭审中均对指控的主要事实予以承认；被告人张竣杰、彭玲珑、祝东及其辩护人提出，各被告人的行为仅是对目标服务器的侵入或非法控制，非破坏，应定性为非法侵入计算机信息系统罪或非法控制计算机信息系统罪，不构成破坏计算机信息系统罪。

江苏省南京市鼓楼区人民法院于2019年7月29日作出（2018）苏0106刑初487号刑事判决：(1) 被告人张竣杰犯非法控制计算机信息系统罪，判处有期徒刑5年6个月，罚金人民币5万元。(2) 被告人彭玲珑犯非法控制计算机信息系统罪，判处有期徒刑5年3个月，罚金人民币5万元。(3) 被告人祝东犯非法控制计算机信息系统罪，判处有期徒刑5年，罚金人民币4万元。(4) 被告人姜宇豪犯非法控制计算机信息系统罪，判处有期徒刑2年6个月，罚金人民币2万元。一审宣判后，被告人姜宇豪以一审量刑过重为由提起上诉，其辩护人请求对被告人姜宇豪宣告缓刑。江苏省南京市中级人民法院认为：被告人张竣杰、彭玲珑、祝东、姜宇豪共同违反国家规定，对我国境内计算机信息系统实施非法控制，情节特别严重，其行为均已构成非法控制计算机信息系统罪，且系共同犯罪。南京市鼓楼区人民检察院指控被告人张竣杰、彭玲珑、祝东、姜宇豪实施侵犯计算机信息系统犯罪的事实清楚，证据确实、充分，但以破坏计算机信息系统罪予以指控不当。经查，被告人张竣杰、彭玲珑、祝东、姜宇豪虽对目标服务器的数据实施了修改、增加的侵犯行为，但未造成该信息系统功能实质性破坏，或不能正常运行，也未对该信息系统内有价值的数据进行增加、删改，其行为不属于破坏计算机信息系统犯罪中的对计算机信息系统中存储、处理或者传输的数据进行删除、修改、增加的行为，应认定为非法控制计算机信息系统罪。部分被告人及辩护人提出相同定性的辩解、辩护意见，予以采纳。关于上诉人姜宇豪提出“量刑过重”的上诉理由及辩护人提出宣告缓刑的辩护意见，经查，该上诉人及其他被告人链接被植入木马程序的目标服务器共计113台，属于情节特别严重。一审法院依据本案的犯罪事实和上诉人的犯罪情节，对上诉人减轻处罚，量刑适当且与其他被告人的刑期均衡。综合上诉人犯罪行为的性质、所造成的后果及其社会危害性，不宜对上诉人适用缓刑。故对上诉理由及辩护意见，不予采纳。该院于2019年9月16日作出（2019）苏01刑终768号裁定：驳回上诉，维持原判。

该案的裁判要点是：“(1) 通过植入木马程序的方式，非法获取网站服务器的控制权限，进而通过修改、增加计算机信息系统数据，向相关计算机信息系统上传网页链接代码的，应当认定为刑法第二百八十五条第二款‘采用其他技术手段’非法控制计算机信息系统的行为；(2) 通过修改、增加计算机信息系统数据，对该计算机信息系统实施非法控制，但未造成系统功能实质性破坏或者不能正常运行的，不应当认定为破坏计算机信息系统罪，符合刑法第二百八十五条第二款规定的，应当认定为非法控制计算机信息系统罪。”

4. 非法利用信息网络罪、帮助信息网络犯罪活动罪

2015年11月《刑法修正案（九）》增设了非法利用信息网络罪和帮助信息网络犯罪活动罪，但是相关的定罪量刑标准较为原则，实践中不易把握，也产生了一些法律适用方面的分歧。2019年11月最高人民法院、最高人民检察院联合发布《关于办理非法利用信息网络、帮助信息网络犯罪活动等刑事案件适用法律若干问题的解释》，对该罪罪状的有关表述予以明确：（1）非法利用信息网络罪规定的“用于实施诈骗、传授犯罪方法、制作或者销售违禁物品、管制物品等违法犯罪活动的网站、通讯群组”是指以实施违法犯罪活动为目的而设立或者设立后主要用于实施违法犯罪活动的网站、通讯群组；（2）非法利用信息网络罪规定的“发布信息”是指利用信息网络提供信息的链接、截屏、二维码、访问账号密码及其他指引访问服务；（3）帮助信息网络犯罪活动罪规定的“明知他人利用信息网络实施犯罪”，是指下述情况下为他人实施犯罪提供技术支持或者帮助的行为，具体包括：监管部门告知后仍然实施有关行为的；接到举报后不履行法定管理职责的；交易价格或者方式明显异常的；提供专门用于违法犯罪的程序、工具或者其他技术支持、帮助的；频繁采用隐蔽上网、加密通信、销毁数据等措施或者使用虚假身份；逃避监管或者规避调查的，为他人逃避监管或者规避调查提供技术支持、帮助的；等等。当然，有相反证据的除外。

【案例7－17】

黄杰明、陶胜新等犯非法利用信息网络罪案①

2017年7月至2019年2月，黄杰明使用昵称为“刀剑阁”的微信，在朋友圈发布其拍摄的管制刀具图片、视频和文字信息合计12 322条，用以销售管制刀具，并从中非法获利。陶胜新、李孔祥、陶霖、曾俊杰在微信朋友圈发布从他人的微信朋友圈转载的管制刀具图片、视频和文字信息，数量分别为6 677条、16 540条、15 210条、5 316条，用以销售管制刀具，并从中非法获利。2018年5月至7月，宋雨林（已判刑）先后三次通过微信联系陶胜新，购买管制刀具。陶胜新通过微信与黄杰明联系，由黄杰明直接发货给宋雨林，陶胜新从中赚取差价。宋雨林购得刀具后实施了故意伤害致人死亡的犯罪行为。黄杰明违法所得人民币329元，陶胜新违法所得人民币858元。

江苏省盐城市滨海县人民法院判决，被告人黄杰明、陶胜新、李孔祥、曾俊杰、

① 参见《最高人民法院发布4起非法利用信息网络罪、帮助信息网络犯罪活动罪典型案例》，载北大法律信息网，发布时间：2019－10－25。

陶霖的行为已构成非法利用信息网络罪。

该案的指导意义在于，以示例明确“发布有关销售管制物品的信息，情节严重的，构成非法利用信息网络罪”。

【案例 7－18】

谭张羽、张源等犯非法利用信息网络罪案①

2016年12月，为获取非法利益，谭张羽、张源商定在网络上从事为他人发送“刷单获取佣金”的诈骗信息业务，即通过“阿里旺旺”向不特定的淘宝用户发送信息，信息内容大致为：“亲，我是×××，最近库存压力比较大，请你来刷单，一单能赚10～30元，一天能赚几百元，详情加QQ×××，阿里旺旺不回复”。通常每100个人添加上述信息里的QQ号，谭张羽、张源即可从让其发送信息的上家处获取平均约5 000元的费用。谭张羽、张源雇佣秦秋发等具体负责发送诈骗信息。张源主要负责购买“阿里旺旺”账号、软件、租赁电脑服务器等；秦秋发主要负责招揽、联系有发送诈骗信息需求的上家、接收上家支付的费用及带领其他人发送诈骗信息。2016年12月至2017年3月，谭张羽、张源通过上述方式共非法获利人民币八十余万元，秦秋发在此期间以“工资”的形式非法获利人民币约2万元。被害人王×、洪×因添加谭张羽、张源等人组织发送的诈骗信息中的QQ号，后分别被骗31 000元和30 049元。

江苏省宿迁市沭阳县人民法院一审判决、江苏省宿迁市中级人民法院二审判决，均认定谭张羽、张源、秦秋发的行为本质上属于诈骗犯罪预备，构成非法利用信息网络罪。

该案的指导意义在于，以示例明确“为实施诈骗活动发布信息，情节严重的，构成非法利用信息网络罪”。

【案例 7－19】

赵瑞犯帮助信息网络犯罪活动罪案②

赵瑞经营的网络科技有限公司的主营业务为第三方支付公司网络支付接口代理。赵瑞在明知申请支付接口需要提供商户营业执照、法人身份证等五证信息和网络商城备案域名，且明知非法代理的网络支付接口可能被用于犯罪资金走账和洗钱的情况下，仍通过事先购买的企业五证信息和假域名备案在第三方支付公司申请支付账号，以每个账号收取2 000至3 500元的接口费将账号卖给他人，并收取该账

①② 参见《最高人民法院发布4起非法利用信息网络罪、帮助信息网络犯罪活动罪典型案例》，载北大法律信息网，发布时间：2019－10－25。

号入账金额千分之三左右的利润。2016 年 11 月 17 日，被害人赵×被骗 600 万元，其中，被骗资金 50 万元经他人账户后转入在第三方某股份有限公司开户的某贸易有限公司商户账号内流转，该商户账号由赵瑞通过上述方式代理。

浙江省义乌市人民法院判决，被告人赵瑞的行为已构成帮助信息网络犯罪活动罪。

该案的指导意义在于，以示例明确“为他人实施信息网络犯罪提供支付结算帮助，情节严重的，构成帮助信息网络犯罪活动罪”。

【案例 7－20】

侯博元、刘昱祈等犯帮助信息网络犯罪活动罪案①

2018 年 5 月 28 日，侯博元、刘昱祈在台湾地区受人指派，带领刘育民、蔡宇彦等进入大陆到银行办理银行卡，用于电信/网络诈骗等违法犯罪活动。刘育民、蔡宇彦明知开办的银行卡可能用于电信/网络诈骗等犯罪活动，但为了高额回报，依然积极参加。当日下午，侯博元等人抵达杭州机场，后乘坐高铁来到金华市区并入住酒店。当晚，侯博元、刘昱祈告知其他人办理银行卡时谎称系来大陆投资，并交代了注意事项及具体操作细节。5 月 29 日上午，侯博元等人在金华多家银行网点共开办了 12 张银行卡，并开通网银功能。另，2018 年 5 月 14 日至 18 日，侯博元、刘昱祈以同样的方式在金华市区、义乌两地办理银行卡，并带回台湾地区。

浙江省金华市婺城区人民法院判决，被告人侯博元、刘昱祈、蔡宇彦、刘育民的行为均已构成帮助信息网络犯罪活动罪。

该案的指导意义在于，以示例明确“为他人实施信息网络犯罪提供开办银行卡帮助，情节严重的，构成帮助信息网络犯罪活动罪”。

5. 开设赌场罪中在线赌场的认定

《刑法》第 303 条第 2 款规定了开设赌场罪。然而，什么是赌博网站等在线赌场，一直是司法认定的难点。实践中，变相赌博及变相赌博网站不时涌现，开设在线赌场的花样亦不断翻新。2020 年 10 月，最高人民法院、最高人民检察院、公安部发布《办理跨境赌博犯罪案件若干问题的意见》，将以营利为目的实施的“组织、招揽中华人民共和国公民赴境外赌博”等行为明确规定为“开设赌场”行为；特别是将以营利为目的，利用信息网络、通讯终端等传输赌博视频、数据，组织中国公民跨境赌博活动的如下行为规定为“开设赌场”行为：（1）建立赌博网站、应用程序并接受投注的；（2）建立赌博网站、应用程序并提供给他人组织赌博的；（3）购买或者租用赌博网站、应用程序，组织他人赌博的；（4）参与赌博网站、应用程序利润分成的；（5）担任赌博网站、应用程序代理并接受投注的；（6）其他利用信息

① 参见《最高人民法院发布 4 起非法利用信息网络罪、帮助信息网络犯罪活动罪典型案例》，载北大法律信息网，发布时间：2019－10－25。

网络、通讯终端等传输赌博视频、数据，组织跨境赌博活动的。

【案例 7－21－1】

陈庆豪、陈淑娟、赵延海犯开设赌场罪案①

2016年6月，北京龙汇联创教育科技有限公司（以下简称龙汇公司）设立，负责为龙汇网站的经营提供客户培训、客户维护、客户发展服务，幕后实际控制人为周熙坤。周熙坤利用上海麦曦商务咨询有限公司聘请讲师、经理、客服等工作人员，并假冒上海哲荔网络科技有限公司等在智付电子支付有限公司的支付账户，接收全国各地会员注册交易资金。龙汇网站以经营“二元期权”交易为业，通过招揽会员以“买涨”或“买跌”的方式参与赌博。会员在龙汇网站注册充值后，下载安装市场行情接收软件和龙汇网站自制插件，选择某一外汇交易品种，并选择1分钟到60分钟不等的到期时间，下单交易金额，并点击“买涨”或“买跌”按钮完成交易。买定离手之后，不可更改交易内容，不能止损止盈，若买对涨跌方向即可盈利交易金额的76%～78%，若买错涨跌方向则本金全亏，盈亏情况不与外汇实际涨跌幅度挂钩。龙汇网站建立了等级经纪人制度及对应的佣金制度，等级经纪人包括SB银级至PB铂金三星级六个等级。截至案发时，龙汇网站在全国约有10万会员。

2017年1月，陈庆豪被周熙坤聘请为顾问、市场总监，从事日常事务协调管理，维系龙汇网站与高级经纪人之间的关系，出席“培训会”“说明会”并进行宣传，发展会员，拓展市场。2016年1月，陈淑娟在龙汇网站注册账号，通过发展会员一度成为PB铂金一星级经纪人，下有1.7万余个会员账号。2016年2月，赵延海在龙汇网站注册账号，通过发展会员一度成为PB铂金级经纪人，下有8 000余个会员账号。经江西大众司法鉴定中心司法会计鉴定，2017年1月1日至2017年7月5日，陈淑娟从龙汇网站提款180 975.04美元，赵延海从龙汇网站提款11 598.11美元。2017年7月5日，陈庆豪、陈淑娟和赵延海被抓获归案。陈庆豪归案后，于2017年8月8日退缴35万元违法所得。

江西省吉安市中级人民法院于2019年3月22日作出（2018）赣08刑初21号刑事判决，以被告人陈庆豪犯开设赌场罪，判处有期徒刑3年，并处罚金人民币50万元，驱逐出境；被告人陈淑娟犯赌博罪，判处有期徒刑2年，并处罚金人民币30万元；被告人赵延海犯赌博罪，判处有期徒刑1年10个月，并处罚金人民币20万元；继续追缴被告人陈淑娟和赵延海的违法所得。

宣判后，陈庆豪、陈淑娟提起上诉。

江西省高级人民法院于2019年9月26日作出（2019）赣刑终93号刑事判决，以上诉人陈庆豪犯开设赌场罪，改判有期徒刑2年6个月，并处罚金人民币50万元，驱逐出境；上诉人陈淑娟犯开设赌场罪，判处有期徒刑2年，并处罚金人民币

① 参见最高人民法院指导案例第146号。

30万元；被告人赵延海犯开设赌场罪，判处有期徒刑1年10个月，并处罚金人民币20万元；继续追缴陈淑娟和赵延海的违法所得。

关于裁判理由，该案的生效裁判认为：国务院2017年修订的《期货交易管理条例》第1条、第4条、第6条规定，期权合约是指期货交易场所统一制定的、规定买方有权在将来某一时间以特定价格买入或者卖出约定标的物的标准化合约；期货交易应当在期货交易所等法定期货交易场所进行，禁止在期货交易场所之外进行期货交易；未经国务院或者国务院期货监督管理机构批准，任何单位或者个人不得以任何形式组织期货交易。简言之，期权是一种以股票、期货等品种的价格为标的，在法定期货交易场所进行交易的金融产品，在交易过程中需完成买卖双方权利的转移，具有规避价格风险、服务实体经济的功能。

【案例7-21-2】

陈庆豪、陈淑娟、赵延海犯开设赌场罪案（续）①

江西省高级人民法院经审理认为：龙汇“二元期权”的交易方法是下载市场行情接收软件和龙汇网站自制插件，会员选择外汇品种和时间段，点击“买涨”或“买跌”按钮完成交易，买对涨跌方向即可盈利交易金额的76%～78%，买错涨跌方向则本金即归网站（庄家）所有，盈亏结果与外汇交易品种涨跌幅度无关，实则是以未来某段时间外汇、股票等品种的价格走势为交易对象，以标的价格走势的涨跌决定交易者的财产损益，交易价格与盈亏幅度事前确定，盈亏结果与价格实际涨跌幅度不挂钩，交易者没有权利行使和转移环节，交易结果具有偶然性、投机性和射幸性。因此，龙汇“二元期权”与“押大小、赌输赢”的赌博行为本质上相同，实为网络平台与投资者之间的对赌，是披着期权外衣的赌博行为。

被告人陈庆豪在龙汇公司担任中国区域市场总监，从事日常事务协调管理，维护公司与经纪人的关系，参加各地说明会、培训会并宣传龙汇“二元期权”，发展新会员和开拓新市场，符合最高人民法院、最高人民检察院、公安部《关于办理网络赌博犯罪案件适用法律若干问题的意见》（以下简称《意见》）第2条规定的明知是赌博网站，而为其提供投放广告、发展会员等服务的行为，构成开设赌场罪，其非法所得已达到《意见》第2条规定的“收取服务费数额在2万元以上的”5倍以上，应认定为开设赌场“情节严重”。但考虑到其犯罪事实、行为性质、在共同犯罪中的地位作用和从轻量刑情节，对其有期徒刑刑期予以酌减，对罚金刑依法予以维持。陈淑娟、赵延海面向社会公众招揽赌客参加赌博，属于为赌博网站担任代理并接受投注行为，且行为具有组织性、持续性、开放性，构成开设赌场罪，并达到“情节严重”。原判认定陈淑娟、赵延海的罪名不当，二审依法改变其罪名，但根据

① 参见最高人民法院指导案例第146号。

上诉不加刑原则，维持一审对其量刑。

该案的裁判要点是：以“二元期权”交易的名义，在法定期货交易场所之外利用互联网招揽“投资者”，以未来某段时间外汇品种的价格走势为交易对象，按照“买涨”“买跌”确定盈亏，买对涨跌方向的“投资者”得利，买错方向的本金归网站（庄家）所有，盈亏结果不与价格实际涨跌幅度挂钩的，本质是“押大小、赌输赢”，是披着期权交易外衣的赌博行为。对相关网站应当认定为赌博网站。

6. 利用计算机实施的其他犯罪

《刑法》第287条规定：“利用计算机实施金融诈骗、盗窃、贪污、挪用公款、窃取国家秘密或者其他犯罪的，依照本法有关规定定罪处罚。”全国人大常委会在《关于维护互联网安全的决定》中又将这类犯罪扩大为利用计算机实施的金融诈骗，盗窃、挪用公款，窃取国家秘密、侵犯知识产权、侵犯个人隐私、色情、敲诈勒索等几乎所有的犯罪形式。这一立法例针对的是“工具型网络犯罪”，基本思路是援引传统罪名进行定罪量刑。其优点在于无须对“工具型网络犯罪”单独设置罪名，缺点在于新的犯罪形态如何顺利归入传统罪名的罪状表述，以及如何避免适用传统罪名出现罪罚偏离的问题。比如，涉及虚拟财产的犯罪究竟能不能被确定为（网络）盗窃罪，（网络）诈骗罪，如何认定其财产价值等。

【案例7-22】

温某龙等二十三人犯敲诈勒索罪案①

2017年起，温某龙纠集林某浩、朱某常投资成立或参股福建省福鼎市财神投资咨询有限公司（以下简称财神公司）等四家公司，招募人员专门从事网络“套路贷”活动。这四家公司均有完整的规章制度、工资奖励机制，人员分工明确，组织

① 2021年1月25日最高人民检察院发布《充分发挥检察职能 推进网络空间治理典型案例》，参见https://www.spp.gov.cn/spp/xwfbh/wsfbh/202101/t20210125_507452.shtml。最高人民检察院指出，该案的典型意义在于：（1）依法严厉打击网络“套路贷”犯罪，维护社会秩序。“套路贷”犯罪利用被害人急需用钱的心理和防范意识薄弱的特点，诱骗或迫使被害人签订协议，通过制造银行流水、销毁还款证据、单方肆意认定违约、恶意垒高借款金额等方式，形成虚假债权债务。一旦逾期未还款则采用暴力、胁迫或者其他软暴力手段催收。利用网络实施上述行为，相较于传统“套路贷”隐蔽性更强，受害面更广，且更易于复制传播。特别是利用网络实施辱骂、威胁、恐吓等软暴力行为，传播范围更广，影响更大，给被害人带来的精神压力也会更强。这类行为在扫黑除恶专项斗争中一直是打击重点，必须依法严惩，遏制其滋生蔓延。（2）精准发力“破网打伞”，铲除网络“套路贷”生存土壤。检察机关在办理网络“套路贷”案件时，通过排查言词证据、聊天记录、资金流水等方式，深挖涉嫌包庇、纵容黑恶团伙，收受贿赂、渎职侵权等违法违纪线索，及时移送纪检监察机关，依法严惩充当黑恶势力“保护伞”的职务犯罪，净化基层环境，维护社会秩序。（3）准确识别正当民间借贷和非法“套路贷”，维护自身合法权益。社会公众在办理网络贷款融资业务时，不应仅仅关注贷款的便利性，更应关注贷款的合法性、安全性，拒绝高利贷，抵制预先收集通讯录信息、索要个人不雅照等非法放贷行为。发现被“套路”后，应及时报警，注意收集借款合同、银行交易记录、聊天记录、催收录音等证据，积极协助司法机关侦破案件。

架构严密，设客服组、风控组、财务组、催收组等部门，在实施犯罪过程中逐渐形成恶势力犯罪集团。公司内部分工明确，首先由客服组获取有借款需求的“客户资料”，并以审核身份的真实性为由，向被害人索要手机号、手机服务密码、QQ同步助手账号密码，非法收集被害人个人信息，为后续“软暴力”催收做准备。风控组负责对被害人的还款能力进行核实筛选，并决定是否放款。放款后，公司以“押金”“逾期费”等理由要求被害人在指定网络借款平台签订与实际借款不符的协议，制造虚高借款、虚假期限的合同，并直接扣除首期30%至50%的高额利息。如果逾期未还款，催收组根据被害人的手机号码、通讯录联系人、身份证照片等个人信息，通过电话或微信辱骂、威胁、恐吓、发送附有被害人头像的侮辱信息等方式，向被害人及其亲友施压，迫使被害人支付虚高本金、高额利息、续期费等。2017年2月至2018年8月，财神公司等四家公司在实施上述“套路贷”犯罪过程中，共放款3万余笔，累计放款人民币1.22亿余元，非法获利人民币1 867万余元。个别被害人因欠款被“软暴力”催收而精神崩溃喝农药自杀，因发现及时得到救治。在公安机关抓捕犯罪集团过程中，福鼎市公安局桐城派出所辅警林某向个别集团成员透露抓捕信息，通风报信、妨害抓捕。

2018年12月26日，福建省福鼎市公安局将本案移送福鼎市人民检察院审查起诉。检察机关重点围绕“恶势力”“犯罪集团”“犯罪金额”等问题梳理、审查证据，追捕追诉6名集团成员；深挖“保护伞”，发现福鼎市公安局桐城派出所辅警林某向该恶势力集团个别成员透露抓捕信息，及时将线索移交福鼎市扫黑办及福鼎市监察委。2019年6月6日，福鼎市人民检察院对林某以帮助犯罪分子逃避处罚罪提起公诉。同年7月2日，福鼎市人民检察院对温某龙等23人以敲诈勒索罪提起公诉。同年8月19日，福鼎市人民法院以帮助犯罪分子逃避处罚罪判处林某有期徒刑8个月。同年10月29日，福鼎市人民法院作出一审判决，以敲诈勒索罪分别判处温某龙、林某浩、朱某常等23名被告人有期徒刑1年至13年不等，并处罚金。

在实践中，一条可行的改革思路是，在必要的情况下准确表述其相关罪状，如专门规范网络赌博罪、网络色情罪、网络恐怖罪，等等。这样既能凸显网络犯罪的共同规律，更重要的是避免了传统刑法罪名适用不当的情况。下述案例展示了通过刑法手段对合法途径获得网络域名的注册人进行权益保护的途径，特别展示了综合考虑网络域名的购入价、销赃价、升值潜力、市场热度等因素，认定网络域名价值的方法。

【案例7-23】

张四毛犯盗窃罪案①

2009年5月，陈×在大连市西岗区登录网络域名注册网站，以人民币11.85万

① 参见最高人民检察院指导性案例（检例第37号）。

元竞拍取得“www.8.cc”域名，并交由域名维护公司维护。张四毛预谋窃取陈×拥有的域名“www.8.cc”，其先利用技术手段破解该域名所绑定的邮箱密码，后将该网络域名转移绑定到自己的邮箱上。2010年8月6日，张四毛将该域名从原有的维护公司转移到自己在另一网络公司申请的ID上；2011年3月16日将该网络域名再次转移到张四毛冒用“龙嫦”身份申请的ID上，并更换绑定邮箱。2011年6月，张四毛在网上域名交易平台将网络域名“www.8.cc”以人民币12.5万元出售给李×。2015年9月29日，张四毛被公安机关抓获。

2016年3月22日辽宁省大连市西岗区人民检察院以张四毛犯盗窃罪向大连市西岗区人民法院提起公诉。2016年5月5日，大连市西岗区人民法院作出判决，认定被告人张四毛的行为构成盗窃罪，判处有期徒刑4年7个月，并处罚金人民币5万元。一审宣判后，当事人未上诉，判决已生效。

该案的指导要旨是，“网络域名具备法律意义上的财产属性，盗窃网络域名可以认定为盗窃行为”。该案中，行为人利用技术手段，通过变更网络域名绑定邮箱及注册ID，实现了对域名的非法占有，并使原所有人丧失了对网络域名的合法占有和控制。其目的是非法获取网络域名的财产价值，其行为给网络域名的所有人带来直接的经济损失。该行为符合以非法占有为目的窃取他人财产利益的盗窃罪的本质属性，应以盗窃罪论处。

三、“情节严重”的数量化标准

（一）数量化标准的发展及困境

从我国现行《刑法》的分则条文来看，除杀人、放火、抢劫、强奸、爆炸等严重危害社会的行为，其本身的社会危害达到刑罚处罚程度、足以构成犯罪外，多数危害社会的行为必须达到一定的社会危害程度才构成犯罪。因此对这些行为来说，就有一个依据社会危害程度高低决定罪与非罪的问题。其中，一种传统的做法就是以情节是否严重、是否恶劣作为划分罪与非罪的界限。

我国许多关于网络犯罪的规定就属于情节犯；即便不是情节犯，也有一个情节是否严重的问题。例如在2004年9月6日施行的最高人民法院、最高人民检察院《关于办理利用互联网、移动通讯终端、声讯台制作、复制、出版、贩卖、传播淫秽电子信息刑事案件具体应用法律若干问题的解释》第1条规定了八种构成制作、复制、出版、贩卖、传播淫秽物品牟利罪的定罪情形，第2条进一步规定了要加重处罚的“情节严重”“情节特别严重”；第3条规定了三种构成传播淫秽物品罪的定罪情形（如表7-3所示）。

表 7－3　　制作、复制、出版、贩卖、传播淫秽物品牟利罪的裁量标准

<table>
<tr><th>罪名</th><th colspan="2">裁量标准</th></tr>
<tr><td rowspan="8">制作、复制、出版、贩卖、传播淫秽物品牟利罪的定罪情节</td><td colspan="2">制作、复制、出版、贩卖、传播淫秽电影、表演、动画等视频文件 20 个以上的</td></tr>
<tr><td colspan="2">制作、复制、出版、贩卖、传播淫秽音频文件 100 个以上的</td></tr>
<tr><td colspan="2">制作、复制、出版、贩卖、传播淫秽电子刊物、图片、文章、短信息等 200 件以上的</td></tr>
<tr><td colspan="2">制作、复制、出版、贩卖、传播的淫秽电子信息，实际被点击数达到 1 万次以上的</td></tr>
<tr><td colspan="2">以会员制方式出版、贩卖、传播淫秽电子信息，注册会员达 200 人以上的</td></tr>
<tr><td colspan="2">利用淫秽电子信息收取广告费、会员注册费或者其他费用，违法所得 1 万元以上的</td></tr>
<tr><td colspan="2">数量或者数额虽未达到前 6 项规定标准，但分别达到其中两项以上标准一半以上的</td></tr>
<tr><td colspan="2">造成严重后果的</td></tr>
<tr><td rowspan="2">制作、复制、出版、贩卖、传播淫秽物品牟利罪的加重情节</td><td>情节严重的</td><td>实施前述行为，数量或者数额达到前 6 项规定标准 5 倍以上的</td></tr>
<tr><td>情节特别严重的</td><td>实施前述行为，数量或者数额达到规定标准 25 倍以上的</td></tr>
<tr><td rowspan="3">传播淫秽物品罪的定罪情节</td><td colspan="2">不以牟利为目的，利用互联网或者转移通讯终端传播淫秽电子信息，数量达到前 5 项规定标准 2 倍以上的</td></tr>
<tr><td colspan="2">数量分别达到前 5 项两项以上标准的</td></tr>
<tr><td colspan="2">造成严重后果的</td></tr>
</table>

从上表可以看出，判断是否构成前述犯罪的重要标准之一是实际点击数（表中加着重号表示）。这一做法在最高人民法院、最高人民检察院 2010 年 2 月发布的《关于办理利用互联网、移动通讯终端、声讯台制作、复制、出版、贩卖、传播淫秽电子信息刑事案件具体应用法律若干问题的解释（二）》中得到沿用（差别在于部分数额有所调整）。这样的标准看似确定了实际点击数的法律地位，但问题在于：这一标准可行吗？难道网页上的点击数能够等同于实际点击数吗？许多案件中都出现了这样的争议。

【案例 7－24】

轰动全国的“九九情色论坛”案

公诉机关指控：截至 2004 年 11 月 15 日 17 时，“九九情色论坛”的“主论坛”版块注册会员共计 75 772 名，刊载淫秽图片共计 42 705 张，累计点击数为 32 734 600 次；刊载淫秽文章共计 4 184 篇，累计点击数为 1 900 525 次。“买春堂”版块注册

会员共计 47 452 人，刊载淫秽文章共计 207 篇，累计点击数为 252 731 次。因此，单纯从“累计点击数”等来看，该色情网站的点击数量巨大，应据此对各被告人定罪量刑。而很多被告人和其辩护人均对此表示异议。有被告人辩称，当其注册为该网站的会员时网站还是免费的，自 2004 年 4、5 月份网站开始收费，但前面的免费期间的点击数也被累积计算在内了，所以，公诉机关指控的网站点击数中，应当有一部分是在网站免费期间被浏览点击的次数，该部分数字不应当被计算在犯罪数量中。

其实，从类似的网络色情案件来看，辩方否定点击数的证据效力除了上面一个理由，还有被告人以自己篡改过点击数、外人可能篡改点击数，甚至警察可能篡改点击数。总之，限于主、客观原因，“实际点击数”很可能是不客观的证据，不能以此为据作出有罪判决。

在前述案件的判决中，法院认为：“公诉机关指控认定该论坛的点击数是基于对该网站内下载的含有淫秽信息网页打印材料中点击数据的累计，而此点击数反映的仅是淫秽信息的页面刷新次数，不能排除重复点击的可能。另外，在该网站开始收费后，网页计算器累加了此前该网站已包含的淫秽信息内容的点击次数。故公诉机关指控认定的该网站淫秽信息的点击数不宜作为本案的定案依据。”这样的结果，反映了网络犯罪司法实务中公诉人员的无奈与审判人员的困惑。

由此可见，以实际点击数达到多少作为定罪的一个标准，根本是行不通的。不仅如此，以情节确定网络犯罪的问题还有很多。比如，一起网络色情案件被查处后，其社会危害后果就终止了吗？“九九情色论坛”所发布的那些色情图片消失了吗？难道不是持续地产生消极影响吗？犯罪人不应当对其犯罪行为所造成的“持续影响”承担法律责任吗？类似的追问能够让人们检讨对网络犯罪基于“数量化”标准的“情节论”。概言之，网络时代许多犯罪后果不能被简单限定为虚拟空间的文件数、点击数、注册会员数，其对现实空间的破坏性影响更应当得到体现，而这一影响通常不会因刑事追究程序的启动而终止（网络色情犯罪的危害后果只能随着时间流逝而淡化）。

然而，由于我国治理网络犯罪实行违法与犯罪二元区分的刑事制度，即必须区分网络违法与网络犯罪之间的界限，所以我国立法或司法解释越来越多地将“实际点击数”“注册会员数”“受害人次”等能够反映网络犯罪特有属性的数额标准纳入网络犯罪评价体系。① 相应地，网络犯罪的司法实践日益深陷“数量化”标准的困境。这使人们必须另辟蹊径，确定新的定罪标准。

（二）新定罪标准的探索及改进

我国有学者建议从降低证明难度的角度解决网络犯罪“数量化”标准导致定罪

① 参见于志刚、郭旨龙：《信息时代犯罪定量标准的体系化构建》，载《法律科学》，2014（3），128 页。

困难的困境："网络犯罪的'定性'和'定量'应当采用不同的证明标准，综合认定犯罪数额，并允许根据计算模型、数据分析结论进行定量。"这一种主张可以被概括为"综合认定论"。它不仅是学术观点，也是司法实践中的规律。

【案例 7－25】

李丙龙犯破坏计算机信息系统罪案①

李丙龙为牟取非法利益，预谋以修改大型互联网网站域名解析指向的方法，劫持互联网流量访问相关赌博网站，获取境外赌博网站广告推广流量提成。2014 年 10 月 20 日，李丙龙冒充某知名网站工作人员，采取伪造该网站公司营业执照等方式，骗取该网站注册服务提供商信任，获取网站域名解析服务管理权限。10 月 21 日，李丙龙通过其在域名解析服务网站平台注册的账号，利用该平台相关功能自动生成了该知名网站二级子域名部分 DNS（域名系统）解析列表，修改该网站子域名的 IP 指向，使其连接至自己租用境外虚拟服务器建立的赌博网站广告发布页面。当日 19 时许，李丙龙对该网站域名解析服务器指向的修改生效，致使该网站不能正常运行。23 时许，该知名网站经技术排查恢复了网站的正常运行。11 月 25 日，李丙龙被公安机关抓获。至案发时，李丙龙未及获利。

经司法鉴定，该知名网站共有 559 万名有效用户，其中邮箱系统有 36 万名有效用户。按日均电脑客户端访问量计算，10 月 7 日至 10 月 20 日其邮箱系统日均访问量达 12.3 万次。李丙龙的行为造成该知名网站 10 月 21 日 19 时至 23 时长达四小时左右无法正常发挥其服务功能，案发当日仅邮件系统电脑客户端访问量就从 12.3 万次减少至 4.43 万次。

2015 年 4 月 9 日上海市徐汇区人民检察院以李丙龙犯破坏计算机信息系统罪向上海市徐汇区人民法院提起公诉。徐汇区人民法院经审理认为：根据最高人民法院、最高人民检察院《关于办理危害计算机信息系统安全刑事案件应用法律若干问题的解释》第 4 条规定，李丙龙的行为符合"造成为五万以上用户提供服务的计算机信息系统不能正常运行累计一小时以上""后果特别严重"的情形，构成破坏计算机信息系统罪。该院结合量刑情节，判处李丙龙有期徒刑 5 年。一审宣判后，李丙龙提起上诉。上海市第一中级人民法院终审裁定，维持原判。

最高人民检察院将该案颁布为指导性案例时指出，"认定遭受破坏的计算机信息系统服务用户数，可以根据计算机信息系统的功能和使用特点，结合网站注册用户、浏览用户等具体情况，作出客观判断"。在该案中，修改网站域名解析服务器指向，强制用户偏离目标网站或网页，进入指定网站或网页，是典型的域名劫持行为。根据最高人民法院、最高人民检察院《关于办理危害计算机信息系统安全刑事

① 参见最高人民检察院指导性案例（检例第 33 号）。

案件应用法律若干问题的解释》第 4 条的规定，造成为 1 万以上用户提供服务的计算机信息系统不能正常运行累计 1 小时以上的，属于“后果严重”，应以破坏计算机信息系统罪论处；造成为 5 万以上用户提供服务的计算机信息系统不能正常运行累计 1 小时以上的，属于“后果特别严重”。

笔者认为，网络犯罪定罪量刑难的根本原因之一在于作为入罪门槛的情节标准的设定。无论是传统的犯罪情节标准，还是现行的“数量化”标准，都有全面检讨的空间。在一时还难以找到替代方案的当下，应当努力改善机械数“数”的做法。笔者建议，可以先行如下一项改革：对于那些后果难以衡量或者无法彻底消除的网络犯罪，如各种网络色情犯罪、网络诽谤犯罪、侵犯网络隐私的犯罪、传播计算机病毒的犯罪、网上传播犯罪方法的犯罪以及网络传播谣言的犯罪等，可以先行废止“以情节是否严重、是否恶劣作为划分罪与非罪界限”的做法。

四、刑事责任年龄的调适

根据我国《刑法》第 17 条的规定，已满 16 周岁的人犯罪，应当负刑事责任；已满 14 周岁不满 16 周岁的人，犯故意杀人、故意伤害致人重伤或者死亡、强奸、抢劫、贩卖毒品、放火、爆炸、投放危险物质罪的，应当负刑事责任。据此，我国法律确定的刑事责任年龄被划分为完全不负刑事责任年龄、相对负刑事责任年龄与完全负刑事责任年龄三大类。

对网络犯罪而言，犯罪的低龄化已成为一种普遍趋势，未成年人实施此类危害行为的现象屡屡发生，甚至比成年人更为普遍。以非法侵入计算机信息系统罪为例，此领域几乎是少年“黑客”的天下：1979 年世界上第一位将黑手伸向计算机系统，成功打入“北美防空指挥中心电脑系统”，并将美国瞄准苏联的核弹头绝密资料一览无遗的美国少年凯文·米特尼克（Kevin David Mitnick）年仅 15 岁；1998 年 6 月，一群自称是“千足虫”、其组成人员为 6 名 15 岁～18 岁的青少年的青少年黑客宣布，他们成功进入印度国家安全的要害部门，盗走核武器秘密；1999 年因侵入美国五角大楼网络而被捕的少年为 17 岁。我国的情况也是如此：上海警方破获的首例黑客入侵证券网络案中，黑客年仅 19 岁；黑龙江省公安厅和七台河市公安局侦破的“混客绝情炸弹”案的黑客竟是一位 17 岁的某重点中学高一学生……而且从社会危害程度来看，无论是未成年人实施网络犯罪，还是成年人实施网络犯罪，其社会

图 7-1 昔日头号黑客凯文·米特尼克（2008 年）

危害程度相差无几。

面对网络犯罪主体低龄化的现实，我国许多学者建议适当降低刑事责任年龄，以便有效地打击这种犯罪。笔者赞同这种观点，具体的方案是规定“已满14周岁不满16周岁的人，故意实施……网络犯罪的，应当负刑事责任”，即将部分网络犯罪纳入相对负刑事责任年龄主体所应承担责任。诚然，具体要扩大到哪些网络犯罪，还有待缜密设计。

五、增设为单位犯罪后的配套调整

根据我国《刑法》第30条的规定，公司、企业、事业单位、机关、团体实施的危害社会的行为，法律规定为单位犯罪的，应当负刑事责任。也就是说，单位犯罪以法律有明文规定为限。而在过去，我国《刑法》对网络犯罪主体的规定较为简单，基本上不涉及单位。随着近年来我国法学界关于单位能否成为网络犯罪主体的深入研讨，主流观点赞同将单位纳入网络犯罪主体进行惩处。迄今为止，《刑法修正案（九）》等法律规范采纳了将单位作为网络犯罪主体的观点，普遍增加了单位犯罪的条款。如本章所列举的网络犯罪专门罪名——非法侵入计算机信息系统罪，非法获取计算机信息系统数据、非法控制计算机信息系统罪，提供侵入、非法控制计算机信息系统程序、工具罪，破坏计算机信息系统罪、拒不履行信息网络安全管理义务罪、非法利用信息网络罪、帮助信息网络犯罪活动罪、扰乱无线电通讯管理秩序罪、侵犯公民个人信息罪等条款中，均附有“对单位判处罚金，并对其直接负责的主管人员和其他直接责任人员，依照各该款的规定处罚”之类的表述。

这一变革方向是正确的，它符合网络犯罪更多地以单位、组织、集团的主体形式出现的客观规律。同时需要指出的是，在普遍性地将网络犯罪调整为单位犯罪后，也应当进行配套性质的改革设计。比如，对单位犯罪意义上的网络犯罪在定罪量刑方面完全适用个人犯罪的标准，这是否合理？又如，笼统地规定对“其他责任人员”进行处罚，而并未明确“其他责任人员”的范围和标准，这是否合理？当下我国治理网络犯罪过程中出现了一种“大学生刚毕业就因为网络犯罪被判刑”的现象，在很大程度上就与此有关系。

六、共同犯罪中的角色认定

网络犯罪不仅有自然人单独犯罪的形式，也有共同犯罪的形式，后者主要有以下几种表现：其一，犯罪人通过互联网寻找共同实施犯罪的同伙，共同实施或者分工合作进行网络犯罪。这属于我国《刑法》中的一般共同犯罪形式。案例7-25就是网络犯罪中的一般共同犯罪。其二，犯罪集团通过互联网组织、联络、召集犯罪成员，发展犯罪组织，并经过较缜密的计划安排、发动较大规模或者危害巨大的网络犯罪。这属于犯罪集团形式的共同犯罪。其三，一名或者少数几名犯罪人首先提出计划或者行动，众多具有相同意图的犯罪人自愿参加，在某一时间集体攻击某一特定的计算机信息系统，或者汇集到特定的网站实施犯罪活动，如恋童癖者汇集到某一网站的电子聊天室交换、传播儿童色情信息，或者共同进行其他的网络犯罪。

【案例 7-26】

马×犯聚众淫乱罪案

2009年8月17日，南京市秦淮区公安分局民警在某酒店的房间内将5名参与“换妻”的网民抓获，随后查出另外17人，其中包括“换妻”游戏的组织者、53岁的南京×大学副教授马×。2010年4月7日至8日，南京市秦淮区人民法院对此案进行了不公开审理。据悉，此案22名被告人创下了自1997年《刑法》实施13年以来，以“聚众淫乱”罪名起诉的最高纪录，也是近20年来第一批因为聚众淫乱罪获实刑的人。庭审中，除马×外，其余21名被告人均表示认罪服法。2010年5月20日，南京市秦淮区人民法院一审以聚众淫乱罪判处被告人马×有期徒刑3年6个月，其余21名被告人被分别判处缓刑到3年6个月有期徒刑不等的刑罚。

(一)“集团型”犯罪

前述第二种“共同犯罪”实质上是一种集团犯罪，其集团的组织架构通常决定了共同犯罪中的基本角色。然而，由于网络的庞大汇聚力量，当下的“集团型”网络犯罪已经达到了难以想象的程度。这一现象以涉众型经济犯罪最为突出。所谓涉众型经济犯罪，是指“行为人在市场经济运行过程中，为了谋取不法利益，违反国家经济法规和刑事法律，侵害不特定多数被害人的经济利益，破坏社会主义市场经济秩序，依照刑法应受刑罚处罚的一类犯罪的统称，主要包括非法吸收公众存款、集资诈骗、传销、非法销售未上市公司股票等犯罪活动”①。这类案件也被称为互联网金融犯罪。互联网金融犯罪的主体往往具有公司化、集团化程度较高，组织架构复杂等特点，这就导致在事实查明过程中很难划定犯罪主体的范围及具体分工，主要表现为犯罪嫌疑人与被害人、其他参与人的界限不清，主犯与从犯的界限模糊。例如，在案例7-1中，该犯罪团伙一年内在全国发展会员598万余人，众多案件参与人只能被称为“涉案人员”(或“集资参与人”)，无法进一步被具体定性为犯罪嫌疑人或受害人。这就给如何准确认定共同犯罪以及其角色分工提出了空前的挑战。

要解决上述问题，不仅要在调查方式和证明机制方面进行创新，也需要在共同犯罪的理论与规则方面进行创新。如若不然，即便能够查清互联网金融犯罪组织的

① 莫洪宪、敬力嘉：《被害人保护与涉众型经济犯罪治理——以风险分配为视角》，载《人民检察》，2017(11)，52页。

复杂架构，也很难评判不同行为人在犯罪活动中的具体作用。以利用P2P平台实施集资诈骗的案件为例，其公司人员类型可能包括：公司法定代表人、实际控制人，公司总裁、副总裁，财务人员、技术人员、“讲师”、风控人员、宣传销售人员、人力资源总监、产品设计人员、法务人员、运营人员、发展规划人员等。如何依据上述各类别人员的工作职责和任职时间等，确定其相应的作用，进而认定主犯、从犯，往往困难重重。如技术人员、“讲师”的工作就有交叉，其参与犯罪的时间与所起作用大小、违法程度之间是否成正比，也有一定疑问。

【案例7-27】

叶经生等犯组织、领导传销活动罪案①

2011年6月，叶经生等人成立宝乔公司，先后开发“金乔网”。宝乔公司以网络为平台，或通过招商会、论坛等形式，宣传、推广金乔网的经营模式。金乔网的经营模式是：（1）经上线经销商会员推荐并缴纳保证金成为经销商会员，无须购买商品，只需发展下线经销商，根据直接或者间接发展下线人数获得推荐奖金，晋升级别成为股权会员，享受股权分红。（2）经销商会员或消费者在金乔网经销商会员处购物消费满120元以上，向宝乔公司支付消费金额10%的现金，即可注册成为返利会员，参与消费额双倍返利，可获一倍现金返利和一倍的金乔币（虚拟电子货币）返利。（3）金乔网在全国各地设立省、地区、县（市、区）三级区域运营中心，各运营中心设区域代理，由经销商会员负责本区域会员的发展和管理，享受区域范围内不同种类业绩一定比例的提成奖励。2011年11月，叶青松经他人推荐加入金乔网，缴纳三份保证金并注册了三个经销商会员号。因发展会员积极，经金乔网审批，叶青松成为浙江省区域总代理，负责金乔网在浙江省的推广和发展。截至案发，金乔网注册会员3万余人，其中注册经销商会员1.8万余人；在全国各地发展省、地区、县三级区域代理300余家，涉案金额1.5亿余元。其中，叶青松直接或间接发展下线经销商会员1 886人，收取浙江省区域会员保证金、参与返利的消费额10%现金、区域代理费等共计3 000余万元，通过银行转汇给叶经生。叶青松通过抽取保证金推荐奖金、股权分红、消费返利等提成的方式非法获利70余万元。

2013年3月11日，浙江省松阳县人民检察院以被告人叶经生、叶青松犯组织、领导传销活动罪向松阳县人民法院提起公诉。在法庭调查阶段，公诉人宣读起诉书，指控被告人叶经生、叶青松利用网络，以会员消费双倍返利为名，吸引不特定公众成为会员、经销商，组成一定层级，采取区域累计计酬方式，引诱参加者继续发展他人参与，骗取财物，扰乱经济社会秩序，其行为构成组织、领导传销活动罪。公诉机关认为：在共同犯罪中，被告人叶经生起主要作用，系主犯；被告人叶

① 参见最高人民检察院指导性案例（检例第41号）。

青松起辅助作用，系从犯。针对起诉书指控的犯罪事实，被告人叶经生辩解认为：宝乔公司系依法成立，没有组织、领导传销的故意。金乔网模式是消费模式的创新。其辩护人提出：金乔网没有入门费，所有的人员都可以在金乔网注册，不缴纳费用也可以成为金乔网的会员。金乔网没有设层级，经销商、会员、区域代理之间不存在层级关系，没有证据证实存在层级获利。金乔网没有拉人头，没有以发展人员的数量作为计酬或返利依据。直接推荐才有奖金，间接推荐没有奖金。没有骗取财物，不符合组织、领导传销活动罪的特征。公诉人回应称：金乔网缴纳保证金和消费款才能获得推荐佣金和返利的资格，本质上系入门费。上线会员可以通过发展下线人员获取收益，并组成会员、股权会员、区域代理等层级，本质上为设层级。以推荐的人数作为发放佣金的依据系直接以发展的人员数量作为计酬依据，区域业绩及返利资金主要取决于参加人数的多少，实质上属于以发展人员的数量作为提成奖励及返利的依据，本质上为拉人头。法庭经审理认为：检察机关出示的证据能够相互印证，予以确认。被告人及其辩护人提出的不构成组织、领导传销活动罪的辩解、辩护意见不能成立。

2013 年 8 月 23 日，浙江省松阳县人民法院作出一审判决，以组织、领导传销活动罪判处被告人叶经生有期徒刑 7 年，并处罚金人民币 150 万元；以组织、领导传销活动罪判处被告人叶青松有期徒刑 3 年，并处罚金人民币 30 万元；扣押和冻结的涉案财物予以没收，继续追缴二被告人的违法所得。

一审判决作出后，叶经生、叶青松不服，提起上诉。二审维持原判。

该案的指导意义在于，“组织者或者经营者利用网络发展会员，要求被发展人员以缴纳或者变相缴纳‘入门费’为条件，获得提成和发展下线的资格。通过发展人员组成层级关系，并以直接或者间接发展的人员数量作为计酬或者返利的依据，引诱被发展人员继续发展他人参加，骗取财物，扰乱经济社会秩序的，以组织、领导传销活动罪追究刑事责任”。在该案中，确定的罪名是组织、领导传销活动罪。这就意味参与的“3 万余人”所支付的投资款一般要被予以没收，一律上缴国库。从理论上讲，这“3 万余人”以及宝乔公司的员工存在着一个身份甄别的问题，要判断其中是否存在着“传销活动的组织者、领导者”。这样的甄别任务是十分艰巨的，特别是在非法吸收公众存款罪、集资诈骗罪的案件中，已经成为不可能完成的艰巨任务。当下实践中笼统地作为“集资参与人”处理，实际上就是回避共同犯罪中的角色认定问题。

（二）“聚众型”犯罪

前述第三种“共同犯罪”的发起和实行都在网络空间进行，它是在电子公告栏、聊天室、即时通讯软件、网络平台等网络工具被普遍应用后逐渐发展起来的。这种犯罪形式的重要特点是，有一人或者较少几人倡议或创造条件，其余人自愿加入并在犯罪过程中自由协作，进行集体形式的犯罪。它不同于犯罪集团形式的共同犯罪，不具有明确的分工，没有明确的指挥者和实施者之分；犯罪集体没有组织结构，不存在一部分行为人接受他人的命令或者指挥的情况。它也不同于一般的共同犯罪，在这种集体形式的犯罪中，犯罪人数可能达到几百甚至几千人。犯罪人之间只有单向的意思沟通，如倡议者或创造条件者向不确定的网络成员发出计划信息，其余参加者看到计划信息后，或接受或拒绝，根据自己的意图自由选择是否参与该犯罪活动、从事何种犯罪行为。在犯罪过程中，部分犯罪人之间可能存在意思联络，进行自由组合协作；也可能有部分犯罪人中途退出集体犯罪活动。这种集体犯罪形式在某种程度上与我国刑法学中的聚众犯罪，如我国《刑法》中的聚众扰乱社会秩序罪、聚众冲击国家机关罪、聚众淫乱罪等，相似，只是不需在现实空间集合多人作案。由于这种犯罪形式具有以上特点，不妨称之为网络“聚众型”犯罪。

在网络“聚众型”犯罪中，倡议者或创造条件者有可能参加实施犯罪，也有可能不参加实施犯罪。如果倡议者或创造条件者参加实施犯罪，将其作为网络犯罪的实行犯是恰当的，将其作为共同犯罪的主犯，从而追究刑事责任也不能说不合适；但是如果倡议者或创造条件者不参加实施犯罪，仅根据其有提出倡议或创造条件的行为就追究其刑事责任，则并不符合罪刑法定原则，因为在提出倡议或创造条件后，行为人对自己的行为可能帮助或者教唆他人实施犯罪只有不确定的模糊的认识，其他行为人可能接受也可能拒绝倡议或条件，其他行为人没有与倡议者或创造条件者进行意思沟通，而是按自己的意图决定是否参加犯罪，这样的意思沟通形式是不符合我国共同犯罪的规定的。例如行为人在网络聊天室中提出要攻击某国政府网站，不能因此就认为其行为构成非法侵入计算机系统罪的教唆犯。但是，倡议者或创造条件者往往在网络“聚众型”共同犯罪中起着关键作用，如果不将其作为共犯予以处罚，对大量的实施犯罪者以同时犯论处又有违罪责刑相适应原则，无法反映这类犯罪的组织化特征，且不利于犯罪一般预防，无法有效遏制该类犯罪的发生。

然而，我国现行《刑法》关于共同犯罪的规定，仅限于犯罪人之间存在犯罪意思沟通的共同犯罪形式，没有涵盖新出现的网络“聚众型”犯罪。考虑到这种“聚众型”集体犯罪活动对社会的严重危害，我国应当运用刑法手段予以遏制，即按照处罚共同犯罪的原则处理。为此必须改革现行刑法中关于共同犯罪的规定：(1) 共同犯罪中的意思沟通可以是单向的意思沟通，即一方提出倡议，不确定的另一方接受倡议。(2) 共同犯罪中的意思沟通可以是不确定的、模糊的意思，只要倡议的内容大致确定了，在倡议内容涵盖范围内的所有行为都属于共同犯罪的范围。只要犯罪人之间基于一定程度的意思交流活动，客观上形成了一定的组织形式，即可以按共同犯罪处理。(3) 在刑罚方面，要追究网络“聚众型”犯罪的倡议者等首要分子、积极参加实施犯罪并对犯罪活动起主要作用的犯罪人的刑事责任。对于这种“聚众型”犯罪能否按照非法利用信息网络罪、帮助信息网络犯罪活动罪处理，也值得实践探索和理论研究。

第三节　网络犯罪的刑罚问题

一、部分法定刑偏低

网络犯罪不仅可以直接造成严重的社会、经济损失，而且有时会严重威胁整个国家的信息安全，具有重大的社会危害性。从各国的立法和司法来看，对网络犯罪规定的财产刑很低、自由刑偏轻。例如，蠕虫病毒导致美国军事基地和国家航天航空局的六千多台计算机全部瘫痪，给美国造成直接经济损失近一亿美元，而 1990 年 1 月 22 日联邦法院仅判处其制造者莫里斯 5 年监禁和 25 万美元的罚款；1999 年梅利莎（Melissa）病毒曾肆虐全球的电子邮件服务器，使微软、英特尔、美军陆战队、美国财政部等重要企业和政府机构关闭电子邮件信箱，其制造者大卫·史密斯在 2002 年 4 月被判处 20 个月的监禁和 5 000 美元的罚款以及禁止使用电脑和互联网等的附加处罚；2000 年库尔尼科娃病毒出自一名代号为“On the Fly”的荷兰黑客之手，其向警方自首，被判处监禁 1 年……此类情形不胜枚举。究其原因，乃法律设置的法定刑偏低。

我国现行《刑法》对部分网络犯罪设置的法定刑存在着同样的问题。例如《刑法》第 285 条第 1 款规定，非法侵入“国家事务、国防建设、尖端科学技术领域的计算机信息系统”构成犯罪的，才“处三年以下有期徒刑或者拘役”，即最高只能处 3 年有期徒刑。有学者专门用法律实证分析的方法对我国《刑法》中四百多个罪之间的罪刑关系进行测量评估，计算出了非法侵入计算机信息系统罪的罪级与刑级之间的差距。他认为，非法侵入计算机信息系统罪在我国《刑法》规定的所有罪名中，刑量为 2.75，罪量为 3.395，刑级为 2，罪级为 6，所以该罪的罪与刑之间的差距为 4 级，属于刑罚设置偏轻的情况。[①]《刑法修正案（七）》增加的两款虽然将非法侵入“其他计算机信息系统”构成犯罪的处刑提升至“三年以上七年以下有期徒刑”，但并未改变非法侵入“国家事务、国防建设、尖端科学技术领域的计算机信息系统”犯罪的法定刑。

显然，过于宽松的刑罚不能有效地遏制危害较大的网络犯罪。而且根据国际惯例，引渡成立的条件之一是行为人所犯之罪的最低刑为 3 年以上有期徒刑，非法侵入信息系统罪的最高刑为 3 年有期徒刑，显然不利于引渡犯罪的要求，可能导致当犯罪人在中国领域外犯罪时中国可能无法行使司法管辖权。为此，应当根据罪责刑相适应原则，分别不同情形酌情考虑是否加重刑法对非法侵入计算机信息系统罪设置的法定刑。

① 参见白建军：《罪刑均衡实证研究》，287 页，北京，法律出版社，2004。

再以（网络）赌博罪为例。依照1997年《刑法》和《关于维护互联网安全的决定》的规定，网络赌博罪与传统赌博罪的设刑是一样的，均是判处“三年以下有期徒刑、拘役或者管制，并处罚金”。然而，司法实践表明网络赌博的参赌范围较传统赌博范围明显扩大，赌资额度极高，往往牵涉到上亿元赌资，并且可能衍生出更多更新的犯罪，危害性要严重得多。这样的定罪量刑显然起不到遏制网络赌博的作用。在这种情况下，2006年6月29日全国人大常委会通过《刑法修正案（六）》，将《刑法》第303条修改为：“以营利为目的，聚众赌博或者以赌博为业的，处三年以下有期徒刑、拘役或者管制，并处罚金。”“开设赌场的，处三年以下有期徒刑、拘役或者管制，并处罚金；情节严重的，处三年以上十年以下有期徒刑，并处罚金。”这样才在一定程度上解决了网络赌博罚不当罪的问题。2010年8月31日，最高人民法院、最高人民检察院、公安部发布《关于办理网络赌博犯罪案件适用法律若干问题的意见》，对网络赌博犯罪的定罪量刑标准作出相对细化的规定。上述意见的规定，特别是对《刑法》第303条第2款规定的“情节严重”的情形作出列举，有利于打击网络赌博犯罪这一类具有严重社会危害性的越轨行为。

实践中，人们看到，许多情节特别严重的网络犯罪被判得很轻，甚至被判缓刑的也不少。例如，家喻户晓的快播软件传播淫秽物品牟利一案中，控方指控被告单位快播公司自2007年12月成立以来，在明知其媒体服务器安装程序及快播播放器被网络用户用于发布、搜索、下载、播放淫秽视频的情况下，予以放任，导致大量淫秽视频在国际互联网上传播。控方举证证明的淫秽视频文件为21 251个。最终，法院认定被告单位及被告人的行为均已构成传播淫秽物品牟利罪，但对被告单位判处的只是1 000万元的罚金，对几名被告人判处的是3年到3年6个月不等的有期徒刑。如此明显的罪罚不当，除了有实践中办案能力不强的原因，也有立法中法定刑不高的原因。

二、设置专门附加刑

我国《刑法》规定的刑罚有生命刑、自由刑、财产刑、资格刑和驱逐出境五类，其中所说的资格刑是指剥夺政治权利、剥夺荣誉称号、剥夺军衔等。从司法实践来看，以上刑种对于控制网络犯罪并不十分有效。网络犯罪具有高技术性、隐蔽性等特点，侦破此类犯罪案件的难度很大。如果对抓获的犯罪人处罚不当、矫正不力，不仅达不到教育改造的目的，而且这类犯罪人出狱后很可能变本加厉地危害社会。因此，剥夺犯罪人重新实施犯罪的能力，对于遏制犯罪、保护社会具有十分重要的意义。

基于网络依赖性及成瘾性，网络犯罪的主体很容易走上犯罪或者再次犯罪的道路。这是一条规律。只要有互联网和计算机，犯罪人即使在监狱中也可以继续实施犯罪，一些未改造好者会更加隐蔽地实施犯罪。笔者曾经选取中国裁判文书网2014

年1月1日至2017年6月30日判决的1 603件“未成年人涉网刑事案件”进行分析，发现“经常出入网吧、沉迷上网是未成年人涉网案件的两大重要因素（分别占53.46%、18.34%）”，“未成年人犯罪原因中居首位的就是沉迷上网，占全部涉网案件的44.28%”（见图10-2）。换言之，网吧等实体上网环境为未成年人接触不良信息、接触不良人员提供了场所机会，网吧用户较为活跃的地域往往也是未成年人涉网案件多发地域。因此，治理网络犯罪，尤其是治理未成年人网络犯罪，必须对使用网吧等公共上网场所的行为进行严格管理。

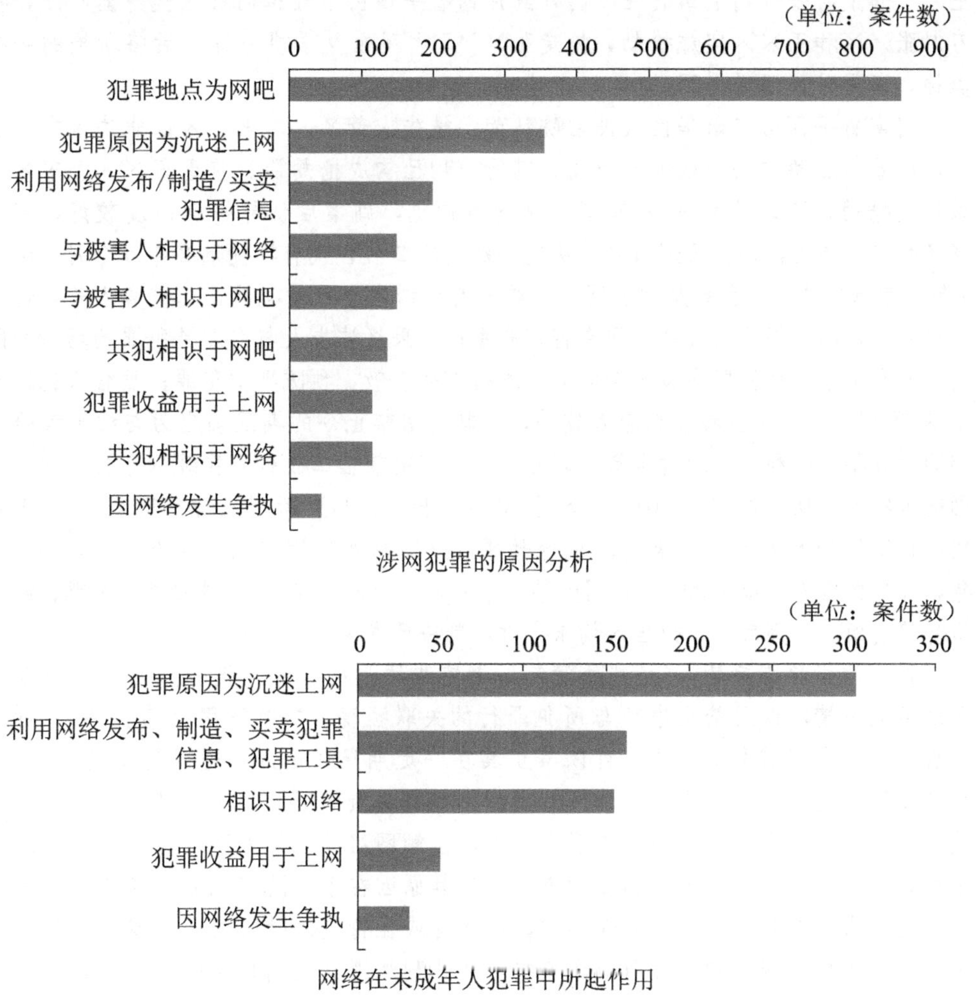

图7-2　未成年人涉网案件的主因及未成年人犯罪的主因

这就体现了作为刑罚措施的“禁止上网令”的独特价值。我国《刑法修正案（八）》规定了限制进入特定场所的禁止令制度，案例7-27是限制进入网吧等特定场所的示例。我国《刑法》第72条第2款规定：“宣告缓刑，可以根据犯罪情况，同时禁止犯罪分子在缓刑考验期限内从事特定活动，进入特定区域、场所，接触特定的人。”这确定了一种缓刑附条件执行制度。

【案例 7－28】

董××、宋××犯抢劫罪案①

董××、宋××（时年 17 周岁）迷恋网络游戏，平时经常结伴到网吧上网，时常彻夜不归。2010 年 7 月 27 日 11 时许，因在网吧上网的网费用完，二人即伙同王×（作案时未达到刑事责任年龄）到河南省平顶山市红旗街社区健身器材处，持刀对张××和王××实施抢劫，抢走张××5 元现金及手机一部。后将所抢的手机卖掉，所得赃款用于上网。

河南省平顶山市新华区人民法院认为：被告人董××、宋××以非法占有为目的，以暴力威胁方法劫取他人财物，其行为均已构成抢劫罪。鉴于董××、宋××系持刀抢劫；犯罪时不满 18 周岁，且均为初犯，到案后认罪悔罪态度较好，宋××还是在校学生，符合缓刑条件，决定分别判处二被告人有期徒刑 2 年 6 个月，缓刑 3 年。考虑到被告人主要是因上网吧需要网费而诱发了抢劫犯罪；二被告人长期迷恋网络游戏，网吧等场所与其犯罪有密切联系；如果将被告人与引发其犯罪的场所相隔离，有利于家长和社区在缓刑期间对其进行有效管教，预防再次犯罪；被告人犯罪时不满 18 周岁，平时自我控制能力较差，对其适用禁止令的期限确定为与缓刑考验期相同的 3 年，有利于其改过自新。因此，依法判决禁止二被告人在缓刑考验期内进入网吧等特定场所。该院于 2011 年 5 月 10 日作出（2011）新刑未初字第 29 号刑事判决，认定被告人董××、宋××犯抢劫罪，分别判处有期徒刑 2 年 6 个月，缓刑 3 年，并处罚金人民币 1 000 元。同时禁止董××和宋××在 36 个月内进入网吧、游戏机房等场所。宣判后，二被告人均未上诉，判决已发生法律效力。

该案的指导要旨是，“对判处管制或者宣告缓刑的未成年被告人，可以根据其犯罪的具体情况以及禁止事项与所犯罪行的关联程度，对其适用‘禁止令’。对于未成年人因上网诱发犯罪的，可以禁止其在一定期限内进入网吧等特定场所”。这类似于国外已经实施的网络附加刑制度，但也有实质的不同。正是网络时代的到来使刑罚中的禁止令制度在禁止犯罪者上网、接触网络设备等方面表现出许多创新的形式，获得了许多国家司法制度的青睐。究其原因在于，网络犯罪的实施者多为痴迷网络的人，对其判处一定的资格刑，如终身或在特定的时间内剥夺或禁止其从事某种与计算机、网络相关的职业或资格，能收到适用其他刑种难以产生的效果。

基于此，一些外国从取消相关资格入手增加刑种，有效地调整了现有刑罚制度。美国处理这类犯罪的方法值得借鉴。例如，号称“地狱黑客”的美国人凯文·米特尼克坐牢近五年后于 2000 年 1 月 21 日假释出狱，条件是 3 年内不得使用电

① 参见最高人民法院指导案例 14 号。

脑、调制解调器、软件、手机和其他用于上网的器材；又如，美国佛罗里达州一位地方法官判处一名从事网上儿童色情作案的犯罪人5 000美元和5年缓刑，并禁止他在缓刑期间享受任何网上服务行为。这实际上是剥夺了犯罪人在互联网上的行为资格。这种处罚，一方面可以有效地制止互联网相关犯罪的发生，起到防卫社会的作用；另一方面在不违反人道的前提下，惩罚利用信息技术危害社会的犯罪人。诚然，上述量刑是由法官自由裁量的，法官亦可自由地推翻。如凯文·米特尼克就假释条件上诉后，最终法官撤销该条件，允许他随便接触因特网。

笔者认为，我国可以通过刑法修正案的方式对网络犯罪刑罚制度进行彻底的改革，由缓刑的附条件执行制度升级为专门附加刑制度。具体来说，不妨考虑设立剥夺行为人在互联网上的行为资格的新型资格刑，将其增补到我国传统资格刑体系中：对于一部分具有较高计算机网络技能、实施了严重网络犯罪的犯罪人，剥夺其一定期限的网上行为资格。新设置的资格刑制度应当规定资格刑的适用条件、资格刑的内容、资格刑的期限、资格刑的撤销和恢复、资格刑的监督管理机制等。

三、罚金刑的规范性不足

在全部网络犯罪中，侵财型犯罪相对侵犯人身型犯罪更为高发。这就使适用罚金刑惩治网络犯罪成为必要，且有突出价值。然而，我国罚金刑制度本身并不健全，如何有效地适用于网络犯罪更成为问题。从当下的司法实践来看，对网络犯罪判处罚金刑具有很大的任意性，对犯罪单位判处最大的金额是1 000万元（如快播案件），少则没有判处罚金刑。这同实施网络犯罪带来的巨大违法所得显然不成比例。

最高人民法院、最高人民检察院《关于办理非法利用信息网络、帮助信息网络犯罪活动等刑事案件适用法律若干问题的解释》尝试着对单位实施非法利用信息网络等犯罪的罚金刑作了规范，其第18条规定："对于实施本解释规定的犯罪的，应当综合考虑犯罪的危害程度、违法所得数额以及被告人的前科情况、认罪悔罪态度等，依法判处罚金"。这是推行一种综合性的判断标准，在一定程度上提升了网络犯罪罚金刑的规范性。然而，这一标准依然过于模糊，且未涉及缴纳方式、追缴措施及法律后果等。我国对于网络犯罪的罚金刑制度建设，应当提升到如扫黑除恶中"打财断血"的程度。

【案例7－29】

董杰、陈珠犯非法经营罪案①

董杰、陈珠在玩网络游戏过程中了解到利用非法"外挂"程序可以替游戏玩家

① 参见《最高人民检察院公报》，2011（5）。

“代练升级”并从中牟利，遂通过互联网向他人（网名“拉哥”）购买名为“冰点传奇”的“外挂”程序，并与该程序卖家“拉哥”协商合作利用“外挂”进行游戏代练，由“拉哥”提供“外挂”程序，由董杰、陈珠负责代练及收费。2007年3月以来，董杰、陈珠陆续购置了九十多台电脑，申请了电信宽带，并冒用“蔡红”“曾莉琼”的身份办理了银行卡、客服电话，用于和游戏玩家联系及收取代练费。董杰、陈珠先后雇用了十二名员工，在其居住的南京市江宁区麒麟街道绿色家园30幢2号家中以“土人部落工作室”的名义，不断在盛大公司经营的《热血传奇》游戏中做广告，以80元/周、300元/月等价格帮助游戏玩家使用“冰点传奇”的“外挂”程序代练升级。董杰、陈珠将雇佣来的员工分成客服组和代练组，利用“外挂”软件“冰点传奇”日夜经营代练，并适时与“外挂”程序卖家“拉哥”联系，进行版本升级，以对抗盛大公司的游戏保护措施。至案发时止，已先后替1万多个《热血传奇》游戏玩家的账户代练升级。自2007年3月至2007年12月7日，董杰、陈珠收取了全国各地游戏玩家汇入的巨额代练资金，其二人仅通过户名为“张五强”的银行账户向“冰点传奇”这一“外挂”程序的卖家“拉哥”汇去的费用就达130多万元。

2010年12月9日，江苏省南京市江宁区人民法院作出判决：被告人董杰犯非法经营罪，判处有期徒刑6年，罚金人民币160万元；被告人陈珠犯非法经营罪，判处有期徒刑3年，缓刑4年，罚金人民币140万元。

董杰、陈珠不服一审判决，提起上诉。董杰、陈珠及其辩护人不仅提出了一审法院认定构成非法经营罪适用法律错误的理由，也提出了罚金刑适用错误的理由，后者具体包括：认定董杰非法经营的数额有误，董杰汇给拉哥、卡哥的130余万元中，有110万元到120万元是董杰替玩家购买盛大公司点卡的钱等，董杰的收入中有很大一部分不是使用非法的“外挂”程序获得的，应区分董杰的合法收入与非法收入；一审判决对陈珠罚金过重，将130余万元作为非法经营金额的认定有误。

江苏省南京市中级人民法院二审认为：上诉人董杰、陈珠构成非法经营罪，但原审判决罚金刑量刑不当，应予改判。2011年5月10日，该法院作出二审判决：维持一审判决中定罪及量刑主刑部分，撤销一审判决中量刑附加刑部分，改判上诉人（原审被告人）董杰罚金人民币30万元，改判上诉人（原审被告人）陈珠罚金人民币20万元。

第四节　网络犯罪的证明问题

一、数量标准的简化证明

我国网络犯罪司法普遍存在着证明难的现象，其中，实行“数量化”标准的入罪门槛是具有中国特色的原因。如今人类社会已经进入大数据时代，我国认定构成网络犯罪的独特指标如实际点击数、不法网页数、不法文档数、用户数、注册会员数、网站数、跟帖数等又进一步表现为人类难以想象或计数的海量数据。关于如何简化网络犯罪的证明方式，学者给出了不同的方案。

抽样取证是第一种学术建议。所谓抽样取证，是指办案人员依据科学的方法，从较大数量的物品中提取具有代表性的一定量的物品作为样本证据，并据此证明全体物品属性的证明方法。① 一份非法获取公民个人信息罪的判决书中使用了抽样取证的表述，该案的争议点为被告人贩卖的公民个人信息是否真实。对此，法庭裁决认为，“在该两台电脑中提取的10份电子文档中有8份电子文档包含公民姓名、身份证号、银行卡号等公民个人信息，该8份电子文档经整理统计共有公民个人信息4 578条，经对8个电子文档分别随机抽样核实，共抽样74条核实，其中62条真实有效”②。从理论上讲，抽样取证是从全部中提取部分，离不开一个最低的抽样比例；同时，抽样方法还要求对象具有同质性，也即具有共同的性质。这些问题都有待于在网络犯罪具体司法中去解决。有论者研究侵犯公民个人信息罪的司法实务问题后发现，有的办案人员往往自行决定或掌握抽样比例以核实个人信息的真实性，“有的抽样10条、20条、50条”，“对于成千上万甚至数量更为庞大的数据来看，比例是否具有代表性”③？该质疑是有道理的。网络犯罪司法想要实现科学的抽样取证，必须突破这样的障碍。

等约计量法是第二种学术建议。“在犯罪对象海量化中，犯罪数额难以计量，或者是无法计量，或者是只能选择间接方法进行替代式计量，而无法像传统犯罪采用人工方法直接计量。”④ 人工方法直接计量，即精准计量模式，必然存在着客观不能的缺陷，而网络犯罪的数额计量就把这种无能为力暴露得淋漓尽致。此时，精准计量面临着犯罪数额难以认定、犯罪数额的认定难以精确、犯罪数额的真实性难以核实、犯罪数额的认定具有或然性等一系列难题。基于此，该论者建议，可以等约计量模式代替精准计量模式，进而实现对法益侵害的适当评价。“在网络犯罪中采用等约计量模式对犯罪数额加以计量，具有合理性。”⑤ 应当看到，司法实践已经按照“等约计量”方式，对海量化的犯罪对象进行“估堆式”计量，并作为认定犯罪数额的标准。从目前淫秽电子信息、公民个人信息以及“伪基站”发送的短信的计量方式来看，其均未实现精准计量，实际上运用的就是等约计量方

① 万毅、纵博：《论刑事诉讼中的抽样取证》，载《江苏行政学院学报》，2014（4），122页。

② 湖北省恩施土家族苗族自治州中级人民法院（2017）鄂28刑终67号刑事判决书。

③ 罗猛、邓超：《从精确计量到等约计量：犯罪对象海量化下数额认定的困境及因应》，载《预防青少年犯罪研究》，2016（2），38页。

④ 同上文，39页。

⑤ 同上文，41页。

式。[①] 从字面上看，“等约”是“大约等于”的意思，即所谓的“估堆”，相对应地，即按照“大约等于”的方式，对网络犯罪中的数额加以计量。该论者也提出，“在适用等约计量时，需要刑事立法和司法进行相应的跟进，并进一步探索将模糊数学、灰色理论、概率论等引进刑事法学和司法实践，建立现代科学技术、新型数学方法和刑事法学的跨界融合，以实现对网络犯罪行为的全面客观评价”[②]。

综合认定法是第三种学术建议。有学者指出，对网络犯罪的定量因素可以“综合认定”[③]。这一观点来源于对司法解释的观察。2014 年 3 月，最高人民法院、最高人民检察院、公安部《关于办理非法集资刑事案件适用法律若干问题的意见》首次确立了“综合认定”的证明方法。该意见第 6 条“关于证据的收集问题”规定：“办理非法集资刑事案件中，确因客观条件的限制无法逐一收集集资参与人的言词证据的，可结合已收集的集资参与人的言词证据和依法收集并查证属实的书面合同、银行账户交易记录、会计凭证及会计账簿、资金收付凭证、审计报告、互联网电子数据等证据，综合认定非法集资对象人数和吸收资金数额等犯罪事实。”2016 年最高人民法院、最高人民检察院、公安部《关于办理电信网络诈骗等刑事案件适用法律若干问题的意见》第 2 条规定：“因犯罪嫌疑人、被告人故意隐匿、毁灭证据等原因，致拨打电话次数、发送信息条数的证据难以收集的，可以根据经查证属实的日拨打人次数、日发送信息条数，结合犯罪嫌疑人、被告人实施犯罪的时间、犯罪嫌疑人、被告人的供述等相关证据，综合予以认定。”第 6 条规定：“办理电信网络诈骗案件，确因被害人人数众多等客观条件的限制，无法逐一收集被害人陈述的，可以结合已收集的被害人陈述，以及经查证属实的银行账户交易记录、第三方支付结算账户交易记录、通话记录、电子数据等证据，综合认定被害人人数及诈骗资金数额等犯罪事实。”同时，该意见允许对“明知”进行“综合分析认定”。这里表述的就是“综合认定”。但是，究竟该如何综合认定？实践中理解不一，很可能出现不考虑证据而恣意认定的乱象。

笔者认为在实践中进行网络犯罪的简易化证明最有效的选择应是底线证明。底线证明，也可以称为低限证明，是指按照法定的入罪和加重处罚两道“槛”，提供能用以定案的最基本的证据。要追究网络犯罪者的刑事责任，指控证据必须证明其已经触及法定的入罪门槛；而要追究网络犯罪者的加重刑事责任，指控证据还必须证明其已经触及法定的加重处罚门槛。具体来说，我国现行法律普遍采用数额/数量（如金额、物数、人数、次数、人次等）指标作为入罪或加重处罚的标准。因此，办案人员就必须在证明作为底线的数额/数量（如金额、物数、人数、次数、

① 参见罗猛、邓超：《从精确计量到等约计量：犯罪对象海量化下数额认定的困境及因应》，载《预防青少年犯罪研究》，2016（2），42 页。

② 同上文，42 页。

③ 高艳东：《网络犯罪定量证明标准的优化路径：从印证论到综合认定》，载《中国刑事法杂志》，2019（1），137 页。

人次等）指标方面，达到“案件事实清楚、证据确实充分”的要求；至于其在多大程度上超过了作为底线的数额/数量（如金额、物数、人数、次数、人次等）指标，只需要进行概要性的证明或展示。

不难看出，底线证明方式的特色就在于两步证明。举例来说，在我国，非法获取计算机信息系统数据的行为达到一定标准的构成犯罪。最高人民法院、最高人民检察院《关于办理危害计算机信息系统安全刑事案件应用法律若干问题的解释》，对该罪的“情节严重”以及“情节特别严重”进行了解释（见表 7-4 所示）。这里的身份认证信息 10 组、其他身份认证信息 500 组、计算机信息系统 20 台、违法所得 5 000 元、经济损失 10 000 元就是入罪的底线，相应标准的 5 倍则是加重处罚的底线。那么，底线证明方式就是“10＋”证明、“20＋”证明、“500＋”证明、“5 000＋”证明、“10 000＋”证明，以及这些情形的“5 倍＋”证明。依次类推，不一而足。底线证明法在司法实践中已经初露端倪，得到了一定程度的运用（参见案例 7-29）。

表 7-4　　非法获取计算机信息系统数据罪的裁量标准

情形	标准
情节严重	（1）获取支付结算、证券交易、期货交易等网络金融服务的身份认证信息 10 组以上的
	（2）获取第①项以外的身份认证信息 500 组以上的
	（3）非法控制计算机信息系统 20 台以上的
	（4）违法所得 5 000 元以上或者造成经济损失 1 万元以上的
	（5）其他情节严重的情形
情节特别严重	（1）数量或者数额达到前述第①项至第④项规定标准 5 倍以上的
	（2）其他情节特别严重的情形

【案例 7-30】

何××犯非法控制计算机信息系统罪案①

被告人何××被指控对 2 670 部手机的信息系统实施了非法控制，主要的指控证据是涉案的两个邮箱内有 2 670 个手机号码。辩护人指出，由于存在着双卡双待手机，2 670 个手机号码并不等同于 2 670 部手机，因此涉案的被控制手机数量认定为 2 670 部有误。法院认可了该辩护意见，但同时判决“即使按照所控制的 2 670 个手机号码减半处理”，仍不影响对其“情节特别严重”的认定。也就是说，达到了加重处罚的底线。

① 参见安徽省芜湖经济技术开发区人民法院（2016）皖 0291 刑初 19 号刑事判决书。

二、虚拟财产的价值证明

虚拟财产是指具有财产性价值、以电磁数据形式存在于网络空间的财物。[①] 我国学者将虚拟财产分为三类：第一类是账号类的虚拟财产，包括网络游戏账号和QQ账号。第二类是物品类的虚拟财产，包括网络游戏装备、网络游戏角色/化身的装饰品。第三类是货币类的虚拟财产，包括Q币、金币。[②] 非法获取虚拟财产可以构成侵财型犯罪，其关键在于如何有效认定虚拟财产的价值。

我国现有法律文件对此并没有专门的规定，司法实务中的一般做法是沿用盗窃物品价格认定的传统机制。2013年4月，最高人民法院、最高人民检察院发布《关于办理盗窃刑事案件适用法律若干问题的解释》，梳理了盗窃数额的认定方法：（1）盗窃数额认定的一般方法，即“被盗财物有有效价格证明的，根据有效价格证明认定；无有效价格证明，或者根据价格证明认定盗窃数额明显不合理的，应当按照有关规定委托估价机构估价”。（2）对盗窃外币、电力、燃气、自来水等财物，使用盗接他人通信线路，复制他人电信码号的电信设备、设施，盗接他人通信线路，复制他人电信码号出售等情况作了特别规定，认定依据包括汇率中间价、月缴费额、月均电话费、销赃数额等。（3）对盗窃有价支付凭证、有价证券、有价票证的情况作了特别规定，认定依据主要是票面数额及可得收益、失主实际损失等。网络犯罪司法实务中，主要认定方法还是上述司法解释中提到的有效价格证明，包括销赃数额、购进价、运营商销售价格、充值金额、获益数额等等。其中，委托价格鉴定方法被采用的比例较高。

需要特别注意的是，我国司法实践中还出现了一种基于电子数据司法鉴定意见的间接认定方法。它将虚拟财产的价值证明引入一个新的专业领域，指的是运用数据搜索、数据挖掘、数据恢复等技术对价格资料、交易数据等进行处理，进而确定涉案数额。具体包括：（1）对销售单、回收单、交易单、套现单、购进单、充值单等单据的数据搜索、数据挖掘及数据恢复。这些单据记载着交易的重要信息，甚至可以直接作为认定虚拟财产价值的依据，其获取对认定犯罪数额具有重要意义。（2）对相关电子邮件、电子聊天记录的数据搜索、数据挖掘与数据恢复。电子邮件以及即时通讯记录一般会记载交易物品的名称、价格、交易时间等信息，通过搜索与恢复犯罪嫌疑人的邮箱及即时通讯软件聊天记录，可确定其行为动机、时间、销赃价格等信息；而对被害人的邮箱及电子聊天记录的获取，可判断被害人的损失数额。（3）对交易账户的数据搜索、数据挖掘与数据恢复。交易账户中含有金钱往来的直接信息，通过与其他交易单据的碰撞比对，能够确定其

① 参见陈兴良：《虚拟财产的刑法属性及其保护路径》，载《中国法学》，2017（2），146页。

② 参见江波：《虚拟财产司法保护研究》，31-33页，北京，北京大学出版社，2015。

中涉案的交易数额。

三、网络身份的同一认定

网络犯罪主要是物理空间的行为人利用电子设备在网络空间实施犯罪行为。这种特殊的行为模式导致了网络犯罪中的身份识别难题。但网络犯罪必然会在虚拟空间留下电子痕迹，这些痕迹本质上是反映客体特征的信息。具体来说，网络空间的留痕机理是：行为人是信源，操作行为是信道，电子设备是信宿。当此电子设备与其他电子设备群互联互通时，此电子设备是信源，通讯过程是信道，其他的电子设备群是信宿。各种电子痕迹作为数据信息，在一定条件下会随着电子证据的复制而转移，“轻而易举”地脱离原有载体，流转于其他电子设备间，在经过的每个结点都可能留下它的身影。这就给网络身份的同一性证明提供了可能。

身份识别实质上是人身同一认定的过程，网络犯罪的身份识别也就是对网络犯罪者进行人身同一认定的过程。这具体呈现为三种形态：

其一是基于单一电子痕迹的身份识别。这指的是根据一些带有“个体化特征”的单一电子痕迹，包括指纹开锁数据、人脸识别数据、瞳孔解锁数据等，完成身份识别。例如，在快播案中，涉案服务器中视频文件的格式是快播公司独有的，该类文件只能通过快播播放器播放。作为共性特征的文件格式，在该案中变成了个性特征，可以用于网络身份识别。

其二是基于多种电子痕迹的身份识别。这指的是根据尽可能多的电子痕迹，构建坚实、可靠的大同一认定链条，以达到进行人身同一认定的最终目的。例如，在一起非法入侵计算机信息系统案中，嫌疑人涉嫌操纵电脑在目标网站上非法下载了多个图片。嫌疑人在被抓获时提出自己的电脑中了木马病毒，有关行为乃木马病毒所为。在该案中，寻找反映行为人操作特征的电子痕迹成为关键。这些电子痕迹包括但不限于：下载图片文件上的时间痕迹、文件名称痕迹、系统日志痕迹、收发邮件的时间痕迹、即时聊天软件的痕迹，等等。其中，所下载图片的文件名如果是直接继承网站的原始名称，时间痕迹如果非常相近或一致，且每个图片的创建时间、修改时间、访问时间都相吻合，则很有可能是木马程序所为。如果是人为下载图片，则文件之间的时间痕迹可能会有较大间隔。有时行为人还会再次打开图片查看、修改，导致时间痕迹改变，还可能在图片上留下工具软件特征的痕迹。行为人为了便于辨认图片，还可能将图片重命名，使文件名带有人为编辑的色彩。系统日志的痕迹、收发邮件的痕迹、聊天软件的痕迹，也可佐证行为人在关键时刻是否在操作计算机，以及对涉案内容是否知情。① 通过以上特征信息虽然可能难以达到精

① 参见陈巍、杨永川：《木马抗辩真伪研究》，载《刑事技术》，2011（1），19-22页。

准的人身同一认定，但是，如果信息特征间不能相互印证，甚至有矛盾的地方，则可作出否定的同一判断。

其三是基于电子痕迹与传统证据相结合的身份识别。这指的是将电子痕迹与传统证据结合起来，组建一条两个空间相结合的证据锁链。只要电子痕迹与传统证据蕴含的特征信息构成特定性的组合，就可以进行同一认定，如案例 7－30。

【案例 7－31】

某网吧系统遭受攻击案①

在 2006 年某网吧系统被攻击案中，案发现场的计算机是网吧新近购入不足一个月的，网吧在经营过程中发现该批机器不规则掉线，而其他机器运行正常。网吧机修人员因此怀疑是机器的硬件问题，遂开箱检查，未发现异常，之后报案。侦查人员到达现场后，首先分析了网吧服务器的日志，发现被植入恶意程序。追踪日志发现可疑 IP 地址，并定位于一出租房。经搜查，出租房内只有一台计算机，而房东无法提供租住人的自然情况。经对该计算机的系统安装应用程序进行简单浏览查验，侦查人员发现其安装的软件及版本与网吧机器的相同；经开箱检验该计算机，侦查人员无意中发现机箱内 PCI 显卡的安装位置与网吧的掉线机器中 PCI 显卡的安装位置相似。经反复比对侦查人员发现，箱内电线被整理后，线的绕行方向同为左手法则，而且都是在绕过 IDE 排线，用扣索扎紧固定。初查后，侦查人员确定为该网吧组装计算机的人员有重大嫌疑。后经证实，该人与公司领导有矛盾，离职后伺机报复。攻击该网吧的目的就是想让网吧业主向其原公司要求退货或索赔。随着案件的侦破，该人的企图终于被粉碎了。

该案件中，机内程序、软件证明了侵害行为确实发生于该计算机；行为习惯为侦查人员圈定了嫌疑人的范围；提取照片后房东予以指认。至此，嫌疑人供认不讳。

在该案中，警方通过 IP 地址定位以及目标电子设备里的软件安装情况，只能初步证明是行为人直接操作这台电脑实施了攻击行为。由于掌握的电子痕迹内涵信息的有限性而无法识别作案人。此时，警方将目光转向物理空间、瞄向传统证据，在嫌疑人的电脑主机箱中，发现了具有个人特征的显卡安装位置和电线缠绕手法。这与网吧电脑主机箱内的安装情况一致。通过这一动作习惯痕迹，结合出租房房东的指认，达到了特定性的组合，锁定了嫌疑人。该案中电子痕迹与传统证据相互印证、补充，构成了特定性的组合，终究达到了人身同一认定。

网络犯罪的身份识别实质上就是综合利用物理空间的传统证据与虚拟空间的电子痕迹进行大的人身同一认定。这个过程的本质就是依据信息找寻信源的逆向回

---

① 参见孙晓东主编：《网络犯罪侦查》，97 页，北京，清华大学出版社，2014。

溯。随着大数据技术深度改造人类社会，人与电子设备之间的关系发生了深刻的变化：人主动、有意识地操作电子设备逐渐转向了人被动、无意识地被电子设备记录。日常生活中，人们的一举一动不可避免地会被各种终端捕捉下来。这些都带来电子痕迹信息的爆炸性增长。如何运用大数据思维进行更高层面的人身同一认定，值得进一步关注与思考。

拓展阅读

1. 陈兴良．虚拟财产的刑法属性及其保护路径．中国法学，2017（2）．
2. 张明楷．论帮助信息网络犯罪活动罪．政治与法律，2016（2）．
3. 于志刚．网络思维的演变与网络犯罪的制裁思路．中外法学，2014（4）．
4. 皮勇．论新型网络犯罪立法及其适用．中国社会科学，2018（10）．
5. 喻海松．网络犯罪的立法扩张与司法适用．法律适用，2016（9）．
6. 刘品新．网络犯罪证明简化论．中国刑事法杂志，2017（6）．

课后思考

1. 结合国际上关于网络犯罪的不同立法例，论述专门制定“网络犯罪法”之创新模式对于治理网络犯罪的特殊意义。

2. 我国《刑法修正案（九）》第 29 条修改了原第 287 条的规定，新增了第 287 条之二，从而增加了一个新的罪名“帮助信息网络犯罪活动罪”。由于网络服务提供商的服务行为属于典型的中立帮助行为，因此有学者认为该罪名的设立实际上意味着网络犯罪帮助行为的正犯化。与之相反，也有学者认为“这并不意味着只要刑法分则条文对帮助犯设置了独立法定刑，就是帮助犯的正犯化”。请结合下述案件，论述单独设立帮助信息网络犯罪活动罪的实践价值及理论贡献。

2019 年 11 月上旬，周某奇伙同尤某杰在杭州某职业技术学院设立学生兼职微信群，发布招聘话务员的消息，要求应聘学生到附近营业厅办理电话卡并将卡上交。周某奇、尤某杰以上述方式购得刘某欣等 20 余名学生办理的实名制电话卡 75 张，对每张卡支付给学生人民币几十元至一百元不等的费用。2019 年 11 月中下旬，周某奇、尤某杰又通过类似方式招募了石某行等 130 余名社会人员，用大巴车将他们从河北省带至北京市办理 400 张左右实名制北京电话卡并收购，对每张卡支付人民币几十元的费用。周某奇、尤某杰将上述电话卡出售供他人使用，获得人民币 12 万余元。上述电话卡通过非法途径流出境外，犯罪分子使用其冒充国家机关工作人员实施诈骗，骗取被害人李某等 10 余人钱款共计人民币 200 余万元。2020 年 12 月 18 日，杭州市余杭区人民法院作出一审判决，以帮助信息网络犯罪活动罪分别判处被告人周某奇、尤某杰有期徒刑2年2个月，并处罚金。①

3. 请遴选我国几起影响较大的游戏外挂案件（如知名网络游戏《热血传奇》、《剑侠情缘网络版》和《封神榜》等被外挂的案件），论述此类“外挂行为”是否构成破坏计算机信息系统罪。

【背景资料】

近年来，网络游戏的“外挂”是否构成我国《刑法》第286条规定的“修改”，是法律界研讨的一大热点。

所谓外挂，是指在电脑运行中，一个程序由于某种事件的触发而得以挂接到另一个程序的空间里。外挂的手法主要是修改客户端内存中的数据。根据与游戏程序的关系，外挂可分为复制服务器端程序的外挂和未复制服务器端程序的外挂。前者一般通过黑客手段侵入运营商的服务器端，进而复制游戏程序；后者又可分为反编译游戏的客户端程序得到的外挂和非反编译游戏的客户端程序得到的外挂。依功能实现的途径，外挂可分为挂机类外挂和作弊类外挂。前者通过模拟键盘和鼠标运动，将一系列动作指令智能化地组合在一起，从而实现计算机自动练级；后者则是利用游戏服务器判别数据的缺陷，自行或者让游戏客户端发送不正常的数据包给服务器，该数据包经服务器解释后可能导致用户状态发生了与游戏开发商定义的状态不同的、有利于作弊者的变化。随着网络游戏的日趋流行，目前几乎“无网络游戏不外挂”，“外挂”已经发展成为一个地下产业。

司法实践中，关于对外挂行为如何处理主要有四种意见：(1) 属于民事侵权行为，不构成犯罪。理由是游戏外挂和盗版盘、盗版书很相似，但又与之存在着明显的不同。相对于赤裸裸的复制、窃取他人劳动成果，游戏外挂具有一定的技术含量，可以说研发游戏外挂的行为是一个二次开发过程，不是著作权法意义上的复制发行，而且社会危害性也不大，故是一般的民事侵权行为。(2) 构成侵犯著作权罪。理由是行为人以营利为目的，未经著作权人许可，复制发行计算机软件，破坏

① 2021年1月25日最高人民检察院发布《充分发挥检察职能 推进网络空间治理典型案例》，参见https://www.spp.gov.cn/spp/xwfbh/wsfbh/202101/t20210125_507452.shtml。最高人民检察院指出，该案的典型意义在于：(1) 涉“两卡”违法犯罪问题突出，社会危害严重。当前，非法出售、出租电话卡、银行卡（简称“两卡”）问题较为突出。不少犯罪分子将收购的“两卡”作为犯罪工具，用于骗取被害人资金或转移赃款，掩盖犯罪事实，逃避司法机关追查。这种行为严重危害社会安全稳定，严重侵蚀社会诚信根基，必须从源头管控，从严打击防范，多管齐下，坚决遏制“两卡”泛滥，防止电信网络诈骗犯罪滋生蔓延。(2) 积极开展“断卡”行动，全力斩断电信网络诈骗犯罪链条。为遏制涉“两卡”类犯罪，2020年10月起，最高人民法院、最高人民检察院、公安部、工业和信息化部、中国人民银行等部门联合部署开展“断卡”行动，依法从严打击非法出售、出租“两卡”违法犯罪活动，重点打击专门从事非法收购、贩卖“两卡”活动的犯罪团伙，以及与之内外勾结的电信、银行等行业从业人员。检察机关要加强协作配合，会同相关部门，依法查办涉“两卡”违法犯罪团伙，联合整治涉“两卡”犯罪猖獗的重点地区，推动惩戒涉“两卡”违法犯罪失信人员，全力斩断“两卡”开办贩卖的黑灰产业链，坚决铲除电信网络诈骗犯罪滋生的土壤。

了游戏规则，严重扰乱网络游戏产业的健康发展，同时造成运营商巨大的经济损失，其行为已构成侵犯著作权罪。(3) 构成破坏计算机信息系统罪。理由是游戏外挂违反国家规定，对使用正版软件的计算机信息系统中存储、处理或者传输的数据和应用程序进行删除、修改、增加的操作，严重破坏正版软件和玩家计算机信息系统的有效运行，后果特别严重，应依照《刑法》第 286 条第 1 款的规定处罚。(4) 构成非法经营罪。理由是游戏外挂属于其他严重扰乱市场秩序的非法经营行为，违反国家规定，扰乱计算机软件研发市场秩序，情节严重，应按《刑法》第 225 条第 4 项的规定处罚。

4. 我国刑法学界关于情节犯是否应当废除存在着不同的争议。一种新观点认为，情节犯应当废除，主要理由是：(1) 情节犯是我国《刑法》所特有的形态，为了保证与国际上通行做法以及与其他国家和地区的刑法相接轨，需要废除情节犯；(2) 为适应刑法观念与立法、司法实践，情节犯应当取消；(3) 情节犯具有不确定性，与罪刑法定原则相违背。

请结合上述讨论，阐述你对“网络犯罪的数量情节标准”的优劣评价。

5. 结合快播案，对“技术无罪论”进行评析。

6. 研读 2021 年最高人民检察院《人民检察院办理网络犯罪案件规定》第二章“引导取证和案件审查”部分，阐述网络犯罪司法中“检察引导侦查”的必要性及主要任务。

第八章

电子证据法

电子证据可采性制度的核心是要处理好两个方面的平衡问题：一是确保大量信息化材料不会被法庭排除在证据之外；二是法庭对电子证据的处理程序具有可操作性。这一平衡问题在涉电子证据案件的审理辩论中也循环往复出现了。

——［印］阿拉迪娅·塞西亚[①]

【关键词】电子证据　电子数据　非歧视原则　真实性推定　第三方存证　双联性　真实性　合法性　鉴真　完整性　虚拟空间的证据体系

【案例8-1】

快播公司等犯传播淫秽物品牟利罪案（续）[②]

快播公司自2007年12月成立以来，通过在网上发布免费的QVOD媒体服务器安装程序和快播播放器软件的方式，为用户提供网络视频服务。2013年11月18日，海淀区文化委员会在行政执法检查中，从光通公司处查获了快播公司托管的四台服务器。2014年4月11日，北京市公安局海淀分局以涉嫌传播淫秽物品牟利罪对快播公司及其几名高管立案侦查。7月28日，该案被移送审查起诉。2015年2月6日，北京市海淀区人民检察院提起公诉。2月10日北京市海淀区人民法院受理该案。2016年1月7日、8日，北京市海淀区人民法院公开开庭审理该案。庭审中，辩方坚持作无罪辩护，并就在案的电子证据问题提出了种种抗辩，与控方展开

① 印度国立大学法学院教授、《印度法律与技术杂志》主编。

② 参见北京市海淀区人民法院（2015）海刑初字第512号刑事判决书。

了激烈的拉锯战。后由于控辩双方对部分证据争议较大，海淀区人民法院决定检验核实相关证据。9月9日，法庭恢复庭审，主要被告人都当庭认罪悔罪。9月13日，海淀区人民法院一审判决快播公司等犯传播淫秽物品牟利罪。被告人吴铭不服判决，提起上诉。12月16日北京市第一中级人民法院二审作出维持原判的裁定。

回看该案，21 251个淫秽视频及其所在的四台服务器无疑是关键性的指控证据，其是否有法律效力直接关系到定罪量刑。

第一节　电子证据法概览

一、什么是电子证据

（一）从语词解析到法律规定

随着网络信息技术的迅猛发展，各种传统证据均存在着电子化的持续改变现象，电子证据应运而生。从缘起来看，电子证据可以被概括为借助现代信息技术或电子设备形成的一切证据，或者以电子形式表现出来的一切证据。从表述来看，电子证据的专业术语有很多，英文表述主要包括“electronic evidence”“digital evidence”“computer evidence”“computer-based evidence”“computer-produced evidence”“computer-created evidence”“computer-generated evidence”“computer-stored evidence”“computer-related evidence”“evidence from computer record”以及“computer output/printout”等，中文表述还包括“计算机证据”“计算机数据证据”“电子数据”“电子数据证据”“数据电文证据”“电子文件证据”“数字证据”“数位证据”“数码证据”“网络证据”“网上证据”等。诚然，这些术语在细节上存在着或多或少的差异。

电子证据的法律概念有广、狭义之分。狭义的电子证据仅指数字式电子证据，即通过信号的离散状态的各种可能组合赋予各种数值或其他信息的方法来承载信息内容的证据；广义的电子证据还包括模拟式电子证据，即通过信息中的某些特征的具体数值或量（如电压信号的幅度、降位、频率，脉冲信号的幅度或持续时间等）来记载信息内容的证据。数字式电子证据与模拟式电子证据可以互相转化。

根据所蕴含的内容和所起的作用不同，可以将电子证据分为数据电文证据、附属信息证据和关联痕迹证据。所谓数据电文证据，是指数据电文之正文本身，即记载法律关系发生、变更与灭失的内容数据，如电子邮件、文本文档、图片文件、加密文件、压缩文件等。所谓附属信息证据，是指数据电文生成、存储、传递、修改、增删而形成的时间、制作者、格式、修订次数、版本等信息，如电子邮件的制作人、发件人、收件人、传递路径、日志记录、附件文档属性等。其作用主要在于证明电子数据的来源和形成过程。所谓关联痕迹证据，是指因生成、存储、传递、修改、增删数据电文而导致的电子环境新产生的相关痕迹，主要包括电子系统中快捷方式文件（*.lnk）、数据文件（*.dat）、数据流文件（*.identifier）、虚拟内存文件（*.sys）、临时文件（*.tmp）等，也包括反映该数据电文在数据磁盘层之存储规律的数据等。关联痕迹证据对于判定数据电文的真实性具有重要价值。

根据所依存信息技术的不同，可以将电子证据分为电子通信证据、计算机证据、互联网证据、手机证据与其他电子证据。电子通信证据，即由现代通信技术带来的电子证据，如电话证据、电报证据、传真证据等。计算机证据，即由计算机技术带来的电子证据，如计算机文档、计算机日志、计算机输出物、计算机打印物等。互联网证据，即由互联网技术带来的电子证据，如电子邮件、电子数据交换、电子聊天记录、电子公告牌记录、博客记录、微博记录、电子报关单、电子签名、域名、网页、IP 地址，以及电子痕迹（系统文件、休眠文件、日志记录、上网痕迹）等。手机证据，即由手机技术带来的电子证据，如手机录音证据、手机录像证据、手机短消息证据、信令数据、上网痕迹、通讯痕迹。其他电子证据，即由其他信息技术带来的电子证据等，如雷达记录证据、录音证据、录像证据、摄像证据、GPS 痕迹（即所谓的“视听资料”）。

根据形成机制的不同，可以将电子证据分为电子设备生成证据、电子设备存储证据与电子设备混成证据。电子设备生成证据是指完全由电子计算机等设备自动生成的证据。其最大特点是完全基于计算机等设备的内部命令运行，其中没有掺杂人的任何意志。电子设备存储证据是指纯粹以电子计算机等设备为载体，录制人类所产生的信息而得来的证据。电子设备混成证据是指电子计算机等设备录制人类的信息后，再根据其内部指令自动运行而得来的证据。若把相关的计算机等设备比喻成一个证人，那么电子设备生成证据就是基于该“证人”本身知情得出的，因此不发生英美法系中的传闻问题，其可靠性取决于电子设备的性能与运行状况。而电子设备存储证据是由该证人“道听途说”得出的，故它必须经过英美法系传闻证据规则的检验。对此类证据证明力大小的判断，除要考虑电子设备的性能与运行状况外，还要考虑录入时是否发生了影响录入准确性的因素。电子设备混成证据兼有上述两种证据的性质，因此对其可采性和证明力的判断要复杂得多。

根据所处环境的不同，可以将电子证据分为单机电子证据和网络电子证据。单机电子证据是由某一台电子设备生成和存储的，所处的是一个封闭的系统。在封闭系统中，电子数据的来源比较单一，主要集中于单机的硬盘、光盘、优盘、内存条等存储介质中。网络电子证据是由若干电子设备构成的网络生成和存储的，所处的是一个开放性网络。在网络系统中，电子数据的来源相对不确定，可能分散于网络空间的各个角落。

理论探讨可以众说纷纭，法律界定必须尽可能清晰。我国法律新近选择以“定性+列举”的方式对电子证据的内涵和外延进行明确。2016 年最高人民法院、最高人民检察院、公安部颁行《关于办理刑事案件收集提取和审查判断电子数据若干问题的规定》（以下简称《电子证据刑事规则》），其第 1 条第 1、2 款规定，“电子数据是案件发生过程中形成的，以数字化形式存储、处理、传输的，能够证明案件事实的数据。”“电子数据包括但不限于下列信息、电子文件：（一）网页、博客、微博客、朋友圈、贴吧、网盘等网络平台发布的信息；（二）手机短信、电子邮件、即时通信、通讯群组等网络应用服务的通信信息；（三）用户注册信息、身份认证信息、电子交易记录、通信记录、登录日志等信息；（四）文档、图片、音视频、数字证书、计算机程序等电子文件。”这构成了刑事诉讼中电子证据的“定性＋列举”组合。我国学者将之概括为“网络平台发布的信息”“网络应用服务的通信信息”“虚拟行为产生的信息”“电子文件”四种。① 2015 年最高人民法院对《民事诉讼法》进行解释时，于第 116 条第 2 款作了类似的“定性”②；2019 年最高人民法院修订《关于民事诉讼证据的若干规定》，于第 14 条作了类似的列举。③ 这构成了民事诉讼中电子证据的“定性＋列举”组合。以上两个方面的法制进步，使电子证据的概念之争在我国暂时告一段落。

【案例 8－2】

杨×等犯开设赌场罪案④

江西省横峰县人民检察院指控，2016 年 6 月被告人杨×等三人组建名称为“夜猫二八杠”的微信群，组织、召集他人在该微信群内以“抢红包”的方式进行赌博。指控证据之一是，证人万×提交的其手机微信截图及支付宝截图，证实 2016 年 8 月 28 日“夜猫二八杠”微信群组织赌博现场情况及相关的支付信息情况。对此，一名辩护人提出：证人万×提交的其手机微信截图打印照片属于电子证据，未按最高人民法院、最高人民检察院、公安部《电子证据刑事规则》的要求，由两名以上侦查人员进行提取，并由见证人见证。法院经审理认为，辩护人提出异议的微信截图实际上系以数字化形式记载的证人证言，不属于电子数据。故对于辩护人的该质证意见不予采纳。

该案提出了我国如何区分电子证据与传统证据的电子化材料的问题。《电子证

① 参见张可：《论电子数据的孤证禁止规则：一个初步的探讨》，载《中国刑事法杂志》，2020 (1)，71 页。

② 2015 年最高人民法院《关于适用〈中华人民共和国民事诉讼法〉的解释》第 116 条第 2 款规定：“电子数据是指通过电子邮件、电子数据交换、网上聊天记录、博客、微博客、手机短信、电子签名、域名等形成或者存储在电子介质中的信息。”（2020 年修正）后该条款保持不变。

③ 修订后的《关于民事诉讼证据的若干规定》第 14 条规定：“电子数据包括下列信息、电子文件：（一）网页、博客、微博客等网络平台发布的信息；（二）手机短信、电子邮件、即时通信、通讯群组等网络应用服务的通信信息；（三）用户注册信息、身份认证信息、电子交易记录、通信记录、登录日志等信息；（四）文档、图片、音频、视频、数字证书、计算机程序等电子文件；（五）其他以数字化形式存储、处理、传输的能够证明案件事实的信息。”

④ 参见江西省横峰县人民法院（2018）赣 1125 刑初 95 号刑事判决书。

据刑事规则》第1条第3款特别规定："以数字化形式记载的证人证言、被害人陈述以及犯罪嫌疑人、被告人供述和辩解等证据，不属于电子数据……"这是一种特别处理方式。此外，还有区分"电子数据"与"视听资料"的相关规定。①

（二）电子证据的重要特点

1. 虚拟空间性

电子证据离不开由电子设备和信息技术营造的特殊环境，该环境的特殊性决定了电子证据同传统证据相比具有明显的不同。电子证据的特点首先表现为虚拟空间性，即它通常不是实实在在的物，而是以模拟信号量和数字信号量的方式存储着的信息。这些信息是无法用肉眼进行识别的，即使是技术专家也必须借助特定的设备或软件才能使其显现；这些信息有着不同的解读方法，如果不按其特有的技术方法进行解读就不能得出正确的结果；这些信息通常是可以同相分离的，而且反复多次的精确复制不会影响其内容的准确性。总而言之，电子证据往往处在看不见摸不着的无形空间，这一环境的虚拟性是电子证据的一大特色。

人们也可以从另外一个角度理解电子证据的虚拟空间性。一般而言，电子证据的载体纷繁复杂，常见的有固定硬盘、移动硬盘、光盘、优盘、内存条、DVD、闪存、CF卡、SD卡、MMC卡、SM卡、记忆棒（Memory Stick）、XD卡、云盘等。无论是上述哪一种载体，都是人所不能直接进入的空间。假如要在这样的空间生成、存储或者提取电子证据，人们必须借助高科技的电子设备（包括硬件和软件）。在这个过程中，电子设备即机器实际上就起到了一个"代理"的作用，当然是技术"代理"。对于这样一种必须借助"机器"的"代理"才能生成和被认识的证据，人们称为"虚拟空间证据"并无不妥。

诚然，电子证据具有虚拟空间性绝不意味着它是一种虚无缥缈的证据。举例来说，今天的人们已经习惯于将因特网空间称为最大的虚拟空间，但这并不意味着因特网空间就是虚无缥缈的。因特网是个无形的大网，当今世界的任何国家、社会、个人都无时不处于这张大网之中。网上的各种违法行为、犯罪行为以及法律行为，大多会在现实世界中产生实际的效力，甚至掀起"惊涛骇浪"。同样，电子证据寓存于虚拟空间，但它在解决法律纠纷与纷争时也会立下"汗马功劳"。若就其功效而言，则电子证据是实实在在的。

2. 系统性

系统论是20世纪30年代美籍奥地利生物学家贝塔朗菲提出的研究共同规律的理论。该理论很早被引入证据法学领域。20世纪80年代，我国就有学者提出，各类案件的定案证据都是一种系统，即由一定数量的互相区别又互相作用的证据元素

① 最高人民法院《关于适用〈中华人民共和国民事诉讼法〉的解释》（2020年修正）第116条第3款规定："存储在电子介质中的录音资料和影像资料，适用电子数据的规定。"

构成的确切地证明某一案件事实真伪的证据集合体。[①] 然而，彼时，这一观点曲高和寡，并未真正适用于传统的证据形式，没有实际发挥对司法实践的指导作用。

这种状况在电子证据出现后有了极大的改观，主要是因为电子证据具有天然的系统性。在当今计算机和相关电子设备中，系统是一个很重要的概念，例如，人们常说 Windows、Linux、Android、IOS、Windows phone、Symbian、Harmony（鸿蒙）等操作系统以及 Office、WPS 应用软件系统、网络系统、文件存储系统等。这些表明，在虚拟空间，任何电子证据的产生或其他行为均不是孤立的、无联系的，而是一系列命令或程序遵循一定技术规则的综合产物。相应地，电子证据的载体不仅会记录涉案的数据电文证据，还会记录有关附属信息证据和关联痕迹证据。这三种信息在整体上具有相对稳定的层次结构，相互之间又具有极强的规律性、协同性，共同寓存于确定的载体中。

以计算机系统为例：理论上计算机系统通常可以分为六个层次，即网络系统层、应用系统层、操作系统层、文件系统层、磁盘编码层、磁信息层。[②] 任何网络传来的电子证据在上述六层之中均有分布，本机产生的电子证据至少在应用系统层、操作系统层、文件系统层、磁盘编码层、磁信息层均有分布。当然，从可认识的角度来看，人们所能了解的主要是网络系统层、应用系统层、操作系统层、文件系统层。

上述各个层次内部都要遵循特定的规则。例如，网络传输要符合网络传输协议及进程协调机制；应用程序具有特定的数据处理流程及文件数据结构；操作系统具有特定的事件处理机制和数据运算规则；文件系统具有特定的空间分配规则和文件管理规则。并且各种操作行为本身还应具有应用功能上的可操作性，符合用户操作习惯。除每个层次内部具有严格的规则约束之外，各个层次之间还必须保持协同运作。上一层的正常运行倚赖于下一层的正常运行，下一层出错会导致上一层运行失败。换句话说，各个层次之间具有极强的关联性——有的体现在时间顺序上，有的体现在具体内容上，有的体现在存储位置上。总之，这些不同层次的电子证据构成了一个有机联系的整体，共同指向对案件事实的证明。

3. 稳定性

电子证据是否容易造假，是一个颇有争议的理论问题。一种观点认为，电子证据具有脆弱性，容易失真且不易被发觉。具体来说，传统证据的原件、复制件较容易识别，通过物理方法、化学方法进行比对就可以发现两者的差异；而电子证据的原件与复制件、真实件与伪造件难以分辨。另有观点与之相反：对于一份传统书证，一旦原件遭到毁损，则再无法复原证据；而计算机硬盘上的每一次擦写记录都可以被轻松地跟踪捕捉到。[③] 笔者赞同后一种观点。

① 参见杨立新：《证据系统论刍议》，载《河北法学》，1986（1），17-22页。

② 如果加上物理设备（如网线的接口类型、光纤的接口类型、各种传输介质的传输速率等）即物理层，就是常说的计算机网络七层理论。

③ Alan M. Gahtan. Electronic Evidence. The Thomson Professional Publishing (1999), p. 7.

国内外的大量案例表明，极少数电子证据容易被篡改或删除，而更多的电子证据难以被篡改或删除（或者对其进行的任何篡改、删除痕迹都能够被轻松地通过技术手段捕捉到）。如果某些电子证据（主要是冲洗出来的数码照片、打印出来的文本文档）是孤立存在的，那么存在着对其删改的较大可能性；但是绝大多数电子证据（如计算机系统、网络系统中的电子邮件、文档文件、图片文件等）都是以系统数据的形式存在着，对它们进行造假就几乎是不可能的，或者说是很容易被发现的。司法实践中，造假者可能会删除或变造那些简单、看得见的电子证据或痕迹，但可能完全删除或变造那些看不见的电子证据或痕迹吗？造假者可能会删除或变造个别电子证据或痕迹，但可能完全删除或变造案件中大量的乃至全部的电子证据或痕迹吗？问题的关键在于，这些“造假”行为绝不会“天衣无缝”。

总之，当前的技术发展和司法实践能够保证绝大多数电子证据具有极强的稳定性。正是从这个意义上讲，当今一些国家的证据法领域流行一句名言：“电子证据是新一代的实话血清（指代效力最优的证据）！”追根溯源，这一特性也是由电子证据的虚拟空间性和系统性所决定的。在绝大部分法律工作者对电子证据仍然感到陌生和担忧的今天，强调电子证据的这一本质特点具有突出的积极意义。

4. 多元性

电子证据该如何有效地用于定案？这也是司法实践中讨论得较多的问题。早期的观点认为，电子证据在我国尚无法律名分，应当转化为鉴定意见、勘验笔录、证人证言、口供、公证文书或者其他证据而使用。随后有越来越多的观点认为，我国应当确立电子证据的独立法律地位，将其作为一种单独的证据使用。而随着对电子证据使用的经验逐渐丰富，人们发现这种证据往往不是单一的，通常是与其存储载体联系在一起的，即数据电文证据、附属信息证据与关联痕迹证据是一并寓存于同一载体的。这样一来，人们在获取到某一电子证据如 E-mail、Word 文档、微信聊天记录等以后，往往还需要分析和提取相关记录的形成痕迹与关联证据（如日志文件、缓存文件、休眠文件以及文件碎片等）。这种分析和提取相当于对一个虚拟空间的现场进行勘验，以重建虚拟空间的案件事实。于是，一种新观点认为，应当将电子证据（或其载体）当作一个“（现）场”。“（现）场”观念源于司法实践。当前司法实践中广泛采用的计算机现场勘查、计算机搜查等措施，实际上是将电子证据视为一种“证据集中”的场所进行勘验、搜索和检查的。

从线索到单一证据，再到“（现）场”的变化，反映了人们对电子证据价值的认识日益深化。不过，这三者之间并没有不可逾越的差异，更多的还是视角的不同。如果依靠电子证据来获取其他证据，这说明电子证据就是线索；如果依靠载体内所寓存的电子证据来定案，这就是将电子证据用作定案的根据；如果将电子证据及其所依存的载体一并提交，并通过技术手段挖掘载体中所寓存的一系列电子证据，进而还原案件事实，那么电子证据就成为“（现）场”。电子证据应当被视为线索、证据和“（现）场”三位一体之产物。当然，在新形势下人们应当特别重视电子证据的“(现)场”观念，这是电子证据同传统证据相比所具有的另一明显特征。

二、什么是电子证据法

电子证据法泛指有关电子证据的法律制度。各国纷纷推出应对电子证据挑战的立法方案，电子证据也得以同传统证据规则如鉴真规则、最佳证据规则、传闻证据规则、非法证据排除规则、证据开示规则进行不同程度的结合。一些国家专门出台名为“电子证据法”“计算机证据法”的法律，将“电子证据法”作为一种法制建设现象或共同行动凸显。

一般认为，南非制定的《计算机证据法》是第一部以计算机证据为名的法律①，加拿大《统一电子证据法》是第一部以电子证据为名的法律。后者产生了深远的影响。其实，加拿大《统一电子证据法》并不是一部真正的法律，而是由加拿大统一法律委员会自20世纪90年代中期开始制定，1998年核准后推荐给加拿大各省、地区和联邦适用的示范法。无独有偶，这种“示范法”的精神在英联邦国家也倍受推崇。2000年，英联邦司法管辖区的司法部长和总检察长与会决定，召集一个专家组对电子证据进行示范立法，以适应证据法的现代化转型。这就是2002年颁布的英联邦《电子证据示范法》，内容涉及电子证据的鉴真、最佳证据规则的适用、完整性的推定、可采性标准、交叉询问等方面。这一示范法在英联邦国家产生了潜移默化的影响，被吸收为有关国家《电子交易法》的一部分或《证据法》的修正案。

除此之外，菲律宾《电子证据规则》、多米尼克《电子证据法》与美国加利福尼亚州《电子证据开示法》也值得特别一提。菲律宾《电子证据规则》是迄今为止条款最多、最为详尽的电子证据立法；多米尼克《电子证据法》借鉴英联邦2002年《电子证据示范法（草案）》、加拿大《统一电子证据法》的主要规则，在中南美洲产生了新的示范引领；美国加利福尼亚州2009年6月29日出台《电子证据开示法》，虽晚于美国《联邦民事诉讼规则》2006年增设的电子证据开示规定，但内容非常全面，足以对加利福尼亚州与其他各州的电子证据开示活动产生广泛而持久的影响。

当然，在世界上其他法域，尤其是大陆法系国家，许多电子证据的规则是包含于不同诉讼法律制度中的，因而构成了一种电子证据法的混合体系。近年来，为解决本法域内电子证据规则不统一和跨境取证不顺畅的问题，欧盟正在积极推动《电子证据条例》(EU E-evidence Regulation) 通过，主要内容包括建立欧洲数据提交令 (European Production Order) 规则、欧洲数据保存令 (European Preservation

① 该法的许多条款为刑事诉讼法、民事诉讼法吸收，其本身被南非2002年《电子通讯和贸易法》废止。

Order）规则等，赋予成员国执法与司法当局更快速地获取欧盟境内外电子证据的权力。①

综上可见，世界范围内的电子证据法独树一帜，已经构成了判例法与成文法并存、示范法与具体法混合、单行法与混合法交叉的复杂体系。现阶段，“电子证据法”从整体上摆脱了早期电子证据法律制度的混存状态，进入蓬勃发展的自主化、体系化法律之独立状态。基于此，本书自第三版开始将本章名称由原先的“网络空间的证据制度”调整为“电子证据法”。

三、电子证据法之国际整理

（一）美国《联邦证据规则》及其他

美国的电子证据法律规定不仅体现在证据法中，而且散见于《全球与国内商务电子签名法》《统一电子交易法》《统一计算机信息法》《爱国者法》《与联邦政府相关的存取要求法》等法律规范中。仅就证据法而言，美国表现出成文法与判例法共存、联邦法与州法并行的特点，而且，成文法比判例法重要，州法有因应“统一法”向联邦法靠拢的倾向。

当今美国最重要的成文证据法典非《联邦证据规则》莫属。它由美国联邦最高法院起草，美国国会于 1975 年 1 月正式颁行为法律。此后美国国会还陆续对该规则进行过一些修正和补充，适用于联邦法庭、联邦破产法庭和联邦治安法庭进行的诉讼。该法典对电子证据的鉴真、传闻、最佳证据问题作了规定。第二部重要的证据法典便是由美国统一州法委员会全国大会和全美律师协会起草的《统一证据规则》，该法典的宗旨是推荐给各州采用。该法典历经 1999 年、2005 年多次修改。该法典在电子证据问题上使用“记录”（record）一词，替代原先使用的“文书”（writings）、“录音”（recordings）、“照片”（photographs）等措辞，并专门就“记录”一词作出了一个定义条款，即规则 1001（5）：“‘记录’是指通过有形方式记下的信息，包括存储在电子媒介或其他媒介中，并且可通过可察觉形式获知的信息。”这实质上扩展了传统“文书”“录音”“照片”等术语的内涵，使电子证据能与“文书”“录音”“照片”等证据接受相同证据规则的约束。换言之，凡是与“记录”有关的证据规则，均适用于电子证据。难怪立法者在该法典的导言中自称“创建了一种用于解决电子证据可采性问题的‘独一无二的方法’”。

结合实际案例看相关条文，不难发现，美国将电子证据的主体形式——计算机记录（computer records）按其产生方式主要区分为两种：计算机存储记录（com-

① Council of the European Union. Regulation of the European Parliament and of the Council on European Production and Preservation Orders for Electronic Evidence in Criminal Matters-General Approach. https://eur-lex.europa.eu/legal-content/EN/TXT/PDF/?uri=CONSIL:ST_15292_2018_INIT&from=EN.

puter-stored records）与计算机生成记录（computer-generated records）。[①] 二者的区别在于是人还是计算机创制了记录的内容，且分别涉及证据的传闻规则和鉴真规则。前者是指以电子形式表现出来的书面材料，如 E-mail 电文、Word 处理文件、网络聊天室讯息等；与此相反，后者是指不经过人而由计算机程序输出的信息，如计算机日志记录、电话记录、自动取款机（ATM）凭条等。前者由于同其他言词证据、文书证据一样，包含人类的陈述，故必须接受传闻规则的检验：举证者必须证实这种记录中所包含的陈述内容是可靠的、可信的[②]，并对其进行鉴真，才能用来证明所主张的事项属实。后者仅仅是计算机程序遵照既定的运算法则对所输入信息进行加工处理的结果，其作为证据使用时所出现的证据争议就不是传闻的问题，而是它所据以生成的计算机程序是否正常运行的问题，即鉴真的问题。[③] 当然，如果某一特殊计算机记录既包括计算机存储的信息也包含计算机生成的信息，如诈骗嫌疑犯使用电子制表程序运算财务数据得出的欺诈性数据表，那么它必须接受传闻规则与鉴真规则的双重检验才能被法庭采纳。

基于此，美国法院系统发展出了一套精确地评判计算机记录可采性的机制，即针对具体类型的不同，主要审查两个问题：一是对一切计算机记录设置鉴真机制，二是仅针对包含人之陈述的计算机存储记录设置反传闻机制。当然，这并不排除各种电子证据若要为法庭所接受，还必须通过最佳证据规则、非法证据排除规则等规则的检验。2007 年，美国马里兰州联邦地方法院首席大法官格雷姆（Grimm）在洛林诉马克尔保险公司保险纠纷案中，系统地指出了电子证据可被采纳必须一并遵循的五项规则：（1）满足《联邦证据规则》之规则 401、402、105 要求的相关性。（2）满足《联邦证据规则》之规则 901（a）的要求，可予以鉴真。（3）若用以证明实质真实问题，其属于《联邦证据规则》之规则 801 所规定的传闻之列，或者属于《联邦证据规则》之规则 803、804、807 所规定的不予排除的传闻例外情形。（4）按照《联邦证据规则》之规则 1001～1008，其属于按照原始证据规则（Original Writing Rule）要求的原件或复制件；若不是，其属于可用以证明内容的具有可采性的二手证据。（5）按照《联邦证据规则》之规则 403，其证明价值实质上大于导致不公正偏见或其他因素的风险。[④] 这五项规则实际上是判断电子证据之可采性的五个步骤，其所提供的框架性指导对后续实践产生了广泛的影响。下面选择主要的有争议规则进行展开。

鉴真规则要求当事人在举出计算机记录或其他证据时，必须“提供足够的证据

① People v. Holowko. 486 N. E. 2d 877，191-192 (Ill. 1985).

② Advisory Committee Notes to Proposed Rule 801 (1972).

③ Richard O. Lempert & Steven A. Saltzburg. *A Modern Approach to Evidence*, 370 (2d ed., 1983). Holowko，486 N. E. 2d, at 191-192.

④ Lorraine v. Markel Am. Ins. Co., 241 F. R. D. 534 (D. Md. 2007).

支持法庭作出争议事项就是建议者所主张事项的裁定"①。计算机记录的鉴真标准同其他证据的相比没有什么两样。② 举例来说，对计算机记录实施鉴真作证的证人，无须具备特殊的资格条件，它不必是为计算机编程的人，甚至不必是懂得维护与操作计算机的人。③ 唯一的条件是，他需要对所作证的相关事实有着"第一手的知情"④。对计算机记录实施鉴真的挑战通常来自三个方面：第一，当事人可能会对计算机的生成记录与存储记录在形成后是否遭到过篡改、处理或毁损，提出质疑；第二，当事人可能会对计算机生成记录所依赖的计算机程序的可靠性，提出质疑；第三，当事人还可能会对计算机存储记录的制作者身份，提出质疑。在 2000 年以前，美国《联邦证据规则》长期援引适用于书证的传统方法来处理电子证据的鉴真问题，代表性的方法是规则 901（2）设定的知情证人作证⑤，也被称为基础证人作证（testimony of a foundation witness）。这是一种昂贵且不方便的方式。2011 年，《联邦证据规则》修改时增设了两种新的鉴真方法，即规则 902（11）（12），允许通过提交得到有效验证的国内外正常业务活动记录，对电子证据进行鉴真。这些方法也被理解为类似于甄别是否为传闻的判断方法。2017 年，《联邦证据规则》再次修改时又增设了两种新的鉴真方法，即规则 902（13）（14），允许通过提交"由电子程序或系统产生的、得到有效验证的记录""从电子设备、存储介质或文件复制而来的、得到有效验证的数据"，对电子证据进行鉴真。前者所称的"有效验证"是包括足以鉴真信息的认证书，如国内外相关商业机构签发的证书；后者所称的"有效验证"是数据复制时形成的哈希值（hash value）。⑥ 这些变革体现了与时俱进，也在很大程度上降低了对知情证人作证方式的依赖。

传闻规则是针对言词证据的一项经典的证据规则。如果某一计算机记录含有人的陈述，即其中可能含有传闻的话，那么举证方必须首先证实该记录属于《联邦证据规则》之规则 803（6）等规定的传闻例外之列，该记录方能被许可采纳；如果某

① Fed. R. Evid. 901（a）；United States v. Simpson，152 F. 3d 1241，1250（10th Cir. 1998）.

② United States v. DeGeorgia，420 F. 2d 889，893 n. 11（9th Cir. 1969）. United States v. Vela，673 F. 2d 86，90（5th Cir. 1982）.

③ United States v. Moore，923 F. 2d 910，915（1st Cir. 1991）.

④ United States v. Whitaker，127 F. 3d 595，601（7th Cir. 1997）（FBI agent who was present when the defendant's computer was seized can authenticate seized files）. United States v. Miller，771 F. 2d 1219，1237（9th Cir. 1985）（telephone company billing supervisor can authenticate phone company records）；Moore，923 F. 2d，at 915（head of bank's consumer loan department can authenticate computerized loan data）.

⑤ 有关的传统方法可以分为两种：一是外部鉴真，主要包括"知情证人作证""审理者或专家证人的比对""（哈希值、元数据等）独有的特征""（20 年以上）陈旧文件""（具有可靠性的）程序或系统"；二是自身鉴真，主要包括"官方出版物""商品标志"等。《联邦证据规则》对电子证据鉴真的发展主要体现在电子文件的自身鉴真方面。

⑥ Christopher B. Mueller，Laird C. Kirkpatrick，and Liesa L. Richter. Federal Rules of Evidence With Advisory Committee Notes and Legislative History 2018 Statutory Supplement. Wolters Kluwer，U. S.，2018，pp. 235－237.

一计算机记录完全是由计算机生成的，而不牵涉到人的任何因素，那么举证方只需完成对该记录鉴真的任务，而不必证实其属于传闻例外之列，该记录即具有可采性。传闻规则具有防止人们在庭外作出的不可靠的陈述对裁判结果施加不当影响的功能。正如许多法庭和评论者所言，传闻规则的这一限制意味着不牵涉到人的因素的计算机生成记录中不包含着传闻——洞察到“计算机生成记录中不包含着传闻”这一点至关重要，否则便会像某些法庭一样错误地将计算机生成证据作为不属于传闻例外的传闻而排除在外。① 至于计算机存储记录，由于其中含有人的陈述，故必须符合传闻规则的例外方能被采纳，用以证明所称事项的真实性。换言之，法庭在许可采纳该记录前，必须确认其中所含陈述是在能够确保可信的条件下做成的。法庭常常对于计算机存储记录依照《联邦证据规则》之规则 803（6）作为“业务记录”采纳处理。

最佳证据规则的适用也是美国司法实践中控辩双方经常遇到的关于电子证据的一个争点。这可以具体分解为两个方面：一是最佳证据规则本身如何适用于计算机记录，二是计算机打印输出物是否必须符合《联邦证据规则》之规则 1006 规定的“摘要”条件。最佳证据规则意指，为证明文书、录音和照片的内容，通常要求提供文书、录音和照片的“原件”②。在司法实践中，有时候控辩双方会明确地提出“那些纯粹由计算机存储的电子文件得来的打印输出物，是否属于最佳证据规则所称的‘原件’”的问题。《联邦证据规则》之规则 1001（4）规定：“文书或录音的原件是指该文书或录音本身，或者制作者或签发者意图使其具有同等效力的复本。对于电子存储信息而言，原件是指准确反映信息的打印输出物或其他可看的输出物。照片的原件包括底片或相关印制片。”规则 1001（5）规定：“复制件是指通过机械的、照相的、化学的、电子的或者相当程序或技术产生的，准确复制了原件的复本。”这样一来，任何源自计算机数据的准确的打印输出物，总是符合最佳证据规则的要求的。③ 为什么美国法律会对最佳证据规则所要求的原件作此调整？美国联邦最高法院咨询委员会解释说乃基于务实的考虑——“严格地讲，只有底片才能认为是照片的原件；而实际的、通常的做法是，要求将由底片冲洗出的任何相片都视为原件。与此相似，按照实际的、通常的做法，任何计算机打印输出物都属于原件。”④

在美国，非法证据排除规则通常仅指审判时原则上不得采纳违反宪法第四修正案禁止非法搜查和扣押之保护性规定而获得的证据，除非符合法律规定的例外。非法证据排除规则应该重点排除那些重大的违宪性证据，即建立在维护宪法性权利的基础上；而对于那些不涉及公民宪法权利的一般违法，应称之为所谓的“无害错

① United States v. Blackburn, 992 F. 2d 666 (7th Cir. 1993).

② Fed. R. Evid. 1002.

③ Doe v. United States, 805 F. Supp. 1513, 1517 (D. Hawaii. 1992).

④ Advisory Committee Notes, Proposed Federal Rule of Evidence 1001 (3) (1972).

误”。电子证据在形态上的无形性以及在取证方式上的特殊性，使美国司法部门在适用传统的非法证据排除规则的同时，不得不相应调整该规则的适用范围。

近年来，随着区块链记录用作证据的现象悄然出现，电子证据的全新样态——区块链证据也出现了。美国的一些州成为区块链证据规则的先行者①，主要采取两种方式强调此项原则。一是单独规定区块链记录的证据地位。如华盛顿州 2019 年《关于承认分布式记账技术的有效性的法律》规定，“不得仅仅以电子记录系使用分布式记账技术生成、交流、接收或存储为由，否定其法律效力、有效性或可执行性”②。二是将区块链记录与智能合约、电子签名等事物混同于一起，规定其法律效力。如伊利诺伊州 2020 年 1 月生效的《区块链技术法》规定，“不得仅仅因为智能合同、记录或签名是由区块链创建、存储或验证的，而否认其法律效力或可执行性”；“在诉讼中不得排除通过基于区块链创建、存储或验证的智能合同、记录或签名的证据”；“若法律要求提供经签名材料的，则提交以电子方式记录于区块链或区块链证据的签名数据，以核实旨在提供签名者的意图，同样满足该项条件”③。亚利桑那州、纽约州、俄亥俄州相关法案、法律也作了此类调整。④ 诚然，平等性对待原则并不意味着区块链证据的适用范围不受任何限制。若依照法律规定或当事人约定必须使用书面形式者，则该区块链记录之效力亦受其限制。⑤ 这是美国电子证据法领域制度建设的新动向。

① Shelagh Dolan. How the Laws & Regulations Affecting Blockchain Technology and Cryptocurrencies, like Bitcoin, can Impact Its Adoption. *Business Insider* (Mar. 3, 2020). https://www.businessinsider.in/finance/news/how-the-laws-regulations-affecting-blockchain-technology-and-cryptocurrencies-like-bitcoin-can-impact-its-adoption/articleshow/74464680.cms.

② Act “Relating to Recognizing the Validity of Distributed Ledger Technology”, Substitute Senate Bill 5638 an Act Relating to Recognizing the Validity of Distributed Ledger Technology 2019.

③ Blockchain Technology Act of Illinois, H. B. 3575 2020.

④ 2017 年 3 月亚利桑那州众议院第 2417 号法案被签署，成为正式法律，其通过增加关于电子交易新章节的方式修订了《亚利桑那州法典修正案》。依照该修正案，通过区块链进行的签署行为被视为满足形式要求的、合格的电子签名，通过区块链获得的记录、合同被视为满足形式要求的、合格的记录；商业活动中可以使用智能合约，不得仅仅因为合同中包含智能合约条款而否定其法律效力、有效性或可执行性。

纽约州参议院第 1683 号、第 4142 号法案对州技术法律中的《电子签名与文件法》(Electronic Signature and Records Act）提出了修改建议。这两部法案包含确认可以通过区块链进行签名、签约的同样规定，亦包含智能合约有效的同样规定。其中，第 1683 号法案被提到参议院大会委员会，第 4142 号法案获得参议院通过。

在俄亥俄州，参议院第 300 号法案于 2018 年 5 月被提交讨论。该法案建议，承认智能合约具有完全的法律效力和可执行性。

⑤ 如伊利诺伊州《区块链技术法》规定的一个“限制”例子是：若使用区块链进行交易的各方当事人达成了一项约定，且有关法律要求与交易有关的此类合同或记录必须是书面形式的，则在包含该交易的电子记录的区块链并未向所有各方当事人存储并准确复制的情况下，该合同的法律效力可能被剥夺；另一个典型的“限制”例子是，若法律规定通知或告知必须以书面形式发出，则不得使用区块链发出关于取消或终止公共事业、与主要住宅有关的事项、健康和人寿保险保单以及产品召回的通知或告知。Blockchain Technology Act of Illinois, H. B. 3575 2020.

(二) 加拿大 1998 年《统一电子证据法》及其他

加拿大是一个地域辽阔的联邦制国家，由 10 个省 3 个地区组成。其证据制度传统上承袭英国的制度，少数地区如魁北克省则受法国的影响。自 1982 年加拿大《权利与自由大宪章》颁布后，其证据制度发生了变化，转而向美国的制度靠拢。总体上看，普通法是加拿大证据法律的主要渊源，但加拿大联邦以及每一个司法辖区都有一部成文的证据法。这些成文证据法不是典型的证据法典，其中很多条款同时附带有相关的判例，因而更像是普通法。

加拿大在联邦层面目前适用的最重要成文证据法是 1985 年颁行的《加拿大证据法》，该法后经多次修正。它适用于在联邦法庭进行的刑事诉讼、行政案件、民事诉讼、破产案件以及联邦政府具有司法管辖权的其他案件。各省的证据法则适用于本省具有管辖权的案件，包括省内的刑事诉讼、行政案件以及大多数的民事诉讼。1985 年《加拿大证据法》结合司法判例的经验经过相关调整后，基本上以成文法的形式确定了加拿大联邦层面解决电子证据问题的初步法律架构。例如，在克服传闻规则的障碍方面，该法第 30 条提供了按照“业务记录的例外”处理的解决方案，司法实践中还可以按照“于己不利陈述的例外”① 进行处理；在克服最佳证据规则的障碍方面，该法第 30 条第 3 款对原件作了置换处理，明确规定，“如果提交原始的业务记录‘实际上不可能也不合理’，则可以提交业务记录的复本，并容许作为证据采纳”；在克服鉴真规则的障碍方面，该法未作明确规定，但其中隐含了可通过自认与证人作证两种方式解决的方案。②

为促进电子商务的发展，1998 年加拿大统一法律委员会颁布了《统一电子证据法》。这是加拿大电子证据立法的集大成者。该法由来自联邦和各省代表组成的加拿大统一法律委员会自 20 世纪 90 年代中期开始制定。其本身虽不具有法律效力，但颁行后旨在推荐给加拿大各省、地区和联邦适用。1999 年，安大略省批准适用该法，将《统一电子证据法》增加为《安大略省证据法》的一部分。2000 年加拿大联邦颁行了《个人信息保护法》与《电子文件法》，正式确定《统一电子证据法》为《证据法》的组成部分。萨斯喀彻温省、马尼托巴省、爱德华王子岛省、育空省竞相效仿，于同年先后批准适用该法。该法在加拿大之外也产生了良好的影响，如英联邦起草《电子证据示范法（草案）》时就借鉴了其文本。

加拿大《统一电子证据法》对所调整的电子证据作了偏狭义的界定。该法第 1 条第 2 款规定：“‘电子记录’是指以任何媒介形式在计算机系统或其他类似设备中或者借助计算机系统或其他类似设备记录或存储的，且能够为某人、某一计算机系统或者其他类似设备读取或感知的数据。它包括关于该数据的如下显示、打印输出

① 所谓“于己不利陈述的例外”，是指某一证据虽属传闻，但若是由对其不利的那一方当事人提交出来的，则该证据也具有可采性，不得以传闻为由请求排除的规则。

② Alan M. Gahtan. Electronic Evidence. The Thomson Professional Publishing (1999), pp. 157 - 167.

物或其他输出物——除本法第4条第2款所指打印输出物以外的显示、打印输出物或其他输出物。”立法者解释说，“电子记录”的含义决定了该法的适用范围。这种记录即数据，它可能以任何媒介形式出现。因为它是在计算机系统或其他类似设备中记录或存储的，或者是借助计算机系统或其他类似设备记录或存储的，所以说它是“电子”的。故举例来说，该法拟适用于各种卡的磁条中或智能卡中的数据。简言之，并非一切以“数字”形式记录或存储的数据均是“电子记录”，其必要条件是计算机或类似设备已经卷入该数据的创制或存储环节。那些由计算机系统直接生成的纸面记录，如各种打印输出物，不过是对该记录内容的一些可理解展示手段，故其本身就是电子记录。虽然该打印输出物的影印件属于受普通复制件规则约束的纸面记录，但是对这种“原始的”打印输出物将依照该法判断其可采性。当然，对于那些仅作为纸面记录使用且不会再要求其计算机原件的打印输出物，宜作为纸面记录处理。

《统一电子证据法》对电子证据的鉴真规则作了重要修改。其第3条规定：“在任何法律程序中，拟介绍电子记录的那一方当事人附有如下（证明）责任，即通过那些足以支持作出‘该电子记录即此人所说的东西’的裁定的证据，证明其真实性的责任。”立法者解释说，这表明提议者只需提供有关证据，来证明该电子记录就是其所说的东西，例如“该记录是发货单”。显然，这种鉴真规则在力度上有明显降低。

《统一电子证据法》也对电子证据的最佳证据规则作了必要调整。一般来说，最佳证据规则要求记录的提议者提出原始的记录，或者提出能够找到的最接近于原件的证据。然而，对许多电子记录而言，“原始的”这一概念不是很容易适用。《统一电子证据法》对此创造了另一种满足最佳证据规则要求的办法，免除了对原件的要求。其第4条规定：“在任何法律程序中，如果最佳证据规则可适用于某一电子记录，则通过证明如下电子记录系统——其中记录或存储有数据的那一电子记录系统，或者借助其数据得以记录或存储的那一电子系统——的完整性，最佳证据规则即告满足；但是，如果明显地、一贯地运用、依靠或使用某一打印输出物形式的电子记录，作为记录或存储在该打印输出物中的信息的记录，则在任何法律程序中，该电子记录是符合最佳证据规则的记录。”这样一来，实际上意味着电子记录的主张者无须提供原件。即便有时某一电子记录客观上存在着原件，比如根据纸面文件制作的电子图像，但是根据该法不要求提供该纸面文件的，同样也不要求电子图像可采的前提是该原件已被毁损。如果某些人遵照一个合理的时间表，很合乎标准地对普通业务活动中的纸面原件进行了销毁，则他们不应该因使用这些记录可靠的电子版本而受到不公正待遇；如果某些人出于保存档案等目的而保留了一些纸面原件，则他们也能够将这些纸面原件的电子版本作为证据提供，前提是该法有关完整性的条件能够得到满足。此外，该法对打印输出物形式的电子记录如何满足最佳证据规则作出了规定，其目的在于为那些生成或存储在计算机中的电子记录或者那些须借助计算机才能读取的电子记录提供规则。立法者解释说，当今业务信函等许多记录都是利用计算机通过 Word 程序生成然后打印出来的，而且该电子文件不会被第二次使用，这种记录“将其生命意义赋予”在纸面上，在这种情况下计算机系统的可靠性不是争议事实，故允许将这样的记录作为纸面记录处理。据此，该纸面打印输出物将是符合最佳证据规则的原件。

前述规定的电子证据最佳证据规则主要是建立在计算机系统完整性基础上的，因此立法上就需要解决如何判断计算机系统完整性的问题。《统一电子证据法》为此创设了三项推定规则。该法第 5 条规定：“在任何法律程序中，如果没有相反证据，则可以通过下述证据或者在下述条件下，推定记录或存储电子记录的那一电子记录系统具有完整性：(1) 通过那些支持如下裁定的证据——裁定该计算机系统或其他类似设备在所有关键时刻均处于正常运行状态，或者，即便不处于正常运行状态，但其不正常运行的事实并不影响电子记录的完整性，并且没有其他合理理由对该电子记录系统的完整性产生怀疑；(2) 如果有证据证明，该电子记录系由如下当事人记录或存储的——与诉讼中意图引入该记录的那一当事人在利益上相反的其他当事人；或者 (3) 如果有证据证明，该电子记录系由除诉讼当事人以外的某人，在惯常而普通的业务活动中记录或存储的，而且其所进行的记录或存储并非根据意图引入该记录的当事人的指令。”这实际上是将计算机系统的完整性置换为系统正常运行、由不利当事人保管或者属于惯常业务记录等情形。这既是司法经验的总结，也与加拿大的其他一些成文法规定相吻合。这些推定均是可反驳的。

该法颁行十二年以后，学者评价说：“加拿大《统一电子证据法》得到了普遍接受和执行，获得了极大的成功。毫不夸张地说，它真正成为全加拿大所有刑事案件与多数民事案件、准刑事案件、行政案件中[①]关于规制电子证据可采性问题的统一法。”[②] 时至今日，加拿大《统一电子证据法》在该国联邦与州法律领域在英联邦国家乃至在全世界均产生了重要影响。

(三) 菲律宾《电子证据规则》及其他[③]

菲律宾曾经在很长一段时间里是美国人的殖民地，其法律也深受后者的影响。直到 1987 年颁布宪法，才标志着菲律宾真正迈开了法制化建设的步伐。

1997 年 4 月 8 日，菲律宾最高法院在碧瑶城 (Baguio City，菲律宾夏都) 通过了整合性的《法庭规则》。这是其法制建设史上的又一件大事。这部法律非常重要，共分四部分，第一部分是 1991 年民事诉讼规则 (规则 1～71)，第二部分是特殊程

① 在加拿大，只有不列颠哥伦比亚、新不伦瑞克、纽芬兰和拉布拉多以及魁北克拒绝适用该法。但是，即便在这些地区的刑事案件中也需要适用该法，因为加拿大国会授权联邦系统管辖所有刑事案件，而《统一电子证据法》被作为《证据法》一个组成部分适用于刑事案件。

② Sheppard A. F., Duranti L., Rogers C. M.. Electronic Records and the Law of Evidence in Canada: The Uniform Electronic Evidence Act Twelve Years Later. Archivaria, 20 (Fall 2010), p. 102.

③ http://www.supremcourt.gov.ph/ecommerce.htm.

序规则（规则 72～109），第三部分是 2000 年 12 月 1 日生效的刑事诉讼规则（规则 110～127），第四部分是证据规则（规则 128～134）及司法事务规则（规则 135～144）。第四部分的前半部分即规则 128～134 可以单独成法，被称为《菲律宾证据规则》。它基本上是 1989 年 7 月 1 日起生效的《菲律宾新证据规则的特别补遗》[①]的修正版，虽然在内容上涉及了证据的许多方面，但却未有直接针对电子证据的条款。

2000 年，菲律宾参众两院核准、颁布了一部规范电子商务活动的法律，即《电子商务法》。该法开创了菲律宾解决电子证据问题的先河，但因过于原则而缺少可操作性。这样一来，居于菲律宾司法系统最顶层的最高法院对解决实践中的电子证据难题便责无旁贷。2001 年 6 月 18 日，最高法院大法官耶稣·艾比尼阿斯（Jesus Elbinias）领衔的电子商务小组委员会达成一项谅解备忘录，开始为使《电子商务法》具体化而起草证据规则。在起草的《电子证据规则》被提交后，最高法院经审议于同年 7 月 17 日通过，并决定在 20 日之前于全国发行的两份报纸上公布，8 月 1 日起正式生效，适用于各级法院在此后审判的所有民事案件、行政案件和准司法案件。《电子证据规则》共有 12 条，在各种电子证据的可采性、鉴真、证明力等方面都有着比较详尽的规定。

相比于其他国家的电子证据立法而言，菲律宾《电子证据规则》所规范的电子证据是全方位的，既包括电子文件、电子数据讯息，还包括电子签名、数字签名、电子密钥、即时电子交谈等。显然，它已经大大突破了电子商务领域，也超出了文书证据的范畴。其规则 2 第 1 条规定："电子数据讯息"是指由电子方式、光学或类似方式产生、发送、接收或存储的信息；"电子文件"是指通过电子手段接收、记录、传送、存储、编程、恢复或形成的，可借以确立权利或消灭义务、证明或确认事实的信息或信息表述、数据、数字、符号或者其他书面表达、描述、表述，包括准确地反映了该电子数据讯息或电子文件内容的、可以通过视觉或其他方式读取的各种经数字签名的文件以及任一打印输出物或其他输出物，其与"电子数据讯息"有时也可互换使用；"即时电子交谈"是指电话交谈、文本讯息、聊天室会谈、音频材料、视频材料，以及其他没有记录或保存证据的电子形式交谈。

《电子证据规则》对电子文件的可采性是按照功能等同法原则，参照纸质文件处理的。依照规则 3，只要某一证据规则涉及文书、文件、记录、文据、备忘录或者任何其他书面方式的术语，则均应认为这些术语包括该规则定义的电子文件在内。如果某一电子文件符合《法庭规则》与相关法律中有关可采性的规定，而且依照这些规则规定的方式证明属实的，则它是具有可采性的证据。此外，如果电子文件中涉及受特免权规则保护的秘密交谈内容，不能仅以它系电子文件形式为由而否

① 《菲律宾新证据规则的特别补遗》，李剑非译，载王以真主编：《外国刑事诉讼法学参考资料》，99－124 页，北京，北京大学出版社，1995。

定其可采性。

对电子文件当事人往往是以打印输出物的形式向法庭提交，这时就很难依据传统的方法来区分何者为原件、何者为复印件，甚至这种区分也没有意义。这有悖于最佳证据规则中“提供原件”的要求。依照《电子证据规则》规则 4，如果某一电子文件是借助视觉或其他形式可以读取的打印输出物或其他输出物，并有证据证明其准确地反映了数据内容，则应将其视为符合最佳证据规则的原始文件相当物；如果某一文件在同一时刻或前后不久就同一内容执行两份或更多复本，或者该文件是通过与原件相同的印模，或者使用同一字模，或者通过机械或电子的再录制，或者通过化学复制方法，或者通过其他能正确复制原件的相应技术而形成的复制件，则该复本或复制件均应被视为原件的相当物，但如果对原件的真实性提出实质性怀疑，或者从具体情况来看许可以复本代替原件将导致不公平或不公正的，则复本或复制件不享有同原件相当的可采性。

依菲律宾法律中，提交私人文书证据的一方当事人往往要承担鉴真责任，提交公文证据的当事人则无须承担鉴真责任。《电子证据规则》重申这一规则适用于电子文件，并对鉴真的具体方式作了规定。依照其规则 5，在任何私人电子文件被当作真实证据接受前，必须对其真实性通过以下证据加以证明：(a) 表明“它是由此人通过据称曾使用过的同样签署方式进行数字签署”的证据；(b) 表明“曾经对该文件使用了其他适当的安全程序或装置，而这些程序或装置能够为最高法院所核准或者为有关鉴真电子文件的法律所认可”的证据；或者 (c) 能让法官满意的、证明其完整性和可靠性的其他证据。至于依照最高法院颁行规则进行电子公证的文件，应当作为公文处理，并按照法院规则作为公证文件加以证明。

英美法系国家中对证据证明力的判断，基本上实现了法官自由裁量，法律只提供参考性标准。《电子证据规则》对如何判断电子文件的证明力，无疑给出了极有价值的考虑方法。依照其规则 7，在评价电子文件的证明力时，应当考虑以下因素：(a) 在具体环境与相关协议的情况下，生成、存储、传达电子文件的方法或方式的可靠性，这些方法或方式包括但不限于输入与输出程序，以及为保证电子数据讯息或文件的准确性和可靠性而进行的控制、检测与稽查；(b) 识别电子文件发端人方法的可靠性；(c) 电子文件赖以记录或存储的信息与交流系统的完整性，这些系统包括但不限于所使用的硬件、计算机程序或软件以及程序错误；(d) 证人或登录者对该交流与信息系统的熟悉程度；(e) 进入电子数据讯息或电子文件赖以存在的信息与交流系统的信息的属性和品质；或者 (f) 法庭认为将影响电子数据讯息或电子文件准确性或完整性的其他因素。那么，如何判断信息与交流系统的完整性呢？《电子证据规则》明确了间接推定的方法，即：“如果对涉及电子数据讯息或电子文件赖以记录或存储的信息与交流系统的完整性提出任何争议，则法庭应结合其他条件考虑以下因素：(a) 该信息与交流系统或其他类似装置是不是以一种不影响电子文件完整性的方式运行着，以及对该信息与交流系统的真实性是否存在其他合理怀疑；（b）该电子文件是不是由同诉讼中使用它的那一方当事人利益相对的另一方当事人所记录或保存着；或者（c）该电子文件是不是由诉讼当事人以外的且不受使用它的那一方当事人控制而行事的某人，在通常与普通的业务活动中所记录或保存着。”

英美法系一般认为，某一证据虽属传闻，但若属于业务记录，则可以按照传闻的例外规则赋予其可采性。《电子证据规则》将这一做法用于电子形式的备忘录、报告、记录与数据汇编。依照其规则 8，如果关于行为、事件、情况、意见或诊断的备忘录、报告、记录或者数据汇编，是由知情人借助电子手段、光学手段或其他相似手段，在发送或传来信息的当时或其后不久制作的，或者是根据发送或传来的信息制作的，并且是在正常的业务活动过程中保存的，而上述借助电子手段、光学手段或其他相似手段制作备忘录、报告、记录或者数据汇编属于正常做法，另外，所有上述内容有保管人或其他适格证人的证言加以证明，则对这些备忘录、报告、记录或者数据汇编不得根据传闻证据规则予以排除。当然，对于上述适用传闻例外的处理，对方当事人可以通过能证明信息来源不真实的证据，或者通过能证明准备、传送、存储信息的手段或情况不可靠的证据，予以推翻。

《电子证据规则》认可对电子文件的可采性与证明力问题通过具结方式进行证明，对言词证据通过电子方式举证，并规定了当庭录制及保全方法。依照其规则 9，有关电子文件可采性和证明力的一切事项，均可以通过表明具结者直接亲自知情的或以真实记录为基础的具结，加以证明。该具结必须肯定性地表明，具结者对其中所包含事项具有作证资格。具结者应当在公开法庭上对具结内容予以确定，对方当事人有权对其进行交叉询问。依照其规则 10，在听审后，法庭可以授权以电子方式举出言词证据。在作如此授权之前，法庭应当裁定如此举证是必要的，并根据具体情形，包括考虑保护当事人与证人的权利，而对有必要如此举证的期间与条件作出指示。如果对证人的询问是以电子形式进行的，则应当由速记摄像员、速记打印员或者符合要求的其他记录者，对包括提问与回答在内的整个程序均录制下来，这些人必须保证他们所进行的录制是准确无误的。这一录制应当反映出，全部的或部分的程序是借助电子方式记录的。这些电子证据、电子记录以及速记摄像，均将构成案件记录的一部分，并被看作是上述程序的初步证据。

对音频材料、照片、视频材料的可采性、鉴真规则加以规定，是《电子证据规则》的一大创举与贡献。依照其规则 11，如果证明事件、行为、交易的音频材料、照片、视频材料被在法庭上出示、举出或展示，而且记录者或者有资格就其准确性作证的其他人对它们加以识别、解释或鉴真，则它们具有可采性。对即时电子交谈，应通过交谈中的一方当事人或具有亲身知情的其他人的证言，加以证明。在找不到这样的证人的情况下，可容许其他适格证据。对有关电话交谈或即时电子交谈的记录，同样适用前述规定。如果上述交谈是通过电子文件记录或体现的，则应适用规则 5 关于鉴真的规定。

2019 年 10 月 8 日，菲律宾最高法院通过《电子证据规则》（注：这是另外一部综合性的证据法律）修正案，该修正案自 2020 年 5 月 1 日起实施。《电子证据规则》修正案中关于直接涉及电子证据的“文书证据的原件规则”“传闻规则例外”等内容，参考美国法律做了少量但必要的调整。例如，《证据规则》修正案之规则 130 第 4（a）条规定：“文件的原件是指该文件本身，或者制作者或签发者意图使其具有同等效力的复本。照片的原件包括底片或相关印制片。如果数据被储存在计算机或类似装置里面，则任何可用肉眼阅读的、表明其能准确反映数据的打印物或其他的输出物，均为‘原件’”。又如，其规则 130 第 45 条规定，“关于正常业务活动中借助电子手段、光学手段或其他相似手段制作的备忘录、报告、记录或者数据汇编”等属于“业务活动的惯常记录”，不适用传闻规则进行排除。[①] 这些条款于菲律宾法律演变而言是一脉相承的，但几乎就是美国联邦证据规则的翻版。

（四）比较与评价

遍观不同国家推出的“电子证据法”，它们体现了各国颁行用于规范电子证据或计算机证据的专门法律或条款的共同行动。从这些法律或条款与传统证据法之关系的角度，可以将它们区分为两种类型：第一种是在原有证据法的基础上进行适当修改、变动，使传统法律能够适用于电子证据。姑且称之为“变通式”。第二种是颁行全新的电子证据法或计算机证据法，专门解决电子证据的可采性与证明力等问题。姑且称之为“创新式”。

美国《联邦证据规则》是“变通式”的代表。此外，英国、印度亦属此列。在英国，作为电子证据之一的计算机打印输出物曾被判例法分别视作实物证据和传闻证据。作为实物证据，计算机打印输出物在可采性方面无特殊规定；而作为传闻证据，其在可采性方面在民事诉讼中曾经受 1968 年《民事证据法》第一编“传闻证据”之第 5 条“计算机打印输出物陈述的可采性”的约束，在刑事诉讼中则要受 1984 年《警察与刑事证据法》第 68～72 条的限制。但是，随着英国 1995 年《民事证据法》的颁布、实施，1968 年《民事证据法》有关“传闻证据”的第一编因民事诉讼中的传闻证据规则被取消而被全部废止，因此，在民事诉讼中计算机打印输出物不再会仅以系传闻证据为由而被排除。而在刑事诉讼中，计算机打印输出物的可采性标准随着 1965 年《刑事证据法》、1984 年《警察与刑事证据法》、1988 年《刑事审判法》的渐次出台而逐渐细化、宽松化，直至 1999 年《青少年审判与刑事证据法》颁布后，作为传闻证据的计算机打印输出物只要满足 1988 年《刑事审判法》第 23 条或第 24 条的规定就可被采纳，不必再受 1984 年《警察与刑事证据法》第 69 条所规定的“除非表明满足正确使用与操作计算机的条件，否则源自计算机记录的证据不可采纳”的束缚。这一转变就像完成了一个轮回，英国回到了完全适用书证规则处理电子证据问题的道路。在印度，现在仍沿用 1872 年颁行的《证据法》。为了解决

① The Supreme Court of Philippine. 2019 Proposed Amendments to the Revised Rules on Evidence. http://sc.judiciary.gov.ph/9282.

网络技术引发的纠纷，印度参考联合国贸法会《电子商务示范法》的原则，颁行了《信息技术法》。该法第十三章“附则”第 91 条及附表 2 明确了修正《证据法》的要求，分别对电子记录、数字签名等电子证据的关联性、可采性、证明力等问题给出了明确而具体的规定，特别是规定了电子证据完全适用文书证据的规则。①

南非、加拿大与菲律宾则是“创新式”的代表，并且产生了良好的辐射效应。南非《计算机证据法》专门针对计算机打印输出物建立规则，规定了计算机打印输出物的鉴真、业经鉴真的计算机打印输出物的可采性、业经鉴真的计算机打印输出物的证据力等问题。之后，该法为纳米比亚《计算机证据法》所借鉴。加拿大于《统一电子证据法》就电子证据的鉴真、最佳证据规则的适用、完整性推定、标准等与电子证据的采纳、采信密切相关的问题作出了适宜的规定，为其国内各省立法所援引，并为多米尼克 2010 年《电子证据法》所借鉴。尤其值得一提的是，其设立的“基于计算机系统完整性而推定电子证据具有可采性”的规则（system integrity approach），在国际上首屈一指，产生了广泛的辐射力。菲律宾《电子证据规则》对电子证据、电子签名、电子文件的概念、鉴真、可采性、证明力、特免权规则、最佳证据规则、传闻规则以及证明方法等作了系统性规定，对许多国家的《电子商务法》相关部分也有较大影响。

诚然，上述两种立法思路不可能截然分开，其差别也是相对的、形式上的。无论是变通式还是创新式做法，都反映了各国立法者应对电子证据法律障碍的积极态度。它们无所谓孰优孰劣，都属于世界各国建设电子证据法的重要组成部分。

四、中国电子证据制度之宏观评述

（一）中国电子证据制度的渊源

中国涉及电子证据的司法案例出现得较早，至少可以推至 20 世纪 90 年代初，但相关的法律制度建设并不同步。第一部规范电子证据问题的法律规范应当是最高人民法院于 2001 年发布的《关于民事诉讼证据的若干规定》（法释〔2001〕33 号）。其中，第 22 条明确规定：“调查人员调查收集计算机数据或者录音、录像等视听资料的，应当要求被调查人提供有关资料的原始载体。提供原始载体确有困难的，可以提供复制件。提供复制件的，调查人员应当在调查笔录中说明其来源和制作经过。”这里使用了“计算机数据”一词，并规范了应当调查收集原始载体的问题，开创了中国电子证据制度建设的先河。此后，经《电子签名法》颁行、三大诉讼法修正、相关司法解释和其他规范性文件颁布，中国已经形成内容相对完整、形式十分庞杂的电子证据法律体系。

据不完全统计，截至目前中国有一百多部法律规范中设定了电子证据专门条

① Indian Evidence Act 1872，§65A，§65B. https://indiankanoon.org/doc/1953529/.

款，涵盖基本法律、行政法规、部门性规章、立法解释、司法解释、地方性法规等（部分规范参见表 8－1）。其中，三大诉讼法均明确承认“电子数据”具有独立的证据地位。① 最高人民法院、最高人民检察院、公安部联合发布的《电子证据刑事规则》是刑事诉讼领域最为重要的电子证据规则，对刑事诉讼中电子证据的来源、收集与提取、移送与展示、审查与判断等作了详细规定；最高人民法院 2019 年新修订的《关于民事诉讼证据的若干规定》（以下简称《民事诉讼证据规定》），是民事诉讼领域最为重要的电子证据规则，对民事诉讼中电子证据的表现形式、原件判断、真实性认定等作了详细规定。最高人民法院 2018 年颁布的《关于互联网法院审理案件若干问题的规定》（以下简称《互联网法院规则》），是民事诉讼、行政诉讼领域最为特殊的电子证据规则，对互联网法院审案过程中电子证据的在线举证、真实性认定等作了特别处理。以上三法、三解释成为中国电子证据制度的骨干内容，它们不仅内容翔实，而且特色鲜明。

表 8－1　　中国关于电子证据的主要规范

规范层级	规范名称	主要内容
基本法律	《刑事诉讼法》《民事诉讼法》《行政诉讼法》《监察法》	电子证据的证据地位
关联法律	《电子签名法》《道路交通安全法》《审计法》《出入境管理法》《海关法》《行政许可法》等	
行政法规	《审计法实施条例》《国际海运条例》《海关行政处罚实施条例》《进出口商品检验法实施条例》等	
司法解释	最高人民法院《民事诉讼证据规定》《互联网法院规则》《关于适用〈中华人民共和国民事诉讼法〉的解释》《关于适用〈中华人民共和国刑事诉讼法〉的解释》； 最高人民检察院《人民检察院刑事诉讼规则》《关于指派、聘请有专门知识的人参与办案若干问题的规定（试行）》等	电子证据的收集、审查等程序性规定等
公、检、法等多部门的联合规定	最高人民法院、最高人民检察院公安部《电子证据刑事规则》《关于办理网络赌博犯罪案件适用法律若干问题的意见》《关于办理网络犯罪案件适用刑事诉讼程序若干问题的意见》等； 最高人民法院、最高人民检察院、公安部、司法部、国家安全部《关于办理死刑案件审查判断证据若干问题的规定》（以下简称《死刑案件证据规定》）、《关于依法保障律师执业权利的规定》等	

① 《刑事诉讼法》第 50 条第 2 款规定：“证据包括：（一）物证；（二）书证；（三）证人证言；（四）被害人陈述；（五）犯罪嫌疑人、被告人供述和辩解；（六）鉴定意见；（七）勘验、检查、辨认、侦查实验等笔录；（八）视听资料、电子数据。”《民事诉讼法》第 63 条第 1 款规定：“证据包括：（一）当事人的陈述；（二）书证；（三）物证；（四）视听资料；（五）电子数据；（六）证人证言；（七）鉴定意见；（八）勘验笔录。”《行政诉讼法》第 33 条规定：“证据包括：（一）书证；（二）物证；（三）视听资料；（四）电子数据；（五）证人证言；（六）当事人的陈述；（七）鉴定意见；（八）勘验笔录、现场笔录。”我国三大诉讼法对这一证据使用的法律术语是“电子数据”，与“电子证据”同义。本章在论述时统一使用“电子证据”，在引用时从原文。

续表

规范层级	规范名称	主要内容
公安部规章	《公安机关办理刑事案件电子数据取证规则》《公安机关办理刑事案件程序规定》《公安机关办理行政案件程序规定》《公安机关办理经济犯罪案件的若干规定》《公安机关刑事案件现场勘验检查规则》《公安机关电子数据鉴定规则》《计算机犯罪现场勘验与电子证据检查规则》等	电子证据的证据属性、收集程序等
最高人民检察院规定	《人民检察院电子证据鉴定程序规则（试行）》等	电子证据的取证工作，包括勘验、鉴定、保管、移送等

此外，中国最高司法机关近年来发布了一些指导案例或指导性案例，也对电子证据的收集运用作了较为全面的规范。它们可以被视为中国电子证据法的“软法”渊源。

【案例 8－3】

陈力等八人侵犯著作权案①

2017年7月至2019年3月，陈力受境外人员委托，先后招募林崟、赖冬、严杰、杨小明、黄亚胜、吴兵峰、伍健兴，组建QQ聊天群，更新维护“www.131zy.net”“www.zuikzy.com”等多个盗版影视资源网站。其中，陈力负责发布任务并给群内其他成员发放报酬；林崟负责招募部分人员，培训、督促其他成员完成工作任务，统计工作量等；赖冬、严杰、杨小明等人通过从正版网站下载、云盘分享等方式获取片源，通过云转码服务器进行切片、转码、增加赌博网站广告及水印、生成链接，最后将该链接复制粘贴至上述盗版影视资源网站。其间，陈力收到境外人员汇入的盗版影视资源网站运营费用共计1 250万余元，所有人每人从中获利1.8万余元至50万元不等。案发后，公安机关从上述盗版影视网站内固定、保全了陈力等人复制、上传的大量侵权影视作品，包括《流浪地球》《廉政风云》《疯狂外星人》等2019年春节档电影。

上海市人民检察院第三分院应公安机关邀请介入侦查，引导公安机关开展取证固证工作：一是通过调取和恢复QQ群聊天记录并结合各犯罪嫌疑人到案后的供述，查明陈力团伙系共同犯罪，确定各犯罪嫌疑人对共同实施的运营盗版影视资源网站行为的主观认知。二是联系侵权作品较为集中的美、日、韩等国家的著作权集体管理组织，由其出具涉案作品的版权认证文书。为进一步夯实证据基础，检察机关要求公安机关及时向国家广播电视总局调取“信息网络传播视听节目许可证”持证机构名单，以证实犯罪嫌疑人陈力操纵的涉案网站均系非法提供网络视听服务的

① 参见最高人民检察院指导性案例（检例第100号）。

网站。同时，要求公安机关对陈力设置的多个网站中相对固定的美日韩剧各个版块，按照从每个网站下载300部的均衡原则抽取了2 425部作品，委托相关著作权认证机构出具权属证明，证实抽样作品均系未经著作权人许可的侵权作品，且陈力等网站经营者无任何著作权人许可的相关证明材料。在事实清楚、证据确实、充分的基础上，陈力等八人在辩护人或值班律师的见证下均自愿认罪认罚，接受检察机关提出的有期徒刑10个月至4年6个月不等、罚金2万元至50万元不等的确定刑量刑建议，并签署了认罪认罚具结书……最后，上海市第三中级人民法院作出一审判决，以侵犯著作权罪分别判处被告人陈力等八人有期徒刑10个月至4年6个月不等，各处罚金2万元至50万元不等。

该案的指导要旨是，“办理网络侵犯视听作品著作权犯罪案件，应注意及时提取、固定和保全相关电子数据，并围绕客观性、合法性、关联性要求对电子数据进行全面审查。对涉及众多作品的案件，在认定‘未经著作权人许可’时，应围绕涉案复制品是否系非法出版、复制发行且被告人能否提供获得著作权人许可的相关证明材料进行审查”。最高人民检察院在发布该指导案例时还明确了其指导意义：(1) 检察机关办理网络侵犯著作权犯罪案件，应围绕电子数据的客观性、合法性和关联性进行全面审查，依法适用认罪认罚从宽制度，提高办案质效①；(2) 准确把握“未经著作权人许可”的证明方法。② 这就在事实上起到了规范电子证据运用的作用。

(二) 一种融技术与法律要求于一体的混合模式

简单回顾历史可以发现，中国的电子证据法律制度建设虽然起步不早，但成绩斐然，在世界范围内后来居上。目前，中国不仅明确赋予了电子证据以独立的证据地位，而且制定了翔实的刑事、民事电子证据规则，还颁行了史无前例的针对互联网法院审案的电子证据规范。这不仅摆脱了电子证据领域无法可依的局面，为化解大量电子证据案例的实务难题提供了法律依据，而且形成了一批颇有影响、极具指导意义的案例。从比较的视野来看，不论是以美国为代表的“变通式”立法，还是

① 最高人民检察院指出：“网络环境下侵犯著作权犯罪呈现出跨国境、跨区域以及智能化、产业化特征，证据多表现为电子数据且难以获取。在办理此类案件时，一方面要着重围绕电子数据的客观性、合法性和关联性进行全面审查，区分不同类别的电子数据，采取有针对性的审查方法，特别要注意审查电子数据与案件事实之间的多元关联，综合运用电子数据与其他证据，准确认定案件事实。另一方面，面对网络犯罪的复杂性，检察机关要注意结合不同被告人的地位与作用，充分运用认罪认罚从宽制度，推动查明犯罪手段、共犯分工、人员关系、违法所得分配等案件事实，提高办案效率。”

② 最高人民检察院指出：对于涉案作品种类众多且权利人分散的案件，在认定“未经著作权人许可”时，应围绕涉案复制品是否系非法出版、复制发行，被告人能否提供获得著作权人许可的相关证明材料予以综合判断。为证明涉案网站系非法提供网络视听服务的网站，可以收集“信息网络传播视听节目许可证”持证机构名单等证据，补强对涉案复制品系非法出版、复制发行的证明。涉案侵权作品数量众多时，可进行抽样取证，但应注意审查所抽取的样本是否具有代表性、抽样范围与其他在案证据是否相符、抽样是否具备随机性等影响抽样客观性的因素。在达到追诉标准的侵权数量基础上，对抽样作品提交著作权人进行权属认证，以确认涉案作品是否均系侵权作品。

以菲律宾等国家为代表的“创新式”立法，都侧重于对电子证据的法律约束而非技术指导，而中国的“电子证据法”自然形成了一种融技术要求与法律要求于一体的混合模式，该模式更能彰显外在特色与潜在优势。

从学理上讲，电子证据的运用需要接受法律规范的约束，也要接受技术规范的约束，后者主要是指关于电子证据的获取、保存、运输、检验、提交、审查等环节的技术指南。从国际实践中的习惯来看，关于电子证据的技术指南主要体现为有关国家或国际组织推出的操作手册、司法指南，包括关于网络犯罪侦查、电子犯罪现场勘验、扣押电子证据指南、手机取证、电子证据司法鉴定、计算机犯罪公诉、法庭电子证据适用的技术操作规范等。如美国司法部发布的《电子犯罪现场勘查指南：快速反应入门》提出：“必须小心处理电子证据，以保护其设备及存储数据的完整性”；美国国土安全部和联邦经济情报局联合发布的《扣押电子证据实用指南》中则明确：“不要存取任何的计算机文件。如果电脑是关闭的，就让它保持关闭。如果电脑是开着的，也不要开始搜索电脑”；美国国家司法机构、标准和技术国家机构和法律执行标准办公室联合发布的《网络犯罪侦查指南》强调，“侦查者应当意识到在计算机系统上实施的任何行为都可能会影响到证据的完整性。仅仅在紧急情况下，侦查人员才应当试图直接从现场的计算机中获取信息”；英国警官协会发布的《基于计算机的电子证据实用指南》中也强调了这一点，并将“执法机构或其代理机构在执法活动中不得改变电脑或存储介质上的将来有可能作为法庭证据的数据”作为电子证据的四项基本原则之首……总而言之，电子证据的技术规范单独发布是各国的一种普遍做法。这些“软法”与电子证据的“硬法”相得益彰。

相比而言，中国司法系统普遍缺乏制定此类技术指南的传统，而是习惯于将技术规范融于法律规范中，作为对办案人员的“严格”要求。例如，《电子证据刑事规则》明确将遵循技术标准引入其中，产生了技术规范法律化的效果。具体包括：(1) 收集和提取环节的技术要求。其第 2 条规定：“侦查机关应当遵守法定程序，遵循有关技术标准，全面、客观、及时地收集、提取电子数据”。这就使“遵循技术标准”成为侦查机关的法定义务。其第 7 条规定：“取证方法应当符合相关技术标准。”这就对负责收集、提取电子数据的侦查人员提出了掌握并运用相关技术标准的要求。(2) 移送与展示环节的技术规范法律化。其第 18 条规定，侦查机关对于无法直接展示的电子数据应当随案移送打印件或者附“展示工具和展示方法说明”，对于冻结的电子数据应当附“查看工具和方法的说明”。其第 21 条还规定，控辩双方向法庭提交的电子数据需要展示的，必要时“可以聘请具有专门知识的人进行操作，并就相关技术问题作出说明”。(3) 审查与判断环节的技术规范法律化。其第 24 条规定，对收集、提取电子数据是否合法，应当着重审查“取证方法是否符合相关技术标准”等要求。为此，法庭还可以通知鉴定人、有专门知识的人出庭作证。《电子证据刑事规则》中使用的完整性校验值、访问操作日志、锁定网络应用账号、电子数据备份等表述也给法律工作者增添了理解上的困难。不难看出，中国刑事领域的电子证据规则系统地引入了一系列技术标准。

同样，《电子证据民事规则》，特别是《互联网法院规则》，亦吸收了电子证据技术领域的许多专业名词、专业做法。前者使用了“可以显示、识别的输出介质”“计算机系统的硬件、软件环境是否完整”“电子数据完整性”等技术术语。后者不仅直接使用了“可信时间戳”“哈希值校验”“区块链”等技术术语，而且以此为基础进行了电子证据存证平台及相关认证规则的设计，规定“当事人可以申请具有专门知识的人就电子数据技术问题提出意见”。

这就使司法工作人员必须掌握一些基本的技术要求，若违反技术规范将等同于违反法律要求。如此紧密地将技术要求融入法律领域的电子证据规则，体现了中国“电子证据法”的特色。这既削减了实践中对于配套技术指南的需求，也闯出了一条“法律＋技术”并行的道路。要将这种立法特点转化为办案优势，需要中国司法队伍建设培养复合型人才，并指聘专家参与办案。

下面从法律与技术相结合的角度，对中国“电子证据法”所设定的主要电子证据规则进行阐述。

【案例 8－4】

华泰一媒公司与道同公司侵害作品信息网络传播权纠纷案①

华泰一媒公司为证明道同公司在其运营的网站中发表了其享有著作权的相关作品，通过第三方存证平台，进行了侵权网页的自动抓取及侵权页面的源码识别，并将该两项内容和调用日志等的压缩包计算成哈希值，上传至 Factom 区块链和比特币区块链中。

杭州互联网法院经审理认为：对于采用区块链等技术手段进行存证固定的电子数据，应秉承开放、中立的态度进行个案分析认定。既不能因为区块链等技术本身属于当前新型复杂技术手段而排斥或者提高其认定标准，也不能因该技术具有难以篡改、删除的特点而降低认定标准，而应根据电子数据的相关法律规定综合判断其证据效力；其中应重点审核电子数据来源和内容的完整性、技术手段的安全性、方法的可靠性、形成的合法性，以及与其他证据相互印证的关联度，并由此认定证据效力。本案中，数秦公司作为独立于当事人的民事主体，其运营的保全网是符合法律规定的第三方存证平台，保全网通过可信度较高的谷歌开源程序固定侵权作品等电子数据，且该技术手段对目标网页进行抓取而形成的网页截图、源码信息、调用日志能相互印证，可清晰反映数据的来源、生成及传递路径，应当认定由此生成的电子数据具有可靠性。同时，保全网采用符合相关标准的区块链技术对上述电子数据进行了存证固定，确保了电子数据的完整性。故上述电子数据可以作为本案认定侵权的依据。

① 参见杭州互联网法院（2018）浙 0192 民初 81 号民事判决书。

第二节　电子证据的关联性规则

关联性是电子证据运用的关键。传统理论认为，“每一个具体的证据必须对证明案件事实具有实质性意义”①，即具有实质性；“证据必须与需要证明的案件事实或其他争议事实具有一定的联系”②，即具有证明性。这两点决定了评断证据的关联性时往往要考察证据所蕴含的信息或内容是否有证明价值。证据是由信息与载体③或者说内容与形式两部分构成的，评断传统证据的关联性通常主要考虑信息或内容的关联性，而不用专门关注载体或形式的关联性。但对电子证据而言，既要考察信息或内容的关联性，也要考察载体或形式的关联性。

内容关联性是电子证据的数据信息同案件事实之间的关联性，载体关联性是电子证据的信息载体同当事人或其他诉讼参与人之间的关联性。具体来说，前者影响案件事实存在与否的认定，后者确定电子证据所蕴含的信息同诉讼主体的关联性；前者属于一种纯经验层面上的关联性，后者属于一种法律要求上的关联性；前者等同于对传统证据提出的一致要求，后者体现出对电子证据关联性的特殊要求；前者主要涉及物理空间，即判断电子证据的内容是否对证明物理空间的案件事实产生了实质性影响，后者则主要涉及虚拟空间，即借助电子证据的形式确立虚拟空间的案件事实并搭建两个空间的对应关系。

一、内容关联性

在诉讼活动中，电子证据必须在逻辑上与待证事实之间具有证明关系。一个总的原则是，确实有关联性的电子证据才可以被采纳为诉讼证据，无关联性的电子证据不得被采纳。那么，如何认定电子证据的内容关联性呢？从理论上讲，电子证据能够在一定程度上对证明案件事实产生实质性影响，那就是其具有关联性。用通俗的话说，就是有某个电子证据，一定要比没有该证据，更能明显地证明案件事实的存在或者不存在。

【案例 8－5】

甲与乙离婚纠纷案

甲女与乙男于 1993 年 4 月 28 日登记结婚，婚后感情良好。2002 年 10 月 6 日乙在甲的手机上发现了这样一条信息：“红儿，今天忙么，睡午觉了吗，想我吗，

①② 何家弘、刘品新：《证据法学》，5 版，114 页，北京，法律出版社，2013。

③ 所谓“证据载体”，是指那些记载或者证明一定证据事实的证据形式。参见陈瑞华：《刑事证据法学》，63 页，北京，北京大学出版社，2012。

我很想你。”看到这条短信后，乙顿时“炸锅”了，找到甲要求解释清楚。甲的回答是：“这是同事开的玩笑。”自此，这个幸福家庭的平静被打破了，两人的感情急转直下，两人开始分居。

两年后，甲向人民法院起诉离婚。甲诉称：乙心胸狭窄，无端猜疑，为自己同事发的玩笑短信之事，而猜疑自己品行不端，夫妻沟通更加困难。虽然多方调解，双方感情仍无改善，走向破裂；同时，乙对家庭极不负责，其生活随意，性情放纵，不检点个人行为，不忠于夫妻感情。现要求离婚。对此，乙在法庭上辩称：夫妻两人婚后感情原来一直很好；2002 年国庆长假期间，自己无意发现一条别人发给甲的暧昧短信，看后很生气，追问甲是谁发的。甲先不说，后称是同事开玩笑所发。此事发生后，两人经常吵架，关系变得不和睦；而且事后甲还到处诽谤自己作风不检点等，最终导致夫妻感情破裂。自己同意离婚。

在该案中，这条暧昧的手机短信具有内容上的关联性，因为原、被告的矛盾和纠纷是由这条短信而起，双方感情破裂也与之有关。法院最后认定可以采纳该证据，并判决双方离婚。

2010 年《死刑案件证据规定》对电子证据的审查内容作出了详细的规定，其中有两项涉及内容的关联性：（1）审查“该电子证据与案件事实有无关联性”；（2）“对电子证据，应当结合案件其他证据，审查其……关联性”。2012 年，最高人民法院发布《关于适用〈中华人民共和国刑事诉讼法〉的解释》时，对关联性规则进行了微调：（1）审查“电子数据与案件事实有无关联”；（2）审查“与案件事实有关联的电子数据是否全面收集”①。2016 年《电子证据刑事规则》第 2 条也强调，要围绕关联性审查判断电子数据。这些规则均是对电子证据内容关联性要求的设定。

《计算机犯罪现场勘验与电子证据检查规则》《人民检察院刑事诉讼规则（试行）》《人民检察院电子证据鉴定程序规则（试行）》《关于办理网络赌博犯罪案件适用法律若干问题的意见》也对电子证据的内容关联性进行了规范。

二、载体关联性

对电子证据而言，其载体通常被理解为信息载体，是指脱离数据本身、承受电子信息的一种形式。其可能是案件中的手机、电脑、网络服务器、U 盘、光盘或者云存储装置等。其实，人的虚拟身份、网络行为、网络地址、网上时间也是广义上的信息载体。这样一来，对于载体关联性不能仅仅理解为电子证据的信息载体同诉

① 2020 年 12 月 7 日最高人民法院审判委员会第 1820 次会议通过《关于适用〈中华人民共和国刑事诉讼法〉的解释》时，删除了 2012 年《关于适用〈中华人民共和国刑事诉讼法〉的解释》第 93 条关于电子数据关联性的审查内容规定。这反映出最高人民法院司法解释制定者对于如何审查电子数据的关联性还存在成熟的经验。

讼主体相关，还必须考虑案件中的争议事实在虚拟空间的具体呈现，要通过电子证据的信息载体呈现出诉讼主体同虚拟空间的人、事、物、时、空的联系。换言之，法庭要通过确认信息载体的关联性，将物理空间与虚拟空间这两个空间的案件事实关联起来。

（一）载体关联性的内涵

其一，人的关联性，即身份关联性。在虚拟空间，人的行事身份主要表现为各种电子账号，包括电子邮箱、手机号、微信号、钉钉号、QQ 号、陌陌号、旺旺号、宽带账号、网络电话账号、微博号、Facebook 账号、网游账号、银行卡号、支付宝账号、云账号、域名以及其他网络用户名/号，等等。这就存在一个身份关联的问题，需要有证据证明涉案的电子账号归行为人所有或所用。如果不能排除共有、共用或者案外人使用、冒用的情况，则这种关联性就无法构建起来。这实际上是虚拟空间“如何证明你我他”的问题，即证明行为人就是虚拟空间中以某个特定身份行事之人。司法实践中，一些电子证据正是因为未确立“人的关联性”而遭到异议或排除，具体包括当事人或其他诉讼参与人否认发过邮件/传真、邮件发/收件人身份不明、短信发送记录单不能确认身份等情形。

【案例 8－6】

关于身份关联性的系列案件

在北京××公司等与上海××公司北京分公司买卖合同纠纷上诉案①中，法院在判决书中写道：“从内容上，邮件内容无法显示发件人、收件人身份……不认可上述证据的……关联性。”

在胡×诉××公司劳动合同纠纷案②中，法院在判决书中写道：“原告……表示该邮件其未发过，本院……对其关联性不予确认。”

在许×诉上海××公司修理合同纠纷案③中，法院在判决书中写道：“电话语音详单没有电信部门确认；短信发送记录单不能确认是被告员工号码。”

在上海××公司诉江×侵犯经营秘密纠纷案④中，法院在判决书中写道：“所涉邮件的发送邮箱使用的是公共平台的电子邮件服务，因电子邮箱并非实名登记，任何人均可申请注册，通过邮箱账户名并不能确定其所有人。被告否认该邮箱系其注册、所有，原告也未提供被告曾使用该邮箱的其他证据，本院难以认定从该邮箱发送邮件的行为系被告所为。”

① 参见北京市第一中级人民法院（2013）一中民终字第 524 号民事判决书。
② 参见上海市奉贤区人民法院（2013）奉民三（民）初字第 348 号民事判决书。
③ 参见上海市闵行区人民法院（2013）闵民二（商）初字第 917 号民事判决书。
④ 参见上海市浦东新区人民法（2010）浦民三（知）初字第 262 号民事调解书。

在济南××公司与北京××公司合作协议纠纷上诉案①中，法院在判决书中写道："虽然济南××公司提交了合作协议的传真件，但是在北京××公司否认曾经发过该传真件的情况下，济南××公司未能提供其他证据证实该传真件确系北京××公司所发……依法不应支持。"

其二，事的关联性，即行为关联性。案件事实涉及行为人的各种法律责任，主要发生在物理空间，但虚拟空间的案件事实，如行为人是否收发了一封邮件、一条短信，是否制作或者修改了某个文档，是否下载了某个网页等等，也不容漠视。此时行为人的身份问题并无争议，需要确认的是其有无实施相关行为，这些行为将影响责任主体的责任认定。

【案例 8-7】

××广告公司与陈××劳动争议纠纷案②

在该案中，为证明双方存在劳动合同关系，原告陈××向法庭提交了公司法定代表人李×发出的手机短信，发送时间为 2011 年 2 月 26 日，发送号码为 186××××××××，内容为"陈总，你的工资待遇是不变的，一样的 6 000 元底薪"。被告公司表示上述号码虽为其法定代表人李×使用，但平时很少使用，也没有发过包含上述内容的短信，对该证据的关联性不予确认。这一争议的实质就指向电子证据的行为关联性。

其三，物的关联性，即介质关联性。承载电子证据的物是电子介质。这时就需要确认电子介质同行为人的关系，如有关电子介质是否为行为人所有或所用；是否存在共有或共用的情况，若存在共有或共用情形，该如何确立电子介质中的数据同行为人的对应关系；等等。判断物的关联性，仅依靠类型化的信息（如介质的外观、品牌、型号等）是不够的，还需要一些特定化的信息（如介质序列号、其上的指印痕迹、领用清单、使用记录等）来提供强有力的支撑。

【案例 8-8】

快播公司等犯传播淫秽物品牟利罪案（续）③

快播案的一个争议焦点是四台服务器是否与快播公司相关。辩方提出质疑，"保管、查封、鉴定程序都是后补的"；"提交鉴定的每台服务器都比扣押笔录中少了 1 块硬盘"，无法证实服务器的文件来源于快播公司。控方回应说，执法人员

① 参见山东省济南市中级人民法院（2013）济商终字第 546 号民事判决书。

② 参见广东省江门市中级人民法院（2013）江中法劳终字第 142 号民事判决书。

③ 参见北京市海淀区人民法院（2015）海刑初字第 512 号刑事判决书。

“依照相关规定对该公司四台服务器IP地址进行了登记保存”，现在服务器的IP地址同笔录是一致的。辩方再质疑：“电脑的IP地址是可以改的”；“电脑的IP地址改起来是非常方便的”。控方再回应：“辩护人无端指控IP地址进行了修改，没有实质性的依据”①。在这里，双方的争议焦点就在于物的关联性。

其四，时的关联性，即时间关联性。虚拟空间的时间通常就是机器时间，同物理空间的时间具有一定的对应关系，但又不完全一致。有些没有差别或差别不大，有些差别却是实质性的。② 确定时间关联性就是要确定机器时间同物理时间是否一致，或者其对应关系如何，进而确定在涉案时间谁的行为产生了相应的电子证据。在司法实务中，诸如电子日志的形成时间、数码照片的拍摄时间、办公文档的修改时间、电子邮件的发送时间等，可能对定案至关重要。此时一旦出现了机器时间与物理时间不同的情况，就会引发时间关联性之争。案例8-9就出现了时间关联性之争。

【案例8-9】

马××涉嫌破坏公用电信设施罪案③

该案涉及伪基站④犯罪。为了查证嫌疑人利用伪基站发送短信的行为造成多少用户通信中断，警方聘请专家对嫌疑人电脑中的发送记录和日志进行了检验。但是，在送检之前警方提取电脑时发现“电脑系统时间与北京时间不吻合”，即电脑系统时间不反映物理空间时间，而由于疏忽也未能记录电脑系统时间与物理时间的实际差值。这就造成了对中断通信用户数的鉴定意见缺少时间关联性的困扰。

其五，空的关联性，即地址关联性。虚拟空间有着独特的地址概念，如IP地址⑤、MAC地址⑥、GPS地址、手机基站定位⑦以及文件存储位置等。许多电子证据产生后都带有内置或外置的地址信息。这就需要确认这些地址信息同行为人之间的关系，即这些地址是否归他们所有或所用，是否存在共有、共用或者被冒用的情况。

① “快播涉黄案庭审实录”，载 http://tech.sina.com.cn/i/2016-01-08/doc-ifxnkkux0980107-p19.shtml。

② 关于机器时间与物理时间的关系，参见刘品新、胡忞：《论电子证据时间鉴定的科学基础》，载《山东警察学院学报》，2012（3），68-71页。

③ 此案为笔者作为鉴定人亲自参与辅助办理的一起案件。

④ “伪基站”即假基站，设备一般由主机和笔记本电脑组成，通过短信群发器、短信发信机等相关设备能够搜索以其为中心、一定半径范围内的手机卡信息，通过伪装成运营商的基站，冒用他人手机号码强行向用户手机发送诈骗、广告推销等短信息。

⑤ IP地址是指互联网协议地址，是IP Address的缩写，是IP协议提供的一种统一的地址格式。它为互联网上的每一个网络和每一台主机分配一个逻辑地址，以此来屏蔽物理地址的差异。

⑥ MAC（Media Access Control，Medium Access Control）地址，意译为媒体访问控制，或称为物理地址、硬件地址，用来定义网络设备的位置。

⑦ 手机基站定位是指通过电信移动运营商的网络获取移动终端用户的位置信息。

【案例 8－10】

唐××与中国证监会行政诉讼纠纷案[①]

在该案中，中国证监会认定唐××存在操纵股价行为的重要证据之一是涉案账户交易股票共用 MAC 地址和 IP 地址的交易记录。唐××一方提出，电脑的 MAC 地址、IP 地址可以进行任意修改，并不能根据相同地址信息判断交易是在同一台电脑上操作的。一审法院最终认定涉案交易所用 MAC 地址、IP 地址具有较高的重合率。[②]

显然，该案的焦点就是依据现有证据能否认定唐××实施了操纵股价的行为，其中的关键是 MAC 地址、IP 地址证据是否具有关联性。

（二）载体关联性的规律

前述人、事、物、时、空的关联性均立足于虚拟空间，它们共同构成电子证据的载体关联性。当然，在具体案件中这五项内容并不都会成为争点，通常只有成为争点的关联性问题才有实际意义。这也是电子证据关联性的特色所在。实践表明，对电子证据载体关联性的审查评断还遵循两个规律：一是五项关联性之间存在一定的交叉，它们共同表现为庭审中待解决的诸多争议问题；二是确立这些关联性既可以依靠当事人自认、证人证言、书证等传统证据，也可以通过电子证据的附属信息、关联痕迹等“新证据形式”加以证明。

【案例 8－11】

张凯闵等五十二人涉嫌电信网络诈骗罪案[③]

2015 年 6 月至 2016 年 4 月间，张凯闵等五十二人先后在印度尼西亚共和国、肯尼亚共和国参加对中国居民进行电信网络诈骗的犯罪集团。2016 年 4 月，肯尼亚共和国将几十名电信网络诈骗犯罪嫌疑人遣返中国。5 月，北京市人民检察院第二分院经指定管辖本案，并应公安机关邀请，介入侦查引导取证。北京市人民检察院第二分院经审查认为，现有证据足以证实张凯闵等人利用电信网络实施诈骗，但案件证据还存在以下关联性问题——“被害人与诈骗犯罪组织间的关联性证据调取不完整，无法证实部分被害人系本案犯罪组织所骗”。针对上述问题，北京市人民检察院第二分院于 2016 年 12 月 17 日、2017 年 3 月 7 日两次将案件退回公安机关补充侦查，并提出以下补充侦查意见——“补充调取犯罪嫌疑人使用网络电话与被害人通话的记录、被害人向犯罪嫌疑人指定银行账户转账汇款的记录、犯罪嫌疑人的收款

① 参见中国证券监督管理委员会（2013）6 号行政复议决定书。
② 参见北京市第一中级人民法院（2013）一中行初字第 1171 号行政判决书。
③ 参见最高人民检察院指导性案例（检例第 67 号）。

账户交易明细等证据，以准确认定本案被害人”。后来检察机关经审查认为：涉案笔记本电脑和手机中提取的Skype账户登录信息等电子数据与犯罪嫌疑人的供述相互印证，能够确定犯罪嫌疑人的网络身份和现实身份具有一致性；75名被害人与诈骗犯罪组织间的关联性证据已补充到位，具体表现为：网络电话、Skype聊天记录等与被害人陈述的诈骗电话号码、银行账号等证据相互印证；电子数据中的聊天时间、通话时间与银行交易记录中的转账时间相互印证；被害人陈述的被骗经过与被告人供述的诈骗方式相互印证。本案的75名被害人被骗的证据均满足上述印证关系。

此案被起诉后，部分被告人及其辩护人提出的辩解及辩护意见包括“检察机关指控的犯罪金额证据不足，没有形成完整的证据链条，不能证明被害人是被告人所骗”。公诉人答辩如下：本案认定诈骗犯罪集团与被害人之间关联性的证据主要有，犯罪集团使用网络电话与被害人电话联系的通话记录；犯罪集团的Skype聊天记录中提到了被害人姓名、公民身份号码等个人信息；被害人向被告人指定银行账户转账汇款的记录。起诉书认定的75名被害人至少包含上述一种关联方式，实施诈骗与被骗的证据能够形成印证关系，足以认定75名被害人为本案诈骗犯罪组织所骗。后来一、二审法院均判决被告人的行为构成诈骗罪。

该案在电子证据关联性认定方面的指导意义在于：“办理电信网络诈骗犯罪案件，认定被害人数量及诈骗资金数额的相关证据，应当紧紧围绕电话卡和银行卡等证据的关联性来认定犯罪事实。”①

三、多元关联律

实践中，电子证据的关联性可以通过“多元关联”的规律进行建构。这一规律在最高人民检察院2021年1月22日发布的《人民检察院办理网络犯罪案件规定》中得到明确。其第7条规定：“人民检察院办理网络犯罪案件应当加强对电子数据收集、提取、保全、固定等的审查，充分运用同一电子数据往往具有的多元关联证明作用，综合运用电子数据与其他证据，准确认定案件事实。”第29条规定：“人民检察院办理网络犯罪案件，应当围绕客观性、合法性、关联性的要求对电子数据进行全面审查。注重审查电子数据与案件事实之间的多元关联，加强综合分析，充分发挥电子数据的证明作用。”在这里，两处使用了“多元关联”的概念，它指的

① 具体做法包括：一是通过电话卡建立被害人与诈骗犯罪组织间的关联。通过审查诈骗犯罪组织使用的网络电话拨打记录清单、被害人接到诈骗电话号码的陈述以及被害人提供的通话记录详单等通讯类证据，认定被害人与诈骗犯罪组织间的关联性。二是通过银行卡建立被害人与诈骗犯罪组织间的关联。通过审查被害人提供的银行账户交易明细、银行客户通知书、诈骗犯罪集团指定银行账户信息等书证以及诈骗犯罪组织使用的互联网软件聊天记录，核实聊天记录中是否出现被害人的转账账户，以确定被害人与诈骗犯罪组织间的关联性。三是将电话卡和银行卡结合起来认定被害人及诈骗数额。审查被害人接到诈骗电话的时间、向诈骗犯罪组织指定账户转款的时间、诈骗犯罪组织手机或电脑中储存的聊天记录中出现的被害人的账户信息和转账时间是否印证。相互关联印证的，可以认定为案件被害人，被害人实际转账的金额可以被认定为诈骗数额。

是电子证据的内容、属性、痕迹等信息均可以支撑同案件事实之间的关系，电子证据或其部分信息也可以同其他证据结合起来强化同案件事实之间的关系。

【案例 8-12】

姚晓杰等十一人涉嫌破坏计算机信息系统罪案①

2017年年初，姚晓杰等人接受王某某（另案处理）雇佣，招募多名网络技术人员，在境外成立"暗夜小组"黑客组织。"暗夜小组"从丁虎子等三人处购买大量服务器资源，再利用木马软件操控控制端服务器实施DDoS攻击（指黑客通过远程控制服务器或计算机等资源，对目标发动高频服务请求，使目标服务器因来不及处理海量请求而瘫痪）。2017年2—3月间，"暗夜小组"成员三次利用14台控制端服务器下的计算机，持续对某互联网公司云服务器上运营的三家游戏公司的客户端IP进行DDoS攻击，攻击导致这三家游戏公司的IP被封堵，出现游戏无法登录、用户频繁掉线、游戏无法正常运行等问题。为恢复云服务器的正常运营，某互联网公司组织人员对服务器进行了抢修并为此支付4万余元。

2017年年初，某互联网公司网络安全团队在日常工作中监测到多起针对该公司云服务器的大流量高峰值DDoS攻击，攻击源IP地址来源不明。该公司随即报案。公安机关立案后，同步邀请广东省深圳市人民检察院介入侦查、引导取证。其中，为了查明导致云服务器不能正常运行的原因与"暗夜小组"攻击行为间的关系，检察机关特别建议公安机关重点调查：对被害单位提供的受攻击IP和近20万个攻击源IP作进一步筛查分析，找出主要攻击源的IP地址，并与丁虎子等人出售的控制端服务器IP地址进行比对；查清主要攻击源的波形特征和网络协议，并和丁虎子等人控制的攻击服务器特征进行比对，以确定主要攻击是否来自该控制端服务器；查清攻击时间和云服务器因被攻击而无法为三家游戏公司提供正常服务的时间；查清攻击的规模；调取"暗夜小组"实施攻击后给三家游戏公司发的邮件。检察机关并要求做好犯罪嫌疑人线上身份和线下身份同一性的认定工作，并查清"暗夜小组"各成员在犯罪中的分工、地位和作用。

此案被起诉后，部分辩护人提出以下辩护意见："网络攻击无处不在"，现有证据不能认定三家网络游戏公司受到的攻击均是"暗夜小组"发动的，不能排除攻击来自其他方面。针对辩护意见，公诉人答辩如下：案发时并不存在其他大规模网络攻击，在案证据足以证实只有"暗夜小组"针对云服务器进行了DDoS高流量攻击，每次的攻击时间和被攻击的时间完全吻合，攻击手法、流量波形、攻击源IP和攻击路径与被告人供述及其他证据相互印证，现有证据足以证明三家网络游戏公司的客户端不能正常运行系受"暗夜小组"攻击导致的。法院最终判决认定被告人

① 参见最高人民检察院指导性案例（检例第69号）。

姚晓杰等十一人犯破坏计算机信息系统罪。

该案的指导要旨是："为有效打击网络攻击犯罪，检察机关应加强与公安机关的配合，及时介入侦查引导取证，结合案件特点提出明确具体的补充侦查意见。对被害互联网企业提供的证据和技术支持意见，应当结合其他证据进行审查认定，客观全面准确认定破坏计算机信息系统罪的危害后果。"

最高人民检察院在发布时特别指出该案办理的两点经验：(1) 引导公安机关调取证明网络攻击是犯罪嫌疑人实施的证据。借助专门技术对攻击源进行分析，溯源网络犯罪路径。审查认定犯罪嫌疑人网络身份与现实身份的同一性时，可通过核查IP地址、网络活动记录、上网终端归属，以及证实犯罪嫌疑人与网络终端、存储介质间的关联性，作综合判断。犯罪嫌疑人在实施网络攻击后威胁被害人的证据可作为认定攻击事实和因果关系的证据。有证据证明犯罪嫌疑人实施了攻击行为，网络攻击类型和特点与犯罪嫌疑人实施的攻击一致，攻击时间和被攻击时间吻合的，可以认定网络攻击系犯罪嫌疑人实施。(2) 网络攻击类犯罪多为共同犯罪，应重点审查各犯罪嫌疑人的供述和辩解、手机通信记录等，通过审查自供和互证的情况以及与其他证据间的印证情况，查明各犯罪嫌疑人间的犯意联络、分工和作用，准确认定主、从犯。这两点经验就是电子证据"多元关联律"的具体落地。

第三节　电子证据的真实性规则

作为一种高科技产物，电子证据仿佛带有与生俱来的真实性疑问。司法实践中，控辩双方对电子证据是否存在伪造、变造情形容易习惯性地产生争议。故人们有必要回归理性层面进行研讨。坚持"理性真实观"的思路，可以将电子证据的真实性问题分解为如下四个维度：(1)"原件真实观"，即应当立足于电子证据的原件讨论其真实性。(2)"具象真实观"，即应当结合具体案件的争议点讨论电子证据的真实性。(3)"整体真实观"，即从体系化而非孤立视角讨论电子证据的真实性。电子证据是由内容数据、附属信息、关联痕迹组成的综合体，任何造假都必须进行三位一体的"制作"，而这几乎不可能不被识别。(4)"空间真实观"，即从虚拟场方面讨论电子证据的真实性。电子证据寓存于形形色色的信息载体中，寓存于人类可以利用却不能进入的特殊空间。

从制度建设的层面来看，电子证据的真实性认定涉及认定标准与认定方法两个方面。

一、认定标准

我国《电子签名法》首开电子证据真实性之认定标准建设的先河。[①] 之后《电

① 该法第8条规定："审查数据电文作为证据的真实性，应当考虑以下因素：(一) 生成、储存或者传递数据电文方法的可靠性；(二) 保持内容完整性方法的可靠性；(三) 用以鉴别发件人方法的可靠性；(四) 其他相关因素。"

子证据刑事规则》《民事诉讼证据规定》《互联网法院规则》《人民检察院办理网络犯罪案件规定》进一步充实和调整了有关标准。这些条款的共同特点是，将司法工作人员在实践中审查判断电子证据真实性的一些经验抽象出来，列举为法定的审查认定标准，以解决审判实践中的操作性问题。这些条款鲜明体现了融法律要求与技术要求于一体的特点，也适当区隔了民事、刑事诉讼关于真实性标准的现实差异。下面将这些审查认定标准列表归类如下（表 8－2）。这些标准可以单独适用，也可以一并适用，具体适用方式取决于个案中的争议情况。

表 8－2　　　　电子证据真实性的认定标准

标准归类	标准表述	法律依据
存储介质	是否移送原始存储介质；在原始存储介质无法封存、不便移动时，有无说明原因，并注明收集、提取过程及原始存储介质的存放地点或者电子数据的来源等情况	《电子证据刑事规则》第 22 条第 1 项
硬件、软件环境	电子数据的生成、存储、传输所依赖的计算机系统的硬件、软件环境是否完整、可靠	《民事诉讼证据规定》第 93 条第 1 款第 2、3 项
	电子数据的生成、存储、传输所依赖的计算机系统的硬件、软件环境是否处于正常运行状态，或者不处于正常运行状态时对电子数据的生成、存储、传输是否有影响	
	电子数据的生成、存储、传输所依赖的计算机系统的硬件、软件环境是否具备有效的防止出错的监测、核查手段	
	电子数据生成、收集、存储、传输所依赖的计算机系统等硬件、软件环境是否安全、可靠	《互联网法院规则》第 11 条第 1 款第 1 项
防篡改保障、完整性保证	电子数据是否具有数字签名、数字证书等特殊标识	《电子证据刑事规则》第 22 条第 5 项
	电子数据的完整性是否可以保证①	
	电子数据是否可以通过特定形式得到验证	《互联网法院规则》第 11 条第 1 款第 6 项

① 《电子证据刑事规定》将电子证据的完整性作为真实性的组成部分。其实，这一处理存在检讨的空间。其第 23 条规定："对电子数据是否完整，应当根据保护电子数据完整性的相应方法进行验证：（一）审查原始存储介质的扣押、封存状态；（二）审查电子数据的收集、提取过程，查看录像；（三）比对电子数据完整性校验值；（四）与备份的电子数据进行比较；（五）审查冻结后的访问操作日志；（六）其他方法。"然而在学理上讲，电子证据的完整性不仅关涉其真实性，而且关涉其关联性、合法性、证明力以及同一性等。此外，《民事诉讼证据规定》中也将电子数据的真实性分解为完整性和可靠性。该规定第 93 条第 1 款规定，"人民法院对于电子数据的真实性，应当结合下列因素综合判断：……（七）影响电子数据完整性和可靠性的其他因素"。

续表

标准归类	标准表述	法律依据
证据形成过程	电子数据如有增加、删除、修改等情形的，是否附有说明	《电子证据刑事规则》第 22 条第 4 项
	电子数据是否被完整地保存、传输、提取，保存、传输、提取的方法是否可靠	《民事诉讼证据规定》第 93 条第 1 款第 4 项
	电子数据是否在正常的往来活动中形成和存储	《互联网法院规则》第 11 条第 1 款第 2、5 项
	电子数据的生成主体和时间是否明确，表现内容是否清晰、客观、准确	
	电子数据的内容是否存在增加、删除、修改及不完整等情形	
取证过程	电子数据的收集、提取过程是否可以重现	《电子证据刑事规则》第 22 条第 3 项
	电子数据的存储、保管介质是否明确，保管方式和手段是否妥当	《互联网法院规则》第 11 条第 1 款第 3 项
	电子数据提取和固定的主体、工具和方式是否可靠，提取过程是否可以重现	
证据相关主体	保存、传输、提取电子数据的主体是否适当	《民事诉讼证据规定》第 93 条第 1 款第 6 项

二、认定方法

应当说，司法工作人员是专业的法律人员，但普遍是外行的技术人员，而上述判断标准在相当程度上融合了相应的技术内涵，且表述较为原则、抽象，故要求司法工作人员直接按照逻辑三段论作出电子证据属实或不属实的认定，存在着很大的困难。这就需要在法律层面上设计出一些符合认识理性与法律精神的特殊机制。我国《民事诉讼证据规定》第 94 条规定："电子数据存在下列情形的，人民法院可以确认其真实性，但有足以反驳的相反证据的除外：（一）由当事人提交或者保管的于己不利的电子数据；（二）由记录和保存电子数据的中立第三方平台提供或者确认的；（三）在正常业务活动中形成的；（四）以档案管理方式保管的；（五）以当事人约定的方式保存、传输、提取的。""电子数据的内容经公证机关公证的，人民法院应当确认其真实性，但有相反证据足以推翻的除外。"这里创设了一种"附条件""允许反驳/推翻"的确认机制。也就是说，法律将按照通常经验具有真实性的特殊情形单列出来，包括"证据于己不利""中立第三方持有""正常业务生成""档案方式管理""符合约定方式""经公证"等，若上述情形下不存在反驳证据、相反证据予以推翻的，则法院可以确认有关电子证据的真实性。

【案例 8-13】

淘宝公司与黄××网络服务合同纠纷案①

黄××系淘宝店铺注册人，淘宝公司代替黄××向第三人承担金钱支付义务后，向黄××追偿，诉诸杭州互联网法院。在庭审中，淘宝公司提交了（2018）浙杭西证民字第3734号电子公证书，以证明双方之间签署的“淘宝服务协议”及淘宝网相关规则。被告黄××未出庭，亦未提供证据。法院经审理认为：淘宝公司提供的（2018）浙杭西证民字第3734号电子公证书，是公证机关依照当事人的申请，在公证机构办公场所使用公证机关的设备，并对设备及网上运行环境进行清洁性检查后，依职权通过公证机关“存证版”取证系统使用拍摄、抓取等功能实时获取电子数据进行取证，取证形成的电子数据存储于该公证处数据库，并由公证处以加盖电子签名的电子公证书形式，从法院提供给公证处的数据端口直接传输至法院电子证据平台，从而保证了电子数据的原始性和完整性，如无相反证据，对该公证书的真实性予以认定。

无独有偶，《互联网法院规则》第11条第2款规定：“当事人提交的电子数据，通过电子签名、可信时间戳、哈希值校验、区块链等证据收集、固定和防篡改的技术手段或者通过电子取证存证平台认证，能够证明其真实性的，互联网法院应当确认。”这是将“技术上防篡改”“电子取证存证平台认证”作为一种“附条件”的确认机制。

从学理上讲，我国《电子证据民事规则》《互联网法院规则》所设定的电子证据真实性认定方法，与许多国家实行的推定规则高度相似。例如，加拿大1998年《统一电子证据法》第5条规定：“在任何法律程序中，如果没有相反证据，则可以通过下述证据或者在下述条件下，推定记录或存储电子记录的那一电子记录系统具有完整性：（1）通过那些支持如下裁定的证据——裁定该计算机系统或其他类似设备在所有关键时刻均处于正常运作状态，或者，即便不处于正常运作状态，但其不正常运作的事实并不影响电子记录的完整性，并且没有其他合理理由对该电子记录系统的完整性产生怀疑。（2）如果有证据证明，该电子记录系由如下当事人记录或存储的——与诉讼中意图引入该记录的那一当事人在利益上相反的其他当事人；或者（3）如果有证据证明，该电子记录系由除诉讼当事人以外的某人，在惯常而普通的业务活动中记录或存储的，而且其所进行的记录或存储并非根据意图引入该记录的当事人的指令。”该条规定的实质是“系统正常的推定”“内容不利的推定”“业务惯例的推定”，具有深厚的实践基础。它为英联邦2002年《电子证据示范法（草案）》与加拿大爱德华王子岛省2001年《电子证据法》、加拿大育空省2002年

① 参见杭州互联网法院（2018）浙0192民初9066号民事判决书。

《电子证据法》所援引。

截至目前，我国《电子证据刑事规则》尚未明确建立类似的电子证据真实性认定方法。这表明，我国刑事司法中判断电子证据的真实性还主要依靠基于逻辑三段论的推理智慧。

【案例 8－14】

张凯闵等五十二人涉嫌电信网络诈骗罪案（续）①

北京市人民检察院第二分院提前介入该案后，经审查认为现有证据足以证实张凯闵等人利用电信网络实施诈骗，但案件证据还存在以下真实性问题——“电子数据无污损鉴定意见的鉴定起始基准时间晚于犯罪嫌疑人归案的时间近 11 个小时，不能确定在此期间电子数据是否被增加、删除、修改”。针对上述问题，北京市人民检察院第二分院于 2016 年 12 月 17 日、2017 年 3 月 7 日两次将案件退回公安机关补充侦查，并提出以下补充侦查意见——“通过中国驻肯尼亚大使馆确认抓获犯罪嫌疑人和外方起获物证的具体时间，将此时间作为电子数据无污损鉴定的起始基准时间，对电子数据重新进行无污损鉴定，以确保电子数据的客观性”。补充侦查期间，检察机关就补充侦查事项及时与公安机关加强当面沟通，落实补充侦查要求。与此同时，检察人员会同侦查人员共赴国家信息中心电子数据司法鉴定中心，就电子数据提取和无污损鉴定等问题向行业专家咨询，解决了无污损鉴定的具体要求以及提取、固定电子数据的范围、程序等问题。后来检察机关经审查认为，国家信息中心电子数据司法鉴定中心重新作出的无污损鉴定的起始基准时间与肯尼亚警方抓获犯罪嫌疑人并起获涉案设备的时间一致，能够证实电子数据的真实性。此案被起诉后，被告人及其辩护人未对电子证据的真实性提出辩解及辩护意见。

该案在电子证据真实性认定方面的指导意义在于展示了三方面审查电子证据真实性的技巧：“一要审查电子数据存储介质的真实性。通过审查存储介质的扣押、移交等法律手续及清单，核实电子数据存储介质在收集、保管、鉴定、检查等环节中是否保持原始性和同一性。二要审查电子数据本身是否客观、真实、完整。通过审查电子数据的来源和收集过程，核实电子数据是否从原始存储介质中提取，收集的程序和方法是否符合法律和相关技术规范。对从境外起获的存储介质中提取、恢复的电子数据应当进行无污损鉴定，将起获设备的时间作为鉴定的起始基准时间，以保证电子数据的客观、真实、完整。三要审查电子数据内容的真实性。通过审查在案言词证据能否与电子数据相互印证、不同的电子数据间能否相互印证等，核实电子数据包含的案件信息能否与在案的其他证据相互印证。”

① 参见最高人民检察院指导性案例（检例第 67 号）。

此外，在我国实践中还可以借助司法鉴定解决电子证据真实性的问题。现阶段，我国已经发布《电子邮件鉴定实施规范》《数据库数据真实性鉴定规范》《电子文档[①]真实性鉴定技术规范》等关于电子证据真实性鉴定的技术规范，但鉴定科目仅限于电子邮件、数据库数据、电子文档。未来，我国应当在电子证据真实性鉴定的鉴定科目、意见表述和鉴定方法方面大力改进。同时需要特别注意，关于电子证据真实性的问题，不能形成司法鉴定依赖——是否鉴定以及如何提出请求、组织鉴定，要考虑个案的具体情况。

【案例 8-15】

周正龙涉嫌诈骗、非法持有弹药罪案[②]

2008 年 5 月 16 日周正龙因涉嫌犯诈骗罪被安康市公安局监视居住，同年 6 月 28 日因涉嫌犯诈骗罪、非法持有弹药罪被依法逮捕。2008 年 9 月 27 日，安康市旬阳县人民法院作出（2008）旬刑初字第 82 号刑事判决。周正龙不服，提起上诉。二审中的争议焦点之一是：涉案虎照是否为周正龙一人所拍？虎照是否经过了电脑技术图像拼接处理（俗称 PS）？辩护人还提出了对虎照真假问题、虎照是否经过电脑技术图像拼接处理进行技术鉴定的申请。

二审法院经审理认为：经查，本案目前尚没有任何证据直接表明有上诉人周正龙以外的其他人指使、安排或者参与了周正龙拍摄假华南虎照片的造假行为，也没有证据表明周 2007 年 10 月 3 日拍摄的假华南虎照片系经过了电脑技术图像拼接处理。上诉人周正龙也从未证实有他人指使、安排或者参与其造假，未证实照片被使用电脑进行过图像拼接处理。公安机关在侦查期间，对经分析可能参与作案的多名人员所使用的电脑硬盘和其他数字存储设备通过数据恢复手段进行了较大范围的检查，没有确认有其他人参与作案的证据线索。公安机关依法提取了在谢坤元所持笔记本电脑中存放的周正龙所拍摄的“华南虎”数码照片，经过对照片属性进行分析，没有发现这些照片存在被加工、修改的记录。此外，有证据表明周正龙 10 月 3 日是用数码相机和胶片相机交替拍摄的，胶片相机拍摄形成的底片一卷和冲洗出来的照片亦在卷。公安机关技术人员对依法从陕西省林业厅提取的周正龙 10 月 3 日所拍的假华南虎胶片照片 27 张和 35 张假华南虎数码照片进行比较分析发现：胶片“虎照”与数码“虎照”的取景范围基本一致，两种“虎照”中的山石、树桩、小树、树苗等景物一一对应，且景物大小、形态、生长方向、扭曲变形状态均相一致。胶片“虎照”中有 7 张照片反映出用胶片相机拍摄时数码照相机就放在拍“虎”现场。由此分析得出周正龙于 2007 年 10 月 3 日所拍摄的胶片“虎照”与数

① 这一规范所说的“电子文档”，是指“文件处理软件生成的以数字形式存在的文件”。

② 参见陕西省安康市中级人民法院（2008）安中刑终字第 91 号刑事判决书。

码“虎照”是在同一时段、同一地点，针对同一拍摄目标（假老虎）拍摄的，且系用胶片相机和数码相机交替拍摄的结论。因为胶卷照片不存在被通过电脑技术进行图像拼接处理的问题，在案两类照片拍摄结果一致，说明数码照片未经过图像拼接处理。技术人员还分析认为，周正龙所拍摄的35张假华南虎数码照片和27张假华南虎胶片照片由于拍摄距离、角度、聚焦点的不同产生了不同的效果，多数照片成像比较模糊，充分说明拍摄者技术低劣，进一步说明所拍照片均为原始照片，未经过图像拼接处理。基于以上理由，本院认定，案中证实照片为周正龙一人所拍，且未经过图像拼接处理的证据确实充分，足以认定。辩护人关于此节事实不清的理由不能成立，不予采信。关于对数码照片进行电脑技术图像拼接处理鉴定的要求，因案件事实清楚，没有鉴定的必要，故不予支持。

第四节　电子证据的合法性规则

合法性是我国审查判断证据的一项传统标准。这不仅属于学理上的通说，也具体落实在诉讼法所设定的非法证据排除规则上。然而，就是否需要对电子证据进行合法性审查的问题，学术上并未形成权威的理论，实践中的非法证据排除规则亦未明确。我国《刑事诉讼法》第54条[①]是关于非法证据排除规则的标志性规定，但未明确涉及电子证据。同时，我国民事诉讼、行政诉讼中的非法证据排除规则经历多轮调整（参见图8-1），同样未直接对电子证据的“排非”问题着墨。

但换个角度来看，民事诉讼、行政诉讼中非法证据排除规则指向的是“证据”“证据材料”，也就是说其“排非”的许多情形适用于电子证据。如最高人民法院《关于行政诉讼证据若干问题的规定》第58条规定：“以违反法律禁止性规定或者侵犯他人合法权益的方法取得的证据，不能作为认定案件事实的依据。”最高人民法院《关于适用〈中华人民共和国民事诉讼法〉的解释》（2020年修正）第106条规定：“对以严重侵害他人合法权益、违反法律禁止性规定或者严重违背公序良俗的方法形成或者获取的证据，不得作为认定案件事实的根据。”这就意味着，在民事诉讼和行政诉讼中，“违反法律禁止性规定”“侵犯他人合法权益”的电子证据均应被排除，此外，民事诉讼中“严重违背公序良俗”的电子证据也应当予以排除。最高人民法院《民事诉讼证据规定》第87条规定了单一证据的审核认定方法，其中第三项为“证据的形式、来源是否符合法律规定”，此为单一证据的合法性认定，

① 该条规定：“采用刑讯逼供等非法方法收集的犯罪嫌疑人、被告人供述和采用暴力、威胁等非法方法收集的证人证言、被害人陈述，应当予以排除。收集物证、书证不符合法定程序，可能严重影响司法公正的，应当予以补正或者作出合理解释；不能补正或者作出合理解释的，对该证据应当予以排除。”

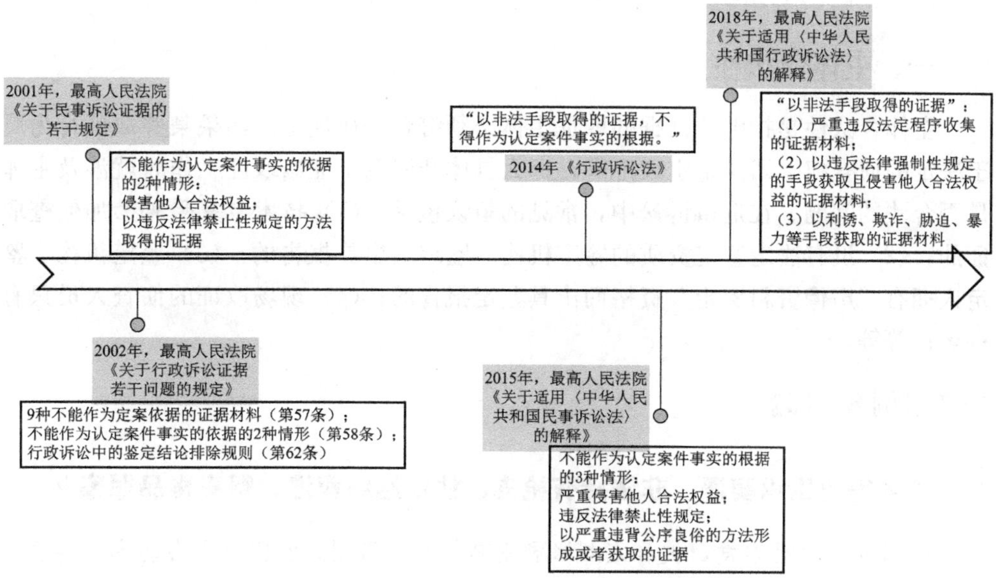

图 8-1　我国民事、行政诉讼中的非法证据排除规则的演变

主要涉及证据形成的合法性、证据表现形式的合法性以及证据认定的合法性。① 该规定同样适用于电子证据。

针对刑事诉讼，《电子证据刑事规则》第 24 条规定："对收集、提取电子数据是否合法，应当着重审查以下内容：（一）收集、提取电子数据是否由二名以上侦查人员进行，取证方法是否符合相关技术标准；（二）收集、提取电子数据，是否附有笔录、清单，并经侦查人员、电子数据持有人（提供人）、见证人签名或者盖章；没有持有人（提供人）签名或者盖章的，是否注明原因；对电子数据的类别、文件格式等是否注明清楚；（三）是否依照有关规定由符合条件的人员担任见证人，是否对相关活动进行录像；（四）电子数据检查是否将电子数据存储介质通过写保护设备接入到检查设备；有条件的，是否制作电子数据备份，并对备份进行检查；无法制作备份且无法使用写保护设备的，是否附有录像。"② 这里未说明是否"排非"，但明确了需要进行电子证据的合法性审查。上述规定共同勾勒出当下我国粗略的电子证据非法证据排除规则。下面在法理层面进行展开。

① 参见最高人民法院民事审判第一庭编著：《最高人民法院新民事诉讼证据规定理解与适用》，763 页，北京，人民法院出版社，2020。

② 《电子证据刑事规则》第 27 条规定："电子数据的收集、提取程序有下列瑕疵，经补正或者作出合理解释的，可以采用；不能补正或者作出合理解释的，不得作为定案的根据：（一）未以封存状态移送的；（二）笔录或者清单上没有侦查人员、电子数据持有人（提供人）、见证人签名或者盖章的；（三）对电子数据的名称、类别、格式等注明不清的；（四）有其他瑕疵的。"这有"排非"之形，其实质是关于电子证据不真实的排除规则。

一、主体合法性

主体合法性是指电子证据的取证主体必须符合法律规定。如果某些取证行为属于法定的侦查权、司法鉴定权范围，那么具体开展电子证据取证工作时就涉及主体是否合法的问题。在刑事诉讼中，常见的争议包括：（1）技术专家受聘参加侦查取证的；（2）没有法定鉴定资质的鉴定机构、鉴定人出具报告的；（3）鉴定机构、鉴定人拥有“声像资料鉴定”资格而出具鉴定报告的；（4）现场取证的侦查人员只有一名；等等。

【案例 8-16】

刘×等犯组织卖淫、非法持有枪支、协助组织卖淫、贩卖毒品罪案①

2003 年 7 月至案发，被告人刘×利用其经营的海阔天空假日大浴场容留卖淫人员并组织卖淫……被告人徐靖受聘为浴场副总经理，参与对进入浴场卖淫人员的面试把关、编号、介绍性服务，删除电脑内储存的资料……辩护人提出：北京捷安富华科技发展有限公司不是法定司法鉴定机构，其对海阔天空假日大浴场电脑删除资料进行恢复的模式设计不一定具有科学性，出具的“恢复电子数据鉴定书”不具有证据效力。法院认为：“恢复电子数据鉴定书”是公安机关依法委托北京捷安福华科技发展有限公司对涉案证据的固定，辩护人虽然就鉴定书所述对浴场经营电脑删除资料进行恢复过程的科学性提出了异议，但未能提供证据予以否定，故应作为定案证据。

该案中有争议的就是电子证据的鉴定主体是否合法的问题。笔者认为，该判决的有关处理及理由是特定时期的产物，其是否正确仍存在商榷的空间。

民事、行政诉讼中，常见的争议包括：（1）国外鉴定机构出具的报告是否合法；（2）鉴定机构进行的实质上是证据保全工作；（3）第三方存证机构是否具备专门资质；（4）同公证处进行合作存证的第三方存证机构能否出具公证书；等等。

【案例 8-17】

中新网公司诉核新同花顺公司、核新软件公司著作权侵权纠纷案②

中新网公司于 2012 年 8 月至 2012 年 9 月期间通过“安存数据保全专家”软件

① 参见安徽省蚌埠市中级人民法院（2006）蚌刑初字第 14 号刑事判决书。

② 参见浙江省杭州市中级人民法院（2013）浙杭知终字第 28 号民事判决书。

对同花顺金融服务网上涉嫌侵权的文章进行了远程网页抓取保全，“安存数据保全专家”软件将所抓取的网页自动存储至安存网络电子数据保全系统。① 2012 年 9 月 21 日，中新网公司的委托代理人到杭州市西湖公证处，公证员使用公证处计算机，打开“安存网络电子数据保全系统”公证专用平台，输入用户名、密码，进行“远程网页抓取保全”查询，下载相关查询结果的网页截屏内容；对安存网络电子数据保全系统下载远程网页抓取保全的内容及校验过程进行了证据保全。杭州市西湖公证处就操作过程出具了（2012）浙杭西证民字第 13939 号公证书。中新网公司据此起诉核新同花顺公司、核新软件公司侵犯其著作权。

在该案二审中，核新同花顺公司、核新软件公司提出：对通过第三方处下载公证的 8 篇文章有异议，主要理由是（2012）浙杭西证民字第 13939 号公证书无法证明涉案文章曾经被同花顺网站转载的事实。对此部分，中新网公司答辩称：（2012）浙杭西证民字第 13939 号公证书，合法有效，完全可以证明核新同花顺公司、核新软件公司非法转载涉案文章的事实。中新网公司并申请杭州安存网络科技有限公司的技术总监包××出庭作证，欲证明本案所采取的公证方法合法有效。② 法院经审理认为，安存远程网页抓取保全系统是否安全可靠属专业技术鉴定事项，不属于公证事项，（2012）浙杭西证民字第 13939 号公证书记载的内容显示，从被诉侵权网站上抓取相关网页的过程是由用户在自己电脑上输入相关网页 URL 后，由安存远程网页抓取保全系统自动完成的，公证人员并未见证该过程，公证员仅见证了从安存网络电子数据保全系统下载保全内容的过程。证人作为系统开发公司的技术人员，其陈述不足以证明系统的技术可靠性。

二、形式合法性

形式合法性是指电子证据的具体形式必须符合法律规定。在对电子证据提取、保全时要注意软件合法、固定原件、进行完整性校验等问题；在制作勘验笔录、检查笔录、侦查实验笔录，以及制作鉴定意见书、检验报告、公证书的情况下，还需要注意有关文书的合规问题。实践中，这类问题层出不穷，如使用自行开发的设备

① 法院经审理查明：“安存数据保全专家”软件由杭州安存网络科技有限公司研发。杭州安存网络科技有限公司确认“安存数据保全专家”软件中的“远程网页抓取保全系统”，由其远程网页抓取服务器对用户提交的网址所体现的网页内容进行自动抓取，自动生成网页截图格式，并存储于云存储中，可以确保网页内容与抓取、保存结果的一致性。

② 该证人出庭陈述道：安存公司客户提交欲保全的网页 URL，安存软件系统服务器收到请求后，自动进行如下处理：（1）使用 IE 浏览器，访问用户指定的网页。（2）等待 IE 浏览器加载网页完成，对网页进行截图。（3）网页截图上传至阿里云存储。至此，网页保全过程完成。系统服务器采用中科院国家授时中心的标准时间记录下网页保全的时间，阿里云存储系统会记录下文件的上传时间，后期公证机构调取网页保全内容进行出证时，系统会对自身记录的保全时间和阿里云系统提供的上传时间进行对比，确保从保全到出证期间，存于阿里云系统的文件内容未遭更改。

或软件进行电子取证，使用盗版软件进行电子取证，使用甲设备或软件取证、使用乙设备或软件出具结论，等等，从而引起了电子证据形式合法性之争。我国还出现过少数极为特殊的合法性议题，如有的案件中电子证据的有关材料上明确声明了“不作证据”，那么在诉讼中使用该电子证据是否违法呢？回答这些问题都并不能一概而论，需要在具体语境中进行法律分析。

【案例 8－18】

芦×犯盗窃罪案①

2010 年 9 月至 11 月期间，芦×以非法牟利为目的，利用计算机非法侵入上海移动公司的“企业短信通”平台盗用客户的账号、密码，并通过上海移动公司的“企业短信通”平台帮助他人发布短信广告，造成上海移动公司损失五十余万元。上海市黄浦区人民法院认为，被告人芦×以非法牟利为目的，利用计算机非法侵入上海移动公司的“企业短信通”平台盗用客户的账号、密码，并通过上海移动公司的“企业短信通”平台帮助他人发布短信广告，造成该公司损失五十余万元，数额特别巨大，其行为已构成盗窃罪。

芦×不服，提起上诉。其上诉理由之一是，一审判决据以认定事实的证据存在问题。上海移动公司出具的“企业短信通”系统记录上标注着“仅供参考，不作证据”，表明上海移动公司认为该记录只能作为参考，没有证据效力，故应将此份证据予以排除。上海市第二中级人民法院经审理认为：由公安机关向上海移动公司调取的“企业短信通”系统记录，载明了 2010 年 9 月至 11 月间，上海蜂星公司等 6 家企业通过 61.191.52.45 的 IP 地址在“企业短信通”平台所群发的短信数量。该电子证据经过一审法院当庭出示、质证等法定调查程序查证属实，具备证据资格和证据效力，且与证人证言、芦×的供述等其他证据相互印证，一审法院将其作为定案证据合法有效。

三、程序合法性

程序合法性是指电子证据的收集程序和取证方法必须符合法律规定。《电子证据刑事规则》《电子证据民事规则》《互联网法院规则》《人民检察院办理网络犯罪案件规定》给各种取证措施设定的规则，都是程序合法性的应有之义。此外，一些

① 参见沈言、马惟菁、马良骥：《利用网络非法获取公司账号密码并群发短信广告构成盗窃罪——上海二中院裁定芦×盗窃案》，载《人民法院报》，2012－06－07。本案案号为（2011）黄浦刑初字第 3 号、（2012）沪二中刑终字第 71 号。

抽象的电子证据取证原则[①]（如及时性、全面性、完整性等），也是判断电子证据是否合法的标尺。

在刑事诉讼中，常见的争议包括：（1）侦查人员对域外服务器中的电子证据进行远程下载的；（2）违反《公安机关办理刑事案件电子数据取证规则》《公安机关办理刑事案件程序规定》《公安机关办理行政案件程序规定》《公安机关办理经济犯罪案件的若干规定》《公安机关刑事案件现场勘验检查规则》《公安机关鉴定规则》《计算机犯罪现场勘验与电子证据检查规则》《人民检察院办理网络犯罪案件规定》开展电子取证的；（3）违反《人民检察院电子证据鉴定程序规则（试行）》开展电子取证的；（4）未能严格遵循各种鉴定作业指导书、技术规范的；（5）侦查阶段取得的电子证据鉴定意见未向被告人宣读的；（6）侦查人员使用木马等"黑客"技术手段秘密地进行电子取证的；（7）侦查人员进行网上陷阱取证的；（8）侦查人员借助人肉搜索的；（9）侦查人员开展暗网取证的。

【案例 8－19】

张凯闵等五十二人犯电信网络诈骗罪案（续）[②]

北京市人民检察院第二分院提前介入该案后，审查认为现有证据足以证实张凯闵等人利用电信网络实施诈骗，重点审查了来自境外的犯罪证据是否具有合法性，要求公安机关补充相关手续和材料；对公安机关以"司法鉴定书"记录电子数据勘验过程的做法提出意见，要求将"司法鉴定书"转化为勘验笔录。之后，该院经审查认为，根据肯尼亚警方出具的"调查报告"、我国驻肯尼亚大使馆出具的"情况说明"以及公安机关出具的扣押决定书、扣押清单等，能够确定在境外获取的证据来源合法，移交过程真实、连贯、合法。

此案被起诉后，被告人及其辩护人未对电子证据的合法性提出辩解及辩护意见。

该案在电子证据合法性认定方面的指导意义在于："对在境外获取的实施犯罪的证据，一是要审查是否符合我国刑事诉讼法的相关规定，对能够证明案件事实且符合刑事诉讼法规定的，可以作为证据使用。二是对基于有关条约、司法互助协定、两岸司法互助协议或通过国际组织委托调取的证据，应注意审查相关办理程

① 2000年12月4日计算机证据国际组织在"八国集团首脑会议"上提出"电子取证六原则"：（1）在处理电子证据时，各种普遍性的法科学原则和程序原则必须得到遵守；（2）扣押电子证据时必须保证其不发生改变；（3）任何需要接触原始电子证据的人员必须经过专业的培训；（4）对电子证据进行扣押、接触、存储或转移的一切行为，都必须完整记录，并加以归档备查；（5）有关人员在保管电子证据时，对在其上所实施的一切操作负责；（6）任何负责扣押、接触、存储或转移电子证据的机构，均有责任落实上述原则。IOCE. G8 Proposed Principles For The Procedures Relating To Digital Evidence. http://www.ioce.org/core.php? ID=5.

② 参见最高人民检察院指导性案例（检例第67号）。

序、手续是否完备，取证程序和条件是否符合有关法律文件的规定。对不具有规定规范的，一般应当要求提供所在国公证机关证明，由所在国中央外交主管机关或其授权机关认证，并经我国驻该国使、领馆认证。三是对委托取得的境外证据，移交过程中应注意审查过程是否连续、手续是否齐全、交接物品是否完整、双方的交接清单记载的物品信息是否一致、交接清单与交接物品是否一一对应。四是对当事人及其辩护人、诉讼代理人提供的来自境外的证据材料，要审查其是否按照条约等相关规定办理了公证和认证，并经我国驻该国使、领馆认证。”

在民事、行政诉讼中，常见的争议包括：(1) 当事人通过秘密手段获取电子证据的；(2) 当事人进行网上陷阱取证的；(3) 用人单位搜查员工邮箱的；(4) 鉴定人未能严格遵循各种鉴定作业指导书、技术规范的；(5) 当事人通过网络搜索、人脸识别等技术手段取证的；(6) 当事人对境外网站公开信息进行下载取证，未进行境外公证、认证的。

【案例 8-20】

周某交通违章案①

2001 年 9 月 12 日海州市 A 区交通队依据安装在路口的电子监控设备（闯红灯自动监测器）拍摄的数码照片，认定周某 2000 年 8 月 31 日 14 时 53 分驾驶车号为海 B/900××的红色出租车在海景花园路口遇停止信号仍通过，对其进行了处罚。周某认为交通队作出的处罚决定证据不足，诉至法院，要求撤销处罚决定。庭审辩论中，双方当事人围绕本案争议的焦点即被告（交通队）认定原告交通违章的证据材料是否有效进行了辩论。原告认为电子监控设备拍摄的数码照片不能作为认定其闯红灯的证据。被告认为该照片的准确性及科学性不容置疑，能够作为认定交通违章行为的证据。法院经庭审质证后认为：被告提交的数码照片，是设置在路口的电子监控设备（闯红灯自动监测器）拍摄的。该设备运用现代科学技术手段，对路口的交通违章行为实行实时监控，对其拍摄的照片的科学性及准确性予以认可。被告提交的数码照片图像清晰、数据准确，能够证明车号为海 B/900××的红色出租车闯红灯的违法事实，依法予以采信。

该案曾经引起学界的热烈讨论——“电子警察”是不是警察？执法是否必须由执法者进行？该取证方式是否严重侵犯了公民权利？如何平衡公共安全与隐私权的价值？等等。2003 年 10 月 28 日《道路交通安全法》通过，特别对这一问题作了便宜性回应。其第 114 条规定：“公安机关交通管理部门根据交通技术监控记录资料，可以对违法的机动车所有人或者管理人依法予以处罚。对能够确定驾驶人的，可以

① 参见王洪岩：《交通违章自动监测器的证据问题——评周××诉朝阳交通支队机动队交通违章案》，载何家弘主编：《证据学论坛》，第 6 卷，482-486 页，北京，中国检察出版社，2003。

依照本法的规定依法予以处罚。”这使得关于交通执法使用信息化监控记录资料作为证据的合法性之争暂时平息下来。

第五节 电子证据的证明力规则

近代以来，各国基于司法理性的考虑一般实行自由心证的采信原则。这有两层含义：一是证据证明力的有无及大小由裁判者依靠良心和理性自由决定，二是裁判者要在对案件事实形成内心确信的基础上认定事实。然而，无论是司法工作人员还是普通陪审员，他们通常并无足够的专业知识或经验以径行采信电子证据。我国的“印证证明模式”理论可用于化解这一体制性障碍。

证据相互印证并非新理论。通常所说的“证据相互印证”，指的就是两个以上证据所包含的事实信息得到相互验证的状态。[①] 电子证据出现以后，印证证明规则可谓亟待嫁接“新枝”的“古树”。从司法惯性来看，电子证据通常也是通过证据组合的方式发挥作用。不同证据之间如果在细节上是吻合的，不存在无法合理解释的矛盾，那就足以采信。这是一种客观化的采信。

【案例 8-21】

张凯闵等五十二人犯电信网络诈骗罪案（续）[②]

北京市人民检察院第二分院提前介入该案后，审查认为现有证据足以证实张凯闵等人利用电信网络实施诈骗，但案件证据还存在以下证明力问题——“台湾地区警方提供的台湾地区犯罪嫌疑人出入境记录不完整，北京市公安局出入境管理总队出具的出入境记录与犯罪嫌疑人的供述等其他证据不尽一致，现有证据不能证实各犯罪嫌疑人参加诈骗犯罪组织的具体时间”。针对上述问题，北京市人民检察院第二分院于 2016 年 12 月 17 日、2017 年 3 月 7 日两次将案件退回公安机关补充侦查，并提出以下补充侦查意见——“调取各犯罪嫌疑人护照，由北京市公安局出入境管理总队结合护照，出具完整的出入境记录，补充讯问负责管理护照的犯罪嫌疑人，核实部分犯罪嫌疑人是否中途离开过诈骗窝点，以准确认定各犯罪嫌疑人参加犯罪组织的具体时间”。通过上述工作，全案证据得到进一步完善，最终形成补充侦查卷 21 册，为案件的审查和提起公诉奠定了坚实基础。

此案被起诉后，部分被告人及其辩护人对电子证据的证明力提出如下辩解及辩护意见：“被告人系犯罪组织雇佣的话务员，在本案中起次要和辅助作用，应认定

① 参见陈瑞华：《论证据相互印证规则》，载《法商研究》，2012（1），113 页。

② 参见最高人民检察院指导性案例（检例第 67 号）。

为从犯。”公诉人作出如下回应：“在案证据能够证实二线、三线话务员不仅实施了冒充警察、检察官接听、拨打电话的行为，还在犯罪集团中承担了组织管理工作，在共同犯罪中起主要作用，应认定为主犯。对从事一线接听、拨打诈骗电话的被告人，已作区别对待。该犯罪集团在印度尼西亚和肯尼亚先后设立3个窝点，参加过2个以上窝点犯罪的一线人员属于积极参加犯罪，在犯罪中起主要作用，应认定为主犯；仅参加其中一个窝点犯罪的一线人员，参与时间相对较短，实际获利较少，可认定为从犯。”

该案在电子证据证明力认定方面，作出了通过补充证据补强印证的良好示范。

一、物理空间相印证

同传统的证据体系相比，电子证据的体系具有自身的特点，即它可以分为物理空间的证据体系与虚拟空间的证据体系两种。物理空间的证据体系是由若干份电子证据与传统证据相印证，构成一个虚拟空间与物理空间相结合的证据锁链。这种体系同传统的证据体系几乎是一致的。

譬如，如果司法工作人员从嫌疑人的电脑中收集到了涉案的电子邮件，同时获取了相关的物证、书证、证人证言、口供、被害人陈述、视听资料或鉴定意见等，且上述证据之间相互印证，不存在无法合理解释的矛盾，那么这些证据就共同构成了定案的证据体系。这个证据体系同传统的证据印证体系相比没有什么实质性的不同。不妨称之为第一层证明体系（参见图8-2）。

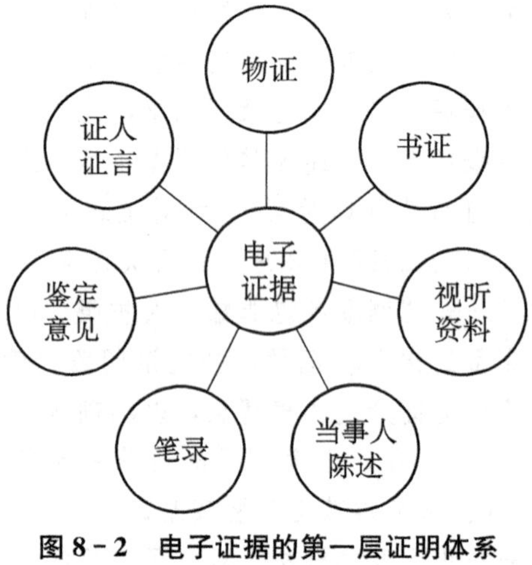

图8-2　电子证据的第一层证明体系

不难看出，电子证据的这一层证明体系是外省性的。从数量上看，这一体系的构成需要两份以上的证据（其一是电子证据）；从质量上看，这一体系的构成需要有关证据之间具有印证性或一致性。如果一份证据仅仅是在解释另一份证据，或者证据之间不能相互支持，那么还不能构成证明体系。例如，民事诉讼中当事人向法庭提交了一份电子邮件，他又以当庭陈述的方式讲述了这一份电子邮件是如何产生的，那么一般还不足以认定有关邮件内容的案件事实。当然，假如这一份电子邮件是对该当事人不利的，则另当别论。

【案例 8－22】

董×与吴×外观设计专利权无效行政纠纷申请再审案[①]

董×因不服北京市高级人民法院（2014）高行终字第1408号行政判决[②]，向最高人民法院申请再审。董×申请再审的理由之一是：一、二审法院依据吴×提交的附件1浙江省金华市正信公证处（2012）浙金正证民字第2461号公证书第7页显示的图片及图片下方发布时间，径直认定该图片于2010年8月16日发布，违背论坛类网站广告图片具有编辑或修改可能性的技术常识，认定事实错误。在论坛类网站上，类似于对图片进行替换式修改而保留原来文字的编辑在技术上可以现实，图片发布者是否存在编辑或修改权限取决于网站经营者对发布者修改权限的设置。附件2“世界工厂网”运营者上海西芝信息技术有限公司复函指出，图片创建时间是指用户上传到网站服务器时间，图片创建后是否对外发布由用户自行决定。创建时间不等于发布时间，图片是否需要发布、何时发布取决于实际经营需要，受到特定用户控制。附件1不能证明该网页首次生成时的具体内容。吴×提交意见称：（1）附件1与附件2结合，可以证明涉案外观设计在专利申请日之前已经被公开。证据1系与吴×无利害关系的网络交易平台公证书，吴×作为网络用户根本不可能修改网站

① 参见最高人民法院（2015）知行字第61号行政裁定书。

② 本案之前经历过专利复审、行政一审、行政二审。其中，专利复审委员会第20444号决定中认为：“世界工厂网”是经营性网站，由有限责任公司运营。互联网中的网页信息具有可编辑性，现有的证据既不能证明上述公证书中下载的网页首次生成时具有的内容，也不能排除该网页在被下载之前已经经过修改的可能性。因此，不足以证明吴×指认的图片在本专利申请日之前公开发布的事实。北京市第一中级人民法院一审认为：“世界工厂网”系案外人经营的网站，该网站为他人提供信息发布空间服务。虽然该网站的信息由企业自行发布，但网站上载明的发布信息的时间在通常情况下由计算机服务器自动生成，信息发布人难以对该发布时间进行更改。在没有证据证明该发布时间系由发布信息的企业随意选取以及发布信息的企业容易对该网站上载明的发布时间进行修改的情况下，专利复审委员会以互联网中的网页信息具有可编辑性为由，认定现有的证据不能证明附件1中下载的网页首次生成时具有的内容，也不能排除该网页在被下载之前已经经过修改的可能性，附件1和附件2不足以证明吴×指认的图片在本专利申请日前公开发布缺乏事实依据。北京市高级人民法院二审认为：根据优势证据采信规则，可以认定上述图片在网站上创建的时间即为向社会公众公开的时间，因此，综合吴×提供的图片形成、存储、传送的情况，附件1、3足以证明本专利在申请日前已经被公开，吴×作为无效请求人向专利复审委员会提交了附件1、3，其已经完成初步举证责任，董×主张附件1、3被修改、编辑，应由董×应承担相应的举证责任，不宜由专利复审委员会依职权进行认定，而本案中专利复审委员会在董×未提供反证的情况下径直认定互联网中的网页信息具有可编辑性，在案证据既不能证明公证书中下载的网页首次生成时具有的内容，也不能排除上述网页在被下载之前已经经过修改的可能性，该种认定证据的方式显然已经偏离了居中裁判的角色定位。

上图片的发布时间。图片的发布时间均是系统自动生成的，存于网站官方数据库，网站用户根本无法修改。作为“世界工厂网”的注册用户，其可以修改已经发布的图片，但是修改以后图片的显示时间是最后一次修改时间。“世界工厂网”是专业电子商务平台，国内有超过50万家实体生产厂家和600多万家贸易商加入该网站。作为如此具有影响力和公信力的网站，其网站数据必然具有很高的可信度。相比“世界工厂网”，吴×根本没有任何能力可以篡改网站上的数据信息。(2) 附件3表明，通过普通公众身份与注册用户身份进入阿里巴巴网站，均能看到同一图片，且该图片的发布时间早于本案专利申请日，足以证明本案专利在申请日之前已经被公开。

最高人民法院经审查认为：在审查判断以公证书形式固定的互联网网站网页发布时间的真实性与证明力时，应综合考虑相关公证书的制作过程、该网页及其发布时间的形成过程，管理该网页的网站资质和信用状况、经营管理状况、所采用的技术手段等相关因素，结合案件其他证据，对该公证书及所附网页发布时间的真实性和证明力作出明确判断。在审查证据的基础上，如果确信现有证据能够证明待证事实的存在具有高度可能性，对方当事人对相应证据的质疑或者提供的反证不足以实质削弱相关证据的证明力，不能影响相关证据的证明力达到高度盖然性的证明标准的，应该认定待证事实存在。本案中，附件1即第2461号公证书显示，以非注册的普通用户身份登录“世界工厂网”，可以看到第7页显示的烫钻模具图片发布时间为2010年8月16日，第10页显示的烫钻模具图片发布时间为2010年3月8日，均早于本案专利申请日（2010年9月7日）。“世界工厂网”系规模较大、知名度较高的电子商务平台，具有较高的信用和较好的管理手段。在此情况下，除非存在人为删改的情况，该网站上网页图片显示的发布时间与其真实的发布时间通常一致。董×提交了第15901号公证书作为反证，欲证明“世界工厂网”存在发布者对图片进行替换式修改的可能，且修改后网页的发布时间一栏未发生变化。但是，第15901号公证书显示，当“世界工厂网”注册用户替换相关图片后，图片的状态栏显示为“已重发”，而附件1即第2461号公证书第7页和第10页的图片并未显示重发的迹象。同时，第15901号公证书显示的公证行为发生时，“世界工厂网”已经改版，难以反映附件1即第2461号公证书显示的公证行为发生时“世界工厂网”的实际状态。因此，董×提交的第15901号公证书并未实质性削弱附件1的证明力。在附件1公证书及所附网页发布时间的真实性和证明力可以得到确信，而董×提交的第15901号公证书并未实质性削弱附件1证明力的情况下，一、二审法院认定附件1以公证书形式固定的互联网网站图片在本案专利申请日前已经公开，并无不当。董×关于一、二审判决认定事实及适用优势证据规则错误的再审申请理由不能成立。

该案的裁判要旨是：判断以公证书形式固定的互联网网站网页发布时间的真实性与证明力时，应综合考虑相关公证书的制作过程、该网页及其发布时间的形成过程，管理该网页的网站资质和信用状况、经营管理状况、所采用的技术手段等相关因素，结合案件其他证据，对该公证书及所附网页发布时间的真实性和证明力作出明确判断。在审查证据的基础上，如果确信现有证据能够证明待证事实的存在具有高度可能性，对方当事人对相应证据的质疑或者提供的反证不足以实质削弱相关证据的证明力，不能影响相关证据的证明力达到高度盖然性的证明标准的，应该认定待证事实存在。

二、虚拟空间相印证

虚拟空间的证据体系是由若干份电子证据相印证，构成一个虚拟空间中的证据锁链。根据所蕴含的内容和所起的作用不同，电子证据可分为数据电文证据、附属信息证据和关联痕迹证据。根据所处环境的不同，电子证据可以分为单机电子证据和网络电子证据。将这两种分类结合起来，就不难发现虚拟空间的证据体系大体上包括网络空间的证据体系与单机空间的证据体系两种。

（一）网络空间的证据体系

网络空间是同单机空间相对应的概念。后者是由单一的电子设备组成的系统，其特点是电子系统不向外界开放；前者则是由多台电子设备组成的系统，这些电子设备相对独立，通过共同组成的网络相互传递信息。国际互联网是当今最大的网络，在这个空间中各台电子设备可以被视为不同的节点，同一个案件行为会在不同的节点留下相关的电子证据。手机网、通信网也是如此。假如司法工作人员从不同节点获取了电子证据，并且它们相互印证，那就构成了虚拟空间的第一种证据体系。这是一个涉及网络空间电子证据的印证体系，不妨称之为第二层证明体系。

电子证据的第二层证明体系具有如下特点：（1）电子证据分散在网络的不同节点；（2）所有电子证据均是同一次案件行为产生的，但属于不同计算机系统运算的产物；（3）用于印证的电子证据主要是从两个以上节点获取到的数据电文证据，它们在内容上是一致的，呈现前后对应的关系；（4）从不同节点中获取的附属信息证据、关联痕迹证据起辅助印证作用，特别是能够证明数据电文证据的形成过程。

【案例 8－23】

赵×、昱为公司与天智未来公司侵害实用新型专利权纠纷案①

天智未来公司不服广东省深圳市中级人民法院（2012）深中法知民初字第 1254 号民事判决，向广东省高级人民法院提起上诉。天智未来公司的上诉理由之一是：

① 参见广东省高级人民法院（2014）粤高法民三终字第 537 号民事判决书。

被诉侵权产品实施的是现有技术。本案专利于2011年12月7日授权，但是在本案专利授权之前，案外人深圳市哈里通实业有限公司的mili牌便携式手机投影仪于2010年1月在美国全球消费电子展CES上发布，并于同年4月在香港电子展上公开展开。该产品已经披露了本案专利的技术特征，被诉侵权产品实施的正是该项现有技术。天智未来公司在二审诉讼中还提交了下列两项证据：(1) 在百度上搜索“mili牌全球首款折叠式便携投影仪”，进入国内苹果产品评测及互动垂直网站“威锋网”(feng. com)。在该网站“论坛”栏目，有网络用户于2010年2月25日发布了mili牌全球首款折叠式便携投影仪的产品信息，并披露了该款产品的结构及各部件功能。(2) 在“优酷网”中“科技频道”的“科技列表”项下“手机”类产品中，有一段视频展示了在2010年美国拉斯维加斯“全球消费电子展”CES上mili牌产品的工作人员在现场演示“mili牌全球首款折叠式便携投影仪”，视频中工作人员详细展示了该产品的结构及各部件功能。天智未来公司想以此证明被控侵权产品系使用“mili牌全球首款折叠式便携投影仪”的技术制造。对此，赵×、昱为公司答辩称：天智未来公司提供的现有技术抗辩的证据来源于互联网，网站信息存在虚拟性，因此该证据不具备真实性。

本案二审期间确定的争议焦点之一是：本案被控侵权产品是否使用了现有技术，因而不构成侵犯本案实用新型专利权。法院经审理认为，天智未来公司提交两份网络证据以证明其使用的是公知技术。其中一份是在中国“威锋网”(feng. com)“论坛”栏目中，由网络用户于2010年2月25日发布的折叠式便携投影仪产品信息，该信息以图文形式披露了该款产品的全部结构及各部件功能。另一份是2010年美国拉斯维加斯“全球消费电子展”CES上mili牌产品的工作人员现场演示“mili牌全球首款折叠式便携投影仪”的视频，在视频中工作人员手持“mili牌全球首款折叠式便携投影仪”，一边指示该款产品结构和各部件位置，一边口头介绍各部件功能。两份证据对产品的品牌、型号、制造商、技术构造均有翔实展示，且互相印证，足以证明在2010年该款产品已经在国外上市销售，并由国内外公众所知悉。赵×、昱为公司仅以天智未来公司提供的现有技术抗辩的证据来源于互联网、网站信息存在虚拟性为由，不确认该证据的真实性，却没有提交任何相反的否定证据。该答辩理由显然不符合目前互联网技术和互联网经济的发展状况下，相关产品信息经常通过网络进行传播并被公众公知的现实情况。

（二）单机空间的证据体系

在信息技术迅猛发展的今天，台式机、笔记本电脑、平板电脑、数码相机、摄像机、手机等电子设备正在加速实现更新换代，合理界定“单机”这一概念并非易事。不过，从技术原理来讲，电子设备就是指由硬件和软件组成，能够应用电子技术发挥作用的设备。它的核心部件是运算装置、存储装置以及显示装置等，具备了这些基本构件并能够进行自动化处理，就可被称为单机。在单机的存储装置所留下的各种类型的电子证据能否相互印证，涉及评断单机的证据体系问题。

以单一的计算机系统为例：涉案的计算机文件一般是由其中的应用软件系统所产生的，如 Word 文档、Excel 文档、PDF 文档、图片文件、电子邮件等，它们往往以数据电文证据的形式被用于定案。此外，产生数据电文证据的应用软件系统也会同步产生一些附属信息证据，如文档的创建时间、修改时间、访问时间、保存者、类型、格式等。产生数据电文证据所基于的操作软件系统、文档存储系统还会同步产生关联痕迹，如 Windows 系统的日志文件、休眠文件、页面文件、删除指针或数据存储规律等，它们是附随案件行为的电子痕迹，乃至痕迹的痕迹，即关联痕迹证据。数据电文证据、附属信息证据、关联痕迹证据是由不同的软件系统或者存储系统产生的，有的附属信息证据和关联痕迹证据是不可能伪造或极难伪造的，因此可以根据它们之间的印证来认定某一案件事实。换言之，只要从一台单机的应用系统、操作系统和存储系统中找到两处以上的电子证据，特别是找到在技术上讲不可能伪造或极难伪造的电子证据，且它们相互印证，就可以定案。

这是电子证据的第三层证明体系。这个证明体系具有如下特点：(1) 电子证据分散在单机的操作系统层、应用系统层、数据存储层；(2) 所有电子证据均是同一次案件行为产生的，但属于同一计算机系统运算的产物；(3) 用于印证的电子证据主要是从操作系统层、应用系统层、数据存储层之三层获取到的数据电文证据、附属信息证据、关联痕迹证据，它们能够揭示电子证据的形成过程。从这个意义上讲，依靠单机的电子证据定案的关键在于“重建”单机空间的案件事实。

此外，如果单机空间存在若干独立的行为，且均产生了相互独立的电子证据，则也可以据此搭建一种印证体系。如果这些相互独立的证据在内容上相印证，在形式上也是吻合的，则也可以作出肯定证据效力的判断。

【案例 8-24】

陈××与黄××民间借贷纠纷案①

陈××与黄××系朋友关系。2017 年 4 月份，黄××因做生意需资金周转，向陈××借款 10 万元，约定一周后归还。2017 年 7 月 17 日及 2017 年 7 月 26 日，黄××通过银行转账两次分别向陈××转账还款 2 万元，共计还款 4 万元。后陈××多次向黄××催要剩余借款。2018 年 8 月 1 日 10：53，黄××微信陈××道：“借条：今有黄××借到陈××现金人民币（陆万元整）本人承诺 10 月份归还。借款人：黄××。2018 年 8 月 1 日。”因到期黄××仍未还款，陈××遂于 2018 年 11 月 22 日提起诉讼。

法院经审理认为：陈××要求黄××归还借款的诉请，提供了其向黄××转账的银行交易明细、双方微信聊天截图以及黄××向陈××转账的银行交易明细佐

① 参见江西省宜黄县人民法院（2018）赣 1026 民初 703 号民事判决书。

证。而黄××与陈××的聊天记录中清楚地写到黄××尚欠陈××借款6万元。本案黄××虽未出具纸质借条，但电子数据亦是证据，陈××的证据能互相印证。故对于双方之间6万元的借贷事实，予以确认。

拓展阅读

1. 龙宗智．寻求有效取证与保证权利的平衡——评“两高一部”电子数据证据规定．法学，2016（11）．

2. 刘品新．电子证据的关联性．法学研究，2016（6）．

3. 刘品新．论大数据证据．环球法律评论，2019（1）．

4. 刘品新．论电子证据的理性真实观．法商研究，2018（4）．

5. 刘品新．电子证据的鉴真问题：基于快播案的反思．中外法学，2017（1）．

6. 梁坤．跨境远程电子取证制度之重塑．环球法律评论，2019（2）．

课后思考

1. 阐述我国三大诉讼法中将电子证据单列的理论依据、现实价值与表述差异。

2. 试述电子证据的完整性同鉴真规则、真实性规则、关联性规则、最佳证据规则的关系。

3. 研读印度的如下两起案例，分析印度在满足电子证据可采性方面使用的强制性证书（mandatory certification）标准有何特色？它同加拿大法律所使用的传统“正常业务记录”（ordinary course of business）标准、创新的“系统完整性”（system integrity）标准有何优劣？这三个标准对中国有何借鉴意义？

（1）Anvar PV v. PK Basheer（2014）10 SCC 473；

（2）State（NCT of Delhi）v. Navjot Sandhu（2005）11 SCC 600.

4. 结合欧盟制定《电子证据条例》的动态，论述我国如何建立以网络空间主权为原则的电子证据跨境取证制度。

5. 结合互联网法院在我国的实践，论述我国电子证据法律制度的新发展与新挑战。

6. 研读最高人民检察院2021年《人民检察院办理网络犯罪案件规定》第三章“电子数据的审查”部分，阐述该规则相比既往规则有何实质进步之处，并论述其该如何落地。

第九章

网络空间刑事管辖制度

当前国际法上存在着三个被称为“国际空间”的地域：南极洲、太空和公海。从管辖的角度来看，网络空间应当被视为第四个国际空间。

——［美］达雷尔·门特

【关键词】管辖权　司法管辖权　协议管辖　抽象越境　网络自治论　虚拟存在论　特定存在论　全球统一协调论　网址管辖论　“最低联系”标准　沾边即管论　网络空间主权论　立法管辖　侦查管辖　审判管辖

【案例 9-1】

香港“艳照门”波及内地的连锁反应

2008年1月28日，香港高登讨论区（HKgolden.com）惊现两张疑似影视明星陈冠希与钟欣桐（阿娇）、陈文媛之间的不雅照片。随后几日，不断有更为不雅的裸照上传，而且涉及的女明星多达二十余人。香港警方在第一时间介入调查，并陆续拘捕多名嫌疑犯。经初步调查认定，事件的起因是陈冠希将笔记本电脑送到香港中环一家电脑店维修时，店员取出逾千张照片制作成光碟，发放给朋友及其他人士观赏。但随后不久，一名自称为“奇拿”（Kira）的神秘人又在大年夜贴出逾200张的新一批不雅照片，淫秽程度更不堪。2月9日，神秘人再发两百多张照片。此后，神秘人移师北美，利用美国及其他国家的服务器继续发布不雅照片，使香港警方一时束手无策。香港“艳照门”事件的始作俑者虽在香港、北美，但罪行辐射包括内地在内的许多地方。其中，有些人的间接传递不雅照片的行为本来就在内地，可能已经触犯了传播淫秽物品罪等罪名。但据媒体报道，香港警察对此案启动了刑事调查；内地并没有任何地方的警察启动立案侦查，个别警员在接受采访时善意地提醒网民，“那些艳照连看都不要看”，“只要认定是淫秽色情图片，尽量不要动，浏览、复制、粘贴、下载、传播等行为都是违法的”。那么，内地的司法机关对此案是否享有管辖权？其他国家或地区的司法机关是否享有管辖权？

第一节　网络空间刑事管辖制度概览

一、网络空间刑事管辖的含义

（一）管辖权的体系内涵

现代管辖权制度的内涵丰富。所谓管辖权是指一国法律机关处理案件的权限，存在广、狭义之分。从广义上讲，它包括立法管辖权、执行管辖权和司法管辖权。简言之，立法管辖权指向一国是否具有规制某种行为的立法权；执行管辖权指向一国针对某种行为有无执行本国法律的管辖权；司法管辖权，即一旦纠纷发生之后，哪些法院或者其他司法机关具有管辖权。它们三者之间具有密切的联系。狭义的管辖权仅指司法管辖权。案例 9-2 集中体现了网络空间及其纠纷解决对现行管辖制度的、可纳入不同层面考察的冲击，其中核心问题还是面向解决网络纠纷的司法管辖权。

【案例 9-2】

雅虎公司网拍纳粹纪念物品案

2000 年年初，美国雅虎公司开始在其网站上拍卖纳粹纪念物品。这样，法国的网民也可以通过互联网到该站点上浏览、购买纳粹纪念物品。法国国民认为雅虎公司有宣传纳粹思想的嫌疑，于是巴黎国际反种族主义、反反犹太主义联盟和法国犹太学生联合会等对雅虎公司提起诉讼。5 月，法院任命的一个专家小组提出初步审理意见，责令雅虎公司在适当地方放置过滤器系统。雅虎公司应对进入其拍卖纳粹纪念物品的网址设置三道门槛：一是 IP 地址，二是多达 10 个关键词的取词模块，三是地理方位的自动识别系统。这些技术上的要求是专家小组建议的结果，专家小组证实了以上技术的可行性。雅虎公司有 3 个月的时间来实施这套技术系统，如果超期，它将被处以每天 10 万法郎的罚款。但雅虎公司以技术上无法解决并且法国法院对美国公司没有管辖权为由，拒不执行法院裁定。11 月，法国法院作出最终裁定，驳回了雅虎公司提出的法国法院对雅虎公司没有管辖权的主张，责令雅虎公司想尽办法阻止法国用户访问拍卖纳粹纪念物品的站点。此后，雅虎公司在美国圣何塞市的北加州联邦地方法院起诉，要求法院作出宣告性判决，确定法国法院对位于美国的雅虎公司没有管辖权。

在这一起著名的案件中，最具有争议性的问题不是技术上的问题，而是法国法院是否有权对美国公司行使管辖权的问题。换言之，一国法院是否能够对国外的互联网公司行使管辖权。其中既关涉立法管辖权，也关涉执行管辖权，还关涉司法管辖权，而司法管辖权是重点。

对司法管辖权可以依照不同的标准进行分类。以调整范围为标准，它可分为国内法管辖权和国际法管辖权，分别指向网络犯罪及相关案件的国内与国际管辖问题；以诉讼性质为标准，它可分为民事管辖权与刑事管辖权等①；以诉讼管辖是基于当事人的身份还是基于纠纷发生地或者物之所在地为标准，它可分为属人管辖权和属地管辖权；以是否由法律强制规定为标准，它可分为法定管辖权、指定管辖权和协议管辖权；以是否具有强制性为标准，它可分为专属管辖权和任意管辖权；以诉讼关系为标准，它可分为共同管辖权与合并管辖权；等等。

在当今世界，各国的管辖权制度并不完全一致，一国内部的刑事与民事管辖权制度往往也不相同，但司法管辖权的基础是基本上统一的。这一基础大致可以分为两大类：一是有关人的被动隶属的因素，如住所、居所和国籍等；二是有关人的主动行为的因素，如财产所在地、行为发生地、行为结果地等。这两者存在着密切的联系，区别主要在于人与地域之间的关系是主动还是被动的、是直接还是间接的。本章重点对网络空间刑事管辖制度展开讨论，后一章将在此基础上对网络空间民事管辖制度进行补充展开。

仅就刑事管辖权而言，它又可以依据行使权力的阶段或机关划分为侦查管辖权与审判管辖权。前者是应否启动侦查的权限，后者是能否开展审判的权限。传统上，我国基于司法主权思想确立了如下主要原则：(1) 属地管辖原则，即以犯罪案件与有关国家或司法机关的地域联系作为确定管辖权的标准；(2) 属人管辖原则，即以被指控之人、证人等同有关国家或司法机关的联系作为确定管辖权的标准；(3) 保护管辖原则，即本国人或外国人在国外的犯罪行为侵犯了本国国家利益或者本国公民的权益的，由本国司法机关适用本国刑法进行管辖；(4) 普遍管辖原则，即被控犯罪之人所犯罪行被认为是危害全人类且罪行极为严重的，有关国家可以根据缔结或者参加的国际条约，由其司法机关可以对该人行使刑事管辖权。此外，“现代国际管辖权制度受到主权平等和主权豁免的限制，从而存在管辖豁免的例外情形”②。这些内容代表了一些国家的共识，它们是本章各节中梳理、处理网络空间刑事管辖实践争议的基本标尺。

（二）网络空间刑事管辖的基本内涵与挑战

网络空间刑事管辖指的是一国对网络空间刑事案件的立法管辖、执行管辖和司

① 从世界范围来看，行政管辖权在部分国家被单列出来，在部分国家被纳入民事管辖权之列。为行文便利，本章不对行政管辖权进行专门论述。关于网络空间行政管辖权的问题，可以参照下章关于网络空间民事管辖制度的相关论述。

② 周鲠生：《国际法》，190－196页，武汉，武汉大学出版社，2007。

法管辖。其针对的对象既可能是典型的网络犯罪，也可能是涉及网络空间的传统犯罪（即一般理解的“涉外犯罪”）；其涉及的内容既可能是国与国之间如何处理网络空间刑事案件的管辖权冲突问题，也可能是一国的司法机关等权力部门之间如何依法处理网络空间刑事案件的权责分工问题。

完成这一任务，离不开国际与国内两个面向的考量。从国际刑法理论来看，刑事管辖权体现在空间范围上，可以分为领陆、领水、领空以及浮动领土四种空间的管辖权。而网络空间似乎与上述空间均不一致，那是否构成处于这四种空间之外的“第五空间”，就成为一个极富争议的前沿问题。从国内刑事司法实践来看，网络空间的犯罪案件管辖界限越来越大，多数司法机关存在着不敢管、不愿管的传统消极倾向，也有少数司法机关出现了“趋利性单方面跨区域执法”① 的新问题。无论是前述哪一个面向的考量，均需要梳理网络空间刑事管辖的具体挑战或障碍。下面侧重于从国际管辖权的角度展开论述。

1. 源于网络空间犯罪地确定方面的障碍

犯罪地是确定行使管辖权的重要依据，然而，如何正确认定犯罪地是一个争议激烈的问题。以纯正的网络犯罪（如破坏计算机信息系统罪）为例：它没有传统意义上的犯罪现场；在世界上的任何地方，从网络上的任何一个节点进入网络，都可能对网络上的其他任何一个节点上的计算机系统进行破坏行为。在这种犯罪中，究竟哪里算作是犯罪现场呢？许多专家学者认为，网络犯罪的现场应该是从犯罪人作案使用的计算机开始，一直到受害人的计算机，加上中间途经的所有站点的计算机所形成的一个网络。这样一个由犯罪人的计算机、受害人的计算机和途经的一系列站点汇集而成的计算机犯罪现场，是一个抽象的、不可见的、潜在性的现场。实际上它是一个存在于数字空间的犯罪现场。由此可见，确认网络犯罪的行为地或结果地是一个艰巨的任务。

即便仅就网络犯罪的数据存储地点而言，具体落地也是一个难题。当下的数据可以不存储于一个单一的电子设备中，而可以分散的形式存在。假如不法分子使用网络在线存储（即云存储）方式，那就意味着犯罪的数据被存放在通常由第三方托管的多台虚拟服务器而非专属的服务器上。这时就难以依照网络服务器所在地等标准明确犯罪地。其实，即便允许将网络服务器所在地等视为犯罪地，那也会带来管辖方面的困难，因为实践中不法分子通常会将犯罪数据存储于境外的网络服务器上，以规避有关国家的司法打击。这样一来，“将网络服务器所在地等视为犯罪地”就成为不法分子逃避犯罪追究的“避风港”。

实践中另有一种做法与之截然相反，那就是将网络空间犯罪地理解为上网地或可以访问网址的地点。这又会导致网络空间犯罪地“遍在化”的倾向，也就是说，

① https://www.mps.gov.cn/n2254314/n2254315/n2254317/n5846812/n7613311/c7616481/content.html，最后访问日期：2021-01-04。

世界上任何角落都可以被理解为网络空间犯罪地。依此确定管辖权的有无，则会出现“恣意扩张刑罚权”“建立网络殖民地”的可能。① 我国有学者批评了这一种观点，并列举了德国的下述案件进行了反思，提醒由此可能引发的法律霸权主义和文化帝国主义。前者是指“可能会通过压缩他国主权而无限扩大本国主权”，后者是指“可能会无视文化的多元性而强迫对方接受自己的价值观念，从而走向文化帝国主义”。

【案例 9－3】

澳大利亚人 A 犯煽动罪案②

A 于 1944 年在德国出生，1954 年移民澳大利亚，成为澳大利亚公民。A 在德国完成教育后返回澳大利亚任教，自 1992 年开始密集研究纳粹屠杀。他利用澳大利亚服务器寄发群组信件及发表网络公开文章，主张不同意见，其中有的文章以学术研究之名否认德国在纳粹统治时期曾屠杀犹太人，认为是某些犹太分子杜撰屠杀一事，以博取金援及遂行诋毁德国人的策略。德国联邦最高法院认为，“只要在国内发生法益之损害或危险，而避免此结果正是相关刑法条文的目的者，即可适用德国刑法，即使行为是在外国进行亦同”，最终依属地原则对该案适用了德国刑法，认定 A 犯煽动罪。

虽然该案早已尘埃落定，但这一刑法适用所引发的网络殖民地沦陷危险值得反思和警惕。具体而言，网络空间对以属地管辖为原则的刑法适用的冲击具体表现在法律霸权主义和文化帝国主义两个方面。③

近年来暗网被广泛运用于犯罪，进一步加剧了源于网络空间犯罪地确定方面的障碍。所谓暗网，简言之，是指隐藏的网络，同 Internet 等明网相对应。人们往往无法通过常规手段搜索访问，需要使用一些特定的软件（如 tor 浏览器）、配置等才能登录暗网。暗网由于具有与生俱来的隐匿特性，现在被不法分子广泛运用于涉及贩卖毒品，传播色情、恐怖、非法信息，侵害公民个人信息、泄露国家秘密、私售非法禁售物品等的犯罪行为。迄今为止，人们无法判断暗网犯罪的服务器在哪里，

① 参见刘艳红：《论刑法的网络空间效力》，载《中国法学》，2018（3），92 页。

② 参见［德］赫尔穆特·查致格：《国际刑法与欧洲刑法》，王士帆译，49 页以下，北京，北京大学出版社，2017。转引自刘艳红：《论刑法的网络空间效力》，载《中国法学》2018 年第 3 期，第 92 页。刘艳红指出，德国联邦最高法院的裁判要旨引发的第一个问题是，“假如网络言论内容能实现德国犯罪构成要件，而在德国的网络用户均可在线浏览，此时是否形成与德国法秩序充分联系的刑法适用法因素，据此可认定适用德国刑法？答案如为肯定，后果将是全球网络所有内容皆可适用德国刑法，因为在德国上网浏览这些信息，向来不成问题。”德国联邦最高法院的裁判结果引发的第二个问题是，“澳大利亚刑法对‘否认奥斯维辛集中营’行为亦不处罚”，而德国刑法的适用可能意味着澳大利亚在某种程度上必须接受德国的法律观。换言之，本国应以什么标准来审查外国允许的行为？难以回答。

③ 参见梁坤：《基于数据主权的国家刑事取证管辖模式》，载《法学研究》，2019（2），192 页。

更难以判断涉案数据经过了哪些节点、数据存储于何地，因而难以判断犯罪地点。

【案例 9-4】

董某澜犯贩卖毒品罪案①

2019 年 8 月，为了贩卖毒品牟利，董某澜在湖北省武汉市暂住地，通过 VPN 软件和境外专用浏览器登录“暗网”网站获取毒品交易信息，使用境外即时通讯工具 Telegram 软件与卖家进一步联系交易。董某澜与境外贩毒人员商定购买 500 克甲基苯丙胺（冰毒），以比特币（BTC）支付等方式预付部分毒资人民币 5 万元，要求卖家将毒品寄到重庆市黔江区的一个快递代收点。得知卖家已将毒品从云南寄出后，董某澜于同年 8 月 29 日从湖北省武汉市乘坐火车至重庆市黔江区，住宿在当地网友家中。8 月 30 日下午，董某澜在黔江区城东街道光明隧道附近取得装有毒品的快递包裹。后董某澜被黔江区公安局民警抓获。经拆封检查，公安机关从包裹中的女士高跟鞋鞋底内查获甲基苯丙胺 13 包（净重 510.02 克）、甲基苯丙胺片剂 1 包（净重 1.32 克）。

该案中，检察机关对董某澜手机中软件安装使用情况、快递收货电话、通话记录、乘车车票、行动轨迹等客观证据进行审查，前述证据与被告人供述、证人证言等相互印证，形成证据锁链，足以认定董某澜通过“暗网”购买冰毒并欲贩卖的犯罪事实。

2020 年 1 月 9 日，重庆市人民检察院第四分院以贩卖毒品罪对董某澜提起公诉。1 月 21 日，重庆市第四中级人民法院作出一审判决，以贩卖毒品罪判处被告人董某澜有期徒刑 15 年，并处没收个人财产人民币 2 万元。

2. 源于行为人守法义务方面的障碍

网络刑事纠纷的管辖还涉及涉外犯罪的问题。一般而言，涉外刑事管辖权的行使会涉及国家主权。各国对于侵害国家利益、社会和本国公民合法权益的问题，都会积极主张行使管辖权。原则上，各国对犯罪行为管辖权的主张，不会因犯罪人有无使用网络而有所区别。但是，网络环境是无限开放的，由此又会提出一个新问题：对于因特网所触及的所有国家和地区的法律规范，是否所有网络行为人均要遵守呢？

① 2021 年 1 月 25 日最高人民检察院发布《充分发挥检察职能 推进网络空间治理典型案例》，参见 https://www.spp.gov.cn/spp/xwfbh/wsfbh/202101/t20210125_507452.shtml。最高人民检察院指出，该案的典型意义在于：“暗网”滋生大量违法犯罪，加强严格管控。“暗网”通过专门浏览器和特定配置才能访问，其中存在着大量毒品、枪支、人体器官、淫秽物品等信息，是违法交易的集中平台，危害性极大。“暗网”交易大量使用虚拟货币支付以避开监管，数据流转层层加密，匿名程度很高，容易成为违法犯罪的“避风港”。打击治理“暗网”违法犯罪活动，需要强化源头管控，尤其加强对 VPN 软件和非法浏览器交易、使用的监管，防止被用于非法活动，切断网络犯罪的信息流和接触通道。

从理论上讲，答案显然是否定的，因为若各主权国家采取无限管辖的原则，则所有处于网络环境中的犯罪将变成各国均享有普遍管辖权的全球犯罪。这必然会对传统意义上的国家司法主权形成巨大的冲击和影响。而从实践来看，如何确定本国司法机关对网络环境中的犯罪行为及犯罪人的管辖权没有那么简单。特别是对于有的犯罪人以不同法域之间的差异为屏障，在甲国设立服务器开设网站针对乙国进行辐射影响力的犯罪（如有人在美国开设针对中国的简体中文色情网站，在美国拉斯维加斯开设针对中国的简体中文赌博网站），甲乙两国如何处理管辖权就变得很棘手。

3. 源于“抽象”越境方面的管辖障碍

在认定某一网络犯罪是否属于“抽象”越境的问题上，也会遇到特殊的困难。所谓“抽象”越境，是指行为人的犯罪行为并未在某一国家的领域内实施，而只是在因特网上以电子数据传输方式跨越了某国国境。对于此类犯罪行为，被越境国是否有管辖权，是一个尚待研究的问题。例如，几名德国的学生通过因特网、辗转多个代理服务器，最终进入美国国防部窃取军事机密，在该案中行为人的犯罪行为在网络上同时跨越了几个国家，因而造成了管辖的冲突，即“抽象”越境犯罪的管辖问题。我国有学者提出过这样一个假定的案例：某人在中国领域内开枪打死了处于中国领域外的另一人，或者在中国领域外开枪打死了处于中国领域内的另一人，那么中国司法机关根据中国刑法规定显然有管辖权。但是，若是某人在A国开枪，子弹穿越中国领域而打死了处于B国的另一人，那么中国司法机关是否对此案有管辖权呢？对网络犯罪而言，它对不同国家计算机网络的穿越，只是信号与数据传输的穿越，而非“子弹”这种物质实体的穿越。①

根据我国刑法规定和理论通说，犯罪行为或者犯罪结果有一项发生在我国领域内的，便认为是在我国领域内犯罪。但对于并未真正发生在我国领域内，只是在空间上穿越了我国领域的“抽象”越境犯罪行为，我国是否有管辖权？如果认为有管辖权，那么对现行刑法规定和理论将是一个彻底的冲击；如果认为没有管辖权，那么显然对于打击犯罪不利。就网络空间的“抽象”越境犯罪而言，上述管辖障碍更加突出。

4. 源于网络空间主权界限不明的管辖障碍

上述障碍归总到一起，可以被理解为因网络空间主权界限不明带来的挑战。可以说，任何一个主权独立的国家无不在刑法中对刑事管辖权作出规定，但当今尚无一国能够明确网络空间主权的清晰界限。所谓网络空间主权，是“国家主权在位于其领土之中的信息通信基础设施所承载的网络空间中的自然延伸，即对出现在该空间的信息通信技术活动和信息通信技术系统本身及其承载数据具有管辖权”②。然而，由于认识的局限性和国家意志的冲突，目前并不存在公认的清晰标准，用以划

① 参见于志刚：《虚拟空间中的刑法理论》，371-372页，北京，中国方正出版社，2003。

② 方滨兴主编：《论网络空间主权》，82页，北京，科学出版社，2017。

分网络空间的边界范围。这是现阶段网络空间刑事管辖权问题的症结所在。

我国有学者专门研究了“网络空间主权”与“构建新的跨国网络犯罪管辖权规则”的关系问题，其研究表明，“一般认为，网络空间包括物理领域和非物理领域，物理领域为国家的网络基础设施所在地，包括计算机终端、服务器等网络所需有形设备所处的空间位置。当前对于非物理领域的争议最大，有人认为包含国家专属的互联网域名与域内，以及其他通过网络技术设立的技术屏障；有人认为是网络空间所产生的各种‘信息流’，其并不完全依托于国家的领陆、领水、领海、领空而存在，理论上可以自由传播到网络空间的每个角落”；“如同其他物理存在一样，对于物理领域的网络设施适用领土管辖原则可能争议不大，但是由于世界各国尚未对非物理领域的概念与边界达成共识，这就导致各国独立解释本国网络空间范围时难免与他国网络空间范围重叠”①。该论者得出的结论是，“在各国达成网络空间主权边界范围划分标准共识之前，谈构建新的刑事管辖权就显得不切实际了”②。其结论是否令人信服尚值得讨论，但其揭示出来的“构建新的跨国网络犯罪管辖权规则”存在无法避免的冲突现象值得人们深思。

二、网络空间刑事管辖理论与制度之国际整理

（一）网络空间刑事管辖新理论的兴起

关于各国司法机关如何对网络空间行使刑事管辖权，国际上一系列新颖的理论不断涌现。其中，部分理论继续坚持传统管辖权理论，主张进行全新的解释或改善型调整；部分理论则主张对网络空间采取全新的管辖制度，建立一种独特的“互联网管辖权”。后一观点具体来说就是将虚拟的网络空间与现实的物理空间区分开来，将网络空间视为一个完全独立的空间，实行独立的法律制度，从而使之成为继南极空间、外层空间和公海之后第四大国际性的空间，在此领域内建立不同于传统规则的新管辖规则。③ 任何国家都可以管辖网络空间的任何人和任何活动，其程度和方式与该人或该活动进入该主权国家可以控制的网络空间的程度和方式相适应。显然，该观点较为激进，引发的批评声也更大。例如有人批判说，提出“互联网管辖权”等概念是错误的，没有必要也不可能针对网络纠纷单独创设一种管辖制度。其理由是，司法实践中很多法院主要运用传统的管辖理论对网络犯罪案件作出成功判断。这表明，传统管辖理论是完全适用于网络空间的；否认传统管辖理论对网络空间的效用无疑是否定上述努力。

其实，无论是否承认网络空间具有独立性，也无论是否认可“互联网管辖权”

①② 李晓明、李文吉：《跨国网络犯罪刑事管辖权解析》，载《苏州大学学报（哲学社会科学版）》，2018（1），95页。

③ 参见王德全：《试论 Internet 案件的司法管辖权》，载《中外法学》，1998（2），29页。

等概念，各国学术界通过设计新的管辖权理论来尝试化解网络犯罪的管辖问题，已经成为共同之选。我国学者对网络空间刑事管辖新理论的贡献就不少，包括且不限于“有限扩大属地管辖学说”“有限管辖标准”“实害联系标准”“结果及与行为的关联度模型”“建立管辖权冲突协商机制论”等等。它们的共同特点是坚持对网络空间行使刑事管辖权的观点，并不同程度地强调国际法上的主权原则。这些建言具有启迪思维的重要价值，也是改进制度的重要参考。

“有限扩大属地管辖学说”认为，一国刑法不能无限地扩大至网络犯罪，否则，无异于主张网络犯罪就是全球犯罪，最终极大地损害国家主权的原则；当且仅当具备下列条件之一时，一国可对网络犯罪行使刑事管辖权：(1) 网上作案的终端设备地、服务器设立地在本国第一、二、三、四空间范围内，如在线洗钱者、电子敲诈者的终端所在地，网上色情服务器的设立地在本国领域；(2) 网上作案所侵入的系统局域网或侵入的终端设备地在本国第一、二、三、四空间范围内，如电子间谍、网上侵犯商业秘密者的系统网站或终端所在地在本国领域；(3) 行为人获取、显示网上作案结果信息的终端所在地在本国第一、二、三、四空间范围内，如网上盗窃、网上诈骗作案信息显示终端所在地在本国领域。① 举例来说，对于来自 A 国的某网上商业诈骗犯 B，在 C 国的受害人可根据结果发生地原则在 C 国主张管辖并控告；A 国可以根据属人管辖原则主张 A 国管辖；D 国则可根据 B 是利用其在 D 国的终端获得诈骗结果信息而主张 D 国对本案的管辖。究其实质，上述理论可归为一条基本的标准，即确立网络刑事管辖权的前提是网络犯罪本身必须危害了本国刑法所保护的法益。

“有限管辖标准”与“实害联系标准”是两种有密切关联的理论。前者认为，在属人管辖之外，以犯罪行为对本国或者公民的侵害或者影响关联性为标准来确定刑事管辖权的有无，这种关联性的具体含义是指犯罪行为对于本国或者公民已经形成实际侵害或者影响，即已经与本国或者公民发生了直接联系。后者认为，仅仅发生联系还不足以享有管辖权，某一法域对具体的某一网络犯罪行为是否拥有刑事管辖权，应当以实害标准作为判断的前提性根据之一；“以犯罪行为对本国国家或者公民的实际‘侵害或者影响关联性’作为标准来确定是否具有刑事管辖权”②。两相比较，“有限管辖标准”中的关联性标准是一种主观标准，非常模糊；“实害联系标准”则更多地适用于结果犯、具体危险犯等可以进行实害判断的犯罪案件。

“结果及与行为的关联度模型”是改进“实害联系标准”的新主张。③ 根据此

① 参见屈学武：《因特网上的犯罪及其遏制》，载《法学研究》，2000 (4)，98 页。

② 于志刚：《关于网络空间中刑事管辖权的思考》，载《中国法学》，2003 (6)，111 页。

③ 这一观点从批评的角度指出，“实害或者影响关联性标准在具体应用的过程中可能具有形式和内容双重缺陷。在形式上，该标准较为含混模糊；在内容上，该标准容易摇摆不定。从实害或者影响关联性标准的存在本身看，该标准被建构出来之后即成为脱离最低联系标准的规则，具有独立性格，应当予以单独审视。因此，两方面的弊端是在客观实践中形成，是为后天缺陷”。参见刘艳红：《论刑法的网络空间效力》，载《中国法学》，2018 (3)，90 页。

模型，可以通过结果发生地确定管辖权："（1）当结果形态越接近实害，结果与行为的关联性越集中、直接时，管辖地位最高；（2）当结果形态越接近危险，结果与行为的关联性越集中、直接时，管辖地位居中；（3）当结果形态越接近危险，结果与行为的关联性越松散、间接时，管辖地位最低；（4）当结果形态越接近实害，结果与行为的关联性越松散、间接时，管辖地位居中。"①

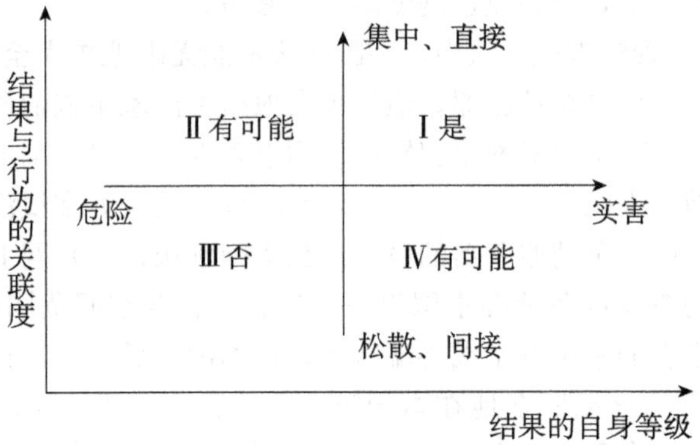

图 9-1　由结果发生地确定管辖权的象型模型②

"建立管辖权冲突协商机制论"则认为，所谓的"新管辖权理论"（主要指代前述理论——作者注），"实质上都是传统管辖理论的扩大适用，无法彻底解决跨国管辖过程带来的积极管辖权冲突和消极管辖权冲突这两大根本问题。所谓积极的管辖权冲突是指根据有关国家的国内法，两个以上的法域对同一案件享有管辖权而又竞相要求对该案件行使管辖权；所谓消极的管辖权冲突是指对同一案件，没有一个法域主张刑事管辖权"③；"有效解决管辖权冲突才是解决跨国网络犯罪刑事管辖权纷争的关键与明智选择"④。该论者还给出了制定网络犯罪国际公约、达成双边或多边解决管辖权冲突的协定、由常设国际法院解决网络犯罪管辖权冲突等建议。

若放眼全球，较为有影响力的网络空间管辖新理论的提出当推 2017 年 2 月由英国剑桥大学出版的《网络行动国际法塔林手册 2.0 版》（以下简称《塔林手册 2.0 版》）。这是各国学者在学术层面探索国际法适用于网络空间的一次重要尝试，确立了一套在网络空间行使国际管辖权的规则指引，包括一般原则、属地管辖权、域外管辖权、域外执行管辖与国际合作、管辖豁免等几个方面的内容。具体来说，该手册确认了网络活动国际管辖权的一般原则，即国家可以在国际法的限制下，对

① 刘艳红：《论刑法的网络空间效力》，载《中国法学》，2018（3），106 页。

② 参见上文，106 页。

③ 李晓明、李文吉：《跨国网络犯罪刑事管辖权解析》，载《苏州大学学报（哲学社会科学版）》，2018（1），93 页。

④ 同上文，96 页。

网络活动行使属地和域外管辖。① 该手册确立了国家对网络空间的属地管辖权，包括对境内网络设施、从事网络活动的人员，以及在境内产生或完成或者在境内造成实质影响的网络活动行使管辖权。② 该手册确立了网络空间域外立法管辖权规则，即一国对网络活动行使域外立法管辖权可以基于以下依据：（1）网络活动为该国国民在境外实施；（2）网络活动在一国境外的但具有该国国籍的船舶或航空器上实施；（3）网络活动由外国国民在境外实施，旨在严重破坏一国核心国家利益；（4）网络活动是一定条件下外国国民针对该国国民实施的；（5）网络活动根据普遍性原则的规定构成国际法上的犯罪。它也强调，域外管辖权的行使应该受实际联系原则和国际礼让原则的制约，即一国对境外从事网络活动的人、网络基础设施以及网络活动行使立法管辖权时，必须合理且应当尊重他国利益；不应该对没有实质联系的人或活动行使管辖权；行使管辖权会侵犯外国主权或外国国民利益，从而构成国际不法行为时，一国也不应行使此类域外管辖权。③ 该手册对网络空间域外执行管辖权的行使及国际执法合作进行了规范④，也确立了网络活动国际管辖权的豁免规则。⑤

总之，《塔林手册 2.0 版》根据各国在网络活动中的实践，对网络活动国际管辖权规则进行了重述，形成了网络活动国际管辖权的一般规则体系。⑥

（二）欧洲：从《网络犯罪公约》到“欧洲提交保存令”

1. 欧洲理事会的《网络犯罪公约》

国际上有关网络犯罪刑事管辖的代表性法律是《网络犯罪公约》。该公约是于 2001 年 11 月由欧洲理事会的 26 个欧盟成员国以及美国、加拿大、日本和南非等 30 个国家的政府官员在布达佩斯共同签署的，于 2004 年 7 月正式生效。⑦ 其制定

① 参见甘勇：《〈塔林手册 2.0 版〉网络活动国际管辖权规则评析》，载《武大国际法评论》，2019（4），119－120 页。

② 参见上文，120 页。

③ 参见上文，121 页。

④ 参见上文，122 页。

⑤ 参见上文，124 页。

⑥ 参见上文，134 页。

⑦《网络犯罪公约》实际上是欧洲理事会成员国、国际刑警组织、欧洲刑警组织、经济合作与发展组织、八国集团、英联邦和联合国等国家、国际（区际）组织致力于惩治网络犯罪的共同成果。截至 2018 年 8 月，欧洲理事会有 43 个成员国（除圣马力诺、爱尔兰、俄罗斯和瑞典外）批准了该公约，阿根廷、澳大利亚、佛得角、加拿大、智利、哥斯达黎加、多米尼加共和国、以色列、日本、毛里求斯、摩洛哥、巴拿马、巴拉圭、菲律宾、塞内加尔、斯里兰卡、汤加和美国也加入了该公约。Jerman-BlažičB，Klobučar T.. A New Legal Framework for Cross-Border Data Collection in Crime Investigation amongst Selected European Countries. *International Journal of Cyber Criminology*. Vol. 13（2），2019，p. 273.

目标是期望国际上网络犯罪立法有一致的参照标准，也希望不同成员国开展网络犯罪侦查时有一个国际公约予以支持。因此，其中有关刑事管辖的规定在一定程度上反映了西方发达国家的共同立场。

除序言外，《网络犯罪公约》正文分为4章，共计48个条文。其中第二章为“国家层面上的措施”，包括刑事实体法、刑事程序法和管辖权三个部分。该公约第22条第1款规定：“每一缔约国应当采取立法或者其他必要的措施，规定在以下情况下对本公约第2～11条所涉及的犯罪确立管辖权，即：其一，犯罪发生在本国领域内；其二，犯罪发生在悬挂本国国旗的轮船内；其三，犯罪发生在依照本国法律登记的航空器内；其四，犯罪由本国公民所为，且依照犯罪地法应当受刑罚或该犯罪不在任何国家领域内。”这些规定可以被理解为刑事审判管辖制度。

《网络犯罪公约》的另一项基础任务是构建高效的跨境电子取证机制。为明确各成员国执法机关收集有关网络犯罪中的电子证据的权力和程序，该公约规定了敦促它们开展“最广泛”多边协助机制①的内容，即“缔约国应当尽可能广泛地相互合作，以便侦查或审理与计算机系统和数据有关的刑事犯罪，或收集刑事犯罪中的电子证据”②。这些规定可以被理解为刑事侦查管辖制度。

不难看出，该公约在网络犯罪刑事管辖方面采纳了传统的“属地主义”和“属人主义”相结合的原则，并将“属地主义”扩展到“拟制领土”。需要注意的是，该公约仅仅针对所规定的10种网络犯罪（第2～11条），且允许各缔约国对上述条款进行保留（参见第22条第2款），允许各缔约国依照本国法行使刑事管辖权（参见第22条第4款）。一旦出现网络管辖权冲突，该公约还规定有关国家应当共同商定最适合的管辖国。

2. 欧盟的跨境电子取证指令制度

在欧盟范围内，最能体现其施行的网络空间侦查管辖制度的是由一系列跨境电子取证指令构成的法律体系。这一方面的内容能够反映出成员国在什么条件下有权针对网络犯罪进行跨境电子取证。除了前述《网络犯罪公约》的相关规定对欧盟成员国有约束意义，欧盟出台的跨境电子取证指令制度至少还包括：2000年5月，欧盟出台《欧洲刑事司法协助公约》，向成员国提供了一种刑事司法协助框架思路③；

① 《网络犯罪公约》所规定的多边协助机制主要包括“有关临时措施的多边协助”“有关侦查措施的多边协助”“24/7协作网络”三大机制，分别涉及成员国相互之间协助开展紧急数据保护、搜查扣押以及建立7天24小时不间断的联络点等内容。The Council of Europe. Convention on Cybercrime. Art. 29－35，European Treaty Series—No. 185，Nov. 23，2001.

② Ibid.，Art. 23.

③ The Council of the European Union. Council Act of 29 May 2000 Establishing in accordance with Article 34 of the Treaty on European Union the Convention on Mutual Assistance in Criminal Matters between the Member States of the European Union. 2000/C 197/01. ［2020－07－17］. https://eur-lex.europa.eu/LexUriServ/LexUriServ.do?uri=OJ：C：2000：197：0001：0023：EN：PDF.

2003年，欧洲议会通过了《关于冻结令的框架决定》[①]；2008年，欧洲议会通过了《为获得刑事司法中使用的物品、文件和数据的欧洲证据授权状的框架决定》。[②] 加上《网络犯罪公约》所设定的多边协助机制的支撑，欧盟成员国就拥有了得到互认的多种取证工具。实践中的通常做法是，欧盟成员国实施跨境电子取证需要“签发冻结令或证据授权状等，辅以刑事司法协助委托书”[③]。

为了解决以冻结令、证据授权状为代表的“工具组合显得不必要地复杂且实用性不强”的问题[④]，2009年欧盟理事会发布斯德哥尔摩计划，宣布寻求一种新的综合性方案来解决此问题。[⑤] 2014年4月3日欧洲议会和欧洲理事会共同通过《欧洲调查令指令》（EIOD，以下简称《指令》）。《指令》在欧盟层面获得通过，被认为是刑事司法合作变革的里程碑事件。《指令》规定，自2017年5月22日起取代受约束成员国适用的下列公约之相应条款：（1）1959年4月欧洲理事会通过的《欧洲刑事司法协助公约》及其两份附属议定书，以及依照其第26条缔结的双边协议；（2）《申根协定实施公约》；（3）欧盟成员国《刑事司法协助公约》及其议定书。[⑥] 此外，《指令》也完全取代了前述《为获得刑事司法中使用的物品、文件和数据的欧洲证据授权状的框架决定》《关于冻结令的框架决定》。[⑦]《指令》不仅作出了一

① The Council of the European Union. Council Framework Decision 2003/577/JHA of 22 July 2003 on the Execution in the European Union of Orders Freezing Property or Evidence. *O. J. L.* 196, 2003, pp. 45-55. [2020-07-17]. https://eur-lex.europa.eu/legal-content/EN/TXT/PDF/?uri=CELEX: 32003F0577&qid=1596071422007&from=EN.

② The Council of the European Union. Council Framework Decision 2008/978/JHA of 18 December 2008 on the European Evidence Warrant for the Purpose of Obtaining Objects, Documents and Data for Use in Proceedings in Criminal Matters. *O. J. L.* 350, 2008, pp. 72-92. [2020-07-17]. https://eur-lex.europa.eu/legal-content/EN/TXT/PDF/?uri=CELEX: 32008F0978&from=EN.

③ Marcello Daniele. Evidence Gathering in the Realm of the European Investigation Order: From National Rules to Global Principles. *New Journal of European Criminal Law*. vol. 6 (2), 2015, p. 180.

④ EJN Secretariat. Status of Implementation of "2008/978/JHA: Council Framework Decision 2008/978/JHA of 18 December 2008 on the European Evidence Warrant (EEW) for the Purpose of Obtaining Objects, Documents and Data for Use in Proceedings in Criminal Matters". 19 June 2020. [2020-07-17]. https://www.ejn-crimjust.europa.eu/ejn/EJN_Library_StatusOfImpByCat.aspx?l=EN&CategoryId=40.

⑤ Council of the European Union. The Stockholm Programme-An open and Secure Europe Serving and Protecting the Citizens. *O. J. C.* 115, 2010, pp. 1-38. [2020-07-17]. https://eur-lex.europa.eu/legal-content/EN/TXT/?qid=1595150823712&uri=CELEX: 52010XG0504 (01).

⑥ Directive 2014/41/EU of the European Parliament and of the Council, of 3 April 2014, regarding the European Investigation Order in Criminal Matters. *Official Journal of the European Union*. Art. 34 (1), L 130, 2014. [2020-07-17]. https://eur-lex.europa.eu/legal-content/EN/TXT/PDF/?uri=CELEX: 32014L0041&from=EN.

⑦ Directive 2014/41/EU of the European Parliament and of the Council, of 3 April 2014, regarding the European Investigation Order in Criminal Matters. *Official Journal of the European Union*. Art. 34 (2), L 130, 2014. [2020-07-17]. https://eur-lex.europa.eu/legal-content/EN/TXT/PDF/?uri=CELEX: 32014L0041&from=EN.

般性的规定，还单列了一些取证措施，诸如通过视频或电话会议进行听证、收集有关银行或其他金融账户或运营的信息、控制下交付、隐蔽侦查等。简言之，欧洲调查令是指欧盟一个成员国的执法机关为获取证据，根据《指令》签发或确认效力的，包含由另一成员国执行的一项或多项具体调查措施的一种司法决定。总体来看，欧洲调查令仍然属于刑事司法协助的范围，是在欧盟不同成员国执法机关间实施的。它建立在成员国互认的基础上，每一个成员国都有义务承认和执行欧洲调查令。同时，它也相当于欧盟自身的域内取证，具有单独执法的性质。这是一种打破执法权限与数据存储壁垒、将二者联系起来的逻辑或智慧，值得其他法域关注和借鉴。

此后，欧盟并没有停止完善相关制度的前进脚步。现阶段欧盟委员会检讨中的一个关键问题是：应否引入一项致力于允许网络服务提供者根据成员国执法机关局要求提供数据的专门工具？该工具可以是任意性的，不用于强制网络服务提供者，以消除成员国立法上的壁垒；也可以是强制性的。① 支持引入专门工具的肯定观点占据上风。2018 年 4 月 17 日，欧盟委员会提出关于一项条例、一项指令的两份提案：（1）《关于制定欧洲刑事电子证据提交令与保存令条例的提案》②，以“在欧盟建立一种共同框架制度，以减轻成员国与其他成员国、非成员国因获取数据的执法手段差异而产生的法律上不确定性”③。这也被简称为“电子证据包”（e-evidence package），其否定了将数据存储地作为管辖权的决定因素。④ 在新制度下，成员国执法机关被授权发布电子证据提交令、保存令，要求网络服务提供者收集或保存电子证据，而“无论数据存储在何处”⑤；有关指令将同时适用于包括用户数据、访问数据或交易数据在内的非内容数据和内容数据。⑥（2）《关于制定要求委任法律代表的统一规则之指令的提案》⑦，规定“在成员国提供服务

① Non-paper from the Commission Services. Improving Cross-border Access to Electronic Evidence: Findings from the Expert Process and Suggested Way forward. 2017, pp. 4 - 5. [2020 - 07 - 17]. https://ec. europa. eu/home-affairs/sites/homeaffairs/files/docs/pages/20170522_non — paper_electronic_evidence_en. pdf.

② European Commission. Proposal for a Regulation of the European Parliament and of the Council on European Production and Preservation Orders for Electronic Evidence in Criminal Matters. COM (2018) 225 final. [2020 - 07 - 17]. https://eur-lex. europa. eu/legal-content/EN/TXT/?qid=1595206697885&uri=CELEX: 52018PC0225.

③ Eleni Kyriakides. Digital Free for All Part Deux: European Commission Proposal on E-evidence. *Just Security*, May 17, 2018. [2020 - 07 - 17]. https://www. justsecurity. org/56408/digital-free-part-deux-european-commission-proposal-e-evidence/.

④⑤⑥ European Commission. Frequently Asked Questions: New EU Rules to Obtain Electronic Evidence. [2020 - 07 - 17]. http://europa. eu/rapid/press-release_MEMO - 18 - 3345_en. htm.

⑦ European Commission. Proposal for a Directive of the European Parliament and of the Council Laying down Harmonised Rules on the Appointment of Legal Representatives for the Purpose of Gathering Evidence in Criminal Proceedings. COM (2018) 226 final - 2018/0107 (COD). [2020 - 07 - 17]. https://eur-lex. europa. eu/legal-content/EN/TXT/?qid=1595209448093&uri=CELEX: 52018PC0226.

的公司，即便其总部位于非欧盟的第三国，必须在欧盟建立法律代表处，以代表其接收和遵从电子取证的命令”①，以实现“所有在欧盟提供同类服务的公司，不论其在何处成立，均可享有公平的竞争环境”②。这些新动态指向的核心任务就是推出欧洲提交保存令。所谓欧洲提交保存令（European Production and Preservation Orders，EPO）是欧盟拟推出的，旨在允许一个成员国的执法机关直接向另一成员国的网络服务提供者签发的数据指令统称。它可以分解为欧洲提交令、欧洲保存令两种。③ 可以预期的是，假如欧洲提交保存令制度终成现实，欧盟打击网络犯罪的侦查管辖制度将愈发高效而具有世界性的影响力。

（三）美国《云法》等制度及美欧谈判

谈及美国的网络空间刑事管辖制度，不得不从其“长臂管辖权”制度开始。长臂管辖权是依据“长臂法规”（Long-arm Statute）的授权而出现的管辖权。所谓“长臂法规”，美国《布莱克法律词典》将之解释为“针对不居住在法规生效地，但与该地具有某种联系的被告授权管辖的一种法规”④。理解这一制度的核心概念是“具有某种联系”，其既可以被限缩理解，也可以被解读得过于泛化（如“最低联系”）。这一制度的发展有一个从解决国内州际问题发展到解决国际问题的过程，即住所在外国的、不在美国领域内的当事人只要与美国存在“联系”，美国法院也能对其行使对人管辖权；这一制度的发展还有一个从适用于民事案件发展到适用于刑事案件的过程，主要是对涉及国家安全、出口管制、经济制裁、反腐败、商业秘密保护的刑事案件进行拓展适用。随着网络犯罪司法和跨境电子取证的需要，“长臂管辖权”制度的适用范围得到进一步扩大。

【案例 9-5】

微软公司诉美国案⑤

2013 年 12 月，美国纽约南区联邦地区法院的法官针对一起贩毒案签发搜查令，要求微软公司向联邦调查局提交一名嫌疑人的电子邮件。因有关邮件存储在该公司

①② Non-paper from the Commission Services. Improving Cross-border Access to Electronic Evidence：Findings from the Expert Process and Suggested Way forward. 2017，pp. 4 - 5. [2020 - 07 - 17]. https://ec. europa. eu/home-affairs/sites/homeaffairs/files/docs/pages/20170522_ non — paper _ electronic _ evidence_en. pdf.

③ 欧洲提交令、欧洲保存令一般分别被简写为 EPOC、EPOC-PR。这种简称容易造成混淆，有人建议分别简写为 EPdO、EPsO。前者是由一个成员国的执法机关向欧盟范围内提供服务的、在另一成员国设立分支机构或代表的网络服务提供者签发的一项具有约束力的决定，命令其提交电子证据。European Production and Preservation Orders Regulation（EPOR），Art. 2（1）. 后者是由一个成员国的执法机关向欧盟范围内提供服务的、在另一成员国设立分支机构或代表的网络服务提供者签发的一项具有约束力的决定，命令其保全电子证据以便事后进行提交。Ibid.，Art. 2（2）.

④ Bryan A. Garner. Black's Law Dictionary. West Publishing Co.，1999，at 953.

⑤ Microsoft Corp. v. United States，829 F. 3d 197（2nd Cir. 2016）. United States v. Microsoft Corp.，138 S. Ct. 1186，200 L. Ed. 2d 610（2018）.

位于爱尔兰的服务器中，法官根据1986年美国《存储通信法》[①] 签发令状。微软公司以该法对国外数据中心的数据没有域外效力为由拒绝提交，主张联邦调查局应通过双边司法协助程序来收集这些数据。然而，联邦调查局坚持要求微软公司直接披露相应数据，并否认本案的侦查权出现了域外适用。微软公司无奈之下提起诉讼。诉讼中，控辩双方的争议焦点为国会立法究竟有没有赋予《存储通信法》适用于域外的效力。

2016年7月14日，美国联邦第二巡回上诉法院作出裁定：美国政府不能强迫微软公司提交位于境外服务器上的电子邮件。理由是“国会没有给《存储通信法》适用于域外的效力，依据该法律签发的令状仅适用于存储在美国的数据”。之后，美国政府向联邦最高法院提起上诉。

2018年3月，美国国会紧急通过《澄清合法使用海外数据法》（简称为 Cloud Act，即《云法》），修改《存储通信法》，直接规定在美国的网络服务提供者有义务依法保存和披露其在全球范围内的数据。[②] 这为联邦最高法院解了围。

同年4月17日终审判决作出，宣告“控辩双方关于令状效力问题不再有任何实际争议”。

在该案中，美国地区法院根据本国法律签发搜查令是否属于行使网络空间刑事管辖权？特别是是否行使了“长臂管辖权”？于美国政府而言，它对这些问题可能有着自己的理解；于爱尔兰政府甚至欧盟而言，答案显然是不言而喻的。基于此案推出的美国《云法》明确规定，“无论通信、记录或其他信息是否存储在美国境内，服务提供者均应当按照本章（即《存储通信法》）所规定的义务要求保存、备份、披露通信内容、记录或其他信息，只要上述通信内容、记录或其他信息为该服务提供者所拥有（possession）、监管（custody）或控制（control）”[③]。此外，《云法》还允许“符合资格的外国政府”在与美国政府签订行政协定后，向美国境内的组织直接发出调取数据的命令。这使美国法院的做法进一步得到其国内法的确认。

下面以《云法》之条款为基础展开具体讨论。

在美国人看来，美国法官根本不存在域外法适用的问题，因为美国司法部认为只要可以从美国领土访问到有关数据，这些数据就归属于美国法律可以轻松“领土化”的地区；因有关令状“并未将在外国实施的行为定罪”，“并不涉及美国执法人员在海外开展工作”，故美国政府不存在行使治外法权的问题。而在欧洲人看来，《云法》似乎赋予了美国法官以全球管辖权，不仅涉嫌侵犯有关国家的司法主权，

① Stored Communications Act. Pub. L. 99－508，Title II,§201 [a]，Oct. 21,100 Stat. 1860（1986）.

② Clarifying Lawful Overseas Use of Data (Cloud) Act，H. R 1625，115th Cong. div. V，§103（a）（1）（2018）.

③ Clarifying Lawful Overseas Use of Data Act，SEC. 103. https://www.justice.gov/dag/page/file/1152896/download.

更不符合欧洲《通用数据保护条例》等法律的要求。2015 年欧洲政策研究中心在一份报告《第三国执法机关获取电子证据》中指出，“美国执法机关以无中介的方式访问受欧盟管辖的私人公司控制的数据，这对刑法、人权法以及欧盟基本权利法中的管辖权概念均构成根本性的挑战。它直接而明显地绕过了欧美司法协助约定范围内所预设的、具有法律约束力的现有渠道。这样做可以避开被请求的欧盟成员国及其指定的中央机构（通常是司法部）表示‘同意’，可以避开所设定独立司法机构的监督”①。

欧洲人认为，美国新近确立了从网络服务提供者处直接调取域外电子证据的机制，对欧盟构成强势的法律冲击与制度竞争。这一新规很可能被美国政府“滥用”以获得欧盟居民的数据，更给位于欧盟境内的网络服务提供者套上了美国法的枷锁。对此，欧盟必须予以回应，拿出对等的或可对接的制度方案。这才有前面所述的欧洲提交保存令的酝酿和力推。这样一来，欧美迎来了通过协商促成新衔接制度的调整期，也迎来了重新打造网络空间刑事管辖制度的新契机。据报道，2019 年 10 月 3 日美国已经同脱欧进程中的英国签署了一项关于电子证据跨境访问的双边协议，允许美国网络服务提供者按照《云法》的规定提供来自英国的内容数据。“通过在欧盟层面引入一种跨境电子证据交换工具，欧盟应成为美国的首选合作伙伴。”②

欧美关于跨境电子取证的新机制不约而同地开始重视网络服务提供者的协助地位，均属于“通过司法协助之外的机制获取数据”的“非中介获取模式”（Unmedeiated Access Model)③。它们的共同法律机理是，将用户和公司的位置作为管辖权的决定因素。它们共同放弃了长期存在的属地原则，即数据的实际存储地标准，而在权衡考量的基础上选择了赋予公司以提供数据的义务，而不管数据存储的位置为何。从表象来看，这是跨境电子取证转向了数据控制者标准。从实质来看，这也可以被理解为由根据数据存储地确定管辖的属地原则向依靠数据控制者的属人原则转型。这里的属人“因素”是特定的网络服务提供者，它们控制着拟用作证据的各种数据，能够简单地从“境内”场所访问“境外”的数据，完成配合取证的义务。如此新动态和改变，能否缓解其他国家对美国“治外法权”做法的批判？对此，人们并不能得出乐观的答案。

① Sergio Carrera, et al.. Access to Electronic Data by Third-Country Law Enforcement Authorities. Brussels: Centre for European Policy Studies (CEPS), p. 61.

② European Commission, “Recommendation of 5 February 2019 for a Council Decision authorising the opening of negotiations in view of an agreement between the European Union and the United States of America on cross-border access to electronic evidence for judicial cooperation in criminal matter”, COM (2019) 70 final, pp. 1 - 2. [2020 - 07 - 17]. https://eur-lex.europa.eu/resource.html?uri=cellar:b1826bff - 2939 - 11e9 - 8d04 - 01aa75ed71a1.0001.02/DOC_1&format=PDF.

③ Sergio Carrera, et al.. Access to Electronic Data by Third-Country Law Enforcement Authorities. Brussels: Centre for European Policy Studies (CEPS), 2015, p. 9.

三、中国网络空间刑事管辖制度之宏观评述

目前，中国还没有针对网络空间刑事管辖问题的专门立法体系。换言之，针对传统犯罪的现行刑事管辖法律依然起着规范网络空间刑事管辖的实际作用。例如，2021年最高人民检察院发布《人民检察院办理网络犯罪案件规定》，于第5条规定“网络犯罪案件的管辖适用刑事诉讼法及其他相关规定”。但这并不影响现阶段中国对开展具有鲜明中国特色的网络空间刑事管辖制度再造的积极探索。这一特点可以被简单评价为“基于网络空间主权观的刑事管辖制度改进”。诚然，这还是进行时，不是完成时。

网络空间有国家主权，这是中国长期坚持的一项法律思想。2013年2月，中国政府派代表团在参加“联合国网络犯罪问题政府间专家组第二次会议”时指出，欧洲理事会《网络犯罪公约》第32条b款的缺陷在于，直接跨境取证措施“与国家司法主权之间的关系值得探讨”。这一点也成为中国拒绝加入该公约的主要理由之一。2020年8月，为推动共同构建和平、安全、开放、合作、有序的网络空间，中国还发起《全球数据安全倡议》，倡议的主要内容包括“反对滥用信息技术从事针对他国的大规模监控”“要求企业严格遵守所在国法律，不得要求本国企业将境外产生、获取的数据存储在境内”“未经他国法律允许不得直接向企业或个人调取位于他国的数据”等等。[①]

近年来，网络空间主权的观念亦渐续入法，成为法律的明确要求。例如，2015年7月1日起施行的《国家安全法》第一次阐释了“网络空间主权”的概念，将其确定为国家主权在网络空间的体现、延伸和反映。其第25条规定：“国家建设网络与信息安全保障体系，提升网络与信息安全保护能力，加强网络和信息技术的创新研究和开发应用，实现网络和信息核心技术、关键基础设施和重要领域信息系统及数据的安全可控；加强网络管理，防范、制止和依法惩治网络攻击、网络入侵、网络窃密、散布违法有害信息等网络违法犯罪行为，维护国家网络空间主权、安全和发展利益”。2017年6月1日起施行的《网络安全法》进一步将维护网络空间主权作为立法宗旨。其第1条规定：“为了保障网络安全，维护网络空间主权和国家安全、社会公共利益，保护公民、法人和其他组织的合法权益，促进经济社会信息化健康发展，制定本法。”更为有针对性的立法是2018年10月26日起施行的《国际刑事司法协助法》。其第4条第3款规定：“非经中华人民共和国主管机关同意，外国机构、组织和个人不得在中华人民共和国境内进行本法规定的刑事诉讼活动，中华人民共和国境内的机构、组织和个人不得向

① 参见新华网，http://www.xinhuanet.com/world/2020-09/08/c_1126465834.htm.

外国提供证据材料和本法规定的协助。”① 对于这里规定的中国“境内的机构、组织和个人不得向外国提供证据材料”，可以将其目的理解为“抵制外国的‘长臂管辖’”②。

上述立法变化呈现出一种客观的规律。中国有学者将之概括为“网络空间新主权论”。该论者提出，“在《联合国宪章》《国际法原则宣言》以及‘和平共处五项原则’的基础上，创立‘领网权’有着充分的国际法基础与依据”；“‘领网权’应当以各主权国家的领土范围为效力边界，涵盖国际法域外管辖情形，是以网络空间活动及网络基础设施为管辖内容，以管理和规制为目标的国家主权在网络空间的继承和延伸。‘领网权’的确立意味着国家能对网络空间实施一定程度的控制。其中对内层面是指国家对一国网络基础设施和网络活动的管辖，通过行政、经济、法律手段维护网络秩序，保护网民合法权益，确保国家网络利益不受侵犯；对外层面主要是指国家对网络空间国际治理活动的参与，以及遭受他国政府或公民网络攻击时网络自卫权的行使”③。诚然，诸如此类的学术观点还有许多继续探索和完善的空间，因为在相当长时间内“领网”还不会是一个像领陆、领水、领空一样界域清晰的概念。

理论认识方面的客观制约并不影响中国在相互尊重网络空间主权的立场持续进行网络空间刑事管辖制度的探索。仅以网络空间侦查管辖为例：跨境电子取证是一个重要的场域。在以往实践中，中国对位于境外服务器、无法直接获取的电子证据，习惯于采取远程访问的方式进行提取。这一措施通常会被贴上远程勘验、网络在线提取，甚至技术侦查等侦查措施的标签。2016 年，最高人民法院、最高人民检察院、公安部联合发布的《关于办理刑事案件收集提取和审查判断电子数据若干问题的规定》第 9 条第 2、3 款作出明确规定：“对于原始存储介质位于境外或者远程计算机信息系统上的电子数据，可以通过网络在线提取。”“为进一步查明有关情况，必要时，可以对远程计算机信息系统进行网络远程勘验。”这一条文及背后实践，同中国的国家主张存在一定的冲突。2019 年 1 月，公安部出台《公安机关办理刑事案件电子数据取证规则》，其第 23 条将“网络在线提取”的数据调整限定为“公开发布的电子数据、境内远程计算机信息系统上的电子数据”。新规定似乎表明中国并不对“域外计算机信息系统非公开发布的电子证据”进行提取。这极大地缓解了跨境电子取证遭遇的合法性质疑，表明中国行使的是有限制的网络空间侦查管辖权。

① 该法于 2017 年 12 月一审后，有部门提出，“实践中有外国司法执法机关未经我国主管机关准许要求我境内的机构、组织和个人提供相关协助，损害我国司法主权和有关机构、组织和个人的合法权益”。由此增加该条款。

② 梁坤：《基于数据主权的国家刑事取证管辖模式》，载《法学研究》，2019（2），201 页。

③ 王春晖：《“网络主权”应当以各主权国家的“领网权”为效力边界》，载《通信管理与技术》，2016（3），31 页。

第二节　中国关于网络犯罪的国际管辖制度

一、跨境网络犯罪的审判管辖

《刑法》第 6 条第 1 款规定："凡在中华人民共和国领域内犯罪的，除法律有特别规定的以外，都适用本法。"第 3 款规定："犯罪的行为或者结果有一项发生在中华人民共和国领域内的，就认为是在中华人民共和国领域内犯罪。"这些条款对网络犯罪案件同样适用。它们是确定中国对涉外或跨境网络犯罪案件享有刑事管辖权的基本法源，解决的是国与国之间的刑事管辖问题。

中国关于网络犯罪的国际管辖包括审判管辖与侦查管辖等内容。审判管辖解决的是中国法院能否对某一起具体案件进行审判的问题；侦查管辖解决的是涉外或跨境网络犯罪出现侦查权冲突时的化解问题。[①] 相比而言，跨境网络犯罪的审判管辖比侦查管辖更能体现中国网络空间主权的主张。同时，跨境网络犯罪的审判管辖与侦查管辖也是密不可分的。当不同国家的司法机关对案件管辖有争议时，往往由先立案的司法机关行使管辖权。如在案例 9－1 中，虽然犯罪嫌疑人"奇拿"（Kira）在网上传播"艳照"的行为触犯了传播淫秽物品罪等罪名，但鉴于该案件的棘手程度和香港警方已经开始查案，内地没有任何一个侦查机关启动侦查程序。换言之，从法律规定来看内地司法机关应当拥有刑事管辖权，而从实践来看它们放弃了刑事管辖权。

不难想象，用中国现行管辖制度处理跨境网络犯罪的审判管辖问题面临着一些客观障碍，因而实务中不得不做些变通。2008 年，云南省昆明市中级人民法院审理一起网络赌博案件时出现的审判管辖争议，就真实地反映了实务中的困境与对策。

【案例 9－6－1】

谭×伟等犯开设赌场罪案[②]

1999 年以来，谭×伟、谭×满、谭×初（香港人）长期跟随谭×（另案处理）在与中国毗邻的缅甸迈扎央、木瓜坝等地开设"新东方"赌场，采用现场赌博、网络电话投注、网络直接投注等多种方式吸引大量中国公民参与赌博。"新东方"赌

① 在国内法领域，侦查管辖的侧重点与此有所不同，它指的是"侦查机关对刑事案件行使侦查权的范围划分"。参见王德光、马明慧：《论侦查管辖》，载《人民检察》，2007（19），23 页。

② 参见云南省昆明市中级人民法院（2008）昆刑一初字第 91 号刑事判决书，载 http://kmzy.ynfy.gov.cn/xszdxal/2242.jhtml。

场在互联网上开设了多个赌博网站，并秘密地将服务器托管在广州、东莞等地。这种网络直接投注使赌博更加便捷，任何地方的赌客都可异地完成赌博：赌场租用卫星线路，将赌场信息传送到卫星，再通过卫星将信息传送到安装在各地的服务器上；赌客只要输入“新东方”专用网址和密码就能看到赌场现场视频，然后启动网络投注设备，直接在电脑上点击下注……

“新东方”赌场案浮出水面后引起广泛关注：该案涉赌金额巨大，是当时中国最大的网络赌博案；而更让法律界人士感兴趣的是主要被告人是香港地区居民，“新东方”赌场并非开设在内地，内地司法机关可否追究犯罪嫌疑人的刑事责任？

第一种观点认为，香港具有独立的司法权和终审权，香港人在内地外犯罪的，只能适用香港特别行政区或犯罪发生地所在国家、地区的法律。第二种观点认为，最高人民法院和最高人民检察院于 2005 年 5 月联合发布的《关于办理赌博刑事案件具体应用法律若干问题的解释》第 3 条规定：“中华人民共和国公民在我国领域外周边地区聚众赌博、开设赌场，以吸引中华人民共和国公民为主要客源，构成赌博罪的，可以依照刑法规定追究刑事责任。”本案中，三被告人具有中国国籍，“新东方”赌场属于规定中的“我国领域外周边地区”，而且赌客基本上是中国人，因此本案适用内地法律处理。第三种观点认为，“两高”的司法解释还是无法解决“香港人在中国领域外犯罪不能适用内地法律”的根本难题。然而，《刑法》第 6 条规定：“凡在中华人民共和国领域内犯罪的，除法律有特别规定的以外，都适用本法”；“犯罪的行为或者结果有一项发生在中华人民共和国领域内的，就认为是在中华人民共和国领域内犯罪”。“新东方”赌场案完全可以被定性为在内地犯罪，主要依据是：网络赌博的最重要工具——服务器藏匿在内地，中国赌客参与网络赌博的核心环节——投注行为也发生在内地，赌资的转接都是通过内地银行进行。因此，可以认定该案是发生在内地的犯罪，适用内地法律。

【案例 9-6-2】

谭×伟等犯开设赌场罪案（续）①

检察官制作的公诉意见书采取了第三种意见，其中指出：“新东方”赌场距中缅边境仅 200 米，只是形式上在缅甸境内，其他使赌场得以存在、运转的所有条件（特别是服务器）均在中国境内。赌场开设者明知其行为的违法性，精心选择赌场地点以规避中国法律的制裁。

开庭审理时，辩护律师提出了管辖异议。他认为，这是一起香港人在缅甸开赌场的案件，内地司法机关并无管辖权。他还“形象地”分析了服务器和网站的关

① 参见云南省昆明市中级人民法院（2008）昆刑一初字第 91 号刑事判决书，载 http://kmzy.ynfy.gov.cn/xszdxal/2242.jhtml。

系：服务器仅仅是网站的一个重要硬件设备，与网站是明显不同的两个概念。服务器和网络线路就犹如去澳门参与赌博而乘坐的飞机一样，只是一种工具而已。不能因为网络工具使用者的错误做法而将工具的设立者认定有罪。

一审法院最终认定本案适用内地法律，并认为："在集团首犯的组织和本案各被告人的积极参与下，'新东方'赌场已形成一个跨国、跨境，组织严密、职责分明的固定犯罪集团，赌场的运转和对非法利益的追逐，是他们共同的追求和意愿……"据此，一审法院依法认定本案 20 名被告人全部构成开设赌场罪，并分别处以了刑期不等的判决。

从某种意义上讲，该案中法院的判决处理是处理刑事管辖争议的应变之计。然而，当下越来越多的网络赌博案件中嫌疑人本人及其服务器均不在中国内地了。

另外，该案确定由内地法院进行审判管辖有一个重要法律依据，即案件讨论中所说的最高人民法院、最高人民检察院联合发布的《关于办理赌博刑事案件具体应用法律若干问题的解释》第 3 条。该条明确规定，在赌博罪中"依照刑法规定追究刑事责任"的情形需要满足"中华人民共和国公民""在我国领域外周边地区""以吸引中华人民共和国公民为主要客源"三要件。该案表明，制定司法解释是明确我国关于跨境网络犯罪的审判管辖的有效方式。

截至目前，最高人民法院在《关于适用〈中华人民共和国刑事诉讼法〉的解释》中针对"在中华人民共和国领域外的中国船舶内的犯罪""在中华人民共和国领域外的中国航空器内的犯罪""国际列车上的犯罪""中国公民在中国驻外使、领馆内的犯罪""中国公民在中华人民共和国领域外的犯罪""外国人在中华人民共和国领域外对中华人民共和国国家或者公民犯罪"等特殊情形的管辖作了规定，今后完全可以参照作出关于跨境网络犯罪管辖的规定。诚然，在相关司法解释中如何进行条件限制和要件表述是制度建设的难点与关键。

二、跨境网络犯罪的侦查管辖

侦查管辖在我国司法实践中是客观存在的法律现象。于网络犯罪而言，侦查管辖既涉及不同国家之间对跨境/涉外网络犯罪案件的管辖权的关系处置，也涉及在一国内不同侦查机关之间对网络犯罪案件的分工合作，包括侦查级别管辖、侦查地域管辖、侦查案件管辖分工、侦查管辖权转移、侦查管辖的监督与救济、侦查管辖纠纷的解决机制等内容。这两种含义可以简称为网络犯罪的国际侦查管辖与国内侦查管辖，本部分讨论的是前一种含义。由于侦查的核心任务是调查取证，因此跨境网络犯罪的侦查管辖集中体现为一国能否及如何进行跨境电子取证。

简单地说，一国对网络犯罪进行跨境电子取证的前提是该国对网络犯罪具有侦查管辖权。反之并不成立：一国对网络犯罪具有侦查管辖权，并不当然会对网络犯罪进行跨境电子取证。旗帜鲜明地确立对网络犯罪的侦查管辖权，已经成为许多国家的选择。我国亦有相关探索，最有代表性的法律规范是最高人民法院、最高人民检察院、公安部于2020年发布《办理跨境赌博犯罪案件若干问题的意见》，其中既明确了“跨境赌博犯罪案件一般由犯罪地公安机关立案侦查”的原则，也对“跨境网络赌博犯罪地”“指定管辖”“并案侦查”等制度作了进一步的说明。[①] 此外，最高人民法院、最高人民检察院、公安部于2016年发布的《关于办理电信网络诈骗等刑事案件适用法律若干问题的意见》，也明确了“在境外实施的电信网络诈骗等犯罪案件，可由公安部按照有利于查清犯罪事实、有利于诉讼的原则，指定有关公安机关立案侦查”的制度。诸如此类的探索经验应该得到总结、提升，其中合理内容应被吸收进我国《刑法》《刑事诉讼法》中。

跨境电子取证通常可以通过刑事司法协助的方式来实现。但是，由于刑事司法协助存在效率低下、不同国家认识不同一等问题，刑事司法协助在实践中并不是一种主要的现实方式。我国公安机关转而寻求网络在线提取等直接取证方式。这就使跨境网络犯罪的侦查管辖问题凸显。实践中，庭审中控辩双方围绕跨境电子取证的合法性之争背后就是侦查管辖权限之有无的问题。例如，在案例8-9中[②]，张凯闵等52人涉嫌在肯尼亚、印度尼西亚等地对国内群众进行电信诈骗，我国检察机关对于域外获取的证据重点进行了合法性审查，分门别类地要求补齐基于有关条约、司法互助协定、两岸司法互助协议或国际组织的相关办理程序、手续，甚至要求补齐所在国公证机关证明手续、授权机关或使领馆的认证手续。这些做法保证了案件办理的效果，确保了跨境电子取证的合法性。

总的来看，我国法律授予了我国公安机关针对跨境/涉外网络犯罪案件的侦查管辖权。这类案件的侦查取证可以采司法协助方式，也可以在满足一定条件时采跨境电子取证的直接方式。一律否认直接进行跨境电子取证的说法，既不符合基本法理，也不符合国际惯例。暗网取证是一个充足的理由。如前所述，暗网中存在着形形色色的网络犯罪，各国均无法判断暗网中的数据存储在位于哪个物理位置的服务

① 该意见第6条规定：“(一) 跨境赌博犯罪案件一般由犯罪地公安机关立案侦查，由犯罪嫌疑人居住地公安机关立案侦查更为适宜的，可以由犯罪嫌疑人居住地公安机关立案侦查。犯罪地包括犯罪行为发生地和犯罪结果发生地。跨境网络赌博犯罪地包括用于实施赌博犯罪行为的网络服务使用的服务器所在地，网络服务提供者所在地，犯罪嫌疑人、参赌人员使用的网络信息系统所在地，犯罪嫌疑人为网络赌博犯罪提供帮助的犯罪地等。(二) 多个公安机关都有权立案侦查的跨境赌博犯罪案件，由最初受理的公安机关或者主要犯罪地公安机关立案侦查。有争议的，应当按照有利于查清犯罪事实、有利于诉讼的原则，协商解决。经协商无法达成一致的，由共同上级公安机关指定有关公安机关立案侦查。在境外实施的跨境赌博犯罪案件，由公安部、最高人民检察院和最高人民法院指定管辖。(三) 具有下列情形之一的，有关公安机关可以在其职责范围内并案侦查：1. 一人犯数罪的；2. 共同犯罪的；3. 共同犯罪的犯罪嫌疑人实施其他犯罪的；4. 多个犯罪嫌疑人实施的犯罪存在直接关联，并案处理有利于查明案件事实的。(四) 部分犯罪嫌疑人在逃，但不影响对已到案共同犯罪嫌疑人、被告人的犯罪事实认定的，可以依法先行追究已到案共同犯罪嫌疑人、被告人的刑事责任。已确定管辖的跨境赌博共同犯罪案件，在逃的犯罪嫌疑人、被告人归案后，一般由原管辖的公安机关、人民检察院、人民法院管辖。”

② 参见最高人民检察院第十八批指导性案例（检例第67号）。

器中。因此，关于暗网中的网络犯罪的证据只能以一国侦查机关直接取证为先导，以不同国家侦查机关开展刑事司法协助为援手。

【案例 9－7】

阮××犯侵犯公民个人信息罪案①

2019 年 6 月开始，阮××在百色市右江区东笋路欧景花园小区出租房居住期间，使用“南山代理”VPN 工具进行网络翻墙，通过 TorBrowser 浏览器（俗称“洋葱”浏览器，为暗网专用浏览器）登录“自由国度”“暗网中国”“暗网中文交易市场”等暗网网站，通过注册使用境外聊天软件 Telegram、注册使用境外 MEGAsync 网盘的方式，从境外非法获取“12306”铁路购票系统用户数据、证券公司用户数据、裸贷数据、棋牌网站用户数据、游戏网站用户数据等大量公民个人信息，意图出售牟利等。同年 12 月 16 日，阮××在欧景花园小区出租房内被警察抓获归案，警察当场缴获其作案使用的 VIVO 牌手机 1 部、台式电脑主机 1 台，并从中勘查出阮××非法获取的公民个人信息共计 3 221 806 条。上述事实，有现场勘验笔录、提取痕迹、物证登记表、现场图、现场照片，指认作案工具照片；电子数据检查笔录、电子数据提取固定清单、电子数据勘验检查照片记录表、图片记录表、电子数据查看说明、关于阮××侵公案涉案数据统计说明；电子数据以及支付宝账户信息、交易记录视频光盘等，经当庭举证、质证，法院经审理予以确认。

假如在该案中阮××对犯罪事实不认可，则主要依靠侦查机关对所扣押手机进行鉴定、对电脑进行勘验等获取的电子证据，显然还不足以支撑对整个案件事实的还原。这就需要侦查机关能够做到对暗网数据进行取证。这就是跨境电子取证的直接方式。这一道理同样适用于对境外服务器中的电子证据进行取证的情形。

【案例 9－8】

李××犯传播淫秽物品牟利罪案②

自 2012 年至 2013 年期间，李××通过盗用“G 店”“基站”网站后台数据库，模仿制作等方式在互联网上先后注册建立并管理“雪豹男同（www. xbgay. com)”“亚太男孩（www. ytgay. com)”“色镇（www. sezhen. net)”三个论坛形式的色情淫秽网站，并先后租赁美国及国内服务器存储数据，建立支付平台，以收取注册会员充值费与广告费方式非法获利，使注册会员得以在上述三个色情网站发布淫秽电子信息。其中，李××于 2012 年 10 月 23 日开始发帖运营管理“雪豹男同”“亚太男

① 参见广西壮族自治区百色市右江区人民法院（2020）桂 1002 刑初 152 号刑事判决书。
② 参见安徽省宣城市宣州区人民法院（2014）宣刑初字第 00196 号刑事判决书。

孩”网站。截至案发时，“雪豹男同”网站注册会员人数为73 305名，“亚太男孩”网站注册会员人数为50 932名，“色镇”网站注册会员人数为289 211名，共计413 448名。其间，李××非法获利共计37 207.40元。经鉴定，李××运营管理的上述三个色情淫秽网站中淫秽图片数量共计74 520张。

对于以上事实，宣城市公安局网安支队制作的宣公（网监）勘（2013）02号、03号、04号、08号远程勘验工作记录分别证实：（1）公安机关对服务器位于美国的“雪豹男同（www. xbgay. com)”淫秽色情网站开展远程勘验工作，提取固定证据。远程勘验目的：提取固定该网站服务器中的网站页面文件、数据库以及网站充值平台服务器中的文件。（2）公安机关对服务器位于美国的“亚太男孩（www. ytgay. com)”淫秽色情网站开展远程勘验工作，提取固定证据。远程勘验目的：提取固定该网站服务器中的网站页面文件、数据库以及网站充值平台服务器中的文件。(3）公安机关对服务器位于美国的“色镇（www. sezhen. net)”淫秽色情网站开展远程勘验工作，提取固定证据。远程勘验目的：提取固定该网站服务器中的网站页面文件、数据库以及网站充值平台服务器中的文件。之后，公安机关将通过远程取证获取的电子数据送交鉴定。经鉴定，涉案三个色情网站用户上传图片默认存放目录中淫秽图片总数为74 520张。最终法院依据远程勘验工作记录、电子证物检查笔录、淫秽物品审查鉴定书、安徽省新闻出版局皖新出鉴定（2013）24号出版物鉴定书及鉴定意见通知书等证据予以认定。

对于这样一起网络色情类犯罪，中美两国的侦查机关显然难以开展刑事司法合作。我国侦查机关对位于美国服务器中的电子证据必能通过名为远程勘验的直接取证方式完成。在这里，远程勘验是指“通过网络对远程计算机信息系统实施勘验，发现、提取与犯罪有关的电子数据，记录计算机信息系统状态，判断案件性质，分析犯罪过程，确定侦查方向和范围，为侦查破案、刑事诉讼提供线索和证据的侦查活动”①。它包括境内远程勘验与境外远程勘验两种。由于实践中存在着“借远程勘验之名，行刑事搜查之实”② 的问题，也由于“境外远程勘验很容易被界定为黑客攻击”③，我国开始转向更多地以网络在线提取进行直接跨境取证。

【案例9-9】

沈××、胡×、李××犯贩卖毒品罪案④

2018年4月至2019年1月，沈××伙同胡×多次通过电信网络向他人销售毒

① 周加海、喻海松：《〈关于办理刑事案件收集提取和审查判断电子数据若干问题的规定〉的理解与适用》，载《人民司法（应用)》，2017（28)，34页。

②③ 谢登科：《电子数据网络远程勘验规则反思与重构》，载《中国刑事法杂志》，2020（1)，64页。

④ 参见浙江省金华市金东区人民法院（2019）浙0703刑初407号刑事判决书。

品大麻以非法牟利：由沈××化名“赵建国”，通过“Telegram”“Hangouts”等网络聊天工具联系购毒人员，并以比特币、微信等形式收取毒资；由胡×负责将毒品大麻打包并经快递邮寄给买家。为了证明上述案件事实，公安机关对沈××的台式电脑主机进行检查，制作了［2019］092号电子证据检查工作记录，证实在该硬盘第三分区发现一个名为“100APPLE”文件夹，内有诸多涉及毒品大麻的图片和视频；证实该电脑在facebook、mail、instagram上登录名称为“acfun1024”（与“赵建国”在“Telegram”上的用户名一致），访问时间为2018年10月25日。同时，对于本案中“Telegram”聊天软件平台中与账号“13×××18”相关的数据，公安机关进行了网络在线提取，制作了［2019］030号网络在线提取工作记录，表明：网警访问“Telegram”网站，输入账号“13×××18”并请求发送验证码，再通过扣押的沈××的iphone5s手机（串号尾号为3588，手机号码为13×××18）收取网站发送的验证码，成功登入该账号，可见该账号详情（昵称：“赵建国”，用户名：@acfun1024），经查看“赵建国”账户聊天内容，均与大麻交易有关。法院最终确认了上述证据，认定沈××化名“赵建国”，伙同胡×实施贩卖毒品犯罪活动的事实。

在该案中，警方对于“Telegram”聊天软件平台中与账号“13×××18”相关的数据，采取的就是网络在线提取。

那么，网络在线提取与网络远程勘验处于何种关系？我国规则制定者的权威判断是，“网络在线提取基本可以理解为一个下载动作，既包括对公开的门户网站上的网页信息进行下载，也包括经网络远程勘验后下载”①；“网络远程勘验的最终目的也是在线提取电子数据，但它有一个勘验的过程，甚至涉及技术侦查措施的使用”②。我国实务专家的解释与之一致：网络在线提取是指“通过网络对网页、网上视频、网盘文件、远程计算机数据提取的动作，可以理解为通常所指的网络下载固定保全”③。不难看出，网络在线提取是一个具有任意性色彩的取证措施。即便如此，为了更好地贯彻网络空间主权原则，公安部于2019年出台《公安机关办理刑事案件电子数据取证规则》时，于第23条特别声明：“对公开发布的电子数据、境内远程计算机信息系统上的电子数据，可以通过网络在线提取。”也就是说，“境外非公开发布的电子数据，例如境外电子邮件、网盘数据等，则不在网络在线提取范围内”④。

那么，对于境外非公开发布的电子数据，我国公安机关能否直接取证呢？如果

① 周加海、喻海松：《〈关于办理刑事案件收集提取和审查判断电子数据若干问题的规定〉的理解与适用》，载《人民司法（应用）》，2017（28），34页。

② 同上文，34-35页。

③ 刘浩阳等：《公安机关办理刑事案件电子数据取证规则释义与实务指南》，123页，北京，中国人民公安大学出版社，2020。

④ 同上书，124-125页。

可以的话，那么如何取证符合网络空间主权原则？为此，需要细化对“公开发布的电子数据”的理解，亦需要明确是否可以通过勘验“境内访问、下载过该信息的终端”来间接地提取数据，以及是否可以采取技术侦查的方式再行转化等问题。

【案例 9－10】

董××、张××、田××、邓×犯组织、领导传销活动罪案①

2016 年 3 月至 2016 年 12 月期间，董××、张××与司某、徐某东（均另案处理）一同前往泰国，在得到原“云数贸”发起人宋某（化名张健，另案处理）的授意后，由司某发起、策划云数贸“五化联盟”网络传销组织，在没有实际商品交易的情况下，以支付人民币 500 元注册成为会员，同时配发原始股，宣称原始股将来可以升值、交易、提现成电子币，发展下线会员可获得推荐奖、层碰奖、点碰奖等形式，呈左、右区双轨制向下层层发展会员，诱使参加者继续发展他人参加。董××、张××、田××作为司某的直接下线，系团队的核心成员，积极参与“五化联盟”“五行币”传销活动，通过微信宣传、组织线下活动等形式进行宣传、推广，大肆发展会员。邓×作为董××的下线，积极协助董××参与“五化联盟”“五行币”的宣传推广及发展会员。经鉴定，董××发展下线会员数 46 349 个，层级达 123 层；张××发展下线会员数 16 445 个，层级达 81 层；田××发展下线会员数 72 129 个，层级达 71 层；邓×发展下线会员数 19 731 个，层级达 121 层。为了证明以上案件事实，公安机关制作了勘验、检查、搜查等笔录，其中之一是“丹公网勘（2017）001 号电子物证远程勘验笔录”，证实“公安机关对涉及‘12·18 组织、领导传销活动案’会员管理系统备份数据库进行提取并固定的勘验过程”。另外，经查，本案中存储会员管理系统备份数据库的服务器地址在美国西海岸。对于这样一份远程勘验笔录及获取的电子数据，董××的辩护人提出了异议，理由是“公安机关通过‘五化联盟’的服务器获取的电子证据是域外证据，该证据未有持有人的签名或者盖章，也没有见证人以及进行录像，因此不具有合法性”。

法院经审查认为，“关于被告人董××的辩护人提出的公安机关通过‘五化联盟’的服务器获取的电子证据是域外证据，不具有合法性的辩护意见，经查，根据《最高人民法院、最高人民检察院、公安部关于办理刑事案件收集提取和审查判断电子数据若干问题的规定》第九条，对于原始存储介质位于境外或者远程计算机信息系统上的电子数据，可以通过网络在线提取。公安机关对于收集、提取本案的电子数据过程，依法制作了电子物证勘验笔录，笔录中注明了‘五化联盟’网站服务器的地址在美国西海岸，勘验人员为两名侦查人员，且有见证人见证，相关人员在勘验笔录上均有签名，案涉电子数据的收集提取程序合法，该辩护意见缺乏事实和

① 参见广东省广州市南沙区人民法院刑事判决书（2018）粤 0115 刑初 546 号。

法律依据，本院不予采纳”。

可以说，该案中法官所进行的回应并不是那么充分有力。

对于这里所提出的域外证据的合法性问题，要从根本上解决必须进行制度建设，即我国法律需要明确跨境电子取证的直接方式有哪几种及所适用的条件。

第三节　中国关于网络犯罪的境内管辖制度

一、网络犯罪的一般管辖原则

同网络犯罪的国际管辖制度一样，中国关于网络犯罪的境内管辖制度也可以区分为侦查管辖与审判管辖制度（准确地说还包括审查起诉管辖制度）。但由于在国内司法活动中侦查管辖往往与审查起诉管辖、审判管辖是一体的①，这种区分的意义就不甚显明。

【案例 9－11】

李×、梁××、张××等犯非法获取计算机信息系统数据、非法控制计算机信息系统罪案②

2016 年 10 月至 2017 年 2 月期间，张××、李×经事先预谋，采用技术手段盗取“集结号”等游戏中的虚拟货币，后由李×销赃后将分成款打给张××，张××共收到分成款 1 286 334 元。张××的辩护人辩称，长兴县人民法院对本案不具有管辖权。法院认为：经查，2016 年 9 月 27 日，腾讯科技（深圳）有限公司员工李新向长兴县公安局报案称，2016 年 5 月份之后，发现在长兴县雉城街道长兴地区有 QQ 用户的信息被别人非法获取。长兴县公安局于当日立案。民警在之后的侦查工作中，陆续侦破了本案四被告人的犯罪事实。综上，结合网络犯罪具有超越时空、传播范围广、隐蔽性强等独特的特点，本案由长兴县公安局侦查终结，由长兴县人民检察院提起公诉，由本院审判，符合《刑事诉讼法》中关于案件管辖的相关规定。

从学理上讨论网络犯罪的境内管辖制度，从一般管辖原则与特殊管辖方法的界

① 一种观点认为：现阶段我国公、检、法三机关分别作为治理网络犯罪的前端、中端和后端，位于后端的法院处于应对管辖权异议之被动地位。为了减轻后端压力，实践中检察机关作为法律监督机关应当加强对网络犯罪管辖问题的审查，制度上应当明确建立一地公安机关启动侦查管辖并不必然导致当地检察机关、审判机关启动审查起诉管辖、审判管辖的规则。

② 参见浙江省长兴县人民法院（2017）浙 0522 刑初 681 号刑事判决书。

分角度更为普遍，也能够更好地指导实践。我国《刑事诉讼法》第25条规定：“刑事案件由犯罪地的人民法院管辖。如果由被告人居住地的人民法院审判更为适宜的，可以由被告人居住地的人民法院管辖。”这里确定的“以犯罪地为主、以居住地管辖为辅”的管辖原则，被援引作为网络犯罪的一般管辖原则。2014年5月，最高人民法院、最高人民检察院、公安部联合发布《关于办理网络犯罪案件适用刑事诉讼程序若干问题的意见》，于第2条明确了这一原则：“网络犯罪案件由犯罪地公安机关立案侦查。必要时，可以由犯罪嫌疑人居住地公安机关立案侦查。”这是从侦查管辖的角度确立管辖原则的法条表述。

【案例9-12】

谭秦东涉嫌构成损害商品声誉罪案[1]

谭秦东，在广州执业的一名医生。2017年12月19日，他在网上发表文章《中国神酒“鸿毛药酒”，来自天堂的毒药》。该文章通过对心肌、心脏传导系统、心瓣膜等器官的变化的分析，提出“老年人，尤其有高血压、糖尿病的老年人不能饮酒。鸿毛药酒广告的主要消费者基本是老年人”，进而对鸿毛药酒的疗效提出质疑。值得注意的是，谭秦东的文章正文中均写作“鸿毛药酒”，但文章中贴出的广告截图和新闻报道等均为“鸿茅药酒”。同年12月22日，内蒙古鸿茅国药股份有限公司到内蒙古凉城县公安局报案称：广州医生谭秦东在网上发文对“鸿茅药酒”进行恶意抹黑，致使多家经销商退货退款，给鸿茅国药股份有限公司造成重大损失。随后凉城警方对谭秦东执行跨省抓捕。

该案后来在网上引起了轩然大波，许多人质疑凉城警方跨省抓捕的行为是否符合法律规定，更有人质疑，如此“跨省抓捕”会引发地方保护主义。有专家接受媒体采访时表示：谭秦东是在网上发布言论，谭秦东上网的地方和服务器所在的地方是行为地，而结果地，即发生退货的地点，较难确定。虽然在网络上发布的内容，全国各地的人都可以看到，甚至有可能退货行为发生地之一就在内蒙古，但是并不能推而广之认为全国各地都是结果地，任意一个地方都有管辖权。当结果地难以认定的时候，应该由行为地或者谭秦东居住地的公、检、法进行管辖。

由此可见，在确定网络犯罪境内管辖方面，我国必须增强“以犯罪地管辖为主、以居住地管辖为辅”的管辖原则的可用性。《关于办理网络犯罪案件适用刑事诉讼程序若干问题的意见》第2条还规定：“网络犯罪案件的犯罪地包括用于实施犯罪行为的网站服务器所在地，网络接入地，网站建立者、管理者所在地，被侵害的计算机信息系统或其管理者所在地，犯罪嫌疑人、被害人使用的计算机信息系统所在地，被害人被侵害时所在地，以及被害人财产遭受损失地等”；“涉及多个环节

① 参见https：//m.sohu.com/a/228702842_617717.

的网络犯罪案件，犯罪嫌疑人为网络犯罪提供帮助的，其犯罪地或者居住地公安机关可以立案侦查”。可以说，这一条款相对于以往的司法解释有了进一步的明确与拓展①，确立了网络犯罪“沾边即管”的思路。这导致在实践中容易出现多地均具有属地管辖权的情况。

【案例 9－13】

陆×犯妨害信用卡管理罪、销售假药罪案②

沅江市人民检察院起诉指控陆×犯妨害信用卡管理罪、销售假药。陆×提出管辖权异议。沅江市人民法院作出（2014）沅刑初字第 267 号刑事裁定：陆×涉嫌通过网络实施犯罪活动，属于网络犯罪，且具有多个犯罪地。依照最高人民法院、最高人民检察院、公安部《关于办理网络犯罪案件适用刑事诉讼程序若干问题的意见》第 2 条第 3 项之规定，有多个犯罪地的网络犯罪案件，由最初受理的公安机关或者主要犯罪地公安机关立案侦查，需要提请逮捕、移送审查起诉、提起公诉的，由该公安机关所在地的人民检察院、人民法院受理。故认定沅江市人民法院具有管辖权。遂裁定驳回陆×的管辖权异议。陆×不服，提起上诉。二审法院继续援引最高人民法院、最高人民检察院、公安部《关于办理网络犯罪案件适用刑事诉讼程序若干问题的意见》第 2 条第 3 项之规定作为法律依据，指出：因湖南省沅江市是上诉人陆×所涉嫌的妨害信用卡管理犯罪所涉及的系列案的发生地之一，故沅江市公安局对本案有权进行侦查。最终认定“陆×上诉提出沅江市公安局对本案无权侦查的上诉意见不能成立”。

在该案中，“系列案的发生地”的说法就意味着该案的犯罪地非常之多。

显而易见，最高人民法院、最高人民检察院、公安部《关于办理网络犯罪案件适用刑事诉讼程序若干问题的意见》确定了一个极为宽泛的地域管辖思路，它将“网站服务器所在地，网络接入地，网站建立者、管理者所在地，被侵害的计算机信息系统或其管理者所在地，犯罪嫌疑人、被害人使用的计算机信息系统所在地，被害人被侵害时所在地，以及被害人财产遭受损失地等”，均作为地域管辖的范围。这种立法例为最高人民法院、最高人民检察院、公安部于 2016 年发布的《关于办理电信网络诈骗等刑事案件适用法律若干问题的意见》所继承和发扬。③

① 关于这一判断，参见喻海松：《网络犯罪二十讲》，123－124 页，北京，法律出版社，2018。

② 参见湖南省益阳市中级人民法院（2014）益法刑二终字第 95 号刑事裁定书.

③ 该意见第 5 条第 1 款规定：电信网络诈骗犯罪案件一般由犯罪地公安机关立案侦查，如果由犯罪嫌疑人居住地公安机关立案侦查更为适宜的，可以由犯罪嫌疑人居住地公安机关立案侦查。犯罪地包括犯罪行为发生地和犯罪结果发生地。“犯罪行为发生地”包括用于电信网络诈骗犯罪的网站服务器所在地，网站建立者、管理者所在地，被侵害的计算机信息系统或其管理者所在地，犯罪嫌疑人、被害人使用的计算机信息系统所在地，诈骗电话、短信息、电子邮件等的拨打地、发送地、接受地，以及诈骗行为持续发生的实施地、预备地、开始地、途经地、结束地。“犯罪结果发生地”包括被害人被骗时所在地，以及诈骗所得财物的实际取得地、藏匿地、转移地、使用地、销售地等。

在实践中，上述各项用于确定地域管辖范围的因素，难免引发争议，比如，“网站服务器所在地”标准就很容易受到被滥用的质疑。2012 年，最高人民法院《关于适用〈中华人民共和国刑事诉讼法〉的解释》第 2 条使用的表述是“犯罪行为发生地的网站服务器所在地”；2014 年，最高人民法院、最高人民检察院、公安部《关于办理网络犯罪案件适用刑事诉讼程序若干问题的意见》第 2 条使用的表述为“用于实施犯罪行为的网站服务器所在地”。这一变化看起来更加准确，但实践中引发的问题依然不少。又如，“网站服务器所在地”标准同“被侵害的计算机信息系统所在地”标准、“犯罪嫌疑人、被害人使用的计算机信息系统所在地”标准存在难以区分的联系，在当下计算机信息系统越来越多地采取云服务器存储技术的情况下，如此三个标准并存很容易造成世界各地均有管辖权的情况。

【案例 9－14】

叶××、江××、胡××犯侵犯著作权罪案①

2014 年 8 月以来，叶××、江××共同出资成立了“漫游公司”，旗下有“爱漫画”网站和“动漫 456 网站”两个网站。“漫游公司”成某（另案处理）、叶××、江××、胡××在未经著作权人许可的情况下，由胡××负责将通过各种途径搜集到的他人的大量漫画作品进行整理、编辑并上传至“爱漫画”网站供访客免费观看，以此提高该网站的访问量，同时在该网站上提供刊登收费广告服务，收取广告商广告费。2015 年 4 月 14 日 20 时许，公安机关在“漫游公司”位于深圳市福田区彩田北路 3030 号橄榄大厦 2802 号的办公场所将叶××、江××、胡××抓获。经现场搜查和勘验，警察在三人所使用的电脑上发现涉案相关图片及信息。

同年 5 月 30 日至 6 月 10 日，成都市公安局电子物证鉴定所对“爱漫画”网站涉案服务器硬盘进行了电子数据检查、收集和提取。后公安机关将从中提取的五千余部漫画作品鉴材分别送交中国版权保护中心版权鉴定委员会、日本内容产品海外流通促进机构和韩国著作权委员会北京代表处进行鉴定和确认。经中国版权保护中心版权鉴定委员会鉴定，涉案服务器硬盘内提取的《恶魔奶爸》等 6 部美术作品与腾讯网站上的 6 部美术作品的对应内容相同；经日本内容产品海外流通促进机构确认，涉案的《阿某》等 5 216 部日本作品的权利人均未对“漫游公司”进行过任何授权；经韩国著作权委员会北京代表处鉴定，“爱漫画”网站所传播的《热血江湖》等 23 部韩国漫画作品系未经权利人许可而被使用。另外经查，深圳市腾讯计算机系统有限公司托管的存放相关漫画数据的服务器位于成都市温江区成都电信光华 AC2 楼的电信机房。

成都市温江区人民检察院以成温检公诉刑诉（2016）87 号起诉书指控叶××、

① 参见四川省成都市温江区人民法院（2016）川 0115 刑初 89 号刑事判决书。

江××、胡××犯侵犯著作权罪。在庭审中，被告人叶××、胡××的辩护人均提出“温江区人民法院不具有本案的管辖权”的辩护意见。法院经审理认为：本案被害人之一——深圳市腾讯计算机系统有限公司托管的存放相关漫画数据的服务器位于成都市温江区成都电信光华 AC2 楼的电信机房，即被害人使用的计算机系统位于成都市温江区。根据最高人民法院、最高人民检察院、公安部《关于办理网络犯罪案件适用刑事诉讼程序若干问题的意见》第 2 条之规定，本院对本案具有管辖权。

在该案中，法院使用了“被害人使用的计算机信息系统所在地”作为行使管辖权的标准。这是一种网络犯罪管辖“大”扩张的倾向。

人们应当清醒地认识到，网络犯罪的“犯罪地”范围扩张的影响肯定是双重的。一方面，它有利于打击网络犯罪，有利于被害人及时到附近公安机关报案，参与诉讼并维护自己的权利。另一方面，它也会带来管辖难题，突出表现为“推诿管辖”和“争抢管辖”问题。“推诿管辖”是指有的公安机关“怕麻烦”而对网络犯罪应当立案却没有立案，使受害人的权利得不到及时救济；“争抢管辖”是指有的公安机关对网络犯罪本没有管辖权，却因办理网络犯罪案件“有利可图”而立案侦查。此外，实践中还出现了由质疑刻意制造管辖因素而引发的争议。

【案例 9－15】

王××、郑××犯侵犯著作权罪案[①]

王××、郑××的住所地分别是上海市嘉定区、浙江省台州市黄岩区。因涉嫌使用魔灵公司的“千炮捕鱼”游戏源代码开发出“天天街机捕鱼”手机游戏软件用于推广牟利，构成侵犯著作权罪，该二人被徐州警方于 2019 年 11 月 1 日执行逮捕。此案被江苏省徐州市人民检察院提起公诉，徐州市中级人民法院作出一审判决，判决王××、郑××犯侵犯著作权罪，分别判处有期徒刑 5 年 6 个月、5 年。

两人不服，提起上诉，上诉理由均指向管辖权方面。王××上诉称：一审法院对本案不具有管辖权。(1) 徐州既非犯罪行为发生地，亦非犯罪结果发生地。(2) 被害单位与第三方汉唐公司的服务协议载明期限为 2014 年 8 月 1 日至 2017 年 8 月 1 日，租赁费一年 5 万元，共计 15 万元，付款凭证却显示付款金额 40 万元，时间为 2015 年 3 月 9 日，两个证据存在矛盾，有临时制造管辖之嫌。(3) 本案不应适用最高人民法院、最高人民检察院、公安部《关于办理网络犯罪案件适用刑事诉讼程序若干问题的意见》的规定，一审法院根据东方鉴定所［2016］鉴字第 40 号“关于服务器运行情况的鉴定”中“魔灵公司在 2014 年 11 月 3 日和 15 日使用过在徐州

① 参见江苏省徐州市中级人民法院（2016）苏 03 刑初 100 号刑事判决书，江苏省高级人民法院（2020）苏刑终 19 号刑事判决书。

的服务器”，认为其对本案有管辖权，所适用的“被害人使用的计算机信息系统所在地”规定，必须被限定为“被害人运行涉案游戏使用的计算机信息系统所在地”，而该鉴定不能证明被害单位使用的服务器用于运行涉案游戏。王××的辩护人的主要辩护意见中同样包括“本案徐州警方不具有管辖权”的内容。

郑××的主要上诉理由及辩护人的主要辩护意见之一是“徐州的司法机关对本案不具有管辖权，被害单位虚构事实、恶意制造管辖”。(1) 被害单位提供的服务协议约定其自 2014 年 8 月 1 日至 2017 年 8 月 1 日租用汉唐公司服务器，在协议签署后 2～3 个工作日内，一次性支付费用 15 万元。汉唐公司提供的收款回单时间为 2015 年 3 月 9 日，金额为 40 万元，二者内容不符。被害单位于 2015 年 1 月 8 日报案，王××、郑××于 2015 年 3 月底被刑事拘留，付款时间在二者之间，故该协议有临时订立、虚构租赁关系的可能。(2) 汉唐公司无法提供后台电子数据，故被害单位租赁使用服务器的事实并不存在。(3) 东方鉴定所［2016］鉴字第 40 号鉴定意见鉴定的 IP 地址为 112.85.231.16，远程管理端口为 39433 的服务器在 2014 年 11 月 3 日和 2014 年 11 月 15 日有运行记录。而该所的［2015］鉴字第 5 号鉴定意见、［2017］鉴字第 38 号鉴定意见载明被害单位的服务器 IP 地址为“211.144, 212.51”，两个 IP 地址不同。

针对王××、郑××及辩护人提出的“徐州没有管辖权，服务器租赁协议虚假，本案不是网络犯罪，不能适用网络犯罪管辖的规定”的上诉理由及辩护意见，检察员提交书面意见，认为该上诉理由和辩护意见不成立：经查，(1) 王××、郑××复制被害单位的捕鱼游戏源代码并通过信息网络向公众传播，侵权行为主要在网络上实施，本案系网络犯罪案件，管辖问题应适用《关于办理网络犯罪案件适用刑事诉讼程序若干问题的意见》的规定。(2) 被害单位与汉唐公司于 2014 年 8 月 1 日签订服务协议，约定项目为服务器租赁，期限自 2014 年 8 月 1 日至 2017 年 8 月 1 日。东方鉴定所［2016］鉴字第 40 号“关于服务器运行情况的鉴定”证明在报案日即 2015 年 1 月 8 日之前，被害单位在徐州市的服务器被实际使用过，故徐州市是被害单位使用的计算机信息系统所在地。(3) 无证据证明被害单位为制造管辖而虚假签订合同，双方合同约定对服务器试用半年后，如未出现带宽不足、服务器不合格情形，被害公司一次性支付全部服务费用，被害单位于 2015 年 3 月 5 日向汉唐公司支付 40 万元费用，支付时间与合同约定的试用半年后付费并不矛盾。后汉唐公司建议将网络服务升级成高防防御，费用由 15 万元追加至 40 万元，合同在履行中经双方合意变更，增加费用并不能证明合同系虚假订立。

二审法院经审查认为：经查，《关于办理网络犯罪案件适用刑事诉讼程序若干问题的意见》规定，主要犯罪行为在网络上实施的案件系网络犯罪案件，网络犯罪案件的犯罪地包括用于实施犯罪行为的网站服务器所在地，网络接入地，网站建立者、管理者所在地，被侵害的计算机信息系统或其管理者所在地，犯罪嫌疑人、被害人使用的计算机信息系统所在地，被害人被侵害时所在地，以及被害人财产遭受损失地等。王××、郑××复制被害单位的“千炮捕鱼”游戏源代码并通过信息网络向公众传播，其犯罪行为主要通过网络实施，故本案的管辖问题应适用《关于办理网络犯罪案件适用刑事诉讼程序若干问题的意见》的相关规定。被害单位与汉唐公司签订租用服务器的服务协议，并支付相关费用，且在报案日即2015年1月8日之前，被害单位在徐州市的服务器被实际使用过，徐州市作为被害单位使用的计算机信息系统所在地，属于本案的犯罪地，故一审法院依法对本案具有管辖权。被害单位和汉唐公司的服务协议与付款凭证虽在时间及数额上存在不同，但汉唐公司出具的情况说明已对此作出合理解释。故王××、郑××及辩护人的该点上诉理由及辩护意见不能成立，本院不予采纳。

2020年12月，最高人民法院《关于适用〈中华人民共和国刑事诉讼法〉的解释》新修订后向社会发布。其第2条规定：“犯罪地包括犯罪行为地和犯罪结果地。”“针对或者主要利用计算机网络实施的犯罪，犯罪地包括用于实施犯罪行为的网络服务使用的服务器所在地，网络服务提供者所在地，被侵害的信息网络系统及其管理者所在地，犯罪过程中被告人、被害人使用的信息网络系统所在地，以及被害人被侵害时所在地和被害人财产遭受损失地等。”这一条文表述相对过去有所优化，体现了最高人民法院对网络犯罪刑事诉讼之“沾边即管”规则的微调。2021年1月，最高人民检察院发布《人民检察院办理网络犯罪案件规定》，其第5条强调“网络犯罪案件的管辖适用刑事诉讼法及其他相关规定”，同时规定，“有多个犯罪地的，按照有利于查清犯罪事实、有利于保护被害人合法权益、保证案件公正处理的原则确定管辖”。该条文表述的特点是突出申明了网络犯罪管辖冲突、争议的解决原则、方法，其中关于“保证案件公正处理的原则”的表述，具有适当遏制“沾边即管”之负面影响的导向。

二、网络犯罪的特殊管辖方法

网络犯罪案件的犯罪地往往存在多处，被告人居住地也因为被告人人数众多而有多处，这就使确定网络犯罪的管辖时必须确定优先管辖的方法，它指的是在若干同级公安、司法机关都有权管辖的情况下由哪一个公安、司法机关优先行使管辖权的问题。我国《刑事诉讼法》第26条规定：“几个同级人民法院都有权管辖的案件，由最初受理的人民法院审判。在必要的时候，可以移送主要犯罪地的人民法院审判。”最高人民法院、最高人民检察院、公安部《关于办理网络犯罪案件适用刑事诉讼程序若干问题的意见》第2条第3项规定：“有多个犯罪地的网络犯罪案件，由最初受理的公安机关或者主要犯罪地公安机关立案侦查。有争议的，按照有利于查清犯罪事实、有利于诉讼的原则，由共同上级公安机关指定有关公安机关立案侦查。需要提请批准逮捕、移送审查起诉、提起公诉的，由该公安机关所在地的人民检察院、人民法院受理。”这是从侦查管辖的角度确定的优先管辖规则，其中，“最先受理地”“主要犯罪地”“有利于查清犯罪事实、有利于诉讼的原则”是判断的标准。

【案例 9-16】

索×犯盗窃罪案

索×自 1994 年开始就职于深圳市××银行，曾任该银行清算中心负责人。因沉溺于网络赌博欠下巨债，为偿还数万元赌债，他利用自己的电脑知识与工作之便从网上盗取所就职银行的客户存款。每次作案时，他在住处（深圳市南山区蛇口××小区 12 栋 103 房）通过分析其从银行办公地点盗取的有关客户资料，先后破解了陈某某、程某、杨某等 10 名客户的网上支付用户名和密码，通过访问深圳市福田区深南大道××号的××银行网站主页，将该主页内的上述 10 名客户账户内的存款共计 46 830 元人民币以网上支付方式秘密转走。此后，索×又通过访问××银行主页，下载了××银行武汉分行的客户资料 1 800 条后，根据有关客户信息，利用在福田区华强北电子市场购得的空白磁卡复制伪造了××银行取款磁卡 38 张准备盗取存款。他在××银行深圳分行蛇口支行的自动取款机处，用伪造的 19 张银行磁卡盗取张某、李某某、陈某等 19 名客户的存款共计人民币 91 000 元。

在该案处理过程中，索×的辩护人对福田区人民法院管辖该案提出异议，认为索×是在其住处南山区蛇口××小区 12 栋 103 房分析其从银行办公地点盗取的有关客户资料，破解了陈某某、程某、杨某等 10 名客户的网上支付用户名和密码，且后来的取现行为也发生在南山区，因此本案的行为地为南山区，该案应由南山区人民法院管辖。而负责审理此案的福田区人民法院认为，本案的部分行为地发生在福田：第一，索×破译用户名和密码后，是通过访问网址所在地为福田区深南大道××号的××银行主页，将客户账户内的存款以网上支付方式秘密转走的。第二，索×购买空白磁卡复制伪造××银行取款磁卡也是发生在福田区华强北电子市场。第三，本案的部分犯罪结果地应该是××银行总部，它亦在福田辖区内。而在福田区人民法院与南山区人民法院均有管辖权的前提下，福田区人民法院最先受理该案，因此应由福田区人民法院管辖。

并案管辖是处理网络犯罪管辖问题的第二种特殊方法，它指的是从有利于查明案件事实、有利于促进司法公正与效率的角度，对同一人多个犯罪、多人有关联犯罪、共同犯罪等特殊案件进行并案处理的管辖方法。网络犯罪存在错综复杂的分工关系，使用并案处理方法也显得复杂。最高人民法院、最高人民检察院、公安部《关于办理网络犯罪案件适用刑事诉讼程序若干问题的意见》第 2 条第 4 项规定，具有下列情形之一的，有关公安机关可以在其职责范围内并案侦查，需要提请批准逮捕、移送审查起诉、提起公诉的，由该公安机关所在地的人民检察院、人民法院受理：(1) 一人犯数罪的；(2) 共同犯罪的；(3) 共同犯罪的犯罪嫌疑人、被告人还实施其他犯罪的；(4) 多个犯罪嫌疑人、被告人实施的犯罪存在关联，并案处理有利于查明案件事实的。在这里，(1)(2)属于“应当”并案管辖的情况，(3)(4)属于“允许”并案管辖的情况。[①] 该意见第2条第7项还规定，发现“漏案”的，人民检察院可以通知有关公安机关进行并案侦查。这也是一种“允许”并案管辖的情况。

【案例9-17】

徐×、徐×华犯掩饰、隐瞒犯罪所得罪案[②]

2017年5月至7月期间，黄×等被害人分别通过QQ好友介绍进入股票交流群，后在群主推荐的软件上注册账户，按照指示进行股票买卖，最终爆仓亏损，亏损钱款分别流向昆山公司账户、北京公司账户。同年6月至7月期间，徐×在应当明知他人实施犯罪活动的情况下指使徐×华将其多张银行卡提供给“司磊”（身份不明）使用。其间，昆山公司账户、北京公司账户将赃款610.6万元转入徐×华的上述银行账户，徐×华分多次将其中的550万元取现。事后，徐×、徐×华共计非法获利46万元。

云和县人民法院审理徐×、徐×华犯掩饰、隐瞒犯罪所得罪案，于2020年7月30日作出（2020）浙1125刑初4号刑事判决。徐×、徐×华不服，均提起上诉。徐×华的上诉理由和辩护人的辩护意见之一指向管辖权异议：云和县公安局是基于被害人吴×报案称其于2017年7月17日、18日被骗而立案侦查，本案被告人自2017年7月14日后未再接收过案涉公司的转账，且云和县公安局于2018年认为徐×没有犯罪事实而终止侦查，说明报案人吴×的资金流向与徐×、徐×华没有关联，云和县公安局于2019年7月3日对已终止侦查的案件拆分立案缺乏依据。假使徐×、徐×华掩饰、隐瞒犯罪所得罪成立，犯罪行为发生地、结果地、经过地均不在云和县，被告人、受害人所在地均不属云和县公安局管辖范围，云和县人民法院不具有管辖权，应当移送兰考县人民法院审理。丽水市人民检察院就此发表检察意见：被害人吴×于2017年7月14日、7月17日、7月18日转入“商物通”的款项均流入两上诉人的账户，网络犯罪以犯罪地管辖为主，且公安机关终止侦查的是徐×诈骗罪一案，并不影响对本案掩饰、隐瞒犯罪所得罪案的侦查。

关于本案的管辖问题，二审法院经审理认为：根据最高人民法院、最高人民检察院、公安部《关于办理网络犯罪案件适用刑事诉讼程序若干问题的意见》的规定，网络犯罪案件由犯罪地公安机关立案侦查；有多个犯罪地的网络犯罪案件，由最初受理的公安机关或者主要犯罪地公安机关立案侦查；多个犯罪嫌疑人、被告人实施的犯罪存在关联，并案处理有利于查明案件事实的，有关公安机关可在职责范围内并案侦查。本案系云和县公安机关立案侦查的云和县辖区内的被害人吴×被诈

① 参见喻海松：《网络犯罪二十讲》，125-126页，北京，法律出版社，2018。

② 参见浙江省云和县人民法院（2020）浙1125刑初4号刑事判决书，浙江省丽水市中级人民法院（2020）浙11刑终154号刑事裁定书。

骗案的关联案件，云和县人民法院管辖本案符合法律规定。

指定管辖是处理网络犯罪管辖问题的第三种特殊方法，它包括“管辖不明的指定”“跨区域案件的异地指定管辖”“已受理案件没有管辖权的指定”“在逃犯归案后的指定管辖”等。我国《刑事诉讼法》第27条规定：“上级人民法院可以指定下级人民法院审判管辖不明的案件，也可以指定下级人民法院将案件移送其他人民法院审判。”最高人民法院、最高人民检察院、公安部《关于办理网络犯罪案件适用刑事诉讼程序若干问题的意见》第2条第5项规定：“对因网络交易、技术支持、资金支付结算等关系形成多层级链条、跨区域的网络犯罪案件，共同上级公安机关可以按照有利于查清犯罪事实、有利于诉讼的原则，指定有关公安机关一并立案侦查，需要提请批准逮捕、移送审查起诉、提起公诉的，由该公安机关所在地的人民检察院、人民法院受理。”第2条第6项规定：“具有特殊情况，由异地公安机关立案侦查更有利于查清犯罪事实、保证案件公正处理的跨省（自治区、直辖市）重大网络犯罪案件，可以由公安部商最高人民检察院和最高人民法院指定管辖。”① 第2条第8项规定：“为保证及时结案，避免超期羁押，人民检察院对于公安机关提请批准逮捕、移送审查起诉的网络犯罪案件，第一审人民法院对于已经受理的网络犯罪案件，经审查发现没有管辖权的，可以依法报请共同上级人民检察院、人民法院指定管辖。”② 第2条第9项规定：“在逃的共同犯罪嫌疑人、被告人归案后，可以由原公安机关、人民检察院、人民法院管辖其所涉及的案件。”最高人民检察院《人民检察院办理网络犯罪案件规定》第5条第3款规定：“因跨区域犯罪、共同犯罪、关联犯罪等原因存在管辖争议的，由争议的人民检察院协商解决，协商不成的，报请共同的上级人民检察院指定管辖。”

【案例9-18】

郝×、颜××犯诈骗罪案③

2007年10月至2010年4月间，吴×（另案处理）与台湾地区诈骗团伙勾结，

① 最高人民法院、最高人民检察院、公安部《关于办理网络赌博犯罪案件适用法律若干问题的意见》第4条第3项有着类似规定：“公安机关对侦办跨区域网络赌博犯罪案件的管辖权有争议的，应本着有利于查清犯罪事实、有利于诉讼的原则，认真协商解决。经协商无法达成一致的，报共同的上级公安机关指定管辖。对即将侦查终结的跨省（自治区、直辖市）重大网络赌博案件，必要时可由公安部商最高人民法院和最高人民检察院指定管辖。”

② 最高人民法院、最高人民检察院、公安部《关于办理网络赌博犯罪案件适用法律若干问题的意见》第4条第4项有着类似规定：“为保证及时结案，避免超期羁押，人民检察院对于公安机关提请审查逮捕、移送审查起诉的案件，人民法院对于已进入审判程序的案件，犯罪嫌疑人、被告人及其辩护人提出管辖异议或者办案单位发现没有管辖权的，受案人民检察院、人民法院经审查可以依法报请上级人民检察院、人民法院指定管辖，不再自行移送有管辖权的人民检察院、人民法院。”

③ 参见福建省南靖县人民法院（2017）闽0627刑初330号刑事判决书。

在厦门市思明区莲坂莲富大厦设置诈骗窝点，安装专门与台湾地区通话的网络电话，而后设置“行政组”“秘书组”“控台组”等组别，组织人员利用网络电话等电信设备针对台湾地区不特定多数人拨打诈骗电话，配合台湾地区诈骗团伙进行电信诈骗活动。其间，郝×于2007年10月至2010年4月参与该团伙诈骗，颜××于2009年5月至2010年4月参与该团伙诈骗，均担任诈骗窝点“秘书组秘书”，负责拨打电话实施诈骗。他们的同案犯包括黄××。此案中的主要证据包括福建省公安厅指定管辖决定书、漳州市公安局指定管辖决定书，证实肖×等人涉嫌电信诈骗案件经指定由南靖县管辖。另外，关于郝×、颜××被控诈骗案，福建省南靖县人民检察院于2017年11月20日提起公诉，福建省南靖县人民法院经漳州市中级人民法院指定管辖于同日立案，依法组成合议庭审理。

在庭审中，郝×的辩护人的主要辩护意见包括“本案南靖县没有管辖权”。其理由是：参照最高人民法院、最高人民检察院、公安部《关于办理网络犯罪案件适用刑事诉讼程序若干问题意见》的规定，有多个网络犯罪地的网络犯罪案件，由最初受理的公安机关或者主要犯罪地公安机关立案侦查，按照有利于查清犯罪事实、有利于诉讼原则，本案应由长泰县管辖。

关于辩护人提出本案南靖县没有管辖权的辩护意见，法院经审理后认为：经查，肖×案经福建省公安厅、漳州市公安局指定由南靖县管辖，其中，黄××因在莲坂莲富大厦参与实施诈骗业经该院判处刑罚，判决已经生效。而郝×、颜××与黄××系共同在莲坂莲富大厦参与实施诈骗。参照最高人民法院、最高人民检察院、公安部《关于办理网络犯罪案件适用刑事诉讼程序若干问题的意见》第二部分第9条关于“在逃的共同犯罪嫌疑人、被告人归案后，可以由原公安机关、人民检察院、人民法院管辖其所涉及的案件”的规定，本案南靖县具有管辖权，对此节辩护意见不予采纳。

网络犯罪案件审理过程中，提出管辖异议是控辩双方的权力/权利。实践中，通常是辩方提出管辖异议。但这不意味着控方不能行使该项权力。当然，控方可以通过发表检察意见的方式对管辖权问题表态。

【案例9－19】

马××犯侵犯著作权罪案[①]

江苏省徐州市人民检察院指控：2010年12月，马××在互联网上设计并推出了“Excel三国杀”游戏，并于2011年7月取得了计算机软件著作权登记证书。其间，马××未经著作权人许可，使用了边锋公司运营的“三国杀”游戏的图片和声

① 参见江苏省徐州市中级人民法院（2014）徐知刑初字第22号刑事判决书，江苏省高级人民法院（2015）苏知刑终字第00005号刑事裁定书。

音。2012年7月，马××和边锋公司在谈判合作“Excel三国杀”游戏未果后，边锋公司明确禁止马××使用“三国杀”游戏的相关图片和声音。马××为谋取私利，仍编辑“三国杀”游戏的相关图片和声音，制作成“Excel三国杀”素材包V2.0，为规避法律，使用“六只白蚁”的网名在互联网上发布该素材包供用户下载，用于“Excel三国杀”游戏的运营。截至案发该素材包总下载量为237 710次。经鉴定，该素材包有147张图片与边锋公司的“三国杀”系列美术作品中对应的图片分别构成实质性相似；马××通过“Excel三国杀”游戏获取相关收入共计人民币50余万元。徐州市人民法院判决，被告人马××的行为已构成侵犯著作权罪，判处有期徒刑2年，并处罚金人民币6 000元等。

马××提起上诉，请求撤销一审判决，改判其无罪，追究边锋公司虚构事实、伪造证据陷害马××的法律责任。其辩护人的辩护意见之一是，边锋公司提供的其与汉唐公司签订的租赁服务器协议、付款发票、服务器类型和素材包被点击量均存在造假现象，边锋公司故意伪造证据陷害马××，打击竞争对手目的明显，希望法庭能够排除一系列的假证据，对本案公正审理。

二审中承担公诉职能的江苏省人民检察院委派的检察员就此发表检察意见：边锋公司与汉唐公司之间的服务器租赁协议的履约时间超出订立时间，签章不规范，有临时订立的可能性。据现有证据，马××制作并发布素材包时，边锋公司有无在徐州设立服务器及该服务器是否为边锋公司“三国杀”游戏及相关程序提供后台支持无法查清。因此，徐州市对该案是否有地域管辖权存疑。边锋公司的诉讼代理人发表意见称：徐州市公安机关对此案具有管辖权。边锋公司与汉唐公司签订的租赁服务器协议，根据行业惯例对服务器进行了为期一年试用，在试用确认网络宽带不存在质量问题后，于2013年7月9日支付了合同约定的租赁费，因而边锋公司与汉唐公司的服务器租赁合同并非虚构合同和提供虚假发票。边锋公司租用的服务器所在地即是被害人使用计算机信息系统所在地，符合法律关于网络犯罪的地域管辖的规定。

江苏省高级人民法院经审理认为，综合考虑马××及其辩护人提出的上诉理由、辩护意见及边锋公司诉讼代理人的代理意见，特别是检察员的出庭意见，认定“一审判决认定事实不清，证据不足”。遂裁定撤销原判，发回重审。

拓展阅读

1. David R. Johnson & David G. Post. Law and Borders: The Rise of Law in Cyberspace. 48 *Stan. L. Rev.* 1367 (1996).

2. Jack L. Goldsmith. The Internet and the Abiding Significance of Territorial Sovereignty. 5 *Ind. J. Global Leg. Stud.* 475 (1998).

3. Jack L. Goldsmith. Against Cyberanarchy. 65 *U. Chi. L. Rev.* 1199 (1998).

4. David G. Post. Against “Against Cyberanarchy”. 17 *Berkeley Tech. L. J.* 1365 (2002).

5. 肖永平．“长臂管辖权”的法理分析与对策研究．中国法学，2019（6）：39－65.

6. 刘艳红．论刑法的网络空间效力．中国法学，2018（3）：89－109.

课后思考

1. 论述传统属地管辖原则在网络空间的失灵与应变。

2. 阐述网络空间主权思想对我国网络空间刑事管辖制度创新的影响。

3. 如何确定网络犯罪的犯罪地，是一个争议激烈的问题。从世界范围来看，早期最为著名的案例是 1996 年的合众国诉托马斯案①：美国加州的托马斯夫妇经营一个名为“世界上最龌龊的地方”的电子公告板，为付费的用户传送色情图片，还附有精美的广告词，诱使用户订阅、购买录像带。田纳西州的邮政检查员德迈耶以化名提出申请成为用户，并下载了数个图形文件、订购了数套录像带，拿到了他所需要的“证据”。利用这些证据，德迈耶向田纳西州西区联邦法院指控托马斯夫妇违反了该州的法律和《联邦反淫秽法》。法院认为，尽管托马斯夫妇的材料是储藏在加州自己家中的电脑中，由用户个人自由下载的，且不违反加州法律，但却是在田纳西州被发现的，违反田纳西州的法律，因而判决有罪。请结合本案，阐述本案由田纳西州法院管辖是否合适？

4. 结合我国司法解释的变迁，阐述我国网络空间刑事管辖制度的演变及趋势。

5. 论述网络犯罪的管辖异化现象与趋利性司法形成的关系。

6. 阐述网络犯罪的分案、并案现象对管辖权行使可能带来的关联影响。

① United States v. Thomas，1996 FED App. 0032P（6th Cir.），74 F. 3d 701，cert. denied，117 S. Ct. 74.（1996）.

第十章

网络空间民事管辖制度

尽管很多人声称网络已经或应该摆脱政府的控制，但虚拟空间和实际空间其实没有什么不同，管制和政府的力量仍然无所不在。

——［美］桑斯坦

【关键词】属地管辖　属人管辖　《布鲁塞尔公约》　《布鲁塞尔规则》　长臂管辖权　“三叉测试法”　滑动标尺标准　“针对性”标准　“利益中心地”标准　挑选法院　集中管辖　计算机等信息设备所在地

【案例 10－1】

杭州市余杭区人民检察院与蔡××、姚×侵权责任纠纷（互联网民事公益诉讼）案①

2020 年 1 月，世界范围内暴发新型冠状病毒感染的疫情，我国许多省份启动重大突发公共卫生事件一级响应，要求民众在外出时佩戴口罩用以阻隔病毒传播。1 月 24 日，蔡××经姚×介绍，一同到浙江省金华市金东区现场“验货”后，明知系无生产日期、无质量合格证、无生产者名称的普通防尘口罩，无法满足疫情防控的要求，仍以 4 元/个的价格向王××购买，后通过微信朋友圈、好友群等对外宣称为防细菌病菌、飞沫阻隔效率达到 99%以上的 N95 专业口罩，又通过微信以 8 元/个的价格对外销售，其中已进入公共流通领域的伪劣口罩共计 9 550 个，销售数额 76 400 元……经检测，蔡××所购得转卖的口罩的过滤效率实测值分别为 6.5%、20.1%、8.7%，均不符合 GB2626－2006 检测方法的标准要求。被告

① 参见杭州互联网法院（2020）浙 0192 民初 1147 号民事判决书。

蔡××、姚×通过互联网向众多不特定消费者实施侵权行为，致使不具病毒防御功能的口罩被不知情的社会公众购买用于防护，在疫情防控期间，严重危害社会公众的生命健康安全，不利于疫情防控的国家公共卫生安全，可能造成社会公众的不安心理，致使社会公共利益受到侵害。杭州市余杭区人民检察院向杭州互联网法院提起在互联网上实施侵权行为而引发的公共卫生安全民事公益诉讼，请求判令被告蔡××、姚×发布警示公告、召回已销售商品、支付消费者购买商品价款三倍的惩罚性赔偿并赔礼道歉。

案件争议焦点之一为“杭州市余杭区人民检察院向本院提起本案民事公益诉讼是否符合法律规定”，可分解出来的问题之一是“本院对案件是否享有管辖权”。法院经审查认为，依照最高人民法院《关于互联网法院审理案件若干问题的规定》第2条第9项规定，杭州互联网法院集中管辖所在市的辖区内检察机关提起的互联网公益诉讼案件。是否属于互联网公益诉讼，可从两个标准进行判断：其一，侵害公共利益行为所利用的工具或依凭的载体等是否主要为互联网信息技术或互联网信息平台等；其二，侵害的不特定主体公共利益，是否主要为互联网场域中的公共利益。本案同时符合上述两个判断标准，公益诉讼起诉人指控两被告利用了互联网信息技术、交易平台的虚拟性、延伸性、超地域性等特性，从事违法经营活动、逃避监管并放大经营活动的范围和影响，同时，其行为也扰乱电商交易秩序，将违法成本转嫁给网络消费购物者，使得网络消费购物成本急剧攀升，故本案属于互联网公益诉讼，本院对本案具有管辖权。

第一节　网络空间民事管辖制度概览

一、网络空间民事管辖的含义与挑战

（一）基于学理的简单分析

网络空间民事管辖指向的是不同国家的司法机关之间以及一国内部司法机关之间就网络侵权纠纷、电子合同纠纷等网络民事案件的管辖权分配与行使的问题。学术上也使用过“互联网/网络环境下的民事管辖”“网络案件/纠纷民事管辖”等类似的概念。相应地，网络空间民事管辖制度主要指有关国家的民事诉讼法对相关国际民事管辖权、国内民事管辖权所确立的规则体系。在互联网等信息技术迅猛发展和深度运用的新时期，网络空间民事管辖制度也遇到了类似于刑事管辖制度一样的动摇和挑战。

网络空间民事管辖制度的确立与完善，需要化解属地管辖原则的障碍。网络民事纠纷当事人双方可能相隔万里，甚至是在不同的国家；涉案标的物可能不在当事人所在地的国家，而在与双方当事人都相距万里之遥的第三国。这些都突破了传统的地域观念。即使各方当事人都在同一个国家，也存在一个诉讼成本的问题。这些使得以地域为基础的民事管辖权制度很难发挥作用。各国长期实践中用以确定民事管辖权的根据如诉讼原因发生地、诉讼标的所在地、被告的财产所在地等都具有较强的地域性，而因特网中上述根据不再具有简单的映射关系。就电子合同纠纷而言，合同的签订地、履行地并不容易确定，使得原本非常明确的管辖区域变得模糊；在网络侵权纠纷中，侵权行为地、侵权结果地的确定也存在着这样的问题。

网络空间民事管辖制度的确立与完善，需要化解属人管辖原则的障碍。传统上管辖权的属人主义有广狭义之分。狭义的仅指以当事人的国籍来确定管辖权的原则，广义的则包括依照当事人的国籍、原告就被告的方式确立管辖权的原则。网络空间民事管辖制度的确立与完善，需要化解属人管辖原则的障碍。首先，网络动辄超越国界的特点使得以当事人国籍为基础的管辖权理论失去意义。网络是一个面向任何国家和任何人开放的独立自主的空间，任何国家都难以对网络上的活动单独进行有效监管。即便在电子商务活动中，确认身份主要是了解当事人的商业身份，国籍在这里只是一个符号性的因素，对于确定管辖权没有实际意义。其次，“原告就被告”原则也不具有可行性。它很可能无形之中大大增加原告的诉讼成本。即便原告能够胜诉，也不一定能够得到合理补偿，因为人们之间产生的纠纷很可能超出了法院的权力所及范围。法院是否有可能对非本辖区内的被告行使管辖权以及原告到底应当在什么地方对被告提起诉讼，成为新问题。

网络空间民事管辖制度的确立与完善，需要化解协议管辖原则的障碍。协议管辖原则在网络诉讼中可能被滥用，导致挑选法院（forum shopping）的现象增多。所谓挑选法院，又称择地诉讼，是指当事人选择到对自己有利的国家或法院提起诉讼的法律现象。这虽非因特网中特有的现象，但在全球性的网络环境下挑选法院变得更加容易。在以网络为基础的联系中，何种程度的“联系”足以使法院具有管辖权，便成为首先需要回答的问题。特别是在涉外网络民事诉讼中，各国的法律规定存在很大的差异，即使是同一国家也可能因拥有不同的法域而存在着冲突。这就导致一个案件在不同的地方起诉得到的结果可能会大相径庭。仅以网上诽谤为例，至少有下列国家的法院可行使管辖权：侵权人所在国、侵权行为实施地国、侵权结果发生地国、上载诽谤言论的网络服务提供者所在国、转发言论的网络服务提供者所在国、网络服务提供者的涉外子公司所在国等。而当事人为达到自己的某种特殊目的，往往去挑选法院。

网络空间民事管辖制度的确立与完善，同样需要同网络空间主权原则进行有效对接。基于国家主权原则，很多国家在其本国立法中设法扩大自己的国际民事诉讼管辖权，甚至扩大对专属管辖范围的规定，引起国家间管辖权的积极冲突。各国立法的差异是形成国际诉讼管辖权冲突的直接原因。各国若采用截然不同的标准确定管辖权，会导致对于一些国际案件多国拥有管辖权的情况。管辖权的积极冲突是当下网络空间民事管辖制度完善中的主要矛盾。当然，若对于另外一些案件，没有任何一个国家愿意行使管辖权的，又成了管辖权的消极冲突。

（二）基于实践的初步启示

【案例 10－2】

郑××与CSC企业域名公司、互联网名称与数字地址分配机构等垄断纠纷案①

郑××于2015年1月6日向新网公司提出注册CM.COM域名的注册申请，未获得答复，后来郑××获悉涉案域名于2015年1月16日被美国人注册。郑××认为，域名注册服务机构和管理机构应当严格遵守先申请先注册的原则，新网公司、互联网名称与数字地址分配机构（住所地美利坚合众国加利福尼亚州玛丽安德尔湾金钟路）对自己的申请不予理睬，却于之后将涉案域名由CSC企业域名公司（以下简称CSC公司，住所地美利坚合众国特拉华州威尔明顿森特维尔路）进行注册。郑××以该行为违反《中华人民共和国反垄断法》，构成了没有正当理由、拒绝与交易相对人进行交易的垄断行为，将三被告诉至北京知识产权法院。

被告CSC公司对管辖权提出异议。具体理由如下：（1）原告声称其曾提出注册申请的涉案域名属于国际互联网领域中的顶级域名，该类域名的申请、注册和管理均由分配机构负责，原告所谓被告将涉案域名注册给他人的"损害原告利益"的行为，发生于中国领域之外，不属于中国法院管辖范围。（2）本案既不是用《中华人民共和国民事诉讼法》第二十八条关于一般民事侵权的管辖权确定依据，也不应按照《中华人民共和国民事诉讼法》第二百六十五条涉外合同纠纷案件的管辖规定确定管辖连接点。

一审法院经审理认为，郑××提出注册申请的涉案域名均属于国际互联网领域中的顶级域名，其注册和管理均由中国境外的分配机构负责。新网公司为负责国际顶级域名申请的域名注册服务代理机构，提供有偿域名注册的代理服务，但无预留国际顶级域名的权力，即无确定国际顶级域名申请是否能够获准注册的权力。原告郑××提交的证据仅涉及其作为新网公司注册用户的情况和就涉案域名的申请注册与新网公司进行邮件沟通的情况，不能证明其与新网公司就涉案域名的申请注册具有民事合同关系。因此，新网公司不是本案的适格被告，其住所地亦不能作为本案的管辖连接点。《中华人民共和国民事诉讼法》第265条规定："因合同纠纷或者其他财产权益纠纷，对在中华人民共和国领域内没有住所的被告提起的诉讼，如果合同在中华人民共和国领域内签订或者履行，或者诉讼标的物在中华人民共和国领域内，或者被告在中华人民共和国领域内有可供扣押的财产，或者被告在中华人民共和国领域内设有代表机构，可以由合同签订地、合同履行地、诉讼标的物所在地、

① 参见北京知识产权法院（2015）京知民初字第653号民事裁定书，北京市高级人民法院（2018）京民终46号民事裁定书。

可供扣押财产所在地、侵权行为地或者代表机构住所地人民法院管辖。”该条规定中的代表机构应指在中华人民共和国境内合法设立，从事与外国法人业务有关的办事机构，合法设立的代表机构的相关信息均应在行政机关备案。本案中，被告分配机构与被告CSC公司均为外国法人，住所地位于中华人民共和国境外。原告关于代表机构所提交的证据仅涉及联系方式和新闻报道，并无证据证明被告分配机构确在中华人民共和国境内合法设立了代表机构，且被告分配机构亦否认其在中华人民共和国境内设立了代表机构。原告郑××亦未提交证据证明被告分配机构和被告CSC公司在中华人民共和国境内有可供扣押的财产，因此，本案亦不能按照民事诉讼法第265条的相关规定确定管辖的连接点。综上所述，本院对本案并无管辖权，裁定驳回起诉。

在该案中，一审法院依据民事诉讼法的具体条款，拒绝行使管辖权。其主要论据是“主要被告为外国法人”，自己“没有管辖连接点”。

郑××不服，向北京市高级人民法院提起上诉称：(1) 郑××与新网公司有合同关系，域名注册的规例是先注册为用户，然后充入预付款，以后不需要为每次注册行为签订合同。郑××认为，其与新网公司天津分公司之间存在合同权利义务关系，因此，其与新网公司之间存在合同权利义务关系，一审法院因此具有管辖连接点。(2) 在 (2009) 二中民初字第7342号、(2010) 京民终字第482号民事裁判文书中，曾确认中华人民共和国对涉及分配机构的诉讼有管辖权。(3) 根据涉外诉讼管辖的规定，虽然CSC公司提出管辖权异议，并不能将本案整案裁定驳回起诉。CSC公司答辩称，郑××与新网公司之间不存在合同关系，本案中我国法院对CSC公司无管辖权；分配机构答辩称，争议域名的注册和管理均发生在中国境外，不存在《中华人民共和国民事诉讼法》第265条规定的管辖依据。

二审法院经审理认为，当事人提起民事诉讼必须符合法律规定的起诉条件。《中华人民共和国民事诉讼法》第119条第4项规定，起诉应属于人民法院受理民事诉讼的范围和受诉人民法院管辖。本案中，分配机构和CSC公司均属于在中华人民共和国领域内没有住所的被告。郑××与分配机构、CSC公司均不存在合同关系，且郑××所提供证据不足以证明在中华人民共和国领域内，有诉讼标的物存在或有侵权行为，或分配机构、CSC公司有可供扣押的财产，或分配机构、CSC公司设有代表机构。故，郑××对分配机构、CSC公司所提诉讼不属于一审法院管辖范围。关于郑××对新网公司所提诉讼，本院认为，新网公司仅系负责国际顶级域名申请的域名注册服务代理机构，并无确定国际顶级域名申请能否获得注册的相关权力。因此，新网公司并非本案郑××诉讼请求转移CM.COM为郑××所有的适格被告，郑××就新网公司的所诉事项应予驳回。最终裁定驳回上诉。

该案虽然不是一起典型的网络民事案件，但其中反映出涉及网络空间民事管辖因素的认识分歧问题，即如何理解属地管辖因素（如判断民事活动是否发生在中国领域内)、属人管辖因素（如作为负责国际顶级域名申请的域名注册服务代理机构之一的新网公司可否作为管辖连接点）、网络空间主权原则（如放弃对国际互联网领域中的顶级域名注册纠纷的裁决是否合理）等。该案虽然已经盖棺定论，但提出的管辖问题具有启发人思维的空间。简言之，对具体案件要放到具体国家的法律语境中具体分析，尤其是要跟既有法律规则相结合，方能找到答案。

二、网络空间民事管辖理论与制度之国际整理

（一）网络空间民事管辖新理论的兴起

为了应对网络空间民事管辖制度所遭遇的各种挑战，国际范围内不断涌现名目繁多的网络管辖新理论。据不完全统计，这些新理论大致包括“网络自治论”“虚拟存在论”“特定存在论”“全球统一协调论”“访问管辖论”“网址管辖论”“利益中心地标准”等。这些理论在创新价值方面并不一致，有的是对传统管辖权的“属地管辖原则”“属人管辖原则”等的部分调整，有的则是在否定传统管辖权理论基础上的颠覆性创新。

“网络自治论”认为：网络空间正在形成一个新的全球性市民社会，这一社会有自己的组织形式、价值标准和规则，完全脱离于政府而拥有自治的权力。因此，网络空间不应该有现行法律的介入，而应当实行网民自治，由网络服务提供者根据网络法规则来解决，从而排除网络世界之外的法院的管辖，这样，将可以不必就行为地或交易发生地的问题争论不休。这一观点同第一章所阐述的《网络独立宣言》一脉相承。

“虚拟存在论”认为：用户从因特网的任何一点进入，都能够通过众多不同的路径和连接点与其他各点相互发生联系和作用，一旦用户将一定内容放在因特网上，这一内容就在同一时刻出现在这张网的每一点上。据此，根据用户把信息放在因特网上这一事实，只要在法院地可以接触到因特网，就倾向于法院具有管辖权。这种观点实际上是认为只要从法院地可以接入因特网，那么全球所有因特网信息的提供者都可能被世界上任何一个法院宣布为享有属人管辖权，从而成为原告或被告。

“特定存在论”认为：因特网可以被看作一条信息高速路，其上的每一个服务器都同特定的物理位置相联系。当用户通过因特网传输信息时，事实上可以被看作是从一个服务器所在的物理位置到另一个服务器所在的物理位置。据此，只要法院探求到当事人住所地或其主服务器所在地在其辖区内，就对网络纠纷案件享有管辖权。根据这种观点，一般情况下法院对域外居民将不行使管辖权，当且仅当域内的网址被域外的黑客袭击时例外。

“全球统一协调论”认为：以因特网为基础的网络纠纷所具有的国际性，使各国立法和司法的介入成为困难。为此，主张等待全球的统一协调，由国际社会制定

一个统一的“网络法”[1]，以规范网上行为所引发的任何法律问题，包括网络纠纷国际管辖权的争议问题。该理论强调，对网络纠纷管辖争议的解决应注重国际交流与合作，各国应寻求制定统一的国际公约。

“访问管辖论”认为：网民的任何网上活动都是在特定的网站中进行的，不论该站点是由用户自己还是由他人提供的。某一网民访问某一站点，就表明他愿意把自己置身于该网站所在司法机关的管辖之下，即等同于网民虚拟地现身于网站所在辖区，这足以作为构成管辖的一种依据。有学者还根据访问行为的性质，将这一理论具体化为“积极访问管辖论”。具体来说，网络访问可分为单向访问与互动式访问：前者指行为人单纯地访问某一网站浏览或下载信息，后者指行为人于网络上发布信息，须有信息接收人之回应方能成立完整的行为。前者不构成管辖的依据，后者则构成。

“网址管辖论”是以网址作为新的管辖基础的理论。它主张，网址存在于网络空间中，它在网络中的位置是可以确定的；且在一定时间内具有相对的稳定性。网址受制于其网络服务提供者所在的管辖区域，是比较充分的关联因素。因此，网址应当成为新的管辖基础。进一步来说，“网址管辖论”还可细分为“IP 地址管辖论”和“域名管辖论”。这两种理论都在国际上产生了很大的影响，而且在司法实践中得到了一定程度的运用。前者认为，如果一个因素满足两个基本条件，则可以成为管辖权的基础：一是在时间和空间上具有相对稳定性，至少是可以确定的；二是与管辖区域具有一定的关联度。显然，IP 地址[2]满足这样的条件，因而它可以作为网络纠纷管辖的基础。[3] 后者主要针对有关域名的纠纷，认为可以依据系争域名的注册管理机构所在辖区来确定负责管辖的司法机关。

【案例 10-3】

美国有线新闻网诉香港美亚公司域名纠纷案[4]

2000 年 10 月，美国有线新闻网以香港美亚公司的域名“cnnews. com”侵害其商标权为由，向美国弗吉尼亚东区法院提起对物诉讼，并向该域名所有人香港美亚公司送达了相关文书。美亚公司应诉答辩，其间曾两次提出管辖权异议，均被法院

① 蒋志培主编：《网络与电子商务法》，232 页，北京，法律出版社，2000。

② 在网络空间，为了准确地找到目的计算机，每一台计算机都必须标有唯一的一个地址。就像打电话必须知道对方的电话号码，这一号码也必须是唯一的。通常，这一地址用四个十进制数表示，中间用小数点隔开，称为 IP 地址。IP 是 Internet Protocol（网际协议）的缩写。全世界的 IP 地址由 NIC（Network Information Center）负责，亚太地区由 NIC 底下的 APNIC 负责，目前在我国是由中国互联网络信息中心（CNNIC）来协调的。

③ 参见王飞、曾纪雄：《网址作为电子商务管辖基础的论证》，载《行政与法》，2004（2），106-107 页。

④ Cable News Network L. P. , L. L. L. P. , v. Cnnews. Com, 162 F. Supp. 2d 484 (ED Va. 2001).

否决。2001 年 12 月 21 日法院作出实体判决，美亚公司败诉。该案中，对国际域名争端解决产生重大影响的是 2001 年 9 月 18 日法院依据《反域名抢注消费者保护法》（ACPA）对物诉讼条款作出的一个驳回管辖权异议的裁定。该裁定实质上树立了这样的先例：即使是在美国之外的注册人，在美国之外的注册服务机构注册的通用顶级域名，商标权利人都可以根据《反域名抢注消费者保护法》的有关条款强行对其提起对物诉讼。

该案确立了基于“域名管辖论”的规则。这一判决引起了正反两方面的反应。支持者认为，本案所确立的司法原则使得商标所有人能够捉住那些“难以捉住的抢注者”，“许多域名抢注者都是美国本土以外的，并且不少 ICANN 授权的域名注册服务机构也不在美国，现在，只要域名的注册管理机构在美国，（我们）就仍然可以对其提起对物诉讼了”。反对者认为，该裁定是“不合常理的、难以置信的”①。

“利益中心地标准”认为：应当赋予受害人利益中心地的法院以管辖权。这有利于司法机关的有效运作，也有利于当事人对管辖权的可预见性。例如，如果某人将一篇侵权的文章上传至网络，他很清楚他所针对的受害人的利益中心地在哪里，这时依据利益中心地标准既使原告可以方便地确定他可以起诉的法院，也使被告可以合理地预见他可能在哪个法院被诉。通常而言，某人的利益中心地是其惯常住所。不过，人的利益中心地也可能并非其惯常住所，需要考虑其他的因素，例如其职业活动于某一地点实施，这可能使他与此地点之间存在特殊的紧密联系。②

（二）欧洲以《布鲁塞尔规则》为代表

1.《布鲁塞尔公约》设立的普适性标准

欧洲早期涉及调整网络空间民事管辖权的国际法规范主要是《布鲁塞尔公约》，确立了可用以确定网络空间民事管辖权的传统标准。该公约的全称是《关于民商事案件管辖权及判决执行的公约》（Brussels Convention on Jurisdiction and the Enforcement of Judgments in Civil and Commercial Matters）③，最早由欧共体/欧盟 6 个成员国（法、德、意、比、荷、卢）于 1968 年 9 月 27 日在比利时布鲁塞尔签订。诚然，该公约颁行时世界上并未出现网络民事纠纷，但其所确立的民事管辖权规则具有普适意义。

该公约在处理民事纠纷管辖权时要求考虑“被告居住地”“合同履行地”“与消

① 杨在文：《“.com”域名纠纷均可诉诸美国法院？——CNN v. Cnnews.com 一案的管辖权问题》，载张平：《网络法律评论》，第 3 卷，358-366 页，北京，法律出版社，2003。

② 关于部分论述，请参见石佳友：《论网络侵犯人格权案件的国际管辖权——以欧盟法院的新近判例为例》，载《社会科学家》，2013（6），27-28 页。

③ 1968 Brussels Convention on Jurisdiction and the Enforcement of Judgments in Civil and Commercial Matters.［2021-05-03］. https://eur-lex.europa.eu/legal-content/EN/TXT/HTML/?uri=CELEX:41968A0927(01)&from=EN.

费者的关系”“优先管辖权”等因素：（1）被告居住地。如果对成员国居民提起诉讼，应当在该居民的居住地法院提出，而不管其国籍如何。（2）合同履行地。就合同纠纷而言，也可能在合同履行地受到起诉。也就是说，合同的履行地也可以决定案件的管辖权，合同履行地的法院对案件享有管辖权。当然，在一些网络民事纠纷中货物可能通过因特网提供，因此如何确定合同履行地对于适用《布鲁塞尔公约》也会产生一定影响。（3）与消费者的关系。基于保护消费者利益的考虑，该公约规定，消费者既可以在其居住地提起诉讼，也可以在销售方的居住地法院提起诉讼。但是，如果销售方要对消费者提起诉讼的话，则只能在消费者的居住地法院提出。这样一来，在涉及消费者利益的网络合同纠纷中，对于消费者未能履行付款义务而引起的纠纷，只有消费者居住地的法院才享有管辖权。（4）优先管辖权。根据该公约，合同当事人有权在订立协议时约定纠纷的管辖法院。根据这个约定，一旦发生纠纷，只有约定的法院才有受理案件的权力，其他法院将无权行使管辖权。假如在网络民事纠纷中一方当事人在其网页上声明，一旦交易双方因合同纠纷提起诉讼，应当由某一地方法院受理，那么这样的声明只要符合《布鲁塞尔公约》中规定的形式要件就发生效力。这些要件包括：该协议以书面形式做成，并能提供书面证据；该协议符合当事人之间的惯例；在国际贸易或者国际商务中，符合具有一定影响力的惯例。

2.《布鲁塞尔规则》及其替代规范设立的专门性标准

随着电子商务的迅猛发展，欧洲国家参考了美国等国家的法院将企业活动作为确定管辖权连接因素的法律理念，于 2000 年推动制定确定电子消费合同诉讼管辖权的标准。这就是欧盟颁布的《布鲁塞尔规则》所提出的专门性标准。该规则的全称为《民商事案件管辖权和判决的承认和执行规则》，于 2002 年 3 月 1 日生效。① 它是对《布鲁塞尔公约》中管辖权原则的具体化，增加了电子商务消费合同纠纷案件的有关规定，设置了一些可用于调整电子商务纠纷的专门性标准，如“利益中心地”标准、“针对性”标准等。

《布鲁塞尔规则》第 5 条第 3 款规定，“居住在某一成员国的人，得在另一成员国的法院被起诉……（3）涉及侵权案件，包括侵权与准侵权，得到侵权事件发生地或可能发生地的法院起诉”②。这看似确立了“侵权事件发生地或可能发生地”法院管辖的规则。欧盟法院新近的判例将之进一步拓展为“利益中心地”标准。

① Council Regulation (EC) No. 44/2001 of 22 December 2000 on Jurisdiction and the Recognition and Enforcement of Judgments in Civil and Commercial Matters. [2021 - 05 - 03]. https://eur-lex.europa.eu/eli/reg/2001/44/oj. Council Regulation (EC) No. 44/2001 of 22 December 2000 on Jurisdiction and the Recognition and Enforcement of Judgments in Civil and Commercial Matters. *Official Journal of the European Communities*, L12/1, 16.1.2001, p. 1.

② A person domiciled in a Member State may, in another Member State, be sued: ... 3. in matters relating to tort, delict or quasi-delict, in the courts for the place where the harmful event occurred or may occur. https://eur-lex.europa.eu/legal-content/EN/TXT/PDF/?uri=CELEX:32001R0044&from=EN.

【案例 10-4】

马丁内兹父子诉镜报出版集团案①

奥利维耶·马丁内兹（Martinez）是一名法国著名演员。2003 年，马丁内兹与澳大利亚著名歌星凯莉·米洛相恋。2005 年，米洛罹患乳腺癌，但马丁内兹一直陪伴在其身边。2006 年米洛病愈。2007 年，马丁内兹和米洛宣布分手。后来马丁内兹与美国影星哈莉·贝瑞相恋并订婚。2008 年 2 月 3 日，英国的知名媒体《星期日镜报》（Sunday Mirror）的网站（www. sundaymirror. co. uk）刊出了一篇名为《凯莉·米洛与奥利维耶·马丁内兹重修旧好》的新闻，并描述了二人的会面。这则报道还提及了奥利维耶·马丁内兹与其父亲罗贝尔·马丁内兹，并还附上了相关照片。由此，奥利维耶·马丁内兹与其父亲对《星期日镜报》的出版人 MGN（镜报出版集团）在法国巴黎大审法院提起了诉讼，依照《法国民法典》第 9 条"任何人有私生活得到他人尊重的权利"之规定，起诉 MGN 侵犯了其私生活。但是，MGN 则提出了管辖异议，它认为《星期日镜报》是在英国发表争议报道，这与奥利维耶·马丁内兹父子声称在法国遭受损害之间缺乏充分的管辖联系。就此，巴黎法院提请欧盟法院就《布鲁塞尔规则》第 5 条第 3 款的适用作出具体解释，即在互联网刊载信息或者照片侵犯了人格权的情况下，如何具体适用《布鲁塞尔规则》第 5 条第 3 款规定的"侵权事件发生地或可能发生地"标准。

欧盟法院于 2011 年 10 月作出判决指出，对《布鲁塞尔规则》第 5 条第 3 款应作如下解释：在某一互联网站刊载的内容侵犯了某人的人格权的情形下，受害人就其所遭受的全部损害，得有权选择在侵权内容的出版商所在成员国的法院，或者在其自身的利益中心地所属成员国的法院，提起侵权责任之诉。此外，受害人如未在前述法院就全部损害提起诉讼，他也可以在侵权文章已经或可能被访问的每一个成员国的法院分别提起诉讼；这些法院仅有权审理受害人在该国所遭受的损害。根据欧盟法院的这一判决结论，在网络登载的内容侵犯个人人格权的情形下，受害人可以选择在以下任一法院提起侵权责任之诉：（1）侵权网站的经营者所在国法院；（2）受害人的利益中心地所在国法院；（3）侵权网站已经或可以被访问的每一个国家的法院。当然，这些法院仅有权对受害人在该国所遭受的损失进行审理。②

这就明确了前述"利益中心地"标准。根据欧盟法院的先决裁判，虽然奥利维耶·马丁内兹父子的常住地不在法国，但是，其利益中心地显然是法国，故巴黎法院享有管辖权。据此，巴黎法院驳回了 MGN 的管辖异议，对本案进行了实体审理。

---

① https：//eur - lex. europa. eu/legal - content/EN/TXT/PDF/？ uri＝CELEX：62009CJ0509&from＝EN.

② 参见石佳友：《论网络侵犯人格权案件的国际管辖权——以欧盟法院的新近判例为例》，载《社会科学家》，2013（6），26－28 页。

依照《布鲁塞尔规则》第 15 条第 1 款第 3 项，消费者在满足以下一项条件时可以选择其住所地法院或企业住所地法院起诉：(1) 该合同是在消费者所居住的成员国与从事贸易或商业活动的当事人签订的；(2) 该当事人通过任何方式针对该成员国或针对包括该成员国的几个国家从事上述活动，而且该合同属于这些活动的范围。这就是被学者称为电子消费合同管辖规则的“针对性”标准。根据《布鲁塞尔规则》序言，该“针对性”标准适用于企业的任何网站，包括建立在消费者居住地国之外的网站。欧盟委员会对“针对性”标准作了解释，根据该解释，对网络商业活动采取“针对性”标准一般需满足两项条件：一是企业的网站至少必须是交互型网站，即允许法院地访问者通过免费电话、传统邮件、电子邮件等与企业交流信息；二是企业必须通过该网站针对法院地实施了特定的交易活动，即与居住于法院地的消费者签订了消费合同。“针对性”标准受到了消费者组织的大力支持；同时，它也受到了企业界的强烈批评。批评者担心该标准将使企业，尤其是中小企业的经营成本和风险大增，会打击它们开展数字经济的信心。然而，一个不容忽视的现实是，“针对性”标准越来越受到各种国际组织的认可。

诚然，《布鲁塞尔规则》在实践中也渐渐展露出关于保障欧盟成员国之间民商事交往的观念和技术上的诸多不足。经过广泛的咨询论证，欧盟委员会于 2009 年启动修订工作，并于 2012 年年底颁布《民商事案件管辖权、判决承认与执行之条例（重订）》① 作为替代。《布鲁塞尔规则》于 2015 年 9 月正式退出历史舞台，但其确立的“利益中心地”标准、“针对性”标准等得到了延续和发扬。

《民商事案件管辖权、判决承认与执行之条例（重订）》在民商事案件管辖权方面的主要变化是：一是增加对住所在欧盟外的被告的管辖权规则，如“消费者可以针对不论是否居住在成员国的经营者，选择在消费者所居住之成员国的法院提起诉讼”（第 18 条第 1 款），“受雇佣者可以针对住所不在成员国的雇主，在成员国法院提起诉讼”（第 21 条第 2 款），“成员国法院享有专属管辖权的，不论被告是否在成员国内有住所，该成员国法院可以进行管辖”（第 24 条）。二是修改了关于平行诉讼②有关管辖权的规则，如“当事人无论住所位于何地，如果已经通过书面协议约定某一成员国的法院有管辖权，则被指定的一个或多个法院应有管辖权，除非根据该成员国法律该协议在实体上无效”（第 25 条），“如果某一成员国法院受理案件后，发现在此之前已经有成员国以外国家的法院正在审理该案或与之有牵连的诉讼的，可以审查决定是否继续审理”（第 33 条）。③

① Regulation (EU) No. 1215/2012 of the European Parliament and of the Council of 12 December 2012 on Jurisdiction and the Recognition and Enforcement of Judgments in Civil and Commercial Matters (recast). [2021-05-03]. https://eur-lex.europa.eu/eli/reg/2001/44/oj.

② 平行诉讼是指同一案件的相同当事人基于相同事实及诉因，同时在两个或以上国家的法院提起的诉讼。

③ Regulation (EU) No. 1215/2012 of the European Parliament and of the Council of 12 December 2012 on Jurisdiction and the Recognition and Enforcement of Judgments in Civil and Commercial Matters (recast). [2021-05-03]. https://eur-lex.europa.eu/legal-content/en/TXT/?uri=CELEX%3A32012R1215.

（三）美国的“最低联系”等系列标准[①]

美国对于网络空间民事管辖权的解决是以其传统的管辖权制度为基础的。在美国法律中，州法院和联邦法院两套不同的司法体制并存，管辖权概念错综复杂，管辖权制度又同时受到成文法规定和普通法原则的规制。简单地说，在美国判断某个一审法院对争议案件是否拥有司法管辖权的标准一般包括三个基本要素：第一，宪法根据。宪法中的正当程序条款要求法院地州对所涉及的人身或财产的管辖权应有充分的根据，即在州与该人或物之间必须存在着充分的联系。第二，管辖法院。受案法院必须是根据其当地法律有权受理该诉讼的法院，例如受案应当符合争议金额的限定、正确的管辖地和衡平管辖权等要求。第三，正当程序。依照宪法的正当程序要求，应向所有诉讼当事人提供听证的合理通知和申诉机会。[②]

传统上，美国将司法管辖权分为一般管辖权和特殊管辖权两类。前者的条件是被告和法院地具有某种较为连续的、系统的联系，并可能预见到会在该州卷入诉讼；后者仅允许对由于被告与法院地之间联系引起或与之相关的诉讼请求进行审理。在国际鞋业公司诉华盛顿州案[③]中，美国联邦最高法院指出，对非法院地的被告进行管辖的要求是，被告与法院地州和诉讼之间必须有“最低联系”才不违反正当程序原则所包含的平等对待和实际公平的传统观念。此后，“最低联系”成为美国法院行使州际和国际管辖权的根据。各州据此纷纷制定“长臂法案”（Long Arm Statutes），确立了“长臂管辖权”。

图 10－1　1945 年美国联邦最高法院确立最低联系标准

① 这一部分参考了刘颖、李静：《互联网环境下的国际民事管辖权》，载《中国法学》，2006（1），90－106 页。

② 参见韩德培、韩健：《美国国际私法（冲突法）导论》，18 页，北京，法律出版社，1994。

③ International Shoe Co. v. Washington，326 U. S. 310，1945.

在通常情况下，法院都采用一种所谓的“三叉测试法”（three-prong test）来决定适用特殊管辖是否属于宪法允许的范围：（1）非居民的被告必须有意地将自己的活动指向法院地或法院地的居民，或者在法院地或同法院地的居民完成一些交易，或者被告的某些行为有目的地利用法院地法律规定的利益及提供的保护；（2）诉讼请求必须是被告和法院地之间的联系引起的或相关的；（3）管辖权的行使必须符合公平和实质正义。

网络民事纠纷的出现使美国的管辖制度有了新的持续变化。一个基本问题就是，仅有被告出现在因特网的事实能否成为法院行使管辖权的充分理由。在早期的案件中这个问题常常得到肯定的回答，法院的论证过程也主要是建立于分析被告在因特网上的出现是否能满足“最低联系”标准，从而考虑是否能够适用各州的“长臂管辖权”规则。

【案例 10－5】

英塞特计算机系统公司诉英斯特拉谢设备公司案①

原告是一家位于康涅狄格州的软件公司，被告是一家位于马萨诸塞州的技术公司。原告认为被告在其网页上使用了自己的商标（Inset）作为域名，而在康州法院提起侵权诉讼；被告基于其在康州没有办公场所和雇员的事实，提出康州法院对此案没有管辖权。康州的“长臂管辖法”规定，“在下列情况下，外州公司可在本州被起诉：……（2）在本州招揽生意……如果该公司再三在本州招揽生意，无论订单或要约是否在本州或州外被接受……”因此，法院对于经常在本州招揽生意的非本州居民享有特殊管辖权，唯一的限制是还必须符合美国宪法第十四条修正案的正当程序要求。在本案中，康州法院发现，被告至少在过去的 6 个月里持续不断地用其网页用来招揽生意，大约有一万名康州居民可能受到影响，因此满足长臂法规则对于重复性招揽生意的实质要求。法院认为，通过因特网刊登广告本身就满足“有目的地利用”标准，判定本院拥有管辖权。法院解释说，既然被告建了一个网页，能被全美国的任何人包括康州的用户接触，被告就应该合理地预见到它可能由此而在该州被诉。

然而，多数公众批评英塞特计算机系统公司案的管辖权裁定太过宽泛，该裁定也为美国大多数法院拒绝参照。② 当前，单纯以网址为管辖基础的观点也逐渐被司法实践抛弃。1997 年，宾夕法尼亚地区法院在旗波灯具制造公司诉旗波网络公司案③中，还创立了较为复杂的以网址为基础的网络民事纠纷案件管辖权标准，即著

① Inset Systems, Inc. v. Instruction Set, Inc., 937 F. Supp. 161 (D. Conn. 1996).

② Carole Aciman, Diane Vo-Verde. Refining the Zippo Test: New Trends On Personal Jurisdiction for Internet Activities. *Computer and Internet Lawyer*, January, 2002.

③ Zippo Manufacturing Co. v. Zippo Dot Com, Inc., DC WPa, filed on Jan. 16, 1997.

名的“滑动标尺”的标准。

【案例 10-6】

旗波灯具制造公司诉旗波网络公司案[1]

加州一家名叫旗波（Zippo）的网络新闻服务商注册了域名“zippo.com”“zippo.net”和“zippo-news.com”，宾夕法尼亚另一家名叫旗波的灯具制造商为此在本州提起了商标权侵权诉讼。被告辩称其在宾州无办公场所、雇员和代理人，只是在它的网站主页上刊登了服务广告，而能被宾州居民接触。然而法院查明，被告不仅仅是在因特网上发广告，实际上被告向宾州约300名订购者出售了密码，并且为优化服务，被告在宾州与因特网接入服务提供者签订了九份合同。法院认为，网络空间民事管辖权问题必须在一个滑动的标尺上考虑，这个“滑动标尺”的标准和成熟的属人管辖权原则是一致的。在这个标尺的一端存在的情形是，被告很明显地通过因特网做生意，例如被告和外法域的居民订立合同通过因特网传输计算机文件，属人管辖权的行使是恰当的。[2] 而在标尺的另一端，被告只是在因特网上张贴信息。一个消极存在的网址只是提供了信息，而感兴趣的人可以获得这些信息，这并不足以成为行使属人管辖权的依据。[3] 而在中间地段存在的是互动性的网址，用户可以和主机交换信息。在这些情况下是否存在管辖权，要通过网络中发生信息互动的程度和商业特征来判断。[4]

“滑动标尺”标准根据网络行为与法院地的密切程度来确定法院是否有管辖权，是“长臂管辖权”在网络民事纠纷案件中的应用。其强调了在网络环境下，“法院能够行使属人管辖权直接同一个实体从事的网上商业活动的本质成比例”，“管辖权的行使通过网上发生的信息交流的交互性程度和商业本质来确定”。Zippo案确立的“滑动标尺”标准将网络行为与法院地的联系分为三类：（1）主动联系（active contact），当事人通过商业型网站积极从事商事交易；（2）被动联系（passive contact），当事人仅在网站发布一些信息；（3）互动联系（interactive contact），当事人通过互动型网站进行信息交流。与此相对，网址可区分为“消极存在的网址”（passive sites）、“积极存在的网址”（active sites）和“互动性的网址”（interactive sites）。基于此，若被告与他国（州）居民就网络活动发生纠纷，在第一种情况下，法院当然有管辖权；在第二种情况下，由于被告网站只是消极地发布信息，法院没有管辖权；而在第三种情况下，法院需要结合各种情况判断其是否有管辖权。这不仅创建了一种易于把握的标准，也赋予法院较为灵活的自由裁量权。因此，“滑动

① Zippo Manufacturing Co. v. Zippo Dot Com，Inc.，DC WPa，filed on Jan. 16，1997.

② CompuServe，Inc. v. Patterson，89 F. 3d 1257（6th Cir. 1996）.

③ Bensusan Restaurant Corp. v. King，937 F. Supp. 295（S. D. N. Y. 1996）.

④ Martiz，Inc. v. CyberGold，Inc.，947 F. Supp. 1328（E. D. Mo. 1996）.

标尺”标准逐渐成为美国法院在网络民事纠纷案件中确定属人管辖权的主要规则。但该标准也有不足之处，例如基于网上销售行为要认定法院是否有管辖权仍存在较大困难。2017 年美国联邦最高法院推翻了加州最高法院适用“滑动标尺”标准作出的一份管辖权判决。在该案中，加州最高法院认为，“被告与法院之间的联系越多，就越能证明被告的诉讼请求同法院地之间的联系越强”；而美国联邦最高法院认为，“被告在泉州经常性销售产品的行为不能成为州法院对与该销售行为无关的诉讼请求行使管辖权的，“最低联系不够，还得有相关性”①。

美国的许多法院还在网址之外确立了一些其他要素作为判定管辖权的依据，发展出了一些修正性的规则。这些规则包括影响方法、目标指向方法等②，它们在一定程度上合理地替代“滑动标尺”标准的适用。

影响方法是对“滑动标尺”标准的发展和扩充，该方法以网络行为在法院地产生的实际影响作为法院确定管辖权的标准。根据“滑动标尺”标准，法院对消极网址不享有管辖权，但是，如果网络行为对法院地产生了影响，根据“三叉测试法”，法院对该网址可以享有管辖权。

【案例 10－7】

布拉基诉大陆航空公司案③

Blakey 是位于华盛顿州某航空公司的女飞行员，其同事在公司的电子公告板上发布了有性别歧视的诽谤言论。Blakey 在公司所在地新泽西州起诉位于华盛顿州的几名同事。其同事提出动议，认为他们只是上网发布信息，与新泽西并没有主动联系，新泽西法院对他们没有管辖权。法院采纳此观点。Blakey 不服，上诉至新泽西州最高法院，最高法院适用效果测试方法重新审理此案，改变了新泽西法院作出的裁定，认为被告发表诽谤电子信息时应当知道该信息会在新泽西发表，虽然该行为在另一个州实施，但其在新泽西造成了影响，故而新泽西法院可以对其行使管辖权。

“目标指向方法”是指如果被告通过因特网所从事的行为是明显指向法院地，且该行为对法院地造成了可预见的后果，则法院有管辖权。该方法在效果测试方法的基础上发展而来，二者存在相似之处，但效果测试方法侧重于行为产生的实际客观影响，而目标指向方法更强调被告明显指向法院地并能预见在法院地造成后果的主观因素。从当事人采取的技术措施，可以判断其是接受某国管辖还是避免某国管辖。

① Bristol－Myers Squibb Co. v. Superior Court of Cal.，San Francisco City.，137S. ct. 1773（2017).

② 参见张楚主编：《网络法学》，270－271 页，北京，高等教育出版社，2003。

③ Blakey v. Continental Airlines，Inc.，164 N. J. 38；751 A. 2d 538；2000 N. J. LEXIS 650.

【案例 10－8】

Bancroft & Masters 公司诉 Augusta Nat 公司案①

Bancroft & Master. Inc（以下简称“B公司”）是一家位于加利福尼亚州的小公司，主要出售计算机和网络产品，并提供互联网服务，拥有在美国互联网信息管理中心（Network Solutions Inc.，以下简称“NSI”）注册的 master. com 域名。Augusta Nat. Inc.（以下简称“A 公司”）是位于佐治亚州的高尔夫国家俱乐部，拥有“master”联邦商标权和 master. org 网站。A 公司于 1997 年向 B 公司发信，要求其停止使用 master. com 域名，并将其域名转让给 A 公司；同时发信给 NSI，声称 B 公司侵犯了其商标权。随后，NSI 要求 B 公司作出相应处理。根据争端解决政策，B 公司有三种选择：一是自愿地将域名转让给被告；二是闲置该域名，双方不再使用；三是向法院提出确认之诉，以确认其继续使用该域名的权利。B 公司选择了第三种，于 1998 年起诉至加利福尼亚州法院，请求法院作出确认判决，宣告 B 公司没有侵权，并撤销 A 公司的联邦商标权。同年 12 月，一审法院认为被告 A 公司的住所在佐治亚州，在加利福尼亚州没有营业地、财产或雇员，只是经营一个仅发布信息的网站，遂根据“滑动标尺”标准以无管辖权为由裁定驳回了原告 B 公司的起诉。2000 年 4 月，B 公司上诉至联邦第九巡回上诉法院。上诉法院推翻了一审裁定，认为 A 公司给 NSI 发信的行为给 B 公司造成了损害，这一错误行为专门指向加利福尼亚州的 B 公司，根据目标指向方法，该指向行为足以使加利福尼亚州法院对此案拥有管辖权。

倡导目标指向方法的主要学者是加拿大渥太华大学的迈克尔·盖斯特（Michael Geist）教授，他提出，目标指向方法是目前互联网环境下确定管辖权的最好方法，它同时保证了四个方面的价值实现：（1）可预见性；（2）以影响方法为基础；（3）法院间的互让互惠；（4）技术中立性。此种确定管辖权的标准可以提供足够的确定性，使各方当事人能够预测互联网运营的法律风险；更重要的是，即使面临互联网技术的飞速发展，此种管辖权标准仍然可以适用。在上述四种价值中，可预见性是目标指向方法最核心的价值。②

目标指向方法能够很好地确定法院的管辖权，但仍然不能确定唯一的管辖权，而只能确定是否有被指向的特定管辖权存在。此外，用户的欺诈行为会导致定位不准，超级链接使一些没有指向法院地的网站受到管辖等不足之处有待完善。

除了上述几种方法，美国立法与司法实践中还有一种选择管辖的情况。例如美

① Bancroft & Masters，Inc. v. Augusta National，Inc.，223 F. 3d 1082；2000 U. S. App. LEXIS 20917.

② 参见刘颖、李静：《互联网环境下的国际民事管辖权》，载，《中国法学》，2006（1），97 页。

国《统一计算机信息交易法》就允许双方在合同中规定管辖法院的选择条款。其第110条规定："(a) 双方可以协议选择一个排他性的管辖法院，除此种选择不合理且不公平的以外。(b) 双方协议选择的管辖法院不具有排他性，除双方协议明确规定的以外。"① 当然，这里要求网络民事纠纷当事人双方达成协议，且协议合理、公平，否则，该选择管辖条款不具有可执行性。在司法实践中，有些公司在其网站主页或App上的服务条款中包括了管辖地选择条款，希望在产生纠纷的时候可以适用这些条款。② 但是，这些管辖地选择条款大都是网站或商家单方面规定的，能否对网站的用户或者消费者产生拘束力尚存疑问。美国的司法实践中一般是把这类单边的、没有经过协商的条款当作附意合同，法院要审查它们是否合理和公平。

综上可见，美国关于网络空间民事管辖权的分析是以宪法的正当程序条款、长臂管辖权规则为依据，从网址能否作为管辖基础的讨论出发，逐渐考虑网络之外的因素对于法院行使管辖权的影响。一系列标准构成了美国法院对网络空间民事管辖权问题的主要分析方法，这是美国网络空间民事管辖制度的特色。

三、中国网络空间民事管辖制度之宏观评述

当前我国对网络空间民事管辖问题主要沿袭传统管辖制度。在这一点上，《民法典》《民事诉讼法》等基本法律均未出台针对网络空间民事管辖的专门规则。具体来说，《民法典》是对民法的地域效力作了表述，其第12条规定"中华人民共和国领域内的民事活动，适用中华人民共和国法律。法律另有规定的，依照其规定"；《民事诉讼法》是针对级别管辖、地域管辖、移送管辖、指定管辖、涉外管辖做了一般化的规定，这些规定当然适用于网络空间民事管辖问题。若延展到司法解释层面，我国出现了为数不多针对网络空间民事管辖的专门条款，代表性的规定为最高人民法院《关于适用〈中华人民共和国民事诉讼法〉的解释》第20、25条分别针对"以信息网络方式订立的买卖合同""信息网络侵权"问题作出的专门管辖规则。③ 虽然专门制度建设仍处于起步阶段，这并不意味着中国不重视网络空间民事管辖制度的完善问题。

事实上，中国选择了对网络空间案件探索集中管辖的一条特色道路。集中管辖并非一种专门的法律制度，亦非一个成熟的法律概念。实践中通常表现为相对集中管辖的样态。这里所说的"集中管辖"，是指由互联网法院的设立方案及司

① 阚凯力、张楚主编：《外国电子商务法》，42页，北京，北京邮电大学出版社，2000。

② 典型的管辖地选择条款是："……使用本网站的当事人同意下列条件：所有因为使用本网站而引发的诉讼在马萨诸塞进行，而且适用马萨诸塞法律。"(Benjamin Wright & Jane Winn. The Law of Electronic Commerce. 2nd edition. N. Y.，Aspen Law & Business，2000.)

③ 我国还有一些单行的司法解释作了必要的规定，如最高人民法院《关于审理侵害信息网络传播权民事纠纷案件适用法律若干问题的规定》《关于审理利用信息网络侵害人身权益民事纠纷案件适用法律若干问题的规定》等。

法解释确立的“由某个互联网法院集中管辖其所在城市的涉网案件”的做法。换言之，“以集中管辖为牵引的积极探索”，便是中国网络空间民事管辖制度的宏观特点。

2017年6月，中央全面深化改革领导小组第三十六次会议审议通过了《关于设立杭州互联网法院的方案》①；2018年7月，中央全面深化改革委员会第三次会议又审议通过了《关于增设北京互联网法院、广州互联网法院的方案》。② 之后，遵照中央全面深化改革委员会对最高人民法院“发布关于互联网法院审理案件的司法解释，明确互联网法院案件管辖范围，健全完善适应互联网审判特点的诉讼规则”的要求，最高人民法院发布于2018年9月发布《关于互联网法院审理案件若干问题的规定》，其中第2条统一规定了互联网法院的管辖范围，即“北京、广州、杭州互联网法院集中管辖所在市的辖区内应当由基层人民法院受理的下列第一审案件：（一）通过电子商务平台签订或者履行网络购物合同而产生的纠纷；（二）签订、履行行为均在互联网上完成的网络服务合同纠纷；（三）签订、履行行为均在互联网上完成的金融借款合同纠纷、小额借款合同纠纷；（四）在互联网上首次发表作品的著作权或者邻接权权属纠纷；（五）在互联网上侵害在线发表或者传播作品的著作权或者邻接权而产生的纠纷；（六）互联网域名权属、侵权及合同纠纷；（七）在互联网上侵害他人人身权、财产权等民事权益而产生的纠纷；（八）通过电子商务平台购买的产品，因存在产品缺陷，侵害他人人身、财产权益而产生的产品责任纠纷；（九）检察机关提起的互联网公益诉讼案件；（十）因行政机关作出互联网信息服务管理、互联网商品交易及有关服务管理等行政行为而产生的行政纠纷；（十一）上级人民法院指定管辖的其他互联网民事、行政案件”。第3条还规定：“当事人可以在本规定第二条确定的合同及其他财产权益纠纷范围内，依法协议约定与争议有实际联系地点的互联网法院管辖。电子商务经营者、网络服务提供商等采取格式条款形式与用户订立管辖协议的，应当符合法律及司法解释关于格式条款的规定。”这些条款进一步确立了互联网法院采取集中管辖的方式。

① 其中，将杭州互联网法院的管辖范围明确为集中管辖杭州市辖区内基层人民法院有管辖权的下列涉互联网案件：（1）互联网购物、服务、小额金融借款等合同纠纷；（2）互联网著作权权属、侵权纠纷；（3）利用互联网侵害他人人格权纠纷；（4）互联网购物产品责任侵权纠纷；（5）互联网域名纠纷；（6）因互联网行政管理引发的行政纠纷，以及上级人民法院可以指定杭州互联网法院管辖其他涉互联网民事、行政案件。

② 其中，将北京、广州互联网法院的管辖范围确定为，分别管辖北京市、广州市辖区内应当由基层人民法院审理的下列案件：（1）互联网购物、服务合同纠纷；（2）互联网金融借款、小额借款合同纠纷；（3）互联网著作权权属和侵权纠纷；（4）互联网域名纠纷；（5）互联网侵权责任纠纷；（6）互联网购物产品责任纠纷；（7）检察机关提起的涉互联网公益诉讼案件；（8）因对互联网进行行政管理引发的行政纠纷；（9）上级法院指定管辖的其他涉互联网民事、行政案件。

【案例 10－9】

闵×与佛山市高明区聚美味快餐店网络购物合同纠纷案[①]

2019 年 3 月 3 日，原告闵×使用淘宝账号×××，在被告经营的“店铺名为：甜蜜蜜农家园，淘宝 ID：1flyoor”的网店内购买了 8 瓶“玉灵膏”，以 1 920.00 元的价格付款并成交。原告付款后，被告使用物流从茂名市区发货，物流公司：百世快递，运单号码：51445744806957。原告收到对应的包裹后，发现该涉诉产品为不符合国家食品安全标准的食品。而涉诉产品的网络销售页面大量宣传保健功效，属于普通食品虚假宣传保健功能，严重误导欺诈消费者。原告诉至北京互联网法院。被告未应诉答辩。

法院经审理认为：《民事诉讼法》第 23 条规定：“因合同纠纷提起的诉讼，由被告住所地或者合同履行地人民法院管辖。”最高人民法院《关于适用〈中华人民共和国民事诉讼法〉的解释》（以下简称民事诉讼法解释）第 20 条规定：“以信息网络方式订立的买卖合同，通过信息网络交付标的的，以买受人住所地为合同履行地；通过其他方式交付标的的，收货地为合同履行地。合同对履行地有约定的，从其约定。”本案系以信息网络方式订立的买卖合同，并以邮寄方式交付标的物，故收货地可作为合同履行地。闵×以收货地在北京市丰台区长辛店镇张郭庄村村西家和公寓华联生活超市为由，主张本案由北京市丰台区辖区法院管辖。但是，经本院询问，闵×明确表示其在收货期间居住在家和公寓，并提交其与北京红果羽嘉物业管理有限公司签订的租赁合同予以证明，该合同显示租赁期间为 2019 年 2 月 10 至 2020 年 2 月 10 日，租赁地点为丰台区长辛店镇张郭庄村家和公寓××号房屋。经法院核查，根据北京红果羽嘉物业管理有限公司提交的租赁合同，××号房屋在上述期间的租赁者另有其人。经法院再次向闵×询问，并责令其说明理由，闵×称，其在收货期间并未居住在上述地址，为应付法院核查收货地事宜，在其经他人获取的北京红果羽嘉物业管理有限公司空白合同上添加其租赁信息，向法庭出具伪证，并向法庭作出其在上述地址居住的虚假陈述，实际上，其现居住在西安市。另查，闵×在多起诉讼中以食品存在安全问题为由主张十倍索赔。

法院经审理认为：通过信息网络形式订立的买卖合同通常存在被告住所地确认难、履行地确认难问题，民事诉讼法解释第 20 条的立法初衷系解决上述难题，故以方便确定、便利诉讼为原则，作出了“通过其他方式交付标的的，收货地为合同履行地”的规定，从而便于当事人明确管辖，保护合同相对人的合法权益。但是，当事人进行民事诉讼应当遵循诚实信用原则，不得滥用诉讼程序权利，通过不诚信的诉讼行为人为制造管辖连接点，使本没有管辖权的法院取得管辖权。闵×在多起

① 参见北京互联网法院（2019）京 0491 民初 16308 号民事裁定书。

诉讼中以收货地在北京为由主张北京市辖区内法院管辖，但人为制造收货地在北京的事实，伪造管辖相关证据，妨碍人民法院审理案件，并向法庭作出虚假陈述。据此，原告关于涉案商品收货地在北京的事实，本院不予认定，其基于该事实对管辖为北京的相应主张，本院不予支持。本案中，被告的经营场所已然确定，因此，应当由被告住所地人民法院管辖。遂裁定移送佛山市高明区人民法院处理。

该案的审理法官点评说，这是一起“典型的一方（当事人）人为制造管辖连接点的案件。当事人为取得特定法院管辖，伪造管辖证据，向法庭做虚假陈述，严重违背诚实信用原则”；“本案裁判结果对规范诉讼行为、维护正常审判秩序和建设诚信社会具有重要意义，充分体现了互联网法院建构新型互联网案件诉讼程序和司法规则、推进网络空间治理法治化的职能”①。

不难看出，各家互联网法院按照现有授权，针对网络空间案件所进行的、关于属地管辖与约定管辖等各种管辖争议化解的探索，如案例 10－1 所确定的关于互联网公益诉讼管辖规则、案例 10－9 所确立的伪造证据制作管辖连接点之管辖主张不能成立的规则等，都会为我国改进网络空间民事管辖制度提供助益。我国学者对互联网法院管辖规则进行专门研究后指出：“管辖问题是互联网法院面临的疑难问题之一，在规则设置方面存在尚待改进之处。具体而言，尚欠缺明确法律依据的集中管辖可能与既有管辖规则产生冲突，疏于抽象的管辖规则可能导致互联网法院管辖范围理解的分歧，进而造成适用的困难，而过于便民的受案范围可能导致互联网法院职能难以得到充分的发挥。为推动互联网法院的发展，助力其成为互联网时代司法的先驱者，管辖规则应尽快予以优化。”② 这里论证的就是互联网法院探索的成功经验如何得到复制推广的问题。

不仅如此，我国还在部分地区成立并运行着知识产权法院、金融法院等。它们也会针对涉外网络知识产权纠纷、互联网金融纠纷等案件开展相对集中管辖的试点工作，所累积的经验亦有利于我国开展网络空间民事管辖制度建设。

【案例 10－10】

华动技术公司与游戏科技公司计算机软件著作权许可使用合同纠纷管辖权异议案③

华动技术公司不服四川省成都市中级人民法院（2019）川 01 民初 528 号民事

① 颜君、高雅：《伪造证据制作管辖连接点的管辖主张不能成立——闵某诉佛山市高明区聚美味快餐店网络购物合同纠纷案》，载张雯主编：《互联网典型案件裁判思维与规则》，242 页，北京，人民法院出版社，2020。

② 刘哲玮、李晓璇：《互联网法院管辖规则评述》，载《经贸法律评论》，2019（5），122－131 页。

③ 参见四川省成都市中级人民法院（2019）川 01 民初 528 号民事裁定书，最高人民法院（2019）最高法知民辖终 99 号民事裁定书。

裁定，向最高人民法院提起上诉称：请求撤销原审裁定，将本案移送四川省成都市天府新区人民法院管辖。其事实和理由为：华动技术公司与游戏科技公司就《欢乐修仙》手机游戏的运营事情进行合作，分享收益、分担风险，属于普通的商业合作，并不是著作权许可。因此，按照华动技术公司与游戏科技公司签订的《欢乐修仙》港澳台地区独家代理与发行协议的约定，应当由游戏科技公司所在地人民法院即四川省成都市天府新区人民法院管辖。游戏科技公司未作答辩。

最高人民法院经审理认为，本案的焦点问题为原审法院对本案是否享有管辖权。对此分析如下：根据华动技术公司与游戏科技公司于2017年12月18日在成都签订的"港澳台独家代理发行与运营协议"（以下简称运营协议）中的相关内容来看，其中第2.1.2条表述为："产品或授权产品：即《欢乐修仙》（暂定名）Android/iOS版本（语言为简体中文版、繁体中文版）且包含其更名后的手机产品软件及后续更新版本的简称，是由乙方代理的一款可应用于Android/iOS操作系统的手机应用。"其中运营协议第27页的附件1明确表述为："授权产品《计算机产品著作权》"。因此，原审法院认定本案为计算机软件著作权许可使用合同纠纷并无不当，本案为涉计算机软件纠纷的知识产权案件。华动技术公司称本案系普通的商业合作，并不是著作权纠纷，理由不足。

《民事诉讼法》第34条规定，合同或者其他财产权益纠纷的当事人可以书面协议选择被告住所地、合同履行地、合同签订地、原告住所地、标的物所在地等与争议有实际联系的地点的人民法院管辖，但不得违反本法对级别管辖和专属管辖的规定。本案中，根据双方运营协议第10.2条，在争议发生后30日内协商不成的，双方当中的任何一方均可提请原告方所在地人民法院诉讼解决，该约定并未违反《民事诉讼法》对级别管辖和专属管辖的规定。因此，游戏科技公司有权向其住所地有管辖权的人民法院提起诉讼。依据最高人民法院《关于同意南京市、苏州市、武汉市、成都市中级人民法院内设专门审判机构并跨区域管辖部分知识产权案件的批复》第5条的规定，四川省成都市中级人民法院管辖发生在四川省辖区内有关专利、植物新品种、集成电路布图设计、商业秘密、计算机软件、驰名商标认定及垄断纠纷的第一审知识产权民事和行政案件。游戏科技公司根据其与华动技术公司就双方争议的管辖法院约定，向原审法院起诉，并无不当。因此，华动技术公司就本案管辖权异议提出的上诉主张不能成立。

第二节　中国关于网络侵权纠纷的管辖制度

一、中国关于网络侵权纠纷适用共性化管辖规则

中国进行关于网络侵权纠纷管辖制度建设，要兼顾国内的管辖权配置与国际管

辖权冲突，要遵循一般民事管辖规则和网络侵权纠纷管辖的特殊要求，要立足网络侵权纠纷管辖标准的历史承继和变迁。总的来看，中国《民事诉讼法》确立了面向侵权纠纷案件的一般地域管辖规则、特别地域管辖规则、侵权诉讼管辖规则、共同管辖处理规则、移送管辖规则、指定管辖规则、管辖权转移规则等。这些规则适用于处理网络侵权纠纷，属于“共性化管辖规则”；同时，中国司法解释（如最高人民法院《关于适用〈中华人民共和国民事诉讼法〉的解释》等）确立了专门面向网络侵权纠纷案件的判断“信息网络侵权行为实施地”的标准，它们属于“差异性管辖规则”。此处先从前者切入阐述。

（一）管辖争议的化解原则

“两便”原则是我国长期坚持的一项司法原则，也是化解民事诉讼管辖争议的指导思想。它指的是民事诉讼要“便于当事人诉讼，便于人民法院依法独立、公正和高效行使审判权”。其对于管辖制度的建设、改进具有重要意义，对于管辖问题的处理也具有实际意义；于网络侵权纠纷实践亦是如此。

【案例 10－11】

腾飞克公司与晋江公司不正当竞争纠纷案①

晋江公司主张小说《花千骨》的作品名称、人物名称、武器道具、门派及场所构成知名商品特有名称，并分别列举其所称的人物名称、武器道具、门派及场所名称，认为腾飞克公司于其网站中运营《花千骨》同人作品的行为系使用其上述知名商品特有名称之行为，构成不正当竞争，诉至北京市海淀区人民法院。一审法院判决腾飞克公司向晋江公司赔偿经济损失 8 万元等。

腾飞克公司不服，向北京市知识产权法院提起上诉称：本案应以“原告就被告”确定管辖，一审法院依据“两便”原则确定管辖，属于适用法律错误；根据北京市高级人民法院关于管辖调整的相关规定，本案应由北京市东城区人民法院管辖，请求撤销一审裁定，将案件移送北京市东城区人民法院审理。晋江公司未提交书面答辩意见。

二审法院经审理认为：一审法院系依据民事诉讼法及司法解释关于侵权纠纷的管辖规定确定本案管辖，且“两便”原则系民事诉讼的基本原则，一审法院将“两便”原则作为确定本案管辖权的考量因素并无不当。关于腾飞克公司所称本案应移送北京市东城区人民法院审理的上诉主张，本院认为，根据《民事诉讼法》第 35 条之规定，晋江公司作为原审原告，其有权向对本案具有管辖权的任一法院提起诉讼，故该项主张亦不能成立。

① 参见北京市海淀区人民法院（2016）京 0108 民初 33799 号民事裁定书，北京知识产权法院（2017）京 73 民辖终 40 号民事裁定书。

管辖恒定原则也是民事诉讼管辖中的一项基本原则。它指的是法院对某个民事案件是否享有管辖权，以起诉时为准，起诉时对案件享有管辖权的法院，不因确定管辖的因素在诉讼过程中发生变化而受影响。[①] 管辖恒定指向地域管辖恒定与级别管辖恒定两个方面。于网络侵权诉讼而言，如果案件审理已经进入了实体审理阶段，即便出现导致管辖变化的因素，一般也无须将案件移送到有关法院进行管辖。

【案例 10－12】

黎××与《鲁中晨报》社、微梦公司侵犯名誉权、隐私权纠纷案[②]

2014 年 3 月 25 日，《鲁中晨报》第十一版特稿专栏整版发表了题为《淄博女子撤刑诉微博第一案："金×××"不断被辱骂网络运营商是否担刑责?》一文。黎××以其中存在大量的侵权内容为由，分别于 2016 年 2 月 4 日、2016 年 6 月 17 日两次向法院就山东大众报业（集团）发行有限公司、微梦公司侵犯名誉权、隐私权提起诉讼，其间均因山东大众报业（集团）发行有限公司提交相应证据证明该公司并非承担《鲁中晨报》相关责任的责任主体，黎××向法院申请撤回诉讼得到准许。2017 年 1 月 17 日，黎××向北京市海淀区人民法院，对《鲁中晨报》社、微梦公司、日新传媒公司提起了侵犯名誉权、隐私权诉讼，即本案。

诉讼中，黎××撤回了对日新传媒公司的起诉。

一审法院判决被告《鲁中晨报》社公开发表一次致歉声明，赔礼道歉，消除影响、恢复名誉等。

《鲁中晨报》社上诉，请求撤销一审判决。上诉理由之一是"黎××虚列被告规避管辖，北京市海淀区人民法院对此案没有管辖权"：黎××提交的民事起诉书除把鲁中社列为被告外，还有日新传媒公司和微梦公司。从黎××提交的证据以及主张的事实和理由来看，列微梦公司为被告的主要理由是齐鲁晚报（日新传媒公司）运营的新浪微博网站发表的博文侵犯其名誉权。按照上述逻辑，诉讼请求中要求微梦公司断开链接、删除侵权内容是有事实和法律依据的，北京市海淀区人民法院对此有管辖权也没有太大的争议。但是，在庭审时，黎××对日新传媒公司撤回了起诉，这样一来，列微梦公司为被告就完全没有了事实和理由，因为鲁中社从来没有就涉案稿件在新浪微博发表过博文，鲁中社与微梦公司无任何的共同侵权行为和事实，不能列为共同被告。鲁中社上诉时也特别表明，本案在此阶段提出管辖权异议不违反法律规定。根据法律规定，提出管辖权异议，应当在提交答辩状期间提出。但本案的特殊情况在于，黎××是在开庭时、开庭后才对日新传媒公司提出撤

① 参见张卫平：《民事诉讼法》，4 版，101 页，北京，法律出版社，2017。

② 参见北京市海淀区人民法院（2017）京 0108 民初 5140 号民事判决书，北京市第一中级人民法院（2019）京 01 民终 4577 号民事判决书。

诉申请，此时北京市海淀区法院管辖权链接点才丧失。对此，黎××答辩称：因本案确定被告非常困难，是日新传媒公司提供了鲁中社的信息，我方不存在恶意选择管辖的情形。且本案现已进行二审审理，鲁中社再针对管辖权提出异议已没有意义，对此理由应予以驳回。

本案的争议焦点之一是“一审法院对本案是否具有管辖权”。对此，二审法院经审查认为：依照《民事诉讼法》第127条，人民法院受理案件后，当事人对管辖权有异议的，应当在提交答辩状期间提出。人民法院对当事人提出的异议，应当审查。异议成立的，裁定将案件移送有管辖权的人民法院；异议不成立的，裁定驳回。当事人未提出管辖异议，并应诉答辩的，视为受诉人民法院有管辖权，但违反级别管辖和专属管辖规定的除外。本案中，鲁中社在提交答辩状期间未提出管辖权异议，并于开庭审理中出庭应诉答辩，虽然鲁中社主张其在开庭审理中才得知本案被告主体发生变化的情形，但根据民事诉讼的管辖恒定原则，因案件已进入实体审理阶段，即使因原告诉讼请求的变更导致受理案件的人民法院辖区内的被告不是适格被告，也不影响案件实体审理，无须移送管辖，故一审法院对本案进行实体审理并未违反法定程序，本院对鲁中社上诉针对管辖权提出的异议理由不予采纳。

“由侵权行为地或者被告住所地人民法院管辖”，是我国民事诉讼中处理侵权诉讼管辖问题的一项基本原则，也是一项普适规则。我国《民事诉讼法》第28条对此作了明确规定。最高人民法院《关于适用〈中华人民共和国民事诉讼法〉的解释》第24条进一步明确规定：“民事诉讼法第二十八条规定的侵权行为地，包括侵权行为实施地、侵权结果发生地。”这表明，判断侵权诉讼管辖权的基础是“侵权行为地”“被告人住所地”。其他因素，包括实体问题的处理结果等因素，均不是判断某一法院是否对侵权诉讼具有管辖权的依据。

【案例10-13】

汇优尚品公司与图们惠人公司、京东公司、云购公司、朗能公司侵害发明专利权纠纷管辖权异议案①

汇优尚品公司因与图们惠人公司等侵害发明专利权纠纷管辖权异议一案，不服北京知识产权法院的民事裁定，向最高人民法院提起上诉，请求将案件移送福建省厦门市中级人民法院审理。其上诉理由是：北京知识产权法院认定其对本案具有管辖权是错误的。虽然图们惠人公司向法院提交了公证书，证明其在京东公司网站上购买汇优尚品原汁机等被诉侵权产品的全部过程，但是根据《侵权责任法》第36条关于“网络用户、网络服务提供者利用网络侵害他人民事权益的，应当承担侵权

① 参见北京知识产权法院（2018）京73民初699号民事裁定书，最高人民法院（2019）最高法知民辖终8号民事裁定书。

责任。”“网络用户利用网络服务实施侵权行为的，被侵权人有权通知网络服务提供者采取删除、屏蔽、断开链接等必要措施。网络服务提供者接到通知后未及时采取必要措施的，对损害的扩大部分与该网络用户承担连带责任。”“网络服务提供者知道网络用户利用其网络服务侵害他人民事权益，未采取必要措施的，与该网络用户承担连带责任”之规定，京东公司作为网络服务提供者，其在没有收到图们惠人公司通知的情况下，无论汇优尚品公司等人的行为是否构成侵权，对本案是不用承担任何责任的。更何况从该公证书的内容也可以看出被诉侵权产品处于许诺销售状态，没有任何的销售数据，且汇优尚品公司收到应诉材料后经在京东商城查找，也未查到云购公司经营的云购奢侈品专营店，这些都足以说明该专营店早就停止营业，即京东公司不存在没有采取必要措施导致扩大损失的情况出现。因此，图们惠人公司将京东公司列为原审被告，其目的显然是故意规避法院的管辖。另，京东公司只是网站服务者，对于产品是不了解也不清楚的，为了更便于查明本案的事实，显然应由汇优尚品公司所在地法院管辖更为合适。

图们惠人公司答辩称：因本案件的另一个原审被告京东公司所在地为北京，而被诉侵权产品从京东公司经营的京东商城上购买，京东公司存在销售行为。根据我国相关法律规定，因侵权行为提起的诉讼，由侵权行为地或被告住所地人民法院管辖。本案京东公司位于北京，属于北京知识产权法院管辖范围，请求二审法院驳回汇优尚品公司的管辖权异议上诉。原审被告京东公司、原审被告云购公司、原审被告朗能公司未提交答辩意见。

最高人民法院经审理认为：本案的争议焦点是北京知识产权法院对本案是否具有管辖权。《民事诉讼法》第 28 条规定：“因侵权行为提起的诉讼，由侵权行为地或者被告住所地人民法院管辖。”本案中，汇优尚品公司在管辖权异议上诉状中认可，图们惠人公司向法院提交了公证书，证明其在京东公司网站上购买被诉侵权产品的全部过程，据此，本案可以根据公证书保全的京东公司销售被诉侵权产品的事实确定案件管辖权。涉案云购奢侈品专营店现在是否已经停止营业等情节并不影响本案的管辖权。本案系侵害发明专利权纠纷，图们惠人公司指控京东公司在京东商城上销售的被诉侵权产品系云购公司、汇优尚品公司和朗能公司生产，且本案原审被告之一京东公司的住所地位于北京市。依照最高人民法院《关于北京、上海、广州知识产权法院案件管辖的规定》(2014 年）第 1 条规定，北京知识产权法院作为北京市专利民事一审案件的管辖法院，对本案具有管辖权，图们惠人公司选择向北京知识产权法院提起本案诉讼，北京知识产权法院依法受理本案，符合上述法律和司法解释的规定。汇优尚品公司上诉提出《侵权责任法》第 36 条是关于网络侵权责任的规定，京东公司是否没有采取必要措施导致损失扩大，以及京东公司是否应当承担网络侵权责任，均属于案件实体审理的范畴，并非本案确定管辖权的依据。遂驳回上诉，维持原裁定。

此外，我国侵权诉讼实行“由侵权行为地或者被告住所地人民法院管辖”的原则，也表明此类案件往往限制对约定管辖方法的使用。在一些特殊情况下一方当事人提出适用约定管辖需要的，法院需要审查约定的对象、内容和范围等。

【案例 10－14】

富昱特公司与若邻公司侵害作品信息网络传播权纠纷案①

富昱特公司诉称：自己为台湾地区富尔特公司设立于大陆的台商独资企业，依据授权享有相关图像素材在中国大陆展示、销售和许可第三方使用的权利。若邻公司未经授权，在其新浪官方微博中使用原告拥有著作权的五张摄影作品，该行为侵害了原告的作品信息网络传播权，故诉至上海市闵行区人民法院。若邻公司辩称：本案不属于大陆法院主管范围，应以台北法院为第一审管辖法院。若邻公司提供了（2016）沪东证经字第 2341 号公证书，公证了富尔特公司的网站及自己的微博内容，认为可证明本案应由台北地方法院管辖，适用台湾地区相关规定；若邻公司又提供了网站截屏打印件，证明其已经注册成富尔特公司的网站用户，根据富尔特公司的用户协议，本案应由台湾地区管辖，适用台湾地区相关规定。

法院经审理认为：关于被告在涉案侵权行为发生后注册成富尔特公司的网站用户，在富尔特公司的用户协议中有关纠纷管辖的公示内容，该公示的管辖系针对富尔特公司与其注册用户间发生纠纷的管辖约定，并不适用本案，本案非该管辖约定之纠纷。故对此项抗辩意见不予采信。

（二）共同管辖的选择规则

我国《民事诉讼法》规定了共同管辖规则，即“共同管辖的选择规则”。其第 35 条规定：“两个以上人民法院都有管辖权的诉讼，原告可以向其中一个人民法院起诉；原告向两个以上有管辖权的人民法院起诉的，由最先立案的人民法院管辖。”这一条指向的对象是“两个以上人民法院都有管辖权的诉讼”，确定管辖的基本规则是“原告择一”以及“原告多诉的、最先立案的法院管辖”。这就实际上赋予了原告选择有管辖权法院的权利。实践中，适用这一规则通常要解决的争议问题是“受理法院对案件是否具有管辖权，而不是讨论其他法院是否也可以管辖本案”。

【案例 10－15】

陈××与平安直通公司、微梦公司侵害著作权纠纷案②

陈××认为平安直通公司未经许可在其经认证的新浪微博平台上以原文形式转

① 参见上海市闵行区人民法院（2015）闵民三（知）初字第 1658 号民事判决书。

② 参见北京市海淀区人民法院（2017）京 0108 民初 13553 号民事裁定书。

发陈××的作品，该行为将陈××的作品与其商业活动相结合，获取品牌宣传和商业利益，侵犯了陈××依法享有的作品署名权、修改权、信息网络传播权、获得报酬权等合法利益。微梦公司作为新浪微博的管理者和服务者，未尽审查义务，造成侵权微博广泛流传，应当对本案侵权行为承担审查、停止侵权法律责任。遂诉至北京市海淀区人民法院。

平安直通公司对管辖权提出异议，理由如下：(1) 本案系因侵权行为提起的诉讼，根据《民事诉讼法》第 21 条、第 24 条以及第 28 条的规定，应由侵权行为或被告住所地人民法院管辖。平安直通公司作为被告，其住所地位于广东省深圳市福田区，故本案应由广东省深圳市福田区人民法院管辖；(2) 依据最密切联系原则，微梦公司提供网络空间服务的行为并非本案关键要素，平安直通公司是否使用了涉案图片才是本案争议焦点，故平安直通公司才是与本案有最密切联系的被告，本案应由其住所地法院管辖；(3) 陈××虽将微梦公司列为共同被告，但其诉讼请求并未指向微梦公司，从便利审理的角度看，本案也应由平安直通公司住所地法院管辖，应移送至广东省深圳市福田区人民法院审理。

法院经审理认为：《民事诉讼法》第 28 条规定，因侵权行为提起的诉讼，由侵权行为地或被告住所地人民法院管辖；该法第 21 条第 3 款规定，同一诉讼的几个被告住所地在两个以上人民法院辖区的，各该人民法院都有管辖权；该法第 35 条规定，两个以上人民法院都有管辖权的诉讼，原告可以向其中一个人民法院起诉。据此，本案作为侵害著作权纠纷，陈××可以选择在被告平安直通公司住所地或被告微梦公司住所地提起诉讼。微梦公司住所地位于北京市海淀区，属本院辖区，故本院对本案具有管辖权。遂裁定驳回平安直通公司提出的管辖权异议。

二、中国关于网络侵权纠纷推出差异性管辖规则

在坚持侵权纠纷管辖适用共性化管辖规则的基础上，我国从司法解释的层面尝试推出一些差异性管辖规则。例如，最高人民法院《关于适用〈中华人民共和国民事诉讼法〉的解释》等确立了专门面向网络侵权纠纷案件的“信息网络侵权行为实施地”的标准，即属于“差异性管辖规则”。此处对差异性管辖规则从制度、实例和理论等角度进行补充阐述。

（一）信息网络侵权行为实施地

“信息网络侵权行为实施地”是网络侵权纠纷中侵权行为地的具体承载。我国不同时期对这一概念的理解有所变化。例如，“网络服务器所在地”在早年曾经被广泛用作网络侵权纠纷管辖的连结因素，并作为将传统管辖权规则适用于网络空间的创新，彼时“网络服务器所在地”被认定为“信息网络侵权行

为实施地”。

【案例 10－16】

瑞得公司诉东方公司网页著作权侵权案①

本案中，东方公司对北京市海淀区人民法院行使管辖权提出了异议，认为应当由四川省宜宾市人民法院审理。理由是：（1）任何互联网用户（包括东方公司在内）在访问或者“接触”瑞得公司的主页时，没有也不可能在存储有该主页的服务器上进行任何复制行为，因此北京海淀区不是侵权结果发生地，也不是侵权行为实施地。网络空间上的复制概念并不完全等同于传统的著作权法中的复制概念。用户在互联网上访问或者浏览他人的网页或者主页时，首先通过数字传输将网页以数字方式，从该网页所在的远程计算机或者服务器上下载到用户的计算机上，然后暂时存储在用户计算机的随机存储器里，再通过用户计算机的显示器和相应的浏览器显示出来。这种由计算机的随机存储器（ROM）对作品的复制，是作品在用户计算机显示器上的再现。它可以是临时性的（或称为暂时复制），也可以是一次性的。具体到本案，包括东方公司在内的互联网用户访问瑞得公司的主页时，并未在该公司存储器主页的服务器上进行任何实质复制行为，访问并不构成侵权，临时复制属于合理使用。因此，认定海淀区人民法院为侵权行为实施地缺乏事实和法律依据。（2）瑞得公司并未向法院提供互联网用户在北京市海淀区通过互联网访问或接触到东方公司主页的客观证据，未能证明何人、何地、通过何种方式在该地访问了东方公司的主页，因此认定北京海淀区为侵权结果发生地证据不足。

针对该案的管辖权异议，当时主要有三种观点：（1）瑞得公司服务器所在地法院有管辖权；（2）东方公司终端所在地法院有管辖权；（3）以上两地法院均有管辖权。最终海淀区人民法院驳回了被告的主张，认为原告公司的“主页在制作完成后，是储存在其特定的硬盘上并通过自有的 WWW 服务器向外界发布的，任何人在任何时间、任何地点通过主机接触（包括浏览、复制）该主页内容，必须经过设置在瑞得公司住所地的服务器及硬盘。鉴于瑞得公司以主页著作权侵权为由提起诉讼，是基于其主页被复制侵权这一理由，因此海淀区应视为侵权行为实施地”。同时，由于“我国目前的联网主机和用户集中分布于海淀区等一些特定的地区，因此，本区亦应视为侵权结果发生地”②。此后，东方公司向北京市第一中级人民法院提起了上诉。上诉最终被驳回。

随着实践中这样的判决处理越来越多，将“网络服务器所在地”纳入“信息网

① 参见北京市海淀区人民法院（1999）海知初字第 21 号民事判决书。

② 张广良：《网络环境下的知识产权纠纷及相关法律问题》，载《知识产权》，2000（2），19 页。

络侵权行为实施地”也就成了许多司法解释的更多选择。例如，2000 年最高人民法院发布《关于审理涉及计算机网络著作权纠纷案件适用法律若干问题的解释》①第 1 条规定：“网络著作权侵权纠纷案件由侵权行为地或者被告住所地人民法院管辖。侵权行为地包括实施被诉侵权行为的网络服务器、计算机终端等设备所在地。对难以确定侵权行为地和被告住所地的，原告发现侵权内容的计算机终端等设备所在地可以视为侵权行为地。”这就将“网络服务器”与“计算机终端”并列归入“设备所在地”，进而列入“侵权行为地”的范围。无独有偶，2012 年发布、2020 年修正的最高人民法院《关于审理侵害信息网络传播权民事纠纷案件适用法律若干问题的规定》第 15 条规定的侵权行为地也包括被诉侵权行为的网络服务器、计算机终端等设备所在地。

然而，随着网络服务器的种类和数量变化加剧，也随着云存储技术的迅猛发展，判断“网络服务器所在地”越来越困难。2014 年，最高人民法院发布的《关于审理利用信息网络侵害人身权益民事纠纷案件适用法律若干问题的规定》第 2 条第 2 款就干脆删除了“网络服务器”的表述，规定“侵权行为实施地包括实施被诉侵权行为的计算机等终端设备所在地”②。当时这么修改的理由是：第一，网络技术的发展尤其是云计算技术的发展，导致很多互联网企业无须再建立自身的服务器，而是通过云计算供应商提供的云计算服务实现功能。第二，从互联网技术的发展来看，互联网企业越来越多地采用分布式设立服务器，以满足巨大的计算要求。如此，某个侵权信息可能会涉及不同地点的服务器。而该服务器所在地可能在原被告住所地之外的第三地，如果以此地作为管辖地，不利于当事人诉讼和人民法院审理。基于以上原因，将服务器所在地作为管辖标准，并不符合诉讼管辖“方便当事人诉讼，方便法院审理”的两便原则，故本条解释未将服务器所在地作为管辖地。③ 2014 年，最高人民法院在《关于适用〈中华人民共和国民事诉讼法〉的解释》中，将有关表述进一步调整为“计算机等信息设备所在地”（第 25 条）。④

此外，针对难以判断“计算机等信息设备所在地”“侵权行为地”的网络侵权案件，最高人民法院《关于审理侵害信息网络传播权民事纠纷案件适用法律若干问题的规定》第 15 条中作出了特殊规定：“侵权行为地和被告住所地均难以确

① 最高人民法院《关于审理涉及计算机网络著作权纠纷案件适用法律若干问题的解释》后来为最高人民法院《关于审理侵害信息网络传播权民事纠纷案件适用法律若干问题的规定》替代。

② 2020 年 12 月最高人民法院修改《关于审理利用信息网络侵害人身权益民事纠纷案件适用法律若干问题的规定》时进一步删除了这一条文的全部表述。

③ 参见最高人民法院民事审判第一庭编著：《最高人民法院利用网络侵害人身权益司法解释理解与适用》，60 页，北京，人民法院出版社，2014。也有其他观点认为，“网络服务器”可以归入“计算机等信息设备”的范围，相应地“网络服务器所在地”也就被“计算机等信息设备所在地”涵盖在内了。

④ 参见寇颖娇、吴献雅：《涉网络知识产权侵权案件的地域管辖问题研究——以〈民诉法司法解释〉第 25 条为中心》，载《法律适用》，2018（15），117－118 页。

定或者在境外的，原告发现侵权内容的计算机终端等设备所在地可以视为侵权行为地。”这也表明网络侵权纠纷在适用“侵权行为地”标准进行管辖时存在特殊之处，即有条件地“适用原告发现被控侵权行为的计算机终端等设备所在地确定管辖”的规则。但要注意的是，这一特殊规则的适用有着严格的条件限制，即“侵权行为地和被告住所地均难以确定”或者“侵权行为地和被告住所地在境外”，才能够将“原告发现侵权内容的计算机终端等设备所在地”视为“侵权行为地”。

【案例 10－17－1】

行家商贸公司与欧森公司商业诋毁纠纷案①

“ousen”系欧森公司注册的商标。2013 年 8 月初，欧森公司发现行家商贸公司在天猫网站上销售瑞士军刀威戈拉杆箱时使用其公司标识的对比图片，将其商品表述称杂牌的劣质产品，作引人误解的虚假宣传。之后，欧森公司申请安新县公证处对上述行为进行了证据保全，向河北省保定市中级人民法院提起诉讼。行家商贸公司认为本案不适用《关于审理涉及计算机网络著作权纠纷案件适用法律若干问题的解释》，本案侵权行为发生地、侵权行为结果地均不在河北省保定市，保定市中级人民法院对本案无管辖权，请求将本案移送江苏省苏州市中级人民法院审理。保定市中级人民法院经审理认为，本案为商业诋毁纠纷，管辖权的确定应根据《民事诉讼法》（2007 年）第 28 条的规定，由侵权行为地或者被告住所地人民法院管辖。本案侵权行为地为河北省安新县，属本院辖区，故本院对本案具有管辖权。

该案中，一审法院按照对“侵权行为地”的理解，确定其可以行使管辖权。如何避免实践中过于泛化理解“侵权行为地”，需要注意把握其适用条件。

【案例 10－17－2】

行家商贸公司与欧森公司商业诋毁纠纷案（续）②

行家商贸公司不服，提起上诉。其具体理由如下：(1) 本案所涉的商业诋毁侵权行为发生地，是指行家商贸公司通过天猫网站上载或传播该商业诋毁内容的计算机终端或服务器所在地。但行家商贸公司的计算机终端位于行家商贸公司的住所地苏州市，天猫网站的服务器显然不位于河北安新县。(2) 侵权行为结果地不在河北安新县。如果将被侵权对象经过网络传播后所能到达的地点都作为侵权

① 参见河北省保定市中级人民法院（2014）保立民初字第 3 号民事裁定书。

② 参见河北省高级人民法院（2014）冀民三终字第 41 号民事裁定书。

结果发生地，那么由于计算机网络的无地域性特点，其后果就是只要有计算机终端的地方就可认定为侵权结果发生地，那么该地方所在地的法院都可以对案件行使管辖权，则必然会导致只要与网络相连接的计算机终端所在地法院都有案件管辖权，从而不仅使管辖法院实际上并不确定，而且也给原告故意制造连结点选择原告住所地法院管辖留下了空间，这既不符合设立管辖制度的初衷，也不符合法律规定的旨意。(3) 最高人民法院《关于审理涉及计算机网络著作权纠纷适用法律若干问题的解释》不适用于本案。该解释直接适用的范围为网络著作权侵权纠纷案件，而本案为商业诋毁纠纷，并不能直接适用。故，欧森公司以安新县公证处的公证保全所在地作为管辖的连接点无法律依据。更何况该解释适用“原告发现侵权内容的计算机终端等设备所在地可以视为侵权行为地”的前提条件是，“侵权行为地和被告住所地难以确定”。而行家商贸公司的住所地十分明确。

欧森公司答辩称，本案的商业诋毁侵权行为发生在网络空间，而网络空间的无地域性、虚拟性、广泛联结等特点，与相对应的物理空间有很大的区别。我国在网络侵权的管辖上，既未背离《民事诉讼法》第 28 条由侵权行为地或者被告住所地人民法院管辖的规定，又结合新情况出台了《关于审理涉及计算机网络著作权纠纷案件适用法律若干问题的解释》及《关于审理涉及计算机网络域名民事纠纷案件适用法律若干问题的解释》。这两个司法解释均规定了欧森公司发现侵权行为的计算机终端设备所在地为侵权行为地。我公司就是在本公司的电脑上发现的行家商贸公司的侵权行为。这两个司法解释针对的是知识产权案件，本案属于知识产权范围，因此应适用这两个解释中关于管辖的规定，故我公司所在地就是侵权结果发生地。行家商贸公司在网络上对我公司产品的诋毁行为，直接导致我公司损害后果的发生——销售量下滑带来的经济损失。如果将被告住所地作为本案的管辖地，因两地遥远，势必造成欧森公司维权的障碍，无益于对侵权人的保护，这与法律维护正义的理念相悖。

河北省高级人民法院经审理认为：本案系商业诋毁纠纷，在性质上属于因侵权行为提起的诉讼。欧森公司指控行家商贸公司将商业诋毁的虚假信息登载在行家商贸公司在天猫网站开设的网店内，因此本案的侵权行为地应当是指行家商贸公司上载被控侵权内容的所在地。关于欧森公司主张其发现被控侵权行为的电脑终端所在地为侵权行为地的问题。《关于审理涉及计算机网络域名民事纠纷案件适用法律若干问题的解释》适用涉及计算机网络域名注册、使用等行为的民事纠纷，而本案是商业诋毁纠纷，不适用该司法解释的规定。另外，《关于审理涉及计算机网络著作权纠纷案件适用法律若干问题的解释》已经废止，已被最高人民法院《关于审理侵害信息网络传播权民事纠纷案件适用法律若干问题的规定》替代。即便参照该司法解释第 15 条关于“侵害信息网络传播权民事纠纷案件由侵权行为地或者被告住所地人民法院管辖。侵权行为地包括实施被诉侵权行为的网络服务器、计算机终端等设备所在地。侵权行为地和被告住所地均难以确定或者在境外的，原告发现侵权内容的计算机终端等设备所在地可以视为侵权行为地”的规定，该条在适用发现被控侵权行为的计算机终端等设备所在地确定管辖问题上，有严格的条件限制，即侵权行为地和被告住所地均难以确定或者在境外的。而本案中被告住所地是可以确定的，所以不应以发现被控侵权行为的计算机终端等设备所在地确定管辖。综上，保定市中级人民法院对本案无管辖权，本案应由苏州市辖区有管辖权的人民法院管辖。

（二）信息网络侵权行为的结果发生地包括被侵权人住所地

侵权结果发生地是侵权行为直接产生结果的发生地。关于侵权结果发生地的一般性规定，见于《民事诉讼法》第28条“因侵权行为提起的诉讼，由侵权行为地或者被告住所地人民法院管辖”和最高人民法院《关于适用〈中华人民共和国民事诉讼法〉的解释》第24条“民事诉讼法第二十八条规定的侵权行为地，包括侵权行为实施地、侵权结果发生地”。然而，实务中对于侵权结果发生地的确定，争议较大。一般来说，侵权结果发生地并不能完全等同于原告住所地，应当就个案进行分析。例如，重庆高级人民法院在裁定澳龙公司与山东泰丰公司、中国农科院北京畜牧兽医研究所侵犯商业秘密纠纷管辖权异议案中指出：“侵权结果发生地应当为侵权行为直接产生结果的发生地，而非完全等同于原告住所地。”[①] 然而，针对网络侵权纠纷而言，最高人民法院在《关于适用〈中华人民共和国民事诉讼法〉的解释》中，已经以第25条明确“信息网络侵权行为实施地包括实施被诉侵权行为的计算机等信息设备所在地，侵权结果发生地包括被侵权人住所地”。这么规定是考虑了网络侵权案件结果发生的独特地域特点。

【案例 10－18】

豪腾公司与萌蛋公司、艺鸿公司著作权侵权纠纷案[②]

萌蛋公司以豪腾公司通过微信公众号推广运营的游戏《海盗来了》抄袭其自主研发的游戏《猪来了》，艺鸿公司在自己的微信公众号发布推广豪腾公司涉嫌侵权游戏的文章，构成共同侵权为由，向广东省深圳市中级人民法院提起诉讼。萌蛋公司起诉时提交的广东省盐田公证处（2017）深盐证字第3597、3598、4506号公证

① 杜东安、徐华：《侵犯商业秘密案件中侵权结果发生地的司法判定——重庆高院裁定澳龙公司与山东泰丰公司、中国农科院北京畜牧兽医研究所侵犯商业秘密纠纷管辖权异议案》，载《人民法院报》，2018－11－08。

② 参见广东省高级人民法院（2018）粤民辖终297号民事裁定书。

书显示，萌蛋公司在深圳市盐田区通过手机和电脑进入豪腾公司的微信公众号进行游戏操作。对此豪腾公司提出管辖异议。一审法院经审理认为：艺鸿公司转发本案被控侵权游戏推广宣传文章的行为是否构成侵权，以及艺鸿公司与萌蛋公司或者豪腾公司是否存在某种关系均属于本案实体审理范畴，而非程序审查能够查清的问题。豪腾公司以此为由提出管辖权异议，理由不能成立。根据《民事诉讼法》第21条第3款、最高人民法院《关于审理著作权民事纠纷案件适用法律若干问题的解释》第4条的规定以及本案萌蛋公司的诉讼标的额，本法院对本案依法具有管辖权。

豪腾公司不服，向广东省高级人民法院提起上诉。其上诉理由为：原审裁定违反法律规定。依据最高人民法院《关于审理著作权民事纠纷案件若干问题的解释》第4条的规定，因侵犯著作权行为提起的民事诉讼，由《著作权法》第46条、第47条所规定侵权行为的实施地、侵权复制品储藏地或者查封扣押地、被告住所地人民法院管辖。本案中无证据证明侵权行为的实施地、侵权复制品储藏地或者查封扣押地为深圳市，上诉人作为被告一的住所地位于北京市，但原审法院立案是基于被告二艺鸿公司的住所地位于深圳市××区。而艺鸿公司转发本案被控侵权游戏推广宣传文章的行为是否构成侵权，是确定原审法院是否拥有本案管辖权的关键，即本案原审法院是否拥有管辖权，是以审查确认艺鸿公司的转发行为的性质为前提。若认为艺鸿公司转发文章的行为是否构成侵权属实体审理的范畴而不予查清，则民事诉讼法规定的管辖权异议制度在本案中将形同虚设。另外，上诉人在向原审法院提出管辖权异议时，提交了萌蛋公司刻意制造管辖连接点的证据，原审法院对此亦未予审查，不符合《民事诉讼法》第127条的规定。豪腾公司请求将本案移送至上诉人住所地的北京市海淀区人民法院管辖。

二审法院经审理认为：本案为著作权侵权纠纷；萌蛋公司提交的公证书显示“在深圳市盐田区通过手机和电脑进入豪腾公司的微信公众号进行游戏操作”，初步证明本案属于信息网络侵权纠纷。依照最高人民法院《关于适用〈中华人民共和国民事诉讼法〉的解释》第25条“信息网络侵权行为实施地包括实施被诉侵权行为的计算机等信息设备所在地，侵权结果发生地包括被侵权人住所地”的规定，信息网络侵权行为的结果发生地包括被侵权人住所地。本案萌蛋公司住所地在广东省，故广东省是本案侵权结果发生地之一。依照《民事诉讼法》第28条“因侵权行为提起的诉讼，由侵权行为地或者被告住所地人民法院管辖”、最高人民法院《关于适用〈中华人民共和国民事诉讼法〉的解释》第24条“民事诉讼法第二十八条规定的侵权行为地，包括侵权行为实施地、侵权结果发生地”的规定，原审法院作为侵权行为地法院对本案具有管辖权。原审裁定驳回豪腾公司的管辖权异议并无不当，本院予以维持。

（三）原告可以选择对自己最为有利的法院地

侵权纠纷中原告可以选择有管辖权的法院进行诉讼，这是一项共性化管辖规则。然而，对于网络侵权诉讼而言，由于确定管辖权因素宽泛而导致可选择的法院相当多，这使得原告选择对自己最为有利的法院起诉往往不成问题。这就形成了一条差异性管辖规则，准确地说是司法实践所呈现的一条差异性管辖规律。

【案例 10－19】

丁××与房××、百度公司、新浪公司侵犯名誉权案[①]

2014 年，陕西省水利厅职员丁××因名誉权纠纷将陕西省三门峡库区水文水资源局职员房××、百度公司、新浪公司诉至陕西省西安市碑林区人民法院。随后，百度公司提出管辖异议，被驳回。百度公司不服，向西安市中级人民法院提起上诉。其上诉称，原审裁定未充分考虑网络侵权案件的特殊性及如何确定网络名誉纠纷管辖法院的法理精神和对最高人民法院相关司法解释的理解，而是简单套用一般性规定，是不适当的。该案中上诉人住所地、网络服务器存放地均在北京市海淀区辖区内，本着便于案件事实查明、节约诉讼资源的原则，应确定管辖法院为北京市海淀区人民法院。

二审法院经审理认为：该案是因利用信息网络侵害他人名誉权纠纷，依法应由侵权行为地或被告住所地人民法院管辖。经查，原告丁××诉称之侵权行为地分别为侵权行为实施地的陕西省渭南市临渭区（原审被告房××住所地）、北京市海淀区（上诉人等三名被告住所地）及侵权行为结果地（原审原告住所地）的陕西省西安市碑林区；该案四名被告人住所地分别位于渭南市临渭区、北京市海淀区，依法上述地区人民法院对本案享有管辖权，原审时，原告选择向侵权行为地之一的西安市碑林区人民法院起诉。依照《民事诉讼法》第 28 条、第 35 条和最高人民法院《关于审理利用信息网络侵害人身权益民事纠纷案件适用法律若干问题的规定》第 2 条规定，原审法院对该案享有管辖权。遂裁定驳回上诉，维持原裁定。

不仅如此，实践中原告在选择管辖法院时不仅可以考虑真实的侵权行为地，还可以考虑“标示”的“侵权行为地”。以“侵权商品存储地”为例，这可以指代侵权商品存储的真正物理地址区域，也可能是当事人宣传或承诺的侵权商品存储所在的地址。

① 参见陕西省西安市碑林区人民法院（2014）碑民初字第 03166 号民事判决书，陕西省西安市中级人民法院（2014）西中立民终字第 00337 号民事裁定书。

【案例 10－20】

曾××与许××、淘宝公司确认不侵害商标权纠纷案①

上诉人曾××不服广西壮族自治区北海市中级人民法院（2017）桂 05 民初 127 号民事裁定，向广西壮族自治区高级人民法院提起上诉。其主要理由是：(1) 原审法院适用法律错误。最高人民法院《关于审理商标民事纠纷案件适用法律若干问题的解释》第 6 条规定的是他人的侵权行为而非自身行为，且许××并未提交任何证据证明涉案商品储藏地位于广西北海市。原审法院以许××住所地位于北海市即认定北海市为侵权商品储藏地错误。(2) 本案应由侵权行为地或被告住所地人民法院管辖。本案上诉人常住地为山东省济南市，淘宝公司注册地为浙江省杭州市，本案应移送至上诉人常住地有管辖权的人民法院审理。被上诉人许××答辩称：曾××与答辩人的纠纷就是因曾××认为答辩人在淘宝网上出售的商品侵害其商标权而引发的，且答辩人已提交证据证明涉案商品所在地区是广西北海，故北海市中级人民法院对本案有管辖权。

二审法院经审理认为：最高人民法院《关于审理商标民事纠纷案件适用法律若干问题的解释》第 6 条规定，因侵犯注册商标专用权行为提起的民事诉讼，由侵权行为实施地、侵权商品储藏地或者查封扣押地、被告住所地人民法院管辖。许××在一审诉讼中所提交的证据 2 "曾××的投诉及所涉商品信息" 第 24、25 页记载涉案商品所在地为广西北海，即许××出售的涉案商品储藏在广西壮族自治区北海市，北海市为本案侵权行为地，许××向北海市中级人民法院提起确认不侵害商标权诉讼符合上述法律规定，故北海市中级人民法院对本案具有管辖权。曾××上诉称许××未提交任何证据证明涉案商品储藏地位于广西壮族自治区北海市与本案查明的事实不相符，本院不予支持。

案例 10－19 表明的侵权行为实施地就有三处之多，侵权行为结果发生地又有一处，被告人住所地有两处；案例 10－20 进一步表明可以通过"标示"地点来进行选择管辖，这些实例表明网络侵权纠纷中原告可以选择的管辖法院确实很多。为了防止网络侵权纠纷走向世界上任何地方均可管辖的极端，实践中也要注意适当从严限缩适用管辖的条件，如"对于侵权行为地的把握应以原告自身所实施的行为为准，而不能将其他案外当事人实施的行为作为判断案件管辖的依据"。

① 参见广西壮族自治区北海市中级人民法院（2017）桂 05 民初 127 号民事裁定书，广西壮族自治区高级人民法院书（2018）桂民辖终 53 号民事裁定。

【案例 10－21】

汉高（中国）公司诉贺定高、华腾公司确认不侵害商标权纠纷案①

汉高公司诉称，2015 年 12 月，华腾公司受贺定高委托向该公司发出警告函，称汉高公司在京东商城、亚马逊电子商务平台销售的涉案商品包装上突出使用了“奢韵”商标，侵犯了贺定高对第 14044379 号“奢韵”商标享有的专用权。对此，汉高公司随后以京东商城的开办者京东公司的住所地为侵权行为地，向北京市西城区人民法院提起确认不侵权诉讼。经审理，北京市西城区人民法院一审裁定该案移送湖南省娄底市中级人民法院处理。汉高公司不服上述一审裁定，随后向北京知识产权法院提起上诉。

汉高公司的上诉理由是：(1) 一审法院裁定本案移送湖南省娄底市中级人民法院处理，属适用法律错误。确认不侵害商标权诉讼属于侵权类纠纷，依法应适用侵权案件的管辖规定来确定管辖法院。依据民事诉讼法及其司法解释的规定，因侵权行为提起的诉讼，由侵权行为地或被告住所地人民法院管辖。侵权行为地包括侵权行为实施地、侵权结果发生地。具体到本案，贺定高及华腾公司所称的侵权行为系指京东商城、淘宝、亚马孙等网络平台销售汉高公司涉案商品的行为，而后贺定高及华腾公司向上述网络平台投诉，致使汉高公司的产品下架。因此本案的侵权行为应是京东商城的销售行为。京东商城作为虚拟的网络交易平台，应以京东商城的发货地作为京东商城的销售地。由于京东商城的开办者京东公司住所地为北京市大兴区，应推定京东商城的发货地即为北京市大兴区。故本案应由北京市大兴区人民法院管辖。(2) 考虑网络平台虚拟性的特点，网络信息通过终端数据库与客户电脑上网连接所形成。参照最高人民法院《关于审理侵害信息网络传播权民事纠纷案件适用法律若干问题的规定》第 15 条的规定，侵害信息网络传播权民事纠纷案件由侵权行为地或者被告住所地人民法院管辖。侵权行为地包括实施被诉侵权行为的网络服务器、计算机终端等设备所在地。本案也可以适用京东商城销售行为的网络服务器、计算机终端设备所在地西城区人民法院管辖。(3) 从民事诉讼法管辖规定的原则出发，根据最密切联系原则，由网络服务开办者所在地人民法院管辖，更有利于查明侵权事实及便利双方当事人。

二审法院经审理认为：确认不侵权诉讼，就其内容实质上是请求人对于其实施的某一行为是否构成对他人依法享有的某项权利的侵犯而向人民法院提起的一种确认请求。人民法院审理此种纠纷所适用的相关法律与审理民事侵权纠纷是一致的。此外，在确定确认不侵权之诉的管辖时，应当注意原告提起诉讼请求确认不侵权的行为是其自己实施的行为。因此，对于侵权行为地的把握应以原告自身所实施的行

① 参见北京知识产权法院（2016）京 73 民辖终 1120 号民事裁定书。

为为准，而不能将其他案外当事人实施的行为作为判断案件管辖的依据。本案中，汉高公司主张一审法院具有管辖权所依据的事实系京东商城销售涉案商品的行为，但是按照现有证据来看，该产品显示为“京东自营”，并不能证明该产品由汉高公司直接销售。因此，汉高公司不能以他人实施的行为来主张本案确认不侵权之诉的管辖依据。汉高公司的上诉理由没有事实及法律依据，本院不予支持。

第三节 中国关于电子合同纠纷的管辖制度

一、中国关于电子合同纠纷适用共性化管辖规则

我国《民事诉讼法》第 23 条规定：“因合同纠纷提起的诉讼，由被告住所地或者合同履行地人民法院管辖。”第 34 条规定：“合同或者其他财产权益纠纷的当事人可以书面协议选择被告住所地、合同履行地、合同签订地、原告住所地、标的物所在地等与争议有实际联系的地点的人民法院管辖，但不得违反本法对级别管辖和专属管辖的规定。”可见，我国关于合同案件形成了以被告住所地、合同履行地为主要管辖规则，并允许意思自治原则下的协议管辖规则。这些处理合同纠纷的一般管辖规则包括但不限于被告住所地法院管辖规则、合同履行地法院管辖规则、协议管辖规则、特殊地域管辖规则等（详细列举如下表）。它们同样适用于电子合同纠纷，可称为共性化管辖规则。

表 10－1　中国主要法律规范关于电子合同纠纷的一般管辖规则解析

<table>
<tr><th>法律规范</th><th>具体条文</th><th>条款表述</th><th>管辖法院</th><th>规则抽象</th></tr>
<tr><td rowspan="3">《民事诉讼法》</td><td>第 23 条</td><td>因合同纠纷提起的诉讼，由被告住所地或者合同履行地人民法院管辖</td><td colspan="2">被告住所地或者合同履行地法院管辖的总原则</td></tr>
<tr><td>第 34 条</td><td>合同或者其他财产权益纠纷的当事人可以书面协议选择被告住所地、合同履行地、合同签订地、原告住所地、标的物所在地等与争议有实际联系的地点的人民法院管辖，但不得违反本法对级别管辖和专属管辖的规定</td><td>书面协议选择与争议有实际联系的地点的法院</td><td>协议管辖</td></tr>
<tr><td>第 265 条</td><td>因合同纠纷或者其他财产权益纠纷，对在中华人民共和国领域内没有住所的被告提起的诉讼，如果合同在中华人民共和国领域内签订或者履行，或者诉讼标的物在中华人民共和国领域内，或者被告在中华人民共和国领域内有可供扣押的财产，或者被告在中华人民共和国领域内设有代表机构，可以由合同签订地、合同履行地、诉讼标的物所在地、可供扣押财产所在地、侵权行为地或者代表机构住所地人民法院管辖</td><td>合同签订地、合同履行地、诉讼标的物所在地、可供扣押财产所在地、侵权行为地或者代表机构住所地的法院</td><td>涉外特殊地域管辖</td></tr>
</table>

续表

法律规范	具体条文	条款表述	管辖法院	规则抽象
最高人民法院《关于适用〈中华人民共和国民事诉讼法〉的解释》	第18条	合同约定履行地点的，以约定的履行地点为合同履行地	约定履行地法院	约定地域管辖
		合同对履行地点没有约定或者约定不明确，争议标的为给付货币的，接收货币一方所在地为合同履行地；交付不动产的，不动产所在地为合同履行地；其他标的，履行义务一方所在地为合同履行地。即时结清的合同，交易行为地为合同履行地	接收货币一方所在地、不动产所在地、履行义务一方所在地、交易行为地法院	国内特殊地域管辖
		合同没有实际履行，当事人双方住所地都不在合同约定的履行地的，由被告住所地人民法院管辖	被告住所地法院	合同没有实际履行的管辖
	第531条	涉外合同或者其他财产权益纠纷的当事人，可以书面协议选择被告住所地、合同履行地、合同签订地、原告住所地、标的物所在地、侵权行为地等与争议有实际联系地点的外国法院管辖。 根据《民事诉讼法》第33条和第266条规定，属于中华人民共和国法院专属管辖的案件，当事人不得协议选择外国法院管辖，但协议选择仲裁的除外	书面协议选择与争议有实际联系地点的外国法院及相关禁止	协议选择有关外国法院管辖
	第532条	涉外民事案件同时符合下列情形的，人民法院可以裁定驳回原告的起诉，告知其向更方便的外国法院提起诉讼： （一）被告提出案件应由更方便外国法院管辖的请求，或者提出管辖异议； （二）当事人之间不存在选择中华人民共和国法院管辖的协议； （三）案件不属于中华人民共和国法院专属管辖； （四）案件不涉及中华人民共和国国家、公民、法人或者其他组织的利益； （五）案件争议的主要事实不是发生在中华人民共和国境内，且案件不适用中华人民共和国法律，人民法院审理案件在认定事实和适用法律方面存在重大困难； （六）外国法院对案件享有管辖权，且审理该案件更加方便	由“更方便的外国法院”管辖	

电子合同与传统合同的社会功能相同，是自然人、法人、其他组织之间设立、变更、终止民事权利义务的意思表示一致的协议。二者的区别主要在于，电子合同

在其签订、履行或者内容等方面涉及网络这一要素。由于网络环境的全球性和数字性，电子合同的签订地、履行地等并不像传统合同那样明晰确定，电子空间的地点与现实空间的地点之间往往不存在一一对应关系，我国现行《民事诉讼法》规定的管辖连接点无法将案件简单指向处于现实空间中的法院管辖。它们在实践中的落地还需要司法工作人员具体问题具体分析。下面结合实践案例进行重点阐释。

“被告住所地管辖”规则通常意味着先要判断适格被告，再根据适格被告的住所地判断有管辖权的法院。如果案件中被起诉的一方并不是合适的被告，则其住所地法院并不享有管辖权。这种现象在电子商务平台经营者被“连带”起诉的案件中比较常见。

【案例 10－22】

李×与阿卡丁公司、京东公司网络购物合同纠纷案①

2018 年 7 月 10 日，李×在京东商城购买了“阿卡丁（AKPLAYER）电脑椅家用办公椅子”。李×以被告涉嫌价格欺诈为由，依照《消费者权益保护法》第 8 条等规定，起诉至北京互联网法院。京东公司对管辖权提出异议：李×在阿卡丁公司经营的“阿卡丁旗舰店”购买涉案商品，阿卡丁公司是涉案商品的销售者，原告与阿卡丁之间是买卖合同关系。我司作为京东商城的经营者，仅为电子商务平台，在涉案商品销售页面披露了商品销售方为阿卡丁公司，依法履行了披露平台内经营者信息的义务。我司非本案网络购物合同的相对人，不是适格被告。本案被告商家住所地在扬州市广陵区，且本案涉案商品通过快递交付，收货地址为安徽省合肥市包河区宿松路 122 号金安花园，故根据前述法律规定，本案应由被告住所地扬州市广陵区法院，或合同履行地的合肥市包河区人民法院处理，故提出异议，申请移送。庭审中，李×认可与自己发生网络购物合同关系的系阿卡丁公司，以及涉案商品的收货地不在北京。而阿卡丁公司的住所地在江苏省扬州市。京东商城平台上已公示了阿卡丁公司的信息及营业执照，对此李×予以认可。经法院释明，李×明确其要求京东公司承担连带赔偿责任的事由是：涉案商品系在京东公司的平台上购买，以及通过京东平台支付了涉案货款；对此，京东公司表示收取李×货款的是阿卡丁公司。阿卡丁公司认可其收到了涉案商品的货款。

法院经审理认为：本案系网络购物合同纠纷，依照民事诉讼法的相关规定，由被告住所地或合同履行地法院管辖；因李×与阿卡丁公司的住所地以及涉案合同的履行地均不在本院辖区，故本院对本案是否享有管辖权的唯一连接点是京东公司。京东公司是否是本案的适格被告，直接决定本院是否享有管辖权。鉴于该情形，针对京东公司提出其主体不适格及京东公司不应承担连带责任的异议，应在管辖权异

① 参见北京互联网法院（2019）京 0491 民初 18269 号民事裁定书。

议阶段予以审查。经查明，与李×建立网络购物合同关系的是阿卡丁公司，并非京东公司，且作为电子商务平台的经营者，京东公司已经向李×履行披露阿卡丁公司信息的义务。现李×以涉案商品系在京东公司的平台上购买以及通过京东平台支付了涉案货款为由，起诉京东公司承担连带责任；然依照《电子商务法》第38条的规定，电子商务平台经营者知道或者应当知道平台内经营者销售的商品或者提供的服务不符合保障人身、财产安全的要求，或者有其他侵害消费者合法权益行为，未采取必要措施的，依法与该平台内经营者承担连带责任。对关系消费者生命健康的商品或者服务，电子商务平台经营者对平台内经营者的资质资格未尽到审核义务，或者对消费者未尽到安全保障义务，造成消费者损害的，依法承担相应的责任。李×主张京东公司之事实并不符合上述情形，因此京东公司并非本案适格被告，本院驳回李×对京东公司的起诉。鉴于本院对本案再无其他管辖连接点，考虑到收货地址为安徽省合肥市包河区宿松路122号金安花园，现宜将本案移送至安徽省合肥市包河区人民法院管辖。

"合同履行地管辖"规则是分层次的。如果合同双方书面约定了合同履行地的，以明确约定的合同履行地确定管辖的法院；如果合同双方没有就此作出书面约定或者约定不明的，则以接收货币一方所在地、不动产所在地、履行义务一方所在地、交易行为地确定管辖的法院；如果合同没有实际履行，且双方住所地都不在合同约定的履行地的，则以被告住所地确定管辖的法院。在判断过程中，合同的约定情况及具体性质都是考量的因素。对于电子合同而言，实践中还需要考虑并案或分案对"合同履行地管辖"规则适用的影响。

【案例10-23】

卢××与上海寻梦公司、义乌伍联公司、东阳俊龙厂因产品责任、网络服务合同管辖权异议纠纷案①

原告卢××起诉的事实与理由为：2019年12月3日，卢××之母法定代理人付××在上海寻梦公司开设的"拼多多"购物网站上，在被告义乌伍联公司设立的"伍联家居生活专营店"购买由被告东阳俊龙厂生产的热水袋一个。同年12月9日上午10时许，付××在家中为原告使用热水袋时，所购热水袋发生爆炸热水流出，将原告卢××双腿、屁股严重烫伤。经山东省立医院治疗，诊断为深度二级烫伤。原告卢××于当日住院持续治疗。2020年1月原告第一次出院，医生告诉原告父母卢××将留下永久性疤痕，需要植皮恢复。这种永久性的伤害给原告及其父母造成极大的心理负担。原告父母多次找三被告协商赔偿事宜，但三被告均相互推卸责

① 参见山东省济南高新技术产业开发区人民法院（2020）鲁0191民初3778号民事裁定书，山东省济南市中级人民法院（2020）鲁01民辖终614号民事裁定书。

任，逃避责任。卢××诉至山东省济南高新技术产业开发区人民法院。被告上海寻梦公司提出管辖权异议，认为应当根据原告在拼多多平台购物签署了“拼多多用户服务协议”中“任何一方均有权向拼多多住所地有管辖权的人民法院提起诉讼”的内容，将案件移送上海市长宁区人民法院管辖。一审法院支持了上海寻梦公司的主张。卢××不服，向山东省济南市中级人民法院提起上诉称：本案系产品责任纠纷，涉案侵权产品的侵权行为实施地、侵权结果地均位于济南市高新区辖区内，对于侵权纠纷案件应依据侵权纠纷的特殊地域管辖的规定确定管辖法院，不应依据有关协议管辖的规定确定管辖法院。原审法院作为侵权行为地的人民法院，对本案享有管辖权。请求撤销原审裁定。被上诉人上海寻梦公司在答辩期内未作书面答辩。

二审法院经审理认为：根据当事人提供现有的证据及其诉辩事实和理由显示，本案纠纷所涉及的各方当事人之间存在以下不同的法律关系：(1) 原告卢××与被告东阳俊龙厂、被告义乌伍联公司之间的产品责任法律关系；(2) 与上海寻梦公司之间的提供网络服务合同法律关系。上述两种类型纠纷中的当事人主体、法律关系均不相同。上诉人基于其诉讼便利和选择管辖法院的考量，作为起诉人将上述不同法律关系一并提起诉讼，属于共同诉讼中的诉的合并的情形。在其提起的共同诉讼中，不仅存在诉的主观合并即当事人主体合并，也存在诉的客观合并即法律关系的合并，随之亦产生了纠纷地域管辖和约定管辖等方面的问题。但上诉人的起诉及管辖法院的选择，应以不得损害对方当事人程序利益为限。

在本案纠纷不属于必要共同诉讼的前提下，网络服务提供者即被上诉人上海寻梦公司以对案件管辖权提出异议的形式，表达了不同的法律关系不能合并审理的意愿，受诉人民法院对此应予采纳。故本案所涉产品责任纠纷、网络服务合同纠纷应分案审理。关于产品责任纠纷的地域管辖问题，本案的侵权产品销售地、侵权行为地均位于山东省济南市高新区辖区内，上诉人据此首先选择侵权行为地的原审法院，管辖上述二者之间的产品责任纠纷，符合上述法律规定；关于网络服务合同纠纷的约定管辖问题，上诉人对于被上诉人的诉求实质为要求被上诉人在提供网络服务过程中未尽到审查义务而应承担的过错责任，双方因网络服务合同所产生的纠纷应由约定的人民法院即上海市长宁区人民法院管辖。原审法院对于该网络服务合同所产生的纠纷，不享有管辖权。上诉人对此可向有管辖权的人民法院，另行起诉主张权利。综上所述，上诉人将上述不应合并审理的普通共同诉讼一并起诉，不符合有关法律规定。原审裁定将案件整体移送处理不当，本院予以纠正。

“约定地域管辖”规则是当事人意思自治原则的体现。我国《民事诉讼法》第34条确定适用该规则有三个条件：其一，必须书面形式；其二，管辖地点必须与争议有实际联系；其三，不得违反级别管辖和专属管辖的规定。此外，当事人双方是否自愿形成合意也是法官审案时考虑的重要因素。实践中，这种“约定”越来越多地以网购平台的“服务协议”方式进行的。例如，淘宝网发布的“淘宝平台服务协议”规定：“【管辖】您因使用淘宝平台服务所产生及与淘宝平台服务有关的争议，由淘宝与您协商解决。协商不成时，任何一方均可向被告所在地有管辖权的人民法院提起诉讼。”① 拼多多平台发布的“拼多多用户服务协议”亦规定：“12.2 约定管辖。对于因本协议而产生的或者与本协议有关的争议，双方均应努力通过友好协商的方式进行解决。协商不成的，任何一方均有权提起诉讼，且双方一致同意由拼多多住所地人民法院管辖。”② 这样的“约定地域管辖”也引发了许多争议和不同的处理结果。

【案例 10－24】

冯志波与天猫公司买卖合同纠纷案③

2014 年 5 月，广州知名打假人冯志波因网购合同纠纷起诉“天猫商城”，广州市海珠区人民法院受理该案。在答辩期间内，天猫公司提出管辖异议，其主要理由是：根据原告起诉的事实，本案应为网络服务合同纠纷；原告冯志波在注册为天猫用户时，点击同意了“淘宝服务协议”，而协议中约定发生纠纷时被告住所地人民法院为第一审管辖法院，被告住所地位于杭州市余杭区。

一审法院经审理认为：虽然原告点击同意“淘宝服务协议”，但被告没有证据证实已采取合理的方式提请原告注意，或按照原告的要求对该条款予以说明，依据《合同法》的规定，“淘宝服务协议”中约定的“一旦产生争议，您与淘宝平台的经营者均同意以被告住所地人民法院为第一审管辖法院”应属于无效的格式条款。由于收货地址即为合同履行地，本案收货地址位于广州市海珠区内，因此海珠区人民法院对该案有管辖权，对被告提出的管辖异议不予支持。

天猫公司不服，向广州市中级人民法院上诉。广州市中级人民法院经审查，将协议涉及的管辖条款认定为无效格式条款，认为天猫公司没有尽到提醒合理注意的义务，只是单方意思表示，且属于“对消费者不公平、不合理的规定”“应视为对被上诉人无效的格式条款”，最终驳回天猫公司关于管辖的异议。

此案之后，人们看到天猫、淘宝等电商平台对“服务协议”进行了适当的调整，主要是通过粗体下划线形式予以特别标注，以满足平台的提醒注意义务；也普遍出现了用户在注册相关电商平台账号的时候，必须勾选“同意‘××服务协议’”才能完成注册的情况。这样做是否意味着电商平台尽了有效提醒的义务？能否切实

① “淘宝平台服务协议”标示的最新版本生效日期为 2019 年 8 月 19 日。参见 https：//terms.alicdn.com/legal-agreement/terms/TD/TD201609301342_19559.html? spm＝a2145.7268393.0.0.f9aa5d7cEdND7F，最后访问日期：2021－01－02。

② “拼多多用户服务协议”V3.2 版本，其标示于 2015 年 8 月 29 日首次生效，并于 2019 年 1 月 1 日最新修订生效。

③ 参见广东省广州市海珠区人民法院（2014）穗海法民二初字第 979 号民事裁定书，广东省广州市中级人民法院（2014）穗中法立民终字第 2066 号民事裁定书。

保护普通消费者的合法权益？相关疑问依然不断在案件中爆出，而且也出现了同案例 10－24 完全相反的裁判。

【案例 10－25】

黎××与采萧公司、淘宝公司网络购物合同纠纷案①

2018 年 2 月 27 日，黎××在淘宝公司旗下的淘宝平台以淘宝名“蝴蝶错花田00”在销售商采萧公司的淘宝网店购买 1 盒 rolya 脐带血精华，收到货后发现该产品全是外文，且无进口批文，无中文标签。黎××以该产品不是假货就是无合法来源的化妆品为由，诉至法院。

采萧公司对管辖权提出异议，请求将本案移送至沈阳市铁西区人民法院审理。理由如下：采萧公司的注册地和商铺经营所在地均为沈阳市铁西区熊家岗路，且原告与被告采萧公司在淘宝网店购买页面上有明确的关于争议解决管辖法院的约定：“因代购货品或本协议所引起的或与本协议有关的争议，协商不成立应向本店所在地有管辖权的人民法院提起诉讼”，故此案应由采萧公司注册地法院管辖才符合法律规定，也有利于法院查明事实真相。淘宝公司亦对管辖权提出异议，请求将本案移送杭州互联网法院审理。除了原告与被告淘宝公司之间存在“淘宝平台服务协议”的管辖协议外，淘宝公司还特别提出如下理由：(1) 对协议管辖条款，淘宝公司已采取了明显且合理的方式提醒原告注意。根据（2015）浙杭钱证内字第 26302 号公证书显示，在程序上，注册申请人在注册淘宝账户时须同意“淘宝服务协议”才能完成注册操作。在内容上，“淘宝服务协议”开头即用黑体字作出特别提示：“为维护您自身权益，建议您仔细阅读各条款具体表述”。此外，对协议管辖条款也以黑体字下划线标识。根据（2016）浙杭钱证内字第 6630 号公证书显示，自 2016 年 4 月 28 日起，所有淘宝注册用户首次登录其淘宝账户时，淘宝平台都会进行跳框提示，提醒会员阅读包括管辖条款在内的服务协议后才能继续操作。本案原告于 2013 年 9 月 1 日完成淘宝账户的注册，表明其是在知情、自主的情况下完成了淘宝账户的注册。双方对“淘宝服务协议”中的协议管辖条款达成了合意，双方意思表示真实、一致，协议管辖条款合法有效，对双方均有约束力。(2) 根据 2017 年 8 月 9 日最高人民法院印发的《关于设立杭州互联网法院案件管辖范围的通知》（法〔2017〕246 号）和 2017 年 8 月 15 日浙江省高级人民法院印发的关于转发的通知（浙高法〔2017〕156 号），自 2017 年 8 月 18 日起，杭州互联网法院集中管辖杭州市辖区内基层人民法院有管辖权的涉互联网一审民事、行政案件。故本案应由杭州互联网法院审理。

法院经审理认为：所有淘宝账户必须同意“淘宝服务协议”中的约定才能完成

① 参见广东省湛江市遂溪县人民法院（2018）粤 0823 民初 889 号民事裁定书。

注册操作，包括因使用淘宝平台服务所产生及与淘宝平台服务有关的争议，由淘宝协商解决，协商不成时，任何一方均可向被告所在地人民法院提起诉讼。双方的管辖条款不违反级别管辖和专属管辖的规定，且淘宝公司对“淘宝服务协议”开头用黑体字作特别提示，对协议管辖条款也以黑体字下划线标识，履行了提醒消费者注意的义务，故该约定管辖条款合法有效。因此，本案两被告所在地法院对本案均有管辖权。由于本案被告淘宝公司住所地位于杭州市余杭区，又依照最高人民法院《关于杭州互联网法院案件管辖范围的通知》规定，杭州市辖区内基层人民法院有权管辖的互联网购物、服务等合同纠纷由杭州互联网法院管辖，为便于系列案件的审理，故本案应由杭州互联网法院管辖。遂裁定移送到杭州互联网法院。

二、中国关于电子合同纠纷推出差异性管辖规则

如果说在《民事诉讼法》层面，我国主要是建设了一些适用于电子合同纠纷的共性化管辖规则，那么在司法解释层面来看，我国不仅构建了一些适用于电子合同纠纷的共性化管辖规则，亦尝试着推出了一些差异性管辖规则。这突出表现为最高人民法院在《关于适用〈中华人民共和国民事诉讼法〉的解释》中所作的努力，其第 20 条规定：“以信息网络方式订立的买卖合同，通过信息网络交付标的的，以买受人住所地为合同履行地；通过其他方式交付标的的，收货地为合同履行地。合同对履行地有约定的，从其约定。”这给出了三种适用于电子合同的“合同履行地”进而确定管辖的方式，分别是“买受人住所地为合同履行地”“收货地为合同履行地”“合同对履行地有约定的，从其约定”。

【案例 10－26】

俞×与周××买卖合同纠纷案[①]

俞×与周××买卖合同纠纷一案，由福建省莆田市秀屿区人民法院于 2016 年 9 月 28 日立案。俞×诉称，2016 年 9 月 13 日在淘宝网平台上周××经营的网店购买了 4 礼盒破壁灵芝孢子粉，收货后发现该商品冒用其他生产许可证编号，也没有保健食品批准文号，认为周××的行为属于销售明知是不符合食品安全标准食品，请求判令周××十倍赔偿。

福建省莆田市秀屿区人民法院认为：因合同纠纷提起的诉讼，由被告住所地或者合同履行地人民法院管辖。周××住所地在吉林省吉林市。对于合同履行地，根据俞×提供的证据，其购买货物时与周××的淘宝店铺约定通过快递公司运输货物，故周××将货物交给承运的快递公司即完成交付义务，本案合同履行地应为快递公司揽

① 参见最高人民法院（2017）最高法民辖 6 号民事裁定书。

件的吉林省吉林市昌邑区。该院对本案不具有管辖权，依法由吉林省吉林市昌邑区人民法院管辖为宜遂于2016年9月30日裁定，移送吉林省吉林市昌邑区人民法院处理。

2017年5月10日，吉林省高级人民法院以本案依法应当由福建省莆田市秀屿区人民法院管辖为由，报请指定管辖。吉林省高级人民法院认为：本案为买卖合同纠纷，福建省莆田市秀屿区人民法院作为合同履行地法院对本案有管辖权。虽然被告周××的住所地法院吉林省吉林市昌邑区人民法院对本案也有管辖权，但同样依法有管辖权的福建省莆田市秀屿区人民法院已经立案受理，不应违反最高人民法院《关于适用〈中华人民共和国民事诉讼法〉的解释》第36条的规定，再将案件移送至吉林省吉林市昌邑区人民法院处理。

最高人民法院经审理认为：本案涉案买卖合同是在网购过程中订立的合同，并且是实体物的买卖，通过邮寄方式交货。依照最高人民法院《关于适用〈中华人民共和国民事诉讼法〉的解释》第20条关于"以信息网络方式订立的买卖合同，通过信息网络交付标的的，以买受人住所地为合同履行地；通过其他方式交付标的的，收货地为合同履行地。合同对履行地有约定的，从其约定"的规定，福建省莆田市秀屿区作为收货地，是合同履行地。依照《民事诉讼法》第23条的规定："因合同纠纷提起的诉讼，由被告住所地或者合同履行地人民法院管辖。"福建省莆田市秀屿区人民法院作为合同履行地法院，对本案有管辖权，将案件移送吉林省吉林市昌邑区人民法院，违反了最高人民法院《关于适用〈中华人民共和国民事诉讼法〉的解释》第36条关于"两个以上人民法院都有管辖权的诉讼，先立案的人民法院不得将案件移送给另一个有管辖权的人民法院"的规定。最终裁定由福建省莆田市秀屿区人民法院审理。

2018年9月3日，最高人民法院通过《关于互联网法院审理案件若干问题的规定》。其中，第2条规定，北京、广州、杭州互联网法院集中管辖所在市的辖区内应当由基层人民法院受理的下列第一审案件：（1）通过电子商务平台签订或者履行网络购物合同而产生的纠纷；（2）签订、履行行为均在互联网上完成的网络服务合同纠纷；（3）签订、履行行为均在互联网上完成的金融借款合同纠纷、小额借款合同纠纷……第3条规定，当事人可以在本规定第2条确定的合同及其他财产权益纠纷范围内，依法协议约定与争议有实际联系地点的互联网法院管辖。这就又推出了独特的电子合同集中管辖规则。

【案例10－27】

熊××与李娜网络购物合同纠纷案①

此案由湖北省武汉市蔡甸区人民法院于2020年5月29日立案。原告熊××诉

① 参见广东省广州市中级人民法院（2020）粤01民辖257号民事裁定书。

称：原告通过网络交易平台在被告经营的网店分别购买了2盒“小蓝针”、6盒“小紫针”、6盒“小红针”成交价6 159.56元。原告付款后，被告以快递发货。原告收货后发现被告销售的产品属于不符合我国国家食品安全标准的产品，构成事实上的违法欺诈行为。原告诉至法院，请求判令解除与被告的买卖合同并退货款等。被告李娜对管辖权提出异议，认为其经常居住地在广东省广州市天河区，本案应由广东省广州市天河区人民法院管辖。湖北省武汉市蔡甸区人民法院经审理裁定将案件移送广东省广州市天河区人民法院处理。广州市天河区人民法院经审理认为，原告是在淘宝商城购物平台购买商品而与被告发生纠纷的，依照《广州互联网法院管辖案件范围》第1条的规定，本案应由广州互联网法院管辖，湖北省武汉市蔡甸区人民法院将本案移送该院处理不当。该院于2020年11月16日报请广州中级人民法院指定本案的管辖法院。

广州中级人民法院经审理认为：本案原、被告双方是过电子商务平台签订及履行网络购物合同而产生的纠纷，本案为网络购物合同纠纷。《民事诉讼法》第23条规定：“因合同纠纷提起的诉讼，由被告住所地或者合同履行地人民法院管辖。”本案被告李娜的经常居住地在广州市天河区，故广州市天河区人民法院对本案具有管辖权。依照最高人民法院《关于互联网法院审理案件若干问题的规定》第2条第1项及广东省高级人民法院《关于广州互联网法院案件管辖的规定》第1条第1项的规定，广州互联网法院集中管辖广州市辖区内应当由基层人民法院受理的“通过电子商务平台签订或者履行网络购物合同而产生的纠纷”的案件，故本案应由广州互联网法院管辖。综上，广州市天河区人民法院报请的意见有理，遂指定由广州互联网法院管辖审理。

拓展阅读

1. 刘颖，李静．互联网环境下的国际民事管辖权．中国法学，2006（1）.

2. 石佳友．论网络侵犯人格权案件的国际管辖权——以欧盟法院的新近判例为例．社会科学家，2013（6）.

3. 刘哲玮，李晓璇．互联网法院管辖规则评述．经贸法律评论，2019（5）.

4. 赵振华．网络案件国际民事管辖权研究．海南大学学报（人文社会科学版），2008（5）.

5. 肖建国，庄诗岳．论互联网法院涉网案件地域管辖规则的构建．法律适用，2018（3）.

6. 寇颖娇，吴献雅．涉网络知识产权侵权案件的地域管辖问题研究——以《民诉法司法解释》第25条为中心．法律适用，2018（5）.

课后思考

1. 刑事、民事诉讼在网络管辖制度方面遭遇的挑战以及应采取的因应措施有何不同?

2. 试比较美国的网络民事管辖方面的"滑动标尺"标准和欧盟《布鲁塞尔规则》的"针对性"标准。

3. 评述最高人民法院《关于审理侵害信息网络传播权民事纠纷案件适用法律若干问题的规定》和《关于审理利用信息网络侵害人身权益民事纠纷案件适用法律若干问题的规定》所确立的网络民事管辖制度。

4. 如何防止电子商务平台经营者通过"服务协议""网站告示"等方式约定不合理的管辖标准,损害消费者的合法权益?

5. 点评我国互联网法院在管辖制度创新方面所作的探索。

6. 结合下述案件①,阐述我国所建立的网络侵权纠纷的地域管辖、集中管辖、选择管辖、移送管辖规则。

加兔公司因与凉屋公司侵害计算机软件著作权纠纷一案,不服广州知识产权法院于 2019 年 11 月 12 日作出的民事裁定,向最高人民法院提起上诉。加兔公司上诉称:原审法院未初步查明本案是否涉及计算机软件代码侵权问题,即确定本案属于计算机软件著作权侵权纠纷,从而确定本案管辖,属于认定事实不清。在此基础上,原审法院依据最高人民法院《关于北京、上海、广州知识产权法院案件管辖的规定》作出原审裁定,属于适用法律错误。本案应当依据《关于广州互联网法院案件管辖的规定》,由广州互联网法院进行审理。故请求确认广州知识产权法院对本案不具有管辖权,移送由广州互联网法院审理。凉屋公司未作答辩。

最高人民法院经审理认为:依照《民事诉讼法》第 28 条的规定,因侵权行为提起的诉讼,由侵权行为地或者被告住所地人民法院管辖。依照最高人民法院《关于北京、上海、广州知识产权法院案件管辖的规定》第 1 条、第 2 条的规定,广州知识产权法院跨区域管辖广东省内的下列民事一审案件:专利、植物新品种、集成电路布图设计、技术秘密、计算机软件民事和行政案件以及涉及驰名商标认定的民事案件。本案中,凉屋公司起诉加兔公司的侵权行为是破解《元气骑士》游戏软件,并将破解版本上传到其"光环助手"App 上供网络用户免费下载,凉屋公司为此提供了初步证据。该行为是否构成计算机软件著作权侵权,属于案件实体审理解决的问题。在凉屋公司认为上述行为属于侵害计算机软件著作权行为的情况下,其有权根据上述规定向被告住所地有计算机软件案件管辖权的法院起诉。加兔公司的住所地位于广东省广州市,故凉屋公司向原审法院提起本案诉讼,具有事实和法律依据,原审法院对本案具有管辖权。遂裁定驳回上诉,维持原裁定。

① 参见广州知识产权法院(2019)粤 73 知民初 1136 号民事裁定书,最高人民法院(2020)最高法知民辖终 10 号民事裁定书。

第十一章

网络空间法律适用制度

如果世界上每一个独立的司法管辖区，都坚持互联网必须针对特定地域进行某种形式的过滤，那么互联网将不复存在。

——［美］文顿·塞弗

【关键词】法律适用　连结点　准据法　冲突法　挑选法院　《罗马公约》　法律适用法　缺省性规则　特征性履行　意思自治原则

【案例 11－1】

假定克林顿性丑闻系编造而引发的诽谤案件

这是根据1995年美国前总统克林顿与白宫实习生莱温斯基“拉链门”事件模拟的一场讨论。假设克林顿与莱温斯基之间并不存在所谓的性丑闻，那么在因特网上首次披露丑闻的记者马特很显然对克林顿构成了诽谤，侵犯了克林顿的名誉权。鉴于克林顿特殊的身份，不难想象世界各地的人都会把这条消息作为头条新闻加以关注。这很容易满足美国法院的“最低联系”标准，结果是全世界一百多个国家都变成了侵权行为地。而如果其他国家的网站又将该消息加以转发，则可能构成共同侵权，使侵权行为地更加不确定。侵权行为地作为连结点的意义在于指引一定的准据法，使一个涉及多国因素的案件能落实到某一具体国家，适用其法律解决当事人的争议。而太多的侵权行为地将使法院无所适从，因为法院不可能根据一百多个连结点去确定准据法。在这种情况下，有侵权行为地等于没有侵权行为地。如果人们走向一个极端，认为这一百多个连结点都可以成立的话，无疑使得参与者要受制于一百多个国家的法律，连带网络服务提供者还可能承担共同侵权责任。这实际上是根本行不通的。

第一节　网络空间法律适用制度概览

一、网络空间法律适用的含义

（一）法律适用与连结点

法律适用是国际私法的核心内容，是与各国解决涉外民事关系的法律冲突问题密切联系的一种司法制度。具体来说，如果一项民事争议在主体、客体和内容方面含有一个或一个以上的涉外因素，那么有关国家司法机关在解决这样的民事争议时，就面临着一个应当适用本国法还是他国法的问题。互联网技术的蓬勃发展和深度运用，无疑给网络空间的法律适用带来了巨大的挑战。

现代国际私法中的法律适用制度是一种以地域为标准划分各国法律管辖范围的法律体系。它通过运用被称为“分配法”的方法，将发生争议的涉外民事关系，分配给某一国家的法律去处理①，从而解决不同国家在法律适用方面的冲突。在制定冲突规则时，都要把一定的民事法律关系和某一特定国家的法律联系起来，才能确定应该适用的准据法。任何一个博学多闻的立法者或法官，都不可能熟悉所有国家的具体民商法规定。因此，他们解决法律选择问题时，一般只能首先从原则上确定应适用什么地方的法律，而非以什么样的具体民法规则来调整法律关系。而要确定具体的民法规则，还有待于已确定了的连结点的指引。因此，从这个意义上来讲，法律选择的过程也就是把不同的法律关系和不同的法律制度联系起来的过程，而这种联系乃通过连结点的选择与确定来实现。

所谓连结点，又称为连结因素、连结根据，就是指冲突法规范借以确定国际民商事关系应适用什么法律的依据。连结点既是一种把冲突法规范中范围所指的法律关系与一定地域的法律联系起来的纽带或媒介，又反映了该法律关系与一定地域的法律之间存在着内在实质的联系或隶属的关系。因此，连结点的选择不能是任意的、虚构的，而是必须在客观上确实能体现这种内在的联系。

国际私法经过几百年的发展，逐渐形成了一些比较固定的连结点，如国籍、住所、合同履行地、合同缔结地、侵权行为地、物之所在地、婚姻缔结地、当事人的合意等。这些连结点大致可以划分为属人连结点、属地连结点与主观性连结点三大类。其中，国籍、住所为属人连结点；合同履行地、合同缔结地、侵权行为地、物之所在地、婚姻缔结地均是属地连结点；而当事人的合意属于主观性连结点。不难看出，属人连结点往往强调国家与当事人之间的法律关系，属地连结点大多与一定

① 参见韩德培：《国际私法的晚近发展趋势》，载《韩德培文选》，76－77页，武汉，武汉大学出版社，1996。

的空间位置有关，主观性连结点主要体现了当事人意思自治的精神。

（二）网络空间法律适用的语词解析

网络空间法律适用源于一般的法律适用，又有别于一般的法律适用。简言之，它指的是带有涉外因素的网络纠纷发生后，如何选择某一特定国家或地区的实体法解决相关争议的专门活动及相关规则。以电子合同为例，关于法律适用的通常做法是在合同条款中约定“本合同应受××国法律的规制、解释等”。要深刻地理解这一概念，需要透过定义中的字面表述去洞悉其内在要义。

其一，网络空间法律适用专门指带有涉外因素的民事网络纠纷的法律适用。这一特点同一般的法律适用是相一致的。从学理上讲，带有涉外因素的刑事网络纠纷（通常就是刑事网络犯罪案件）发生后，一国的司法机关进行受理，原则上得按照本国法进行裁决。此乃司法主权的应用之义，也是实践惯性的普遍呈现。人们很难设想，一国进行刑事审判的案件存在着选择适用另一国法律进行裁判的问题。① 依据此理，带有涉外因素的刑事网络纠纷不存在法律适用的问题。若从形式上类比带有涉外因素的民事网络纠纷中的法律适用现象，那么可以说带有涉外因素的刑事网络纠纷究竟该适用哪一国法律进行司法裁判，取决于一国是否有权进行刑事立案管辖并事实上做了该项选择。

【案例 11－2】

杨××犯收买信用卡信息罪案②

2013年7月至11月，杨××在位于重庆市南岸区海棠新街的家中，通过淘宝网向他人购买比特币，后多次在网址为fershop-corp.su的国外网站上购买他人的信用卡信息资料共计379条。购买成功后，杨××又让其雇用的员工胡××、张××（均另案处理）通过其家中电脑进入多个境外的游戏网站，然后使用杨××非法获取的信用卡信息，消费信用卡持卡人的资金向游戏账户充值，再由杨××将游戏账户出售获利。2013年11月15日，民警接报后在杨××家中将其捉获。后在杨××使用的电脑中检查出信用卡信息资料379条（其中221条VISA卡信息、157条MasterCard信息、1条Discover卡信息），每条均包含信用卡卡号、持卡人姓名、信用卡到期年月、CVV号、持卡人地址等信息。经维萨信息系统（上海）

① 例如，在伊斯玛特犯故意伤害罪一案中，被告人塔吉克斯坦籍男子伊斯玛特被指控于2018年9月9日在中国河南省开封市龙亭区北郊乡发生互殴，持刀将古巴籍男子威廉脸部、耳朵处砍伤，后威廉被鉴定为轻伤二级。在该案中，其辩护律师发表的一条辩护意见是：依照塔吉克斯坦刑法的有关规定，法定刑在3年至5年之间，虽然本案适用中国刑法毫无疑问，但请合议庭考虑到被告人对判决的接受程度以及与塔吉克斯坦之间签订的《移管被判刑人的条约》，在不违反中国法律的前提下，尽量兼顾双方对该行为的量刑。最后，法院判决被告人伊斯玛特犯故意伤害罪，判处有期徒刑3年6个月。详见河南省开封市龙亭区人民法院（2019）豫0202刑初49号刑事判决书。

② 参见重庆市南岸区人民法院（2014）南法刑初字第00886号刑事判决书。

有限公司（以下简称“维萨上海公司”）检查确认，杨××购买的221条VISA卡信息，均为有效的VISA卡，其中41张卡已被发卡行提报欺诈交易。杨××归案后如实供述了上述事实。

该案审理中，辩护人提出的辩护意见之一是：本案涉案的信用卡均是由国外银行发放，即使对持卡人造成损失，侵害的客体是国外信用卡管理秩序及外国人的利益，并未对我国大陆范围内的任何权益造成损害，故其行为不适用《中华人民共和国刑法》，不构成收买信用卡信息罪。

法院经审理认为：杨××的犯罪地在我国境内，犯罪结果也在我国境内，犯罪侵犯的客体是复杂客体，包括国家的信用卡管理制度以及互联网管理制度、金融机构信誉等，其利用网络技术，虽然犯罪对象信用卡的持卡人是外国人，但是侵犯的客体仍然受我国刑法保护。故辩护人提出的“杨××的行为侵害的是国外的信用卡管理秩序及外国持卡人的利益，不能适用我国刑法的意见”的意见，不能成立。

其二，网络空间法律适用同网络空间纠纷的管辖法院选择既有联系亦有区别。选择管辖法院（Forum Shopping），也称为挑选法院、择地行诉、选购法院，指的是“在国际民事诉讼中，当事人犹如选购商品一样，可以在所有享有管辖权的法院中选择一个最有利于自己的法院提起诉讼”①。一般来说，涉外的网络纠纷发生后，既需要选择用于裁判的有关国家或地区的实体法，也需要选择用于裁判的有关国家或地区的冲突法、程序法。特别是在当事人通过约定的方式进行选择的情况下，协议选择适用法律与协议选择管辖法院是两个独立的法律行为，应当根据不同的法律规则分别进行。诚然，实践中当事人通过约定的方式进行选择的，常常对适用法律与管辖法院进行并行处理。这使这两种选择也具有了一定的关联性。

【案例11-3-1】

山东聚丰公司与韩国MGAME公司、天津风云公司网络游戏代理及许可合同纠纷管辖权异议案②

2008年7月30日，山东聚丰公司以韩国MGAME公司为被告、以天津风云公司为第三人，向山东省高级人民法院提起继续履行合同之诉。MGAME公司在提交答辩状期间对管辖权提出异议。其主要理由是：原被告双方2005年3月25日签订的“游戏许可协议”第21条约定：“本协议应当受中国法律管辖并根据中国法律解释。由本协议产生或与本协议相关的所有的争议应当在新加坡最终解决，且所有本协议产生的争议应当接受新加坡的司法管辖。”因此，将由本协议引起的争议提交新加坡司法机构管辖是双方当事人的明确约定，是双方真实意思表示，本案应由

① 赵相林、邢钢：《论国际民事诉讼中的挑选法院》，载《比较法研究》，2002（2），31页。

② 参见最高人民法院（2009）民三终字第4号民事裁定书。

新加坡有管辖权的法院审理，山东省高级人民法院没有管辖权。

山东省高级人民法院经审理认为：本案为涉外知识产权纠纷，虽然聚丰公司与MGAME公司于2005年3月25日签订的“游戏许可协议”第21条约定产生的争议应当接受新加坡的司法管辖，但是双方同时约定“本协议应当受中国法律管辖并根据中国法律解释”，双方在协议适用法律上选择中国法律为准据法。因此，双方协议管辖条款也必须符合选择的准据法即中国法律的有关规定。《中华人民共和国民事诉讼法》第242条规定：“涉外合同或者涉外财产权益纠纷的当事人，可以用书面协议选择与争议有实际联系的地点的法院管辖。……”据此，当事人选择的管辖法院应限定在与争议案件有实际联系的范围内。而本案聚丰公司与MGAME公司协议约定的管辖地新加坡，既不是双方当事人的住所地，也不是本案“游戏许可协议”的签订地、履行地、争议发生地，所以与本案争议无任何联系，其约定超出了与争议有实际联系的限定范围，该约定管辖应属无效。山东省高级人民法院为聚丰公司住所地法院，与本案有实际联系，在双方协议约定管辖无效的情况下，对本案行使管辖权，并无不当，符合我国法律规定。遂驳回MGAME公司对本案管辖权提出的异议。

该案中，一审法院认定双方约定管辖的协议无效，并按照“与争议有实际联系的地点”标准确定了管辖法院。这就提出了约定与法定标准相冲突的问题。

【案例11-3-2】

山东聚丰公司与韩国MGAME公司、天津风云公司网络游戏代理及许可合同纠纷管辖权异议案（续）[①]

MGAME公司向中国最高人民法院提出上诉。其主要理由包括：根据MGAME公司与聚丰公司于2005年3月25日签订的《独家游戏发行和许可协议》的约定，由该协议引起的所有争议应由新加坡的法院管辖。MGAME公司与聚丰公司在订立协议过程中，多次就有关协议管辖的事项进行磋商。聚丰公司主张应由其住所地中国法院管辖，MGAME公司主张应由MGAME公司住所地韩国法院管辖，最后双方达成妥协，决定由第三国司法机构管辖，即协议第21条的内容。该约定的本意是避免任何可能由于国家或者地方保护主义而导致的对与协议有关的争议的不公平处理。由原审法院管辖因本协议引起的争议，显然违反了双方当事人的真实意思表示，对MGAME公司来说亦有失公平，原审法院对本案没有管辖权。聚丰公司答辩称，双方于2005年3月25日订立的许可协议明确约定：“本协议应当受中国法律管辖并根据中国法律解释”，尽管约定争议应当由新加坡的司法机关管辖，但因不符合中国法律有关“与争议有实际联系”的规定，属无效约定。

① 参见最高人民法院（2009）民三终字第4号民事裁定书。

本案在二审中当事人争议的主要问题之一是：涉案合同的协议选择管辖法院条款是否有效以及原审法院对本案是否享有管辖权。最高人民法院经审理后作了如下回应：根据《中华人民共和国民法通则》第 145 条规定、《中华人民共和国民事诉讼法》第 242 条、最高人民法院《关于审理涉外民事或商事合同纠纷案件法律适用若干问题的规定》第 1 条规定，协议选择适用法律与协议选择管辖法院是两个截然不同的法律行为，应当根据相关法律规定分别判断其效力。对协议选择管辖法院条款的效力，应当依据法院地法进行判断；原审法院有关协议管辖条款必须符合选择的准据法所属国有关法律规定的裁定理由有误。对于涉外案件当事人协议选择管辖法院的问题，1982 年 10 月 1 日起试行的《中华人民共和国民事诉讼法（试行）》并未作出特别规定，现行的 1991 年 4 月 9 日公布并施行的《中华人民共和国民事诉讼法》第 242 条对此作出了上述特别规定。根据当时的立法背景和有关立法精神，对于该条中关于“可以用书面协议选择与争议有实际联系的地点的法院管辖”的规定，应当理解为属于授权性规范，而非指示性规范，即涉外合同或者涉外财产权益纠纷案件当事人协议选择管辖法院时，应当选择与争议有实际联系的地点的法院，否则，该法院选择协议即属无效；同时，对于这种选择管辖法院的协议，既可以是事先约定，也可以是事后约定，但必须以某种书面形式予以固定和确认。据此，依照我国现行法律规定，对于涉外合同或者涉外财产权益纠纷案件当事人协议选择管辖法院的问题，仍应当坚持书面形式和实际联系原则……本案当事人协议指向的新加坡，既非当事人住所地，又非合同履行地、合同签订地、标的物所在地，同时本案当事人协议选择适用的法律也并非新加坡法律，上诉人也未能证明新加坡与本案争议有其他实际联系。因此，应当认为新加坡与本案争议没有实际联系。相应地，涉案合同第 21 条关于争议管辖的约定应属无效约定，不能作为确定本案管辖的依据。上诉人据此约定提出的有关争议管辖问题的主张，不能得到支持。原审裁定将争议发生地也作为判断是否属于《中华人民共和国民事诉讼法》第 242 条规定的与争议有实际联系的地点的连结点之一，虽有不当，但并不影响对涉案合同第 21 条有关争议管辖约定的效力的认定。二审法院裁定维持原裁定。

此案裁定书后来发表在《最高人民法院公报》上，其中“裁判摘要”表明：“涉外合同的当事人协议选择适用法律与协议选择管辖法院是两个截然不同的法律行为，应当根据相关法律规定分别判断其效力。对协议选择管辖法院条款的效力，应当依据法院地法进行判断，与准据法所属国的法律规定无关。”

其三，传统的属地连结点难以简单沿用于网络空间法律适用。网络活动与传统的民商事活动是有很大不同的，它是在一种与地理空间完全不一样的网络空间中进行的。在这样的一个虚拟空间，地理因素并无太大的实际意义，很难从地域的角度予以确定或场所化。有时要在网上确定一个地点是相当困难的。例如，在网上缔结合同就难于确定合同缔结地点实际上位于何处。如果网上交易不涉及实物或有形的交付，而是网上订购、支付和交付无形货物和服务，如计算机软件、娱乐内容和信息服务等，则合同履行地更难确定。又如，依传统的冲突法规范，拍卖应适用拍卖地法。但在因特网中有一些自发的拍卖场所，它独立于任何国家和地区之外，只虚拟地存在于因特网中，如果适用拍卖地法实际等于无法可依。再如，随着现代计算机技术的应用和跨国证券交易的发展，证券发行人与证券持有人之间的法律关系转向间接的持有交易体制，即证券的登记、持有、转让和抵押等都通过位于不同国家的中间人的电子账户的记载来完成，这种情况下很难通过确定“物之所在地”来确定传统证券规范适用的“物之所在地法”（证券所在地法）。由此可见，那些在传统冲突法中扮演着十分重要角色的地域因素和空间场所，适用于网络纠纷必然会受到很大的冲击和挑战。

其四，传统的属人连结点难以简单沿用于网络空间法律适用。国籍、住所这种体现国家与当事人之间法律关系的属人连结因素，是否完全可以用以指引支配网络纠纷的准据法呢？答案同样是否定的。因为在很多情况下，当事人的国籍往往与网络纠纷本身是偶然关系。因特网是面向全世界所有人开放的一种独立自主的空间，任何人利用任何一台联网的计算机都能够从事各种网上活动，任何国家都难以有效地对整个网络活动进行孤立监管。由此可见，因特网中以国籍、住所作为连结因素意义不大。

其五，网络空间法律适用的障碍及出路均在于准据法。传统冲突法认为，准据法是经冲突法规范指引，用来确定涉外民事关系中当事人的权利与义务的特定法域的实体法。被选定的准据法可能是某个国家或地区的法律，也可能是国际公约或国际商事惯例。但现在的问题是，由于网络技术的形成与应用不过是近几十年的事情，一方面许多国家尚未来得及对之加以法律调整，另一方面也有一些国家出于保护科技发展的考虑，不愿过早下结论，因此它们有关网络的国内立法存在着大量的空白。这样一来，尽管对于某一网络纠纷人们适用了冲突法规范，确定了应适用哪一国的法律作为准据法，最后却发现这一切都是徒劳的，因为该国根本就无相应的立法。也就是说，在很多案件中适用冲突法规范时，根本找不出相应的准据法。

当然，也有学者提出，网络案件准据法“落空”的可能性是存在的，但不能说完全没有相应的实体法可以调整。[①] 首先，目前世界各国和相关国际组织都在加紧进行网络立法。其次，网络纠纷并非另类法律关系，传统商事法律的原则和规则依旧有适用的空间。最后，在传统的国际私法中，当外国法不能查明时，常常以内国法取而代之，或者适用与本应适用的外国法相似的法律，或者适用一般法理，通过这些措施来弥补外国法不能查明时留下的空白。[②] 同样道理，当某一网络案件没有可以直接适用的准据法时，也应该适用相似的法律，或者适用一般法理，以使案件得到妥善解决。

① 参见黄进、何其生：《电子商务与冲突法的变革》，载《中国法学》，2003（1），155页。

② 参见黄进主编：《国际私法》，276－279页，北京，法律出版社，1999。

笔者认为，考虑到网络纠纷迅速发展与网络立法相对滞后之间的矛盾，化解网络纠纷的准据法“落空”现象是不容回避的要求。换言之，加强网络案件的准据法研究是必要的，也是一项长期的任务。

二、网络空间法律适用制度之国际整理

（一）美国《统一计算机信息交易法》

美国《统一计算机信息交易法》是由该国统一州法委员会发起制定，并在1999年大会上通过的，经由2000年、2002年两次修改。① 这是一部为计算机信息交易确定法律框架的实体性合同法，其所有规则都属于缺省性规则，即只适用于当事人没有约定的情形，且当事人可以通过协议进行更改。迄今为止，《统一计算机信息交易法》仅于2000年在其发起的“东道主”州——弗吉尼亚州、马里兰州得到“承认”并采用，其他各州均未完成正式的“加入”手续。一些法律专家甚至评价说，《统一计算机信息交易法》没有必要，至少为时尚早。但是应该承认，该法律所确立的一些基本原则也对其他州产生了重要的“示范”影响。

美国统一州法委员会在立法理由中曾经指出，《统一计算机信息交易法》关于法律适用的规定是其重要贡献之一。② 这指的是该法保留了同其他合同法一样的、由合同当事人选择其交易所适用法律的传统。具体来说，该法第109条对计算机信息交易中的法律适用选择作出了具体细化的规定。在国际上关于网络空间法律适用制度仍普遍缺乏的情况下，这一“示范”性质的立法显得难能可贵。

该条的规定主要包括三方面的内容。③ 第一，《统一计算机信息交易法》原则上允许合同当事人约定可适用的法律，即明文承认了当事人自由选择合同准据法的约定的效力。但是一项重要的适用例外是，如果在一项消费者合同中作出的选择，改变了根据有管辖权地区的法律不得以协议加以改变的规则，则此种选择无效。这与合同自由原则的运用通常不得削弱消费者权益保护法对消费者提供保护的规定是一致的。也就是说，《统一计算机信息交易法》确保在这一问题上，州消费者权益保护法的效力高于该法。

第二，当事人没有在合同中确定法律选择条款的，《统一计算机信息交易法》就不同类型的交易制定了缺省性规则：（1）对于访问合同或以电子方式交付的合同，应当适用缔约时许可方所在法域的法律。对于许可方的所在地，该条进一步明确，在其只有一个营业地的情况下，为该营业地；在有一个以上营业地的情况下，

① Computer Information Transactions Act. [2021-05-03]. https://www.uniformlaws.org/committees/community-home? CommunityKey=92b2978d-585f-4ab6-b8a1-53860fbb43b5.

② 参见万以娴：《论电子商务之法律问题——以网络交易为中心》，178页，北京，法律出版社，2001。

③ Computer Information Transactions Act, Sec. 109. [2021-05-03]. https://famguardian.org/Subjects/PropertyPrivacy/IPProt/ucita200.pdf.

为其管理中心所在地；在没有实际营业地的情况下，为其成立地或主要注册地；在其他情况下，为其主要居所地。① (2) 对于以有形介质交付拷贝的消费者合同，应当适用向消费者交付该拷贝地或本应向消费者交付该拷贝地的法律。由于卖方必须将特定的物品送交给买方即消费者，所以必须明确消费者所在地，由此可以得知消费者所在地的法律。在这种情况下，以消费者所在地的法律为准据法是比较确定的，也比较符合消费者的期待。(3) 对于其他合同，应当适用与该交易有最密切联系的法域的法律。采用最密切联系原则，使法院能够根据案件的不同事实，灵活地选择最适当的法律作为准据法，从而弥补前述两项规则的不足。

第三，假如所涉及的问题在美国以外的法域，则只有该法域的法律向位于该法域外的一方当事人提供了与《统一计算机信息交易法》类似的权利保护时，才用作缺省性规则，否则，就要适用美国国内同该交易有最密切联系地的法律。

需要特别指出的是，该条所规定的法律适用选择条款仅仅及于具有涉外因素合同之当事人，并不关涉侵权案件的当事人。举例来说，假如一份具有涉外因素的计算机信息交易合同的当事人对法律适用条款作了约定选择，但提起的是合同欺诈等侵权索赔之诉，则关于约定所适用法律的条款并不当然具有效力。通常，法院仍然需要根据最密切联系原则等标准进行适用法律的专门判断。

（二）欧盟《罗马公约》及其他

在欧盟的法律框架内，涉及网络空间法律适用主要是两种情况：一是针对各种合同的普适性准据法规则，如《罗马公约》《罗马条例 I》等确立的相关规则；二是为协调网络消费者权益保护和商家之间利益的专门性准据法规则②，如《电子商务指令》及一些“消费者保护指令”等确立的相关规则。后一情况较为少见，主要是规定了不得通过法律适用的选择剥夺或限制消费者受到法律保护的水平。例如，1993 年 4 月《关于消费者合同中不公平条款的指令》第 6 条第 2 款规定，“假如选择了第三国法律作为适用于合同的法律，但是该合同与成员国有密切联系，则成员国应采取必要措施，以免消费者被剥夺本指令所给予的保护”③。又如，《电子商务指令》的序言第 55 段明确，“本指令不影响适用于与消费者合同有关的合同义务的法律；本指令不能剥夺消费者对他惯常居住地的会员国法律合同义务的强制性规则

① 这一条规定受到了不少的指责，批评者认为该规定是《统一计算机信息交易法》偏向于许可方的证明。事实上，起草委员会作出这样的规定只是为了同整部法律的规定取得一致，提供具有确定性的条款。在网络世界里，常常无法确定被许可方所在的位置。尽管通过网址获得软件的被许可方被要求说明所在位置的信息，但还没有现存的方法确保他们所说的是真相。然而对于许可方而言，其若虚报总部的位置显然要困难得多。由此不难理解起草委员会在为这样的合同选择法域时，作出的选择是必须保证法律的确定性。

② David Bender. The UCITA Revolution：the New E－commerce Model for Software and Database Licensing. Practising Law Institute，April－May，2000.

③ Unfair Contract Terms Directive (93/13/EEC). [2021－05－03]. https：//eur－lex. europa. eu/legal－content/EN/TXT/? uri=celex%3A31993L0013.

所给予的保护”[①]。同时，应该承认的是，《电子商务指令》并没有直接设置关于法律适用的选择规则。[②] 基于此，下面主要针对前一种情况进行展开说明。

1.《罗马公约》的规则设定

《罗马公约》（Rome Convention）全称为《关于合同义务法律适用的罗马公约》（Convention on the Law Applicable to Contractual Obligations），于 1980 年订立，自 1991 年 4 月生效。[③] 该公约就跨境合同的法律适用问题制定了全欧盟适用的统一规范。[④] 尽管《罗马公约》中不曾包含解决电子合同等问题的特别规定，但其针对跨境合同所确立的法律适用规则对电子合同而言依然起着规范作用。具体来说《罗马公约》就网络环境下如何进行法律适用的主要内容体现如下：

（1）当事人自主选择法律的规则。这是基于契约自由的原则而确定合同准据法的做法，《罗马公约》第 3 条第 1 款规定：“合同受当事人选择的法律所支配。法律选择必须通过合同条款或具体情况相当明确地加以表示或表明。双方当事人可自行选择适用于合同的全部或部分的法律。”该条第 2、3 款还规定，当事人可以在任何时候以协议变更其合同所适用的法律；当事人是否同时选择外国法庭不影响其选择外国法的事实。从理论上讲，当事人自主选择法律的方式包括明示选择、默示选择和可推知选择。明示选择是当事人在合同中用明确语词表达他们决定选择的准据法；默示选择是虽然当事人没有在合同中用明确语词表达他们决定选择的准据法，但根据各种事实会发现他们已经做了真实的选择，如“合理的确定性说明”；可推知选择是当事人对法律选择没有任何说明，但法院得出结论，即当事人肯定同意由某种特殊法来支配合同。[⑤] 当然，《罗马公约》对当事人选择法律的自由也予以一定的限制，如不得影响合同的形式有效性，不得影响第三人的权利，不得规避强制性法律，不得抵触法院地的公共秩序等。

（2）特征性履行方法。特征性履行（Characteristic Performance）方法是贯彻“最密切联系原则”的一种方式。它表现为当事人未选择适用于电子合同的法律时，

---

① Directive on Electronic Commerce (2000/31/EEC). [2021-05-03]. https://eur-lex.europa.eu/legal-content/en/ALL/?uri=CELEX%3A32000L0031.

② 有观点认为，《电子商务指令》确立了电子商务服务提供者应当遵守设立地国的法律，而不仅仅是他们的服务器、网站的所在地的法律。某一电子商务服务提供者只能设立于某一特定的地方，通过一个固定的设立地进行活动。这一规则不仅确定了应当适用的国家的法律，也防止电子商务服务提供者为了规避本国的法律而在规制较宽松的法域建立服务器、网站。需要注意的是，这一来源地国原则只适用于电子商务服务提供者的设立和执业，并不适用于对争议管辖法院的指定和电子商务合同准据法的确定。Mark Owen. International Ramifications of Doing Business On-Line: Europe Practising. Law Institute New York, July 9-10, 2001.

③ Convention on the Law Applicable to Contractual Obligations (consolidated version). [2021-05-03]. https://www.uniformlaws.org/committees/community-home?CommunityKey=92b2978d-585f-4ab6-b8a1-53860fbb43b5.

④ Article 7 (1) of The European Contracts Convention: Codifying The Practice of Applying Foreign Mandatory Rules. *Harvard Law Review*, June, 2001, 114.

⑤ 参见刘益灯：《国际消费者合同的法律适用》，载《法学评论》，2003（6），49-50页。

通过考察电子合同的功能，尤其是电子合同企图实现的具体的社会目的，确定代表其本质特征的当事人履行合同的行为，即它的特征性履行，并最终适用与特征性履行联系最密切的法律。① 在网络领域，特征性履行方法有广泛的适用空间，特别是对于那些不完全的电子合同或线下履行合同而言，合同只是在网上订立的，而具体履行必须在物理空间中完成，有相对具体的地理位置可以确定，因此特征性履行方法依旧可以适用。《罗马公约》第 4 条规定，在当事人对合同适用法律没有作出约定的情况下，采用最密切联系原则确定适用于合同的法律；同时，为避免最密切联系原则的不确定性，采用了“特征性履行方法”对几种主要合同的最密切联系地设定了推定规则。其中，最基本的规则是适用合同履行地国法律，这通常意味着适用货物或服务提供商设立地的国家法律。

（3）消费者合同的特殊规则。对于消费者参与订立的合同，《罗马公约》第 5 条出于保护消费者权益的原则，规定了特殊的法律适用制度，具体包括：其一，在消费者订立的合同未对法律适用作出约定的情况下，自动适用消费者居住地国法律；其二，执行意思自治原则不得剥夺消费者享有受本国法律制度保护的权利。《罗马公约》倾向于规定适用消费者惯常居住地的法律。

（4）强制性规则。《罗马公约》规定的“强制性规则”是指“不能通过合同排除其适用的”规则。这一方面的条款比较分散，《罗马公约》第 3、5、6、7、9 条均有涉及。这里的强制性规则，除了指代法院地法、与合同有密切联系的国家的法律，亦包括欧盟有关机关制定的强行性法律。例如，欧盟 1997 年颁布的《关于远程合同中消费者保护指令》规定，各成员国应当采取必要的措施，确保消费者不因选择欧盟成员国以外的法律而失去该指令对他的保护，只要该合同与一个以上的成员国有密切联系。② 各成员国必须保证这些强制性规定得到适用。

2.《罗马条例Ⅰ》的规则设定

《罗马公约》对欧盟成员国制定或者修订国际合同法、建立法律适用规则具有指导作用，但它有两个致命的缺陷：其一，它在法律性质上不属于欧洲共同体法，而是欧盟成员国之间的国际条约，因此不能自动地适用于加入欧盟的新成员国；其二，在很长的一段时间内，有权解释《罗马公约》的法院级别没有统一规定。③ 欧盟决定对《罗马公约》进行变革，于 2005 年 12 月发布了“《罗马条例Ⅰ》草案”，并在 2008 年 7 月公布正式通过的法案。新条例全称为《关于合同之债法律适用的条例》（ReguLation on the Law Applicable to Contractual Obligations），自 2009 年 12 月正式适用。④ 此后，

① 参见黄进、何其生：《电子商务与冲突法的变革》，载《中国法学》，2003（1），152 页。

② 参见邵景春：《欧洲联盟的法律与制度》，700－703 页，北京，人民法院出版社，1999。

③ 参见邹国勇：《欧盟合同冲突法的嬗变——从〈罗马公约〉到〈罗马条例Ⅰ〉》，载《武大国际法评论》，2012（2），366 页。

④ Regulation (EC) No. 593/2008 of the European Parliament and of the Council of 17 June 2008 on the Law Applicable to Contractual Obligations (Rome I) . [2021－05－03]. https://eur－lex. europa. eu/legal－content/EN/ALL/? uri=celex%3A32008R0593.

《罗马公约》依然适用于未参加《罗马条例Ⅰ》的欧盟成员国比利时。

《罗马条例I》的问世，使欧盟在法律适用规则方面有了真正意义上的欧盟层级法律，极大地推动了欧盟内部市场的正常运转。它保留了《罗马公约》关于法律适用的基本规则，也作出了如下重要的修改①：(1) 关于当事人自主选择法律的规则。与《罗马公约》要求法律选择具有“合理的确定性”相比，《罗马条例I》加强了选择法律的明确性标准。其第3条第1款要求当事人的法律选择必须是明示的，否则，必须“由合同条款或案件情况明确地或清楚地显示出来”，从而更注重法律选择的确定性和法律适用结果的可预见性，限制了法院在决定当事人选择法律上的自由裁量权。

(2) 关于特征性履行方法。《罗马条例Ⅰ》第4条第1款规定，对于该条例第5～8条所指的四种特殊合同，优先考虑其法律适用规则；对不属于第5～8条所指四种特殊合同类型的货物销售合同、服务合同等八种合同，分别根据具体的特征性履行规定了合同的法律适用方法。第4条第2款还规定，不属于该条第1款所列合同类型或兼具两种或两种以上合同要素的其他合同，适用提供特征性履行的一方当事人的惯常居所地国法。也就是说，在《罗马条例Ⅰ》中，“特征性履行”已成为当事人未选择法律时确定合同准据法的主要方法，不再是最密切联系原则的补充。

(3) 关于消费者合同的特殊规则。《罗马条例Ⅰ》第6条第2款规定，消费者合同中当事人可以选择适用何种法律，但此项选择不得减损其惯常居住国的法律给予消费者的保护；在消费者合同中当事人未作法律适用选择的情况下，其惯常居住国保护消费者的法律将自动适用。

(4) 关于强制性规则。《罗马条例Ⅰ》在基本沿袭《罗马公约》保护性强制性规则的同时，于第3、9条在强制性规则方面的规定更为明确，采用了“优先适用的强制性规定”和“不得通过协议减损的法律规定”这两个概念，并对其适用进行了具体规定。

三、中国网络空间法律适用制度之宏观评述

同欧美的做法相似，中国网络空间法律适用制度在整体上是融入一般法律适用制度的，晚近也出现了有别于一般法律适用的专门化探索。具体来说，我国《涉外民事关系法律适用法》、《民法典》②、《票据法》、《海商法》、《民用航空法》，以及

① Regulation (EC) No. 593/2008 of the European Parliament and of the Council of 17 June 2008 on the Law Applicable to Contractual Obligations (Rome I). [2021-05-03]. https://eur-lex.europa.eu/legal-content/EN/ALL/? uri=celex%3A32008R0593. 关于这些修改内容，参见邹国勇：《欧盟合同冲突法的嬗变——从〈罗马公约〉到〈罗马条例I〉》，载《武大国际法评论》，2012 (2)，370-374页。

② 我国《民法典》是以调整国内民事关系为宗旨的法典，特别是在没有设置“涉外民事关系法律适用编”的情况下，基本上没有以确定涉外民事关系的法律适用为目的的规则。但其中有些条文又涉及涉外民事关系，主要体现在诉讼时效、机关法人作为保证合同的主体、华侨和外国人的收养等三个层面。参见沈涓：《民法典涉外规则》，载《环球》，2020 (12)．转引自新华网，http://www.xinhuanet.com/globe/2020-06/11/c_139123256.htm，最后访问日期：2020-06-10。

知识产权领域法律等法律规范，对涉外民事法律关系的法律适用问题作了规定，有关规则可以适用于网络案件的处理；同时，这些法律中存在着极少数的专门条款，是直接针对网络空间的法律适用条款，如《涉外民事关系法律适用法》第46条规定，通过网络或者采用其他方式侵犯姓名权、肖像权、名誉权、隐私权等人格权的，适用被侵权人经常居所地法律。

这并不影响中国法学界对于网络空间法律适用问题作出有价值的论证，更不影响中国实务界针对网络空间法律适用问题作出创新性的探索。后文将对有关学术研究成果和司法案例进行阐述，在此特别选择最具特色的互联网法院开展法律适用规则的试验进行说明。

这一实践发端于杭州互联网法院挂牌成立之时，如今仍在进行中。2017年6月26日中央全面深化改革领导小组第三十六次会议通过《关于设立杭州互联网法院的方案》并指出，“设立杭州互联网法院，是司法主动适应互联网发展大趋势的一项重大制度创新。要按照依法有序、积极稳妥、遵循司法规律、满足群众需求的要求，探索涉网案件诉讼规则，完善审理机制，提升审判效能，为维护网络安全、化解涉网纠纷、促进互联网和经济社会深度融合等提供司法保障”。次年7月6日，中央深化改革委员会第三次会议审议通过《关于增设北京互联网法院、广州互联网法院的方案》并指出，“要在总结推广杭州互联网法院试点经验基础上，回应社会司法需求，科学确定管辖范围，健全完善诉讼规则，构建统一诉讼平台，推动网络空间治理法治化”。这两份方案先后提出了“司法主动适应互联网发展大趋势”“推动网络空间治理法治化”的要求，并均聚焦于“探索涉网案件诉讼规则/健全完善诉讼规则”的着力点上。这里显然指向了包括网络空间法律适用制度在内的重大改革创新问题。

一位深度参与杭州互联网法院论证的学者指出，“杭州互联网法院不应当故步自封地将中央深改组在《关于设立杭州互联网法院的方案》中赋予杭州互联网法院的首要任务‘探索涉网案件诉讼规则’的涉网案件仅仅理解为中国境内的涉网案件。相反，跨越中国国（边）境的、与中国有连接因素的涉网案件，杭州互联网法院都有管辖的可能与必要”①。这里表面针对的是网络空间“管辖权”问题，实质上也指向网络空间“法律适用”问题。该论者还给出了“基于约定管辖”的具体路径：“在网络背景下，无论是国内还是国外，民商事案件的‘约定管辖’将成为常态。特别是网络企业自动生成的格式合同都有约定管辖的内容……约定管辖是确定管辖权争议的方式，尤其是确定跨司法区域管辖权争议的重要方式。杭州互联网法院应当通过鼓励当事人约定管辖等方式，将案件处理范围从杭州一市扩展到浙江全省和全国，也尽快地扩展到全网空间”；“如何应对越来越多的跨地域的约定管辖问题，才是杭州互联网法院今后应当认真思索的问题，而对于跨境的商务纠纷，法院

① 于志刚：《杭州互联网法院的历史意义、司法责任与时代使命》，载《比较法研究》，2018（3），114页。

更应当义不容辞地承担应尽的司法责任，而不能惧怕司法程序的烦琐、法律适用的复杂，更不能因为所谓的潜在‘外交影响’而放弃司法管辖。可以说，跨地域与跨国（边）境的约定管辖，应当成为杭州互联网法院的主攻方向和主要着力点，这也是杭州互联网法院存在的真正价值。”① 不难发现，这里提出的“约定管辖”思路，也是通过“约定”确定涉外网络空间法律适用的思路。

笔者也曾多次参与互联网法院的论证咨询，注意到一个引发参与者热议的问题——“能否通过修改电子商务平台经营者之平台协议的方式，使得位于外国的电子商务买家、卖家之间的纠纷可以适用中国法律进行处理”，该建议的实质是交由网络服务提供者选择适用哪一个国家的法律。笔者认为，虽然网络服务提供者同当事人有很密切的关系，通过网络服务提供者来发展或选择网络环境中最应当适用的法律，具有一定的现实基础，但是，其选择所适用法律的效果只能及于网络用户与网络服务提供者之间、网络服务提供者之间的纠纷。能否及如何使得平台作出的协议对电子商务买家、卖家产生法律适用的效力，显然是一个富有挑战、需要智慧作答的命题。

截至目前，中国已经形成了关于网络空间法律适用的新架构，即以传统法律适用制度（即《涉外民事关系法律适用法》《民法典》《票据法》《海商法》《民用航空法》，以及知识产权领域法律的相关条款）为基础、以专门法院制度创新（即“互联网法院试验田探索”）为新牵引的格局。其中，“互联网法院试验田探索”堪称中国网络空间法律适用制度在宏观层面的鲜明特色。那么，中国传统法律适用制度有哪些规则内容？中国当下“互联网法院试验田探索”取得哪些阶段性成果及面临什么新问题？中国学术界对于完善网络空间法律适用制度如何建言？它们基本上属于微观层面的问题，下文将做展开阐述。

第二节　中国电子合同纠纷的法律适用

一、中国电子合同纠纷的法律适用概述

电子合同是传统合同在网络环境下的延伸，前面专章讨论过电子商务合同的法律问题，它们很容易出现涉外因素，这就提出了法律适用的问题。在这里，案件出现“涉外因素”是进行法律适用判断的前提。最高人民法院将之称为“涉外民事关系”，并归纳为如下五项：（1）当事人一方或双方是外国公民、外国法人或者其他组织、无国籍人；（2）当事人一方或双方的经常居所地在中华人民共和国领域外；（3）标的物在中华人民共和国领域外；（4）产生、变更

① 于志刚：《杭州互联网法院的历史意义、司法责任与时代使命》，载《比较法研究》，2018（3），115页。

或者消灭民事关系的法律事实发生在中华人民共和国领域外；（5）可以认定为涉外民事关系的其他情形。[①] 满足以上任一项的电子合同即为涉外电子合同。此外，最高人民法院《关于适用〈中华人民共和国涉外民事关系法律适用法〉若干问题的解释（一）》（2020年修正）第17条规定："涉及香港特别行政区、澳门特别行政区的民事关系的法律适用问题，参照适用本规定。"这表明，涉港澳的民事关系虽不属于涉外民事关系，但参照"涉外民事关系"处理，同样存在着法律适用的选择问题。

【案例11-4】

马××与智付公司侵权责任纠纷案[②]

2017年8月，马××在"盈豊金融"交易平台开户，此后马××激活交易账号后在"盈豊金融"提供的交易系统中操作，交易对象包括多笔期货合约、期权合约、贵金属、原油、成品油、国际货币订单，交易资金和手续费等均由"盈豊金融"交易系统通过智付公司的支付服务进行划扣。后来马××发现，"盈豊金融"根本不在国务院期货监督管理机构审批的期货交易场所之列，其组织原告在内的投资者交易明显违反了行政法规的强制性规定，原告在"盈豊金融"上的每笔交易依法均应认定无效，故提起诉讼，马××要求智付公司进行赔偿。

智付公司在答辩状中提出了本案属于涉外案件。具体来说，涉案"客户协议"第8页释明协议一方"盈丰交易中心有限公司"为一家在新西兰成立的有限公司且在境内没有任何机构。依据最高人民法院《关于适用〈中华人民共和国涉外民事关系法律适用法〉若干问题的解释（一）》第1条规定，本案为涉外民事法律关系。该合同的签订地在境外；在合同的第13页明确约定"保证金存款将以港元计算"，另外从原告提供的证据6中可以看出，涉案所有交易均以外币标价、成交，故该合同的履行地也在境外。双方没有约定由中国法院管辖。在"客户协议"第12页第5条，双方约定了合同"执行所有适用的香港法律"。最后，智付公司辩称顺义区法院无管辖权。在本案中，受理法院是否有管辖权在此不论，但该案是否属于涉外案件是一个有争议的问题，因为协议的另一方"盈丰交易中心有限公司"并不是诉讼中的被告智付公司。一二审法院均对此没有明确回答。

我国《涉外民事关系法律适用法》没有针对涉外电子合同法律适用作出专门的规定，而是置于涉外纸面合同（传统涉外合同）中进行的一并规定。此外，该法不仅规

① 参见最高人民法院《关于适用〈中华人民共和国涉外民事关系法律适用法〉若干问题的解释（一）》（法释〔2020〕18号）第1条。

② 参见北京市顺义区人民法院（2018）京0113民初3363号民事判决书，北京市第三中级人民法院（2018）京03民终14474号民事判决书。

定了一般合同的法律适用规则，还特别针对消费者合同规定了法律适用规则。[①] 现将有关条文规则解析如下（见表 11－1）。

表 11－1　中国《涉外民事关系法律适用法》关于电子合同纠纷法律适用的条文解析

针对合同	具体条文	条款表述	规则抽象及排序
一般合同	第 41 条	当事人可以协议选择合同适用的法律。当事人没有选择的，适用履行义务最能体现该合同特征的一方当事人经常居所地法律或者其他与该合同有最密切联系的法律	意思自治→最密切联系法律
消费者合同	第 42 条	消费者合同，适用消费者经常居所地法律；消费者选择适用商品、服务提供地法律或者经营者在消费者经常居所地没有从事相关经营活动的，适用商品、服务提供地法律	优先适用强制性规定（适用消费者经常居所地法律）→消费者单方意思自治

不难看出，我国关于电子合同的法律适用主要遵循意思自治和最密切联系两项规则。就一般的电子合同而言，如果当事人对法律适用问题作出明确约定的，应当得到尊重；在当事人没有作出选择时，应当采用最密切联系规则确定所适用的法律。

【案例 11－5】

深圳市分时共享公司与沈××租赁合同纠纷案[②]

原告深圳市分时共享公司是 I-GO 租车应用软件 V1.0 的著作权人，营业范围包括汽车租赁、汽车代驾、电子商务等业务。被告沈××（香港特别行政区居民）于 2018 年 6 月 20 日注册成为原告营运的互联网平台“igo 我行”的用户，账号为 13×××08。被告确认了原告在上述平台上的“igo 我行用户服务协议”，该协议约定，协议订立、生效、解释、执行与争议解决等均适用中华人民共和国内地法律。原告主张被告一直未付租车租金费用，诉至法院。

法院经审理认为：本案为涉港借款合同纠纷案件，被告为香港居民，原、被告在协议中约定了合同适用我国内地法。原告的住所地在我国内地，涉案租车行为发生在我国内地，依照《中华人民共和国涉外民事关系法律适用法》第 41 条的规定，本案合同准据法适用中华人民共和国内地法律。在该案中，法院实际上根据“原被告约定”“原告住所地”“合同行为发生地”确定了准据法。这是对意思自治和最密

① 《涉外民事关系法律适用法》第 43 条还针对劳动合同的法律适用作出专门规定：“劳动合同，适用劳动者工作地法律；难以确定劳动者工作地的，适用用人单位主营业地法律。劳务派遣，可以适用劳务派出地法律。”考虑到这一规定通常不涉及网络空间纠纷，故本章不予讨论。

② 参见广东省深圳市前海合作区人民法院（2019）粤 0391 民初 5005 号民事判决书。

切联系两项规则的混合使用。

就特殊的涉及消费者的电子合同而言，当事人意思自治规则同保护消费者合法权益规则相权衡。具体来说，适用消费者经常居所地法律就能够起到保护消费者合法权益的作用；但如果消费者选择适用商品、服务提供地法律的，或者经营者在消费者经常居所地没有从事相关经营活动的，则适用商品、服务提供地法律，这同样能够起到保护消费者合法权益的作用。这一条规定以保护消费者权益为出发点，限制了意思自治规则被滥用，具有基础性和指向性。

【案例 11-6】

王××与李××网络购物合同纠纷案①

王××（台湾地区居民）于2018年11月11日在李××的淘宝店铺“MISS木子家少女系轻熟温柔风”购买了一件黄色上衣及一件卡其色上衣。王××填写的收货地址为：台湾地区宜兰市宜兰大学神农路××女生宿舍××。淘宝网自行生成集运仓地址：广东省东莞市沙田镇启盈国际快件中心15#，大陆内运费由李××包邮，海外运费由王××承担。因涉案卡其色上衣缺少系带，王××遂与李××进行沟通，李××承认存在过失并承诺重新发货，但要求王××先行将涉案商品寄回，且拒绝承担因退换货产生的海外运费，只愿意承担东莞集运仓至广州的运费。王××诉至广州互联网法院。

法院经审理认为：《中华人民共和国涉外民事关系法律适用法》第42条规定，“消费者合同，适用消费者经常居所地法律；消费者选择适用商品、服务提供地法律或者经营者在消费者经常居所地没有从事相关经营活动的，适用商品、服务提供地法律”。王××经常居所地及涉案商品提供地均为中国大陆，王××亦选择适用大陆法律，故本案以大陆法律为准据法。在本案中，法院实际上根据“消费者经常居所地”“涉案商品提供地”“消费者单方选择地”进行了法律适用选择，起到了维护消费者合法权益的效果。

二、涉外电子合同纠纷的意思自治规则

一般涉外合同的法律适用实行意思自治规则。涉外电子合同纠纷亦是如此。所谓意思自治，在这里指当事人双方协商一致选择的法律。我国《涉外民事关系法律适用法》不仅通过第41条作了相关要求，而且通过第3条作了相关表述。后者规定：“当事人依照法律规定可以明示选择涉外民事关系适用的法律。”其

① 参见广州互联网法院（2019）粤0192民初11265号民事判决书。

中，选择的方式可以是口头或书面的明确表达，“默示选择”通常不在我国法律承认的范围之列①；选择的对象可以是中国法，也可以是外国法，还可以是国际条约或国际惯例；选择的前提是“依照法律规定”，即在法律不允许选择的领域，当事人不享有行使准据法的权利，在法律不禁止选择的领域，当事人可以依据“法不禁止即自由”的原则进行明示选择。从学理上看，意思自治在法律适用方面通常被理解为一项原则。笔者认为，《涉外民事关系法律适用法》对意思自治的定位既是原则也是规则，第3条是抽象的表述，宜当作原则，第41条则是对具体领域的专门规定，亦视为规则。

【案例 11-7】

亿玛公司诉牵趣进出口公司、上海牵趣公司服务合同纠纷案②

2016年3月22日，牵趣进出口公司（住所香港新界青衣航运路36号亚洲物流中心顺丰大厦11楼）作为甲方，与乙方亿玛公司签订“易积分”移动营销合作合同，主要约定甲方委托乙方在移动互联网领域进行推广营销，乙方承诺依法拥有并合法运营“易积分”平台，具有签订、履行本合同的资质和能力。合同还约定，本合同的生效、解释、执行、管辖、争议解决均适用中华人民共和国法律。双方还在合同中确定了收发各种通知、文件以及确认结算单据的电子邮件地址。甲方为luxuan@ifunq. com，乙方为fanxiumei@emar. com。履行合同过程中，因平台使用费双方发生争议。亿玛公司诉至法院，请求判令牵趣进出口公司、上海牵趣公司连带支付拖欠的平台使用费。

法院经审理认为：牵趣进出口公司系香港公司，本案为涉港案件，应参照涉外案件确定准据法。当事人可以协议选择合同适用的法律。当事人没有选择的，适用履行义务最能体现该合同特征的一方当事人经常居所地法律或者其他与该合同有最密切联系的法律。故本案应适用内地法律。

该案中，关于所适用法律的处理主要是依据意思自治规则。

《涉外民事关系法律适用法》之所以只承认“明示选择”的有效性，表面上看是为了延续我国的一贯做法，实质则是为了减少法律适用方面的随意性、不确定性。所谓“明示选择”，即明示约定、明示的意思自治，指的是当事人通过书面或口头明确表示，将某一国家的法律、国际条约等作为法律关系的准据法；所谓“默示选择”，即默示约定、默示的意思自治，指的是当事人虽然实际上选择了法律，但却基于某些原因没有明确表达出选择的意图，而需要由法官通过其他因素推定显

① 参见黄进、姜茹娇主编：《〈中华人民共和国涉外民事关系法律适用法〉释义与分析》，19页，北京，法律出版社，2011。

② 参见北京市朝阳区人民法院（2017）京0105民初53687号民事判决书。

现当事人的意图。

【案例 11-8】

宇商贷款公司与肖××、宋××、陈×借款合同纠纷案①

2017年9月25日，宇商贷款公司作为贷款人，肖××（香港特别行政区居民）作为借款人，宋××（香港特别行政区居民）作为担保人签订了一份“综合授信合同”。同日，宇商贷款公司与陈×签署了“最高额保证合同”，以保障主合同即“综合授信合同”的实现。上述“综合授信合同”“最高额保证合同”均约定适用中华人民共和国法律，签署地均为深圳市××区。之后，宇商贷款公司按照合同约定向肖××发放足额贷款，但肖××未按贷款合同约定按时偿还贷款。宇商贷款公司诉至法院，要求肖××立即清偿全部贷款本金、利息，并支付逾期利息和管理费，同时要求各担保人承担连带保证责任。

法院经审理认为：肖××、宋××均系香港特别行政区居民，本案系涉港借款合同纠纷。《中华人民共和国涉外民事关系法律适用法》第41条规定：“当事人可以协议选择合同适用的法律。当事人没有选择的，适用履行义务最能体现该合同特征的一方当事人经常居所地法律或者其他与该合同有最密切联系的法律。”最高人民法院《关于适用〈中华人民共和国涉外民事关系法律适用法〉若干问题的解释(一)》第19条规定：“涉及香港特别行政区、澳门特别行政区的民事关系的法律适用问题，参照适用本规定。”本案各方当事人约定适用中华人民共和国内地法律，根据本案的具体情况以中华人民共和国内地的法律作为本案适用的准据法。

上述案件中，各方当事人的约定是在有关当事人签署的合同（“综合授信合同”“最高额保证合同”）中用专门条文表述的，显然属于“明示选择”。实践中，如果当事人对所适用法律约定不明或不符合规定的，则不产生“明示选择”的效力。

【案例 11-9】

严×与亚马逊公司网络购物合同纠纷案②

2019年严×因在亚马逊电商平台网站上购买变形金刚玩具4套产生纠纷，将亚马逊公司诉至杭州互联网法院。案件中的一个争议问题是，“亚马逊海外购使用条件”的内容链接中的大号黑体字体列明的“适用法律、争议解决及适用的使用条件”相关约定，是否具有效力。法院经审理认为：“亚马逊海外购使用条件”明确

① 参见广东省深圳前海合作区人民法院（2018）粤0391民初2305号民事判决书。

② 参见杭州互联网法院（2019）浙0192民初8846号民事裁定书。

载明，亚马逊海外网站为 amazon. com①，亚马逊海外实体 Amazon Export Sales LLC，适用法律为美国法律，争议解决由美国仲裁协会仲裁。但是，本案亚马逊公司确认严×系通过 amazon. cn 网站②提交了案涉订单，并非通过 amazon. com 网站提交案涉订单；从亚马逊公司提交的“中华人民共和国增值电信业务经营许可证”来看，亚马逊公司运营的网站域名包含 zmazon. com. cn 及 amazon. cn，并不包含 amazon. com，亚马逊公司亦未提交证据证实 amazon. com 由其运营。故，本案网络服务合同纠纷并不适用美国法律，争议解决方式也不适用“亚马逊海外购使用条件”约定的美国仲裁协会仲裁。

适用法律、争议解决及适用的使用条件

在购买海外购商品时，您承认（1）您是从相关的亚马逊海外实体（如下表所列）订购商品，等同于从相关的亚马逊海外网站（如下表所列）购买商品；（2）在购买之时该等商品尚未进口到中国内地（即，香港特别行政区、澳门特别行政区及台湾除外）（为本文件之目的，下文提及的“中国”具有与上文规定相同的含义）；及（3）且该销售发生在原商品销售国，并受如下所列、适用的亚马逊海外网站的使用条件（“适用的使用条件”）的约束。特别地，您同意，下表中所列适用法律和争议解决（其详细规定见适用的使用条件）将适用，并放弃因任何原因可能适用的任何其他司法管辖权。

亚马逊海外网站	Amazon.com	Amazon.co.uk	Amazon.co.jp	Amazon.de
亚马逊海外实体	Amazon Export Sales LLC	Amazon EU SARL	Amazon Japan Godo Kaisha	Amazon EU SARL
适用法律	美国法律	卢森堡大公国法律	日本法律	卢森堡大公国法律
争议解决	由美国仲裁协会仲裁	卢森堡市区法院	东京地方法院	卢森堡市区法院
适用的使用条件	亚马逊美国的使用条件（英文原文） 国际配送条款和条件（英文原文）	英国亚马逊的使用及销售条件（英文原文）	亚马逊日本的使用条件（日文原文）	德国亚马逊的使用及销售条件（英文原文）
	亚马逊美国的使用条件（中文翻译，仅供参考） 国际配送条款和条件（中文翻译，仅供参考）	英国亚马逊的使用及销售条件（中文翻译，仅供参考）	亚马逊日本的使用条件（中文翻译，仅供参考）	德国亚马逊的使用及销售条件（中文翻译，仅供参考）

图 11-1　亚马逊公司购物网站关于“适用法律、争议解决及适用的使用条件”新表述③

① 该处表述在原判决书中基于脱敏考虑使用的是“××网站”，据上下文分析应当是“amazon. com 网站”。

② 该处表述在原判决书中基于脱敏考虑使用的是“××网站”，据上下文分析应当是“amazon. cn 网站”。

③ 此图中亚马逊公司购物网站关于“适用法律、争议解决及适用的使用条件”新表述为 2020 年 12 月 31 日访问所得，其中下面注有“如果本使用条件的任何条款与适用的使用条件（如上表所列）或 amazon. cn 使用条件有冲突，该冲突应根据以下排序来解决：（1）本使用条件；（2）适用的使用条件；及（3）amazon. cn 使用条件”的声明。

相比最密切联系规则而言，意思自治规则通常具有优先的效力。这是因为当事人对法律适用作出的意思表示应当得到尊重，也是因为约定方式在总体上并不会加重各方当事人的责任或者排除各方当事人的主要权利。

【案例 11－10】

世平（香港）公司与湖南蓝威公司买卖合同纠纷案①

世平（香港）公司与湖南蓝威公司存在着关于电子零件的长期业务关系。前者诉称：2015 年 7 月 17 日，蓝威公司业务人员林××依照惯例，通过 QQ 聊天工具向世平公司采购了价值 271 590 美元的 IntelCPU 产品，随后世平（香港）公司将相关货品送货至成利公司，该公司进行了收货确认。但蓝威公司完全否认曾经采购。世平（香港）公司以蓝威公司拒不支付货款为由，提起诉讼。

在一、二审中，双方当事人均确认，世平（香港）公司在湖南省长沙市有业务部门，所有交易中均是在长沙市代表世平（香港）公司洽谈业务，所有买卖合同的签订地均在长沙市，本案由中国内地法院管辖，本案合同问题适用中国内地法律进行审理。一、二审法院经审理认为，本案系涉港买卖合同纠纷，首先需要明确本案合同问题的法律适用。本案中，双方在采购订单中明确选择适用中国内地法律解决与合同解释和履行有关的争议，因此本案合同问题应适用中国内地法律进行审理，双方亦明确表示认可。

但是，如果当事人关于法律适用的意思表述出现如下特殊情形的，不发生适用外国法律的效力：(1) 违反强制性规定的。在涉外民事法律关系中，强制性规定是指当事人不能逃避的法律规范。它属于“直接适用的法律”，如消费者权益保护法、外汇管制法等。最高人民法院《关于适用〈中华人民共和国涉外民事关系法律适用法〉若干问题的解释（一）》(2020 年修正) 第 8 条，将“强制性规定”界定为“涉及中华人民共和国社会公共利益、当事人不能通过约定排除适用、无需通过冲突规范指引而直接适用于涉外民事关系的法律、行政法规的规定”，具体包括涉及劳动者权益保护的、涉及食品或公共卫生安全的、涉及环境安全的、涉及外汇管制等金融安全的、涉及反垄断反倾销的、应当认定为强制性规定的其他情形。(2) 故意规避中国法律的。法律规制是指当事人为了利用某一种冲突规范，故意制造出某种连接因素，以避开本应适用的准据法而使对其有利的另一国法律得到适用的行为。②最高人民法院《关于适用〈中华人民共和国涉外民事关系法律适用法〉若干问题的

① 参见湖南省长沙市中级人民法院（2016）湘 01 民初 1596 号民事判决书，湖南省高级人民法院（2017）湘民终 577 号民事判决书。

② 参见黄进、姜茹娇主编：《〈中华人民共和国涉外民事关系法律适用法〉释义与分析》，25 页，北京，法律出版社，2011。

解释（一）》（2020年修正）第9条明确规定："一方当事人故意制造涉外民事关系的连结点，规避中华人民共和国法律、行政法规的强制性规定的，人民法院应认定为不发生适用外国法律的效力。"

三、涉外电子合同纠纷的最密切联系规则

如何理解最密切联系规则？最密切联系规则的运用关键在于与什么因素联系最密切以及如何判断最密切。它指的是合同当事人没有选择法律或者选择无效的情况下，由法官综合分析与合同或当事人有关的各种因素，推断出与合同争议有最密切联系的地方的法律予以适用。① 这涉及判断电子合同的订立地、履行地、标的物所在地和当事人经常居住地等连结点的问题。传统涉外合同的订立地、履行地、标的物所在地等连结点的确定相对容易，其适用最密切联系规则不存在太大障碍。而在涉外电子合同领域，连接点的判断难度增大。一般来说，因特网的全球性使得法官需要考量的因素激增，不同国家或地区与网络行为联系的紧密度往往很难衡量。法官自由运用最密切联系规则很可能使其无所适从，甚至沦为导致随便选择法律（特别是本国法）的一个借口。对此，有学者主张引入特征性履行的方式，将电子合同的特征性履行作为确定最密切联系原则的客观依据（如适用作为卖方的网络服务提供者的住所地法或该网络服务提供者选择的法律）。我国也有学者予以反对，认为"特征性履行说不足以弥补最密切联系原则的缺陷，使之很难适用于电子合同"②。理论是灰色的，问题的解决依赖实践。

【案例11-11】

张××与益生源公司、隆之源公司网络服务合同纠纷案③

2015年12月3日，张××与益生源公司（住所地香港特别行政区九龙旺角道33号凯途发展大厦××室）签订"软件合同"一份，主要约定购买互联网移动终端嵌入式商务软件及配套卡密服务。同日，益生源公司向张××出具一份使用销售授权证书。张××向益生源公司支付了20 100元，该款项划入了隆之源公司账户，益生源公司于当天出具收据予以确认。从2016年10月底开始，因张××觉得益生源公司提供的产品主被叫均不能正常显示手机号码且无法正常通话，为此不断与益生源公司业务人员沟通，交涉未果，遂提起诉讼。

法院经审理认为，本案属债权纠纷，因益生源公司是香港特别行政区法人

① 参见黄进、姜茹娇主编：《〈中华人民共和国涉外民事关系法律适用法〉释义与分析》，227-228页，北京，法律出版社，2011。

② 肖永平、李臣：《国际私法在互联网环境下面临的挑战》，载《中国社会科学》，2001（1），105-106页。

③ 参见广东省佛山市顺德区人民法院（2017）粤0606民初1853号民事判决书。

企业，故本案是涉港企业之间债权纠纷。因双方当事人对于本案应适用的法律没有作出约定，故应根据《中华人民共和国涉外民事关系法律适用法》第41条规定的最密切联系原则确定本案适用的准据法。由于原告住所地及侵权行为地均在中国内地，故我国内地的法律与本案纠纷具有最密切联系，应适用内地法律进行审理。

在该案中，法院基于原告住所地及侵权行为地的因素，得出了中国内地法律相较其他国家、地区法律同该案的联系最为密切的判断。其中，案件中原告住所地符合《涉外民事关系法律适用法》第41条规定的“履行义务最能体现该合同特征的一方当事人经常居所地”，侵权行为地符合《涉外民事关系法律适用法》第41条规定的“其他与该合同有最密切联系”地区。在这里，“最能体现该合同特征”的标准要求法院根据合同的特殊性质，考虑以何方履行的义务最能体现合同的特殊性质。这就是“特征性履行”的表述。

第三节　中国网络侵权纠纷的法律适用

一、中国网络侵权纠纷的法律适用概述

我国《涉外民事关系法律适用法》第44～46条既对一般侵权纠纷法律适用问题作出了规定，其确立的法律适用规则可以用作解决网络侵权纠纷准据法的参考；同时，该法也专门针对一种特殊的网络侵权纠纷——网络侵犯人格权纠纷规定了单独的法律适用规则。现将有关条文规则解析如下（见表11-2）。

表11-2　中国《涉外民事关系法律适用法》关于网络侵权纠纷法律适用的条文解析

针对纠纷	具体条文	条款表述	规则抽象及排序
一般侵权纠纷	第44条	侵权责任，适用侵权行为地法律，但当事人有共同经常居所地的，适用共同经常居所地法律。侵权行为发生后，当事人协议选择适用法律的，按照其协议	意思自治→共同经常居所地法律→侵权行为地法律
产品责任纠纷	第45条	产品责任，适用被侵权人经常居所地法律；被侵权人选择适用侵权人主营业地法律、损害发生地法律的，或者侵权人在被侵权人经常居所地没有从事相关经营活动的，适用侵权人主营业地法律或者损害发生地法律	侵权人主营业地法律、损害发生地法律→被侵权人经常居所地法律
网络侵犯人格权纠纷	第46条	通过网络或者采用其他方式侵害姓名权、肖像权、名誉权、隐私权等人格权的，适用被侵权人经常居所地法律	被侵权人经常居所地法律

不难看出，我国法院确定侵权行为准据法的基本原则是侵权行为地法原则、当事人共同属人法原则、双重可诉原则、法院地法原则和船旗国法原则等。① 同样，在网络侵权领域中这些原则也是可用的。特别是，侵权行为地法原则也是网络侵权环境中最主要的法律适用原则。

然而，实践中确定网络侵权行为的发生地和结果地往往是很难的。由于网络案件中几乎任何国家都可以被视为侵权结果发生地，所以按照对侵权行为地法原则的解释，原告就可以在全球各国的法律之中选择对自己最有利者来起诉和主张权利。这显然会导致侵权行为地法原则实际无效。很早以来，学术界就在探讨发展新的冲突法规则：一种有代表性的观点是从卫星通信领域发展而来的来源国规则。② 来源国规则是指适用卫星信号的发出国的法律，由于卫星传播能够覆盖全球或者地球大部分地区，一旦传播内容中有侵权材料，适用哪个国家的法律就成了问题，因此这一规则的适用解决了卫星通信领域侵权行为地的确定问题。同理，如果在网络环境下采用来源国规则，那么对某个网上站点的侵权行为就应当适用该站点主域名服务器所在国的法律。另一种代表性的观点是，在侵权领域可以仿照“合同自体法”的概念，发展“侵权自体法”理论，法院应当综合考虑各种相关连结点，并在此基础上找出与案件有最密切关系的连结点，从而适用该连结点所指引的法律。③ 当然，如果连结点过于不确定的话，会导致当事人难以预见最终应当适用的准据法，从而缺乏必要的稳定性。

除此之外，我国《涉外民事关系法律适用法》第 2、3 条所确立的“最密切联系规则”“明示选择规则”，也对网络侵权纠纷的法律适用具有指导和参考价值。

【案例 11－12】

李××与意大利博浦盟银行网络域名权属侵权纠纷案④

米兰人民银行（后与意大利人民银行合并为意大利博浦盟银行）始创于 1865 年，一直使用 BPM 作为公司简称，并在李××注册涉案域名前，注册了 bpm.it、gruppobpm.it 等域名，在世界多国（不含中国）和地区注册使用以 BPM 字样为主体的商标。2016 年 10 月 25 日，米兰人民银行向 WIPO 仲裁与调解中心投诉，被投诉人为李××。同年 12 月 22 日，WIPO 仲裁与调解中心专家裁定将涉案域名“banco-bpm.com”“bancobpm.com”转移给米兰人民银行。依照《统一域名争议解决办法程序规则》的相关规定，李××作为涉案域名注册人，有权选择其住所地

① 参见肖永平：《国际私法原理》，201 页，北京，法律出版社，2003。
② 参见薛虹：《电子商务的法律问题》，载《法律适用》，2000（7），9－10 页。
③ 参见吕国民：《EDI 的应用所带来的若干国际私法问题》，载《政治与法律》，2000（4），56 页。
④ 参见杭州互联网法院（2018）浙 0192 民初 5467 号民事判决书，浙江省杭州市中级人民法院（2020）浙 01 民终 501 号民事判决书。

所在地的法院即中国法院——杭州互联网法院提起诉讼。

一审法院经审理认为：博浦盟银行系在意大利共和国登记注册的公司法人，本案应适用《中华人民共和国民事诉讼法》第四编“涉外民事诉讼程序的特别规定”。依照《中华人民共和国涉外民事关系法律适用法》第2条规定，涉外民事关系适用与该涉外民事关系有最密切联系的法律；第3条规定，当事人依照法律规定可以明示选择涉外民事关系适用的法律。审理过程中，李××与博浦盟银行双方一致同意适用中华人民共和国法律解决纠纷，故中华人民共和国法律应作为处理本案争议的准据法。

在该案中，法院确定侵权纠纷的准据法既适用了“最密切联系规则”，也适用了“明示选择规则”。

二、网络侵权纠纷的意思自治规则

从世界范围来看，关于法律适用的意思自治规则起源于合同法领域，后来被扩大到侵权法领域。例如，1989年《瑞士联邦国际私法典》第132条规定：“侵权行为发生后，当事人可以随时协商选择适用法院地法律。”第138条、第139条也作出了在特殊侵权案件中可以选择不动产所在地法律、损害结果发生地法律等的规定。[①] 1998年《突尼斯国际私法》第71条规定：“造成损害的原因事实发生之后，当事人可以协议适用法院地法，只要案件尚处于初审阶段。”[②] 将网络侵权纠纷的意思自治规则同合同纠纷的意思自治规则进行比较，它们的差异主要在于达成约定的时间不一致：前者往往是在纠纷发生后，后者则既可以在纠纷发生之后，更可能在纠纷发生之前。

【案例11-13】

WUYIFAN与广州昱锦公司、微梦创科公司侵犯肖像权纠纷案[③]

WUYIFAN（中文名：吴亦凡），加拿大国籍，歌手演员。2017年11月，WUYIFAN得知广州昱锦公司在未经授权的情况下擅自在其经营的末茶实体店、官方网站“MOOTEA末茶”（网站地址 http：//www. imootea. com）、官方认证的微信公众号“MOOTEA末茶”（微信号：×××）、官方微博“末茶MOOTEA官微”中使用WUYIFAN大幅照片为自身所经营的茶饮项目进行商业推广宣传。微梦创科公司系网站“微博平台”的主办单位，网站首页为 www. weibo. com，网站

① 参见黄进、姜茹娇主编：《〈中华人民共和国涉外民事关系法律适用法〉释义与分析》，16页，北京，法律出版社，2011。

② 同上书，244页。

③ 参见北京市海淀区人民法院（2018）京0108民初1660号民事判决书。

备案许可证号为 ICP 备 12002058 号-2。WUYIFAN 向北京市海淀区人民法院提起侵犯肖像权之诉。

法院经审理认为：《中华人民共和国涉外民事关系法律适用法》第 8 条规定，涉外民事关系的定性，适用法院地法律。第 44 条规定：侵权责任，适用侵权行为地法律，但当事人有共同经常居所地的，适用共同经常居所地法律。侵权行为发生后，当事人协议选择适用法律的，按照其协议。鉴于吴亦凡系加拿大国籍，而本案系侵权责任纠纷，侵权行为地在中国境内，故在双方不存在前述但书情形或向本院提交双方达成的法律适用协议的情形下，依法应当适用中国法作为准据法。最终，判决广州昱锦公司赔偿原告 WUYIFAN 经济损失及合理支出共计 200 万元等。

从法律条文表述来看，网络侵权纠纷的意思自治规则通常是由当事人“协议”选择的。这就是一种双方选择，即双方当事人达成一致的意思表示。

【案例 11-14】

陈乔恩与颜珀坊公司网络侵权责任纠纷案[①]

陈乔恩系台湾地区居民，影视演员、主持人、歌手，具有较高的社会知名度。陈乔恩诉称，颜珀坊公司为宣传及销售其经营的“汐瑞”品牌护肤等产品，在其微信公众号“汐瑞微商城”（微信号：×××）、“颜珀坊护肤”（微信号：×××）、“汐瑞祛痘”（微信号：×××）、“汐瑞祛敏”（微信号：×××）和“汐瑞(XiRui)官网”（网址：××）上以及案涉产品实体包装上，大量使用陈乔恩照片、姓名及签名制作产品的包装、广告图片，并在前述微信公众账号及部分微信公众账号内置的网络店铺及网站，大量发布前述广告图片及含有前述广告图片的产品销售页面、宣传图文。所有的广告图片均在显著位置标注陈乔恩的姓名或签名，部分广告图片系将原告为其他产品拍摄的广告图片中的产品剪辑替换成被告的产品，呈现出陈乔恩展示及推荐被告的产品的表象。陈乔恩认为，颜珀坊公司的行为已经严重侵害了陈乔恩的合法权益，并给陈乔恩造成了巨大的经济损失及不良影响，遂于 2019 年 3 月 22 日向广州互联网法院提起诉讼。

经当庭询问，各方当事人均同意适用大陆法律处理本案。广州互联网法院经审理认为，陈乔恩系台湾地区居民，本案为涉台纠纷。《中华人民共和国涉外民事关系法律适用法》第 3 条规定，当事人依照法律规定可以明示选择涉外民事关系适用的法律。第 44 条规定：侵权责任，适用侵权行为地法律，但当事人有共同经常居所地的，适用共同经常居所地法律。侵权行为发生后，当事人协议选择适用法律的，按照其协议。第 46 条规定：通过网络或者采用其他方式侵害姓名权、肖像权、名誉权、隐私权等人格权的，适用被侵权人经常居所地法律。据此，侵权行为发生后，

① 参见广州互联网法院（2019）粤 0192 民初 1583 号民事判决书。

当事人可以协议选择适用法律或者直接适用被侵权人经常居所地法律，第 46 条的规定并不排除当事人协议选择适用法律的效力。由于陈乔恩与颜珀坊公司均明确表示选择适用大陆法律，故本案以大陆法律为准据法。

实践中，有的法院也存在着将网络侵权纠纷的意思自治规则理解为允许一方当事人进行“选择”的情况，即一方当事人作出了明确的意思表示。这时援引的法律就不是《中华人民共和国涉外民事关系法律适用法》第 44 条，而是第 3 条。这一调整同国际上侵权纠纷的意思自治规则走向宽松的态势是吻合的。

【案例 11－15】

陈乔恩与爱化妆公司、艳色公司网络侵权责任纠纷案①

陈乔恩诉称：爱化妆公司、艳色公司未经本人同意，擅自使用含有本人肖像及姓名的相关视频制作涉案产品的视频广告，并在各大视频网站、爱化妆公司与艳色公司微信公众账号及化妆品展销会进行发布；同时爱化妆公司、艳色公司使用陈乔恩肖像及姓名制作涉案产品的平面广告等宣传物料进行发布，其中两幅含有陈乔恩肖像姓名的平面广告于 2018 年 8 月 9 日在美国纽约时代广场纳斯达克大屏幕发布。爱化妆公司、艳色公司还将陈乔恩的肖像及姓名作为涉案产品包装，并在包装上标注“陈乔恩推荐”等字样。陈乔恩认为，两被告的行为已经严重侵害了自己的合法权益，向广州互联网法院提起诉讼。

诉讼中，陈乔恩明示选择适用大陆法律作为本案处理的准据法。法院经审理认为，陈乔恩系台湾地区居民，本案为涉台纠纷。《中华人民共和国涉外民事关系法律适用法》第 3 条规定：“当事人依照法律规定可以明示选择涉外民事关系适用的法律”。陈乔恩作为被侵权人，明示选择适用大陆法律，故本案以大陆法律为准据法。

三、网络侵权纠纷的最密切联系规则

“场所支配行为”是一句古老法谚，是指“法律行为的方式受行为地法律支配”。这就决定了在网络侵权纠纷中，选择适用“侵权行为地法”是符合最密切联系规则的。然而，侵权行为地对于网络侵权纠纷是不容易判断的。随着我国互联网及其法治建设的发展，“侵权行为地”的概念在一些司法解释中得到界定。例如，最高人民法院 2012 年发布、2020 年修正的《关于审理侵害信息网络传播权民事纠纷案件适用法律若干问题的规定》第 15 条规定：“……侵权行为地包括实施被诉侵权行为的网络服务器、计算机终端等设备所在地。侵权行为地和被告住所地均难以

① 参见广州互联网法院（2019）粤 0192 民初 24432 号民事判决书。

确定或者在境外的，原告发现侵权内容的计算机终端等设备所在地可以视为侵权行为地。”这就意味着，网络侵权纠纷中选择适用侵权行为地法律变得具有可操作性。

【案例 11－16】

威联通公司诉创艺公司、刘××侵害商标权、计算机网络域名权属、侵权及不正当竞争纠纷案①

威联通公司是于 2004 年在中国台湾地区成立的有限公司，获准注册域名 qnap. com、注册“QNAP”商标。威联通公司诉称，刘××未经许可，擅自使用注册商标“QNAP”，将该注册商标作为其域名；创艺公司在使用该域名过程中将威联通公司名称中的字号“威联通”作为其网站名称，擅自宣称其为 QNAP 威联通中国总代理以及 QNAP 威联通产品中文网、QNAP 销售热线等，使人误解为该网站是威联通公司的中文网站，所有威联通公司产品由创艺公司销售。威联通公司诉至广东省广州市越秀区人民法院，请求判令两被告构成侵害商标权、侵害网络域名、侵害企业名称权以及不正当竞争。

法院经审理认为：本案为涉台侵权纠纷，应参照涉外民事诉讼程序处理。本院作为被告住所地及被控侵权行为发生地享有涉外民商事案件管辖权之人民法院，有权对本案行使司法管辖权。依照《中华人民共和国涉外民事关系法律适用法》第 44 条之规定，侵权责任适用侵权行为地法律，本案侵权行为地发生在我国境内，故应适用中华人民共和国法律作为裁判本案的准据法，原被告双方对此均无异议。

相对选择适用“侵权行为地法律”而言，选择适用“共同经常居所地法律”是网络侵权纠纷中确定准据法的更优方案。这指的是如果侵权纠纷双方当事人有共同居所地的，则“侵权行为地法律”让位于“共同经常居所地法律”。《中华人民共和国涉外民事关系法律适用法》第 44 条作出这样的处理，既是国际惯例，也隐含着深刻理解最密切联系规则的思路导向。一般理解，相比于同网络侵权纠纷的联系，相比于同网络侵权纠纷的联系更为密切，这体现了“共同属人法”的智慧。

【案例 11－17】

WUDALYYIUCHI 与杨××网络侵权责任纠纷案②

WUDALYYIUCHI（中文名：胡××），澳大利亚籍，住广东省广州市黄埔区，系“澳洲山庄”项目开发商澳美公司的法定代表人；杨××，系澳洲山庄业主，住广东省广州市海珠区。胡××诉称，虽然澳洲山庄的建设因澳美公司经营不

① 参见广东省广州市越秀区人民法院（2014）穗越法知民初字第 653 号民事判决书。

② 参见广州互联网法院（2019）粤 0192 民初 23203 号民事判决书。

善、资金链断裂从2001年开始停滞，但自己始终努力重建澳洲山庄。杨××在未经调查且没有任何依据的情况下，于澳洲山庄的业主微信群“山庄业主推进重建群”（群内成员300多人）中发布“胡××是剥削阶级，专业欺诈广大的山民!”“胡××死先，但所有人屙尿都无力了”等诸多侮辱性言论、失实言论以及攻击性、煽动性的言论。胡××认为，杨××通过互联网公开发表上述言论，属无中生有、捏造事实，用侮辱、诽谤等方式损害胡××名誉，杨××应当依法承担民事侵权责任，遂诉至广州互联网法院。

法院经审理认为，本案为涉外纠纷。《中华人民共和国涉外民事关系法律适用法》第3条规定：当事人依照法律规定可以明示选择涉外民事关系适用的法律。第44条规定：侵权责任，适用侵权行为地法律，但当事人有共同经常居所地的，适用共同经常居所地法律。侵权行为发生后，当事人协议选择适用法律的，按照其协议。第46条规定：通过网络或者采用其他方式侵害姓名权、肖像权、名誉权、隐私权等人格权的，适用被侵权人经常居所地法律。胡××、杨××的经常居所地均在广州，据此，本案适用双方共同经常居所地法律，即中国大陆法律为准据法。

在前述案件中，法院最终选择准据法适用了三个条款，其中核心规则是《中华人民共和国涉外民事关系法律适用法》第44条规定的“双方共同经常居所地法律”的规则。这一结果同第46条所设定的在特殊情况下（即网络侵犯人格权纠纷），适用“被侵权人经常居所地法律”的结果是一致的。这进一步说明，《中华人民共和国涉外民事关系法律适用法》第44条同第46条是一般条款同特殊条款的关系。

【案例11-18】

高×与孟非、果酱公司名誉权纠纷案[①]

2017年8月9日，果酱公司撰写了侵权文章，题目为“孟非被打脸，高调进军啤酒界，自创品牌，结果是偷了别人的配方”。在该侵权文章中有七处用了“偷”字，有两处用了“黑心”，三处用了“剽窃”，以及使用了“偷偷摸摸”“龌龊”“招摇撞骗”“过河拆桥”等直接贬损孟非人格的言辞，并配有孟非的相关肖像图片，主观恶意明显，果酱公司已经严重侵害了被上诉人的名誉权。而高×（YANGAO，美国国籍）不仅为果酱公司提供帮助，而且作为侵权文章所指的纠纷一方当事人，明知该侵权文章中多处使用直接贬损孟非人格的言辞，且相关事实与客观事实不符，仍然在微博、微信中转发了该文章的链接。其在评价果酱公司的侵权文章时，直接表述“帮我出了一口恶气”，并声称孟非被其利用了。上述行为扩大了侵权文章的影响，而且进一步误导公众相信孟非偷取别人的配方，大大降低了孟非的社会

① 参见江苏省南京市玄武区人民法院（2017）苏0102民初5981号民事判决书，江苏省南京市中级人民法院（2018）苏01民终4780号民事判决书。

评价，已经严重侵害了孟非的名誉权。孟非认为高×、果酱公司的行为侵害了其名誉权，遂于2017年8月17日诉至一审法院。

本案在二审阶段，审理法院论证了法律适用问题。法院经审理认为，本案案由系名誉权纠纷，上诉人高×系属美国国籍，故本案存在准据法的确认问题。依照《中华人民共和国涉外民事关系法律适用法》第46条规定，通过网络或者采用其他方式侵害姓名权、肖像权、名誉权、隐私权等人格权的，适用被侵权人经常居所地法律。本案被上诉人孟非经常居所地在中华人民共和国江苏省南京市，故本院确认中华人民共和国法律为处理本案纠纷的准据法。

在前述案件中，法院选择适用了“被侵权人经常居所地法律”。这里的准据法因素是“一方”经常居所地，而不是“双方”经常居所地。作此苛刻的选择，必须满足《中华人民共和国涉外民事关系法律适用法》第46条所限定的“网络侵犯人格权纠纷”条件，即“通过网络或者采用其他方式侵害姓名权、肖像权、名誉权、隐私权等人格权的”。实践中若难以满足这一条件的，往往走上混合标准的道路，即将若干项法律适用标准或规则综合起来适用。

【案例11－19】

云智公司与林心如网络侵权责任纠纷案①

林心如，台湾地区居民，演员，住北京市朝阳区。林心如曾出演多部电视剧，如《还珠格格》《三国》《美人心计》等，其肖像具有一定程度的公众识别度及商业价值。云智公司注册经营的微信公众号“益雅健”（微信号×××）于2016年5月20日发布了标题为《520！霍建华表白林心如，关系暧昧早有苗头！》的宣传文章，文章中使用林心如的肖像图共计16张，并配以“小编准备喝Nuttige益雅健益生菌压压惊!!!”“益雅健Nuttige益生菌产品链接——有柳橙味与蔓越莓味供您选择哦”等文字，文末附有商品图样和微信二维码等商业信息。基于此，林心如向北京互联网法院提起侵权之诉。

一审法院判决云智公司公开赔礼道歉、赔偿经济损失20 000元等。云智公司不服，向北京市第四中级人民法院提起上诉。

二审法院经审理认为：本案属于涉台民事纠纷案件。关于法律适用中的程序法律适用问题，依照最高人民法院《关于适用〈中华人民共和国民事诉讼法〉的解释》第551条之规定：“人民法院审理涉及香港、澳门特别行政区和台湾地区的民事诉讼案件，可以参照适用涉外民事诉讼程序的特别规定”，故本案参照适用《中华人民共和国民事诉讼法》第四编“涉外民事诉讼程序的特别规定”，该编没有规

① 参见北京互联网法院（2019）京0491民初20418号民事判决书，北京市第四中级人民法院（2020）京04民终256号民事判决书。

定的，依据《中华人民共和国民事诉讼法》第259条，适用《民事诉讼法》其他有关规定。关于法律适用中的准据法适用问题，依照最高人民法院《关于审理涉台民商事案件法律适用问题的规定》第1条第1款，人民法院审理涉台民商事案件，应当适用法律和司法解释的有关规定。参照适用《中华人民共和国涉外民事关系法律适用法》第44条规定："侵权责任，适用侵权行为地法律，但当事人有共同经常居所地的，适用共同经常居所地法律。侵权行为发生后，当事人协议选择适用法律的，按照其协议"。本案中当事人之间未协议选择适用法律。本案中当事人共同经常居所地和侵权行为及结果发生地均在大陆，故本案应适用大陆法律作为处理本案纠纷的准据法。在该案中，法院实际上以当事人共同经常居所地、侵权行为及结果发生地为标准选择了准据法。

第四节　中国网络知识产权纠纷的法律适用

一、中国网络知识产权纠纷的法律适用概述

网络知识产权纠纷既涉及合同法问题，也涉及侵权法问题。我国《涉外民事关系法律适用法》将网络知识产权纠纷的法律适用纳入一般知识产权纠纷的法律适用，从产权归属、内容纠纷、合同纠纷以及侵权纠纷等方面对相关法律适用问题作出了规定。现将有关条文规则解析如下（见表11-3）。

表11-3　中国《涉外民事关系法律适用法》关于网络知识产权纠纷法律适用的条文解析

针对纠纷	具体条文	条款表述	规则抽象及排序
知识产权归属和内容纠纷	第48条	知识产权的归属和内容，适用被请求保护地法律	被请求保护地法律
知识产权合同纠纷	第49条	当事人可以协议选择知识产权转让和许可使用适用的法律。当事人没有选择的，适用本法对合同的有关规定	意思自治→中国涉外合同纠纷的法律适用规则
知识产权侵权纠纷	第50条	知识产权的侵权责任，适用被请求保护地法律，当事人也可以在侵权行为发生后协议选择适用法院地法律	意思自治（法院地法律）→被请求保护地法律

二、网络知识产权纠纷的意思自治规则

不难看出，网络知识产权纠纷的法律适用在两种情况下是适用意思自治规则的：(1) 知识产权转让和许可使用合同纠纷。这又可以细分为两种情况：一是知识产权出让主体与受让主体签订转让合同，将知识产权进行移转；二是许可方将所涉

知识产权授予被许可方按照约定使用。此种合同行为自然需要遵循合同法律适用中的意思自治规则，允许当事人通过协议选择所适用的法律。(2) 知识产权侵权纠纷。这指的是包括专利侵权、商标侵权、著作权侵权在内的特殊侵权。此种情况下，适用权利被请求保护地的法律具有合理性，但也有自身的局限性，因而允许当事人在侵权行为发生后进行协商，从而扩大法院地法律的适用。

【案例 11－20】

株式会社一无所有与安逸猿公司、麦凯乐西安路店侵害作品复制权、发行权、信息网络传播权及虚假宣传纠纷案①

长尾智明于 1995 年创立公司——“株式会社一无所有”，运营 Bape 品牌，并于 1999 年创立针对年轻消费群体的 BabyMilo 品牌，BabyMilo 品牌是 Bape 品牌的副品牌。“株式会社一无所有”诉称，安逸猿公司实施了复制、发行并通过信息网络传播 BabyMilo 系列图案作品的侵权行为以及虚假宣传的不正当竞争行为；麦凯乐西安路店实施了复制、发行 BabyMilo 系列图案作品的侵权行为，依法应承担相应的法律责任，遂诉至辽宁省大连市中级人民法院。

一审法院对法律适用问题作了论证：“株式会社一无所有”系在日本国注册成立的公司，本案应适用涉外民事诉讼的有关规定。《中华人民共和国涉外民事关系法律适用法》第 50 条规定，知识产权的侵权责任，适用被请求保护地法律。本案系涉外知识产权侵权及不正当竞争纠纷案件，庭审中，各方当事人均同意适用中华人民共和国法律作为处理本案的准据法。因此，本案适用中华人民共和国法律作为准据法。一审法院判决，安逸猿公司、麦凯乐西安路店立即停止侵害 BabyMilo 系列图案作品复制权、发行权、信息网络传播权等。

此案在安逸猿公司上诉后，二审法院维持原判。

在前述案件中，法院对意思自治规则的把握是妥当的，坚持了“各方当事人均同意适用”即“协议选择”的要求。在实践中，常常出现一方当事人选择适用的情况，即一方当事人自行选择在中华人民共和国境内某一法院提出涉案知识产权保护请求。此时依然可以适用中华人民共和国法律作为准据法。但此种选择适用法律的结果，不宜理解为默示选择或可推知选择归入“意思自治规则”，而应当依照《涉外民事关系法律适用法》第 50 条归入“最密切联系规则”。

三、网络知识产权纠纷的最密切联系规则

我国《涉外民事关系法律适用法》未对网络知识产权纠纷的最密切联系规则作

① 参见辽宁省大连市中级人民法院 (2017) 辽 02 民初 512 号民事判决书，辽宁省高级人民法院 (2019) 辽民终 1454 号民事判决书。

出明确规定，但分三种情况对网络知识产权纠纷的最密切联系规则做了列举。这些内容可以用作理解网络知识产权纠纷的最密切联系规则的依据。

一是关于知识产权的归属和内容，规定适用被请求保护地法律。知识产权是基于智力的创造性活动而产生的权利。在全球化背景下，关于知识产权的归属和内容很容易发生跨国争议。如果涉及知识产权的归属和内容的法律事项具有涉外因素，适用被请求保护地法律是最现实的选择，也符合国际惯例。我国《涉外民事关系法律适用法》对此作了“整体性”的立法安排。

【案例 11－21】

中松公司与松下公司网络域名权属纠纷案①

中松公司，住所地珠海市横琴粗沙环路 98 号 404 房；松下电器产业株式会社（以下简称松下公司），住所地日本大阪府门真市大字门真 1006 番地。中松公司通过注册商 GUANGZHOUEHOSTTECH. CO. LTD 获得网络域名“中国松下 . com”的注册。2017 年 1 月 22 日，松下公司作为投诉人向亚洲域名争议解决中心北京秘书处提交了投诉书，中松公司为被投诉人，案件编号：CN－1701053。松下公司要求将争议域名“中国松下 . com”转移至其名下。同年 4 月 24 日，亚洲域名争议解决中心北京秘书处作出专家组裁决，裁决将争议域名“中国松下 . com”转移给松下公司。4 月 27 日，亚洲域名争议解决中心北京秘书处案件经办人通过邮箱告知双方，若对裁决不服，想提起诉讼，起诉期限为收到裁定书 10 日内，起诉并拿到受理通知书后，应立即向注册商联系并提供，以暂停裁决的执行。中松公司认为上述裁决存在认定事实和适用规则的错误，向广东省珠海横琴新区人民法院提起网络域名权属纠纷一案。

法院经审理认为，松下公司系在日本登记注册的公司，本案为涉外知识产权案件。《中华人民共和国涉外民事关系法律适用法》第 48 条规定，知识产权的归属和内容，适用被请求保护地法律。由于本案诉讼标的物为网络域名“中国松下 . com”，该诉讼标的物的持有人为松下公司，其住所地在广东省，即被请求保护地位于中华人民共和国，因此，本案应适用中华人民共和国法律作为处理本案网络域名权属法律关系的准据法。

二是关于知识产权转让和许可使用，规定适用“本法对合同的有关规定”，即遵照“中国涉外合同纠纷的法律适用规则”。

三是关于知识产权的侵权责任，规定适用“被请求保护地法律”。之所以作出这种规定，是因为网络环境下知识产权的侵权行为结果地可能是世界上的任一角落，相比而言，被请求保护地是相对确定的。同时，这一选择也有利于法官办案。

① 参见广东省珠海市横琴新区人民法院（2017）粤 0491 民初 428 号之一民事裁定书。

【案例 11－22】

华杰公司与黄×、淘宝公司侵害商标权纠纷案[①]

华杰公司，住所地新加坡共和国。华杰公司经中华人民共和国国家工商行政管理总局商标局核准注册第 18842791 号“CHARLES&KEITH”商标。华杰公司诉称，2019 年 1 月发现黄×在淘宝公司开设名为“小 ck 全球代购”的网店，擅自销售假冒第 18842791 号注册商标的包类商品，销量数额巨大，遂诉至法院，要求两被告共同承担侵权责任。法院经审理认为，本案系涉外侵害商标权纠纷，依照《中华人民共和国涉外民事关系法律适用法》第 50 条规定：“知识产权的侵权责任，适用被请求保护地法律，当事人也可以在侵权行为发生后协议选择适用法院地法律。”本案中，双方当事人未就法律适用进行约定，且华杰公司于中华人民共和国境内提出涉案知识产权保护请求，故本案适用中华人民共和国法律作为准据法。

实践中，一起案件可能涉及多种知识产权保护途径的问题，此时需要区分专利权、商标权、著作权侵权责任的法律适用问题与反不正当竞争的法律适用问题。虽然在我国反不正当竞争的案件也是由知识产权审判部门进行审理，但关于专利权、商标权、著作权侵权责任的法律适用问题与反不正当竞争的法律适用并不执行相同的法律依据。

【案例 11－23】

圣沛黎洛与薛××计算机网络域名纠纷案[②]

圣沛黎洛（sanpellegrinos. p. a）的住所地为意大利米兰市摩尔区洛多维考夫街××号。圣·贝利格利诺有限公司先后向中国工商部门申请注册“sanpellegrino”文字商标、“圣培露”文字商标以及相关文字、图组合商标。自 2004 年以来，圣沛黎洛曾在若干报纸、杂志上宣传其“sanpellegrino”品牌或“圣培露”品牌水饮料产品，另有若干报纸、杂志进行相关报道时涉及“sanpellegrino”或“圣培露”品牌水饮料产品。2006 年 4 月，薛××以其个体经营的、位于中国江苏省无锡市高新技术产业开发区招商城的江南达经营部名义向中国域名注册组织注册了“www. 圣培露 . cn”“www. 圣培露 . com”“www. 聖培露 . cn”“www. 圣培露 . 中国”“www. 圣培露 . 中國”“www. 聖培露 . 中國”“www. 聖培露 . 中国”等七个域名。域名注册后，薛××委托铭万智达公司无锡分公司维护域名，现将“www. 圣

① 参见湖南省邵阳市中级人民法院（2020）湘 05 知民初 13 号民事判决书。

② 参见江苏省无锡高新技术产业开发区人民法院（2013）新知民初字第 0103 号民事判决书。

培露.cn”、“www.圣培露.com”实际链接到方鼎公司营销安防器材的网页。

圣沛黎洛以薛××的行为属于恶意抢注域名为由，诉至法院。圣沛黎洛诉称：薛××的上述域名中，“圣培露或聖培露”是域名的识别部分，却与其享有在先权益的商品名称“圣培露”完全相同，易造成相关公众的混淆或误认。薛××对上述域名中的“圣培露或聖培露”域名识别部分并不享有在先使用的权利，也无其他可以注册争议域名的正当理由。上述域名注册后，薛××并未实际使用，一方面阻碍了其注册并正常使用该域名，另一方面通过囤积域名以牟利，主观上具有恶意。

法院经审理认为：本案系涉外计算机网络域名纠纷，应首先确定准据法的适用。对于争议焦点一“薛××注册的系争七个域名及相应使用行为是否侵犯圣沛黎洛相应的注册商标权”，涉及的是商标权涉外侵权责任，依照《中华人民共和国涉外民事关系法律适用法》第50条，知识产权的侵权责任，适用被请求保护地法律，因圣沛黎洛诉至本院，故该部分争议纠纷应适用中国法律。对于争议焦点二“薛××注册的系争七个域名主要识别部分名称是否侵犯圣沛黎洛诉称的知名商品的名称”，涉及的是涉外不正当竞争侵权责任，依照《中华人民共和国涉外民事关系法律适用法》第44条，双方经常居住地并不一致，且未协议适用法律，故应适用侵权行为地法律。因系争域名在中国注册，可认定中国为该部分争议纠纷的侵权行为地之一，故应适用中国法律。

拓展阅读

1. 肖永平，李臣．国际私法在互联网环境下面临的挑战．中国社会科学，2001（1）.

2. 于颖．涉外民事关系法律适用法第42条评析——我国国际私法对消费者之保护．法学评论，2011（2）.

3. 丁伟．《民法典》编纂催生2.0版《涉外民事关系法律适用法》．东方法学，2019（1）.

4. 杨长海．互联网环境下知识产权冲突法面临的新问题及其国际应对．科技与法律，2019（5）.

5. 朱莉．互联网中发生的涉外侵权行为的准据法确定方法：经济分析．理论学刊，2008（1）.

6. 于志刚．杭州互联网法院的历史意义、司法责任与时代使命．比较法研究，2018（3）.

课后思考

1. A国公民Lisa于2012年4月8日通过互联网在B国某购物网站上购买B国卖家Tom销售的一台笔记本电脑，到货后Lisa对于所购笔记本电脑因不满意外观造型，要求退货。依据 A 国法律，网购商品到货后 7 天内可以无条件退货；而 B 国法律中并无此规定。Lisa 与 Tom 就该消费者合同发生纠纷。

请问：对该纠纷应适用哪国法律解决？

2. 假如 A 向 B 发出一项电文，涉及 X 的个人隐私。依据 A 国法律，此项电文的发送和接收均构成了对 X 隐私权的侵犯；依据 B 国法律，B 的接收行为并不构成对 X 的侵权。请问：X 是否可以向 B 要求承担赔偿责任？为什么？

3. 试比较电子合同纠纷与网络侵权纠纷所遭遇之法律适用障碍的异同。

4. 结合下述案例，阐述美国法院解决法律适用问题所用“焦点标准”（Focus Test）的基本含义及对中国的启发。

斯潘斯基公司从波兰电视台处获得该电视台节目在美国的独家播放权。根据协议，波兰电视台是通过其波兰网站上的视频点播功能面向公众，同时采用“地域隔断”（geoblocking）技术隔绝美国观众获取节目。斯潘斯基公司在美国版权局注册了独家播放权，随后发现尽管波兰电视台采用“地域隔断”技术，但是在美国依旧可以从波兰电视台的网站上直接获取节目，继而认为波兰电视台这种行为构成侵权。地区法院经审理发现，有关节目可以在美国从被告波兰电视台网站直接访问获取，而这是被告雇员的故意行为。庭审的一个争议问题是，美国《版权法》在这种情形下能否适用？被告波兰电视台认为，十分关键的“行为”发生在波兰，因此不属于《版权法》适用的范围。地区法院和上诉法院对此均驳回了这一论点，认为这是对《版权法》的简单解释。法院是这样论证的：“我们要确定《版权法》规制的关键行为之前需要明确该法规制的是什么。答案是清晰的：该法赋予版权权利人一系列排他性权利——其中之一就是公开表演受版权保护的作品——这些权利通过禁止侵权而得以实现。《版权法》的‘焦点’在于防止侵权，换言之保护这些权利的排他性。在本案中，虽然波兰电视台在波兰将这 51 个视频上传，侵犯斯潘斯基版权的表演发生在美国，是在美国通过电脑获取和显示的。因此，法律规则关注的焦点行为发生在美国，本案属于《版权法》下‘可准许的国内法请求’，哪怕其他的行为发生在外国。”在本案中，两级法院使用的就是“焦点标准”，在莫里森案、雷诺纳比斯科案①中也曾适用过。②

5. 阐述我国编纂《民法典》时选择剔除涉外民事关系法律适用相关条款的立法考量及影响。

6. 2002 年 12 月 13 日，海牙国际私法会议通过了《关于经由中间人持有的证券的某些权利的法律适用公约》（Convention on the Law Applicable to Certain Rights in Respect of Securities Held with an Intermediary），提出了一个特殊的连接点，即

① RJR Nabisco，Inc. v. European Community，136 S. Ct. 2090 (U. S. 2016).

② Spanski Enterprises，Inc. v. TelewizijaPolska，883 F. 3d 904 (D. C. Cir. 2018). 关于此案的主要争点，参见［美］西蒙·C. 西蒙尼德斯：《冲突法在美国法院（2018 年）：第 32 次年度综述（上）》，杜涛、司文译，载《武大国际法评论》，2019 (4)，87 - 88 页。

"相关中间人账户所在地"（the place of relevant intermediary account），同时引入了有限制的意思自治原则，即公约中所规定的有关事项所适用的法律为账户持有人与相关中间人在账户协议中明确同意的国家的法律，或者账户协议明确指明的另一国家的法律。但必须满足在协议签订时，相关中间人在该国有分支机构，并且该分支机构应当符合公约规定的条件。①

请结合该公约所确立的将"相关中间人账户所在地"与"当事人意思自治"有机结合的规则，论述完善网络空间法律适用制度时将主观性连结点同属人连结点、属地连结点进行结合创新的可行性。

① 参见黄进、姜茹娇主编：《〈中华人民共和国涉外民事关系法律适用法〉释义与分析》，218页，北京，法律出版社，2011。

第十二章

大数据智能司法

大数据并不是一个充斥着算法和机器的冰冷世界，人类的作用依然无法被完全替代。大数据为我们提供的不是最终答案，只是参考价值，帮助是暂时的，而更好的方法和答案还在不久的将来。

——［英］维克托·迈尔-舍恩伯格

【关键词】大数据　人工智能　智慧司法　法律科技　智慧法院　智慧检务　智能辅助办案　互联网法院　数据化的统一证据标准　区块链存证　区块链证据　大数据证据　大数据证明

【案例 12-1】

AI 法官助理协助主持庭审①

2019 年 9 月 23 日上午 10 时许，一起另类的金融借款纠纷案件在浙江省杭州上城区人民法院基金小镇人民法庭上演："请大家安静，下面宣读法庭纪律……"一个温柔的"女声"响起，却不是本案法官袁翠玉，而是辅助法官一同办案的 AI 法官助理"小智"。在"她"的协助主持下，庭审笔录同步跳动更新，双方口语化的表述被转化为完整语句，还有贴心的重点内容突出显示。随着庭审推进，屏幕上还同步出现了证据分析展示、庭审争议焦点归纳、案件风险点提示、涉案借款本息金额计算等，裁判文书一栏里的判决书稿也在自动生成，并逐步补全完善。袁法官核查确认后当庭宣判，并当庭送达，案件随即进入归档程序。从开庭到结案归档，全程仅 30 分钟。当日，浙江省高级人民法院、杭州市上城区人民法院召开凤凰金融智审新闻发布会，宣告金融借款纠纷案件从传统审理向全流程智能化审判的革命性转变。

① 参见刘克勤、孟焕良、徐琦：《AI 法官助理开启智能审判新模式》，载《浙江人大》，2019（11），42 页。

据报道，这次日常性的庭审是AI法官助理“小智”的首次亮相。此新闻一经发布，便引起了广泛关注。AI法官助理辅助审案，究竟是作秀还是方向，引人深思。

第一节　大数据智能司法概览

一、什么是大数据智能司法

大数据智能司法是人类社会广泛而深刻开展法律科技创新的时代产物。近代伊始，医学、物理学、化学、生物学等自然科学知识大量涌向司法舞台，并催生了以专业知识或者专家力量辅助司法办案的长期转型。这集中体现为各种科学证据渐入诉讼活动，证据科学由此勃兴。时至当下，法律科技创新不再是司法证明领域单一门类科技创新的自然延续，而是新兴科技影响下的全方位创新。大数据、人工智能、云计算、物联网、区块链等新兴科技对人类社会的利好不仅在于减轻人的体力付出，而且直指各种类人“智慧”的产生和拓展。当下司法领域的法律科技创新指的是不同的法律工作借助科技力量进行的各种革新及相关迭代活动。它们越来越聚焦于“智慧”创新这一高级层次，所追求的是借助“智慧”科技不同程度地消减法律工作者的脑力付出。它又可具体界分为两种动态：一是源于各类传统的法律科技创新，在其中增添“智慧”新色彩；二是纯粹基于新兴“智慧”科学的法律科技创新，开发形成新式产品并予以丰富。

无论是哪一种动态，新兴科技均孕育了各式各样的机器智慧，引发了不同的制度变革与创新模式。各国司法领域纷纷寻求以机器智慧消减法律工作者的脑力付出，追求“智慧司法”的实现。关于智慧司法，理论与实践中有着不同的理解。如有研究者指出，智慧司法是指“公安司法机关为实现司法的公正高效，充分运用互联网、大数据、云计算、人工智能等信息技术，以推进司法运行和管理体系的信息化、智能化与现代化。”① 这指的是典型意义上的智慧司法，即司法机关积极拥抱新兴智慧科技形成的一种司法形态。② 而从司法实践来看，现阶段世界范围内智慧司法的普遍性探索如火如荼，它源于又高于传统的司法信息化，即宽泛意义上的智慧司法。

概念的转型与迭代通常不是纯理论问题，而是与实践及动态共变的绞合问题。从这个意义上讲，人们对智慧司法的内涵解析还会持续追寻下去并走向清晰，对智

① 冯姣、胡铭：《智慧司法：实现司法公正的新路径及其局限》，载《浙江社会科学》，2018（6），68页。

② 相关的概念还有大数据司法、人工智能司法等。参见刘品新：《大数据司法的学术观察》，载《人民检察》，2017（23），30－31页；高学强：《人工智能时代的中国司法》，载《浙江大学学报（人文社会科学版）》，2019（4），229－240页。

慧司法的相关概念选择还会持续增加而显得多元（如智能化司法、法律人工智能、人工智能法律、人工智能司法等）。本章立足于当下选择了“大数据智能司法”一词进行表达，阐述的是正在发生的最高水平的法律科技创新。

所谓“大数据智能司法”，可以展开为“大数据＋人工智能＋司法”，即由大数据及由此产生的人工智能所支撑、驱动的司法样态。具体来说，它指的是人类社会出现爆发式增长的数据量之后，由大数据及大数据科学深刻影响和改变的司法样态；是人类社会利用以大数据为燃料产生的人工智能（即新一代人工智能①）进行改良或应变而形成的司法样态；是司法领域的转变和新呈现，可以理解为人类社会追求的一种数字正义转型中的司法样态。

若论“大数据智能司法”中的“智能”或“机器智慧”的来源，从理论上讲包括规则驱动型与数据驱动型两种方式。所谓规则驱动型，是要求机器按照规则的逻辑进行判断。一般来说，人类进行判断活动往往遵守思维逻辑，如满足X条件就能得出Y结论，由此可设计一台遵循同样逻辑的机器进行辅助判断，其实质是追求机器像人一样思考。所谓数据驱动型，并不要求机器按照人脑的逻辑作出判断，而要求其按照“（海量）信息数据输入—程序处理输出”的模型进行判断，其实质是追求机器“像机器一样思考”。数据驱动型模式后来居上，数据被用于“在不同且相互关联的程度上产生新型权力关系和政治形式”②。就实践走向而言，“大数据智能司法”中的“智能”或“机器智慧”将越来越多地依赖数据驱动型的机制获得。在相当长的时间内，“大数据智能司法”这一事物仍会在界定上存在一定的模糊性，其技术成熟度和解决司法实务问题的能力也难以获得不同人群的认同。

二、大数据智能司法之国际整理

（一）美国《数据驱动司法倡议》及其他

从全球范围来看，大数据智能司法及其创新乃一种不分国别、法域的共同行

① 这里使用“新一代人工智能”的表述是指代“第二次机器革命”时代的人工智能，用于区别早年，特别是“第一次机器革命”时代的人工智能；它是基于数据的统计或机器学习的人工智能，与基于专家系统的人工智能相对应。我国国务院在《新一代人工智能发展规划》中特别指出，人工智能发展进入新阶段。经过六十多年的演进，特别是在移动互联网、大数据、超级计算、传感网、脑科学等新理论新技术以及经济社会发展强烈需求的共同驱动下，人工智能加速发展，呈现出深度学习、跨界融合、人机协同、群智开放、自主操控等新特征。大数据驱动知识学习、跨媒体协同处理、人机协同增强智能、群体集成智能、自主智能系统成为人工智能的发展重点，受脑科学研究成果启发的类脑智能蓄势待发，芯片化硬件化平台化趋势更加明显，人工智能发展进入新阶段。国务院关于印发新一代人工智能发展规划的通知（国发〔2017〕35号）.（2017.07.20）［2021-01-21］. http：//www.gov.cn/zhengce/content/2017-07/20/content_5211996.htm.

② Ruppert，Evelyn，Engin Isin，and Didier Bigo. Data Politics. *Big Data & Society* 4.2（2017）：2053951717717749：2.

动。美国无疑是先行者。早在 2016 年 6 月，美国推出以大数据促进司法公正的《数据驱动司法倡议》（Data Driven Justice Initiative）。① 该倡议旨在通过大数据关联分析及风险评估决策等技术手段，对嫌疑人应否被拘留作出高效率的判断，从而解决大量嫌疑人遭受不公正羁押的问题。据统计，美国近年来年均有 1 100 多万人被拘留，拘留时间为 23 天。很多人被指控的却是低级的非暴力罪行，最终也仅有 5%的人会入监服刑。这样的羁押状况显然有违司法正义。而且美国每年为羁押的财政支出是 220 亿美元。美国前总统奥巴马就认为："美国的司法系统并不智能、并不完善，甚至并没有那么公正。"自从《数据驱动司法倡议》推出后，美国社会对其前景信心满满。"当今没有人可以想象州立法机关会授权使用认知系统评估嫌疑人的风险并决定是否予以羁押。但十年后，不使用或者不多用这样的先进技术则会很荒谬。"②

以社会力量为主力军进行大数据智能司法创新，是美国的鲜明特色。一些知名科技企业、高等院校陆续推出了创新产品：（1）IBM 公司 2016 年研发成功第一位人工智能"律师""Ross Intelligence"，主要是基于沃森（Watson）智能平台电脑开发，可以与人类直接进行对话，对案件的关键要素进行分析，在判例法中寻找答案，并具有法律检测、法律备忘录等辅助功能；（2）斯坦福大学学生创建的机器人"律师""DoNotPay"，早期针对停车罚单领域，通过人工智能技术为社会公众提供法律帮助，挑战不合理的停车罚单，如今整合了英美两国的消费者交易法律规范，可以回答有关消费交易的超过 1000 种法律咨询问题；（3）Northpointe 公司推出的一款犯罪风险评估算法系统"COMPAS"，可以对再犯风险进行评估，辅助对保释金额、判刑等作出司法决策；（4）Cybergenetics 公司销售的程序"TrueAllele"，可以分析常规实验室无法检测的 DNA 样本，利用概率基因分型的复杂数学公式得出基因型来自某人的可能性；（5）LegalZoom 公司的法律文件在线服务网，可以帮助个人消费者在线上自助处理法律文书并找到最适合的律师；（6）LexisNexis 公司的"Lex Machina"可以使用数据挖掘和预测性分析技术预测诉讼结果，"Context"可以分析法官在某一问题上的倾向及专家证人的履历、立场、证词有效性、所属司法管辖区等信息；（7）泰勒科技公司的"Modria"系解决房屋租赁、小额赔偿、一般债务和建筑工程纠纷的智能化在线纠纷解决平台，"Premonition"系法律大数据智能分析平台，可以从海量裁判文书中抽取关键信息，对诉讼中法官、法院、律师、律师事务所、当事人等多方主体进行精准画像并予以可视化呈现；（8）斯坦福大学的"Ravel Law"具备从海量文书中抽取相应的数据针对法院、法官、案件进行画像的

① The White House Office of the Press Secretary. Fact Sheet：Launching the Data-Driven Justice Initiative：Disrupting the Cycle of Incarceration.（2016 - 06 - 30）[2021 - 01 - 21]. https：//obamawhitehouse. archives. gov/the-press-office/2016/06/30/fact-sheet-launching-data-driven-justice-initiative-disrupting-cycle.

② Raymond L. Billotte and Marcus W. Reinkensmeyer. Artificial Intelligence (AI) Coming to a Court Near You. National Association for Court Management. Vol. 32，Issue 2（2017），p. 9.

功能，分析结果以可视化方式呈现；(9) 彭博公司（Bloomberg）的“Litigation Analytics”可以为社会公众和法律职业者提供联邦法官画像，包括法官的平均个案审限与对特定动议的支持情况、判决平均周期、推翻或者维持判决的可能性等；(10) 伊利诺伊．理工大学的“LexPredict”可以预测美国联邦最高法院的判决，准确率达到70%；(11) 1LAW Legal Technologies 公司的“Docubot”系诉讼材料自助生成机器人，可以协助完成1 000多种法律文书的起草工作，“LawGeex”通过机器学习、文本分析和自然语言处理等方式实现对法律文书的理解，开展合同内容的自动化审查；(12) 宾夕法尼亚大学的人工智能系统已成功预测欧洲人权法院的数百例案件审判结果，准确率约为八成。这反映出大数据智能司法创新在美国已经蔚为大观。

面对实践中纷繁复杂的实践创新，美国学者对由此引发的司法改变做了持续性的观察和总结。2017年全美法院管理协会（NACM）发表了两位学者的一篇专业文章，将法庭上应用的人工智能产品归纳为自动制作笔录的智能语音识别系统（voice-recognition applications）、用于法庭服务的实时口译系统（bidirectional language interpretation）、用于案件评估测试的在线争议解决系统（online dispute resolution）、分配法官等职员的动态资源分配系统（dynamic resource allocation）和提供“24×7”法律服务的在线系统（online services）。[①] 2019年，这两位学者又补充介绍了美国一些地方法庭在两年内陆续上线的新人工智能项目：(1) 法庭运转机器人助手（Court Operated Robot Assistant），在美国密歇根州渥太华郡第二十巡回法庭部署，主要做法是将一种具有导引等功能的机器人移动装置用作法院大楼的“看门人”；(2) 立案自动化流程（Automated Workflow），在美国佛罗里达州棕榈滩郡地区法庭部署，主要做法是在刑事、家事、民事案件中，由书记员办公室使用AI技术从起诉的电子文书中自动提取非结构化数据，并注入法院的案件管理系，统；(3) 文书修订（Document Redaction），由全美的州法院中心在一些州法院推荐使用，主要做法是借助机器学习技术自动审核修订司法文书，以提高法院案件材料的可使用率并保护案件中当事人的隐私；(4) 未成年人案件管理（Juvenile Court Case Management），在美国俄亥俄州蒙哥马利郡未成年人法庭部署，主要做法是利用医学AI系统，从成百上千页未成年人审理资料中甄别社会性决定因素，协助法官做开庭准备；(5) 聊天机器人（Chatbots），在美国亚利桑那州高等法院部署，主要做法是在法院设置聊天机器人装置，7天24小时回答在线用户的各种诉讼问题，也可以交换各种法律表格．指令材料等；(6) 审前释放预测（Pretrial Release），在美国纽约市刑事案件的审前环节试用，主要做法是通过对案件中犯罪历史、当前指控、被告人年龄等各种变量进行机器学习，预测被告人不羁押的再犯罪风险，帮助法官作出审前保释的决定；(7) 诉讼预测分析（Litigation Analytics），由美国各大法律

① See Raymond L. Billotte & Marcus W. Reinkensmeyer. Artificial Intelligence (AI) Coming to a Court Near You. 32 National Association for Court Management 9 (2017).

出版公司推出，主要做法是向诉讼方提供联邦法官画像、裁判数据、案件处理时间等详细信息以及不同法院的相关对比信息，以帮助其选择法庭和作出诉讼策略、商业决策。① 这反映出大数据智能司法创新在美国仍在急剧增长中。

（二）欧洲“法律＋科技”实践

欧洲人习惯使用“法律＋科技”的概念表达有关大数据智能司法领域的创新。“法律＋科技”的英文术语表达为“Legal Technology”“LegalTech”②，泛指法律工作或环节中可能使用的各种技术和软件。③ 其历史至少可以上溯至 20 世纪 50 年代信息技术被初始引入解决法律问题，后历经起伏。

从欧洲各国的普遍实践来看，“法律＋科技”创新涵盖电子证据开示/鉴定科学（E-Discovery/Forensic Investigations）、法律检索（Legal Search）、自动文书生成与分析（Automated Document Assembly and Analytics）、在线争议解决/大规模诉讼程序（Online Dispute Resolution/Mass Procedures）、标准化索赔管理（Standardized Claim Management）、法律预测分析（Legal Predictive Analytics）、区块链和智能合约（Blockchain and Smart Contracts）、自动化法律推理/判决支持（Automated Legal Reasoning/Decisions Support）。④

就技术内容而言，它们主要是普通科技的扩大应用；当然，也有高端法律人工智能（AI）运用的少数特例，其创新基础即机器学习、自然语言处理等机器智能。⑤ 就客观水准而言，绝大多数产品都处于持续改进的状态。如早期的“法律检索”基本上就是从法律数据库中提供关键词等条件搜索，如今则可以主动推送交互式的法律文献等解释性信息。这就是传统做法朝向“智慧”方向延伸的典型表现。类似的例子还有“电子司法”⑥“网络法庭”等，其共同特点是源起于早年的司法信息化，在近年开始了“智能化”的演变。

① Marcus W. Reinkensmeyer & Raymond L. Billotte. Artificial Intelligence (AI): Early Court Project Implementations and Emerging Issues. [2021-01-21]. https://thecourtmanager.org/articles/artificial-intelligence-ai-early-court-project-implementations-and-emerging-issues.

② 少数情况下也用法律信息技术（legal IT）、法律信息科学（legal informatics）等术语。

③ Bues MM., Matthaei E.. LegalTech on the Rise: Technology Changes Legal Work Behaviours, But Does Not Replace Its Profession//Jacob K., Schindler D., Strathausen R. (eds.). Liquid Legal. Management for Professionals. Springer, Cham, 2017: 90.

④ Ibid., 97-101.

⑤ Ibid., 93-96.

⑥ 电子司法的英文术语为“e-Justice”“e-Law”，是指欧盟为推进司法便利、提高司法透明度和减少法律繁复程度，在成员国范围内推行的应用信息与通讯技术的司法管理体系。Council of the European Union. Road map on the sustainability of e-CODEX. (2015-12-20) [2021-1-21]. http://data.consilium.europa.eu/doc/document/ST-14208-2015-INIT/en/pdf。如欧盟成员国德国于 2013 年颁行《电子司法法》，规定了电子送达与电子递交的规范，并对电子文档的证明力、临时救济程序中的电子保护函等作出了详细规定。关于德国《电子司法法》的内容，可参见周翠：《德国司法的电子应用方式改革》，载《环球法律评论》，2016 (1)，98-114 页。与“电子司法”相类似的事物还有“电子诉讼”“网络法庭”“电子法庭”等。

三、中国大数据智能司法之宏观评述

在我国，大数据智能司法及其创新出现了政法部门各个条线高歌猛进之合奏势头，体现为由智慧法院、智慧检务等共同承载的政法智能化大变局。从官方定义来看，智慧法院指的是“人类进入信息化、智能化时代，在一系列先进的信息系统支持下法院的新型组织、建设和运行形态”①；智慧检务指的是“依托大数据、人工智能等技术手段，进一步发展检察信息化建设的更高形态”。不难发现，我国已经启动覆盖法院、检察等全业务办案场景的广泛创新，并努力朝着智能化方向急剧转型。作为大数据智能司法及其创新的专门阵地，智慧法院、智慧检务等得到了中央政法部门颁行系列指导文件的保障。从更宏大的视野来看，我国的大数据智能司法及其创新是国家信息化发展整体战略和规划的有机组成部分，国家设立了相关重大科研专项，以攻克司法业务中应用新兴科技的各种重大技术难题。

受大批量的、不同层级的战略政策指导，受巨额的、不同面向的国家重大科研支持，我国的大数据智能司法及其创新自然形成一种国家战略顶层设计、政法条线上下共频、国家科技项目攻关、“追求”助推制度发生根本性改变的鲜明特色。这样的做法本质上就是一种国家意志、国家行动。

首先，我国国家战略文件提出了“实施‘科技强检’，推进检察工作现代化。建设‘智慧法院’，提高案件受理、审判、执行、监督等各环节信息化水平，推动执法司法信息公开，促进司法公平正义”，“建设集审判、人员、数据应用、司法公

表 12-1　　　我国大数据智能司法及其创新的主要战略政策指引

国家战略文件	中央部门纲要文件		
	最高人民法院	最高人民检察院	科技部
2015 年 8 月《促进大数据发展行动纲要》 2016 年 7 月《国家信息化发展战略纲要》 2016 年 12 月《“十三五”国家信息化规划》 2017 年 7 月《新一代人工智能发展规划》	2017 年 4 月《关于加快智慧法院建设的意见》 2018 年 1 月《关于全面推进人民法院电子卷宗随案同步生成和深度应用的指导意见》 2018 年 12 月《智慧法院建设评价指标体系》	2016 年 1 月《人民检察院制作使用电子卷宗工作规定（试行）》 2016 年 9 月《“十三五”时期科技强检规划纲要》 2017 年 6 月《检察大数据行动指南（2017—2020 年）》 2017 年 7 月《全国检察机关智能语音云平台建设指导方案》 2018 年 1 月《关于深化智慧检务建设的意见》 2018 年 12 月《2018－2022 年检察改革工作规划》	2017 年 4 月《“十三五”公共安全科技创新专项规划》

① 刘贵祥：《总结经验　理清思路　加快推进智慧法院建设》，载《人民法院报》，2017-06-21。

开和动态监控于一体的智慧法庭数据平台，促进人工智能在证据收集、案例分析、法律文件阅读与分析中的应用，实现法院审判体系和审判能力智能化”等具体要求。中央部门纲要文件从框架建设、体系建设、工作规划、大数据行动、人工智能行动、电子卷宗系统、智能语音云平台、科研创新等方面做了缜密的部署。

相比而言，国外的高层级政府部门在制定典型意义的战略规划方面普遍缺位。以美国为例，其声势浩大的《数据驱动司法倡议》就仅定位为“倡议”而非“战略”，从实际影响力来看，该“倡议”迄今也只有伊利诺伊等 7 个州和 60 个城市、县郡①参加。2019 年 2 月美国联邦政府发布《美国人工智能倡议》（American AI Initiative）②，其仍算不上国家战略，且主要内容限于促进和保护美国人工智能的进步，并未涉及司法机关借力人工智能科技的问题。若放宽至对传统意义上的法律科技创新进行审视，人们可以看到部分国家虽然制定了一些相关战略文件或规划文件，如美国《联邦司法部门信息技术长期规划》和英国《司法现代化计划》等③，但这些文件均指向泛泛的司法信息化或数字化应用，并非导向大数据智能司法的层次。

其次，有关创新是否得到了国家资源和力量的基础性推动。在中国，政法部门处于开展大数据智能司法创新的绝对主力军的地位，往往是四级政法机关上下一体化行动。其中，国家资源，特别是国家重大科技项目发挥了至为关键的支撑作用。2018 年科技部为了推动全国法院、检察系统的重大科研攻关，特别启动了国家重点专项“公正司法与司法为民关键技术研究与应用示范”，并已研发出基于各种通用性技术的专门性技术。另据了解，更大体量的政法工作智能化之国家科研专项也在酝酿推出的进程中。诚然，我国也存在由少数企业开发的大数据智能司法及其创新产品（如“无讼”等），但具有明显的小众性、依附性，影响力远不及政法机关的官方成果。

而以欧美为代表的国际社会是以社会力量为主力军进行大数据智能司法及其创新。人们普遍看到的是国际上一些知名科技企业、高等院校陆续推出了大数据智能司法及其创新的产品，但却相对少见外国的司法系统直接站到创新的前沿阵地。国外有关司法部门即便参与创新，也往往是扮演倡导、配角的角色，参与的范围限于

① 参见美国白宫新闻秘书办公室情况说明。The White House Office of the Press Secretary. Fact Sheet: Launching the Data-Driven Justice Initiative: Disrupting the Cycle of Incarceration.（2016 - 06 - 30）[2021 - 01 - 21]. https://obamawhitehouse.archives.gov/the-press-office/2016/06/30/fact-sheet-launching-data-driven-justice-initiative-disrupting-cycle.

② Executive Order on Maintaining American Leadership in Artificial Intelligence. https://www.whitehouse.gov/presidential-actions/executive-order-maintaining-american-leadership-artificial-intelligence。

③ 2018 年美国发布的《联邦司法部门信息技术长期规划》（Long Range Plan for Information Technology in the Federal Judiciary），描述了未来三到五年信息技术计划；2016 年英国启动了耗资 10 亿英镑的《司法现代化计划》，旨在“实现自 1873 年以来最激进的改革”，“大规模转向以数字方式诉诸司法”。

局部。若从法律职业共同体不同角色参与力度的视角来评判，在国外律师群体往往比法官、检察官群体更关注新兴科技对法律职业的影响。这与中国的情况也不一致。究其原因，恐怕也要归因于国外流行的是社会化的、市场化、商业性质的大数据智能司法及其创新。另外，从技术形态来看，国外的大数据智能司法及其创新主要在于引入互联网、大数据、人工智能、区块链等通用性技术方面，针对具体司法场景的专门性技术研发还远不成情势。

最后，也是最重要的一点是，中美两国在有关创新是否追求推进现有制度改进方面呈现明显的不同。在中国，大数据智能司法创新在推动现有法律制度运行的同时，亦积极追求改进有缺陷的现有制度、创设更好的新制度。这是通过两种方式实现的：一是基于文本上的明示“追求”，即在正式文件中有着明确的指示或宣示。最典型的是作为大数据智能司法试验田的互联网法院所进行的各种探索。2017 年、2018 年，中央全面深化改革领导小组/委员会在批准设立杭州与北京、广州互联网法院时，明确指出要“探索涉网案件诉讼规则”，“健全完善诉讼规则”。这就使得现有三家互联网法院在开展具有智慧色彩的“网上案件网上审”时，必然要突破既定法律框架进行基本制度改造。为此最高人民法院第一次专门为几家基层法院制定司法解释——《关于互联网法院审理案件若干问题的规定》（以下简称《互联网法院规定》）进行授权，授权范围涵盖案件的受理、送达、调解、证据交换、庭前准备、庭审、宣判等诉讼规则的调整。通常，各家互联网法院的“试验经验”可以为国家修法打下基础。杭州互联网法院的实践者之一陈国猛先生将这一现象称为将“资讯科技深度应用”的“司法流程再造”①。二是基于行动上的默示“追求”，即虽无正式文件方面的明示，但探索者的行动践行了这样的导向。由中央政法部门主导或推动的大数据智能司法创新均产生了这样的事实效果。仅以“206”等一批刑事辅助办案系统为例，其核心任务是要借助大数据、人工智能技术改造证明标准，实现刑事诉讼中证据标准的数据化改造，进而达致一定程度的统一化。② 这是要打造新的“证据标准”指引或制度，代表了前行的主体方向。

为了更清楚地展示国内外的这种差别，下面遴选中美两国有代表性的大数据智能司法创新项目③，梳理各自对现行制度的影响力等问题（见表 12－2）。

① 陈国猛：《互联网时代资讯科技的应用与司法流程再造——以浙江省法院的实践为例》，载《法律适用》，2017（2），8 页。

② 参见刘品新、陈丽：《数据化的统一证据标准》，载《国家检察官学院学报》，2019（2），131－143 页。

③ 本表中的一项智慧法治创新项目可能涉及若干项制度，归纳时选取了主要制度。

表 12-2　　中美大数据智能司法项目的制度影响力

国别	代表性项目	主要的相关制度	对现行制度的影响力		备注
			促进制度运行	改进制度本身	
美国	“数据驱动司法”倡议	拘留制度	△		用大数据协助进行嫌犯风险评估
	“法庭运转机器人助手”	诉讼导引制度	△		由机器人协助导引诉讼
	“立案自动化流程”	立案制度	△		用 AI 技术提取文书数据
	“文书修订”	司法文书制度	△		用机器学习技术审核、修订文书
		当事人隐私保护制度	△		用机器学习技术去除隐私信息
	“未成年人案件管理”	少年审判制度	△		用医学 AI 审选材料
	“聊天机器人”	法律咨询制度	△		用聊天机器人装置服务在线用户
		案件管理制度	△		用聊天机器人装置交换各种法律表格、指令材料
	“审前释放预测”	保释制度	△		通过机器学习预测被告人的再犯罪风险
	“诉讼预测分析”	对抗制诉讼制度	△		提供联邦法官画像、不同法院判决对比等信息
中国	中国裁判文书网	司法公开制度	△	▲	打造力度最大的司法公开制度
	互联网法院	笔录制度	△	▲	产生电子笔录规则或制度
		送达制度	△	▲	产生电子送达优先的规则或制度
	互联网法院	质证制度	△	▲	产生“异步质证”等非同时庭审的规则或制度
		书记员制度	△	▲	试行“庭上无书记员”
		电子证据制度	△	▲	产生“区块链存证”等规则或制度
		司法档案制度	△	▲	试行“一键式电子归档”
	“206”等刑事辅助办案系统	证据标准制度	△	▲	产生“数据化证据标准”制度
		定罪量刑制度	△	▲	试行“大数据定罪”“大数据量刑”等
	案管机器人	绩效考核制度	△	▲	试行“案件偏离度分析”“风险预警”等
	“法信”等类案和关联案件检索	案例指导制度	△	▲	产生“类案检索”“关联案件检索制度”
	“智审”系统	司法辅助制度	△	▲	试行“案件信息的自动化生成”“裁判文书的智能化写作”等
	网络执行查控平台	强制执行制度	△	▲	试行“大数据执行”
	检察监督线索综合分析平台	虚假诉讼监督制度	△	▲	试行“基于裁判文书研判虚假诉讼线索”

四、中国大数据智能司法之微观场景

现阶段我国的大数据智能司法建设如火如荼，有关产品与服务创新层出不穷。法院系统与检察系统在研发和运用大数据智能司法方面启动了一种覆盖各种审判、检察业务场景的全面创新。透视中国大数据智能司法，除了按照智慧法院、智慧检务进行部门区分外，还可以列举大数据智能司法的具体适用场景。大凡涉及事实认定和法律适用的领域，几乎都可以成为大数据智能司法创新的舞台。这些场域的相关探索，有的已经成熟落地，有的仍处于探索阶段，还有的处于论证研发阶段；有的试点成功被复制推广产生了良好的社会价值，有的则风光一时而后走向衰落或僵局；有的仍然属于地方性、区域性的探索，有的被贴上了中国方案的标签对其他国家产生了示范效应。下面选择面向事实认定、法律适用领域的大数据智能司法及其创新，进行重点归纳和补充说明。

——“一网通办”汇聚司法大数据。司法要走向智能化离不开作为燃料的大数据。我国司法系统是通过“一网通办”的方式实现大数据汇聚和采集的。全国检察系统自2014年起启用统一业务应用系统，各项业务办案全面实现“一个标准、一个程序、一个平台”，做到了“办案信息网上录入、办案流程网上管理、办案活动网上监督、办案数据网上统计”。这一带有远见的决策使得全国所有检察机关率先做到了在“一张网”上办案，能够实时汇聚办案业务的数据。2018年7月，最高人民检察院又决定启动统一业务应用系统2.0的建设，并已在全国顺利部署。新版本的统一业务系统在运行速度、易用性、智能化和人性化等方面有重大提升。全国法院系统是通过联通的方式做到全部法院“一张网”办案的。它以“中华人民共和国最高人民法院官网”为主要平台，汇聚了中国审判流程信息公开网，中国庭审公开网，中国裁判文书网，中国执行信息公开网，全国法院减刑、假释、暂予监外执行信息网等平台的所有数据，并分门别类对法院数据进行统一开放。

——“智能化类案推送”助推“同案同判”。“同类案件，同类判决”，是人类社会对司法正义的朴素追求。在指导性案例、参考性案例等做法之外，我国开始尝试基于智能化“类案推送”的路径。2017年8月1日，最高人民法院推行《司法责任制实施意见（试行）》，创设了类案与关联案件检索机制，明确承办法官在审理案件时，应当依托办案平台、档案系统、中国裁判文书网、法信、智审等，对最高人民法院已经审结或正在审理的类案与关联案件进行全面检索，制作检索报告，并分情形作出处理：拟作出的裁判结果与本院同类生效案件裁判尺度一致的，经合议庭评议后即可制作、签署裁判文书；拟作出的裁判结果将形成新的裁判尺度的，由院庭长决定或建议提交专业法官会议、审判委员会讨论；对拟作出的裁判结果将改变本院同类生效案件裁判尺度的，应当按程序提交专业法官会议、审判委员会讨论；如发现本院同类生效案件裁判尺度存在重大差异的，应层报审判委员会讨论决定。

同年10月26日，中共中央办公厅印发《关于加强法官检察官正规化专业化职业化建设 全面落实司法责任制的意见》，进一步要求依托大数据技术，完善智能辅助办案系统的类案推送、结果比对、数据分析等功能，促进法律适用统一。2018年1月5日，最高人民法院正式上线“智慧法院导航系统”和“类案智能推送系统”。此外，一些科技企业也推出了一些商业性质的智能推送平台。这就提出了基于对海量司法大数据（特别是裁判文书）的机器学习，构建智能化法律知识引擎，通过在办案件特征给司法工作人员智能推送类案的要求。它通常指的是探索引入深度学习等人工智能技术，在完成对案件要素信息抽取研究的前提下，实现依据案由、犯罪手段、量刑情节、刑罚、法院、地区、相关法条等多种关联因素，自动抽取出可以反映该案特点的关键词，进而综合推出类似案例的方法。

——“大数据量刑”助力精准求刑和辅助量刑。我国在刑事诉讼中实行认罪认罚从宽制度，对检察官准确提出量刑建议和法官审查量刑建议均提出了更高的要求。特别是要求检察官能够提出确定性的量刑建议。这通常需要借助两种方法：一是通过按照量刑规范化规定和量刑细则计算，二是按照历史办案经验参照所知类似案件进行量刑建议。大数据量刑有助于第二种方法的实现。它指的是通过对海量历史案件进行机器学习，以此归纳某类案件所呈现的量刑规律，之后通过多元回归分析、神经网络等模型来表达某类罪名的量刑公式，进而搭建专门的辅助量刑平台。① 这种量刑并非单纯的电脑量刑，它离不开对海量量刑数据的提取和归纳。我国有的公司对北京盗窃罪2016—2018年全量数据（主要是关于盗窃罪的所有裁判文书）进行了标注、建模和分析，初步建成了关于盗窃罪的大数据量刑系统。大数据量刑系统的设计和落地遇到诸多挑战，包括区域司法裁量的尺度不一、隐藏变量难以处理②、特殊政策因地制宜③、扩展要素④难以判断、情节内涵多有交叉⑤、各法官的裁量习惯有别⑥、上网公开的裁判文书详略程度不一等。

——“大数据定罪”为司法工作人员解放大脑。从司法大数据的视角出发，裁判文书等司法文书可以看作是文本化“数据”，法律定性问题可以转化成文本数据的分析计算问题。“大数据定罪”是将司法文书看成由一个个词语、文本所构成的

① 参见王燃：《以审判为中心的诉讼制度改革：大数据司法路径》，载《暨南学报（哲学社会科学版）》，2018（7），68页。

② 这指的是法官量刑时考虑了特殊变量。如法官A表示：犯罪嫌疑人在法庭上向我吐口水，我顶格判了刑；法官B说明：犯罪嫌疑人非常猥琐，让人忘而生厌，所以我……对于这些情况完全无法进行追溯和机器学习，因为历史案件只会留下文本。

③ 如法官C表示：××区就是重判的区域，我们从来没有判过拘役的；检察官表示：嫌疑人都要求我们在A地起诉，因为他们都知道A地经济水平高，判得轻一些。

④ 这指的是司法工作人员在历史案件量刑时受到了程序性要素（如速裁、认罪认罚从宽）、行为性要素（如同种犯罪下不同行为类型）等的影响，对这些因素目前难以进行机器学习。

⑤ 如在一份法律文书中关于量刑的分析中表示，“被告人是初犯、偶犯”，“被告人认罪态度良好，认罪悔罪，自首、坦白”。这些情节因素都是被交叉考虑的，目前难以进行机器学习。

⑥ 如不同法官考虑量刑因素时对量刑颗粒度的把握有很大差异。

集合体，通过对某类案件海量裁判文书的文本分析，对其中事实、情节与罪名等要素之间的关系进行训练，能够归纳出每类罪名的数据化模型。笔者团队以交通肇事罪、危险驾驶罪、强奸罪、故意伤害罪、抢劫罪、盗窃罪这六个罪名为研究对象，各选取2万份判决书，每个罪名以其中1.6万份判决书作为训练数据集，通过词向量、深度神经网络等技术算出各类罪名的文本定罪模型，再以剩余的0.4万份判决书作为测试集，最终定罪的准确率可以达到96%。实践中一些公司的做法亦同此理。

——“自动生成法律文书”为司法工作人员解放双手。法律文书撰写质量和效率直接关系办案效果。我国一些审判机关、检察机关尝试着利用大数据、机器学习等技术，构建、完善主要法律文书模板，逐步实现法律文书中当事人信息、律师信息、案件事实信息等基本信息的智能摘录，案件事实、证据的智能组合排列，案件起诉理由、依据理由的智能辅助生成，同案法律文书的智能整理编目归档等，促进法律文书初稿撰写的规范、高效。以“起诉书”的初稿撰写为例，对于当事人、案情介绍、证据等内容，可以在电子卷宗基础上抽取要素来生成；对于案件程序性内容，可结合办案系统中对程序流程数据的采集来生成；对于具体犯罪事实的描述，可以结合犯罪构成知识图谱、证据摘录来生成；对于罪名、刑期建议及相关法条引用等内容，可以在大数据定罪、大数据量刑及类案推送等应用基础上同步生成。此外，“自动生成法律文书”系统可以有效帮助办案人员解决文书中常见的字词、语法错误，标点日期错误，文书内容前后不一致，缺漏信息项及法律法规引用不规范甚至错误等问题，提高文书质量。这样就在法律文书生成环节减少办案人员机械劳动。

——“司法智能语音及翻译”为减少书记员、翻译人员的使用提供了可能。我国部分地区司法机关运用智能语音识别技术、翻译技术，试验智能语音输入法、汉维双语讯（询）问笔录系统、智能维汉翻译系统、智能会议系统等取得了明显进展。例如浙江很早就推出了《浙江法院庭审记录改革实施办法》，认可“智能语音识别同步转换文字等方式”的笔录效力，从改制角度节约了制作文书的成本，让司法工作人员产生了比单纯的技术改良更大的获得感。2017年1月，最高人民法院还审议通过《关于人民法院庭审录音录像的若干规定》，明确规定在“当事人同意”“辅以全程同步录音录像”两种情况下认可“新庭审笔录”①，正式确立了替代文字笔录的庭审记录形式。当然，这也带出了一些深层次问题，主要是书记员制度、翻译人员制度是否需要改革的问题。譬如，北京互联网法院就提出了如何以司法智能语音系统逐步代替书记员进行庭审记录的问题，包括法庭上是否还需要设置书记员席位，是否应当保留书记员以记录笔录等。

——“案管机器人”试水为对司法办案进行智能化监管提供了可能。江苏省检察系统推出的“案管机器人”依托全国检察机关统一业务应用系统，设有流程监控、质量评查、权利保障、绩效考核、分析决策、诉讼监督和涉案财物管理等模

① 周翠：《中国民事电子诉讼年度观察报告（2016）》，载《当代法学》，2017（4），142页。

块。其功能主要表现如下：（1）办案程序出错自动预警。系统通过自动比对，适时对办案检察官发出期限预警、风险预警、权利保障提醒、办案活动出错提醒，提醒办案检察官及时履行相关义务，纠正不规范司法行为。（2）全程监控办案留痕。案件办理从侦查到审查批捕、审查起诉、法院审理，最后到监狱执行，都全程留痕可供查询。（3）系统自动对全省三级检察院、各业务条线办案部门、各办案检察官的业务办理数量、质量、效率、效果进行汇总比对，依据设置好的权重，自动生成各检察院、业务部门及检察官的办案绩效。以此为基础，司法机关还可以通过对已办结案件的大数据分析开发案件权重指数，为司法工作人员的工作绩效进行基于大数据的智能化考核。

——“刑事辅助办案系统”更是大数据智能司法应用的综合大舞台。赫赫有名的“上海刑事案件智能辅助办案系统”，主要是依托互联网、大数据、云计算等现代科技，充分运用图文识别（OCR）、自然语言理解（NLP）、智能语音识别、司法实体识别、实体关系分析、司法要素自动提取等人工智能技术，通过制定统一适用的证据标准指引、证据规则指引，并嵌入公检法司机关刑事办案系统中，实现对办案人员统一证据标准、证据规则的指引和对证据的校验、把关、提示、监督，确保对侦查、审查起诉的案件事实证据经得起法律检验，确保刑事办案过程全程可视、全程留痕、全程监督，减少司法任意性，防范冤假错案产生。① 其他的一些地方性探索亦各有千秋。例如，浙江有的地区司法机关开发设计的刑事辅助办案系统，能够行使法条案例推送、案件图形化分析、量刑过程可视化处理、案件智能办理、出庭辅助等功能。② 江苏刑事辅助办案系统的研发思路是：根据以审判为中心的刑事诉讼制度改革和司法责任制改革的要求，立足江苏检察工作实际，把检察官日常办案中所依据的法律法规等，结合侦监、公诉检察官办案经验和方法，细化办案标准，再造办案流程，开发出办案软件。由“机器人”根据设定的规则对电子卷宗进行全面阅卷，搜索归类、甄别判断出程序、证据、事实等方面存在的疑点和需要重点关注的问题，由检察官进行审查办理，得出法律适用结论和审查意见，并自动生

① 参见崔亚东：《司法科技梦：上海刑事案件智能辅助办案系统的实践与思考》，载《人民法治》，2018（18），93－94页。

② 其中，法条案例推送以定性和定量相结合方式进行推送，系统将法条关联的司法解释、专有名词解释、会议纪要、专家理论及相关案例进行关联形成罪名树，智能地推送相似度最高的历史案例和个人承办的历史案例供干警参考；案件图形化分析能够以图形化界面列出系统所识别对所有犯罪嫌疑人列表、犯罪行为列表、证据列表、适用的法律法规列表，以关系图形快速帮助司法工作人员厘清案件的整体逻辑架构；量刑过程可视化处理能够将量刑的逻辑推理过程以可视化方式提供给司法工作人员，让司法工作人员完全知晓机器的推理过程，系统按罪名形成不同的量刑计算模型，依据法律法规和相应的会议纪要，结合干警经验形成量刑计算模型；案件智能办理是由计算机完全学习案件内容后，根据智能办案的模型自动完成案件定性、文书撰写、量刑建议等内容，是最为核心的功能之一；出庭辅助是指系统通过对起诉书、举证提纲、讯问提纲、答辩提纲的大数据积累，在计算机自动判断案件情况之后，在数据库中搜索出与本案最为相似的案件的三纲一书，从而帮助司法工作人员快速回顾以往案件，并省去部分文书撰写的时间。参见童庆庆：《刑事检察办案辅助系统构建思路和方法》，载赵志刚等：《科技强检人才演讲录——检察大数据》，210－232页，北京，中国检察出版社，2018。

成相关法律文书，实现智能辅助办案。

除此之外，在我国产生更深远影响的大数据智能司法产品还包括“数据化的统一证据标准”“大数据证据与证明”“区块链存证与证据”等。它们不仅展现了不同微观场景中司法发生的变化，更引起了社会关注并引起了学术争鸣。下面逐一对它们进行解析，分析其由来、内涵、前景及规律，以加深人们对大数据智能司法的认识。

第二节　数据化的统一证据标准

一、数据化的统一证据标准之实践抽象

“数据化的统一证据标准”已经成为我国大数据智能司法创新领域的一个专有名词，以上海探索试点为典型。2017年2月6日，中央政法委将“推进以审判为中心的诉讼制度改革软件”（后来简称为“206系统”）的研发任务交给了上海司法机关。上海在研发过程中将建立统一的刑事案件证据标准作为推进以审判为中心的诉讼制度改革和开发系统的关键。①

206系统以实现证明标准的具体化为设定目的。之所以有这样的目标设定，是因为实践中主流观点认为冤假错案产生的一个重要原因是现行证明标准过于抽象、可操作性差，公检法三机关对其理解不一致。“如何化抽象为具体，在实质性证明标准的基础上，从具体类案中总结、提炼出具有普适性的、具象的‘证据标准’，使证据标准与证明标准相互依存、各有侧重，实现形式与实质标准的有机结合，便于实际操作、把握，这是实现源头规范治理的基本思路和重要路径。”②

为此，206系统围绕设定的任务进行了两步构建：第一步是构建统一证据标准，第二步是将证据标准数据化。206系统设计者之一黄祥青先生介绍：“无论案件如何变化，认定每个案件的犯罪事实都必须建立一个完整、闭合的证据链条……不同类型案件的证据链条串联起来的查证事实、具体证据，以及适时的开放结构，就构成了统一适用的证据标准。这种证据标准，不是简单的一个证据清单，而是由证据链条串联起来的一个多层次的证据体系。”③ 构建统一证据标准需要地方司法改革性质的文件支撑，上海制定了《命案基本证据标准（试行）》《盗窃案件基本证据标准（试行）》《非法集资案件基本证据标准（试行）》《电信网络诈骗案件基本证据标准（试行）》等。将证据标准数据化是更为关键的一步。数据化与数字化不同，数字化是指将模拟数据转换成0和1表示的二进制代码；数据化是指把现象转变为

① 参见严剑漪：《揭秘“206”：法院未来的人工智能图景——上海刑事案件智能辅助办案系统164天研发实录》，载《人民法治》，2018（2），38-43页。

② 黄祥青：《推进以审判为中心的刑事诉讼制度改革的若干思考》，载《法律适用》，2018（1），34页。

③ 黄祥青：《“206工程”的构建要点与主要功能》，载《中国检察官》，2018（15），75页。

可制表分析的量化形式的过程。① 构建数据化的证据标准离不开算法。可数据化证据标准是可以设计成软件程序系统，并实现对输入的证据数据按照一定的算法进行数据处理的证据标准，也就是通过计算机信息系统的分析运用来辅助司法办案。②（见下图）需要指出的是，证据标准的数据化、统一化并不局限于上海，在贵州、江苏、四川等省也有相关的探索。

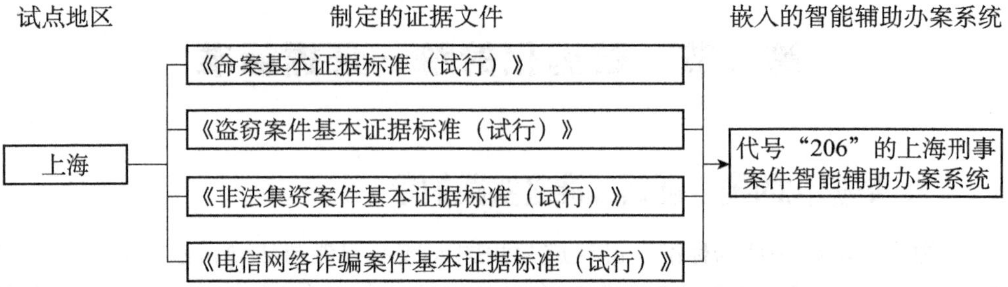

图 12-1　上海“数据化的统一证据标准”构建过程

基于各地的实践，数据化的统一证据标准可以被定义为基于不同类型案件构建完整证据链条之需要而开发的，由公检法三机关统一适用，且被嵌入数据化程序系统中的证据标准。其设定目的是将“事实清楚，证据确实、充分”的证明标准实现一定程度的具体化，数据化是其本质特征，统一化是其派生特征。与之相关的概念是刑事诉讼“基本证据标准指引”。两者相比，它们的共同点在于均可为证据收集审查判断活动提供指导；差异点在于具体的特征形态，前者是数据式的，后者是文件式的。

二、数据化的统一证据标准之基本评价

（一）主要成绩

第一，代表了证据标准改革的方向，符合历史发展潮流。虽然现阶段在构建数据化的统一证据标准过程中存在贴“大数据”标签之嫌，但利用人工智能、大数据技术量化标准代表了证据标准改革的未来发展方向。最高人民法院印发的《2018年人民法院工作要点》中就指出，要充分运用现代信息技术手段，总结推广上海、贵州在刑事案件基本证据标准指引和智能辅助办案方面的经验，构建适应时代需要的刑事司法新模式。

① 参见［英］维克托·迈尔·舍恩伯格、肯尼思·库克耶：《大数据时代：生活、工作与思维的大变革》，盛杨燕、周涛译，104页，杭州，浙江人民出版社，2012。

② 参见王政鹏：《可数据化的证据标准研究》，载最高人民检察院公诉厅主编：《司法改革背景下的刑事公诉：问题、挑战、对策》，465页，北京，中国检察出版社，2017。

第二，丰富了证明标准理论体系，主要是对客观层面证明标准的技术化改造。我国理论界长期以来存在着证明标准的主客观之争。承认证明标准既具有主观性又具有客观性，能够帮助人们理解和把握数据化的统一证据标准。笔者赞同将证明标准分为主观层面和客观层面的做法，数据化的统一证据标准主要是对客观层面证明标准的技术化改造。由于数据化的统一证据标准无法表达主观层面的证明标准，因而不能将其简单等同于证明标准。虽然数据化的统一证据标准无法取代证明标准，但其能够为司法工作人员办案设置外部约束条件，通过自动化处理能力的引入为司法决策的不完美性提供纠偏机制，从而拓展防范冤假错案的通道，促进司法证明活动的规范化。

（二）不足反思

第一，现阶段数据化的统一证据标准不是司法活动中的证明标准。证明标准是承担证明责任的一方运用证据证明案件事实需要达到的程度和水平。它是一种比较宽泛灵活且带有浓厚主观性色彩的标准。本节以数据化的统一证据标准为对象理解“证据标准”一词。上海市制定的《盗窃案件基本证据标准（试行）》第1条规定：“盗窃案件的证据标准是指在办理盗窃案件过程中应当收集哪些证据以及如何收集证据的规范，是‘犯罪事实清楚，证据确实、充分’法定证明标准的具体化与规范化。”按照字面理解，前半句表明证据标准是“办案过程中应当收集哪些证据以及如何收集证据的规范”，后半句表明证据标准是“法定证明标准的具体化与规范化”。前后其实存在一定的逻辑错误。依照“办案过程中应当收集哪些证据以及如何收集证据的规范”理解的证据标准，显然与证明标准是两个不完全相同的概念。这主要体现在对象范围的不尽相同：证据标准偏向于关注证据的数量、规格，证明标准偏向于关注证据的效力。

证明标准之功能体现在两方面：一方面是指导负有证明责任的一方主体收集证据，另一方面是指导裁判者按照法律要求的尺度认定事实。而数据化的统一证据标准具备的功能是：其一，证据收集指引功能。有这样一起案件：2018年5月4日，从警不足3年的吴佳炜和同事在某宾馆房间抓获了两名正在进行毒品交易的犯罪嫌疑人，吴佳炜第一次独自处理这样的毒品交易案。他打开手机里的上海刑事案件智能辅助系统App，点开证据指引页面，选择毒品交易类别，里面详细列出了毒品交易罪的证据标准，共需要找到6个证据链条，11个查证事实环节，52个相关证据材料。[①] 这样的案例告诉人们即使是办案“新手”也可在数据化的统一证据标准的指引下，快速掌握办案规范和证据要求，促进取证规范化。其二，证据分析和把关功能。将统一证据标准嵌入数据化的程序系统中，计算机能够自动进行证据摘录，当证据摘录达到一定的程度，分析能力增强，可以进化出证据分析能力。黄祥青在谈到206系统的功能时认为，其“具有单一证据合

① 参见汤瑜：《新时代“司改”加速深层次制度变革》，载《民主与法制时报》，2018-08-12。

法合规性的校验功能，即对于公安人员收集的每一个证据，都及时进行证据‘三性’的校验”①。当数据化的统一证据标准扮演证据“筛子”的角色时，诉讼中的证据风险也就减弱了。可见，尽管数据化的统一证据标准具有上述功能，但它无法完全具备证明标准的功能。

第二，现阶段数据化的统一证据标准不是基于大数据技术产生的标准。基于大数据技术建构数据化的统一证据标准，需要对历史上海量已决类案进行分析，并建立数学模型。但是一些类型的案件没有海量数据可供分析，比如死刑案件。上海206系统的工作人员在构建命案组证据模型时，从上海近5年来的591件命案的审理报告和案卷中提取具体证据，按照法定的八大证据种类进行归类，接着分类整理法律、司法解释及各地审判经验中的证据规范，最后明确各种证据的收集程序、形式要件、内容要素和不可采情形。② 工作人员通过对500多个死刑案件进行分析，构建出统一证据标准，这实际上是人为总结的结果，不是机器进行大数据分析的结果。如果将这种标准也称为“基于大数据的标准”，不免有贴“大数据”标签之嫌。

三、数据化的统一证据标准之改进建议

（一）改进数据化的统一证据标准的具体建议

第一，运用逆向思维，限定为反向辅助办案的标准。目前建构数据化的统一证据标准是从正向思维出发，思考达到法定证明标准需要收集哪些证据及如何收集证据。其实，人们更应当从逆向思维出发，制定出否定性标准，也就是说，“基于大数据的证据审查应重点突破反向审查而非正向审查，即什么情况下案件中的证据还不足以支持作出肯定性裁判。比如通过对最高人民法院不予核准死刑或者高级法院未判决死刑立即执行的案件，进行机器学习，确定出一个不会被判处死刑的公式”③。英美判例法国家普遍适用“排除合理怀疑”的精髓是更值得借鉴的。运用逆向思维限定为否定性标准，就相当于用刑事辅助办案系统告诉司法工作人员，办案时在哪些情况下还存在“合理怀疑”，不能作出有罪判决。

第二，突破单一证据评价的局限，强化对证据的整体评价。在这一点上，美国曾经盛行的威格摩尔图示法可以引以为鉴。威格摩尔图示法运用了一个专门设计的符号系统，进而使以图形形式描述与法律争端中实质事实有关的论据和论证变得切实可行。④ 图示法依赖于符号系统，计算机擅长处理符号。皮埃罗·斯加鲁菲认

① 黄祥青：《“206工程”的构建要点与主要功能》，载《中国检察官》，2018（15），75页。

② 参见严剑漪：《揭秘“206”：法院未来的人工智能图景——上海刑事案件智能辅助办案系统164天研发实录》，载《人民法治》，2018（2），40页。

③ 刘品新：《大数据司法：创新与实践》，载赵志刚等：《科技强检人才讲演录——检察大数据》，38页，北京，中国检察出版社，2018。

④ 参见［美］特伦斯·安德森等：《证据分析》，张保生等译，340页，北京，中国人民大学出版社，2012。

为，随着计算机符号处理能力的不断提高，知识可以用符号结构表示，推理也简化为符号表达式的处理。[①] 因此，将图示法与计算机技术相结合，定能使图示法发挥更大的效力。实践中 206 系统不仅能发现单一证据的瑕疵，还能发现证据间的逻辑冲突之处。例如在一起案件中，《法庭科学 DNA 检验报告》显示，公安机关共送检了 14 处血迹，但是《现场勘查笔录》显示，从案发现场仅提取了 11 处血迹，送检材料中多出来的 3 处血迹从何而来，需要办案人员进一步说明。[②] 而借助图示法，可以帮助办案人员或者使用图示的人员从整体上把握和分析证据，更好地发现证据间矛盾之处。

(二) 完善数据化的统一证据标准的配套制度

第一，完善数据资源共享共通制度。建构数据化的统一证据标准，需要建设政法系统之间的大数据业务共享平台，完善数据资源共享共通制度。"政法领域数据资源的共享共通可以从三个方向进行建设：一是实现同一案件不同阶段关键信息的共享；二是实现同一犯罪嫌疑人案件与案件之间的共享；三是实现同一案件不同承办角色办案情况的共享。"[③]与此相应，我国应当实现司法数据的结构化，提高证据标准数据化应用的效率。大数据有三种形式，即结构化、半结构化、无结构化。制定证据标准时需要对海量裁判文书、电子卷宗进行分析。现有司法大数据资源大多属于半结构化或非结构化数据。机器想要准确理解不同表述的含义需要大量的训练，将数据结构化会提高机器处理的效率。这就要求各种司法数据的格式做到统一或可互认。

第二，确立司法算法透明性制度。司法算法透明性制度能够增强刑事司法过程的透明度，降低人们对审判公正性的怀疑。司法工作人员一般不是计算机领域的专家，在办案中想要具体了解算法的源代码等知识十分困难。实际上，法官不需要理解源代码的含义，也不需要对机器学习环境下数据的演化过程进行了解，根据里克·西蒙斯教授的观点，法官只需要知道："（1）算法使用的因素；（2）算法结果的历史精确度。"[④] 算法也不一定必须具有可解释性，史蒂芬·E. 亨德森教授认为，只要导致该决策算法的基础算法可以访问，只要决策算法可用于广泛的偏差和准确性测试，只要没有人为地保留为机密，只要最终的决策者是人，刑事司法系统中就应有机器学习、非人类可解释决策算法的一席之地。[⑤] 基于此，他将"代码和决策算法

① 参见［美］皮埃罗·斯加鲁菲：《智能的本质——人工智能与机器人领域的 64 个大问题》，任莉、张建宇译，6 页，北京，人民邮电出版社，2017。

② 参见余东明、仇飞：《研发"刑事案件智能辅助办案系统"避免冤错案》，载《法制日报》，2017-10-13。

③ 陆虹霞、周盼盼：《司法体制改革背景下统一业务应用系统中的大数据运用研究》，载《法制博览》，2018（4），25 页。

④ Ric Simmons. Quantifying Criminal Procedure：How to Unlock the Potential of Big Data in Our Criminal Justice System. 2016 *Mich. St. L. Rev.* 947，998（2016）：947—1017.

⑤ See Stephen E. Henderson. A Few Criminal Justice Big Data Rules. 15 *Ohio St. J. Cim. L.* 527，2018：527-541.

应可访问（虽然不一定公开），但决策算法不需要解释”作为刑事司法大数据使用的一项规则。

第三节　区块链存证与证据

一、区块链存证之实践抽象

区块链存证是伴随着互联网法院的发展而出现的新事物。“网上案件网上审”是互联网法院的审理方式。与传统线下审理相比，在线审理运用电子证据办案会面临更为棘手的麻烦。互联网法院审案在证据方面的特点是，电子证据居多且往往是关键证据，取证、举证、质证乃至认证环节基本上都是在远程进行。为了解决电子证据的高效运用问题，近年来区块链存证在杭州、北京、广州三家互联网法院主导下得到了普遍的试行。三家法院分别搭建（或改进）了名为“司法区块链”“天平链”“网通法链”的电子证据平台，其以区块链技术累积存储了海量电子证据，大幅提升了办案效率，并产生了广泛的影响。

一般认为，“区块链”是指“由分布式计算机网络构成的去中心化的数据库”①，或者说是“一种由多方共同维护，使用密码学保证传输和访问安全，能够实现数据一致存储、防篡改、防抵赖的技术体系”②。简言之，它是一种高于传统上运用单一机器、服务器或数据库存储的技术，也是一种高于开展数据简单共享的技术。相应地，区块链存证在现阶段主要指的是由互联网法院等司法机关搭建基于区块链技术的平台，供当事人或其他组织收集、固定电子数据，并通过存证节点进行效力证实的证明机制。③ 当然，由提供中介服务的存证公司等单位搭建基于区块链技术的平台开展相关的电子数据保存工作，也可以被理解为宽泛意义上的“区块链存证”。

目前三家均已上线基于区块链存证的电子证据平台。调研表明，三家互联网法院的具体方案略有不同④，其共同特点是不完全对外开放，仅允许经过授权的单位加入作为存证的节点。⑤ 例如，北京互联网法院联合司法鉴定中心、公证处、行业

① De Filippi，P. and Wright，A. Blockchain and the Law：The Rule of Code. Cambridge-Harvard University Press，2018：13.

② 北京互联网法院：《天平链应用接入测评规范测评技术指南》，2019 年 9 月讨论稿，第 3 条。

③ 吉林、山东等 9 个高级人民法院、中级人民法院、基层人民法院亦上线了基于区块链存证的电子证据平台。

④ 杭州互联网法院的做法是以蚂蚁区块链技术为依托，可对接第三方数据持有者、第三方数据提供商等多个数据接口；北京互联网法院的做法是由法院主导，与国内先进的区块链产业企业共建“天平链”；广州互联网法院的做法是依托工信部五所，由三大电信营运商各自建链，法院的外网平台再与其对接。

⑤ 区块链可以根据网络去中心化的程度不同，分解为公链、私链与联盟链。公链也称为公有链，即全网公开、无用户授权机制的区块链；私链也称为私有链，即网络中的所有节点都掌握在一家单位或机构手中的区块链；联盟链也称为行业链，即允许授权的节点加入网络、可根据权限查看信息的区块链。按照这种分类法，三家互联网法院实行的是联盟链。

组织、大型央企、大型金融机构、大型互联网平台等17家单位作为存证节点，吸引了来自技术服务、应用服务、知识产权、金融交易等25家应用接入机构加入，构成集数据生成、存证、验证、服务审判为一体的综合体系，以此支撑庭审并产生了大量的判决书。在这种机制下，电子证据的运用通常会在各方主体之间构成一个可验证的闭环。该闭环的运行效果如何及能否满足区块链存证的构成要件，就是评价该探索实践的基本标尺。

二、区块链存证之基本评价

（一）主要成绩

第一，强化了电子证据的关联性支撑。电子证据证明案件事实需满足内容和载体的双重关联性。内容关联性是电子证据的数据信息同案件事实间的关联性，主要是经验上的关联性；载体关联性是指电子证据的信息载体同案件当事人或其他诉讼参与人相关，具体可分解为人、事、物、时、空的关联性。[①] 区块链存证强化关联性主要表现为对载体真实性的支撑，这与区块中记录的元数据、节点链、实名认证等信息密切相关。一般来说，区块中记录的元数据会包含一些可供利用的信息。由于区块链依赖点对点网络和数字签名，所以其存储的数据是透明且不可否认的。在以区块链为基础的交易中，不仅入链保存的信息可以得到鉴真，而且人们可以审核有关的元数据或其他背景信息。[②] 有研究者举例说，电子病历共享区块链模型具有较强的可拓展性。每个区块记录患者的唯一身份识别信息、经过加密的病历及病历的时间戳。为改善数据通达效率，区块中以标签形式记录了数据格式等元数据内容。[③] 一旦发生医疗纠纷需要审查电子病历的，司法工作人员不仅可以审查链上的信息，还可以审查元数据。

与传统存证方式相比，区块链存证可以实现关联证据追溯。传统存证难以确认不同文件之间的关联关系。在区块链存证中，多份共同制作的系列文件可以通过关联证据追溯相关技术，确认证据之间的关联性。[④] 特别是一类或一系列业务运行在区块链上的，更因其全流程留痕而使证据的关联更加明确。[⑤] 这就相当于区块链存证中的电子证据自然构成一个保管链，呈现为一个不同节点相关联的体系。这是传统存证所不能实现的。

第二，优化了电子证据的合法性标准。传统的证据合法性审查标准包括主体合

① 参见刘品新：《电子证据的关联性》，载《法学研究》，2016（6），178－180页。

② De Filippi，P. and Wright，A.. Blockchain and the Law：The Rule of Code. Cambridge-Harvard University Press，2018：37.

③ 参见闫树、卿苏德、魏凯：《区块链在数据流通中的应用》，载《大数据》，2018（1），9页。

④ 参见《区块链司法存证应用白皮书》（1.0版），26页。

⑤ 参见上文，29页。

法性、形式合法性、程序合法性。区块链存证的合法性审查除了关注上述三个标准外，还需要关注存证的合法性。过去我国的区块链存证主要借助存证公司，它们虽具有技术优势，但其并不像司法机关那样具备国家公信力。这产生了诸如存证平台是否需要资质的“形式化”争议，也出现了截然对立的判决。例如，在一起侵害作品信息网络传播权纠纷案中，法院通过肯定区块链技术以及该平台的中立性，从而实现了对存证平台的资质审查。① 而在一起著作权权属、侵权纠纷案中，法院则认为，存证平台是否获得电子认证许可证书，属于行政管理法规调整的范畴，不能直接以此否定存证平台的资质以及存证平台存证的合法性、真实性。②

互联网法院在探索区块链存证、制定规范性文件时已关注到存证的合法性问题。2018 年 12 月 22 日北京互联网法院“天平链”发布，《北京互联网法院电子证据平台接入与管理规范》也于同日发布，对“接入平台”从机构资质、专业技术能力、平台安全性以及电子证据的生成、收集、存储、传输过程的安全性、合规性等提出了明确的严格要求。2019 年 1 月，北京互联网法院等组建司法工作组，重点开展《天平链接入与管理规范细则》以及《天平链接入测评规范》研究，进一步规范了“天平链”接入方的资质要求、电子数据的存证规则等。③ 同理，杭州、广州互联网法院关于区块链存证的规范建设，也形成了它们关于审查判断区块链存证中电子证据的合法性的新标尺。

（二）不足反思

如前所述，三家互联网法院试行区块链存证的直接目的在于保障电子证据的真实性。而调研表明，在区块链存证的机制下，电子证据的真实性可分为入链前的真实性和入链后的真实性。入链后电子证据的真实性可以得到技术保障，而入链前电子证据的真实性如何保障是探索者面临的关键性障碍。

要深刻认识这一点，需要理解电子证据入链的一般流程：第一步，当事人直接或委托存证公司等单位保存电子证据。这一步通常于案件发生前完成。第二步，存证公司等单位同步将电子证据的哈希值写入存证链。第三步，存证链返回存证编号。第四步，一旦发生纠纷，当事人可上传原始数据和存证编号，法官利用存证链平台在线计算哈希值，以判断电子证据是否发生篡改。通览这一流程不难发现，入链后电子证据的真实性确实得到了高度保障。这不仅是因为“哈希值不变，数据不变”乃技术常识，更因为电子证据的哈希值被分散到联盟链的全部节点、多处存储，使任何人修改入链后的电子证据几乎是不可能的。但问题在于，入链前电子证据源自何处、如何流转等均存在疑问。区块链存证既不能排除当事人全部或部分提供“虚假”证据的情形，也不能排除当事人单方聘请的存证公司等单位单纯服务于

① 参见杭州互联网法院（2018）浙 0192 民初 81 号民事判决书。

② 参见北京互联网法院（2019）京 0491 民初 797 号民事判决书。

③ 参见郭晶霞、赵岩、董学敏：《“互联网+审判智慧”的北京方案》，载《人民法院报》，2019-09-19。

一方当事人利益而"冒险"的情形。

这样的真实性疑虑主要是针对电子证据入链的第一步产生的，也部分涉及电子证据入链的第二步。通俗地说，"垃圾进，垃圾出"。具体来说，"一方面，在线提交证据导致法院无法核实电子证据的形成、存储、传送、收集等过程。一旦对方当事人对电子证据的真实性提出异议，提出该证据可能被篡改，法院的审查将无从入手；另一方面，电子证据在线提交的过程相当于证据的二次电子化，如何确保提交过程的可靠性，从而保证电子证据所载内容始终保持完整并未经篡改值得思考"①。因此，区块链存证尚未彻底地解决电子证据的真实性问题。

三、区块链存证之改进建议

在区块链存证的架构下，单凭技术方案无法解决入链前电子证据的真实性问题。这也显然不是纯技术问题。人们需要在法律与技术的"目光往返流转"中寻找交错的智慧，必要时引进各种配套的法律制度。初步来看，我国可以将区块链存证这一新生事物，同司法场景下旨在解决电子证据真实性问题的前端控制、司法推定、不利自认、补强佐证等理论嫁接起来。

（一）"区块链存证＋前端控制"

前端控制被称为电子文件时代的新思维。法国档案学者 C. 诺加雷明确指出，档案工作者要重新考虑他们在文件生命周期中进行干预的时机，甚至重新思考这种生命周期本身。该观点是前端控制思想产生的根源。前端控制是指为了确保电子文件的完整齐全、真实可靠，档案部门和档案工作者应在电子文件生成之初（甚至是电子文件管理系统设计之初）就对电子文件进行前期的监督与控制。② 对电子文件实行前端控制的必要性包括：电子文件的证据性之要求，设计阶段是确定电子文件归档范围的最佳时机，基于电子文件的利用要求等。③

前端控制理论显然能够降低对入链前电子证据真实性的疑虑。根据前端控制之要求，需要在电子证据产生之初就对其进行监控，从而保障其原始性、真实性、完整性，防止"多版本保留"④ 等问题的发生。从证据法的视角看，之所以强调对电

① 秦旺、谢欣欣、钟晨曦：《检视与构建：互联网法院审理模式下的电子证据认定规则——基于类型化研究的路径探索》，载国家法官学院科研部编：《司法体制综合配套改革与刑事审判问题研究——全国法院第 30 届学术讨论会获奖论文集》（上），北京，人民法院出版社，2019。

② 参见冯惠玲、赵国俊主编：《中国电子文件管理：问题与对策》，62 页，北京，中国人民大学出版社，2009。

③ 参见冯惠玲：《电子文件时代新思维〈拥有新记忆——电子文件管理研究〉摘要之六》，载《档案学通讯》，1998（6），45 页。

④ 多版本保留是指存证方可以就某一个事实相关的电子证据（如电子合同等）生成多个版本，对每个版本分别计算哈希值并分别传至区块链保存，将来发生争议时，选择其中有利于自己的版本作为证据校验，而不提供其他对自己不利的版本。参见陈平祥、姜琪、朱冠琳：《论运用区块链技术提取和审查刑事电子数据》，载《网络信息法学研究》，2019（1），165－166 页。

子文件实行前端控制，是因为电子文件的证据性需要由“内容、上下文关系和结构”三要素给予支持，而保留这些要素应该成为文件管理系统的必备功能。通过系统设定及时采集必要的“背景信息”和“元数据”，有助于证实文件的形成过程和真实可靠性。① 基于此理，强调在区块链存证中实行前端控制，至少可以通过保留元数据和背景信息来保障电子证据的真实性。

（二）“区块链存证＋司法推定”

司法推定是降低证据真实性证明难度的一种方法。其通常模式是，案件中满足某种特定条件的，就可以推定证据是真实的，当然对方提出有效反证的除外。我国有研究者专门介绍过美国佛蒙特州的区块链推定规则。该州规定，通过区块链技术的有效应用而核实的事实或记录是真实的；当然该推定并不影响原先的证明责任配置。② 同理，在我国拓展适用推定规则可以降低关于入链前电子证据的真实性的证明难度。③

笔者建议从以下方面设定符合国情的推定规则。其一是具有可靠来源之电子证据入链的真实性推定。传统上我国认可关于可靠来源的推定，如认为公文书证在效力上要优于一般书证。现如今，假如国家档案部门、公证机关乃至鉴定机构等权威机关代替存证公司行使引导入链的职能，则所入链的电子证据可以被初步推定属实。其二是关于电子证据系统性入链的真实性推定。电子证据是由内容数据、附属信息、关联痕迹构成的一个完整的整体④，它们之间“有极强的规律性、协同性”⑤。从这个意义上说，超越单纯的内容数据而将具有系统性的内容数据、附属信息、关联痕迹一并入链的，将可以推定该电子证据具有真实性。其三是关于即时入链的电子证据属实推定。电子证据入链时间的早晚关系到当事人造假的动机和可能性。电子证据在形成之际或此后不久入链的，当事人缺乏造假的动机，也缺少造假所需要的低限时间条件。对于这种电子证据，可以推定非为诉讼目的入链而具有可信度，进而赋予其优先的证据效力。其四是按照业务惯例入链的电子证据真实性推定。美国、加拿大等国法律均规定对于系正常业务活动中生成并保存的电子证

① 参见冯惠玲：《电子文件时代新思维〈拥有新记忆——电子文件管理研究〉摘要之六》，载《档案学通讯》，1998（6），45页。

② 参见施鹏鹏、叶蓓：《区块链技术的证据法价值》，载《检察日报》，2019-04-17。

③ 有观点提出，区块链存证技术为证据审查提供新的逻辑脉络，即通过审查提取主体、证据同一性、完整性等形式要件，进而推定证据的实质真实。同时要看到，推理过程需依赖司法工作人员对经验法则的运用。推定的合理性一般应得到以下要素之一种的辅助。一是被告人认可，二是自被告人处依法获得，三是正常业务中形成，四是经推定加密处理，五是具有电子签名，六是进行专业数据恢复。参见吴美满、庄明源：《区块链存证技术在互联网金融犯罪治理中的应用》，载《人民检察》，2018（22），51-54页。

④ 参见刘品新：《论电子证据的理性真实观》，载《法商研究》，2018（4），63页。

⑤ 同上文，64页。

据，可以推定其是真实的。[①] 这就意味着，按照业务习惯产生的、通常为批量入链的电子证据，相比于非遵循业务习惯的、偶尔生成并入链的电子证据，更为可信。其五是经由电子签名而入链之电子证据的真实性推定。电子签名不仅可以防止对数据内容进行修改，而且可以同特定的人关联起来，即“电子签名为谁所持有”。经由电子签名的电子证据相当于在形成之时就获得了良好的保障，也就可以推定属实。

（三）“区块链存证＋不利自认”

区块链存证也可以跟自认制度相结合产生“化学反应”。一般来说，自认属于免证事实。免证事实虽属法院裁判的事实基础，但因其真实性得到了确认，故无须再用证据加以证明。我国三大诉讼领域均规定了自认方法，主要可见最高人民法院《关于民事诉讼证据的若干规定》（2019 年版）第 3～9 条、《关于行政诉讼证据若干问题的规定》第 65 条、《人民检察院刑事诉讼规则》（2019 年版）第 401 条第 4 项。需要指出的是，在刑事诉讼中自认并不当然产生免证的效力。我国《刑事诉讼法》第 55 条规定，只有被告人供述，没有其他证据的，不能认定被告人有罪和处以刑罚。这就说明，在刑事诉讼中原则上不承认被告人对案件实体事实的自认。当然，这并不意味着区块链存证完全不能与刑事自认相嫁接。

在民事诉讼和行政诉讼当中，如果区块链存证的电子证据是由对其不利的一方当事人实施的，则可直接认定证据的真实性。区块链存证在刑事案件中同样有广阔的运用空间，司法机关亦不拒绝采取区块链存证的方式。若被告人通过区块链存证提交了于己不利的证据，司法工作人员虽不能直接采信，尚需依照《刑事诉讼法》第 55 条之规定审查是否有其他佐证，但在有其他证据相印证的情况下，可以认定得到自认支撑的入链证据真实有效。

（四）“区块链存证＋补强佐证”

我国的证明模式被学者称为印证证明模式，它要求获得相互支持的其他证据，注重证明的“外部性”。若通过区块链存证获得的电子证据是孤证，补强佐证不失为一种强化其入链前真实性的有效手段。这也符合印证证明模式的要求。在“全国首例区块链存证案”中，法院指出：“对于采用区块链等技术手段进行存证固定的电子数据……应重点审核电子数据来源和内容的完整性、技术手段的安全性、方法的可靠性、形成的合法性，以及与其他证据相互印证的关联度，并由此认定证据效

① 例如加拿大 1998 年《统一电子证据法》第 5 条规定：“在任何法律程序中，如果没有相反证据，则可以通过下述证据或者在下述条件下，推定记录或存储电子记录的那一电子记录系统具有完整性：……（3）如果有证据证明，该电子记录系由除诉讼当事人以外的某人，在惯常而普通的业务活动中记录或存储的，而且其所进行的记录或存储并非根据意图引入该记录的当事人的指令。”这一法条中所说的“电子证据完整性”为直译，基本上等同于“电子证据的真实性”。参见刘品新主编：《国外网络犯罪法律制度选译》，149－150 页，北京，中国人民公安大学出版社，2012。

力。"[①] 这里所说的"与其他证据相互印证的关联度"，属于一种依靠补强证据予以佐证的思路。

调研也表明，法院在认定区块链存证获得的电子证据之真实性时，也愿意结合勘验、检查、调查笔录及相关科技公司的说明等材料进行综合认定。例如，在一起侵害作品信息网络传播权纠纷案中，法院认为："结合勘验过程、××公司出具的说明及《司法鉴定及数据保全技术合作协议》等，每个电子数据文件在完成取证后，会存储于 IP360 云系统中，自动生成一个唯一对应且进行加密的数字指纹（Hash 值），该指纹将通过区块链系统同步备份于××鉴定中心，并生成由其与××数据保全中心联名签发的载有数字指纹、取证时间等信息的数据保全证书，证明电子数据自申请时间起已经存在且内容保持完整，未被篡改"[②] 这里所说的就是多份证据的合力补强。

四、由区块链存证到区块链证据

随着区块链存证在中国司法系统的大规模使用，区块链证据也运用而生。在这里，它指的是通过区块链存证平台进行事后管理而形成的证据。这是一种派生型区块链证据。其特点是，有关证据在案发过程中，形成时与区块链技术或平台无涉，存证时通过区块链技术或纳入区块链平台管理；有关证据主要是原生的电子证据，也不排斥少量的传统证据经电子化后"混迹其中"。例如，当事人可以借助平台将书证扫描成 PDF 版本入链，将物证拍照或录像后入链，各种笔录证据以电子形式呈现的亦有入链的空间。其实，此种意义上的区块链证据有一个不断拓展的过程，已被用于公安检察机关打击刑事犯罪的场景。

【案例 12－2】

王××犯诈骗罪案[③]

2017 年 1 月至 2019 年 3 月 13 日期间，被告人王××先利用作案支付宝账号添加同意借款的被害人为好友，在收到被害人支付宝转账后，立即转移赃款，并拉黑被害人、删除交易记录。通过前述手段，被告人王××先后从 176 名被害人处骗取钱款共计人民币 9 993 元。2019 年 3 月，绍兴市公安局上虞区分局抓获犯罪嫌疑人王××，并向支付宝公司调取王××支付宝账号的交易流水。后支付宝公司建议，在本案中应用区块链存证技术保护电子数据的完整性。因公安机关系首次接触"区块链"技术，故无法确定区块链存证电子数据的合法性，遂主动邀请检察机关提前

① 杭州互联网法院（2018）浙 0192 民初 81 号民事判决书。

② 北京市东城区人民法院（2018）京 0101 民初 3826 号民事判决书。

③ 此案由浙江省绍兴市上虞区人民检察院办理，有关材料为笔者调研得来。

介入引导侦查。2019 年 4 月，绍兴市上虞区人民检察院经查阅案件材料，并参与案件讨论后认为，利用区块链技术进行存证的电子数据可作为证据使用。一是区块链存证技术不影响随案移送电子数据的合法性。区块链上记录的是原始电子数据的哈希值，作为证据使用的电子数据仍需公安机关依照法定程序调取。二是区块链存证可以检验电子数据是否发生污损。通过哈希值校验的方式，可以及时发现电子数据有无篡改、添加等伪造情形。三是符合相关文件精神。虽然区块链存证在刑事司法中尚无先例，但是该技术在民事案件中已被应用，且符合最高人民法院、最高人民检察院、公安部《关于办理刑事案件收集提取和审查判断电子数据若干问题的规定》、最高人民法院《关于互联网法院审理案件若干问题的规定》等文件精神。同时，绍兴市上虞区检察院要求公安机关在调取电子数据时，要严格依照《公安机关办理刑事案件电子数据取证规则》，确保支付宝公司在调取证据通知书回执上签名或者盖章，并附保护电子数据完整性方法的说明。

2019 年 5 月 22 日，公安机关将本案移送审查起诉，并按照检察机关的要求，随案移送了支付宝公司提供的载有加密哈希算法、时间戳、区块高度、区块哈希等信息的情况说明 1 份与电子数据光盘 1 张。对此，绍兴市上虞区人民检察院通过哈希值校验的方式，对在案电子数据的真实性进行审查：一是获取区块链上写入的哈希值。登录蚂蚁区块链的“法证链”，通过搜索区块高度锁定特定区块，再对比区块哈希值、时间戳等信息验证该区块未被修改，后获取该区块链上写入内容（原始电子数据哈希值）。二是计算随案移送电子数据的哈希值。在哈希值计算工具“HashTools”中导入在案电子数据文件，并选取与支付宝公司加密原始电子数据时相同的哈希算法“SHA256”，计算出该电子数据哈希值。三是进行哈希值对比。通过对比“法证链”上写入的哈希值与检察机关计算出的哈希值，发现两者一致，故可以认定在案电子数据与支付宝公司服务器内的原始数据具有同一性。在认定随案移送的电子数据的真实性和完整性后，绍兴市上虞区人民检察院综合其他在案证据，精准计算出犯罪嫌疑人王××的诈骗总金额为人民币 9 993 元。

2019 年 6 月 24 日，绍兴市上虞区人民检察院以被告人王××构成诈骗罪向绍兴市上虞区人民法院提起公诉。7 月 29 日，法院公开开庭审理了本案。庭上，公诉人向法庭申请对电子证据进行多媒体示证，通过当庭演示哈希值计算与校验的方式，向审判员、被告人讲解了区块链存证的技术原理，并证明了在案电子数据的真实性。针对被告人提出的异议，公诉人答辩如下：一是本案电子数据具有证据资格。经哈希值校验涉案电子数据与支付宝公司服务器内的原始数据一致，内容真实、未发生污损。二是本案电子数据具有证明效力。保存在支付宝公司服务器上的个人交易数据无法被篡改，与被害人陈述、转账截图等证据可以相互印证，诈骗金额认定准确。最终，绍兴市上虞区人民法院认可经哈希值校验的区块链存证数据，并将其作为定罪量刑的证据，全部认定了检察机关指控的诈骗事实，以诈骗罪判处被告人王××有期徒刑 1 年 2 个月，并处罚金人民币 4 000 元。

此案的指导意义是，对以区块链技术进行存证的电子数据，司法机关可以通过哈希值校验的方式，审查随案移送电子数据的真实性与完整性，并将其作为认定案件的根据。区块链存证技术是一种电子证据保全手段，评价的是电子数据在储存、流转过程中的真实性，用于验证上链后的电子数据是否在整个刑事诉讼过程中与原始电子数据保持同一。司法机关可以通过哈希值校验的方式进行具体审查，因为电子数据中任何的微小改变通过哈希算法计算后，会对哈希值产生不可预知的大量改变，这便于及时发现电子数据的污损情况；同时，由电子数据的提供方将原始电子数据的哈希值上传至区块链，再由电子数据的接收方、使用方对哈希值进行同一性校验，也增强了哈希值校验的真实可靠性。

与派生型区块链证据相对应，实践中也出现了原生型区块链证据。比较常见的是一些不法人员利用区块链具有去中心化、自组织、匿名等特性，隐蔽性地实施诈骗、勒索、黑市交易、洗钱、破坏计算机信息系统、非法获取计算机系统数据、侵犯公民个人信息等各种犯罪，警方通过对区块链网络行为痕迹留存与取证溯源获得区块链网络数据。从理论上讲，区块链网络数据流转瞬即逝，量大而不可长期存储，但是可以通过保全有用数据以备后用，尤其可以通过对成年累月存储下来的痕迹数据进行检索分析，进行证据发现和固定。不仅刑事诉讼如此，在民事诉讼中已经出现了比特币证据、以太坊币、比特币地址、比特币转账记录、火币网转账证据等。它们均可以被定性为一种自然意义上的区块链证据。在这里，它指的是产生于区块链平台中的电子证据。其特点是，有关证据在案发过程中，形成时即与区块链技术或平台有密切关系，其源起就是电子证据。

【案例 12-3】

周××与谢××民间借贷纠纷案①

2019年6月19日，周××通过中国银行账户向谢××转账100 000元，通过微信向谢××转账13 600元。2019年6月20日至23日，谢××通过王××在手机上操作，购买了113 599.96元的ETH。周××的手机上下载有火币网App。原告周××在庭审中陈述“我之前不认识（王××），是我把手机拿给被告操作这个东西的时候，被告又把手机拿给王××操作，我们才认识的”，“转钱那天，被告说要我把钱转给她，她才给我操作。当时她说网络不好，我的手机也不好。第二天，被告才拿我的手机去操作的”，“当时被告帮我在手机上操作后，还叫我回去不要给别人说。可见被告是在骗我的钱，被告帮我在网站上具体买了多少钱我不清楚”。

在该案中，被告谢××提交的证据包括火币网转账记录截图，即属于区块链证

① 参见重庆市垫江县人民法院（2020）渝0231民初411号民事判决书。

据（当然属于复制件）。

无论是上述哪一种区块链证据，均对证据规则建设提出了全新的课题。笔者以为，这可以从以下三个方面着手：一是针对区块链证据区分入链前后的真实性，分别建立审查判断的规则，特别是关于入链前真实性的审查规则、入链后真实性的直接确认规则；二是针对区块链证据的关联性，按照账号身份、账号地址、共识机制等予以丰富或优化；三是针对区块链证据的合法性，围绕区块链平台是否得到备案等审查而增设相关特殊规则。

第四节　大数据证据与证明

一、大数据证据之实践抽象

近年来，基于机器算法、机器人和高级人工智能等新兴科技的各种大数据材料涌向我国司法舞台。早期，海量的通信数据、资金流数据、账户信息、网页数据、网络舆情信息、GIS地理信息及专业数据库的数据被运用于侦查活动中，成为侦查信息化转型的一道道亮丽风景。之后人们又接续看到将一些更新的大数据材料用于证明的情景：(1)“舆情分析报告”，如在山西省晋城市中级人民法院办理的一起刑事案件中，控方举证了公安局制作的关于刑满释放人员程××出狱网上舆情相关数据统计及舆情专报①；(2)“百度指数”，如在广东省高级人民法院办理的一起民事案件中，原告提交了公证人员百度指数查询 qunar 和 quna 两个关键词的指数对比情况②；(3)“淘宝客反作弊系统数据”，如在杭州市余杭区人民法院办理的一起民事案件中，被告（淘宝公司）提供了抓取淘宝客异常推广行为的反作弊系统的数据③；(4)“轨迹大数据”，如在江苏省高级人民法院办理的一起刑事案件中，公安机关依法调取警务大数据平台之车辆大数据（截图）④；(5)“公安大数据平台数据”，如在四川省成都高新技术产业开发区人民法院办理的一起刑事案件中，控方提交了公安大数据平台及情报系统查询资料⑤；(6)“证券交易监控系统数据”，如在北京市第一中级人民法院办理的一起行政案件中，中国证监会提交了证券交易监控系统记录的数据作为证据，证明这些证券账户网上委托交易所用的 IP 地址、Mac 地址高度重合⑥；(7)“大数据资金分析报告”，如在湖南省长沙市中级人民法

① 参见山西省晋城市中级人民法院（2017）晋05刑终271号刑事判决书。

② 参见广东省高级人民法院（2013）粤高法民三终字第565号民事判决书。

③ 参见杭州市余杭区人民法院（2014）杭余民初字第3号民事判决书。

④ 参见江苏省高级人民法院（2017）苏刑终135号刑事裁定书。

⑤ 参见四川省成都高新技术产业开发区人民法院（2018）川0191刑初392号刑事判决书。

⑥ 参见北京市第一中级人民法院（2013）一中行初字第1171号行政判决书。

院办理的一起刑事案件中，控方提交了利安达鉴审财报字〔2016〕第1209号鉴定意见书，以证明非法集资的金额和投资人数[①]；等等。这些新材料被引入法庭，也引起控辩争议及司法裁判的诸多问题。

大数据材料具有“容量大”“类型繁多”“价值密度低”等特点，尤以“容量大”为基础特征。笔者调研“e租宝”案件发现，该案在侦查阶段收集的海量数据包括：（1）“e租宝”及“芝麻金融”数据；（2）集团OA系统中关于会议、财务、合同的数据；（3）关于公司及其产品介绍的电子数据；（4）涉案人员的手机数据；等等。它们的数据体量大到难以想象的程度。其中，“e租宝”及“芝麻金融”数据至少包括从4 000多家银行、247家第三方支付平台、164家保险公司、114家券商汇总的1万多个账户的几十亿条资金交易流水信息，“集团OA系统中关于会议、财务、合同的数据”主要是部署在阿里云平台的、涉及200多台服务器的数据。全案数据的总量达到30TB左右。这些海量的数据交由司法工作人员一条一条地筛选使用是根本不现实的，但可以借助数据统计、数据碰撞[②]、数据挖掘[③]与机器学习[④]等方法形成分析报告，用作办案支撑。这一现象不是特例，亦不是静止的，随着司法实践的发展各种类似的报告还会花样翻新。

二、大数据证据之基本评价

（一）大数据用作证据的理论基础

第一，大数据用作证据具有良好的价值论基础。当下，依靠大数据证明案件事实，首先是因为案件专业化、巨型化演变态势所决定的。在越来越专业、复杂的案件中，用于证明案件事实的证据也必然越来越专业、庞杂。当今涉众型犯罪的出现和演变，就呈现出涉案人数不特定、证据巨量的特点。据报道，我国金融领域中涉众型犯罪案件的涉案金额已超过百亿元、千亿元，涉案人员达到十万人、百万人，数额之大、人数之众令人瞠目。笔者经调研发现，一线司法机关办理的涉众型犯罪案件中证据材料就达到数千卷，背后是司法工作人员庞大的人力与时间付出。此种情形下，仅仅凭借传统证据来证明案件事实面临着难以承受之重。与之相反，通过大数据证明案件事实就明显高效得多，尤其是基于海量数据的分析报告通常浓缩为具体的一份或多份文书证据，使用起来更具可操作性。

其次，这符合降低司法证明难度的导向。证据是一种稀缺的资源，证据短缺是人类司法的永恒规律。千百年来人类一直在寻找有效化解证明难题的方法，包括新

① 参见湖南省长沙市中级人民法院（2018）湘01刑终18号刑事判决书。

② 数据碰撞意指对两个以上数据库资源进行智能查询比对。

③ 数据挖掘意指从大数据中通过算法搜索隐藏于其中的信息。

④ 机器学习意指让机器从数据中学习，得到一个或多个更符合现实规律的模型，通过使用模型使得机器表现得更好。

型证明方法的探索与推广。当代，我国面临着惩治网络犯罪等新型犯罪的艰巨任务，不同层面的法律规范一直千方百计地试图降低证明难度，包括更多引入“综合认定”①“综合评估”②的规则，甚至尝试推出含有“证明责任移转”③意味的条款。学理上也提出了“底线证明法”④“抽样取证法”⑤“等约计量法”⑥等建议。那么，若能从直接扩充证据范围的角度进行制度建设，即引入大数据以证明案情，将具有更为深远的意义。实践中，我国许多案件虽未将大数据列明为证据，但仍技巧性地发挥出它的证明作用。⑦这在很大程度上是因受制于旧观念，却也反证了司法证明中存在着大量的需求。

再次，大数据用作证据具有独到的价值。每一份具体的传统证据反映的是案件中具体的人、事、物、时、空等信息；与之不同的是，大数据反映的是案件整体或作为其很大一部分的人、事、物、时、空等信息。这一差异在涉众型犯罪案件中尤为明显。调研发现，涉众型犯罪案件中难以通过传统证据证明的案件事实，都有可能通过大数据材料找到便捷的解题之策。比如，在证明涉众型犯罪案件的组织架构时，传统上调查工商注册材料等证明方法面临着工作量巨大、材料真假难辨的困扰，而海量资金流数据等能够像 DNA 一样将涉众型犯罪中不同涉案人员识别并关

① 最高人民法院、最高人民检察院、公安部《关于办理电信网络诈骗等刑事案件适用法律若干问题的意见》中规定，“办理电信网络诈骗案件，确因被害人人数众多等客观条件的限制，无法逐一收集被害人陈述的，可以结合已收集的被害人陈述，以及经查证属实的银行账户交易记录、第三方支付结算账户交易记录、通话记录、电子数据等证据，综合认定被害人人数及诈骗资金数额等犯罪事实。”

② 最高人民法院、最高人民检察院在《关于利用网络云盘制作、复制、贩卖、传播淫秽电子信息牟利行为定罪量刑问题的批复》中提到，“鉴于网络云盘的特点，不应单纯考虑制作、复制、贩卖、传播淫秽电子信息的数量，还应充分考虑传播范围、违法所得、行为人一贯表现以及淫秽电子信息、传播对象是否涉及未成年人等情节，综合评估社会危害性，恰当裁量刑罚，确保罪责刑相适应”。

③ 最高人民法院、最高人民检察院《关于办理侵犯公民个人信息刑事案件适用法律若干问题的解释》第11条第3款规定，“对批量公民个人信息的条数，根据查获的数量直接认定，但是有证据证明信息不真实或者重复的除外”。很多人理解这是将关于个人信息真实性和是否重复的证明责任移转至辩方。

④ 底线证明是指按照法定的入罪和加重处罚两道“坎”，提供能用以定案的最基本的证据。参见刘品新：《网络犯罪证明简化论》，载《中国刑事法杂志》，2017（6），35页。

⑤ 抽样取证是指办案人员从较大数量的物品中提取具有代表性的一定量的物品作为样本证据，并据此证明全体物品属性。参见万毅、纵博：《论刑事诉讼中的抽样取证》，载《江苏行政学院学报》，2014（4），120页。

⑥ 等约计量是指对海量化的犯罪对象进行“估堆式”计量，作为认定犯罪数额的标准。参见罗猛、邓超，《从精确计量到等约计量：犯罪对象海量化下数额认定的困境及因应》，载《预防青少年犯罪研究》，2016（2），40页。

⑦ 参见浙江省宁波市江北区人民法院（2017）浙0205刑初411号刑事判决书。在该案中，控方提交的宁波市社会保障管理局报案书等证据表明，社会保险管理部门通过医保大数据分析审查，发现励某某等参保人员异常就医、违规配药情况，有诈骗医疗保险金的嫌疑。在审判中，医保大数据分析意见没有标识为证据，其实质内容被吸收到书证等证据中。又见新疆维吾尔自治区乌鲁木齐市中级人民法院（2017）新01刑初200号刑事判决书。在该案中，为了证明被告人普某某的行程轨迹，控方提交被告人普某某的1张登机牌，证实与公安机关通过大数据平台分析的侦破本案的线索一致。在这里，大数据平台分析的意见仅仅用于说明书证“登机牌”的证明价值，未单独列为证据。

联起来，揭示不同人员在犯罪组织中的具体角色①；又如，在证明涉众型犯罪行为人主观故意时，传统的证明方法主要是通过口供或者“通过客观行为推断主观明知”②，易遇到嫌疑人以不知情为由进行辩解的挑战，而利用数据挖掘方法则能发现行为人存在着规避打击的习惯做法③，从而以犯罪习惯证明其主观故意。目前这样的探索取得了初步成功，表明以大数据化解司法证明难题之路，值得进行实践推广和理论提升。

第二，大数据用作证据具有良好的方法论基础。大数据材料并非空中飘来之物，客观上就是一个个具体数据的聚合。当聚合到一定规模之后，将其中的数据规律揭示出来，就能够用于还原案件事实。如在一起涉税案件中，办案人员调取了涉案的全量资金数据——资金流水数据上亿条、账户数达上万个，聘请技术专家“建立了资金特征分析模型……在很短时间内完成可疑资金网络的刻画，利用关系可视化技术清晰展现可疑资金的来源和去向，并且自动标注账号和主体的类别标签”④。在这里，起到证明作用的就是海量数据凝练而成的规律性认识——具体呈现为专业分析报告。这是大数据用作证据的特色及魅力所在。

这样的分析报告类似于鉴定人或其他专家的意见，但也与之有明显不同，其专业化程度已经超越人类的专家。准确地说，其是借助于机器算法形成的判断。在前述“e租宝”案件中，北京检察机关曾经对海量的电子数据做了分类处理。其中，对于涉案人员的手机数据、产品介绍数据，主要是通过扣押、勘验、检验、远勘的方式形成扣押清单、勘验笔录、数据刻盘、远勘笔录等证据，这是以电子介质的载体和电子数据的内容来证明案件事实；对于相关的资金流水数据、OA办公系统数据，主要是通过通知调取、扣押、勘验、委托鉴定的方式形成镜像数据、扣押清单、勘验笔录、鉴定意见书等证据，这是以转化性证据来证明案件事实。它们的共同之处是利用证据所蕴含的内容或信息。回看该案的办理过程，司法证明的思路在整体上仍然是将大数据材料转化为传统证据，即以转化性证据办案。如此办案不仅费时费力，亦呈现“固守”传统证据的陈旧观念。假如该案能够将基于海量资金数据的各种分析报告（其时主要是服务于侦查工作）提交法庭，那就跃升到了一个更高级的司法证明层次，即将大数据用作证据证明的新境界。

① 2015年，公安部会同国家税务总局、中国人民银行用8个月时间查处了一起虚开增值税专用发票犯罪案件。办案人员收集到10亿多条资金流水，利用分析模型分析虚开公司资金流向，清楚地将涉案公司分为开票公司、收票公司、中转公司三层，根据资金流向区分出会员单位、二级单位等，绘制出资金流的闭环关系。这样的公司层级和会员关系，就揭示出涉案单位和人员的具体角色。

② 刘福谦：《涉众型经济犯罪案件证据审查的几个问题》，载《人民检察》，2018（14），13页。

③ 通过对海量资金流进行数据挖掘可以发现，许多嫌疑人存在着有规律性地瞬间转走账户来款、用一元钱给自己账户转账来测试账户是否正常、通过同一渠道将资金转出等规避打击的规律性反常行为。

④ 何家弘、邓昌智、张桂勇、张建伟、刘广三、常锋：《大数据侦查给证据法带来的挑战》，载《人民检察》，2018（1），54页。

（二）大数据用作证据的法律方案

从技术原理上讲，大数据变身证据通常要经过三个环节：第一步是汇总数据并进行数据清洗，第二步是建构分析模型或机器算法，第三步是进行运算形成分析结论。这一过程结束后，就会产生大数据证据。为论述的便利，本章将“大数据证据”限定为基于海量电子数据形成的分析结果或报告。在这个定义中，海量的电子数据是“源”，分析得出的结果或报告是“果”。直接起证明作用的往往是“果”——大数据分析结果或报告。当然，在特殊情况下，从海量电子数据中“淘”出来某一条或多条数据也可能起到证明作用。这一条或多条数据也可以被理解为“果”①。对于如何赋予大数据证据的合理地位，目前共有如下几种选择方案。

一是用作鉴定意见。这是主流观点，认为大数据证据应当作为鉴定意见使用。有论者针对“资金大数据分析结论”提出，“最好把资金大数据分析纳入司法鉴定范畴。这有利于司法实践的展开，在法律上也可以找到依据”②。在组织传销案件、非法吸收公众存款案件、集资诈骗案件中，确实出现了很多这样的新型鉴定意见书。如在王某某等组织、领导传销活动罪一案中，司法鉴定机构对“××平台后台数据库”进行了检验分析，得出的鉴定意见为：该网站注册账户1×××个，成功激活1×××个；缴纳会费账户1×××个，空单账户1××个……根据推荐与被推荐的层级关系，共计22级；收取会员投资共计26××××××元；除被告人所有的账户外，还有1×××个会员账户共计17××××××元投资款没有返还。③

然而，鉴定意见本意是由鉴定机构的鉴定人对专业问题作出的专业判断。将大数据证据纳入司法鉴定的范围，必然会遭遇诸多挑战。首先，法条上语焉不详，导致该做法的合法性存疑。我国公安部《公安机关鉴定规则》、司法部《司法鉴定执业分类规定（试行）》、最高人民检察院《人民检察院鉴定规则（试行）》均未将大数据鉴定明确纳入司法鉴定的业务范围。④ 其次，在鉴定方法、鉴定主体等具体细节方面存有障碍。就鉴定方法来说，鉴定机构出具的现有“大数据分析鉴定意见书”显示，采取的鉴定方法通常是依据《电子物证数据搜索检验规程》⑤《数字化设备证据数据发现提取固定方法》⑥，而其实际检验过程同这两个方法并不完全对

① 刘品新：《论大数据证据》，载《环球法律评论》，2019（1），25页。

② 何家弘、邓昌智、张桂勇、张建伟、刘广三、常锋：《大数据侦查给证据法带来的挑战》，载《人民检察》，2018（1），56页。

③ 参见山东省济南市中级人民法院（2017）鲁01刑终88号刑事裁定书。

④ 一些学者认为，可以类比电子数据鉴定开展大数据鉴定。例如，依照《人民检察院电子证据鉴定程序（试行）》第4条规定，可以将大数据鉴定纳入电子证据鉴定的范围。

⑤ 《电子物证数据搜索检验规程》规定的是电子物证检验中数据搜索检验的方法。

⑥ 《数字化设备证据数据发现提取固定方法》规定的是从数字化设备发现提取固定证据数据，并保证证据数据原始性和证据数据完整性的方法。

应；就鉴定主体来说，“大数据分析鉴定意见书”在很大程度上是由机器算法给出实质判断——不同于以往专家借助仪器设备作出判断，这对于由专家作出判断的司法鉴定体制是一个过于超前的突破。

二是用作证人证言。美国学者洛斯教授指出，机器在解决法律争议事实中正扮演着越来越重要的角色，机器传递出的一些信息可作为“机器证言”①。她列举的“机器证言”包括专家系统的意见等。她还解释，与人类证言一样，机器证言的可信性取决于其来源的可信性；而类似于“传闻的危险”潜藏在人类主张中，“黑箱危险”（人类或机器的错误导致机器被错误地设计）也潜藏在机器传达的信息中。这一“机器证言说”，理论上可适用于大数据证据。但我国还普遍不接受机器证言这类概念，其在法律中也不是法定证据形式，故对大数据证据套用“机器证言说”仍存在较大困难。

不过，在我国司法实践中，已经出现以大数据证据辅助或质疑证人证言的例子。在程某某贪污罪一案中，湖北省住建厅2016年通过大数据对比有重大案情发现，控方在庭审中将此内容纳入证人朱某的证言予以举证。② 本案中将大数据证据转化为证人证言使用。在赵某某组织、领导传销活动罪一案中，为质疑证人胡某，控方询问“通过大数据查找你的下线人数为291人，你怎么解释?”胡某回答“我一共发展了十多个，剩下的那些下线都是多个人发展的，具体多少数我不知道。”③这则是将大数据证据作为一种质证方式。

三是用作其他证据。司法实践中，还存在着将大数据证据作如下处理的情形：（1）作为物证、书证。如在孙某某、周某某掩饰、隐瞒犯罪所得、犯罪所得收益、信用卡诈骗、传授犯罪方法罪一案中，控方举出“关于手机号187××××8422的大数据查询”结果，证明该手机机主“自2016年12月份以来连续多天在××网咖上网”④。且裁定书中明确将大数据查询结果标示为定案的书证、物证。（2）作为“破案经过材料”。在陈某某等盗窃罪一案中，控方举出“本案的侦破经过”，证实“通过大数据分析等技侦手段，确定被告人陈某某手机运行轨迹与案发地在时间上、空间上相吻合”⑤。（3）作为单列出来的报告。例如，在唐某某操纵“航天动力”股票案中，为证明唐某某是19个账户的实际控制者，证监会提交了如下证据：19个账户的Mac地址、IP地址具有高度重合性的数据分析（实质上属于大数据证据）；19个账户交易股票品种具有共同性的数据分析；19个账户交易行为具有一致性的数据分析。法院最终也据此认定了这些账户由唐某某操纵。

前述各种做法均体现了现阶段的实务探索或理论思考。在具体案件的语境中，

① Andrea Roth. Machine Testimony. *Yale L. J.* 2017 (126).

② 参见湖北省麻城市人民法院（2017）鄂1181刑初273号刑事判决书。

③ 吉林省松原市宁江区人民法院（2017）吉0702刑初460号刑事判决书。

④ 山东省菏泽市中级人民法院（2018）鲁17刑终430号刑事裁定书。

⑤ 湖北省安陆市人民法院（2017）鄂0982刑初13号刑事判决书。

每一种处理均有一定的合理性；在具体探讨的学理上，每一种观点均能自圆其说。经分析可知，上述探索和思考呈现出一定的共性规律。剖析其中的规律，能够为大数据证据的合理定位提供一份答案。

从务实的角度来看，笔者认同现阶段将其作为鉴定意见的便宜选择。大数据证据无疑是一种专业性或科学性很强的证据，其结论部分的意见表达是普通人无从凭借常识就能理解的。而在我国现行法律框架中，只有鉴定意见与之相符。前述少数案例中裁判文书将大数据证据列为物证、书证或证人证言等，多少有些生搬硬套的感觉。将大数据证据纳入鉴定意见之列，既具有形式上的亲缘性、可比性，也满足司法追求经济性的原则，司法工作人员可以相对容易地援引鉴定意见的审查判断规则去处理大数据证据的效力。诚然，严格地讲，大数据证据同一般意义上的鉴定意见也存在前述一些差异，这有待于设立其采用规则时进行必要的调整。

三、大数据证据之改进建议

（一）创建以"大"真实性为主的大数据来源真实性规则

人们对大数据真实性的质疑大体上包括数据本身与分析结果两个方面。在此先讨论数据本身的真实性问题，即如何对海量数据进行逐一核实？通常的疑问包括：海量数据中是否存在不实的、误导的数据？是否存在着重复的、过时的数据？是否存在着其他不为人所知的错误呢？例如，在一起侵害商标权纠纷案件中，原告举出了"淘宝指数"和"百度指数"，拟证明被告使用相似的商标标识造成相关公众混淆。[①] 如果对诸如此类的指数所依据的数据产生真实性的疑问，从表面上看针对的是"淘宝指数"和"百度指数"的公信力，实质上则针对的是"淘宝指数"和"百度指数"的数据来源及质量。

从学理上讲，数据源的真实性审查包括整体数据的真实性和具体数据的真实性。前一层含义是指大数据作为一个整体数据集的真实性；也就是说，赖以作出大数据分析报告的数据（通常呈现为一份或多份数据库文件）必须是客观形成及收集的真实文件。至于该份或多份数据库文件中每一条记录或信息是否属实，则是后一层含义。简言之，两者分别指向宏观真实性与微观真实性。

按照这样的思路，司法实务中对数据来源真实性的审查判断通常要分两步走。以"兴中天案"（涉嫌传销犯罪）为例：第一步是宏观真实性的审查。兴中天公司

① 参见广东省高级人民法院（2015）粤高法民三终字第444号民事判决书。在该案中，原告所举的"淘宝指数"和"百度指数"具体表述为：179882号公证书显示，在淘宝指数搜索栏输入"新百伦"时，出现"新百伦男鞋""新百伦女鞋"等结果；在淘宝指数上搜索"新百伦"和"new balance"时，显示二者的搜索指数曲线基本一致。179823号公证书显示，在百度指数搜索栏输入"新百伦"和"new balance"进行对比显示，发现对"新百伦"的搜索量远远高于对"new balance"的搜索量。最后，法庭综合多份证据，认定了造成相关公众混淆的事实。

在被查处之前已经将传销网站资金盘停盘，公安机关介入后调取的是该公司为稳定会员情绪开发的网上商城数据。此时需要审查数据在从传销网站迁移到商城网站的过程中是否经过篡改。办案人员调查发现，了解这一情况的，只有一名掌握核心技术的公司技术人员。经向该证人取证，其承认“该数据系其从传销网站迁徙到商城网站的原始数据，未进行删改”。这就说清了该数据集的来源。第二步是微观真实性的审查。办案人员一是调取部分传销参与人员的银行交易明细，同数据库中150万条打款记录及90万条收款记录进行比对，确认能够相互印证；二是选择该传销组织的一个县分支机构进行查证，部分印证了该数据层级关系和会员数量的准确性；三是对每一个犯罪嫌疑人发展的下线进行抽样取证，连取三级，每一级选择两名会员调取证据，对会员数量和层级进行验证，以完成微观核实的工作。

大数据证据的宏观真实性方面能够、也必须做到查证无疑。然而，实务中这一点却往往被忽略。在一起组织传销犯罪案件中，控方指控的证据主要是上海××计算机司法鉴定所提取该公司会员系统后台数据的鉴定意见及有关会计师事务所做的会计报告。其中，该鉴定意见书表明，鉴定人的主要工作是远程登录相关网站提取某某公司会员系统的数据。① 然而，该次鉴定选择的技术标准错误，且关于鉴定实施过程的录像被“掐头去尾”，这些使得整个鉴定过程在关键环节上无法查清；在涉案网站已经无法访问的情况下，无从对涉案数据集的真实性进行核实。之后，会计师事务所据此得出关于吸收会员层级、人数、资金数的判断，其真实性就必然大打折扣。

大数据证据在微观真实性方面很难做到查证无疑，一般要求进行必要的验证即可。英国学者舍恩伯格指出，“‘大数据’通常用概率说话，而不是板着‘确凿无疑’的面孔……当我们试图扩大规模的时候，要学会拥抱混乱”②。“除了纠结于数据的准确性、正确性、纯洁度和严格度之外，我们也应该容许一些不精确的存在。数据不可能是完全对或者完全错的。当数据的规模以数量级增加时，这些混乱也就算不上问题了”③。这里说的是，大数据中只要在整体上达到一定规模的具体数据属实，对案件事实的认定就不会产生实质性影响。如在一起组织传销犯罪案件中，控辩双方围绕是否存在一人多号、虚拟账户、上级会员为下级会员垫付投资款的情况产生了争议。二审法院经审理认为，“由于涉案人数众多，且存在不少会员进行匿名登记的情况，本案无法逐一核实会员身份是正常的。但一审已经基于相关鉴定意见，对空单账户进行了排除，目前也没有其他相反证据，据以对鉴定的会员人数和参与传销资金数额进行扣减，并且，鉴定的会员人数和收取的参与传销资金数额，远远超过司法解释规定的‘情节严重’认定标准，因此，一审依据鉴定意见认

① 参见上海××计算机司法鉴定所［2017］鉴字第69号司法鉴定检验报告书。

② ［英］维克托·迈尔·舍恩伯格、肯尼思·库克耶：《大数据时代：生活、工作与思维的大变革》，盛杨燕、周涛译，46页，杭州，浙江人民出版社，2012。

③ 同上书，240页。

定有关犯罪数额，并据此认定各被告人犯罪属于情节严重也无不当"①。在这里，法院对如何看待"网站后台数据库信息中每个账户、会员、人员"信息的真实性，是有道理的。可见，大数据中只要确保真实的具体数据在整体上达到一定规模，那就不会对案件事实的认定产生实质性影响。

形象地说，宏观真实性可称为"大"真实性，微观真实性可称为"小"真实性。大数据证据的真实性规则应当是以"大"真实性为主、兼涉"小"真实性的规则。"大"真实性审查要严格，"小"真实性审查则不能僵化，两个部分合为一个整体。

（二）构建针对机器算法是否可信的大数据分析结果真实性规则

关于大数据分析结果的质疑，主要指向结论的可靠性。人类经验表明，数据越多越大，得出结论越可靠。我国有学者指出，"数据之大，充分抵消了少数个体的特殊性，类似于在众多裁判中去掉最高分和最低分。显然，裁判越多，打分的结果就越接近运动员的真实水平"②。但这里的特殊性在于，大数据分析结果是由机器算法得出的，有的机器算法还涉及数据模型。人们提出此类质疑，实质针对的是机器算法等分析方案的可信度。当下许多设计者将机器算法与数据模型视为核心的商业秘密，并不愿公开细节。由此，人们对机器算法之参数是否正确及数据模型之逻辑合理与否，难免心怀疑虑。

一种观念认为，既然基于机器学习的大数据证据被作为证据提交法庭，那就应当要求设计者公开技术方案。如果不公开，大数据证据就难以满足真实性标准。反过来，"如果设计者能够保证机器算法的透明度，那么该工具就更容易被法庭接受，而且这些计算的透明度也会同时提高刑事司法系统的透明度"③。这一看法过于武断。洛斯教授指出，"像基于复杂、不透明算法的谷歌地球卫星图像分析报告，往往就被认为含有相当准确的信息而具有高度的证明力。持异议的当事人不能仅仅说，自己无从获取有关的源代码，而要求法庭对该证据予以排除"④。在我国，人们也不会仅仅因为不了解技术原理而否认各种基于 GPS、基站、IP 地址的轨迹分析报告的证据价值。

即便要公开机器算法，"算法透明也不能保证软件得到有效的审查"⑤。由于部分机器算法是机器学习的产物，人类的专家并不能有效解释或说明。"源代码是冗长的，像 TrueAllele⑥ 软件有 170 000 行代码。只要案件中持异议的当事人（或公众）可以自由、不受限地接触、测试该软件，只要该软件客观上是扎实开发并经过

① 山东省济南市中级人民法院（2017）鲁 01 刑终 88 号刑事裁定书。

② 吕乃基：《大数据与认识论》，载《中国软科学》，2014（9），36 页。

③ Ric Simmons. Quantifying Criminal Procedure：How to Unlock the Potential of Big Data in Our Criminal Justice System. 2016 Mich. St. L. Rev. 947，951（2016）.

④ Andrea Roth. Machine Testimony. *Yale L. J.* 2017（126）：2030.

⑤ Ibid.，2034.

⑥ TrueAllele 是一家公司开发的非常规 DNA 检测工具。其利用复杂的数学公式，从统计学的角度来测定案件中 DNA 样本来自某人的可能性。

标准检测的，那么获得软件源代码本身就不那么紧要了”①。况且，司法工作人员绝大多数都是技术外行，如何进行关于数据模型与机器算法的准确裁断？又如何进一步去评价其中哪些因素可能影响到机器结论？

笔者认为，解决大数据分析结果可靠性难题，需要法律界与科技界的协同探索。当前实践中试行的一种技术方案是，由法庭组织司法鉴定机构或行业组织的专业人员进行黑箱测试。黑箱测试是在已知产品所应具有功能的前提下，通过测试来检测每个功能能否正常的一种测试方法。在测试时，把软件程序看作一个不能打开的黑盒子，在完全不考虑其内部结构和内部特性的情况下，在软件程序接口进行测试。② 例如，笔者所在团队在协助办理一起组织传销犯罪案件中，为借助某个大数据分析平台对后台数据库中海量的会员数据、资金数据等进行分析，通过模拟数据反复启动对该大数据分析平台的多轮黑箱测试，抽样验证过关后再用于检验鉴定，得出了传销犯罪的组织层级、成员关系等。③

另一种是值得推行的法律方案，是由法庭组织控辩双方进行对抗。“就像法官判断一个新的、复杂的科学流程是否满足多伯特标准④，需要组织听证会听取各方专家意见一样，法官在评估一个（机器）算法的方法论与可靠性时，同样可以召集听证会听取双方专家的作证意见。”⑤ 为了使得这样的庭上对抗富有效率，法庭还应给出庭发表意见的双方专家提供必要的条件。具体来说，“控辩双方都可以审查可公开的机器（程序）代码，设计不同的输入指令、机器运行的不同参数，特别是测试与案件中当事人说法吻合的材料，看看机器会产生什么样的报告”⑥。这说明，面对大数据证据，司法领域的经典对抗制仍是一把金钥匙，可以帮助人们解开评价大数据证据之机器算法是否可靠的难题。

这里试举笔者调研的许某某诉淘宝（中国）软件有限公司、杭州阿里科技有限公司网络服务合同纠纷一案进行说明。为了维护淘宝客推广秩序，被告（淘宝）开发出反作弊系统，它可以通过抓取异常推广数据识别淘宝客的不正当推广行为。被告（淘宝）指称，原告的淘宝客 PID 在 2013 年 3 月、4 月、5 月的推广数据被反作弊系统抓取存在明显异常，三个月内共劫持淘宝流量 626 次、天猫流量 4 952 次。法庭上，原告对被告（淘宝）通过机器算法——反作弊系统抓取淘宝客异常推广行为的做法表示强烈不服，双方产生了激烈的争议。那么，怎么处理这一争议呢？对抗式庭审是必不可少的，专业测试也极具价值。在该案中，被告（淘宝）提供了上海××计算机司法鉴定所出具的司法鉴定意见书一份，用以证明淘宝客反作弊系统

① Andrea Roth. Machine Testimony. *Yale L. J.* 2017 (126)：2035.

② 参见田培：《软件系统的黑箱测试》，载《计算机教育》，2005 (8)，61 页。

③ 参见××××大学物证技术鉴定中心××鉴定［2018］电子第 14 号司法鉴定意见书。

④ Daubert v. Merrell Dow Pharm.，509 U.S. 579，597 (1993).

⑤ Ric Simmons. Quantifying Criminal Procedure：How to Unlock the Potential of Big Data in Our Criminal Justice System. *Mich. St. L. Rev.* 2016：947，998.

⑥ Andrea Roth. Machine Testimony. *Yale L. J.* 2017 (126)：2028.

异常检测方法的科学性、合理性及劫持流量的方法、统计依据的事实。[①] 该案虽然回避了公布淘宝反作弊算法模型的问题，但同样通过庭上对抗的方式解决了大数据分析结果的真实性认定。当然，假如该鉴定所能够进行技术上的黑箱测试，则司法裁判更具有公信力。

(三) 探索超越人类经验判断的大数据证据关联性规则

关联性是证据发挥证明作用的自然属性。只有对案件事实的证实与证否具有实质意义的证据，才具有关联性。大数据产生之初，早期的研究就提出，“在小数据世界中，相关关系也是有用的，但在大数据的背景下，相关关系大放异彩”[②]。但是，基于大数据分析得出的相关性，是否可以纳入证据法的相关性概念范畴？这是一个值得深究的问题。

实践表明，部分大数据分析所揭示的关联性结论，很可能是人类依靠经验一时无法确认的。例如，沃尔玛公司通过分析其历史交易记录的庞大数据库发现，每当季节性飓风来临之前，不仅手电筒销售量增加了，而且 POP-Tarts 蛋挞（美式含糖早餐零食）的销量也增加了。[③] 英国学者舍恩伯格评价说，“我们现在拥有如此多的数据，这么好的机器计算能力，因而不再需要人工选择一个关联物或者一小部分相似数据来逐一分析了。”[④] 我国有学者将这种现象称为产生了一种不同于人类经验的新经验。“大数据分析方法让我们看到了瞬间大批量处理非结构化信息的可能性，同时大数据分析方法能够弥补人类对庞大数据分析理解上的不足，为事实认定者提供了基于数据的‘数据经验’或者‘特殊经验’。”[⑤] 而这就是大数据带给证据关联性规则的关键性挑战。

化解挑战须从整体数据与具体数据两个方面去构建规则。如果整个数据集同案件中的人、事、物、时、空没有关联，那么大数据证据的关联性就没有搭建起来。[⑥] 至于具体数据的关联性判断，人们要学会认可机器的关联性判断，即由机器识别的关联性意见转化为人类接受和认同的因果关系认识。“传统证据的因果关系是一种强关联关系，而大数据的相关关系是一种弱关联关系。实际上，大数据的相

① 参见浙江省杭州市余杭区人民法院（2014）杭余民初字第 3 号民事判决书。在该案中，鉴定意见书的结论包括：（1）系统可以找出推广数据异常的淘宝客；（2）系统所使用的异常检测方法是建立在大规模数据分布式计算基础之上的，有成熟的概率学理论作为支撑，通过该方法检测异常淘宝客并判定其推广行为为不正当推广行为，是科学合理的。

② ［英］维克托·迈尔·舍恩伯格、肯尼思·库克耶：《大数据时代：生活、工作与思维的大变革》，盛杨燕、周涛译，71 页，杭州，浙江人民出版社，2012。

③ 参见上书，73 页。

④ 同上书，74－75 页。

⑤ 周蔚：《大数据在事实认定中作用机制分析》，载《中国政法大学学报》，2015（6），82 页。

⑥ 在笔者调研的一起非法经营罪案件中，被告人被指控利用境外网站经营期货业务，指控证据是一份没有标明出处的期货交易清单。然而，由于有关证据不能反映出是来自涉案网站的特定账户，以及该账户确实属于被告人实施期货交易所单独使用，亦无法排除系模拟交易服务的记录截屏，因此无法建立证据的关联性锁链。

关性是基于机器逻辑的相关关系。”① “在大数据时代，因果关系不仅不会退居次于相关关系的地位，而且相反，作为因果派生关系，相关关系的当然基础是因果关系。”②

人们对这一规律的认识需要一个过程。以前我国在治理网络犯罪时，面对网络犯罪呈现的“事一机一人”特殊规律，经常遭遇无法依靠电子证据证明实际作案人的难题。从人类的因果逻辑认识上看，电子证据是由机器产生的，依据其中的信息只能追查到涉案机器，根本追不到作案人。但是，随着轨迹大数据分析③技术的出现，人们可以将得出的机器轨迹同行为人的轨迹进行匹配，实现关联性证明方面的认识跃升。如在徐某某、卢某走私、贩卖、运输、制造毒品一案中，控方举出的证据既包括几名被告人的住宿证明，也包括反映其驾驶车辆活动轨迹的智能轨迹分析材料。④ 两者相一致，就将贩毒的犯罪行为与具体的被告人关联起来了。

四、由大数据证据到大数据证明

大数据证据是电子证据迭代的产物，是一个静态的概念。与之相对应的，是将大数据纳入司法证明舞台演绎而成动态的概念——大数据证明。中国人民大学电子证据研究团队的谢君泽对大数据证明做了初步研究，指出大数据证据的运用主要有四种方法：第一种是把大数据所涉及的所有服务器（原始载体）作为证据使用；第二种是把服务器中的大数据（全样本）以等量复制的数据副本形式作为证据使用；第三种是从大数据（全样本）中筛出“小”数据作为证据使用；第四种是将大数据（全样本）经过计算模型处理后的分析结论（如数额）作为证据使用。前两种方法是把大数据（全样本）的原始载体或等量复制数据直接作为证据使用，可称为直接运用模式；后两种是把大数据分析筛出所得的“小”数据或分析结论作为证据使用，可称为间接运用模式或转化运用模式。直接运用模式与间接运用模式的关键区别在于：前者将大数据技术处理的工作重心放在法庭举证、质证、认证阶段，而后者则放在取证阶段。⑤ 在这里，这种类型化的认识有助于人们将大数据证明与大数据证据进行适当区隔。笔者认为，鉴于司法证明的环节构成取证、举证、质证、认证的流水线，大数据证明可以被界定为将大数据及其相关技术引入取证、举证、质证、认证四环节产生的新证明方法或机制。

关注大数据证明首先要进行理论回应，突出问题是如何理解和看待用作司法证

① 刘品新：《电子证据的关联性》，载《法学研究》，2016（6），189页。

② 王天思：《大数据中的因果关系及其哲学内涵》，载《中国社会科学》2016年第5期，第37页。

③ 大数据轨迹分析意指根据海量的话单基站数据、车辆运行数据、出入境数据、航班车辆使用数据、GPS定位数据等，确定行为人的历史活动轨迹。

④ 参见云南省高级人民法院（2015）云高刑终字第226号刑事裁定书。

⑤ 参见谢君泽：《论大数据证明》，载《中国刑事法杂志》，2020（2），126页。

明桥梁的大数据建模。该论者指出："大数据运用能否输出有效的证明结论取决于（主要以'算法'形式表达的）计算模型的有效构建"①；大数据建模包括行为建模和统计建模，前者是"基于行为特征信息的大数据建模"，后者是"大数据行业普遍采用的、以统计方法为基础的建模方法"②。其实，大数据建模、大数据模型或算法之类的概念不是神秘的事物。在司法实践中，它们就是人们通过对海量数据进行分析，进而查明和证明案件事实的认识方法。它们可能指代一种观念、一种平台、一种软件或者一种技术方案等，视不同语境而做具体论。这种事物对法律群体而言相对陌生，当务之急是要让越来越多的人开始理解和接受它们在司法证明中的呈现。

与大数据证明相关的配套制度建设任务将接踵而至。其一，如何对大数据进行高效率采集。具体包括梳理可适用于大数据收集、保全的法定取证措施，设计将社会大数据平台接入司法机关证据平台协助办案的机制，以及采集数据证据的规范化、法治化问题等。其二，如何开展大数据鉴定、技术性审查的规范化建设。具体包括为司法鉴定行业划定清晰的大数据鉴定范围，确立机器算法作出专业判断时的角色和限度，出台基于机器学习的主要司法鉴定方法；设置针对大数据证据的抽样验证标准等。其三，如何对大数据分析报告等结果进行举证、质证与认证等。具体包括大数据分析结果的可视化或者其他可接受方式的展示、完善借助专家辅助人出庭审查质疑、构建将超越经验法则的数据法则用作司法评断标准等相关规则建设等。这需要理论界与实务界开展持续深入的研究与应变。

拓展阅读

1. Andrea Roth. Machine Testimony. 126 Yale L. J. 1972 (2017).

2. 刘品新，陈丽．数据化的统一证据标准．国家检察官学院学报，2019，27 (2).

3. 刘品新．论区块链存证的制度价值．档案学通讯，2020 (1).

4. 刘品新．大数据司法的学术观察．人民检察，2017 (23).

5. 刘品新．论大数据证据．环球法律评论，2019，41 (1).

6. 谢君泽．论大数据证明．中国刑事法杂志，2020 (2).

课后思考

1. 为什么中国开展大数据智能司法创新形成了个性化的样态？

2. 中共十八届四中全会提出，"实现立法和改革决策相衔接，做到重大改革于

① 谢君泽：《论大数据证明》，载《中国刑事法杂志》，2020 (2)，127 页。

② 同上文，131 页。

法有据、立法主动适应改革和经济社会发展需要。”如何理解大数据智能司法创新要高度重视运用法治思维和法治方式，不能陷入相关法律制度的“真空”?

3. 如何防止大数据智能司法创新中出现“数字鸿沟”?

4. 结合我国探索的“数据化的统一证据标准”，论述大数据技术对证明标准制度或证据标准制度可能引发的影响及应对。

5. 阐述区块链证据规则的内涵及特殊性。

6. 论述大数据、人工智能技术给司法证据理论与制度带来的冲击与挑战。

附录 1　主要法律规范索引

一、中国部分

1.《中华人民共和国宪法》
2.《中华人民共和国网络安全法》
3.《中华人民共和国电子签名法》
4.《中华人民共和国电子商务法》
5.《中华人民共和国刑法》
6.《中华人民共和国民法典》
7.《中华人民共和国刑事诉讼法》
8.《中华人民共和国民事诉讼法》
9.《中华人民共和国行政诉讼法》
10.《中华人民共和国保守国家秘密法》
11.《中华人民共和国测绘法》
12.《中华人民共和国传染病防治法》
13.《中华人民共和国档案法》
14.《中华人民共和国道路交通安全法》
15.《中华人民共和国反间谍法》
16.《中华人民共和国反恐怖主义法》
17.《中华人民共和国反垄断法》
18.《中华人民共和国反洗钱法》
19.《中华人民共和国广告法》
20.《中华人民共和国国际刑事司法协助法》
21.《中华人民共和国国家安全法》
22.《中华人民共和国行政处罚法》
23.《中华人民共和国行政许可法》
24.《中华人民共和国护照法》
25.《中华人民共和国旅游法》
26.《中华人民共和国律师法》
27.《中华人民共和国民用航空法》
28.《中华人民共和国票据法》
29.《中华人民共和国涉外民事关系法律适用法》

30.《中华人民共和国统计法》
31.《中华人民共和国突发事件应对法》
32.《中华人民共和国未成年人保护法》
33.《中华人民共和国消费者权益保护法》
34.《中华人民共和国英雄烈士保护法》
35.《中华人民共和国邮政法》
36.《中华人民共和国执业医师法》
37.《中华人民共和国治安管理处罚法》
38.《中华人民共和国仲裁法》
39.《中华人民共和国著作权法》
40. 全国人民代表大会常务委员会《关于维护互联网安全的决定》
41. 全国人民代表大会常务委员会《关于加强网络信息保护的决定》
42. 最高人民法院、最高人民检察院、公安部《办理跨境赌博犯罪案件若干问题的意见》
43. 最高人民法院、最高人民检察院、公安部《关于办理电信网络诈骗等刑事案件适用法律若干问题的意见》
44. 最高人民法院、最高人民检察院、公安部《关于办理刑事案件收集提取和审查判断电子数据若干问题的规定》
45. 最高人民法院、最高人民检察院、公安部《关于办理网络犯罪案件适用刑事诉讼程序若干问题的意见》
46. 最高人民法院、最高人民检察院《关于办理非法利用信息网络、帮助信息网络犯罪活动等刑事案件适用法律若干问题的解释》
47. 最高人民法院、最高人民检察院《关于办理环境污染刑事案件适用法律若干问题的解释》
48. 最高人民法院、最高人民检察院《关于办理侵犯公民个人信息刑事案件适用法律若干问题的解释》
49. 最高人民法院、最高人民检察院《关于办理危害计算机信息系统安全刑事案件应用法律若干问题的解释》
50. 最高人民法院、最高人民检察院《关于检察公益诉讼案件适用法律若干问题的解释》
51. 最高人民法院、最高人民检察院《关于办理盗窃刑事案件适用法律若干问题的解释》
52. 最高人民法院、最高人民检察院《关于办理赌博刑事案件具体应用法律若干问题的解释》
53. 最高人民法院、最高人民检察院《关于办理利用互联网、移动通讯终端、声讯台制作、复制、出版、贩卖、传播淫秽电子信息刑事案件具体应用法律若干问

题的解释》
54. 最高人民法院、最高人民检察院《关于办理利用互联网、移动通讯终端、声讯台制作、复制、出版、贩卖、传播淫秽电子信息刑事案件具体应用法律若干问题的解释（二）》
55. 最高人民法院、最高人民检察院《关于办理利用信息网络实施诽谤等刑事案件适用法律若干问题的解释》
56. 最高人民法院《关于适用〈中华人民共和国刑事诉讼法〉的解释》
57. 最高人民法院《关于适用〈中华人民共和国民事诉讼法〉的解释》
58. 最高人民法院《关于民事诉讼证据的若干规定》
59. 最高人民法院《关于适用〈中华人民共和国行政诉讼法〉的解释》
60. 最高人民法院《关于适用〈中华人民共和国涉外民事关系法律适用法〉若干问题的解释（一）》
61. 最高人民法院《关于互联网法院审理案件若干问题的规定》
62. 最高人民法院《关于人民法院在互联网公布裁判文书的规定》
63. 最高人民法院《关于审理利用信息网络侵害人身权益民事纠纷案件适用法律若干问题的规定》
64. 最高人民法院《关于审理侵害信息网络传播权民事纠纷案件适用法律若干问题的规定》
65. 最高人民法院《关于审理政府信息公开行政案件若干问题的规定》
66. 最高人民法院《关于审理著作权民事纠纷案件适用法律若干问题的解释》
67. 最高人民法院《关于审理涉及计算机网络域名民事纠纷案件适用法律若干问题的解释》
68. 最高人民检察院《人民检察院办理网络犯罪案件规定》
69. 最高人民检察院《人民检察院电子证据鉴定程序（试行）》
70. 最高人民检察院《人民检察院刑事诉讼规则》
71. 最高人民检察院《人民检察院制作使用电子卷宗工作规定（试行）》
72. 最高人民检察院《关于指派、聘请有专门知识的人参与办案若干问题的规定（试行）》
73. 国务院《中华人民共和国计算机信息系统安全保护条例》
74. 国务院《信息网络传播权保护条例》
75. 国务院《中华人民共和国电信条例》
76. 国务院《中华人民共和国政府信息公开条例》
77. 国务院《信访条例》
78. 国务院《征信业管理条例》
79. 国务院《国有土地上房屋征收与补偿条例》
80. 国务院《期货交易管理条例》

81. 国务院《中华人民共和国人类遗传资源管理条例》
82. 国务院《快递暂行条例》
83. 国务院《保安服务管理条例》
84. 国务院《互联网上网服务营业场所管理条例》
85. 国务院《关于授权国家互联网信息办公室负责互联网信息内容管理工作的通知》
86. 国务院《关于在线政务服务的若干规定》
87. 中共中央办公厅、国务院办公厅《党政机关公文处理工作条例》
88. 中共中央办公厅、国务院办公厅《电子文件管理暂行办法》
89. 国家互联网信息办公室《网络信息内容生态治理规定》
90. 国家互联网信息办公室《互联网信息服务管理办法》
91. 国家互联网信息办公室《互联网新闻信息服务单位约谈工作规定》
92. 国家互联网信息办公室《互联网新闻信息服务管理规定》
93. 国家互联网信息办公室《互联网用户账号名称管理规定》
94. 国家互联网信息办公室等《网络音视频信息服务管理规定》
95. 国家互联网信息办公室等《网络安全审查办法》
96. 国家互联网信息办公室《儿童个人信息网络保护规定》
97. 公安部《公安机关办理行政案件程序规定》
98. 公安部《公安机关办理刑事案件程序规定》
99. 公安部《公安机关公民个人信息安全管理规定》
100. 公安部《公安机关互联网安全监督检查规定》
101. 公安部《公安机关办理刑事案件电子数据取证规则》
102. 公安部《公安机关电子数据鉴定规则》
103. 公安部《公安机关刑事案件现场勘验检查规则》
104. 公安部《计算机犯罪现场勘验与电子证据检查规则》
105. 公安部《互联网安全保护技术措施规定》
106. 公安部《计算机病毒防治管理办法》
107. 公安部《计算机信息网络国际联网安全保护管理办法》
108. 工业和信息化部《电话用户真实身份信息登记规定》
109. 工业和信息化部《电信和互联网用户个人信息保护规定》
110. 工业和信息化部《规范互联网信息服务市场秩序若干规定》
111. 工业和信息化部《通信短信息服务管理规定》
112. 工业和信息化部《互联网域名管理办法》
113. 国家新闻出版总署等《互联网出版服务管理规定》
114. 国家邮政局《寄递服务用户个人信息安全管理规定》
115. 人力资源和社会保障部《网络招聘服务管理规定》

116. 国家市场监督管理总局《网络交易监督管理办法》
117. 中国银行业监督管理委员会等《网络借贷信息中介机构业务活动管理暂行办法》
118. 交通运输部、国家税务总局《网络平台道路货物运输经营管理暂行办法》
119. 交通运输部等《网络预约出租汽车经营服务管理暂行办法》
120. 国家发展和改革委员会等《电子招标投标办法》
121. 《贵阳市大数据安全管理条例》
122. 《贵州省大数据安全保障条例》
123. 《贵州省大数据发展应用促进条例》
124. 《浙江省保障“最多跑一次”改革规定》
125. 《浙江省公共数据和电子政务管理办法》
126. 《浙江政务服务网电子文件管理暂行办法》

二、其他部分

1. 印度《证据法》(1872 年)
2. 《布鲁塞尔公约》(1968 年)
3. 德国黑森州《数据保护法》(1970 年)
4. 美国《隐私法》(1974 年)
5. 经济合作与发展组织《个人数据的隐私保护与跨境流转指南》(1980 年)
6. 《关于合同义务法律适用的罗马公约》(1980 年)
7. 南非《计算机证据法》(1983 年)
8. 英国《警察与刑事证据法》(1984 年)
9. 美国《存储通信法》(1986 年)
10. 美国《计算机安全法》(1987 年)
11. 欧盟《个人数据保护指令》(1995 年)
12. 美国犹他州《数字签名法》(1995 年)
13. 联合国《电子商务示范法》(1996 年)
14. 欧盟《关于远程合同中消费者保护指令》(1997 年)
15. 美国《政府文书无纸化法》(1998 年)
16. 新加坡《电子交易法》(1998 年)
17. 美国《儿童线上隐私保护法》(1998 年)
18. 美国《数字千年版权法》(1998 年)
19. 加拿大《统一电子证据法》(1998 年)
20. 欧盟《关于信息社会服务的透明度机制的指令》(1998 年)
21. 美国《统一计算机信息交易法》(1999 年)
22. 美国《统一电子交易法》(1999 年)
23. 美国《全球与国内商务电子签名法》(2000 年)

24. 美国《儿童网络隐私保护法》（2000 年）
25. 英国《电子通信法》（2000 年）
26. 印度《信息技术法》（2000 年）
27. 联合国《电子签名示范法》（2001 年）
28. 欧盟《电子商务指令》（2000 年）
29. 美国《爱国者法》（2001 年）
30. 欧盟《关于在欧盟机构、团体、办事处和机构处理个人数据保护及自由流转条例》（2019 年）
31. 菲律宾《电子证据规则》（2001 年）
32. 澳大利亚《网络犯罪法》（2001 年）
33. 欧洲理事会《网络犯罪公约》（2001 年）
34. 海牙国际司法会议《关于经由中间人持有的证券的某些权利的法律适用公约》（2002 年）
35. 欧盟《关于隐私和电子通信的指令》（2002 年）
36. 英联邦《电子证据示范法（草案）》（2002 年）
37. 美国《电子政府法》（2002 年）
38. 美国《国土安全法》（2002 年）
39. 美国《网络安全加强法》（2002 年）
40. 欧盟《布鲁塞尔规则》（2002 年）
41. 芬兰《公共领域电子送达与联络法》（2003 年）
42. 欧盟《关于冻结令的框架决定》（2003 年）
43. 欧洲理事会《〈网络犯罪公约〉附加议定书：对通过计算机系统实施种族性排外行为的犯罪化》（2003 年）
44. 美国《联邦信息安全管理法》（2003 年）
45. 美国立法交流委员会“电子政府服务法”（2003 年）
46. 日本《约会网站管理法》（2003 年）
47. 奥地利《电子政府法》（2004 年）
48. 联合国《国际合同使用电子通信公约》（2005 年）
49. 多米尼克《电子证据法》（2005 年）
50. 美国《个人数据隐私与安全法》（2005 年）
51. 意大利《数字行政管理法典》（2006 年）
52. 美国《互联网博彩管理法》（2007 年）
53. 欧盟《关于合同之债法律适用的条例》（2009 年）
54. 欧盟《Cookie 指令》（2009 年）
55. 美国加利福尼亚州《电子证据开示法》（2009 年）
56. 美国《远程办公促进法》（2010 年）

57. 美国《政府绩效现代化法》（2010年）
58. 加拿大《打击互联网和无线垃圾邮件法》（2010年）
59. 芬兰《公共行政信息管理治理法》（2011年）
60. 欧盟《民商事案件管辖权、判决承认与执行之条例（重订）》（2012年）
61. 新加坡《个人数据保护法》（2012年）
62. 德国《电子政府促进法》（2013年）
63. 奥地利《电子签名法》（2013年）
64. 芬兰《政府通用信息通讯技术服务法》（2013年）
65. 美国《联邦信息安全现代化法》（2014年）
66. 欧盟《欧洲调查令指令》（2014年）
67. 欧盟《电子身份与签名条例》（2014年）
68. 非洲联盟《网络安全和个人数据保护公约》（2014年）
69. 美国《网络安全信息共享法》（2015年）
70. 尼日利亚《网络犯罪（禁止、预防）法》（2015年）
71. 芬兰《政府安全网络活动法》（2015年）
72. 欧盟《网络与信息系统安全指令》（2016年）
73. 欧盟一美国《隐私保护盾决定》（2016年）
74. 奥地利《电子商务法》（2016年）
75. 日本《个人信息保护法》（2017年）
76. 联合国《电子可转让记录示范法》（2017年）
77. 美国《互联网政府法》（2018年）
78. 欧盟《网络安全法》（2019年）
79. 欧盟《一般数据保护条例》（2018年）
80. 美国《澄清合法使用海外数据法》（2018年）
81. 欧盟《跨境包裹递送服务条例》（2018年）
82. 欧盟《数字合同指令》（2019年）
83. 欧盟《关于更好地执行和现代化欧盟消费者保护的指令》（2019年）
84. 欧盟《关于非个人数据在欧盟内自由流转的框架条例》（2019年）
85. 欧盟《关于在欧盟机构、团体处理个人数据保护与自由流转条例》（2001年）
86. 越南《网络安全法》（2019年）
87. 美国华盛顿州《关于承认分布式记账技术的有效性的法律》（2019年）
88. 美国加利福尼亚州《消费者隐私法》（2020年）
89. 美国加利福尼亚州《消费者隐私法条例》（2020年）
90. 美国伊利诺伊州《区块链技术法》（2020年）
91. 韩国《数字签名法》（2020年）
92. 南非《个人信息保护法》（2020年）

附录 2　案例索引

【案例 1－1】高校 BBS 实名制等网上“事后”严监管的现象
【案例 1－2】魏则西事件的查处
【案例 1－3】快播公司等传播淫秽物品牟利罪案
【案例 1－4】淘宝公司与美景公司不正当竞争纠纷案
【案例 2－1】美国《全球与国内商务电子签名法》首以电子签名方式签署
【案例 2－2】奇虎公司、奇智公司与腾讯公司、腾讯计算机公司不正当竞争纠纷案
【案例 2－3】宋××与新华期货公司期货经纪合同纠纷案
【案例 2－4】温××与仁寿县人民医院医疗损害责任纠纷案
【案例 2－5】中燃公司、中燃上海公司与瑞斯特公司、一岚公司买卖合同纠纷案
【案例 2－6】保利公司与邵××、付×、张××、继华公司借款合同纠纷案
【案例 2－7】敖××银行卡被盗刷案
【案例 2－8】泊逸酒店公司与上海皖皓公司建设工程施工合同纠纷案
【案例 2－9】陈××与龙圩交警大队交通管理行政处罚纠纷案
【案例 2－10】刘××与鑫壕天畅公司、天矿所合同纠纷案
【案例 2－11】东方置业公司与外经集团公司、哥斯达黎加银行、中国建设银行安徽省分行保函欺诈案
【案例 2－12】阅图公司诉东方网公司侵害作品信息网络传播权纠纷案
【案例 2－13】阿里小贷公司诉郑××借款合同纠纷案
【案例 2－14】甲男诉乙女借款纠纷案
【案例 2－15】金力达公司与双鸟公司加工合同纠纷案
【案例 2－16】许×诉深圳市市场监督管理局质量监督检验检疫行政管理纠纷案
【案例 2－17】联邦快递公司与信如公司航空货物运输合同纠纷案
【案例 2－18】赵××与敦化市政府房屋征收补偿行政决定案
【案例 2－19】周×与钱盆科技公司合同纠纷案
【案例 2－20】蔡××与中国银行锦绣支行借记卡纠纷案
【案例 2－21】华盖公司与融信公司侵害著作财产权纠纷案
【案例 3－1】孙××诉世纪卓越公司买卖合同纠纷案
【案例 3－2】港联公司与爱万家公司、蔡××、祝××民间借贷纠纷案
【案例 3－3】孙××与拜克洛克公司申请确认仲裁协议效力案
【案例 3－4】郭××与多点公司买卖合同纠纷案

【案例3-5】徐××与张××、淘宝公司网络购物合同纠纷案
【案例3-6】肖×与京东公司侵害作品信息网络传播权纠纷案
【案例3-7】京东公司与王××买卖合同纠纷案
【案例3-8】蔡×与淘宝公司产品责任纠纷案
【案例3-9】徐××与李××、亿心公司、平安财险、华泰财险机动车交通事故责任纠纷案
【案例3-10】何××诉密境和风公司网络侵权责任纠纷案
【案例3-11】凡迈公司与淘宝公司、万家红百货店侵害商标权纠纷案
【案例3-12】纳通公司与圣洁美仪器厂、阿里广告公司侵害外观设计专利权纠纷案
【案例3-13】王×与江×、淘宝公司不正当竞争纠纷案
【案例3-14】儿童签订电子商务合同纠纷案
【案例3-15】周×与万协云商公司、万商科技公司、高××合同纠纷案
【案例3-16】租个女友回家过年
【案例3-17】王××与寺库公司网络购物合同纠纷案
【案例3-18】王×与京东拓帆公司、京东公司侵权责任纠纷案
【案例3-19】张×诉阳光人寿公司保险纠纷案
【案例3-20】2.4美元的机票应否得到兑现事件
【案例3-21】王××与永康市舟山康行冲件厂等产品责任纠纷案
【案例3-22】易×诉原海淀工商分局、北京市市监局所作行政复议决定案
【案例3-23】王××与顺丰三亚荔枝沟公司邮寄服务合同纠纷案
【案例3-24】技宇公司与支付宝公司服务合同纠纷案
【案例4-1】杜宝良交通违章系列案
【案例4-2】君艺美居公司诉巴南环保局不履行环评审批法定职责案
【案例4-3】陆红霞诉南通市发改委政府信息公开答复案
【案例4-4】艾×、杨××与江苏省司法厅、司法部信息公开及行政复议案
【案例4-5】郝××诉浑南区政府、沈阳市政府信息公开与撤销复议决定案
【案例4-6】李××等人与老城区政府、洛阳市政府信息公开及行政复议案
【案例4-7】陈××等人诉东城区政府信息公开案
【案例4-8】周××诉汉阳区政府信息公开案
【案例4-9】朱××诉金华市政府信息公开案
【案例4-10】董×诉徐汇区房屋土地管理局政府信息公开案
【案例4-11】陆××等四人诉自然资源部（原国土资源部）政府信息公开案
【案例4-12】曾××诉江西移动公司不履行信息公开义务案
【案例4-13】中华环保联合会诉修文县环境保护局环境信息公开案
【案例4-14】齐××诉金安区政府信息公开案
【案例4-15】陈××诉荥阳市政府信息公开案

【案例 4－16】李××与国家市场监督管理总局信息公开案
【案例 4－17】张×诉太和县政府信息公开案
【案例 4－18】李××诉徐州市政府信息公开案
【案例 4－19】罗××诉彭水县地方海事处政府信息公开案
【案例 4－20】林×与上海市环境保护局、上海市人民政府环保案
【案例 4－21】如果爱公司诉民政部信息公开案
【案例 4－22】李××诉广东省交通运输厅政府信息公开案
【案例 4－23】西安益佳大药房不服西安市工商局莲湖分局工商行政登记案
【案例 4－24】超恒公司与教育中心招标投标买卖合同纠纷案
【案例 4－25】希优公司不服上海市商务委员会行政决策案
【案例 4－26】周××诉武汉市公安局交通管理局特勤大队等交通管理行政处罚案
【案例 4－27】电子行政登记引发的烦恼
【案例 4－28】李××诉清新公安分局等交通违法行政处罚案
【案例 4－29】刘×诉生态环境部不履行信息公开法定职责案
【案例 4－30】秦××诉溧水区政府不履行行政复议法定职责案
【案例 4－31】刘××与北京市政府信息公开及行政复议案
【案例 4－32】成××与司法部等再审审查与审判监督案
【案例 5－1】3Q 大战引发网络安全风波
【案例 5－2】美国政府棱镜计划威胁各国网络安全
【案例 5－3】奇虎 360 公司、奇智公司与腾讯公司、腾讯计算机公司不正当竞争纠纷案
【案例 5－4】孙×在暗网传播儿童色情资料案
【案例 5－5】高校未落实等级保护制度致学生信息泄露案
【案例 5－6】鑫澄公司诉上海市公安局闵行分局责令限期整改通知案
【案例 5－7】华大科技人类遗传资源信息违规出境行政处罚案
【案例 5－8】林××诉微梦公司侵犯名誉权纠纷案
【案例 5－9】深圳微源码软件公司诉腾讯公司垄断纠纷案
【案例 5－10】北京市网信办、工商局依法约谈查处抖音、搜狗事件
【案例 6－1】谷歌诉冈萨雷斯被遗忘权案
【案例 6－2】刘××诉乐元素公司隐私权纠纷案
【案例 6－3】陈××与北京市工商行政管理局朝阳分局政府信息公开案
【案例 6－4】盈讯公司与河南移动合同纠纷案
【案例 6－5】成都九正公司诉天津和合公司等买卖合同纠纷案
【案例 6－6】贾×诉商优公司合同纠纷案
【案例 6－7】黄××、魏××侵犯公民个人信息罪案
【案例 6－8】孙××诉百度网讯公司等人格权纠纷案
【案例 6－9】郭兵诉野生动物世界服务合同纠纷案

【案例 6－10】任××诉百度网讯公司侵犯名誉权、姓名权、一般人格权纠纷案
【案例 6－11】齐玉苓诉陈晓琪等以侵犯姓名权的手段侵犯宪法保护的公民受教育的基本权利纠纷案
【案例 6－12】傅××、曹××侵犯公民个人信息罪案
【案例 6－13】掌柜网络公司与嘉宝公司网络服务合同纠纷案
【案例 6－14】高××与北京信管局、工信部不服投诉答复、行政复议决定案
【案例 6－15】四川省自贡市人民检察院与周××人格权纠纷民事公益诉讼案
【案例 6－16】俞××诉淘宝公司等网络侵权责任纠纷案
【案例 6－17】申×与携程公司、支付宝公司侵权责任纠纷案
【案例 6－18】孙××诉平安银行、鑫富源公司隐私权纠纷案
【案例 6－19】鼎信公司诉云上城网络公司委托合同纠纷案
【案例 6－20】俞××与淘宝公司等网络侵犯责任纠纷案（续）
【案例 6－21】黄××诉微梦公司等名誉权纠纷案
【案例 6－22】陈××诉淘宝公司财产损害赔偿纠纷案
【案例 6－23】美国证监会要求五家会计师事务所提供审计底稿案
【案例 6－24】贝尔塔公司与伊×人格权纠纷案
【案例 6－25】于××诉解放派出所、鞍山市公安局个人信息录入行为违法并赔偿案
【案例 6－26】刘×诉中国工商银行侵犯个人信息受保护权案
【案例 6－27】微梦公司与淘友技术公司、淘友科技公司不正当竞争纠纷案
【案例 6－28】甲×与携程公司、支付宝公司侵权责任纠纷案（续）
【案例 6－29】方××与东航股份公司等合同纠纷案
【案例 6－30】许××诉广东省通信管理局不履行法定职责案
【案例 7－1】“善心汇”网络传销案
【案例 7－2】叶源星、张剑秋犯提供侵入计算机信息系统程序罪，谭房妹犯非法获取计算机信息系统数据罪案
【案例 7－3】淘宝网上给予“好评”引发非法经营罪案
【案例 7－4】林甲等八人非法经营罪案
【案例 7－5】复制出售游戏武器装备行为的罪与非罪
【案例 7－6】曾兴亮、王玉生犯破坏计算机信息系统罪案
【案例 7－7】李骏杰等犯破坏计算机信息系统罪案
【案例 7－8】付宣豪、黄子超犯破坏计算机信息系统罪案
【案例 7－9】李森、何利民、张锋勃等人犯破坏计算机信息系统罪案
【案例 7－10】徐强犯破坏计算机信息系统罪案
【案例 7－11】丹·里瑞安置“逻辑炸弹”案
【案例 7－12】卫梦龙、龚旭、薛东东犯非法获取计算机信息系统数据罪案
【案例 7－13】叶源星、张剑秋犯提供侵入计算机信息系统程序罪，谭房妹犯非法获取计算机信息系统数据罪案（续）

【案例 7－14】庞×、季×非法获取计算机信息系统数据罪案
【案例 7－15】冯××犯提供侵入、非法控制计算机信息系统程序、工具罪案
【案例 7－16】张某杰等犯非法控制计算机信息系统罪案
【案例 7－17】黄杰明、陶胜新等犯非法利用信息网络罪案
【案例 7－18】谭张羽、张源等犯非法利用信息网络罪案
【案例 7－19】赵瑞犯帮助信息网络犯罪活动罪案
【案例 7－20】侯博元、刘昱祈等犯帮助信息网络犯罪活动罪案
【案例 7－21－1】陈庆豪、陈淑娟、赵延海犯开设赌场罪案
【案例 7－21－2】陈庆豪、陈淑娟、赵延海犯开设赌场罪案（续）
【案例 7－22】温某龙等二十三人犯敲诈勒索罪案
【案例 7－23】张四毛犯盗窃罪案
【案例 7－24】轰动全国的“九九情色论坛”案
【案例 7－25】李丙龙犯破坏计算机信息系统罪案
【案例 7－26】马×犯聚众淫乱罪案
【案例 7－27】叶经生等犯组织、领导传销活动罪案
【案例 7－28】董××、宋××犯抢劫罪案
【案例 7－29】董杰、陈珠犯非法经营罪案
【案例 7－30】何××犯非法控制计算机信息系统罪案
【案例 7－31】某网吧系统遭受攻击案
【案例 8－1】传播公司等犯传播淫秽物品牟利罪案（续）
【案例 8－2】杨×等犯开设赌场罪案
【案例 8－3】陈力等八人侵犯著作权案
【案例 8－4】华泰一媒公司与道同公司侵害作品信息网络传播权纠纷案
【案例 8－5】甲与乙离婚纠纷案
【案例 8－6】关于身份关联性的系列案件
【案例 8－7】××广告公司与陈××劳动争议纠纷案
【案例 8－8】快播公司等犯传播淫秽物品牟利罪案（续）
【案例 8－9】马××涉嫌破坏公用电信设施罪案
【案例 8－10】唐××与中国证监会行政诉讼纠纷案
【案例 8－11】张凯闵等五十二人涉嫌电信网络诈骗罪案
【案例 8－12】姚晓杰等十一人涉嫌破坏计算机信息系统罪案
【案例 8－13】淘宝公司与黄××网络服务合同纠纷案
【案例 8－14】张凯闵等五十二人涉嫌电信网络诈骗罪案（续）
【案例 8－15】周正龙涉嫌诈骗、非法持有弹药罪案
【案例 8－16】刘×等犯组织卖淫、非法持有枪支、协助组织卖淫、贩卖毒品罪案
【案例 8－17】中新网公司诉核新同花顺公司、核新软件公司著作权侵权纠纷案

【案例 8－18】芦×盗窃罪案
【案例 8－19】张犯闵等五十二人犯电信网络诈骗罪案（续）
【案例 8－20】周某交通违章案
【案例 8－21】张犯闵等五十二人犯电信网络诈骗罪案（续）
【案例 8－22】董×与吴×外观设计专利权无效行政纠纷申请再审案
【案例 8－23】赵×、昱为公司与天智未来公司侵害实用新型专利权纠纷案
【案例 8－24】陈××与黄××民间借贷纠纷案
【案例 9－1】香港“艳照门”波及内地的连锁反应
【案例 9－2】雅虎公司网拍纳粹纪念物品案
【案例 9－3】澳大利亚人 A 犯煽动罪案
【案例 9－4】董某澜犯贩卖毒品罪案
【案例 9－5】微软公司诉美国案
【案例 9－6－1】谭×伟等犯开设赌场罪案
【案例 9－6－2】谭×伟等犯开设赌场罪案（续）
【案例 9－7】阮××犯侵犯公民个人信息罪案
【案例 9－8】李××犯传播淫秽物品牟利罪案
【案例 9－9】沈××、胡×、李××犯贩卖毒品罪案
【案例 9－10】董××、张××、田××、邓×犯组织、领导传销活动罪案
【案例 9－11】李×、梁××、张××等犯非法获取计算机信息系统数据、非法控制计算机信息系统罪案
【案例 9－12】谭秦东涉嫌构成损害商品声誉罪案
【案例 9－13】陆×犯妨害信用卡管理罪、销售假药罪案
【案例 9－14】叶××、江××、胡××犯侵犯著作权罪案
【案例 9－15】王××、郑××犯侵犯著作权罪案
【案例 9－16】索×犯盗窃罪案
【案例 9－17】徐×、徐×华犯掩饰、隐瞒犯罪所得罪案
【案例 9－18】郝×、颜××犯诈骗罪案
【案例 9－19】马××犯侵犯著作权罪案
【案例 10－1】杭州市余杭区人民检察院与蔡××、姚×侵权责任纠纷（互联网民事公益诉讼）案
【案例 10－2】郑××与 CSC 企业域名公司、互联网名称与数字地址分配机构等垄断纠纷案
【案例 10－3】美国有线新闻网诉香港美亚公司域名纠纷案
【案例 10－4】马丁内兹父子诉镜报出版集团案
【案例 10－5】英塞特计算机系统公司诉英斯特拉谢设备公司案
【案例 10－6】旗波灯具制造公司诉旗波网络公司案

【案例 10－7】布拉基诉大陆航空公司案
【案例 10－8】Bancroft & Masters 公司诉 Augusta Nat 公司案
【案例 10－9】闵×与佛山市高明区聚美味快餐店网络购物合同纠纷案
【案例 10－10】华动技术公司与游戏科技公司计算机软件著作权许可使用合同纠纷管辖权异议案
【案例 10－11】腾飞克公司与晋江公司不正当竞争纠纷案
【案例 10－12】黎××与《鲁中晨报》社、微梦公司侵犯名誉权、隐私权纠纷案
【案例 10－13】汇优尚品公司与图们惠人公司、京东公司、云购公司、朗能公司侵害发明专利权纠纷管辖权异议案
【案例 10－14】富昱特公司与若邻公司侵害作品信息网络传播权纠纷案
【案例 10－15】陈××与平安直通公司、微梦公司侵害著作权纠纷案
【案例 10－16】瑞得公司诉东方公司网页著作权侵权案
【案例 10－17－1】行家商贸公司与欧森公司商业诋毁纠纷案
【案例 10－17－2】行家商贸公司与欧森公司商业诋毁纠纷案（续）
【案例 10－18】豪腾公司与萌蛋公司、艺鸿公司著作权侵权纠纷案
【案例 10－19】丁××与房××、百度公司、新浪公司侵犯名誉权案
【案例 10－20】曾××与许××、淘宝公司确认不侵害商标权纠纷案
【案例 10－21】汉高（中国）公司诉贺定高、华腾公司确认不侵害商标权纠纷案
【案例 10－22】李×与阿卡丁公司、京东公司网络购物合同纠纷案
【案例 10－23】卢××与上海寻梦公司、义乌伍联公司、东阳俊龙厂因产品责任、网络服务合同管辖权异议纠纷案
【案例 10－24】冯志波与天猫公司买卖合同纠纷案
【案例 10－25】黎××与采萧公司、淘宝公司网络购物合同纠纷案
【案例 10－26】俞×与周××买卖合同纠纷案
【案例 10－27】熊××与李娜网络购物合同纠纷案
【案例 11－1】假定克林顿性丑闻系编造而引发的诽谤案件
【案例 11－2】杨××犯收买信用卡信息罪案
【案例 11－3－1】山东聚丰公司与韩国 MGAME 公司、天津风云公司网络游戏代理及许可合同纠纷管辖权异议案
【案例 11－3－2】山东聚丰公司与韩国 MGAME 公司、天津风云公司网络游戏代理及许可合同纠纷管辖权异议案（续）
【案例 11－4】马××与智付公司侵权责任纠纷案
【案例 11－5】深圳市分时共享公司与沈××租赁合同纠纷案
【案例 11－6】王××与李××网络购物合同纠纷案
【案例 11－7】亿玛公司诉牵趣进出口公司、上海牵趣公司服务合同纠纷案

【案例11-8】宇商贷款公司与肖××、宋××、陈×借款合同纠纷案
【案例11-9】严×与亚马逊公司网络购物合同纠纷案
【案例11-10】世平（香港）公司与湖南蓝威公司买卖合同纠纷案
【案例11-11】张××与益生源公司、隆之源公司网络服务合同纠纷案
【案例11-12】李××与意大利博浦盟银行网络域名权属侵权纠纷案
【案例11-13】WUYIFAN与广州昱锦公司、微梦创科公司侵犯肖像权纠纷案
【案例11-14】陈乔恩与颜珀坊公司网络侵权责任纠纷案
【案例11-15】陈乔恩与爱化妆公司、艳色公司网络侵权责任纠纷案
【案例11-16】威联通公司诉创艺公司、刘××侵害商标权、计算机网络域名权属、侵权及不正当竞争纠纷案
【案例11-17】WUDALYYIUCHI与杨××网络侵权责任纠纷案
【案例11-18】高×与孟非、果酱公司名誉权纠纷案
【案例11-19】云智公司与林心如网络侵权责任纠纷案
【案例11-20】株式会社一无所有与安逸猿公司、麦凯乐西安路店侵害作品复制权、发行权、信息网络传播权及虚假宣传纠纷案
【案例11-21】中松公司与松下公司网络域名权属纠纷案
【案例11-22】华杰公司与黄×、淘宝公司侵害商标权纠纷案
【案例11-23】圣沛黎洛与薛××计算机网络域名纠纷案
【案例12-1】AI法官助理协助主持庭审
【案例12-2】王××犯诈骗罪案
【案例12-3】周××与谢××民间借贷纠纷案

附录 3　图片索引

图 1-1　约翰·P. 巴洛（John Perry Barlow）

图 1-2　弗兰克·H. 伊斯特布鲁克（Frank H. Easterbrook）

图 1-3　劳文斯·莱斯格（Lawrence Lessig）

图 1-4　中国网络法的现实架构

图 2-1　1993 年美国漫画家彼得·施泰纳（Peter Steiner）发表于杂志《纽约客》（*The New Yorker*）

图 2-2　2000 年克林顿总统签署《全球与国内商务电子签名法》

图 2-3　传统签名、捺印

图 2-4　数字签名的制作过程

图 2-5　数字签名的验证过程

图 2-6　认证机构向签名人签发证书

图 2-7　TSA 向签名人签发可信时间戳证书（范本）

图 2-8　联合国总部

图 3-1　《电子商务法》确定的电子商务主体

图 4-1　美国政府数据开放运动

图 5-1　网络安全的层级：个人、组织与国家的层面

图 5-2　爆料者爱德华·约瑟夫·斯诺登（Edward Joseph Snowden）

图 5-3　日本网络安全战略本部的职能和权限

图 5-4　跨境数据流转的主管部门评估流程

图 6-1　路易斯·布兰代斯（Louis Brandeis）

图 6-2　经济合作与发展组织（OECD）于 1948 年成立

图 7-1　昔日头号黑客凯文·米特尼克（2008 年）

图 7-2　未成年人涉网案件的主因及未成年人犯罪的主因

图 8-1　我国民事、行政诉讼中的非法证据排除规则的演变

图 8-2　电子证据的第一层证明体系

图 9-1　由结果发生地确定管辖权的象型模型

图 10-1　1945 年美国联邦最高法院确立最低联系标准

图 11-1　亚马逊公司购物网站关于“适用法律、争议解决及适用的使用条件”新表述

图 12-1　上海“数据化的统一证据标准”构建过程

附录4　表格索引

表1-1　中国网络法的层面
表1-2　中国网信行政执法的主要规范及内容
表2-1　电子签名与传统签名的异同
表3-1　电子商务经营者的法定权利、义务
表3-2　电子商务平台经营者的法定权利、义务
表3-3　电子商务中知识产权保护机制分解
表3-4　“自动信息系统”与民法上代理人的区别
表3-5　传统合同与电子合同的区别
表3-6　《民法典》关于电子合同的基础规定
表4-1　广义的电子政务法体系
表4-2　我国电子政务初步法律体系
表4-3　政府公开内容一览
表5-1　几部网络安全基本法之内容比较
表5-2　中国网络安全关联法律之主要内容
表5-3　我国《网络安全法》的框架内容
表5-4　信息系统的安全保护等级
表5-5　网络监管部门、网络经营者等的权力、义务、责任及违法后果
表5-6　不同主体进行监测预警、应急处置的权力与责任
表6-1　个人信息的分类或列举
表6-2　个人信息权的组成
表6-3　欧盟个人信息保护立法的进程
表6-4　部分国家或地区的个人信息保护专门立法
表6-5　《一般数据保护条例》规定的定义、适用范围、原则及罚款
表6-6　《一般数据保护条例》规定的个人数据权
表6-7　《一般数据保护条例》规定的数据跨境流转方式
表6-8　中国个人信息保护法律体系
表6-9　个人信息处理活动中个人权利的名称、内涵及配套机制
表6-10　个人信息处理者之义务的名称及内涵
表7-1　现行《刑法》直接规定的网络犯罪
表7-2　非法获取计算机信息系统数据罪的裁量标准

表7-3 制作、复制、出版、贩卖、传播淫秽物品牟利罪的裁量标准
表7-4 非法获取计算机信息系统数据罪的裁量标准
表8-1 中国关于电子证据的主要规范
表8-2 电子证据真实性的认定标准
表10-1 中国主要法律规范关于电子合同纠纷的一般管辖规则解析
表11-1 中国《涉外民事关系法律适用法》关于电子合同纠纷法律适用的条文解析
表11-2 中国《涉外民事关系法律适用法》关于网络侵权纠纷法律适用的条文解析
表11-3 中国《涉外民事关系法律适用法》关于网络知识产权纠纷法律适用的条文解析
表12-1 我国大数据智能司法及其创新的主要战略政策指引
表12-2 中美大数据智能司法项目的制度影响力

致 谢

在本书即将付梓之际，感恩之心情油然而生。

我深深感激我的父母、岳父母和夫人、孩子，深深感激恩师何家弘教授和师母任新萍女士！他们给我人世间美妙的亲情、爱情，见证着我一路走来、走过、走远。

本书是在我许多学术研究成果的基础上沉淀而来的。我要衷心感谢早年吸收我参加《中国电子商务法示范法》课题组，领我或陪我走进网络法之门的黄进、张楚、刘颖、吕国民、齐爱民、宋连斌、易志斌、郑远民、孙占利、何其生等老师！感谢指导或参与《电子商务法律制度：冲击与因应》（人民法院出版社 2005 年版）的王利明、姚欢庆、皮勇、黄文军、王旭东、蒋顺、江澜、樊钉等老师！感谢参与“网络时代刑事司法的理念与制度创新”课题组并作出实质贡献的张晶、杨建国、李慧、方斌、梁坤等同学！感谢参与《国外网络犯罪法律制度选译》撰稿（中国人民公安大学出版社 2012 年版）的邓矜婷、杜春鹏等老师和王钢、王莎莎、付晓雨、边琬莹、吕凡、曲赛男、刘璇、杨春、杨爽、李洪杰、肖金玲、余龙祥、张小慧、张爱东、郎宏、房浩、戴羽、魏佳明等同学！感谢投入“网络安全的刑事法治应对”课题研究的张吉豫、丁晓东、王莹、徐菲、徐晶、王燃等老师和孙玉龙、张艺贞、刘丽娜、唐超琰、王斑、李斌等同学！

本书经历过 2009 年第一版、2015 年第二版，方到如今的第三版。我要真诚感谢中国人民大学出版社各位编辑！感谢以各种方式提供帮助的戴士剑老师和邵等弟、宋华秋、朱梦妮、刘晶、贺娇等同学！

本书为 2020 年中央高校建设世界一流大学（学科）和特色发展引导专项资金支持项目“科技革命与未来法治跨学科研究平台”的研究成果。我要向中国人民大学、法学院、未来法治研究院、刑事法律科学研究中心及证据学教研室的各位领导表示感谢！

感谢所有认识我的人与我认识的人！

刘品新

2021 年 5 月 7 日于未闲书屋

图书在版编目（CIP）数据

网络法：原理、案例与规则/刘品新著．--3版．--北京：中国人民大学出版社，2021.6
21世纪法学研究生参考书系列
ISBN 978-7-300-29426-1

Ⅰ.①网…　Ⅱ.①刘…　Ⅲ.①计算机网络－科学技术管理法规－中国－研究生－教学参考资料　Ⅳ.①D922.17

中国版本图书馆CIP数据核字（2021）第105711号

21世纪法学研究生参考书系列
网络法：原理、案例与规则（第三版）
刘品新　著
Wangluofa：Yuanli、Anli yu Guize

出版发行	中国人民大学出版社		
社　　址	北京中关村大街31号	**邮政编码**	100080
电　　话	010－62511242（总编室）		010－62511770（质管部）
	010－82501766（邮购部）		010－62514148（门市部）
	010－62515195（发行公司）		010－62515275（盗版举报）
网　　址	http://www.crup.com.cn		
经　　销	新华书店		
印　　刷	固安县铭成印刷有限公司	**版　　次**	2009年8月第1版
开　　本	787 mm×1092 mm　1/16		2021年6月第3版
印　　张	39 插页3	**印　　次**	2023年12月第2次印刷
字　　数	802 000	**定　　价**	138.00元